古今姓氏書辯證

［宋］鄧名世 撰
王力平 點校

中華書局

圖書在版編目(CIP)數據

古今姓氏書辯證/(宋)鄧名世撰;王力平點校. —北京:中華書局,2024. 2
ISBN 978-7-101-16530-2

Ⅰ. 古… Ⅱ. ①鄧…②王… Ⅲ. 姓氏-研究-中國-古代
Ⅳ. K810. 2

中國國家版本館 CIP 數據核字(2024)第 015139 號

書　　名　古今姓氏書辯證
撰　　者　〔宋〕鄧名世
點　　校　王力平
責任編輯　石　玉
責任印製　陳麗娜
出版發行　中華書局
(北京市豐臺區太平橋西里 38 號　100073)
http://www.zhbc.com.cn
E-mail:zhbc@zhbc.com.cn
印　　刷　北京新華印刷有限公司
版　　次　2024 年 2 月第 1 版
2024 年 2 月第 1 次印刷
規　　格　開本/850×1168 毫米　1/32
印張 24⅞　插頁 2　字數 550 千字
印　　數　1-2000 册
國際書號　ISBN 978-7-101-16530-2
定　　價　118.00 元

前　言

《古今姓氏書辯證》是宋代學者鄧名世撰著的一部考證姓氏源流的著作。鄧名世平生鍾愛姓氏之學,他有感於漢以來姓氏書重記述而輕考辨,"因陋就誣,不可以訓"之弊,以修撰一部全新的姓氏書爲己任,他廣泛徵引相關典籍,從辨别姓氏來源與真僞入手,重視對《左傳》、《國語》、《風俗通》,特别是林寶《元和姓纂》一書的利用與參考,同時參校當代文獻如《熙寧姓纂》、《宋百官公卿家譜》,以及當朝掌故、詔令、名族家譜等。"考訂明切","長於辯論"成爲該書的一大特點,得到朱熹等學者的好評。但宋以後該書散佚。明代編纂《永樂大典》時,將其散附於《千家姓》下,已非完帙。清乾隆年間修纂《四庫全書》,館臣重爲編輯,釐爲四十卷,另有目録二卷,高棐、鄧椿年序二篇,以及館臣紀昀等撰提要一篇。該書體例大體與《元和姓纂》相同;明儒初纂時應依《洪武正韻》,清館臣依《廣韻》,總之,按四聲類集,以韻隸姓。現今該書保留姓氏(包括漢姓、蕃姓)2200餘個。《辯證》一書是古代姓氏學集大成之作,也是宋代考證史學的重要成果之一,具有很高的文獻價值。

一、鄧名世的身世與《古今姓氏書辯證》的撰著

鄧名世，字元亞[①]，撫州臨川（今屬江西撫州）人，《宋史》無傳。名世父早卒，仕履生平不詳。祖父鄧孝甫[②]，見於《宋史·隱逸傳》：孝甫字成之，進士及第，官至奉議郎、提點開封府界河渠。後坐事去官，遂閉門著書，撰有《卜世大寶龜》、《伊周素藴》、《義命雜著》、《太平策要》等，凡二百五十餘篇。宋哲宗元符末年，詔求天下直言之士，孝甫以八旬高齡上書指陳時弊，痛責權臣，結果爲蔡京陷害，削籍羈筠州（今江西高安）。祖父貶逐時，名世尚幼小，亦從發遣。不久，孝甫病危，臨終前命名世執筆留下遺言："予自謂山中宰相，虚有其才也；自謂文昌先生，虚有其詞也。不得大用於盛世，亦無憾焉，蓋有天命爾。"[③]總之，從鄧孝甫傳等文獻的記載可知，鄧名世大約出生於北宋神宗末年或哲宗初年，幼年時曾隨祖父流放，青少年時代經歷徽宗、欽宗朝以及兩宋交替之際劇烈的社會動盪，而北宋末年政治腐敗，内憂外患，特别是祖父鄧孝甫的仕宦多舛和不幸結局，對鄧名世的人生道路産生了深刻的影響。

祖父死後，鄧名世乃攜家小"晦跡窮山"，顛沛流離有年，後

① 鄧名世原名命世，其祖父好友高棐"爲更其一字，曰名世云"，參附録《四庫全書》本《古今姓氏書辯證》（以下簡稱"《四庫》本《辯證》"）高棐宣和五年（1123）序。臺灣商務印書館影印本文淵閣《四庫全書》，第922册，第25頁。

② 按孝甫，又作"考甫"，詳見中華本《宋史》卷四五八《隱逸中·鄧考甫傳》及所附校勘記（北京：中華書局，1977年，第13448—13449頁）。

③［宋］鄧名世撰《古今姓氏書辯證》附鄧椿年乾道四年（1168）序，《四庫》本《辯證》，第25頁。

回到故鄉臨川，以教授、著述爲業。名世精通《春秋》學，政治上也傾向於元祐黨人[①]。但當時王安石倡導的“新學”影響猶在，《春秋》被貶爲“斷爛朝報”，其學亦不爲當世所重。名世雖也多次問津科場，但“議臣禁學《春秋》及諸史者，先生（名世）獨酷嗜之，試有司，屢以援《春秋》見黜”。然而科場不第並未影響名世的學術追求，他潛心學問，以經傳、《國語》參互援據，“考三《傳》同異，往往爲諸儒所未到”[②]。鄧名世撰寫了《國譜》、《年譜》、《地譜》、《人譜》，通稱《春秋四譜》[③]，另有《春秋論説》、《春秋類史》、《春秋公子譜》、《列國諸臣圖》、《左氏韻語》等著作[④]，而在《春秋》學方面創獲尤多，成爲《春秋》學式微時期卓有成就的學者。

紹興二年（1132）七月，祖父鄧孝甫終被昭雪[⑤]。不久，御史劉大中宣諭江西，録鄧名世書薦呈朝廷。紹興四年（1134）三月，宋高宗召見鄧名世，名世獻所著書《春秋四譜》、《辯論譜説》、《古今姓氏書辯證》等。

關於鄧名世此著的名稱，文獻中，尤其是公私目録中的記載

---

①［清］全祖望補修，陳金生、梁運華點校：《宋元學案》卷三五《陳鄒諸儒學案序録·元祐之餘·删定鄧先生名世》：“又同舍告毋藏元祐黨人文集，（名世）笑曰：‘是足以廢吾身乎？’遂杜門卻掃，益研究經史。”北京：中華書局，1986年，第1222—1223頁。

②《宋元學案》，第1223頁。

③［宋］王應麟編：《玉海》卷五〇《藝文·譜牒》“紹興姓氏書辨證”條。南京：江蘇古籍出版社影印本，1987年，第956頁。

④《宋元學案》卷三五《陳鄒諸儒學案序録·删定鄧先生名世》，第1223頁。

⑤［宋］李心傳編撰，胡坤點校：《建炎以來繫年要録》卷五六紹興二年七月，贈故右承議郎鄧考甫直龍圖閣。考甫去世後三年，曾復官其曾孫一人。北京：中華書局，1992年，第1146頁。

歷來有"《辯證》"與"《辨證》"兩種寫法。在鄧名世爲該書所作的《序論》中,稱自己著書的宗旨在於"辨"。當時學者如胡松年、朱熹都稱此書"考訂明切"、"考證姓氏甚詳"。《宋史》、《明史》、《清史稿》之《藝文志》,以及《文獻通考·經籍考》均作《辨證》。然名世之子椿年作序稱"《辯證》",《四庫》本書名亦作《辯證》,但《四庫全書總目提要》又作《辨證》。余嘉錫《四庫提要辯證》作《辨證》,其考訂該書淵源、作者、版本甚詳,然於書名"辨""辯"之别並未措意。《守山閣叢書》本《古今姓氏書辯證(附校勘記)》亦然,一書中"《辯證》"、"《辨證》"前後互見。是古"辯"有"正"之義,且"辯"與"辨"通用,故本書沿《四庫》本《辯證》之名。

鄧名世獻書後,當時的吏部尚書胡松年審閲了鄧名世的著作,稱讚其"貫穿群書,用心刻苦"①;"學有淵源,辭亦簡古,考訂明切,多所按據"②。高宗於是賜名世進士出身,以删定官兼史館校勘③。但不久名世回鄉爲母服喪,直到三年後才重回史館,復讎校之職,"仍參筆削之官",繼續爲校書郎④。因此,實際算來,名世在史館前後不足五年。紹興十一年(1141)冬,名世因忤秦檜旨,被

①《建炎以來繫年要録》卷七四紹興四年三月,第1418頁。

②《玉海》卷五〇《藝文·譜牒》"紹興姓氏書辨證"條。

③ 鄧名世撰《歐陽澈墓表》云:"紹興四年春……是時名世方爲正字,待罪史館。"載歐陽鈇輯《歐陽修撰(澈)集》卷七《事蹟·墓表》。影印文淵閣《四庫全書》第1136册,臺灣商務印書館影印本,第419頁。

④ [宋]李彌遜:《筠溪集》卷四《鄧名世校書郎兼史館校勘》,影印文淵閣《四庫全書》第1130册,第630頁;陳騤撰,張富祥點校:《南宋館閣録》卷七《官聯上》、卷八《官聯下》,北京:中華書局,1998年,第96、111、118、128頁。

以“擅寫《日曆》”罪名罷官[①],後在家鄉去世[②]。

鄧名世一生命運多舛,仕途雖然短暫,但著述生涯却卓有成就。史稱名世家學深厚,淹博多識,據《朱子語類》記載:

> 鄧名世吏,臨川人,學甚博,趙丞相以白衣起爲著作郎。與先吏部同局,吏部甚敬畏之。有考證文字甚多,考證姓氏一部甚詳,紹興府有印板。……鄧著作後爲秦檜以傳出秘書文字罪之,褫官勒停。[③]

按此“先吏部”,即朱熹之父朱松。朱松曾在史館供職,與鄧名世同局共事。衆所周知,朱熹評騭人物以苛刻著稱,但他對鄧名世的學識是由衷敬佩的,這其中自然有來自朱松的影響。鄧名世著述富贍,除以上提到的《春秋》學方面的著作外,還著有《國朝宰相年譜》、《皇極大衍數》、《大樂書》、《文集》等,共三百餘卷[④]。此外,高宗時,《哲宗實録》元祐八年若干卷亡佚,名世參據《御集》及《日曆》、《時政記》、《玉牒》等書補充完備,另編纂《建炎以來

---

①《建炎以來繫年要録》卷一四三紹興十一年十二月,第 2692 頁。

② 關於鄧名世的生卒年,史未詳書;其卒年,《建炎以來繫年要録》卷一四三紹興十一年十二月有“右奉議郎鄧名世特勒停,坐擅寫《日曆》故也。久之,卒於家”。又同書卷一七二紹興二十六年三月云:“進士鄧椿年言:故父左奉議郎名世以忤時相廢弛,不該《日曆》賞典,乞褒贈。”則名世卒於紹興十一至二十六年間(1141—1156)。第 2295、2841 頁。

③ [宋]黎靖德編、王星賢點校:《朱子語類》卷一三二《本朝六·中興至今日人物下》,北京:中華書局,1994 年,第 3876 頁。

④《宋元學案》卷三五《陳鄒諸儒學案序録·删定鄧先生名世》,第 1223 頁。

日曆》三百七十卷[①]。可惜鄧名世遺文至今僅存《歐陽澈墓表》一篇[②],著作流傳至今的,也唯有《古今姓氏書辯證》一部。

《古今姓氏書辯證》(以下簡稱《辯證》)的撰著過程、卷數及版本情況頗爲複雜,據鄧名世之子鄧椿年乾道四年(1168)所作《辯證序》稱:

> 先君太史公生平留意姓氏之學,雖飲食夢寐弗置也。尤喜稱道名公卿大夫家人物之盛,勳業之懿,以詔子弟。故《古今姓氏書辯證》凡三本焉。其五卷者,成書於宣、政之間,時諱學史,方貧賤中,無書檢閲,闕文甚多。其十四卷者,後稍銓次增補之,蓋成書於建炎之初,是時晦迹窮山,攜幼避地無虚辰,昨給禮上于法宫者是也。然居懷未滿之意。其後蒙恩,備數太史之屬者八年,始盡得銓曹命官脚色册、烏府班簿,檃括次序之,稍稍備矣。紹興辛酉冬,放歸山樊,家書稍備。會韓衢州美成同寓臨川,借其家藏《熙寧姓纂》、《宋百官公卿家譜》稽考參訂之。及將易簀,謂椿年曰:"《姓氏》未成全書,死不瞑目。"……椿年既得是語,乃盡裒手澤遺編斷稾,又取宋名公文集、行狀、墓志,訂證次序之,釐爲四十卷,即此本也。

仔細分析鄧椿年的記述可知,《辯證》先後有過三個版(稿)本,即

① [清]陸心源著、馮惠民整理:《儀顧堂書目題跋彙編》卷八《儀顧堂題跋·古今姓氏書辨證跋》。北京:中華書局2009年,第126頁。

② 歐陽澈,字德明,鄧名世同鄉,抗金義士,事見《宋史·忠義傳》。鄧名世所作《墓表》,附於歐陽鈇輯《歐陽修撰集》卷七《事蹟》,影印文淵閣《四庫全書》第1136册,第419—420頁。

五卷本、十四卷本和四十卷本。五卷本成書於北宋政和、宣和年間(1111—1125),當時鄧名世身處貧賤飢寒中,無書檢閱,故闕文甚多。但五卷本《辯證》是否公開刊行則不得而知。此後鄧名世又對《辯證》“銓次增補”,到建炎初年,規模增至十四卷,由劉大中推薦給高宗的應即此本。但當時鄧名世“晦跡窮山,攜幼避地”,所能參據的文獻仍然有限,因此作者“居懷未滿之意”。此後鄧名世入史館任校書郎,遂利用館藏豐富文獻,如“銓曹命官脚色册、烏府班簿”等,增補考訂,使之漸臻完備。而在“放歸山樊”後,又向同居臨川的韓美成索借《熙寧姓纂》、《宋百官公卿譜》等書,“稽考參訂之”。鄧名世去世後,其子椿年繼承父親遺志,悉心整理“遺篇斷稾”,“又取宋名公文集、行狀、墓志,訂證次序之”,最後釐定爲四十卷。因名世知交、尚書程大昌的鼎力襄助,此四十卷本終於在乾道四年(1168)梓行。總之,《辯證》的修撰前後歷數十年,所謂“始於政、宣,而成於紹興之中年,父子相繼,以就是編,故較他姓氏書特爲精核”①。

二、宋代姓氏譜牒學的發展與《辯證》一書的優長

《辯證》一書屬私人修撰。鄧名世對前人以及當代姓氏著作大多停留在記録而不是研究的現狀十分不滿。他認爲,自應劭以來,姓氏之書“因陋就謡,不可以訓”。因此,他首先從考證姓氏文獻的真僞入手,“專取《左氏》、《國語》爲主,而參以五經子史之文,自《風俗通》以來,凡有所長者,盡用其説,至穿鑿訛謬,必辨

①《四庫全書總目》卷一三五《子部·類書類一》。北京:中華書局1965年影印本,第1147頁。

解而疏駁之。諸書之誤，十已辨其五六。其不知者，闕之以俟君子”。可見鄧名世以清理、考訂、總結以往姓氏譜牒學的成果，修撰一部新古今姓氏全書爲其撰著宗旨，希望在學術上有所創新，這個立足點就使“長於辯論”成爲此書的一大特點。鄧名世還强調：“姓氏之書不可誤，誤則子孫失其祖而後世秉筆者無所據依。”[①]其對修纂所秉持的嚴肅態度和嚴格的標準，都是難能可貴的。

姓氏譜系之學，本屬於傳統史學範疇，濫觴於西周，所謂“周家小史定系世，辨昭穆，則亦史之職也”[②]。鄭樵《通志·藝文略》將“譜系”分爲帝系、皇族、總譜、韻譜、郡譜、家譜六大類，其中不乏屬於姓氏學性質的著作，可見在古代文獻的分類中，姓氏與譜牒是没有嚴格區分的。早在戰國時代，即有《世本》叙黄帝以來世代帝系，司馬遷作《史記》多所參據。後又有《帝王年譜》、鄧氏《官譜》。東漢應劭著《氏族》一篇，王符《潛夫論》亦有《姓氏》一篇。至晉代有摯虞《族姓昭穆記》，劉宋有何承天《姓苑》二篇[③]。北魏太和年間，朝廷詔令諸郡中正各列本土姓族，纂爲舉選格，名“方司格”，是爲較早的官修譜牒[④]。而隨着門閥士族制度的發展，辨郡望高下、明士庶之别的社會需要增加，更促進了研究姓氏源流的姓氏學、特别是記録一家一姓世系的譜牒編纂的繁榮。唐朝初年，爲調整新貴、外戚與魏晉以來世家大族的關係，朝廷曾多次組織大型修譜活動，如貞觀年間的《氏族志》[⑤]，高宗、武則天時期

①《四庫》本《辯證》，卷六《十七真·陳氏》，第80頁。

②《隋書》卷三三《經籍志二》，北京：中華書局，1973年，第990頁。

③ 同上書，第990頁。

④《新唐書》卷一九九《儒學中·柳冲附柳芳傳》，北京：中華書局，1975年，第5676、5680頁。

⑤《舊唐書》卷六五《高士廉傳》，北京：中華書局，1975年，第2443頁。

的顯慶《姓氏録》[①],以及玄宗初年的《姓族系録》[②]等。這個時期,民間私人修譜也十分活躍,所謂“隋唐而上,官有簿狀,家有譜系”[③]。唐中葉以降,隨着科舉制度的發展與完善,譜系在社會生活諸如仕宦、婚姻、封爵等方面的重要性有所降低。唐末五代的戰亂,更造成了大量譜牒文獻的散失。

然而,入宋以後,姓氏譜牒著作的修纂似乎又出現了一個新的高潮,這主要表現在:宋代學者較多關注姓氏問題,有關姓氏譜牒問題的探討出現在各類著作中。即以這個時期的韻書、地理著作而論,其中就包括了相當多的姓氏學内容,如北宋真宗年間陳彭年等人纂修的《廣韻》,仍沿襲《唐韻》中有關姓氏的内容,在每姓之下注明了漢姓、虜姓以及源流。又如樂史等編纂的大型地理著作《太平寰宇記》,也增加了“姓氏”一項,將歷代郡姓以及等第作爲地方人文地理的重要内容,詳列於州府建置沿革、府境、户口之後。此外,洪邁撰《容齋三筆》卷二“漢人希姓”條即專門輯録“兩《漢書》所載人姓氏,有後世不著見者甚多,漫紀於此,以助氏族書之脱遺”[④];謝維新撰《古今合璧事類備要》,其《續集》即爲《氏族》、《姓名》、《家世》、《類姓》諸門[⑤]。宋代姓氏譜牒之學發展的突出表現,還在於一大批姓氏譜牒類著作的問世,其作者更不乏當世名儒,據《通志·藝文略》、《玉海·譜

①《舊唐書》卷八二《李義府傳》,第2769頁。

②《舊唐書》卷一八九下《柳冲傳》,第4972頁。

③[宋]鄭樵撰、王樹民點校:《通志二十略·氏族略第一·氏族序》,北京:中華書局,2009年,第1頁。

④[宋]洪邁撰《容齋三筆》卷二“漢人希姓”條,北京:中華書局,2005年,第446頁。

⑤《四庫全書總目》卷一三五《子部·類書類一·古今合璧事類備要》,第1151頁。

牒》、陳振孫《直齋書録解題》卷八《譜牒類》[①]、《宋史》卷二〇四《藝文志》[②] 等有關記載，宋代姓氏譜牒類著作主要有以下三類：

第一類，名人名族家譜：劉沆《劉氏家譜》一卷，向緘《向敏中家譜》一卷，錢惟演《錢氏慶系譜》二卷，王回《清河崔氏譜》一卷，蘇洵《蘇氏族譜》一卷，司馬光《臣寮家譜》一卷，陶直夫（陶侃之後）《陶氏家譜》一卷，符承宗《符彦卿家譜》一卷，李復《南陽李英公家譜》一卷，成鐸《文宣王家譜》一卷，顔嶼《兖國公正枝譜》一卷，《韓吏部譜録》二卷，毛漸《毛氏世譜》一部，曾肇《曾氏譜圖》一卷，唐邴《唐氏譜略》一卷，李燾《晉司馬氏本支》一卷、《齊梁本支》一卷、《歷代宰相年表》、《唐宰相譜》、《王謝世表》等[③]。此外，還有百家通譜性質的錢明逸《熙寧姓纂》六卷，曹大宗《姓源韻譜》四卷[④]，黄邦先、宋顯《群史姓纂韻譜》六卷[⑤]，而歐陽修、吕夏卿等編纂的專門記録唐三百年間宰相家族之世系淵源的《新唐書·宰相世系表》，可視爲此類著作中的最重要成果。

第二類，有關宋皇室及歷代宗室譜系類著作：主要有宋敏求《韻類次宗室譜》五十卷，司馬光《宗室世表》三卷，《宋玉牒》

---

① ［宋］陳振孫：《直齋書録解題》，上海：上海古籍出版社，1987 年，第 227—230 頁。

②《宋史》卷二〇四《藝文志·譜牒》，第 5148—5152 頁。

③《宋史》卷三八八《李燾傳》，第 11920 頁。

④ 鄭樵：《通志·藝文略》史部韻譜類，第 1589 頁。按曹大宗此著與［唐］張九齡撰《姓源韻譜》同名。《容齋四筆》卷九"姓源韻譜"條云："姓氏之書，大抵多謬誤。如唐貞觀《氏族志》今已亡其本。《元和姓纂》誕妄最多。國朝所修《姓源韻譜》，又爲可笑……"（第 739 頁），或此書亦有宋人撰者。

⑤《直齋書録解題》卷八《譜牒類》："凡史傳所有姓氏皆有韻，類聚而著其所出。建炎元年，其兄邦俊、宋英爲之序。"（第 230 頁）但《宋史》卷二〇四《藝文志》作"黄邦俊《群史姓纂韻》六卷"，蓋以序者爲作者，誤（第 5151 頁）。

三十三卷,《仁宗玉牒》四卷,《英宗玉牒》四卷,《宋仙源積慶圖》一卷,《本朝維城録》一卷,《宗室齒序圖》一卷,《祖宗屬籍譜》一卷,吴逵《帝王系譜》一卷[①],李茂嵩(一作高)《唐宗系譜》一卷,《唐書總記帝系》三卷,邢曉《帝王血脈小史記》五卷、《帝王血脈圖小史後記》五卷,丁維皋《皇朝百族譜》四卷[②],魏予野《古今通系圖》一卷,李至《皇族具員》一卷、《皇親故事》二卷等。

第三類,專門的姓氏學著作:内容偏於淺近通俗的著作,主要有邵思《姓解》三卷,其姓氏按部首排列[③]。王應麟《姓氏急就篇》二篇,體例模仿史游《急就篇》,以姓字編排成章,以便於讀者記誦[④]。采真子《千姓編》一卷[⑤],仿《千字文》體例,以《姓苑》、《姓源》等書撮取千姓,以四字爲句,每字爲一姓。此外還有《姓史》四卷、《氏族譜》一卷、《姓氏秘略》三卷、《唐譜傳引》一卷,作者不詳。紹興年間,丁維皋撰《百族譜》三卷,但"自皇朝司馬氏以下,百官族姓皆推源流,疏派别,志名字、爵位,録世譜、家傳及

①《直齋書録解題》卷八《譜牒類》:成書於"政和壬辰也。自漢迄周顯德,每代略具數語。"第230頁。

②《直齋書録解題》卷八《譜牒類》:"長沙丁維皋撰,周益公(必大)爲之序,時紹興末也。僅得百二十有三家,其闕遺尚多,未有能續裒集者。"第230頁。

③《玉海》卷五〇《譜牒・景祐姓解》:景祐二年邵思撰。凡一百七十門、二千五百六十八氏,以偏旁類次。自序云:"歷代功臣名士布在方册者,次第而書,所以恢張世胄,其餘疏族異望削之。"(第956頁)是書宋以後在中夏失傳,日本經由高麗王府得此書,故該書景祐(1034—1037)刊本完秩尚存,現藏日本國立國會圖書館。清光緒年間編輯的《古佚叢書》以及2002年出版的《續修四庫全書》之"域外藏書"予以收録。

④[清]王圻:《續文獻通考》卷一七二《經籍考》,杭州:浙江古籍出版社1988年影印本,第4201頁中欄。

⑤《直齋書録解題》卷八《譜牒類》,第229頁。

行狀、神道碑之類”[①],也是姓氏學研究方面的重要著作。此外,與鄧名世同時代的徐筠(字國堅,名儒徐得之長子),學問淵博,他所撰《姓氏源流考》七十八卷,卷帙可觀,應是宋代姓氏學研究方面的重要著作,但此書没有流傳下來[②]。稍晚於鄧名世的學者章定,撰《名賢氏族言行類稿》六十卷,所列一千餘姓,體例模仿賈執《姓氏英賢譜》,以姓氏分韻排纂,各序源流,前列爵里,後詳事蹟言論[③],合譜牒與傳記爲一體,也是這個時期史部譜牒類文獻中的創新之作。至於鄭樵所著《氏族略》六卷,更是這一時期姓氏譜牒學最重要的著作之一。

總之,有宋一代,雖然由於科舉制度的完善,“取士不問家世,婚姻不問閥閱”[④],唐初貞觀《氏族志》那種旨在調節士族與皇族、新貴關係,爲政治服務的官修譜牒已經衰落,但姓氏譜牒學有了長足的發展,不僅有名家名族譜的大量出現,百家譜式譜牒的修纂也没有絶跡,而當時許多知名人士、學者都參與了譜牒的編纂,如歐陽修、蘇洵還開創了新的族譜體例,對後世産生了深遠影響。儘管宋代姓氏學著作在卷帙上不及以往,但在所研究問題的深度上却超過了前代。由此可見,鄭樵關於五代後姓氏譜牒“其書亡佚,其學不傳”之説是不甚符合史實的。至於有些現代學者認爲宋代以後,族譜發生重大變革,百家譜式的合譜幾乎絶跡,甚至於在史學史上,譜學可謂終於宋的説法,更不免失於片面。

宋代姓氏譜牒學所以會重現生機,主要有如下原因:

首先,唐末五代社會動盪,朝代頻繁更迭,人民生活變動不

①《玉海》卷五〇《譜牒·百族譜》,第956頁。

②《宋史》卷一五七《藝文三》,第5152頁。

③《四庫全書總目》卷一三五《子部·類書類一》,第1149頁。

④[宋]鄭樵撰、王樹民點校:《通志二十略·氏族略第一·氏族序》,第2頁。

居,民間擅自通譜,私將誥命敕狀轉賣他人的情況嚴重,如五代後唐長興年間(930—933),鴻臚卿柳膺就因將齋郎文書賣與同姓人柳居則被處重刑[①]。正如顧炎武所説:"氏族之亂,莫甚於五代之時。當日承唐餘風,猶重門蔭,故史言唐、梁之際,仕宦遭亂奔亡,而吏部銓文書不完,因緣以爲姦利,至有私鬻告敕,亂易昭穆,而季父、母舅反拜侄、甥者。"[②]北宋初年政局穩定,百廢待興,經過大規模南遷的北方大族,以及因戰亂流徙播遷的各地家族,都有重建宗法秩序,重視人倫關係、孝悌倫理,从而凝聚宗族的普遍訴求。北宋朝廷也大力宣導"以孝治天下"[③]。張載《宗法》一文提出了"管攝天下人心,收宗族,厚風俗,使人不忘本,須是明譜系世族與立宗子法"[④]的思想。這樣的社會背景,爲譜牒編纂和姓氏學研究的重新活躍提供了社會條件。這與周、齊以來,經過西晉永嘉亂後"百宗蕩析,夷夏之裔與夫冠冕輿臺之子孫混爲一區"[⑤]的社會動盪,以尋宗覓祖、重新整合宗族聯繫爲宗旨的譜牒學反而格外興盛的情況有某种相似。

其二,在義理之學興盛的同時,宋代史學特别是考證史學空前繁榮,從司馬光作《資治通鑑考異》,吴縝作《新唐書糾繆》,程大昌作《考古編》、《演繁露》、《禹貢論》、《雍録》,到理學家朱熹針

---

①《册府元龜》卷六六《帝王部·發號令第五》,北京:中華書局1960年影印本,第735頁。

②[清]顧炎武著、黄汝成集釋:《日知録集釋》卷二三《通譜》,上海:上海古籍出版社,1985年。

③《宋史》卷二六五《賈黄中傳》,第9162頁。

④[宋]張載:《張載集·經學理窟·宗法》。北京:中華書局,1978年,第285頁。

⑤[元]馬端臨:《文獻通考》卷二〇七《經籍考·姓源韻譜》,北京:中華書局,1995年,第5871頁。

對《六經》、《左傳》、《國語》所作的辨僞考異著作，學術領域的辨僞疑古學風盛行。這一潮流也影響到姓氏譜牒研究方面，許多學者已不滿足於搜羅史傳家乘、編纂譜系，而是將興趣轉向探賾索隱、辨章源流的綜合研究方面。宋代姓氏學著作中學術性、綜合研究性質的成果，除去前已提到的一些著作如徐筠的《姓氏源流考》之外，鄧名世的《古今姓氏書辯證》即是在此背景下應運而生的考證名著。

如前所述，宋代姓氏譜牒文獻中影響深遠、至今存世的著作，自然要屬《新唐書·宰相世系表》與鄭樵《通志·氏族略》。《新表》雖然不能視爲純粹的姓氏學之作，但它專採唐朝宰相家族之世系淵源，涉及漢以來衆多世家大族族源、流派，特别是唐代三百年間的政治人物之家族、仕宦，其價值又不僅限於姓氏譜牒一途。至於《氏族略》之撰述宗旨和長處，鄭樵自己有如下闡發：

> 自漢至唐，世有典籍討論兹事，然皆出於一時之意，不知澄本正源。每一書成，怨望紛起。臣今此書則不然，帝王列國世系之次本之《史記》，實建國之始也；諸家世系之次本之《春秋》、《世譜》，實受氏之宗也。[①]

鄭樵字漁仲，爲鄧名世同時期人物，博該經史，著述閎富，他精簡删削《氏族志》、《氏族源》、《氏族韻》等舊作百餘卷[②]爲《氏族略》六卷，置於《通志》中。《氏族略》主要取材《史記》、《春秋》、《世譜》，考辨帝王諸姓世系，其編纂的次序則是先天子而後諸侯、卿大夫士、百工技藝，先諸夏而後夷人。鄭樵認爲古來姓氏書的編

①《通志二十略·氏族略第一·氏族序》，第9頁。
② 同上書，第10頁。

纂,主要有論聲、論字、論地望三種方法,而三種方法都各有局限,無關姓氏研究之本質,故他堅持將上古"得姓受氏"的緣由,分爲三十二個類型。但事實上,鄭樵言諸姓甚簡要,《氏族略》之"略"者,"舉其大綱"而已。例如京兆杜氏,歷史悠久,郡望衆多,但《氏族略》只記杜氏得姓之由及杜伯子孫,再補綴以北魏獨孤渾氏改杜姓事,至於中古數代則略去,更未涉及杜氏的不同郡望和房支。再如劉氏,也只概述祁姓、姬姓之劉以及西漢匈奴劉氏,内容簡略。崔氏則盡引《左傳》,雖述及清河、博陵兩房來歷,但别無其他。張氏也只記上古史事。除記事簡略外,《氏族略》以上諸姓之内容,還大多沿襲附會《元和姓纂》。因此,儘管鄭樵自稱綜覽其全篇,"繩繩秩秩,各歸其宗。使千餘年湮源斷緒之典,燦然在目,如雲歸於山,水歸於淵,日月星辰麗乎天,百穀草木麗乎土者也"①,但《氏族略》的文獻價值和史料價值,終因其簡略而有所減損。四庫館臣雖肯定《氏族略》"採摭既已浩博,議論亦多警闢,雖純駁互見,而瑕不掩瑜,究非游談無根者可及",却也批評鄭樵"多掛漏","恃其該洽,睥睨一世,諒無人起而難之,故高視闊步,不復詳檢,遂不能一一精密,致後人多所譏彈也"②,可謂中肯之論。

比較鄭樵《氏族略》及以上幾種姓氏譜牒著作,鄧名世《古今姓氏書辯證》的優長十分突出,主要有以下幾點:

首先,《辯證》一書廣泛徵引了不同類别但與姓氏相關的古代文獻,如先秦及兩漢文獻,有《尸子》、《子思子》、《世本》、《列仙傳》、《風俗通義》、《漢書集解音義》、史游《急就篇》、趙岐《三輔

①《通志二十略·氏族略第一·氏族序》,第10頁。

②《四庫全書總目》卷五〇《史部·别史類》《通志》條,第448—449頁。

決録》、《聊子》、《聊氏萬姓譜》、圈稱《陳留風俗傳》[①]等。魏晉南北朝文獻則有魏無名氏撰《海内先賢傳》、葛洪《神仙傳》與《西京雜記》、習鑿齒《襄陽耆舊傳》、張華《博物志》、皇甫謐《帝王世紀》、王子年《拾遺記》、餘頠《複姓録》[②]、虞預《會稽典録》、《諸虞傳》十二篇[③]、何承天《姓苑》[④]、《纂文要》、釋曇剛《類例》、王儉《百家集譜》、賈執《姓氏英賢傳》、《百家譜》、關朗《洞極元經傳》、張詮《南燕録》、崔鴻《十六國春秋》之《後趙録》《前燕録》等。唐代文獻則有李利涉《唐官姓氏記》五卷[⑤]、何超或楊齊宣《晉書音義》[⑥]、孔至

---

①《隋書》卷三三《經籍志二》曰:"漢議郎圈稱撰。"第974頁。[唐]林寶撰、岑仲勉等校:《元和姓纂》卷六《二十阮·圈》:"後漢末有圈稱,字幼舉,撰《陳留風俗傳》。"北京:中華書局,1994年,第975頁。

②[唐]林寶撰、岑仲勉等校:《元和姓纂》卷二《九魚·餘》:"晉有餘頠,著《複姓録》,本出傅氏。"第214頁。

③《晉書》卷八二《虞預傳》:"預雅好經史,著《晉書》四十餘卷、《會稽典録》二十篇、《諸虞傳》十二篇,皆行於世。"《隋書》卷三三《經籍志》"《會稽典録》二十四卷,虞豫撰",與《晉書》異。

④《姓苑》,隋唐《志》均著録十卷。陳振孫《直齋書録解題》著録二卷,無著者名。因以李爲卷首,故陳氏認爲是唐人作。宋以後亡佚。

⑤據《新唐書》卷五八《藝文志二》:"李利涉《唐官姓氏記》五卷。初十卷。利涉貶南方,亡其半。"第1501頁。又《宋史》卷二〇四《藝文志》有李利涉《姓氏秘略》三卷、《編古命氏》三卷,第5148頁。據《新唐書》卷五九《藝文志三》子部神仙類:道士成玄英有《莊子疏》十二卷,貞觀五年(631),召至京師。永徽中,流玄英於郁州。書成,嵩高山人李利涉爲序(第1517頁),蓋李利涉爲唐初人士。

⑥《新唐書》卷五八《藝文志二》有何超《晉書音義》三卷(第1458頁),《宋史》卷二〇三《藝文志二》有楊齊宣《晉書音義》三卷(第5086頁),據《新唐書》卷二二三上《奸臣·李林甫傳》有楊齊宣(第6348頁),蓋楊爲唐中葉人士。

《姓氏雜録》、張九齡《姓源韻譜》[①] 等。宋代文獻則有采真子《千姓編》[②]、邵思《姓解》、曹大宗《姓源韻譜》、宋庠《楊億談苑》,此外還有《集韻》以及鄧名世自己的著作《春秋四譜》等。以上文獻,雖多藏之石渠秘府,但亦飽經歷代戰火,或殘或佚,如《世本》,其書早已不傳,雖歷代有輯本,"《左傳》注疏多本之,然亦未必無誤"[③]。又如何承天《姓苑》、賈執《姓氏英賢傳》、張九齡《姓源韻譜》、采真子《千姓編》等,宋元後都已失傳。再如崔鴻《十六國春秋》,四庫館臣謂北宋已散佚,直到明代才有僞本被發現,但《辯證》徵引其中多條出自《後趙録》、《前燕録》的史料,説明此書南宋時期尚流傳於世,館臣之説未免失於武斷。而這些文獻在《辯證》中得以保存,有些雖僅存吉光片羽,但仍可輯佚或用以補正其他文獻,在校勘現存古籍、研究歷史文獻的流傳及其真僞方面,具有很高的文獻價值。

其次,與《元和姓纂》、《新表》、《氏族略》相比,《辯證》對一些大姓的世系源流、支派分佈以及郡望數量的記載更爲精確、翔實。衆所周知,《元和姓纂》至宋已頗散佚,至清更是"絶無善本,僅存七八",而在鄧名世作《辯證》時,《元和姓纂》卷帙尚多,因此在材料的來源上,《辯證》"大抵以《左傳》、《國語》爲主,自《風俗通》以下各採其是者從之。而於《元和姓纂》抉摘獨詳"[④]。

---

① 據[宋]晁公武撰、孫猛校證《郡齋讀書志》卷九《譜牒類》,《姓源韻譜》一卷,唐張九齡撰,依《春秋正典》、《柳氏萬姓録》、《世本圖》,捃摭諸書,纂爲此譜。分四聲,以便尋閲。上海:上海古籍出版社,1990 年,第 395 頁。

②《直齋書録解題》卷八《譜牒類》著録《千姓編》一卷,稱"嘉祐八年(1063)采真子記"(第 229 頁)。此書久已失傳。

③《日知録集釋》卷二三《姓氏書》,第 1294 頁。

④《四庫全書總目》卷一三五《子部・類書類一》,第 1147 頁。

如《元和姓纂》王氏條早已散佚，今所存者，是清人洪瑩據《秘笈新書》所補，記王氏有天水、東平、新蔡、新野、山陽、中山、章武、東萊、河東九郡望。《新表》也只記録王氏太原、琅琊、京兆三房。《辯證》徵引《元和姓纂》王氏條，稱有馮翊、長沙、金城、廣漢、廣陵、聊城、長安、高陵、河内、河間、藍田、上黨、鄴郡、廣平、華陰、樂陵等二十四郡望。顯然，《元和姓纂》此段文字在清時已散佚，以至於洪瑩在爲該書輯佚時也没能看到。與此相似的還有張氏，羅振玉爲《元和姓纂》輯佚時，僅據《秘笈新書》補"黄帝第五子青陽生揮，爲弓正，觀弧星始制弓矢，主祀弧星，因姓張氏"二十餘字而已。而《辯證》在記述張氏有河東、始興、馮翊、吴郡、清河東武城、河間、中山、魏郡、汲郡、鄭州十郡望之後，還徵引了《元和姓纂》如下一段文字：

> 《元和姓纂》曰：唐有安定、范陽、太原、南陽、燉煌、修武、上谷、沛國、梁國、滎陽、平原、京兆等四十三望，大抵皆留侯遠裔[①]。

這條已經散佚的《元和姓纂》的原文，成爲研究中古郡姓張氏諸郡望發展、變遷的極有價值的資料。

衆所周知，唐代譜學家柳芳曾概括指出古代著姓的基本類型和分佈："過江則爲'僑姓'，王、謝、袁、蕭爲大。東南則爲'吴姓'，朱、張、顧、陸爲大。山東則爲'郡姓'，王、崔、盧、李、鄭爲大。關中亦號'郡姓'，韋、裴、柳、薛、楊、杜首之。"[②] 其實，柳芳此論是

①《四庫》本《辯證》卷一三《十陽上・張》，第 144 頁。
②《新唐書》卷一九九《儒學中・柳沖附柳芳傳》，第 5678 頁。

就典型郡姓而言的,而具體到某一郡姓之下,實際又劃分爲若干郡望,分屬於不同的地域與類型。但柳芳之論影響深遠,後之學者論中古郡姓劃分,大多以這幾類郡姓與某一地域相聯繫,如張氏多强調吴郡郡望,王氏多强調琅琊郡望,至於著姓之下究竟有多少郡望、如何分佈,却難有定説。從《辯證》徵引的《元和姓纂》佚文來看,張氏、王氏等大姓内部,不僅郡望多,而且分佈廣泛,遍及南北各地,例如張氏,就有河東、始興、馮翊、吴郡、清河東武城、河間、中山、魏郡、汲郡、鄭州、安定、范陽、太原、南陽、燉煌、修武、上谷、沛國、梁國、滎陽、平原、京兆等四十多個郡望。這些記載,極大地開拓了中古郡望研究的視野,也爲進一步探討漢魏以來世家大族遷徙、分化、繁衍的過程,提供了重要綫索。從這個意義上來説,《辯證》同樣具有很高的史料價值。

當然,《辯證》並非簡單沿襲《元和姓纂》和《新唐書·宰相世系表》的一些記載,而是謹慎取捨,不盲從,不苟同,如《元和姓纂》稱"茅夷氏"爲《左傳》邾大夫茅夷鴻之後,《辯證》予以考辨:"世無此氏,而春秋時夷鴻姓茅氏,謂之茅成子,則後世子孫,何至乃以茅夷爲氏! 考之義理,極無依據。"進而指出《姓纂》編纂者"誤引經傳,增收入姓,如罕夷者數十,如茅夷者又數十,皆當時門生討論者淺陋訛謬,雜之穿鑿臆説,刊修官未嘗考按本書,因而附列。今舉凡以辯之。如此類者,悉合駁正"[①]。其嚴謹治學之態度,灼然可見。

除去博採經典以及大量的"舊姓書"之外,《辯證》一書材料來源的豐富性,還表現在鄧名世根據"近事"、"近詔"、名族家譜以及其"所聞見",增補考訂了一些姓氏,如以《魯公家譜》修訂了

①《四庫》本《辯證》卷一一《五肴·茅夷》,第120頁。

顔姓,以“唐人家狀”修訂了邵、素和等姓氏,“以所聞見”增修了甄、匡、香、張、惲、俞等姓氏。鄧名世所據的唐代家乘今已失傳;至於其以當代人視角記録的當代史事,都足以補史傳之闕,對考辯唐宋之際的姓氏分佈與變化情況,無疑具有更高的史料價值。

此外,《辯證》的史料價值還體現在記唐代史事尤詳。如貞觀初年,當時山東舊士族好自矜誇,嫁女必多求聘財,太宗以爲“甚傷教義”,乃詔“雅諳姓氏”的吏部尚書高士廉與御史大夫韋挺等人刊正姓氏,“於是普責天下譜諜,仍憑據史傳考其真僞,忠賢者褒進,悖逆者貶黜,撰爲《氏族志》……凡一百卷,詔頒於天下”[①]。高士廉修《氏族志》一事,原已見諸史傳,敦煌文書“北位”79號《貞觀氏族志殘卷》的發現,更證明了高氏修定氏族的真實性。然而,此前尚有魏徵修訂《氏族志》之事,則爲史傳所未及。《辯證》在多處記載了魏徵貞觀年間(627—649)修訂氏族譜、定姓族一事,並有貞觀年間所定各地郡姓大約二十餘條。儘管魏徵也曾修《隋書》,但文獻中未曾記載他參與修訂姓族譜一事。這段史實表明,唐貞觀年間朝廷至少兩次組織力量修訂《氏族志》,而從有關史事來看,魏徵修志當在高士廉之前。這個事實也透露出李唐建立之初,確實爲平衡各地舊姓勢力與皇室、勳貴的矛盾,建立新士族格局而煞費苦心。本人推測,很有可能在鄧名世爲史官時,魏徵所修訂的唐代官方姓族譜尚存史館,因此他能够在著作中大量引用,從而爲後人留下了重要的史料。

最后,還需要提到的是,《辯證》在《元和姓纂》等前代姓氏文獻之外,又補充了數量可觀的、一直未曾被著録的姓氏,如蓬、公綦、蹤、逢侯、施屠、提、梯、畦、西河、鄰、紛、鄢、凋、禾、防、香、

①《舊唐書》卷六五《高士廉傳》,第2443—2444頁。

長、狂、榮錡、稠、男、游水、右師、欖、最、胙、曼、乘丘、汎、抵、觶、偉、晚、左丘、瑣等,總計四十餘姓。

《辯證》問世以後,頗爲同時代學者所重,也對後世的姓氏學産生了深遠的影響,朱熹稱讚鄧名世"考證姓氏一部甚詳",王應麟《姓氏急就篇》、《困學紀聞》等多引據鄧著。清乾隆年間纂修《續通志》,其《氏族略》一篇更是多據《辯證》以補充之。總之,鄧名世的《古今姓氏書辯證》,是宋代考證史學、姓氏譜牒學的重要成果之一,堪稱宋代姓氏學研究集大成之作,在現存的姓氏譜牒文獻中,與《元和姓纂》、《通志·氏族略》鼎足而立,有着重要的地位,對中國古代的姓氏、宗族與家族,以及社會歷史文化的研究,都有着重要的價值。

當然,《辯證》一書也存在着一定的缺陷,最主要的問題是一些常見的姓氏,比如林、梁、朱等缺載;此外,有些姓氏下文字的脱誤也比較嚴重,個别的甚至不够完整。這種情况之所以出現,蓋與《辯證》實爲一輯本有關——清初修纂《四庫全書》時,館臣從《永樂大典》中輯録此書,而《永樂大典》已非完帙,在此過程中,有些姓氏遂被遺漏。積數十年之功考證古今姓氏,最終却未能使後人得窺是書全豹,恐怕也是鄧氏父子所始料不及的。

三、關於《古今姓氏書辯證》一書的版本與整理

《辯證》一書的版本及流傳也較複雜。在宋元文獻中,徵引《辯證》一書者甚多。至明編纂《永樂大典》時,將《辯證》"散附《千家姓》下,已非舊第"。入清以後,《辯證》已散佚。乾隆年間,四庫館臣奉敕從《永樂大典》中輯出①,並依《廣韻》以韻

①《清史稿》卷一四七《藝文志三》,北京:中華書局,1977年,第4367頁。

隸姓，仍釐爲四十卷。此後，嘉慶年間，孫星衍從《四庫》輯本抄録《辯證》全文，並委託友人、山東沂州知府洪梧刊刻，是爲岱南閣刊本（亦即敦禮堂刻本或洪氏刻本）[1]。道光十四年（1834），學者錢熙祚因不滿於《辯證》一書“經《永樂大典》割裂，錯簡誤字不一而足”，而岱南閣刊本亦“因陋就簡，無所是正，似非質疑傳信之旨”[2]，遂“窮五閲月之功”，依《廣韻》重爲編次。而就在校勘工作完成後，錢熙祚又得親見宋槧本《辯證》，此書雖殘闕大半（五至十八卷、二十一至三十卷缺），但鄧名世原《序論》、《括要》、《總目》以及全書韻目俱全，因其爲《四庫全書》本、岱南閣本所無（韻目部分與《四庫》本差異較大），故而彌足珍貴[3]。這些佚文，不僅使世人得以重見《辯證》宋版原貌，爲研究者進一步探討鄧名世修纂《辯證》的動機和宗旨，了解全書的撰修體例、材料來源提供了重要的依據，對於校訂《四庫》本、《守山閣叢書》本《辯證》來説更具有很高的價值。錢熙祚據此殘宋本於道光二十三年（1843）完成了《校勘記》三卷，並將鄧名世《序論》三篇、《括要》、《總目》以及韻目等一併附於其重新編次校勘的《辯證》之後，收入《守山閣叢書》刊行（即本書校勘記統稱爲“錢氏校本”者）。目前，《辯證》一書除《四庫全書》本之外，還

① [清] 孫星衍《刊古今姓氏書辯證叙》，原載清嘉慶年間岱南閣本（敦禮堂本）《古今姓氏書辯證》。又范希曾《書目答問補正》亦稱有洪梧刻本流行於世，應亦指此本。見《增訂書目答問補正》卷二《史部 · 譜録》，北京：中華書局，2011 年，第 269 頁。

②《守山閣叢書》本《辯證（附校勘記）》錢熙祚道光十四年（1834）跋。北京：中華書局 1985 年影印本，第 561 頁。

③ 錢熙祚稱此殘宋本爲“紹興刊本”，實誤。按鄧名世紹興年間所成爲十四卷本，而此殘宋本有四十卷韻目，或即名世去世後，其子椿年整理遺編，釐爲四十卷，於乾道年間刊行者，或可稱“乾道刊本”。

有岱南閣本(敦禮堂本)、《守山閣叢書》本等存世。民國年間，商務印書館編纂《叢書集成初編》時收入《守山閣叢書》本《辯證》(1985年，中華書局又據商務本《叢書集成初編》重新影印)，此本最爲流行。至於錢熙祚所見之宋殘本今日是否猶存天壤間，已無從確知。

晚近以來，姓氏譜牒文獻的整理與利用，逐漸爲學界所重視，如《元和姓纂》已有多位學者進行過整理校勘，鄭樵《氏族略》亦廣泛流傳，《新唐書·宰相世系表》更有了當代學者的匯校本。惟《古今姓氏書辯證》一書雖有《叢書集成初編》排印本，但因其未加現代漢語標點，缺少更爲全面、系統的校勘，因此使用起來頗多不便。有鑒於此，本人畢數年之功，重新整理、標點、校勘了這部重要的姓氏學著作，希望能爲學界和社會提供一個可資利用的新本。

王力平

目　録[①]

凡　例…… 1
四庫全書總目提要…… 1
《四庫全書》本原序二首…… 3

卷一
上平聲
一東
東…… 1
同…… 1
桐…… 2
蟲…… 2
冲…… 2
終…… 2
衆…… 2
崇…… 2
嵩…… 3
娀…… 3
戎…… 3
茙…… 4
弓…… 5
宫…… 5
融…… 5
肜…… 5
熊…… 5
馮…… 6
芃…… 7
風…… 7
豐…… 8
酆…… 8
充…… 8
公…… 8
功…… 8
蒙…… 8
紅…… 9

①《四庫》本《古今姓氏書辯證》前二卷《目録》(《守山閣叢書》本亦同)均按所收姓氏韻目編次,而未與卷次關聯,於現代讀者檢索多所不便,故此次整理者以《四庫》本《目録》爲基礎,參校《守山閣叢書》本《目録》,及其所附錢熙祚校勘記中所引宋殘本韻目(以雙下劃線標出),編成此目。歧異與考訂部分詳見頁下注。另外,爲方便檢索,編製了筆劃索引放在書末。

鴻…………………… 9
叢…………………… 9
翁…………………… 9
豵…………………… 9
蓬…………………… 9
凩…………………… 9

卷二

一東下

東郭………… 10
東里………… 10
東宮………… 10
東門………… 11
東陵………… 11
東關………… 11
東方………… 11
東閭………… 11
東鄉………… 12
東陽………… 12
東丹………… 12
東野………… 12
東萊………… 12
同蹄………… 12
同官………… 13
桐里………… 13
桐門………… 13
銅鞮………… 13
中行………… 13
中央………… 13
中英………… 14
中梁………… 14
中叔………… 14
中壘………… 14
終葵………… 14
終古………… 14
戎子………… 14
弓里………… 14
宮孫………… 15
熊相………… 15
熊率………… 15
公治………… 15
公乘………… 15
公孫………… 16
公西………… 16
公叔………… 16
公子………… 17
公羊………… 17
公析………… 17
公劉………… 17
公肩………… 17
公牛………… 18
公師………… 18
公旗………… 18
公右………… 18
公巫………… 18
公仲………… 18
公檮………… 18
公族………… 18
公孟………… 19
公他………… 19
公玉………… 19
公泥………… 19
公綦………… 19
公舌………… 20
公帥………… 20
公甲………… 20
公明………… 20
公斂………… 20
公上………… 20
公山………… 20
公罔………… 21
公齊………… 21
公牽………… 21
公仇………… 21
公幹………… 21
公之………… 21
公勝………… 21
公城………… 21

公若…………22
公緒…………22
公儀…………22
公晳…………22
公輸…………22
公丘…………22
公思…………22
公襄…………22
公户…………23
公慎…………23
公房…………23
公車…………23
公言…………23
公金…………23
公獻…………23
公息…………23
公留…………23
公朱…………24
公旅…………24
公冉…………24
空桐…………24
空桑…………24
空相…………24
工師…………24
工婁…………24
紅陽…………24
瞯夷…………25

二冬

冬…………25
佟…………25
儂…………25
宗…………26
彤魚…………26
宗伯…………26
宗正…………26

卷三

三鍾

鍾…………27
龍…………27
庸…………28
雍…………28
重…………28
從…………28
蹤…………28
樅…………28
恭…………28
龔…………29
共…………29
鍾離…………29
鍾吾…………29
龍丘…………29
封人…………30
封父…………30
雍人…………30
雍丘…………30
逢公…………31
逢孫…………31
逢侯…………31
逢丘…………31

四江

江…………31
厖…………32
邦…………32
龐…………32
逄…………33

五支

支…………33
移…………33
爲…………33
媯…………34
隨…………34
奇…………34
岐…………34

義…………… 35
宜…………… 35
儀…………… 35
皮…………… 35
兒…………… 36
離…………… 36
驪…………… 36
訾…………… 36
卑…………… 36
裨…………… 37
諀…………… 37
施…………… 37
彌…………… 37
池…………… 37
眭…………… 38
危…………… 38
蓄…………… 39
郫…………… 39
支離………… 39
隨巢………… 39
奇斤………… 39
崎丘………… 40
戲陽………… 40
施屠………… 40
斯引………… 40
彌且………… 40
彌牟………… 40
蛇丘………… 40
訾陬………… 41

六脂

脂…………… 41
夷…………… 41
師…………… 42
資…………… 42
飢…………… 42
茨…………… 42
尸…………… 42
耆…………… 42
伊…………… 42
夊…………… 43
追…………… 43
惟…………… 43
纍…………… 43
嫘…………… 43
遺…………… 43
夔…………… 44
騅…………… 44
誰…………… 44
夷陽………… 44
夷門………… 44
師宜………… 44
師延………… 45
毗沙………… 45
茨茈………… 45
祁夜………… 45
伊耆………… 45
伊力………… 45
葵丘………… 45
鴟夷………… 46

卷四

七之

台…………… 47
時…………… 47
思…………… 47
其…………… 47
亓…………… 47
期…………… 48
旗…………… 48
綦…………… 48
蘄…………… 48
詩…………… 48
彨…………… 49
娸…………… 49
姬…………… 49
箕…………… 50
釐…………… 50
貍…………… 50

茬…………… 51
僖…………… 51
嬉…………… 51
熙…………… 51
治…………… 51
蚩…………… 52
慈…………… 52
兹…………… 52
司馬………… 52
司城………… 53
司空………… 53
司寇………… 53
司鴻………… 53
期思………… 53
綦連………… 53
鼇子………… 54
淄丘………… 54
兹母………… 54

八微

賁…………… 54
沂相………… 54

九魚

舉…………… 54
漁陽………… 55

十虞

厨人………… 55
邾婁………… 55

十一模

瓠…………… 55
孤竹………… 56
徒人………… 56
徒何………… 56
菟裘………… 56
菟賴………… 57

十二齊

齊…………… 57
隄…………… 58
提…………… 58
奚…………… 58
郳…………… 58
兒…………… 58
梯…………… 59
犀…………… 59
泥…………… 59
鮭…………… 59
洼…………… 59
畦…………… 59
蜀…………… 60
毒…………… 60
郌…………… 60
倛…………… 60
西周………… 60
西郭………… 61
西方………… 61
西河………… 61
西乞………… 61
西陵………… 61
西樓………… 61
西門………… 61
西宫………… 62
西王………… 62
西鄉………… 62
西都………… 62
西間………… 62
西素………… 62
奚計盧……… 62

卷五

十三佳

媧…………… 63
柴…………… 63
娃…………… 63
鮭陽………… 64

十四皆
懷…………… 64
淮…………… 64

十五灰
回…………… 64
槐…………… 64
枚…………… 64
梅…………… 64
雷…………… 65
悝…………… 65
頽…………… 65
崔…………… 65
裴…………… 75
梧…………… 80

卷六

十六咍
來…………… 81
郲…………… 81
棓…………… 82
台…………… 82
郃…………… 82
敳…………… 82
哀…………… 82
萊…………… 82

十七真
真…………… 83
甄…………… 83
因…………… 83
闉…………… 83
辛…………… 83
辰…………… 84
仁…………… 84
人…………… 84
申…………… 84
鄰…………… 85
鱗…………… 85
陳…………… 85
秦…………… 89
蠙…………… 90
邠…………… 90
新…………… 90
新垣………… 90
新孫………… 90
新和………… 90
辛廖………… 91
申公………… 91
申叔………… 91
申鮮………… 91
申章………… 91
申屠………… 92
因孫………… 92
真人………… 92

十八諄
荀…………… 92
郇…………… 93
淳…………… 93
倫…………… 93
淳于………… 93

十九臻
莘…………… 94
駪…………… 94
詵…………… 94

二十文
文…………… 94
雲…………… 95
妘…………… 95
云…………… 95
郧…………… 95
員…………… 95
君…………… 96
軍…………… 96
芬…………… 96
紛…………… 96
聞人………… 96
軍車………… 96

卷七

二十一欣

訢…………… 97
勤…………… 97
勤宿………… 97

二十二元

元…………… 97
袁…………… 99
原…………… 102
爰…………… 102
垣…………… 102
轅…………… 103
榬…………… 103
樊…………… 103
言…………… 103
軒轅………… 103
軒丘………… 103
原伯………… 104
原仲………… 104

二十三魂

渾…………… 104
昆…………… 105
温…………… 105
門…………… 106
孫…………… 106
敦…………… 109
倱…………… 110
盆…………… 110
賁…………… 110
孫陽………… 110
昆吾………… 110
屯渾………… 110
温稽………… 111
奔水………… 111

二十四痕

恩…………… 111
根牟………… 111
根水………… 111

卷八

二十五寒

寒…………… 112
單…………… 112
韓…………… 112
丹…………… 116
安…………… 116
難…………… 117
但…………… 117
邗…………… 117
蘭…………… 117
刊…………… 117
韓餘………… 118
韓侯………… 118
韓褐………… 118
邯鄲………… 118
安丘………… 118
安國………… 118
安陵………… 118
安是………… 119
安都………… 119
安遲………… 119
蘭喬………… 119

二十六桓

桓…………… 119
官…………… 120
觀…………… 120
欒…………… 120
讙…………… 121
歠…………… 121
瞞…………… 121
潘…………… 121
芈…………… 121
冠…………… 121
完顔………… 122

二十七删
關…………… 122
環…………… 122
班…………… 122
蠻…………… 122
顔…………… 123
關龍………… 123
馯臂………… 123

二十八山
山…………… 123
間…………… 124
蔄…………… 124
瞯…………… 124

卷九
下平聲

一先
先…………… 125
阡…………… 125
天…………… 125
賢…………… 125
弦…………… 126
燕…………… 126
田…………… 126
顛…………… 128
牽…………… 128
淵…………… 128
邊…………… 129
縣…………… 129
先穀………… 129
先賢………… 130
千乘………… 130
涓濁………… 130

二仙
鮮…………… 130
錢…………… 130
然…………… 131
延…………… 131
連…………… 131
偏…………… 131
便…………… 131
綿…………… 132
全…………… 132
泉…………… 132
宣…………… 132
翾…………… 133
船…………… 133
顓…………… 133
歂…………… 133
員…………… 134
虔…………… 134
騫…………… 134
權…………… 134
拳…………… 135
鄄…………… 135
嫣…………… 135
鮮于………… 135
延陵………… 136
延州………… 136
宣于………… 136
顓臾………… 136
顓孫………… 136
顓頊………… 136
攣鞮………… 137
焉耆………… 137
鮮陽………… 137
鮮虞………… 137

卷十

三蕭
蕭…………… 138
貂…………… 141
刁…………… 141
凋…………… 141
條…………… 141
調…………… 141
聊…………… 141
遼…………… 141

堯…………… 142
鄡…………… 142

四宵

蛸…………… 142
朝…………… 142
晁…………… 142
朝…………… 143
囂…………… 143
譙…………… 143
焦…………… 144
椒…………… 145
饒…………… 145
傜…………… 145
繇…………… 145
銚…………… 145
姚…………… 146
摇…………… 147
韶…………… 147
昭…………… 148
招…………… 148
苗…………… 148
要…………… 149
喬…………… 149
橋…………… 149
僑…………… 149
昭涉………… 149
昭武………… 150
朝臣………… 150
憍陳如……… 150

卷十一

五肴

洨…………… 151
巢…………… 151
茅…………… 151
包…………… 152
苞…………… 152
麃…………… 152
茅夷………… 152

六豪

高…………… 152
皋…………… 156
勞…………… 156
牢…………… 156
褒…………… 156
陶…………… 157
桃…………… 157
敖…………… 158
曹…………… 158
毛…………… 160
陶丘………… 160
陶叔………… 160
曹牟………… 161
曹丘………… 161
饕餮………… 161
皋落………… 161

卷十二

七歌

柯…………… 162
多…………… 162
佗…………… 162
羅…………… 163
那…………… 163
何…………… 163
阿…………… 164
柯祇………… 164
多蘭………… 164
羅侯………… 164
何奈………… 164
荷訾………… 164
阿跌………… 165
阿熱………… 165
阿每………… 165
阿那………… 165
阿賀………… 165
阿伏………… 165

佗駱拔……… 165
多覽葛……… 165
阿伏干……… 166
阿鹿桓……… 166
阿史那……… 166
阿史德……… 166
阿逸多……… 166
阿鹿孤……… 167

八戈

戈…………… 167
過…………… 167
繁…………… 167
番…………… 168
和…………… 168
禾…………… 168
科…………… 168
磨離………… 168
波斯………… 168
婆衍………… 168
和拔………… 168
和稽………… 169

九麻

車…………… 169
蛇…………… 169
瓜…………… 169
花…………… 169
家…………… 169
瑕…………… 170
巴…………… 170
沙…………… 170
牙…………… 170
衙…………… 171
茶…………… 171
佘…………… 171
杷…………… 171
查…………… 171
樝…………… 172
車非………… 172
車焜………… 172
車遽………… 172
車成………… 172
瑕吕………… 172
沙陀………… 172
沙咤………… 172
佘丘………… 173
蛇丘………… 173
華原………… 173
霞露………… 173
瑕丘………… 173

卷十三

十陽上

陽…………… 174
楊…………… 174
揚…………… 180
羊…………… 181
洋…………… 181
良…………… 182
涼…………… 182
香…………… 182
鄉…………… 182
商…………… 182
房…………… 182
防…………… 184
方…………… 184
章…………… 184
昌…………… 184
羌…………… 184
姜…………… 185
長[①]………… 185

①《四庫》本《目録》卷一作“良”,按良姓已見是卷;《守山閣叢書》本作“長”,是,據改。

張…………… 185
襄…………… 190
相…………… 190
將…………… 190
莊…………… 190
嘗…………… 190
常…………… 191
霜…………… 191

卷十四

十陽下

王…………… 192
匡…………… 203
芳…………… 204
狂…………… 204
陽成………… 204
陽丘………… 204
楊孫………… 204
羊舌………… 204
羊角………… 205
梁垣………… 205
梁餘………… 205
梁于………… 205
梁石………… 205
商丘………… 205
商密………… 205
房當………… 206
防風………… 206
章仇………… 206
羌憲………… 206
羌丘………… 206
羌師………… 206
相里………… 207
將閭………… 207
將軍………… 207
將梁………… 207
將其………… 207
王史………… 207
王孫………… 208
王叔………… 208
王官………… 208
王子………… 208
王人………… 208
長勺………… 208
長盧………… 209
長魚………… 209
長狄………… 209
長吾………… 209

卷十五

十一唐

唐…………… 210
棠…………… 213
郎…………… 213
琅…………… 213
狼…………… 214
倉…………… 214
蒼…………… 214
剛…………… 214
桑…………… 214
喪…………… 215
康…………… 215
荒…………… 216
鄺…………… 216
黄…………… 216
皇…………… 217
湯…………… 217
汪…………… 217
芒…………… 218
臧…………… 218
囊…………… 218
卬…………… 218
唐溪………… 219
唐山………… 219
唐孫………… 219
堂邑………… 219
棠谿………… 219
當塗………… 220

蒼林………… 220
桑丘………… 220
桑扈………… 220
皇甫………… 220
皇子………… 221
湯滂………… 221
臧會………… 221
臧文………… 221

卷十六

十二庚

更…………… 222
彭…………… 222
英…………… 222
平…………… 223
荆…………… 223
明…………… 223
鳴…………… 223
榮…………… 224
卿…………… 224
黥…………… 224
行…………… 224
衡…………… 224
彭祖………… 225
平林………… 225
平寧………… 225
平陵………… 225
京城………… 225
京相………… 225
榮錡………… 225
榮叔………… 225
行人………… 226

十三耕

閎…………… 226
訇…………… 226
萠…………… 226

十四清

清…………… 227
嬴…………… 227
郾…………… 229
營…………… 229
嬰…………… 229
成…………… 229
郕…………… 229
程…………… 230
并…………… 230
精縱………… 230
嬰齊………… 230
成公………… 231
成陽………… 231
并官………… 231

卷十七

十五青

青…………… 232
經…………… 232
邢…………… 232
陘…………… 233
丁…………… 233
星…………… 233
靈…………… 233
泠…………… 234
冥…………… 234
甂…………… 234
青史………… 234
青陽………… 235
青牛………… 235
青烏………… 235
經孫………… 235
邢莫………… 235
形成………… 235
涇陽………… 235
丁若………… 236
泠淪………… 236

泠洲………… 236

十六蒸

承…………… 236
陵…………… 236
凌…………… 237
應…………… 237
乘…………… 237
勝…………… 238
仍…………… 238
徵…………… 238
繒…………… 238
鄫…………… 238
陵陽………… 238
勝屠………… 238

十七登

登…………… 239
曾…………… 239
倗…………… 240
弘…………… 240
滕[①]………… 241
滕叔………… 241
騰…………… 241

卷十八

十八尤

郵…………… 242
鄒…………… 242
劉…………… 242
留…………… 252
樛[②]………… 253
秋…………… 254
猷…………… 254
游…………… 254
遊…………… 255
牛…………… 255
脩…………… 256
犨…………… 256
周…………… 256
州…………… 263
舟…………… 263
丘…………… 263
鄒…………… 263
郰…………… 264
騶…………… 264
裯…………… 264
裘…………… 264
仇…………… 265
求…………… 265
牟…………… 265
尤…………… 265
流…………… 265
憂…………… 266
優…………… 266
彪…………… 266
仇尼………… 266

卷十九

十八尤下

由吾………… 267
由余………… 267
游梓………… 267
游水………… 267
游棣………… 268
修魚………… 268
鯈子………… 268
周生………… 268
周陽………… 268
丘敦………… 269

---

①《四庫》本《目録》卷一脱此姓，據正文補。

②《四庫》本《目録》卷一作"摎"，卷一八《十八尤上》作"樛"，《守山閣叢書》本同。"摎"誤，此改正。

丘林………… 269
鄒屠………… 269
仇由………… 269
牟孫………… 269
由………… 270
攸………… 270
丘穆陵………… 270
三丘………… 270
浮丘………… 270
疇………… 270
儔………… 270
巷………… 270
不………… 270

十九侯

侯………… 271
歐………… 271
謳………… 271
區………… 272
樓………… 272
婁………… 272
緱………… 272
句………… 273
鉤………… 273
鯫………… 273
裒………… 273
侯岡………… 273
歐陽………… 274
歐侯………… 274
樓季………… 275
鍮匆………… 275
投壺………… 275
鉤弋………… 275
勾龍………… 275
取慮………… 275
侯莫陳[①]…… 275
投和羅………… 276
侯史………… 276
疋婁………… 276
僂………… 276
工僂………… 276
投………… 276
侔………… 276

二十幽

幽………… 277

二十一侵

侵………… 277
尋………… 277
鐔………… 277
鄩………… 277
渢………… 277
灊………… 277
臨………… 278
綝………… 278
斟………… 278
箴………… 278
葴………… 279
湛………… 279
諶………… 279
任………… 279
禽………… 280
金………… 280
陰………… 281
參………… 281
蔘………… 281
岑………… 281
斟灌………… 281

①《四庫》本《目録》卷一排在“十八尤下”“牟孫”後，正文排在“十九侯”“取慮”後，與韻相符，《守山閣叢書》本《目録》同，從正文排序。下條“投和羅”同。

斟戈………… 281
沈猶………… 282

卷二十

二十二覃
覃…………… 283
譚…………… 283
南…………… 283
男…………… 284
堪…………… 284
南郭………… 284
南宫………… 284
南史………… 285
南鄉………… 285
南榮………… 285

二十三談
談…………… 285
郯…………… 285
甘…………… 286
媣…………… 286
儋…………… 286
聃…………… 286
澹臺………… 286
甘先………… 287
甘莊………… 287
三州………… 287
三飯………… 287
三伉………… 287
三種………… 287
亞飯………… 287
四飯………… 287

二十四鹽
鹽…………… 287
閻…………… 287
廉…………… 288
詹…………… 289
占…………… 289
苫…………… 289
淹…………… 289
潛…………… 289
黔…………… 289
鍼…………… 289
瞻葛………… 290
鍼巫………… 290
黔婁………… 290
箝耳………… 290

二十五添
謙…………… 291
兼…………… 291

二十六咸
咸…………… 291
函…………… 291
咸丘………… 291
函輿………… 291
函洽………… 292

二十八嚴
嚴…………… 292

二十九凡
凡閭………… 292

卷二十一

上　聲

一董
董…………… 293
孔…………… 294
孔父………… 294

二腫
隴…………… 294
奉…………… 294
勇…………… 294
拱…………… 295

三講
項…………… 295

四紙
紙…………… 295

抵…………… 295
氏…………… 295
委…………… 296
蛾…………… 296
蔿…………… 296
闟…………… 296
薳…………… 297
寫…………… 297
鯱…………… 297
芉[①]………… 297
是連………… 299
是婁………… 300
是賁………… 300
是人………… 300
是云………… 300
是奴………… 300
倚相………… 300

五旨

比…………… 300
矢…………… 301
履…………… 301
癸…………… 301
視…………… 301
壘…………… 301
水丘………… 301
登北………… 301

六止

市…………… 302
紀…………… 302
祀…………… 302
似…………… 302
己…………… 302
姒…………… 302
史…………… 304
使…………… 304
李…………… 304

卷二十二

六止下

理…………… 320
始…………… 320
士…………… 320
俟…………… 321
子…………… 321
梓…………… 323
厎…………… 323
市南………… 323
似先………… 323
史華………… 323
史晁………… 323
李蘭………… 324
士孫………… 324
士弱………… 324
士丐………… 324
士季………… 324
士貞………… 324
子游………… 324
子有………… 325
子夏………… 325
子干………… 325
子羽………… 325
子叔………… 325
子家………… 326
子服………… 326
子國………… 326
子旗………… 326
子革………… 326
子臧………… 326
子車………… 327
子駟………… 327
子南………… 327
子占………… 327

①《四庫》本《目録》卷二作“芊”,乃版刻之誤。

子師………… 327
子禽………… 327
子木………… 327
子晳………… 327
子孔………… 328
子人………… 328
子士………… 328
子泉………… 328
子罕………… 328
子蕩………… 328
子午………… 328
子俛………… 329
子儀………… 329
子西………… 329
子瘖………… 329
子仲………… 329
子郢………… 329
子石………… 329
子穆………… 329
子高………… 330
子然………… 330
子乾………… 330
子期………… 330
子庚………… 330
子囊………… 330
子公………… 330
子沮………… 330
子襄………… 330
子旅………… 331
子季………… 331
子成………… 331
子扁………… 331
俟利………… 331
俟斤………… 331
俟亥………… 331
俟畿………… 332
俟奴………… 332
俟吕陵……… 332
俟伏斤……… 332
俟伏侯……… 332
俟力伐……… 332

卷二十三

七尾

尾…………… 333
偉…………… 333
尾勺………… 333

八語

圉…………… 333
吕…………… 334
汝…………… 336
處…………… 336
褚…………… 336
許…………… 337
巨…………… 338
所…………… 339
楚…………… 339
莒…………… 339
叙…………… 339
蒉…………… 339
咀…………… 340
姖…………… 340
褚師………… 340
巨母………… 340

九麌

羽…………… 340
禹…………… 340
宇…………… 341
栩…………… 341
鄅…………… 341
甫…………… 341
府…………… 341
武…………… 341
儛…………… 344
輔…………… 345
柱…………… 345

詡…………… 345
豎…………… 345
庾…………… 345
楀…………… 346
主…………… 346
宇文………… 347
羽弗………… 347
武城………… 347
武羅………… 347
武都………… 348
甫爽………… 348
豎侯………… 348
主父………… 348

卷二十四

十姥
姥…………… 349
杜…………… 349
魯…………… 355
古…………… 356
伍…………… 356
五…………… 356
仵…………… 356
虎…………… 357
琥…………… 357
鄔…………… 357
苦…………… 357
浦…………… 357
圃…………… 357
五鹿………… 357
五王………… 358
五鳩………… 358
五里………… 358
伍相………… 358
伍參………… 358
古孫………… 358
古龍………… 358
吐火………… 359
吐萬………… 359
吐賀………… 359
吐羅………… 359
吐門………… 359
吐難………… 359
吐缶………… 359
吐渾………… 359
魯步………… 359
虎夷………… 360
普屯………… 360
補禄………… 360
吐谷渾……… 360
普陋茹……… 360
古口引[①]…… 360
户盧提……… 360
扈地干……… 360
吐突………… 360
十一薺
邸…………… 361
米…………… 361
啓…………… 361
十二蟹
解…………… 361
米禽………… 362
十三駭
楷…………… 362
十四賄
隗…………… 362
十五海
宰…………… 362

①《四庫》本《目録》卷二在“補禄”後，正文則排在”普陋茹“後，今從正文排序。

亥…………… 363
宰氏………… 363

十六軫

軫…………… 363
閔…………… 363
菌…………… 363

卷二十五

十七準

尹…………… 364
允…………… 364
尹文………… 365
尹公………… 365

十九隱

隱…………… 365

二十阮

阮…………… 365
偃…………… 366
匽…………… 366
蹇…………… 366
圈…………… 366
苑…………… 367
宛…………… 367
晚…………… 367
偃師………… 367
卷子………… 367

二十三旱

散…………… 367
罕…………… 368
散宜[1]……… 368
罕夷………… 368
罕开………… 368

二十四緩

緩…………… 368
曼…………… 369
睆…………… 369
琯…………… 369
滿…………… 369

二十五潸

阪上………… 369

二十六産

簡…………… 369

二十七銑

銑…………… 370
扁…………… 370

二十八獮

衍…………… 370
展…………… 370
遣…………… 370
蹇…………… 370
單…………… 371
辯…………… 371
雋…………… 371
免…………… 371
蜎…………… 371
葂…………… 371
鴘…………… 372
輾遲………… 372

二十九篠

繳…………… 372
蓼…………… 372
鳥洛………… 372

三十小

庳…………… 372

① 散宜及以下罕夷、罕開三姓,《四庫》本《目録》卷二屬“二十四緩”韻,正文卷二五則屬“二十三旱”韻;《守山閣叢書》本目録、正文均屬“二十三旱”韻下,是,故移入。

趙…………… 373
蟜…………… 380
小王………… 380
擾龍………… 380
趙陽………… 380

三十一巧

佼…………… 380
絞…………… 380
鮑…………… 380
鮑俎………… 381

卷二十六

三十二皓

皞…………… 382
浩…………… 382
抱…………… 382
老…………… 382
道…………… 382
稻…………… 383
考…………… 383
棗…………… 383
敔…………… 383
昊英………… 383
浩生………… 383
浩羊………… 383
考城………… 384
老陽………… 384
老萊………… 384

三十三哿

我…………… 384
可…………… 384
娿…………… 384
左…………… 384
可單………… 385
可頻………… 385
可達………… 385
可悉………… 385
左丘………… 385
左師………… 385
左史………… 385
左行………… 386
左公………… 386
可地延……… 386
可朱渾……… 386
可足渾……… 386

三十四果

瑣…………… 386
火拔………… 387
火尋………… 387
頗超………… 387

三十五馬

馬…………… 387
賈…………… 388
夏…………… 391
堵…………… 391
冶…………… 391
假…………… 392
乜…………… 392
馬適………… 392
馬矢………… 392
馬服………… 392
馬師………… 392
野利………… 392
野詩………… 393
野頭………… 393
野辭………… 393
虵咥………… 393
者舌………… 393
賈孫………… 393
夏侯………… 393
夏父………… 394
夏丁………… 394
夏陽………… 394
夏里………… 394
社南………… 394
社北………… 394

卷二十七

三十六養

養…………… 395
蔣…………… 395
鞅…………… 396
彊…………… 396
罔…………… 397
放…………… 397
䮬…………… 397
莔…………… 397
養由………… 397
長孫………… 397
爽鳩………… 399

三十七蕩

蕩…………… 399
盪…………… 399
莽…………… 399
党…………… 400
廣武………… 400

三十八梗

丙…………… 400
邴…………… 400
景…………… 401
省…………… 401
杏…………… 401
梗[①]………… 401
邴意………… 401

三十九耿

耿…………… 401
幸…………… 403

四十靜

潁…………… 403
領…………… 403
井…………… 403
省…………… 404
渻…………… 404
井強六斤…… 404

四十一迥

冷…………… 404

卷二十八

四十三等

鄳…………… 405

四十四有

友…………… 405
柳…………… 405
鈕…………… 405
夻…………… 406
醜…………… 406
舅…………… 406
臼…………… 406
有扈………… 406
有巢………… 406
有窮………… 406
有男………… 406
有鬲………… 406
有偃………… 407
右師………… 407
右宰………… 407
右公………… 407
右行………… 407
右扈………… 407
醜門………… 407
臼季………… 408
壽西………… 408
受西………… 408

四十五厚

厚…………… 408

①《四庫》本《目録》卷二作“梗陽”，據正文改。

後…………… 408
鈄…………… 408
苟…………… 409
郈…………… 409
后…………… 409
厚丘………… 409
牡丘………… 409

四十七寑

沈…………… 410
瞫…………… 411
廩丘………… 411

四十八感

禫…………… 411
譚…………… 411
湳…………… 411
昝…………… 412
丹…………… 412

四十九敢

覽…………… 412
欖…………… 413
啖…………… 413

五十琰

冉…………… 413
染…………… 413
奄…………… 413
弇…………… 414
彡姐①……… 414

五十三豏

減…………… 414

五十四檻

擻…………… 414

五十五范

范…………… 414
范師………… 416

卷二十九
去　聲

一送

貢…………… 417
弄…………… 417
痛…………… 417
仲…………… 417
棟…………… 418
洞沐………… 418
仲孫………… 418
仲叔………… 418
仲熊………… 418
仲顔………… 419
仲行………… 419

二宋

宋…………… 419
統萬………… 420

三用

雍…………… 420
俸…………… 420
雍門………… 421

四絳

絳…………… 421

五寘

被…………… 421
智…………… 421
義渠………… 422

六至

摯…………… 422
遂…………… 422
祕…………… 422
餽…………… 422
利…………… 422

①《四庫》本《目録》卷二脱"姐"字,據正文及《守山閣叢書》本補。

冀…………… 423
貳…………… 423
懿…………… 423
駟…………… 423
季…………… 424
自…………… 424
利孫………… 424
利作………… 425
棄疾………… 425
季孫………… 425
季連………… 425
季瓜………… 425
季老………… 425
地連………… 425
地倫………… 425
自死獨膊…… 426

七志

寺…………… 426
異…………… 426
忌…………… 426
寺人………… 426
食其………… 426

八未

緯…………… 426
魏…………… 427
費…………… 429
尉…………… 429
旣…………… 429
魏强………… 430
費連………… 430
費聽………… 430

卷三十

九御

御…………… 431
慮…………… 431
鑢…………… 431
庶…………… 431
豫…………… 432
茹…………… 432
御龍………… 432
著丘………… 432
去疾………… 432
去斤………… 432
據…………… 432
譽…………… 433
庶其………… 433

十遇

注…………… 433
裕…………… 433
諭…………… 433
喻…………… 433
傅…………… 434
俞…………… 435
傅餘………… 436
務相………… 436
具封………… 436
注吾………… 436
樹洛干[①]…… 436
樹黎………… 437
務成………… 437
遇…………… 437
樹…………… 437
住…………… 437
逗…………… 437
附…………… 437
鑄…………… 437
孺…………… 437
務…………… 437
具…………… 438

①《四庫》本《目録》卷二脱此姓,據正文及《守山閣叢書》本補。

十一暮

慕…………… 438
募…………… 438
度…………… 438
路…………… 438
潞…………… 439
顧…………… 440
胙…………… 440
互…………… 440
慕容………… 441
慕輿………… 443
路中………… 443
路洛………… 443
素和………… 443
素黎………… 443
護諾………… 444
布却………… 444
庫門………… 444
庫汗………… 444
庫狄………… 444
庫成………… 444
步叔………… 444
庫如干……… 445
庫傉官……… 445
步大汗……… 445
步鹿孤……… 445
步六根……… 445
步六孤……… 445
露…………… 445
暮…………… 446
故…………… 446
固…………… 446
布…………… 446
錯…………… 446
鑡…………… 446
庫…………… 446
步…………… 446
姑布………… 446

十二霽

蒂…………… 447
系…………… 447
惠…………… 447
桂…………… 447
昋…………… 447
炅…………… 447
炔…………… 447
隸…………… 448
第三………… 448
第五………… 448
惠叔………… 448
惠牆………… 448
細封………… 448
契苾………… 448
麗飛………… 449
羿…………… 449
計…………… 449
薊…………… 449
隸…………… 449
麗…………… 449
第八………… 449

卷三十一

十三祭

衛…………… 450
芮…………… 451
贅…………… 451
鋭…………… 451
澈…………… 452
制…………… 452
厲…………… 452
世…………… 452
毳…………… 452
税…………… 452
裔…………… 453
藝…………… 453
彘…………… 453

十四泰

泰…………… 453
太…………… 453
藹…………… 453
柰…………… 453
大…………… 453
貝…………… 454
沛…………… 454
會…………… 454
最…………… 454
蔡…………… 454
蹛…………… 455
賴…………… 455
祋…………… 456
太叔………… 456
太士………… 456
太史………… 456
太室………… 456
太師………… 456
太祝………… 457
太陽………… 457
大陸………… 457
大庭………… 457
大心………… 457
大狐………… 457
大公………… 457
大野………… 457
大夫………… 458
大食………… 458
大彭………… 458
大賀………… 458
大山………… 458
大連………… 458
大征………… 459
大師………… 459
大拔………… 459
會庌………… 459
會稽………… 459
蔡仲………… 459
大莫干……… 459
大利稽……… 459
泰豆………… 459
太伯………… 460
太傅………… 460
大季………… 460
大羅………… 460
大戊………… 460
大俗稽………460
大落稽………460
艾…………… 460
鄶…………… 460
兑…………… 461
帶…………… 461
剡賴………… 461
刈…………… 461

十六怪

祭…………… 461
介…………… 461
玠…………… 462
蒯…………… 462
蕢…………… 462
蕢…………… 462
祭公………… 462

十七夬

快…………… 462
噲…………… 462
殨…………… 463

十八隊

對…………… 463
背…………… 463

十九代

戴…………… 463
瑷…………… 463
代…………… 464
載…………… 464
能…………… 464

佴…………… 464
塞…………… 464

卷三十二

二十一震
信…………… 465
遴…………… 465
藺…………… 465
晉…………… 465
釁…………… 466
振…………… 466
印…………… 466
慎潰………… 466
鎮…………… 466
信平………… 467
信都………… 467
進…………… 467
縉…………… 467
慎…………… 467
晉…………… 467
廟諱………… 467

二十三問
問…………… 468
鄆…………… 468
訓…………… 468
覶…………… 468
問弓………… 468
問薪………… 468
運奄………… 468
運期………… 468
運…………… 468
員…………… 469
奮…………… 469

二十四焮
靳…………… 469

二十五願
万…………… 469
萬…………… 470
曼…………… 470
娩…………… 470
憲…………… 470
怨…………… 471
曼丘………… 471
万紐于……… 471
勸…………… 471
蔓…………… 471
甗…………… 471
建…………… 471
獻…………… 471
獻丘………… 472
圈…………… 472

二十六慁
頓…………… 472
論…………… 472
困没長……… 473

二十八翰
汗…………… 474
馯…………… 474
炭…………… 474
犴…………… 474
僕…………… 474
幹獻………… 474
粲…………… 474
贊…………… 474
忓…………… 475

二十九換
貫…………… 475
灌…………… 475
冠…………… 475
奐…………… 475
段…………… 475
爨…………… 476
冠軍………… 477
段干………… 477

三十諫
諫………… 477
晏………… 477
豢龍………… 477
患………… 478

三十一襉
蕑………… 478

三十二霰
倩………… 478
練………… 478
見………… 478
嬿………… 478
殿………… 478
縣潘………… 479
薦………… 479

三十三線
鮮………… 479
單………… 479
譴………… 479
援………… 479
眷………… 480
繺………… 480
卞………… 480
弁………… 480
羡………… 480
鄯善………… 480
羡門………… 480
變………… 481
戰………… 481
鄄………… 481
賤………… 481

三十四嘯
銚………… 481

卷三十三

三十五笑
召………… 482
寮………… 482
召伯………… 482
少正………… 482
少師………… 483
少叔………… 483
少西………… 483
少王………… 483
少施………… 483
邵………… 483
少………… 483
少室………… 483

三十六效
豹………… 484
淖………… 484
校師………… 484
校………… 484
孝………… 484

三十七號
到………… 484
受………… 485
部………… 485
操………… 485
暴………… 486
漕………… 486
好………… 486
悼………… 486
耵………… 486
叟………… 486
耗………… 486
告………… 486
嫪………… 487

三十八箇
賀………… 487
賀蘭………… 488
賀若………… 488
賀遂………… 488
賀婁………… 488
賀敦………… 488
賀賴………… 488

賀魯………… 489
賀葛………… 489
賀兒………… 489
賀六渾……… 489
賀悦………… 489
賀拔………… 489
賀拔干……… 489
賀術………… 489

三十九過

播…………… 489
破丑………… 490
破六汗……… 490
破多羅……… 490

四十禡

謝…………… 490
夜…………… 492
斥…………… 492
華…………… 493
化…………… 493
射…………… 493
下門………… 493
下陽………… 494
霸…………… 494
謝邱………… 494
晋…………… 494
夏…………… 494
舍…………… 494
舍利………… 494
厙…………… 494
柘…………… 494
䢦…………… 495
華士………… 495
偌…………… 495

四十一漾

向…………… 495
暢…………… 495
匠…………… 495
尚…………… 496
償…………… 496
望…………… 496
相…………… 496
匠僂………… 496
匠麗………… 496
尚方………… 496
亮…………… 497
諒…………… 497
濮王諱……… 497
況…………… 497

四十二宕

浪…………… 497
盎…………… 497
党…………… 498
伉…………… 498
亢…………… 498
阬…………… 498
曠…………… 498
抗…………… 498

卷三十四

四十三映

敬…………… 499
慶…………… 499
孟…………… 500
柄…………… 500
慶父………… 501
慶忌………… 501
孟獲………… 501
慶師………… 501

四十五勁

正…………… 501
聖…………… 501
鄭…………… 501
性…………… 503
姓…………… 503
盛…………… 503

- 㚇…………… 504
- 令…………… 504
- 政…………… 504
- 正令………… 504
- 竟…………… 504
- 競…………… 504

四十六徑

- 甯…………… 504

四十七證

- 乘…………… 505
- 乘馬………… 505
- 乘丘………… 505

四十八嶝

- 鄧…………… 505
- 鄧陵………… 507

四十九宥

- 右…………… 507
- 祐…………… 507
- 富…………… 508
- 俞…………… 508
- 廖…………… 508
- 秀…………… 509
- 就…………… 509
- 壽…………… 509
- 宥連………… 510
- 副吕………… 510
- 富陵………… 510
- 富吕………… 510
- 廖叔………… 510
- 副…………… 510
- 授…………… 510
- 救…………… 510
- 灸…………… 511
- 厩…………… 511
- 胄…………… 511
- 舊…………… 511
- 晝…………… 511
- 富父………… 511
- 飂…………… 511
- 繡…………… 511
- 糗…………… 511

五十候

- 候…………… 511
- 茂…………… 511
- 鄮…………… 512
- 豆…………… 512
- 竇…………… 512
- 鬭…………… 512
- 漏…………… 513
- 句[①]…………… 513
- 竇公………… 513
- 豆盧………… 513
- 茂眷………… 513
- 鬭比………… 514
- 鬭强………… 514
- 鬭文………… 514
- 鬭班………… 514
- 鬭于………… 514
- 戊地………… 514
- 貿…………… 514
- 鏤…………… 514
- 寇…………… 514
- 鬭門………… 515

五十一幼

- 謬…………… 515

五十二沁

- 禁…………… 515

①《四庫》本、《守山閣》本《目録》作“勾”。“勾”本字“句”，然非姓，乃刻誤，故改之。

五十三勘
贑婁………… 515

五十四闞
闞…………… 515
淡…………… 516

五十六㮇
念…………… 516

五十九鑑
監…………… 516

六十梵
汎…………… 516

卷三十五
入　聲

一屋
屋…………… 517
轂…………… 517
谷…………… 517
禿…………… 518
用…………… 518
禄…………… 518
鹿…………… 519
录…………… 519
鏃…………… 519
鋻…………… 519
卜…………… 519
木…………… 520
沐…………… 520
福…………… 520
幅…………… 520
伏…………… 521
復…………… 521
服…………… 521
澓…………… 522
縮…………… 522
陸…………… 522
麴…………… 523
蔌…………… 524
淑…………… 524
育…………… 524
祝…………… 524
叔…………… 524
菽…………… 525
畜…………… 525
鄐…………… 525
竹…………… 525
竺…………… 525
郁…………… 526
肅…………… 526
宿…………… 526
玉…………… 526
凰…………… 526
睦…………… 526
繆…………… 527
穆…………… 527
膊…………… 527
屋廬………… 527
屋南………… 528
屋引………… 528
獨孤………… 528
谷會………… 531
谷渾………… 531
谷那………… 531
斛律………… 531
斛穀………… 531
斛粟………… 532
斛斯………… 532
禿髮………… 532
禄里………… 533
鹿勃………… 533
木易………… 533
卜梁………… 533
沐蘭………… 533
福子………… 533
伏俟………… 534
陸終………… 534

祝固…………　534
叔孫…………　535
叔仲…………　535
叔帶…………　535
叔逵…………　535
叔先…………　535
叔敖…………　535
叔梁…………　536
叔夙…………　536
郁朱…………　536
目夷…………　536
牧師…………　536
宿六斤………　536
獨孤渾………　536
斛瑟羅………　536
木骨閭………　536
伏俟龍………　537
郁久閭[①]……　537
郁原甄………　537
璛…………　537
飒…………　537
虙…………　537
宓…………　537
鞠…………　537
濮…………　538
濮陽…………　538
鄚…………　538
木門…………　538
牧…………　538
祝其…………　538
祝史…………　538
鬻…………　539
蝮…………　539
叔山…………　539
叔魚…………　539
叔夜…………　539
叔向…………　539
叔服…………　539
夙…………　539
夙沙…………　539
潚…………　539
僕…………　540
遬僕…………　540

卷三十六

二沃

毒…………　541
褥…………　541
耨…………　541
傶…………　541
錊…………　541
僕固…………　542
僕蘭…………　542
沃…………　542
督…………　542
鵠…………　542

三燭

辱…………　542
緑…………　542
逯…………　543
足…………　543
敹…………　543
續…………　543
粟…………　543
亍…………　543
燭盧…………　543
燭…………　543
蓐…………　544
束…………　544
廟諱…………　544
曲…………　544

①《四庫》本《目録》作“郁六閭”，據正文及《守山閣叢書》本改。

四覺

角…………… 544

傕…………… 544

岳…………… 545

樂…………… 545

卓…………… 545

濁…………… 545

濯…………… 546

樸…………… 546

朴…………… 546

樂利………… 546

樂王………… 546

樂正………… 546

偓…………… 547

朔…………… 547

學…………… 547

五質

郅…………… 547

帙…………… 547

一…………… 547

漆…………… 548

匹…………… 548

吉…………… 548

佚…………… 548

栗…………… 548

畢…………… 548

室…………… 549

姞…………… 549

率…………… 549

乙…………… 549

密…………… 550

漆雕………… 550

栗陸………… 550

悉羅………… 551

悉雲………… 551

室孫………… 551

密貴………… 551

密須………… 551

密革………… 551

密茅………… 551

叱列[①]……… 551

叱利………… 551

叱干………… 552

叱吕………… 552

叱奴………… 552

乙旃………… 552

乙干………… 552

一利咥……… 552

一斗眷……… 552

一郁蔞……… 552

乙速孤……… 552

失利波羅…… 553

質…………… 553

實…………… 553

乙弗………… 553

茀…………… 553

佛…………… 553

悉…………… 553

悉居………… 553

室中………… 553

帥…………… 554

六術

述…………… 554

肭…………… 554

橘…………… 554

出連………… 554

出就………… 555

黜弗………… 555

黜容………… 555

①《四庫》本《目録》卷二屬“叱干”後,《守山閣叢書》本《目録》卷二屬“室孫”後,《四庫》本正文屬“密茅”後,今從正文。

術…………… 555
恤…………… 555

卷三十七

八物

弗…………… 556
蔚…………… 556
屈…………… 556
茀…………… 557
屈侯………… 557
屈南………… 557
屈盧………… 557
屈同………… 558
屈門………… 558
屈引………… 558
弗羽………… 558
弗忌………… 558
不蒙………… 558
不更………… 558
不第………… 558
𠛮…………… 559
鬱…………… 559
尉…………… 559
尉遲………… 559
屈突………… 559
屈男………… 559

九迄

曁…………… 559
乞…………… 560
乞伏………… 560
乞連………… 561
乞利咥……… 561

十月

厥…………… 561
闕…………… 561
髮…………… 561
謁…………… 561
越質………… 562
越勒………… 562
越椒………… 562
越强………… 562
闕門………… 562
越…………… 562

十一没

骨…………… 563
悖…………… 563
紇…………… 563
没藏………… 563
没鹿………… 564
紇干………… 564
紇奚………… 564
鶻奚………… 564
紇骨………… 564
没鹿真……… 564
紇豆陵……… 564
紇突隣……… 565
骨咄禄……… 565
勃窣野……… 565
嗢石蘭……… 565
勃…………… 565
兀…………… 565
杌…………… 565

十二曷

妲…………… 565
遏…………… 566
剌…………… 566
達勃………… 566
渴侯………… 566
葛伯………… 566
鶡冠………… 566
渴足渾……… 566
達…………… 566
達奚………… 566
達步………… 567
笪…………… 567

闕…………… 567
葛…………… 567
剌門………… 567
啜剌………… 567

十三末

末…………… 567
秣…………… 567
括…………… 568
敓…………… 568
拔拔………… 568
拔略………… 568
拔也………… 568
拔列蘭……… 568
末那婁……… 568
脱…………… 568

十四黠

滑…………… 568
价…………… 569
滑伯………… 569
察…………… 569
察失利……… 569

十五鎋

刹利………… 569
刹利邪伽…… 569

十六屑

齧…………… 569
頡…………… 570
鐵弗………… 570
纈那………… 570
節…………… 570
鐵…………… 570
鐵伐………… 570

卷三十八

十七薛

薛…………… 571
泄…………… 572
洩…………… 572
卨…………… 573
裂…………… 573
哲…………… 573
折…………… 573
舌…………… 573
嶭…………… 574
悦…………… 574
説…………… 574
竭…………… 574
列禦………… 574
揭陽………… 574
折掘………… 574
折婁………… 575
别成………… 575
悦力………… 575
渫…………… 575
列…………… 575
列宗………… 575
叱伏列……… 575
孽…………… 575
泱…………… 575
桀…………… 575
别…………… 576

十八藥

藥…………… 576
略…………… 576
若…………… 576
鄀…………… 576
若敖………… 576
若羅………… 576
若干………… 577
矍相………… 577
藥羅葛……… 577
若口引……… 577
約…………… 577
鳥…………… 577

夒…………… 578

十九鐸

莫…………… 578
幕…………… 578
鄚…………… 578
落…………… 578
絡…………… 578
駱…………… 579
雒…………… 579
錯…………… 579
閣…………… 579
鄂…………… 579
薄…………… 579
郝…………… 580
索…………… 580
佫…………… 580
鞹…………… 580
博…………… 580
霍…………… 580
郭…………… 581
鐸遏………… 581
莫侯………… 581
莫輿………… 582
莫盧………… 582
莫折………… 582
薄奚………… 582
薄野………… 582
落姑………… 582
落下………… 582
駱雷………… 582
拓跋………… 582
拓王………… 584
索盧………… 584
莫那盧……… 584
頟…………… 584
莫胡盧……… 584
鐸…………… 584
莫者………… 584
莫多婁……… 584
洛…………… 585
作…………… 585
恪…………… 585
索陽………… 585

卷三十九

二十陌

貉…………… 586
白…………… 586
帛…………… 587
伯…………… 587
栢…………… 587
百…………… 587
劇…………… 587
笮…………… 588
窄…………… 588
迮…………… 588
郤…………… 588
格…………… 588
翟…………… 589
虢…………… 589
白公………… 589
白侯………… 589
白冥………… 589
白象………… 589
白威………… 590
伯宗………… 590
伯高………… 590
伯成………… 590
伯有………… 590
百里………… 590
郤州………… 590
赫連………… 591
虢射………… 591
白鹿………… 591
九百………… 592
伯夫………… 592

伯夏……………… 592
伯昏……………… 592
伯比……………… 592
柏侯……………… 592
白馬……………… 592
白狄……………… 593
白石……………… 593
白楊堤……………… 593
澤……………… 593

二十一麥

麥……………… 593
麥丘……………… 593
獲……………… 593
鬲……………… 593
革……………… 594
欳……………… 594
蘖……………… 594

二十二昔

掖……………… 594
易……………… 594
液……………… 594
釋……………… 595
卤……………… 595
石……………… 595
鉐……………… 596
藉……………… 596
夕……………… 596
席……………… 596
射……………… 596
益壽……………… 596
赤松……………… 597
赤章……………… 597
石作……………… 597
石駘……………… 597
石户……………… 597
石之……………… 597
籍丘……………… 597
辟閭……………… 597
赤小豆……………… 598
昔……………… 598
益……………… 598
適……………… 598
奭……………… 598
赤……………… 598
赤張……………… 598
石牛……………… 598
辟……………… 598

卷四十

二十三錫

錫……………… 599
鄐……………… 599
狄……………… 599
壁……………… 600
戚……………… 600
俅……………… 600
析成……………… 600
析……………… 601
激……………… 601
糴……………… 601

二十四職

敕……………… 601
息……………… 601
植……………… 601
稷……………… 602
識……………… 602
棘……………… 602
弋……………… 602
啚……………… 602
直勒……………… 602
勑力……………… 602
弋門……………… 603
即墨……………… 603
式……………… 603
職……………… 603
直……………… 603
力……………… 603
食……………… 603

殖…………… 603
翼…………… 603
即…………… 603
即利………… 604
稷丘………… 604
嗇…………… 604

二十五德

勒…………… 604
特…………… 604
墨…………… 604
塞…………… 605
國…………… 605
北…………… 605
黑肱………… 605
黑齒………… 605
墨夷………… 606
墨台………… 606
万俟[①] ……… 606
北宫………… 606
北郭………… 606
北殷………… 606
北旄………… 607
北鄉………… 607
北丘………… 607
北附………… 607
北門………… 607
北唐………… 607
北海………… 607
北野………… 607
北官………… 607
北人………… 607

二十六緝

立…………… 608
給…………… 608
戢…………… 608
邑裘………… 608
邑由………… 608
邑里………… 608
執失………… 608
習…………… 609
隰…………… 609
襲…………… 609
集…………… 609
汲…………… 609

二十七合

合…………… 609
郃…………… 609
頜…………… 609
佮…………… 609
合博………… 610
沓盧………… 610
沓…………… 610
納…………… 610

二十八盍

蓋…………… 610
庢…………… 611
盉…………… 611
蓋樓………… 611

二十九葉

葉…………… 611
接…………… 611
涉…………… 612
獵…………… 612
捷…………… 612
聶…………… 612
輒…………… 613
接輿………… 613
涉其………… 613
跌跌………… 613

①《四庫》本《目録》卷二作“万俟”,正文與《守山閣》本作“万俟”,據改。

攝…………… 614

三十帖

俠…………… 614

莢…………… 614

牒云…………… 614

莢成…………… 614

牒…………… 614

三十一洽

夾…………… 614

郟…………… 615

三十二狎

甲…………… 615

甲父…………… 615

噘嗟…………… 615

三十三業

業…………… 615

鄴…………… 616

脅…………… 616

三十四乏

法…………… 616

漢姓補遺

第八…………… 616

坎氏…………… 616

籛…………… 616

已氏…………… 617

事父…………… 617

舁…………… 617

茼…………… 617

眴…………… 617

蕃姓補遺

雋蒙…………… 617

吐突…………… 617

迦葉…………… 617

苢…………… 617

葽…………… 618

耶律…………… 618

突黎人…………… 619

挐…………… 619

虛連題…………… 619

附録一：鄧名世《古今姓氏書辯證》序論……………620

附録二：鄧名世《古今姓氏書辯證》括要……………623

附録三：鄧名世《古今姓氏書辯證》總目……………624

附録四：孫星衍《刊古今姓氏書辯證叙》……………652

附録五：錢熙祚序跋二首……………654

附録六：余嘉錫《四庫提要辨證·古今姓氏書辨證四十卷》……………656

附録七：殘宋本《古今姓氏書辯證》韻目……………662

姓氏筆劃索引……………691

校勘記徵引文獻書目……………720

修訂版後記……………725

凡 例

一、本編以《四庫全書》本《古今姓氏書辯證》(以下簡稱“《四庫》本《辯證》”)爲底本。《四庫》本原附館臣注於行間,數量較多,此次整理予以全部保留,即校勘記所稱之“《四庫》本原注”部分。

二、本編以錢熙祚編《守山閣叢書》本《古今姓氏書辯證》爲參校本,在校勘記中簡稱“錢氏校本”。錢氏校勘記之有價值者,予以充分吸收,不敢攘善,特注明“錢氏曰”字樣。

三、錢熙祚在書後所附校勘記(上、中、下)中徵引了部分殘宋本原文,本編吸收其中有價值者以爲參照。殘宋本所列姓氏,編入《四庫》本《辯證》所屬韻目之後,相關文字分別插入《四庫》本各卷相應位置。全書凡屬殘宋本文字,一律加下劃綫“——”處理,以示區别。

四、《四庫》本原注、《守山閣叢書》本錢熙祚按語以及此次整理者所撰校勘記,均以頁下注形式出現。其中,在引據、涉及其他學者考證的場合,以“今按”二字表示本人觀點。爲保存《四庫》本《辯證》原貌,除歷代避諱字,明顯的版刻混用字如己、已、巳等全部予以徑改外,原書之脱譌衍倒以及與其他古籍歧異之處,均通過校勘記予以考證、校訂。在對原文施加新式標點的同時,適當分段,以清眉目。

五、《四庫》本《辯證》及原注、《守山閣叢書》本《辯證》所附錢熙祚按語，對古籍大多採用縮略或約定俗成的名稱，如稱《左傳》爲《傳》，《魏書・官氏志》爲《後魏・官氏志》，《後漢書》爲《後漢》等等。鑒於古人書寫習慣如此，本編一仍其舊，不另加説明。

六、本次校勘所參據、徵引的《二十四史》，均採用中華書局點校本，出版信息詳見書後《校勘記徵引文獻書目》。此外，鑒於《辯證》一書襲取［唐］林寶撰《元和姓纂》最多，而該書版本較爲複雜，此次校勘中使用中華書局本《〈元和姓纂〉附四校記》（岑仲勉校記、郁賢皓等整理），簡稱"今本《姓纂》"。此外，校勘記也大量引據［宋］歐陽修等撰《新唐書・宰相世系表》，簡稱《新表》；趙超編著《新唐書宰相世系表集校》，簡稱《新表集校》。校勘記中所徵引的書籍，首次出現時，標注作者及時代（習見者如司馬遷《史記》及二十四史各部等則省略作者）、書名全稱、卷次，再次出現則僅出書名，省略其他信息。

七、爲方便讀者檢索，本書編製了姓氏筆劃索引附於書後。

四庫全書總目提要[1]

臣等謹按:《古今姓氏書辯證》四十卷,宋鄧名世撰,而其子椿年[2]裒次之。名世字元亞,臨川人。祖孝甫,見《宋史·隱逸傳》,即《原序》所稱文昌先生者是也[3]。李心傳《繫年要録》稱:紹興三年十月,詔撫州進士鄧名世赴行在,以御史劉大中薦也。四年三月乙亥,上此書,時吏部尚書胡松年以其貫穿群書,用心刻苦,遂引對,命爲右迪功郎。王應麟《玉海》所載亦同,惟言名世初以草澤得召,上書後始詔賜出身,充史館校勘。《朱子語類》又謂其以趙汝愚薦,以白衣起爲著作郎,後忤秦檜,勒停。均與心傳所記不同,則未詳孰是耳。《文獻通考》、《宋·藝文志》俱作四十卷,惟《宋會要》作十四卷,《中興書目》作十二卷,殆傳寫之訛。

其書長於辯論,大抵以《左傳》、《國語》爲主,自《風俗通》以下,各采其是者從之,而於《元和姓纂》抉摘獨詳。又以《熙寧姓纂》、《宋百官公卿家譜》二書互爲參校,亦往往足補史傳之

---

① 見文淵閣《四庫全書》第922册、子部,鄧名世撰:《古今姓氏書辯證》第二卷,臺北:臺灣商務印書館,1986年影印本,第22—23頁。

② 椿年,原作"椿",誤,詳見余嘉錫《四庫提要辨證》(第3册)卷十六《類書類·古今姓氏書辨證四十卷》,北京:中華書局,1980年,第977頁。

③ 他本《提要》此句後有"椿有《畫繼》,已著録"。

闕。蓋始於政、宣[1],而成於紹興之中年,父子相繼,以就是編,故較他姓氏書特爲精核。《朱子語類》謂名世學甚博,《姓氏》一部考證甚詳,不虚也。後椿作《畫繼》[2],亦號賅洽,殆承其討論之餘緒乎?

宋時紹興有刊本,今已散佚。《永樂大典》散附《千家姓》下,已非舊第。惟考王應麟所引原序,稱始於國姓,餘分四聲,則其體例與《元和姓纂》相同。今亦以韻隸姓,重爲編輯,仍釐爲四十卷,目録二卷,其複姓則以首字爲主,附見于各韻之後。間有徵引詆謬者,併附著按語,各爲糾正焉。

乾隆四十六年三月,恭校上。

總纂官:臣紀昀,臣陸錫熊,臣孫士毅。

總校官:臣陸費墀。

---

① 即宋徽宗政和、宣和年間。

② 後椿作《畫繼》 原作"後椿作《畫斷》",誤。按:《畫繼》作者爲鄧椿,非鄧名世子椿年,考證詳見余嘉錫《四庫提要辨證·古今姓氏書辨證四十卷》。

《四庫全書》本原序二首

天下有不可不學者，有終身不必學者。道德仁義，君子之所學也。《詩》、《書》、禮、樂，君子之所學也。天文地理、陰陽卜筮之書，雖不可不學，亦不必學，知之則近於星翁歷官，不知不害爲君子。然而君子之於天下，所以恥一物之不知者，誠亦有用焉爾。是故學者必自致知格物始。一物不格焉，非所謂善學也。古之君子所以大過人者，無他焉，下學而上達，無理事精粗之别而已。若夫姓氏之書，是亦君子之所不可不學也。何則？因生賜姓，胙土受氏，其來尚矣。世次既遠，茫昧儻恍，幾若不可窮究。然而以今觀往古，古亦猶今也。以古觀後世，今亦猶古也。吾心造太極，太極造天地。古亦非今，皆自我而觀之，何物不可知，何事不可學，何道不可備，而況於天文地理乎？而況於姓氏之書乎？

棐總角讀書，旁搜博采，實有志於此，而學校驅之，科舉汩之，志卒不遂。爲之長太息者，屢矣！臨川鄧氏元亞，以絶人之資，邁往之氣，於書無所不觀，於事無所不學。自幼挾策，一覽無遺，以故淹通文史，馳騁貫穿上下數千載間，猶滄溟巨浸，不可涯涘。《詩》、《書》之外，尤深於《春秋》，議論反覆，皆有證據，亹亹可聽，使人忘倦。又推其餘力，作《古今姓氏書辯證》數百十萬言，參訂得失，無一字無來處，是誠古人之用心也。一日攜以過棐，俾爲序冠諸編首。棐曰:"此書已成一家言矣,尚何待不腆之文表見於世?"愧非"肉譜",不得是正。姑論其不可不學者,書於卷末。

元亞,文昌先生之孫,舊名命世,棐爲更其一字,曰名世云。

宣和六年閏三月二十七日,武陽高棐書。

先君太史公生平留意姓氏之學,雖飲食夢寐弗置也。尤喜稱道名公卿大夫家人物之盛、勳業之懿,以詔子弟。故《古今姓氏書辯證》凡三本焉。其五卷者,成書於宣、政之間,時諱學史,方貧賤中,無書檢閱,闕文甚多。其十四卷者,後稍銓次增補之,蓋成書於建炎之初。是時晦迹窮山,攜幼避地無虚辰,昨給禮上于法宫者是也。然居懷未滿之意。其後蒙恩,備數太史之屬者八年,始盡得銓曹命官脚色册、烏府班簿,檃括次序之,稍稍備矣。紹興辛酉冬,放歸山樊,家書稍備。會韓衢州美成同寓臨川,借其家藏《熙寧姓纂》、《宋百官公卿家譜》稽考參訂之。及將易簀,謂椿年曰:"《姓氏》未成全書,死不瞑目。"椿年泣,奉以周旋,罔敢失墜。既卒哭,奉門人吴曾狀如浮梁,乞銘於侍讀尚書程公。公見椿年慟哭,首問遺書手澤所在。椿年具以實對。公歎曰:"子能嗣先君之志,吾亡友有子可賀,門户其庶幾乎?"别未數月,又以書來趣曰:"子讀《禮》之暇,不宜墜先志,《姓氏》宜亟成書,遷延歲月,則編稾倒亂,難記臆矣。宜速俾老夫一觀。"椿年既得是語,乃盡裒手澤遺編斷稾,又取宋名公文集、行狀、墓志訂證次序之,釐爲四十卷,即此本也。椿年孤陋寡聞,貧病不偶,幸不墜先志者,尚書公賜也。謹再拜。書諸卷末,以告當代好古博雅君子焉。

乾道四年三月朔,牛馬走椿年謹書。

古今姓氏書辯證卷一

上平聲

一東

東

謹按：中國有東、西、南氏，高麗有北氏，必其先皆以方爲氏。

同

姓書舊無同氏，唯《千姓編》曰《前凉録》有同善。謹按：秦漢間已有此氏，必《周官》典同之後，或以官氏，而應劭、何承天未之考也。《前漢書》：蕭相國子禄薨，無嗣，高后乃封何夫人同爲酇侯，然則蕭何夫人宜爲同氏矣。古者史書婦人必以姓，故《詩》稱孟姜、孟庸、孟弋、齊之姜、宋之子，而《春秋》書徐嬴、王姬、蔡姬，皆以國協外夫人之姓；定姒、文姜、成風，皆以謚協内夫人之姓；伯姬、叔姬、季姜，皆以字協内女之姓。司馬遷、班固取法于此，故蕭何夫人同氏，霍光夫人顯即顯氏，其變例書名者，亦先以姓，如樊噲娶吕須是也。韋昭《國語注》曰：桀妹喜，紂妲己，周褒姒，喜、己、姒，姓。宋祁作《唐史》，載王珪母李，鄭果母崔，而不言氏，皆古史法也。顔師古《漢書注》獨以后、若等爲名，自是學者頗惑其説，然不足爲據，當從《詩》、《春秋》、班固、韋、宋爲是。

桐

《神仙傳》有桐君，白日昇天。謹按：桐氏出自春秋桐國之後。魯定公二年，楚滅桐，子孫以國爲氏，其地漢桐鄉，今舒州桐城是也。

蟲

出自春秋時邾國蟲邑。魯昭公十九年，宋圍蟲，取之，其大夫以邑爲氏。《漢·功臣表》有曲城侯[①]蟲達，子捷，孫皇柔，皆嗣侯。玄孫宣爲公乘，詔復其家。

冲

邵思《姓解》曰：《風俗通》，漢有博士冲和。

終

何文通《姓苑》曰：出自顓帝裔孫陸終，其後以王父字爲氏。謹按：漢有諫議大夫終軍。王莽天鳳三年，有校尉史終帶，亡入匈奴。宋有殿中丞終世勣。

衆

出自姬姓。魯孝公生子益師，字衆父，其孫仲，以王父字爲氏。《春秋》衆氏音中，舊姓書皆作去聲，誤矣。

崇

唐虞之際，封鯀於崇，謂之崇伯。舜殛鯀于羽山，以其國更封諸侯。至商末，崇侯虎譖西伯於紂，紂囚西伯，已而許其專征，西伯遂伐崇，降之。周初，遷其重器，以分同姓。《明堂位》所謂"崇鼎"，天子之寶器是也。崇侯既滅，子孫以國爲氏。

---

① 曲城侯　《史記》卷一八《高祖功臣侯者年表第六》、《漢書》卷一六《高惠高后文功臣表第四》均作"曲城圉侯"。

嵩

舊説《風俗通》有嵩極玄子,誤矣[①]。謹按《西京雜記》:漢成帝時,有安定嵩真與玄菟曹元理並明算術[②],真嘗自算其壽七十三,綏和元年正月二十五日晡時死,書其壁以計之。至二十四日晡時死。其妻曰:"見真算時長下一算,欲以告之,虚説有旨[③],故不敢言。今果較後一日[④]。"真又曰:"北邙青壠上,孤檟之西四丈所,鑿之入七尺,吾欲葬此地。"及真死,依言往掘,得古時空槨,即以葬焉。詳此,即漢有嵩氏,而《風俗通》考之未精也。

娀

古諸侯有娀氏,以國爲姓,即契母簡狄之國。

戎

出自姜姓。四嶽之後,别爲允姓。先王居檮杌于四裔,故允姓之戎居于瓜州。春秋時,秦人貪其土地,迫逐諸戎,戎子吾離附于晉。晉惠公封以南鄙之田,謂之姜戎。自吾離至駒支,常爲晉附

---

① [唐]林寶撰《元和姓纂》卷一《一東·嵩》條作"《史記》有嵩極元子",岑校曰:"《史記》無此名。……余按鄧氏所辯,意謂無嵩極玄子其人,非謂嵩真即嵩極玄子。"

② 嵩真　《西京雜記》卷四《嵩真自算死期》條:"安定嵩真、玄菟曹元理并明算術,皆成帝時人。"然《太平廣記》卷二一五《算數》《真玄兔》條亦引《西京雜記》作"安定皇甫嵩、真玄兔、曹元理并善算術",則皇甫爲複姓,嵩爲名,與《辯證》異。然安定、玄菟均郡名,"真玄菟"於義不通;又東漢末年安定朝那有皇甫嵩,字義真,但與此"嵩真"年代不合。則《太平廣記》此條有脱誤。而鄧名世以嵩爲姓,未詳所據。又,今本《姓纂》岑校曰:"'嵩'目宜剔除改正,移入卷五。"

③ 虚説有旨　《四庫》本原注:"按《西京雜記》作'慮脱有旨',此誤。"

④ 較後一日　《西京雜記》卷四《嵩真自算死期》作"校一日"。

庸。其族戎津仕晉爲車右大夫,始以國氏。《漢・功臣表》:柳丘齊侯戎賜,以都尉破項籍功封賜,子安國,生恭侯嘉[①],嘉生角,皆嗣。至玄孫長安公士先生[②],宣帝詔復其家。又宣帝戎婕妤,生中山哀王。

唐虔州刺史戎昱[③],岐州[④]人,有詩名。初舉進士,京兆尹李鑾[⑤]欲妻以女,使改姓,昱貽詩曰:"千金未必能移姓。"乃止。甚矣,鑾之陋也!昔衛莊公蒯聵登城以望戎州,怒曰:"我姬姓也,何戎之有焉!"翦之。其後卒死于戎州己氏。夫地名、人姓謂之戎何害?莊公、李鑾不可謂知所惡也。

茙

《元和姓纂》曰:"《春秋》有茙律。"誤矣,晉襄公車右大夫乃戎津也[⑥]。今詳唐孔至《姓氏雜録》,有代北茙眷氏[⑦]改爲茂氏。茂

---

① 生恭侯嘉　《史記》卷一八《高祖功臣侯者年表第六》、《漢書》卷一六《高惠高后文功臣表第四》安國嗣子均作"敬侯嘉成",蓋鄧氏避宋諱改"敬"字爲"恭",然"嘉"後脱一"成"字。

② 先生　《漢書》卷一六《高惠高后文功臣表第四》作"元生",此應傳寫之誤。

③ 虔州刺史　據周紹良《〈唐才子傳・戎昱傳〉箋證》,戎昱曾在韓滉充鎮海軍節度使期間任職虔州,但未詳其是否爲虔州刺史(《文獻》2004年第2期)。

④ 岐州　戎昱,兩《唐書》無傳;陳振孫《直齋書録解題》卷一六著録戎昱文集時亦稱其爲"扶風戎昱"。但辛文房《唐才子傳》稱戎昱荆南人,今學者亦有持"荆南"説者,如傅璇琮《唐才子傳校箋》戎昱條。兩存之。

⑤ 李鑾　周密《齊東野語》作"李鸞";《唐才子傳》作"李夔";周紹良《〈唐才子傳・戎昱傳〉箋證》以李夔誤,作李昌巙是。

⑥《四庫》本原注:"按:《左傳》文公七年,晉及秦戰于令狐,戎津爲右。晉襄公卒于魯文公六年,立靈公。此襄公應作靈公。"

⑦ 茙眷氏　錢氏校本作"茂眷氏",錢氏曰:"原本作'茙眷氏',據去聲《五十候・茂氏》條、複姓茂眷氏條引改。"

當爲茙,必字畫之誤也[①]。

弓

後漢初,安陵人弓林與方望同立孺子嬰爲帝。晉有江夏太守弓欽。

宫

出自《周官》掌宫門者,以世官爲氏[②]。

融

謹按《春秋外傳》:顓帝裔孫曰黎,爲高辛氏火正,實能光融天下,以功大,故號祝融,後人氏焉。

肜

《元和姓纂》曰:"本彤氏[③],周卿士彤伯之後,裔孫避難改焉。"

熊

出自芈[④]姓。祝融曾孫[⑤]鬻熊,爲周文王師,其子事文王,早

---

① 此句後有錢氏按語曰:"案《廣韻·一東》引《後魏官氏志》作'茙眷氏改爲茙氏'。今本《官氏志》作'茂',與《雜録》同。"今按:《四庫》本卷三四《五十候》茂、茂眷條又作:"孔至《姓氏雜録》曰代北茂眷氏改爲茂氏。"鄧氏前後説法相異。

② 今本《姓纂》卷一《一東·宫》作"宫,虞大夫(宫)之奇之後","宫"爲岑氏據《名賢氏族類稿》二及《古今合璧事類備要續集》二三所補,與此稍異。

③ 彤氏　今本《姓纂》卷一《一東·肜》作"《尚書》肜伯,周同姓,爲氏成王宗伯"。與《辯證》所引稍異。岑校曰:"《通志》,肜氏本彤氏,避仇改爲肜氏,疑爲近之。"岑氏又曰:"《尚書》彤伯,周同姓,爲成王宗伯。""後人將'肜'、'彤'二文誤易,復衍'氏'字,遂若難通。"

④ 芈　原作"芉",據文意改。下同,不再出校。

⑤ 曾孫　錢氏曰:"疑當作'裔'。"今按:《春秋經傳集解》卷一六傳二十六年"夔子不祀祝融與鬻熊"下杜預注曰:"鬻熊,祝融之十二世孫。"錢校應是。

卒。曾孫熊繹[1],以王父字爲氏,成王封爲荆子,後僭號楚王。由繹而下,爲楚君者,皆以熊連名稱之,如熊通、熊虔、熊居之類,蓋姓芈而氏熊也。春秋時,楚公族有熊負羈、熊宜僚,爲大夫。而近楚羅國亦爲熊姓。今望出江陵。

馮

《戰國策》:馮亭爲韓守上黨,秦攻上黨,絶太行道,韓不能守。馮亭乃入上黨於趙,遂爲上黨潞人。趙封亭華陽君,與趙括拒秦,戰死長平,宗族由是分散,或留潞,或在趙。在趙者爲官帥將,官帥將之子爲代相。及秦滅六國,而馮亭之後馮無擇[2]、馮去疾、馮劫,皆爲將相焉。漢興,功臣馮敬即無擇子。而文帝時馮唐顯名,即代相子。唐弟蹇,自上黨徙杜陵。至武帝時,馮奉世,字子明,以良家子選爲郎,歷事昭、宣,爲左將軍、光禄勳,賜爵關内侯,其長女爲元帝昭儀,生中山孝王,即中山太后媛也。奉世子男九人,譚、野王、逡、立,皆至大官,所謂"大馮君"、"小馮君"者。裔孫衍,《後漢》有傳。

又馮魴,字孝孫,南陽湖陽人,亦云其先魏之支别,食采馮城,因氏焉。秦滅魏,遷于湖陽,爲郡著姓。《東觀記》亦曰:"魏之别封曰華侯,華侯孫長卿食采馮城,因以爲氏。"又馮勤,字偉伯,魏郡繁陽人。曾祖父揚,宣帝時弘農太守,八子皆爲二千石,趙、魏間榮之,號"萬石君"。兄弟形皆偉壯,唯勤祖父偃,長不滿七尺,乃爲子伉娶長妻,生勤。

長樂信都馮氏:馮和,生安,慕容永時爲將軍。子跋,徙居龍

---

① 曾孫熊繹 《漢書》卷二八《地理志》略同,曰:"成王時,封文、武先師鬻熊之曾孫熊繹於荆蠻。"《史記》卷一三《三代世表第一》則作"繹父鬻熊,事文王。初封"。兩存之。

② 馮無擇 今本《姓纂》卷一《一東·馮》又作"馮毋擇"。古"無""毋"義同,常通用。

和[①]，家於長谷，仕慕容氏爲中衛將軍。及慕容雲之亂，乘隙篡位，國號北燕，在位十一年死。二子：翼、永。跋幼弟弘，殺翼自立，爲魏所伐，奔高句麗，殺之。弘兄素弗，侍中、車騎大將軍、録尚書事。跋從兄萬泥，驃驍[②]大將軍、幽平二州牧；務銀提爲上大將軍、遼東太守；買，衛尉、城陽伯；睹，太常、高城伯。族人懿，給事中。

南燕有京兆太守馮翥，上黨人。後蜀有侍中馮孚。

《元和姓纂》曰：馮氏出潁川者，漢左將軍奉世之後[③]。出長樂者，宜都侯參後。出京兆者，燕王弘之後。出弘農者，弘孫、西魏寧州刺史寧之後。出河間者，唐監察御史師古之後。虞部員外郎宿，東陽人，文多不録。

芃

出《姓苑》。

風

太皞伏羲氏之姓也。三皇以來，有天下者，異德則異號，異號則異姓。異號者，如伏羲或曰庖羲，神農或曰炎帝，黄帝或曰帝鴻。異姓者，如炎帝生於姜水，黄帝生於姬水，皆以爲姓。詳此，即太皞東方之帝，木生風，故伏羲以風爲姓，實象其德。黄帝之相

---

① 龍和　《晉書》卷一〇一《載記序》曰"馮跋殺離班，據和龍，稱北燕"；卷一二五《馮跋傳》亦曰跋父安，"慕容永時爲將軍。永滅，東徙和龍，家于長谷"。顧祖禹《讀史方輿紀要》卷三《歷代州城形勢三·晉》曰："龍城，即柳城也。（慕容）皝更營之，號曰龍城。……和龍即龍城也。"則"龍和"應作"和龍"，《辯證》此倒誤。

② 驃驍　《晉書》卷一二五《載記·馮跋》作"驃騎"。

③ 漢左將軍奉世之後　今本《姓纂》卷一《一東·馮》作"上黨漢左將軍馮奉世"；陶敏《元和姓纂新校證》曰："羅振玉謂與今本不合。"岑校云："鄧書'出潁川者'之下，蓋奪去'漢征西大將軍異之後，出上黨者'等字耳。"

風后,即其裔也。《春秋》有任、宿、須句、顓臾四國,在濟水上,皆風姓,司太皞之祀。

豐

謹按《春秋》:鄭穆公十一子,子然及二子孔三族亡,子羽不爲卿,其存者,唯罕、駟、豐。

酆

出自姬姓,周文王子酆侯之後,以國爲氏。春秋時,赤狄潞氏之相曰酆舒。

充

出自周官充人之後,以官命氏。戰國有充虞,爲孟子弟子。《洞仙傳》有仙人充尚,《急就章》有充申①,《漢百官表》有左馮翊充郎,初平二年遷大司農。

公②

曹大宗《姓源韻譜》曰:"公正無私,九命百里之號,後爲氏焉。"謹按:《灌嬰傳》有楚將公杲,則秦、楚之際已有公氏。

功

《風俗通》云:晉大夫司功景子之後,或去司,單爲功氏。

蒙

謹按:《魯頌》曰"奄有龜蒙,遂荒大東",則"龜蒙"魯封内之山,以其在國之東,故謂之東蒙,孔子謂"顓臾昔者先王以爲東蒙

① 充申 錢氏曰:"案《急就章》:充申屠。顏師古注曰:'充氏,古仙人充尚之後。'申屠則别爲一姓。鄧氏及《通志》皆以充、申連讀,誤。"

② 公 今本《姓纂》卷一《一東·公》作:"《左傳》,魯昭公子公衍、公爲之後。漢主爵都尉公儉。"與此異。

主”是也。秦將蒙驁及其子恬、毅，中庶子蒙嘉，皆魯人之後。

又唐南詔蒙氏父子，以名相屬，如皮羅閣生閣羅鳳是也。其後或入中國者，遂爲安定人。

紅

《元和姓纂》曰：“出自劉氏，漢楚元王子紅侯富之後。”

鴻

謹按《漢郊祀志》曰：黄帝相鬼臾區，號曰大鴻，其卒而葬，謂之鴻冢。然則大鴻之後當爲鴻氏。

叢

《姓苑》曰：南陽叢鐇，爲滁州刺史。

翁

唐翁承贊，字文饒，乾寧中及進士第，有詩一卷。《元和姓纂》：比部郎中翁義恪。

鬷

出自董姓，鬷夷氏之後，去夷爲鬷氏。春秋時，鄭大夫鬷蔑，字然明，亦曰鬷明，爲子産、叔向所知。姓書未有原鬷氏所出，惟《元和姓纂》微發其端，今詳著之。

蓬

段成式《酉陽雜俎》：北海人蓬球。舊姓書無此氏，今增入。

凬

一作凨。姓書曰人姓。謹按：此即古文風字[1]。

① 錢氏曰：“案字書、韻書無凬、凨二字。鄧氏及《通志・氏族略》俱以爲古文風字，不知何據。今依音附風氏後。”

古今姓氏書辯證卷二

一東下

東郭

出自姜姓。齊公族大夫居東郭、南郭、北郭者，皆以地爲氏。春秋時，齊有東郭書。又東郭賈，字子方，食邑大陸，謂之大陸子方。

東里

《莊子》①：鄭之東里多才，蓋七穆所居，《論語》言"東里子産"是也。其支庶或以爲氏。

東宫

《元和姓纂》曰："東宫棄疾隱嵩山，年三百歲。"謹按：此必其先出於列國世子居東宫而不得立者，其後因以爲氏，如大夫之氏於南宫、北宫也。《姓纂》又云"齊大夫東宫得臣"②，誤矣。春秋時，齊公子得臣爲世子，不敢居上位，常居東宫，故《傳》稱衛莊姜曰東宫得臣之妹，《詩》亦曰"東宫之妹"，非得臣以東宫爲氏。

---

①《莊子》《列子》卷四《仲尼篇》曰："鄭之圃澤多賢，東里多才。"此作"《莊子》"應誤。

② 今本《姓纂》卷一《一東・東宫》此文已佚，岑校："按此文《廣韻》、《通志》均有之，今本奪。"

東門

出自姬姓。魯莊公之子遂爲卿,居魯東門,因氏焉,謂之東門襄仲。其子歸父,以國討奔齊。《列子》有東門吴,漢孝武時善相馬者。東門京,鑄銅馬式獻之,有詔立於魯班門外,事具《馬援傳》。又有琅琊東門雲,學嚴氏《春秋》,官至荆門[1]刺史。

東陵

《風俗通》:秦東陵侯邵平之後。又齊景公時,有隱居東陵者氏焉。《神仙傳》有東陵聖母。謹按《漢·地里志》[2]:廣陵縣有東陵亭,即盜跖死利於其上之地也。《博物志》曰:"女子杜姜,左道通神,縣以爲妖,閉獄桎梏,卒變形,莫知所極。以狀上,因以其處爲廟祠,號曰東陵聖母。"然則聖母不氏於東陵,特邵氏齊人之説可據。

東關

《風俗通》:晉有東關嬖五,漢有將軍、北亭侯東關義。謹按《春秋》:東關,晉之門名。其先,晉守關大夫以地爲氏,而義即其後,特不可曰嬖五後也。《左傳》曰:外嬖梁五與東關嬖五,晉人謂之"二五"。蓋晉獻公時有東關嬖人,名五而失其姓。應劭以嬖五爲名,誤矣。

東方

梁有宿豫士人東方光。唐貞觀中,定德州平原郡八姓,其一東方氏也。唐末有行營都統東方逵,爲使相。

東閭

《姓苑》云:古賢者有東閭子。謹按《左氏傳》:東閭,齊之門

---

① 荆門　《漢書》卷八八《嚴彭祖傳》作"荆州"。

②《漢·地里志》　原文如此。"廣陵有東陵亭"見《後漢書·郡國三》徐州廣陵。

名,所謂“州綽門于東閭”者,當時大夫以所居爲氏。

東鄉

《世本》曰:宋大夫東鄉爲之後。賈執《英賢傳》曰:漢井州[①]護軍東鄉子琴,高密人。《唐・藝文志》有東鄉助,著《周易物象釋疑》。

東陽

《元和姓纂》云:“《祖氏家傳》,祖崇之娶東陽元旋女。又宋員外郎東陽無疑撰《齊諧記》十卷。”謹按《春秋左氏傳》:魯、齊、晉皆有東陽,魯之東陽在泰山南,齊之東陽近萊,晉之東陽在魏郡廣平以北。今婺州屬縣亦有東陽。必其先列國大夫有以邑爲氏者。

東丹

五代時,契丹阿保機長子突欲爲東丹王,及德光立,突欲奔唐,唐明宗賜姓東丹,名慕華,後更姓名曰李贊華。

東野

《莊子》有善御者東野稷,一名畢,事魯莊公。謹按《春秋左傳》:東野,魯地,必稷之先爲氏。宋有殿中丞東野春。

東萊

謹按:東萊,後世以爲郡名,必秦漢以來人以地爲氏。

同蹄

本西羌人。《唐・孝友傳》:永徽初,有同官人同蹄智壽,父爲族人所殺,智壽與弟智爽候諸塗,擊殺之。今望出渤海。

---

① 井州　錢氏校本作“并州”,是,此誤。

同官

《元和姓纂》曰："出《姓苑》。"謹按：同官，縣名也，必其先以邑爲氏。

桐里

《元和姓纂》曰："漢御史、中謁者桐里斥[①]，生儒，爲議郎。"謹按：桐、相二字相類，而斥亦作相里氏，未知孰是也。

桐門

桐門，宋城北門也。《元和姓纂》有此氏，今著其説。

銅鞮

謹按《春秋》：晉羊舌赤食采銅鞮，謂之"銅鞮伯華"。及羊舌氏亡，以樂霄爲銅鞮大夫，其地上黨銅鞮縣是也。二人之後，必有爲氏者。《元和姓纂》始收此氏，今從之。

中行

出自荀氏。晉公族逝敖生荀林父[②]，晉文公作三行以御狄，林父將中行，謂之"中行桓子"，以官爲氏。桓子生庚及獻子偃，字伯游；偃生穆子吴，吴生文子寅。其族有中行喜。

中央

《姓解》曰：中央氏，古帝號，其後以爲姓。

---

① 桐里斥　今本《姓纂》卷一《一東·桐里》同；羅振玉校以"桐里斥"爲是，岑校以《姓纂》卷五"相里"下有"漢有河堤謁者相里斥"疑"桐里"誤："余按同是一人，不應兩姓。後世有'相里'，無'桐里'，此應删。"

② 逝敖生荀林父　今本《姓纂》卷一《一東·中行》作"游敖生恒子林父"，與此異。

中英

《元和姓纂》曰:"古帝少昊氏有《六英》之樂,掌《中英》者,以官爲氏。"

中梁

《英賢傳》云:古隱者中梁子之後。謹按:古字中、仲通用,必仲梁氏之後也。

中叔

中叔圉之後。晉有中叔無忌,漢光武時御史中叔僚。謹按:古文中與仲通用。

中壘

《元和姓纂》曰:"《風俗通》,劉向爲漢中壘校尉,支孫以官爲氏。"

終葵

《春秋左傳》:魯定公四年,成王封康叔於衛,分以商民七族,其一曰終葵氏。

終古

《元和姓纂》:"《風俗通》,桀内史終古,後氏焉。"

戎子

《元和姓纂》曰:"戎子駒支之後爲氏。"謹按:世無此氏,而春秋之時齊靈公之妾亦謂之戎子,何獨駒支後乃爲氏乎?

弓里

《後漢·獨行傳》:建封二年,騎都尉弓里成將兵平定幽州[①]。

① 幽州 《後漢書》卷八一《獨行傳·温序》作"建武二年,騎都尉弓里成將兵平定北州,到太原歷訪英俊大人,問以策謀",與此異。

謹按：弓里當爲戉之氏。

宫孫

《漢·藝文志》有宫孫子著書。師古曰："宫孫，姓也，不知名。"或云室孫氏，室訛爲宫。

熊相

春秋時，楚大夫有熊相宜僚、熊相禖。賈執《英賢傳》有楚懷王將軍熊相沂[①]。

熊率

《元和姓纂》曰："楚熊率且比，後爲氏。"

公冶

出自姬姓。季氏之族子曰季冶，字公冶，爲季氏屬大夫。魯襄公二十九年，自楚還。季武子使公冶問公，公賜之冕服，子孫榮之，以字爲氏。故定、哀間，有公冶長，字子長，爲孔子弟子，孔子以其子妻之，即其孫也。原此氏[②]所出者，今詳著之。

公乘

漢陳餘，娶趙苦陘富人公乘氏女。又湖三老公乘興，訟王尊治京兆功效。後漢更始，有左輔都尉公乘翕[③]。《新唐史》：公乘億，字壽山，登咸通進士第，魏博樂彦貞[④]，喜儒，引在幕府，有詩、賦二集。

---

① 熊相沂　錢氏曰："《通志·氏族略》引（《英賢傳》）作熊相祁。"今按：《世本》卷七下《氏姓篇》曰："懷王時將軍熊相祁。"作"祁"近是。

② 錢氏曰："案'原此氏'上疑當有'姓書未有'四字。"

③ 翕　《後漢書》卷三《光武皇帝紀》、卷一六《鄧寇傳》均作"歙"。

④ 彦貞　《新唐書》卷二一〇《藩鎮魏博》作"彦禎"。

公孫

黄帝之後[①]。無人,而春秋時國君之孫皆謂之公孫。秦公孫枝,字子桑。晉公孫杵臼。孔子弟子公孫龍,字子石。皆以公孫爲氏。《前漢紀》:平帝元始元年,封周公後公孫相如爲褒魯侯。《恩澤表》曰:節侯公子寬,以周公後魯頃公孫[②]之玄孫奉周祀爲褒魯侯、二千户,元年六月丙午封。十一月,侯相如嗣,更姓公孫氏,後更改爲姬氏。然則後世公子公孫之氏,當以漢史爲正。後漢玄菟太守公孫域,擊破夫餘;遼東兵馬[③]公孫酺以身扞太守,俱没于陣。南燕有侍中公孫五樓,專總朝政,兄冠軍將軍、常山公歸,叔父武衛將軍、興樂公頹[④]。

公西

孔子弟子公西赤,字子華;公西輿如,字子上;公西葴,字子晳,皆魯人。邵氏《姓解》以赤與華爲二人,誤甚矣。

公叔

出自姬姓。衛獻公少子發[⑤],國人謂之公叔,因以爲氏,所謂

---

① 今本《姓纂》卷一《一東·公孫》作"黄帝姓公孫,子孫因以氏焉",其下另有河南、遼東、櫟陽等郡望。

② 周公後魯頃公孫 《漢書》卷一八《外戚恩澤侯表》曰"褒魯節侯公子寬,以周公世魯頃公玄孫之玄孫奉周祀侯,二千户","後"作"世","孫"前增一"玄"字。

③ 兵馬 據《後漢書》卷八五《東夷傳·高句麗》"兵馬掾公孫酺以身扞太守",此應脱"掾"字。

④ 頹 《晉書》卷一二八《載記·慕容超》作"積"。此或形近致誤。

⑤ 衛獻公少子發 今按:錢氏曰:"案《檀弓疏》引《世本》:'衛獻公生成子當,當生文子拔,拔生朱,爲公叔氏。'拔,即發也,聲義相通。鄧氏以發爲獻公少子,未知何據。"

公叔文子者也。文子生公叔戍,以罪奔魯,亦作未[①]。《禮記》又作叔木[②]。

公子

《元和姓纂》曰:"春秋列國公子之後。"此知其説而未詳者。今以《漢史》公子寬事爲正。

公羊

齊公羊高,子夏弟子,作《春秋傳》。又公羊買[③],始爲鑿巾以飯[④]。

公析

《元和姓纂》曰:"衛穆公生公析黑臀,其孫成子朱鉏,以王父字爲氏。"謹按《春秋傳》:衛侯之弟黑臀,字子叔,别爲子叔氏;其孫析成子,亦不以公析爲氏,未知林氏何據也。

公劉

《姓苑》曰:"后稷之祖有公劉氏。"誤矣。古無此氏,而公劉乃后稷之孫,非其祖也。此訛誤顯然者,不可不正,今駁去。

公肩

孔子弟子公肩定,字子中,魯人。

---

① 文子生公叔戍,以罪奔魯,亦作未　今按:《禮記正義》卷九《檀弓上第三》"公叔木有同母異父之昆弟死,問於子游"下鄭玄注曰:"'木'當爲'朱',《春秋》作'戍',衛公叔文子之子,定公十四年奔魯。"則公叔戍亦作公叔木、公叔朱,此作"未"者顯形近之誤。

② 叔木　前脱"公"字。

③ 公羊買　錢校據《禮記·雜記》改爲"公羊賈",是。此或形近而誤。

④《四庫》本原注:"案:疑有誤字。"今按:此句見《禮記·雜記下》:"鑿巾以飯,公羊賈爲之也。"

公牛

《姓源韻譜》曰：其先齊公子牛之後。《淮南子》有公牛哀，病七日，化爲虎。

公師

出自姬姓。《後漢·功臣表》有公師壹。劉聰有太中大夫公師彧。

公旗

《世本》：齊威公時有左執法公旗蕃。《姓源韻譜》曰：齊悼公子子旗之後。

公右

《姓苑》曰：高平人。謹按《春秋》：國君戎右謂之公右，如魯顓孫之類，必有以世官爲氏者。

公巫

魯大夫有公巫召伯仲，其後以官爲氏。

公仲

《子華子》曰：程子聚徒著書；門人之著書者，曰公仲承，最能傳其道，與留務滋同學。務滋即鬼谷子也。

公檮

或作公禱。《漢·藝文志》有公檮生《終始》十四篇。師古曰："檮音疇，其字從木。"傳黄帝終始之術。

公族

《東漢·郭泰傳》有公族進階，其先出自晉公族大夫之後。春秋時，驪姬亂晉，詛無畜群公子，自是晉無公族。及成公自周歸，晉始官卿之適子以爲公族,故趙盾請以括爲公族。韓厥子無忌謂之公族。穆子范鞅與欒盈爲公族大夫而不相能。其後遂有以官爲氏者。

公孟

出自姬姓。衛襄公生公子縶,字公孟[①],以疾不得嗣。其孫彄,以王父字爲氏[②],其宗人奔齊,爲公孟綽。

公他

《世本》曰:"有蒲邑大夫公他[③],世卿,其先以王父字爲氏。"

公玉

《漢·郊祀志》:濟南人公玉帶,上黄帝時明堂圖。師古曰:"《吕氏春秋》齊有公玉丹[④],此蓋其舊。而説者讀玉爲宿,非也。"

公泥

《姓解》曰:"《左傳》季武子庶子公泥氏。"誤矣。謹按《左傳》:季公鉏,一名公彌,未嘗有公泥氏。泥、彌,聲訛也,今駁去。

公綦

謹按:後漢中平四年,漁陽人張純殺護烏丸校尉公綦稠,則

① 今本《姓纂》卷一《一東·公孟》曰:"衛襄公生公孟縶。縶生丹,爲公孟氏。"與《辯證》異。

② 錢氏曰:"案杜預《世族譜》:孟縶無子,靈公以其子彄爲之後。定十二年《正義》曰:縶字公孟,故即以爲氏。然隱八年《正義》引《世本》,以'公孟'爲'彄'字,與杜不合,未知孰是。鄧氏又以彄爲縶孫,謂以王父字爲氏,豈别有所據耶?"

③ 公他　"他",古字作"佗"。《廣韻》卷一《上平聲·一東》作"公佗,世卿"。

④ 丹　錢氏曰:"《史記·孝武本紀》索隱引《風俗通》作'冉'。"今按:《漢書》卷二五《郊祀志下》顔師古注曰:"《吕氏春秋》齊有公玉丹,此蓋其舊族。"又馬王堆漢墓出土帛書《戰國縱横家書·蘇秦自齊獻書于燕王章》有"公玉丹之勺致蒙……故强臣之齊"云云,則知此作"丹"無誤。

公綦人氏也,姓書未收,今增入。

公舌

《姓解》曰:"《左傳》,晉大夫有公舌赤。"誤矣。謹按:古無公舌氏,而晉大夫乃羊舌赤,蓋羊、公二字之誤,今駁去。

公帥

本公師氏,避晉景帝諱,改焉。晉成都王帳下有公帥蕃。

公甲

魯哀公二年,大夫公甲叔子與析朱鉏戰吴人于夷,吴人獲叔子。邵氏《姓解》以公甲叔及公甲叔子爲二人,誤矣,今駁去。公甲,氏。

公明

衛有公明賈,爲公叔文子屬大夫。孟子弟子有公明儀[①]、公明高。

公斂

魯大夫公斂陽,字處父,爲孟氏成宰,能逐陽虎。

公上

古有公上不害。南齊有晉陵令公上延孫,爲南沙人范脩化所殺。

公山

《左傳》:魯人公山不狃,以費畔季氏而奔吴,爲大夫。不狃字子洩。

---

①《四庫》本原注:"案《檀弓疏》,公明儀乃子張弟子,此作孟子弟子,未知何據。"

公罔

孔子弟子有公罔之裘，矍相之射，嘗使揚觶。

公齊

《元和姓纂》："孔子弟子有公齊定。"謹按：《家語》、《史記》無此人，未知何據[①]。

公牽

《姓解》曰：《世本》齊公子牽[②]之後，有公牽氏。

公仇

《姓苑》曰：後漢零陵太守公仇稱，出自晉穆侯太子仇之後，爲公仇氏。

公幹

《古今人表》有公幹，仕齊爲大夫，後氏焉。

公之

《元和姓纂》曰：季悼子生惠伯鞅，鞅生懿伯柎，爲公之氏。

公勝

《前漢·藝文志》技巧家有《公勝子》五篇。

公城

《南史》：王弘少嘗摴蒲于野舍[③]，及後當權，有人就弘求縣，

---

①《四庫》本原注："按公齊定，疑即公肩定之訛。"今按：今本《姓纂》卷一《一東·公齊》岑校曰："余按《廣韻》及《姓解》三作'公肩定'，《通志》作'公齊定'。"《辯證》本卷前有"孔子弟子公肩定，字子中，魯人"，知鄧氏以公齊、公肩爲二姓。

② 錢氏曰："案《廣韻》，'牽'作'成'。"

③《南史》卷二一《王弘傳》曰：弘"少嘗摴蒱公城子野舍"，則此"野舍"前缺"公城子"三字。

此人嘗以摴蒲戲得罪，弘詰之曰："君得錢會戲，何用禄爲？"答曰："不審公城子野何所在？"弘默然。

公若

出自姬姓。季武子之子公亥，字公若，其孫藐，以王父字爲氏。

公緒

《後漢·黨錮傳》：公緒恭爲"八顧"；注："公緒，姓也。"

公儀

《列子》：周宣王時，有公儀伯，以力聞諸侯。其後有魯相公儀休。又有公儀仲子，舍其孫而立其子。《禮記·檀弓》注曰：公儀，蓋魯同姓。

公晳

《史記》、《家語》有孔子弟子公晳哀，邵氏《姓解》以爲公祈哀，蓋祈、析二字相近，而林、邵二家之説容有一誤，今附見之。

公輸

魯有公輸般，爲工師，孟子所謂"公輸子之巧"者。其孫曰公輸若，遂氏焉。

公丘

《子思子》有公丘懿子，衛人，與子思論人主自臧則衆謀不進事。

公思

魯季氏之族，曰公思展，後人以字爲氏。

公襄

《世本》曰：魯大夫公襄昭，魯襄公太子子野之後。

公户

《前漢·儒林傳》:魯徐生善爲《禮》學,其弟子公户滿意爲禮官大夫。

公慎

魯有公慎氏,聞孔子爲政,出其淫妻。

公房

《古今人表》有公房皮,出自芈姓,楚公子房之後。

公車

出自秦公子鍼,字伯車。後世别爲公車氏。

公言

出《姓苑》,未詳其所自。

公金

《世本》:秦公子金之後,有公金氏。

公獻

出《姓苑》,未詳其所自。

公息

《吕氏春秋》有鄭大夫公息房[①]。

公留

出《姓苑》,未詳其所自。

---

① 公息房　錢氏校本作"公息忘";錢氏校曰:"案今本《吕氏春秋·去尤篇》有公息忌與郲君論甲裳事。忌,一作忘,非鄭大夫。《廣韻》'鄭'作'鄁',亦與此異。"

公朱

《世本》曰:宋公子朱之後。

公旅

出《姓苑》,未詳其所自。

公冉

魯叔仲氏家臣有公冉務人。

空桐

《史記》:商本子姓,其後分封,以國爲姓,故有空桐氏。

空桑

《英賢傳》曰:伊尹生於空桑,後世氏焉。

空相[①]

晉惠帝時,空相機殺南平將軍孟槐。

工師

其先出自古官治木者,以官爲氏。漢有平悼侯工師喜,子靖侯奴,孫執。

工婁

《左氏傳》:遂國人四族,其一曰工婁氏。

紅陽

《地理志》:紅陽,漢南陽縣也。《酷吏尹賞傳》曰:永始、元延間,貴戚驕恣,紅陽長仲兄弟交通輕俠,藏匿亡命。鄧展曰:"紅陽姓,長仲字也。"師古曰:"姓紅陽,而兄字長、弟字仲,今書長字,

① 空桐、空桑、空相三姓,錢氏校本依《廣韻》次序移至卷二"熊率"後。

或作張者,後人所增爾。一曰紅陽侯元王[①]之子,兄弟長少者。"誤矣。謹按姓書,漢紅陽侯劉富,後爲紅氏;周陽侯趙兼,後爲周陽氏,則紅陽氏之先亦侯家也。今從鄧、顔二注。

鬷夷

《左傳》:飂叔安裔子董父,能擾畜龍,以事帝舜,帝賜氏曰"豢龍",封諸鬷川,鬷夷氏,其後也。杜預注曰:"鬷水上夷皆董姓。"

二冬

冬

《姓苑》曰前燕慕容皝有左司馬冬壽,《晉史》作佟壽,未知孰是。

佟

《晉書音義》:徒冬反。《北燕録》有遼東佟萬,以文章知名。《晉史》燕慕容皝有司馬佟壽。

儂

唐西南蠻居廣、容之南,邕、桂之西。天寶初,黄氏居黄橙洞,與常氏、周氏、儂氏相唇齒,爲寇害,據十餘州。敬宗時,黄氏、儂氏據州十八,經略使遣一人詣治所,稍不得意,輒侵掠諸州。太和之後,儂洞最强,結南詔之助。懿宗與南詔約和,二洞數間敗之。邕管節度使辛讜,以美貨啖二洞首領,太州刺史黄伯藴、屯洞首領儂金勒等,與之通歡。負州[②]又有首領儂金澄、儂仲武,與金勒襲

① 元王　據《漢書》卷九〇《尹賞傳》顔師古注:"一曰紅陽侯王立之子,兄弟長少者也。"《辯證》此作"元王"誤,應爲"王立"。

② 負州　《新唐書·南蠻下·西原蠻》作"員州",《地理七下·嶺南道》同。《四庫》本、錢氏校本均作"負州",誤。

黄洞首領黄伯善。伯善擊殺金澄,唯金勒遁免。後欲舉兵報仇,辛讜遣人持牛酒音樂解和,并遺其母衣服。母,賢者也,謂其子曰:“節度使持物與獠母,非結好也,以汝爲吾子;前日兵敗不自悔,復欲動衆,兵忿者必敗,吾將爲官老婢矣!”金勒感悟,罷兵。裔孫儂智高,與弟智忠、建忠自廣源州舉兵,犯廣南,破州郡,仁宗遣大將狄青破逐之。

宗

後漢鄧禹以宗歆爲車騎將軍。又凉州刺史宗漢得羌降,安夷縣長宗延爲羌所害。又西河太守宗育徙居河東,其孫鳳閣侍郎、檢校内史秦客、中書令郢國公楚客、司農卿晉客。楚客、秦客與紀處納朋姦,世號“宗紀”。《元和姓纂》以爲周大夫宗伯之後,以官命氏,誤矣,宗伯自爲複姓。

肜魚

《古今人表》:黄帝妃曰肜魚氏,生夷鼓。

宗伯

《周官》宗伯之後,以官爲氏。王莽以故漢少府宗伯鳳爲僕射,丞相王嘉言鳳經明行修,又以爲太子少傅,與馬宫、袁聖、王嘉爲“四師”。

宗正①

《南燕録》有宗正謙,善卜。

---

① 宗正　今本《姓纂》卷一《二冬·宗正》條曰:“狀稱本劉氏,楚元王交之孫劉德爲宗正,支孫氏焉。”與此異。

古今姓氏書辯證卷三

三鍾

鍾

漢西曹掾鍾皓，字季明，生郡主簿迪。迪生魏定陵侯繇，字元常。繇生侍中毓，字稚叔[①]。二説皆有小誤[②]。謹按《左傳》：魯成公七年，鄭人囚楚郧公鍾儀，獻于晉。九年，晉侯歸鍾儀于楚。後七年，晉三郤始害伯宗，子州犂奔楚，爲太宰，蓋成公十五年也。然則楚有鍾氏久矣。昭王樂尹鍾建乃儀之後，而子期又建之孫，皆非出自州犂之後，正合爲鍾離氏祖，而昧子接雖爲鍾氏，亦不得爲鍾氏祖。今宜曰鍾儀之先仕楚，以所食邑爲氏，則姓系明矣。

南唐汀州刺史鍾全慕。又禮部侍郎鍾謨，會稽人。壽春節度使鍾章，合淝人，生户部尚書處謙。

龍[③]

《漢·藝文志》有梁人龍德，注《雅琴龍氏》九十九篇，乃論治地龍子之後。

---

①《四庫》本原注曰："上有脱文。"錢氏校本同。

② 二説皆有小誤　此句下有原注曰："按上有脱文。"

③ 今本《姓纂》卷一《三鍾·龍》曰："《尚書》，舜臣龍爲納言，子孫以王父字爲氏。"與《辯證》異，此或有脱文。

庸

出自商諸侯之國,以國爲氏。仕衛爲世族,《詩》所謂“彼孟庸”者也。戰國有庸芮,齊有庸職。

雍

楊文公《談苑》:音平聲。

重

《後漢·耿弇傳》有渠師[①]重異,注曰:“重,姓也。”臣謹按:少皞氏裔子重,爲高辛氏。讀平聲。

從[②]

《元和姓纂》曰:東筦[③]從氏。漢有將軍從成公。

蹤

今開封市人有此姓,莫知所自出。姓書未有,今增入。

樅

謹按《前漢·高祖紀》:高祖命樅公與周苛守滎陽。師古曰:“樅,千容反。”則樅人氏也。《地里志》有樅陽,必其先以地爲氏。

恭[④]

《姓源韻譜》曰:晉申生謚恭世子,後人以謚爲氏。

---

① 渠師 《後漢書》卷一九《耿弇傳》:張步“乃與三弟藍、弘、壽及故大彤渠帥重異等,兵號二十萬,至臨淄大城東,將攻弇”。“師”、“帥”,古人雖常以同義互用,然此作“帥”是。

② 從 《四庫》本原注:“七松反。”

③ 東筦 今本《姓纂》卷一《三鍾·從》作“東苑”,岑校曰:“‘苑’誤,《庫》本作‘莞’,是;《辯證》三引(《姓纂》)誤作‘筦’。”所指即此。應作“東莞”。

④ 今本《姓纂》卷一《三鍾·恭》作“殷末侯國。周文王侵阮,徂恭,見《毛詩》”,與此異。

宋政和中,嘗詔民姓犯翼祖廟諱[①]者,並改爲恭。

龔

其先共氏,避難,加龍爲龔。漢有龔遂,姓書云晉大夫龔堅後,誤矣。晉無龔堅。漢渤海龔勝及龔舍,避王莽亂,不仕,謂之"楚兩龔"。後蜀李壽,以巴西龔壯謀,殺李期而自立。及僭位,以安車束帛聘壯爲太師,壯固辭,特聽縞巾素帶,居師友之位。

共

謹按:春秋時,晉有共賜,魯有共劉,鄭有共仲,皆爲大夫。漢初,封義帝柱國共敖爲臨江王,敖生尉。

鍾離

出自子姓[②],宋威公曾孫伯宗仕晉,爲三郤所害,其子州犂奔楚,食采於鍾離,因以爲氏,而世爲楚將。裔孫鍾離眜,爲項羽將,二子:長曰發,居九江,仍故姓;次曰接,徙長社,爲鍾氏。

鍾吾

出自春秋時子爵小國。吴闔廬使執其亡公子燭庸,鍾吾子不可,遂伐滅之,以國爲氏,漢尉氏令鍾吾蒼,即其後也。

龍丘[③]

謹按王子年《拾遺記》:窮桑氏之國,有水屈曲亦如龍鳳之狀,有山盤紆亦如屈龍之勢,故有龍山、龜山、鳳水之目,亦因以爲

① 翼祖廟諱　"翼祖",據《宋史》卷一《太祖本紀》,宋太祖匡胤,"高祖朓,是爲僖祖,仕唐,歷永清、文安、幽都令。朓生珽,是爲順祖,歷藩镇從事,累官兼御史中丞。珽生敬,是爲翼祖",是即趙匡胤之祖,名敬。宋朝避其諱,"敬"作"恭"或"嚴"、"欽"、"景"。

② 今本《姓纂》卷一《三鍾·鍾離》曰:"《世本》云,與秦同祖,嬴姓也。"與此異。

③ 龍丘　今本《姓纂》卷一《三鍾》作"龍邱",文字亦異。

姓。末代爲龍丘氏,出班固《藝文志》。

封人

出自《周官》封人之後,以世官爲氏。一云古諸侯封人之後。漢有司徒掾封人嬰。《元和姓纂》曰:"古封畿之職爲氏,《左傳》晉有蕭封人。"誤矣。春秋時,宋樂懼爲吕封人,高哀爲蕭封人,鄭仲足爲祭封人,潁考叔爲潁谷封人,如此非一。又晉無蕭邑。《急就篇》曰:"《吕氏春秋》,韓封人子高。"

封父

出自夏諸侯封父之後,其地汴州封丘縣,有封父亭,即其所都。周初國滅,取其大弓繁弱,以封伯禽於魯,子孫遂以國爲氏。謹按《明堂位》曰:封父龜,天子之器也。蓋伯禽初封亦受此賜。《元和姓纂》曰:"夏殷國名。鄭有封父彌真,爲大夫。"

雍人

《元和姓纂》曰:"《周禮》雍人,以官爲氏。魯有雍人高檀,見《左傳》。"謹按:"魯有雍人高檀",誤矣。《周官》無雍人,魯無雍人高檀,則饔人之名,非以雍人爲氏也。春秋時,諸侯掌膳羞之官,或曰饔人,所以有别於天子之内饔、外饔,而字皆從食。如以雍人爲姓,檀爲名,則讀襄公二十八年《傳》"雍人[①]竊更之以鶩",亦可謂姓饔人而名竊乎?今合駁正。

雍丘

晉郭默有將軍雍丘洛,蓋其先以所居爲氏。謹按《春秋》:雍丘在宋、鄭之間,周封夏禹後於杞,杞都雍丘,故後世謂雍丘爲杞縣。

---

① 雍人　錢氏校本同。《春秋左傳正義》卷三八襄公二十八年作"饔人",此誤。

逄公

出自夏商之世,諸侯有逄伯及逄公者,國於齊土,因以國爲氏。古有善射逄蒙,春秋齊有逄丑父,楚有逄伯,陳有逄滑,晉有逄大夫,皆知名。漢有逄萌。前燕有逄羨。萌,字子康,北海都昌人,所謂“子康大賢,所在人事如父者”。

北海逄氏:漢太尉信[①]後,趙秦州刺史碧,唐中書舍人弘敏。

逄孫

謹按:秦穆公使大夫逄孫戍鄭,逄孫密謀取鄭,鄭覺而逐之,逄孫奔宋,子孫以字爲氏。

逄侯

《史記·世家》:楚懷王有裨將軍逄侯丑。姓書舊無此氏,今增入。

逄丘

見《姓苑》。

四江

江

太史公曰:秦之先嬴姓,其後分封,以國爲氏,故有江氏是也。春秋時,齊小白霸諸侯,江人會于貫,又會于陽穀,楚人怒其親中國,故滅江,其子孫奔齊,爲大夫。齊悼公拘江説,即其人也。

---

① 太尉　今本《姓纂》卷一《四江·逄》作“大僕射”。據《漢書》卷一九《百官公卿表》:京兆尹逄信爲太僕,六年遷……太僕逄信爲衛尉,二年免;同書卷八四《翟方進傳》亦有逄信“歷京兆、太僕爲衛尉矣”,則“太尉”應作“太僕”。

裔孫德。十世孫蕤,晉譙郡太守,亢父男,生祚[①]。祚生統,晉黄門侍郎,生尚書僕射霦[②]。霦生斆。斆生宋右僕射夷。夷生宋吏部尚書湛。

厖

出自高辛氏,才子八人,其一曰厖降,子孫以字爲氏。夏有賢臣龙圉[③],即其後也。

邦

出《姓苑》。《廣韻》曰:後魏馝邦氏,改爲河南邦氏。誤矣。馝邦,乃馝邗也。

龐

出有姬姓[④]。《姓源韻譜》曰:襄陽安衆龐氏,其家富盛,好爲高屋,鄉黨榮之,號曰"龐高屋"。《襄陽記》:龐德公居峴山之南,未嘗入城府,夫妻相敬如賓。子字人[⑤],亦有令名,娶諸葛孔明妹[⑥],爲魏黄門吏部郎,生涣,晉牂牁太守。

又廣漢姜詩,娶同郡龐盛女。又益州刺史龐芝。又中郎將龐浚,援凉州。後秦有大將軍左長史龐演。魏尚書統。

---

① 生祚　今本《姓纂》卷一《四江·江》作"生湛",其下羅校、岑校已證其誤。據《晉書》卷五六《江統傳》:統祖蕤,譙郡太守,亢父男;父祚,南安太守。《辯證》不誤。

② 霦　《晉書》卷五六《江統傳》作"彪"。

③ 龙圉　此應作"厖圉"。

④ 出有姬姓　"出有",錢氏校本作"出自",是。"姬姓",今本《姓纂》卷一《四江·龐》作"周文王子畢公高之後,封于龐鄉,因氏焉",與此異。

⑤ 字人　錢氏曰:"案原本脱'山'字,據《後漢書》補。"據《後漢書》卷八三《逸民傳·龐公》"子字山人",則此脱"山"字。

⑥ 妹　《後漢書》卷八三《逸民傳·龐公》作"姊"。

逄

出自夏商之世。諸侯有逄伯及逄公者，國於齊土，因以國爲氏。陳有逄滑，晉有逄大夫，皆知名。前燕有逄羨。萌，字子康，北海都昌人，所謂"子康大賢，所在人事如父者"。

北海逄氏：漢太尉信，後趙秦州刺史碧，唐中書舍人弘敏[①]。

五支

支

其先月支胡人，後爲胡氏。石勒十八騎中有支屈六。唐有感化軍節度使支祥[②]。宋有蘇州吴縣人支詠。

移

謹按：《後漢紀》有南郡太守[③]移良，承宦官指停楊震棺露於道側者。《風俗通》曰：齊公子雍食采於移，其後氏焉。

爲

《世本》："晉始平人爲勉，自稱將軍。"

---

①《四庫》本原注："按此條《辯證》已見《二冬・逄公》條内。冬韻之'逄'係本音，江韻之'逄'音龐，一字兩讀，而《辯證》所引則一，當必有誤。"今按："二冬"誤，应爲"三鍾"。又錢氏曰："按此較'逄公'條少'古有'下十七字，宜移補於此。所舉逄蒙等九人，皆逄氏。觀上云以國爲氏，則必不入逄公條下，且逄公與逄伯并舉，若逄公爲姓，則逄伯獨不可爲姓乎？《姓纂》諸書無逄公一姓，古今亦無姓逄公者。疑鄧氏原書本無其姓，編《大典》者，因見文有'逄公'二字，遂於逄氏外別出複姓。兩存其説於每條之下耳。"錢説是。

② 支祥　《新唐書》卷九《僖宗紀》：中和元年八月，感化軍將時溥逐其節度使支詳；《舊唐書》卷一八二《時溥傳》略同。此作"祥"或誤。

③ 南郡太守　《後漢書》卷五四《楊震傳》作"弘農太守"，《資治通鑑》卷五〇漢安帝延光三年三月條同。此應誤。

嬀

出自虞舜，生於嬀汭，以水爲姓。周武王時，有虞遏父者爲陶正，能利器用，王賴之。以其先聖之後，封其子滿爲陳侯，復賜姓嬀，以奉虞帝之祀，是爲胡公。胡公裔孫曰陳威公鮑，生太子免。鮑弟曰厲公躍、莊公林、宣公杵臼。杵臼生穆公款。款生共公朔。朔生靈公平國。平國生成公午。午生哀公弱及公子過、公子招。弱生悼太子偃師及公子留、公子勝。偃師生惠公吴。吴生懷公柳。柳生閔公越。又有五父佗、太子御寇、公子完、公子黄，皆見於《春秋》。完奔齊，爲工正，食采於田，謂之陳敬仲，其卜得繇辭曰："有嬀之後，將育於姜。五世其昌，並於正卿。八世之後，莫之與京。"果以爲姓。奔齊後爲田氏。五世而陳無宇，爲齊卿；八世而陳常，得齊政。常孫田和，取齊而代之。

隨

出自祁姓，陶唐氏之後。劉累孫杜伯事周宣王，無罪見殺，子隰叔奔晉，生士蔿。蔿生會，爲晉上卿，食采於隨，謂之隨會，支孫氏焉。《後漢·蘇竟傳》有偏將軍隨第①。《姓纂》曰"周同姓隨國爲氏"，誤矣。隨乃漢東近楚之國，終春秋世國存，未嘗爲氏。

奇

謹按：伯奇，周大夫尹吉甫之子，以孝聞。然則奇氏蓋出自尹氏也。

又有河南奇氏。

岐

《陳留風俗傳》曰：黄帝師岐伯之後。唐段秀實與判官岐靈

① 隨第　《後漢書》卷三〇《蘇竟傳》作"隨弟"。

岳謀殺朱泚，迎乘輿不克，被害。

安化岐氏：唐萬福府統軍岐才，慶州人。

羲[①]

出自三皇太皞伏羲氏之後[②]，爲氏。

宜

《姓苑》、《姓纂》皆曰隋西南夷有宜繒、宜林。

儀

出自衛大夫，食邑於儀，因氏焉。一云《周官》司儀之後，以世官爲氏。春秋有陳大夫儀行父。《元和姓纂》曰衛有儀封人，誤矣，封人非以儀爲氏。

皮[③]

後漢元初元年，先零羌叛，敗凉州刺史皮揚[④]於狄道。《千姓編》曰："望出下邳。"唐末有襄陽皮日休，蘇州刺史[⑤]，生光業，光業生元帥府判官文璨[⑥]，文璨生子良仕。

---

① 羲　《四庫》本原注："亦作犧。"

②《四庫》本原注："案：伏羲氏之後，《通志》别爲戲氏。《魏志》有戲志才，潁川人。"

③ 今本《姓纂》卷二《五支·皮》曰："《風俗通》，周卿士樊仲皮之後。"《資治通鑑》卷四九漢元初元年胡注引"《姓譜》：皮，樊仲皮之後"。此於皮姓所出或有脱文。

④ 皮揚　《後漢書》卷八七《西羌傳》同，卷五《安帝紀》作"皮陽"。

⑤ 蘇州刺史　《唐才子傳校箋》卷八《皮日休》："咸通十年，應辟入蘇州刺史崔璞幕。"《十國春秋》卷八六《皮光業傳》：日休爲"蘇州軍事判官、太常博士"。此作"刺史"應誤。

⑥ 文璨　《十國春秋》卷八六《皮光業傳》作"璨"。

兒

《廣韻》、《姓源韻譜》皆曰出自吴郡，有兒生而能語，因以爲氏。音如之反。

河南兒氏：《後魏·官氏志》，代北賀兒氏，改爲兒氏。赫連勃勃有鎮東將軍兒真之。

離

出自古明目者離婁，亦曰離朱，黄帝時人。《風俗通》曰：漢有中庶子離常[①]。後燕有離班。

驪

驪出自姬姓之戎在驪山者，因山以爲名，國以爲氏，晉驪戎之國是。

訾[②]

其先齊大夫，食邑於紀之訾城，北海都昌縣西訾城是也，後人因以爲氏。晉趙簡子有家老訾祐。又唐有曹州人訾亮，與弟信爲中官楊復恭養子，因冒其姓，更名守亮、守信。舊姓書以訾音紫，今兩存之。唐吕元膺爲京兆尹，擒賊訾嘉珍，乃賊武元衡者。

宋滑州訾氏：簡，生行，行生準，準生諶，字信道，宣和三年進士。又好水川之敗，監渭州羊牧隆城鹽酒税、内殿崇班訾贇死之，詔贈成州團練使。

卑

謹案《後漢·后妃傳》：熹平四年，議郎卑整上言母以子貴之

---

① 離常　《通志二十略·氏族略第四·諸國人名》、［清］錢大昕著《風俗通義逸文·姓氏上》均作“離常之”，此脱“之”字。

② 訾　《四庫》本原注：“音兹。”

義。《風俗通》曰：卑氏，鄭大夫裨諶之後[①]。

裨

《左傳》：鄭大夫裨諶，謀於野則獲，謀於邑則否。又裨竈，能知天道。晉宣城内史桓彝有長史裨惠，自此宣城郡有裨氏。

諀

諶、竈之氏，亦通作諀。

施

出自夏諸侯有施氏，嘗以妹喜女桀者，國亡，以國爲氏。周成王封伯禽於魯，分以商民七族，一曰施氏，後世無聞。唯魯國施氏出自姬姓。惠公之子尾，字施父，生施伯。伯孫頃叔，生孝叔，始以王父字爲氏。孝叔孫之常，字子恒，爲孔子弟子。裔孫，又漢博士讎，字長卿。又有安州刺史琰。太常博士敬本，吴興[②]。後漢有施延。吴大司馬施績。梁施瑩，入《玉臺集》。

彌

《三輔決録》云：漢彌氏，新豐人，以所居爲氏。謹案：春秋時，瑕謂之彭封彌子，必其氏也。

池

《風俗通》曰：氏於事[③]者，城郭園池是也。

---

①《四庫》本原注："案蔡邕《胡太傅碑》有太傅掾、雁門卑整。"

② 吴興　《新唐書》卷二〇〇《儒學・施敬本傳》："施敬本，潤州丹陽人。"此"吴興"應指此。

③ 事　錢氏校本作"居"；錢氏曰："按'居'原本作'事'。據《太平御覽》卷三六二、《廣韻》十虞、十四清引《風俗通》改。"錢校是。

眭[1]

按:前漢符節令眭孟[2],魯國蕃人。師古曰:"息隨反。今河朔尚有此姓,音字皆然。而韋昭、應劭并云音桂,非也。今有炅,乃音桂爾。漢之《決録》又不作眭,寧可混糅將爲一族?"孟十一世孫固,固孫邁,生易州刺史逸。逸生後魏七兵尚書鎮。鎮曾孫爕,生北齊國子祭酒仲讓,仲讓生滑州別駕彦通。又《魏志》:眭固,字白兔,殺楊醜以應袁紹,曹公破之於射犬城,事出《典論》[3]。燕慕容垂有中書令眭邃。義安,後魏有眭邦,馬邑有眭夸[4]。漢陽[5],唐考功郎中希文[6]。

危

謹按:危氏不著於隋唐之前。唐末,撫州南城人危全諷據郡爲節度使,其弟仔昌,爲信州刺史,仔昌失郡奔錢鏐,鏐惡其姓,改曰元氏,而全諷在撫州,後與其壻鍾正時戰於象牙潭,正時執之而并有撫州。其族在臨川有秘書郎傅,南城邵武有秘書丞序、著作佐郎雍及危扶。

---

① 眭 《四庫》本原注:"音雖。"

② 眭孟 《漢書》卷七五《眭弘傳》:"眭弘,字孟。"此爲避宋諱"弘"字而稱字。

③《典論》 錢氏曰:"按《典論》疑當《典略》,見《魏志·張楊傳》注引。"

④ 馬邑有眭夸 《魏書》卷九〇《逸士傳》曰:"眭夸,一名昶,趙郡高邑人也。"今本《姓纂》卷二《五支·枝》同,岑校曰:"夸,趙郡高邑人,無子,豈林氏誤'高邑'爲'馬邑',故别出一望歟?"則此"馬邑"應作"高邑"。

⑤ 漢陽 今本《姓纂》卷二《五支·枝》作"濮陽"。

⑥ 希文 今本《姓纂》卷二《五支·枝》作"逸文"。[清]勞格、趙鉞著《唐尚書省郎官石柱題名考》卷九《考功郎中》下有眭逸文。此或誤。

蕃[①]

《元和姓纂》曰:其先出自魯大夫,食邑於蕃,因以爲氏。《後漢·黨錮傳》有蕃嚮。謹按:前漢眭孟,魯國蕃人,師古姓書云[②]《古今人表》曰:"《詩》所謂'蕃維司徒'者。"今代《詩》本不從草,亦不音皮,未知孰是[③]。

郫[④]

謹按《左傳》:趙盾殺公子樂於郫,則郫,晉地也,一名郫邵,必大夫食邑者爲氏。

支離

《姓解》曰:《莊子》有支離疏。誤矣。謹按:有[⑤]支離疏、支離叔、支離益,皆寓言,蓋謂人形之不全者,未必人之姓名也。

隨巢

《漢·藝文志》有《隨巢子》六篇,注云"墨翟弟子"。謹按:姓書未有此氏,而當時有胡非子、隨巢子,皆師墨氏,則隨巢合爲人氏。

奇斤

《後魏·官氏志》:代北有奇斤氏,各[⑥]爲奇氏。

---

① 蕃　《四庫》本原注:"音皮。"又錢氏校本此條依《廣韻》音移次皮氏後,今仍《四庫》本舊序編次。

② 錢氏曰:"按'姓書云'三字疑衍;'師古'二字當在'曰'字之上。"

③《四庫》本原注:"按《經典釋文》引白褒《魯國記》云:'陳子游爲魯相,蕃子也,國人爲諱,改曰皮也。'今附入支韻。"

④ 錢氏校本此條依《廣韻》移次諀氏後,今仍《四庫》本舊序編次。

⑤ 錢氏曰:"按'有'上疑脱'《莊子》'二字。"

⑥ 各　錢氏校作"改",是。

崎丘

出《姓苑》。

戲陽[①]

出自衛太子蒯聵之僕,有戲陽速者,其先以邑爲氏。

施屠

前漢周勃擊燕,得盧綰御史大夫施屠渾都。師古曰:"姓施屠,名渾都。"姓書未有此氏,今增入。

斯引

《西秦録》有乞伏氏與斯引氏[②],自漠北[③]出陰山。

彌且

且,一作姐。後秦有將軍彌且婆[④]、彌且亭立。

彌牟

出自姬姓。衛大夫公孫彌牟之孫,或爲彌牟氏[⑤]。

蛇丘[⑥]

謹按《春秋》:齊人滅遂。遂國在濟北,漢建爲蛇丘縣,屬太

---

① 錢氏校本此條依《廣韻》移次奇斤氏後,今仍《四庫》本舊序編次。

② 斯引氏　今本《姓纂》卷二《七之·期引》作"期引氏",岑校已辯其誤。

③ 漠北　今本《姓纂》卷二《七之·期引》作"漢北",岑校已辯其誤。

④ 彌且婆　錢氏校本作"彌且婆觸",按語曰:"原本脱'觸'字,據《晉·載記》補。"《晉書》一一六《載記·姚萇》有彌姐婆觸,錢校是。

⑤ 今本《姓纂》卷五《十陽·强牟》曰"衛大夫王孫强牟之後見《史記》",岑校曰:"姓書無'强牟',《廣韻》云:何氏《姓苑》有彌牟氏。《辯證》三《彌牟》云:'出自姬姓。衛大夫公孫彌牟之孫,或爲彌牟氏。'"

⑥ 錢校將此條依《廣韻》移次支離氏後,今仍《四庫》本舊序編次。又:"蛇丘",今本《姓纂》卷五《九麻》作"蛇邱"。

山郡,受封者因以爲氏。後漢河内太守蛇丘惑,生重,濟北太守,女適楊續[①]。師古曰:蛇音移。

訾陬[②]

三皇時諸侯以國爲姓,帝嚳妃訾陬氏女是也。《元和姓纂》以爲訾氏祖,誤矣。訾陬自爲複姓。

六脂

脂

京兆脂習,字元叔,與孔融善,每戒融剛直太過,必罹世患。及融死許下,莫敢收者,習往撫尸曰:"文舉舍我死,吾何用生爲?"曹公收習,欲殺而赦之,後至中大夫[③]。

夷

姓書云齊大夫夷仲年之後,誤矣。齊僖公之弟年,字仲而謚夷,生公孫無知,其後絶無以夷爲氏者。謹按:《周虞人箴》曰:"在帝夷羿,冒於原獸。"晉魏絳論有窮后羿及寒浞曰:"伯明后寒棄之,夷羿收之。"杜氏曰:"羿,夷姓。"然則后羿姓夷,自虞夏間已有此姓。孔子論逸民有夷逸。孟子時,有墨者夷之,皆當爲羿後也。春秋時有夷國者,楚滅之,今爲亳州城父縣,此亦非夷姓所

---

① 女適楊續　亦見今本《姓纂》卷五《九麻·蛇邱》,岑校據《後漢書》卷三一《羊續傳》、《廣韻》"星"字下《羊氏家傳》有"南陽太守羊續",證此作"楊續"誤。

② 錢氏校將此條依《廣韻》移次崎丘氏後,今仍《四庫》本舊序編次。

③ 中大夫　《後漢書》卷七〇《孔融傳》作"中散大夫"。杜佑《通典》卷三四《職官一六·文散官》曰:"中大夫,秦官。漢武改爲光禄大夫。自後無聞。……中散大夫,王莽所置。後漢因之,後置三十人。魏晉無員。"則此"中大夫"應爲"中散大夫"。

自出也。今以《虞箴》、《左傳》爲正。

師

《風俗通》曰：樂人瞽者之稱。自晉師曠之後，始以爲氏。漢有東海師中，作《雅琴師氏》八篇[①]。

資

謹按：今蜀有資州，即古資中地[②]。

飢

《春秋左傳》：成王封康叔於衛，分以商民七族，其一曰飢氏。

茨

疾資切。周時有茨芘，晉人。又《東觀記》曰：茨充初舉孝廉，之京師，同侶馬死，舍車持馬相迎，鄉里號曰："一馬兩車茨子河。"

尸

謹按《左傳》：周有尸邑，在鞏縣西南偃師城。

耆[③]

伊耆之後，單爲耆氏。

伊

後魏有代北人伊毅。

---

①《四庫》本原注："按《漢書》師中，傳言即師曠後。"

② 錢氏曰："按《姓氏急就篇》引《風俗通》云：'資氏，黄帝之後，食采益州資中，因以爲氏。'又見《姓纂》及《廣韻》。此'謹案'上當有脱文。"

③ 耆 《四庫》本原注："音祈。"

刕[①]

唐百濟大臣八姓,其一曰刕氏[②]。

追

《左傳》:晉大夫追喜,伐鄭之役,以戈殺犬於門中,以示閒暇。

惟

吴氏《千姓編》曰:後魏威帝后,有惟氏。謹按:惟、維二氏,皆吴氏所增。

纍

《風俗通》曰:嫘祖之後,或爲纍氏。謹按:《左傳》晉七輿大夫有纍虎。

嫘

《元和姓纂》曰:"出自西陵氏女嫘祖,爲黄帝妃。後世以嫘爲氏。"

遺[③]

《姓源韻譜》曰:魯費宰南遺後。《急就章》有遺餘人[④]。謹按:《周禮·地官》有遺人掌委積者。鄭司農:音棄遺之遺,必其後以

---

① 刕　《四庫》本原注:"音鳌。"

② 錢氏曰:"案《通志·氏族略》云:'蜀有刁逵,避難改焉。'《廣韻》:刁作刀,刕作刕。" 今按:今本《姓纂》卷二《六脂·刕》曰:"蜀有刁達之後,避難改焉。" 蓋 "逵" 誤作 "達"。

③ 錢校將此條依《廣韻》移次惟氏後,今仍《四庫》本舊序編次。

④ 遺餘人　《四庫》本原注曰:"案《急就章》作 '遺失餘',此作 '人',誤。" 又錢氏曰:"案《通志·氏族略》引與此同。《廣韻》云《急就章》有 '遺餘'。" 暫存兩説。

官爲氏。

夔[①]

出自芈姓。楚子熊摯有疾,不可立,以國授其弟,別封爲夔子,其後不祀祝融與鬻熊。魯僖公二十六年,楚滅之,子孫以國爲氏。石虎有太保夔安,自天竺徙遼東,玄孫逸,姚秦司空;騰,仕後燕。

雖

《左傳》:晉七輿大夫有雖歂,鄧大夫有雖甥。

誰

謹按《前漢·丙吉傳》:皇曾孫賴吉得生,吉謂守丞誰如:"皇孫不當在官。"使誰如移書京兆尹,遣與胡組同送京兆尹,不受,乃以歸史良娣之母。孟康曰:姓誰,名如。師古曰:"名誰如,非姓誰也。"

夷陽

《左傳》:晉厲公嬖臣夷陽五殺三郤。《傳》曰:"五亦嬖於厲公。"則五姓夷陽明矣。

夷門

《元和姓纂》曰:《史記》處士侯嬴爲夷門抱關卒,因氏焉。夷門,大梁門也。

師宜

《元和姓纂》曰:"後漢有南陽人師宜官。"誤矣[②]。謹按《晉

---

① 夔 《四庫》本原注:"音葵。"

② 今本《姓纂》此句見卷二《六脂》,《辯證》此語義指宜官姓師,《姓纂》不應以"師宜官"之"師宜"爲複姓。

史》，宜官姓師，非以師宜爲氏，其人乃書酒肆中爲字得錢輙滅去者。

師延

古有師延，作箜篌者，世掌樂職，因氏焉。宋大夫有師延宜。

毗沙

百濟人姓。

茨芘

《姓苑》曰：晉有茨芘仲。

祁夜①

《英賢傳》云：祁大夫後。後漢龍驤將軍祁夜豐。

伊耆

亦作伊祁，帝堯號也，後因氏焉。《禮記·明堂位》注："伊耆氏，古天子有天下之號也。今姓有伊耆氏者。"魏孝文時，魏懷州民伊祁苟自稱堯後，聚衆於重山作亂，洛州刺史討滅之。

伊力

南凉有前將軍伊力延侯，勸秃髮傉檀坑内叛者王鍾等五千餘人。

葵丘

《春秋》：陳留外黄縣東有葵丘，大夫食其邑者氏焉。《英賢傳》：古有葵丘欣，石季龍將有葵丘直。

---

① 祁夜　今本《姓纂》卷二《六脂·祁夜》曰："鄭公子且食采開封，因氏焉。鄭大夫祁夜狐。"與此異。岑校據同書卷一《三鍾》封具、封貝等條，辨"祁夜"條"實冒他姓之文"。

鴟夷

《風俗通》:范蠡適齊,爲鴟夷子[①],後人以爲氏。《潛夫論》曰:鴟夷子出自子姓,宋微子之後。《説苑》曰:鴟夷子皮,齊人,即范蠡也。

① 鴟夷子 《史記》卷四一《越王勾踐世家》:"在越爲范蠡,在齊爲鴟夷子皮。"此應脱"皮"字。

古今姓氏書辯證卷四

七之

台[①]

出自墨台氏，去墨爲台。或云駘氏，後改焉。

時

齊大夫時子，與孟子同時，王嘗使留孟子。魏鉅鹿時苗爲令，留犢於官。

思

出《姓苑》。

其

《漢·功臣表》有陽阿齊侯其石[②]。以郎中騎從諸侯定楚，侯五百户，生安國。安國生午，皆嗣侯。午生共侯章，更封埤山侯。生仁，有罪國除。

亓[③]

唐魏博大將丌志紹攻德州。又有丌志求。《五代史》有丌

---

① 台 《四庫》本原注："音怡。"

②《四庫》本原注："案《漢書》'陽阿'作'陽河'。"

③ 亓 《四庫》本原注："古其字。"

元賨[①]。

期

《風俗通》:"楚大夫居期思城,因以爲氏。"謹按《春秋》,楚期思公復遂之後,有去思單爲期氏。

旗[②]

出自姜姓,齊惠公孫竈,字子雅,生欒施,字子旗,後爲子旗氏。亦或去子爲旗氏。後漢有旗汎[③]。

綦[④]

《元和姓纂》云:河南有綦氏[⑤]。

蘄

《姓苑》云:蘄春[⑥]之後,以國爲氏,其地今蘄州是也。

詩

《後漢·馬援傳》:麊泠縣雒將女徵側,嫁爲朱鳶人詩索妻。諸姓書以爲交趾人詩朱鳶,誤矣。

---

①《四庫》本原注:"案'亓'氏一作'丌',《廣韻》無此字。《萬姓統譜》歸入四支韻内,今附入之韻。"

② 今本《姓纂》卷二《七支·旗》作"《風俗通》:楚大夫居旗思城,因以爲氏"。岑校以爲《姓纂》係將《辯證》卷四本韻目之"期"姓文字誤入,並以"旗"爲"期",顯誤。

③ 旗汎　錢氏校本作"旗況",注曰:"按《廣韻》,'況'作'光'。"

④ 綦　《四庫》本原注:"音其。"

⑤《四庫》本原注:"案《魏志》,綦連氏改爲綦氏。"

⑥ 蘄春　錢氏云:"案《後漢·郡國志》,江夏郡有蘄春侯國。原本脱'侯'字。"錢校是,此脱"侯"字。

耏[①]

出自宋大夫耏班之後。宋武公伐長狄，敗之，以門賞耏班，謂之耏門，子孫居焉。《漢・功臣表》有芒侯耏跖，生昭。昭子申，尚景帝南宫公主，皆嗣侯。

娸[②]

見《姓苑》。

姬

姬姓出自黄帝，生於姬水，以水爲姓。黄帝生玄囂，囂生蟜極，蟜極生高辛，是爲帝嚳。嚳妃姜嫄，感巨人跡生子，以爲不祥，棄之隘巷，牛羊避不踐之；棄之山中，山人養之；棄之寒冰，鳥覆翼之。姜嫄怪之，知其爲天子，乃收養之，名之曰棄。堯知其賢才，以爲大農，命其官曰后稷，姓之曰姬。姬者，姓也，人本乎祖之義也。黄帝爲姬姓，棄復得之，所謂本乎祖也。棄爲后稷有功，堯封之有邰。裔孫公劉，遷國於豳。古公亶父避狄，又遷於岐下。亶父生王季歷，歷生文王昌，又作邑於豐，稱西伯。其子發，革商有天下，是爲周武王。自棄至武王，十五世矣。武王至赧王，又三十有八王。而秦滅周，姬氏降爲庶人，或爲王氏。漢武帝求周後，得姬嘉，封周子南君，以奉文武之祀。至晉劉琨，嘗遣將軍姬澹帥衆十萬討石勒。後周有柱國姬願。隋有東宫幸臣姬威。唐有水部郎中姬處遜[③]，居長安，開元中避明皇帝嫌名，改爲周氏。

---

① 耏　《四庫》本原注："音而。"

② 娸　《四庫》本原注："音欺。"

③ 水部郎中姬處遜　《通志二十略・氏族略》同。今本《姓纂》卷五《十八尤・姬》作"生處遜，水部員外、萬年令"。據［清］趙鉞、勞格撰《唐御史臺精舍題名考》附録三《御史臺精舍碑題名・碑陰及兩側題名》"殿中侍御史并内供奉"下有姬處遜，未詳其爲水部郎中。

謹按《春秋》:武王克商,成王定之,大封同姓,以爲諸侯,凡五十三國,而燕、鄭又在其後。故《傳》曰管、蔡、郕、霍、魯、衛、毛、聃、郜、雍、曹、滕、畢、原、酆、郇,文之昭也;邗[①]、晉、應、韓,武之穆也。凡、蔣、邢、茅、胙、祭,周公之裔也。又曰虞、虢、焦、滑、霍、楊、韓、魏,皆姬姓。又曰泰伯、虞仲,太王之昭也;虢仲、虢叔,王季之穆也。今取《春秋》三傳、《國語》、《史記》編次姬姓之人,凡天子之國二,諸侯之國三十一,戎狄之國三。其爵、謚、字、名、世系,莫不備見,讀之者如指諸掌,具載《春秋四譜》及旁行圖[②]云。

箕

出自子姓。商之季世,封其父師爲畿内諸侯,謂之箕子,其地太原陽邑縣箕城是也。武王克商,釋箕子囚,訪以《洪範》,而别封於朝鮮。後人以國爲氏。春秋時,晉大夫箕鄭、箕遺。漢西華令箕堪。

釐

本僖氏,漢時避諱改爲釐,《史記》凡僖皆作釐是也。後秦有城門校尉釐艷。

貍

《元和姓纂》曰:"'八元'季貍之後,以王父字爲氏。"謹按:貍氏之先出於丹朱,自爲貍姓,不必八元之後。

---

① 邗　據《漢書》卷二〇《古今人表第八》:"邗侯,武王子。"卷二八《地理志》潁川郡"父城"條顔師古注:"《左氏傳》云:'邘、晉、應、韓,武之穆也。'"蓋此作"邗"當爲刊刻之誤。

② 旁行圖　原文作此,所指未詳。

茬

《姓解》曰：人姓也。謹按《漢·地里志》：東郡有茬平縣，王莽改曰功崇。應劭曰：在茬山之平地。又泰山郡有茬縣，應劭曰：茬山在東北。師古曰：茬，音仕疑切①。

僖

出自姬姓。曹僖公之孫負羈爲大夫，以祖謚爲族氏。又其先，黄帝之子得姓者十四人，一曰僖。後嗣至商周之際無聞，然亦姬姓後也。《姓苑》以曹僖爲魯僖，蓋字畫之誤。

嬉

《國語》：桀伐有施，有施氏以妹嬉女焉。韋昭曰：嬉，姓，或作喜，乃有施氏姓。

熙

出自己姓，高陽氏之後有脩及熙，帝嚳使脩爲玄冥，熙佐之，後世皆以爲氏。亦見《英賢傳》。

治②

《元和姓纂》曰：出何氏《纂文要》③，音遲。

---

① 錢氏校本注曰："案此條原本次貍氏後；考《漢書·地理志》，泰山郡茬縣，應劭音'菑'，師古云'又仕疑反'。依《廣韻》次序，則音'菑'者，當次貍下；音'仕疑反'者，當次兹下。鄧氏於條末獨出師古音，其意蓋主'仕疑反'，故更兹氏條後。"今仍《四庫》本舊序編次。

② 治 《四庫》本原注："平聲。"

③《纂文要》《隋書》卷三二《經籍志》："梁有《纂文》三卷，亡。"《舊唐書》卷四六《經籍志》："《纂文》三卷，何承天撰；《纂要》六卷，顔延之撰。"《新唐書·藝文志》同。何承天，《南史》卷三三有傳，稱其著作有《纂文》，此《纂文要》當指此書，《辯證》多所援據，今本《姓纂》則作"何氏《纂要》"或"《纂要文》"（卷四《二十二元·滾》、卷二《七之·治》），非顔著《纂要》。

蚩[①]

《元和姓纂》曰：蚩尤之後，以國爲姓。

慈

《姓苑》曰：出自高陽氏，才子八人，天下謂之“八元”，其一蒼舒，謚慈，後世以爲氏[②]。《急就章》有慈仁佗[③]。謹按：佛書云彌勒最初證得慈心三昧，因號慈氏；異時祝髪事浮屠道者，皆以慈爲姓，如今之稱釋氏。此乃異域之言，當存而勿論。然不著其説，則可[④]好奇者或引爲華人姓源，故辨明之。

兹

出自姬姓，魯桓公孫曰公孫兹，其孫毋還，以王父字爲氏。

司馬

《西京雜記》曰：“司馬氏本周史佚後。”蓋史佚當出於重黎，而休父又出於史佚，理宜然也。春秋晉大夫司馬齊，字女叔，謂之司馬叔侯。叔侯生司馬叔游，叔游裔孫司馬烏，有功於王室。司馬彌牟爲鄖大夫。至漢司馬遷，自其父談，世爲太史公，位次丞相。蜀人司馬相如，以文章顯。魏大將軍司馬宣王懿，字仲達，生文王師，師生武王炎，代魏命，是爲晉武帝，事具《太史公自序》及東西晉史。隋唐間，舊定河内五姓，以司馬氏爲一門。貞觀中，定懷州河内七姓，其一司馬氏。

---

① 蚩　《四庫》本原注：“音絺。”

② 今本《姓纂》卷二《七之・慈》曰：“高陽氏才子之後。美其宣慈惠和，因以爲氏。”與《辯證》異。

③ 慈仁佗　《四庫》本原注：“案王應麟《急就章補注》作‘慈仁化’，注曰：顔本作‘他’，李本作‘地’。”

④ 可　錢氏曰：“原本‘恐’，訛‘可’，今正。”錢校是，應作“恐”。

司城

出自子姓。宋武公名司空，國人避諱，改其官爲司城，其公族大夫樂喜，字子罕。生祁，字子梁。子梁生溷，字子潞[①]。世爲司城，以官氏。

司空

《帝王世紀》曰：禹爲堯司空，支孫氏焉。晉大夫有司空靖。唐有司空圖、司空曙。圖字表聖，以御史歸隱中條山，時相盧攜寄詩曰："姓氏司空貴，官班御史崇[②]。"

司寇

《風俗通》云：蘇忿生爲周武王司寇，支孫氏焉。

司鴻

《風俗通》：古有司鴻苟[③]，著書。漢有諫大夫[④]司鴻儀。

期思

謹按《漢・地里志》：汝南郡期思縣，故蔣國也。春秋時地入於楚，楚僭王號，其縣尹皆稱公，故大夫復遂食邑期思，號期思公，因以爲氏。

綦連

《北齊・綦連猛傳》曰：其先姬氏，因避亂，居塞外祁連山，以

---

① 錢氏曰："案：當云子梁生溷，字子明；子明生茷，字子潞。此'子潞'上似脱七字。"

② 官班御史崇　《舊唐書》卷一九〇《文苑下・司空圖傳》盧攜詩作"姓氏司空貴，官班御史卑。老夫如且在，不用念屯奇"。此作"崇"，應誤。

③ 司鴻苟　《通志二十略・氏族略・以官爲氏》同，《風俗通義・氏姓》作"司鴻氏，古有司鴻苟，著書。漢諫議大夫司鴻荀"，則苟、荀非同一人。

④ 諫大夫　上引《風俗通義》作"漢中大夫司鴻儀"。或"漢有諫大夫"後有脱文。

山爲姓。祁音時，蕃語訛，故號綦連，猶中國言天，蓋天山也。《元和姓纂》曰：代北人，號綦連部，因以爲姓。

鳌子

《世本》曰：出自鳌子觀起之後。楚大夫有鳌子班。

淄丘

淄，一作菑，其先以所食邑爲氏。《英賢傳》：齊勇士菑丘許①。

兹母

《元和姓纂》曰：漢御史兹母恒，出齊大夫兹母還後。誤矣。兹母還，魯人也。

八微

賁②

又墳、肥、奔三音。

沂相

《英賢傳》曰：魯沂大夫爲相，因氏焉。漢侍御史沂相封。

九魚

舉③

《姓解》曰：椒舉之後④。

① 菑丘許　錢氏校本作"菑丘訢"。據《韓詩外傳》卷十"東海有勇士，曰菑丘訢"，此作"許"或誤。

② 賁　《四庫》本原注："音肥。"錢氏校曰："案'肥'字疑誤。"今按：今本《姓纂》卷二《八微》、卷四《二十三魂》韻目下分别有"賁"姓，《辯證》此條原文應脱。

③ 舉　《四庫》本原注："音舉。"

④《四庫》本原注："案《廣韻》，以諸切，音余。今入魚韻。"

漁陽

燕大夫受封漁陽，以地爲氏。漢有少府漁陽鴻[①]。

十虞

厨人

《元和姓纂》曰：《周官》厨人，因官爲氏。宋有厨人濮，見《釋例》。誤矣。《周官》無厨人，濮乃宋厨人名，或厨邑之人名濮。

郳婁

《元和姓纂》曰："曹姓國郳婁子之後，以國爲氏。"謹按《春秋》，婁音閭。

十一模

瓠[②]

《莊子》[③]有"瓠巴鼓瑟而游魚出聽"。

---

① 漁陽鴻　《廣韻》作"鮭陽"，曰："漢複姓，漢有博士鮭陽鴻。"今本《姓纂》卷三《十二齊·鮭》下亦有"後漢有鮭陽鴻，爲少府，傳孟氏《易》"。然《後漢書》卷一〇九上《鮭陽鴻傳》下注曰"姓鮭陽，名鴻"，則《姓纂》作單姓誤。另，鄭樵《通志二十略·氏族略第三·以邑爲氏·諸國邑》曰"漢有少府漁陽鴻，北平人"；第四《以地爲氏》則曰鮭陽鴻，"爲少府，傳孟氏《易》"；第六《漢魏受氏》略同，又曰"居鮭陽，因以爲氏"，則《通志》"漁陽"、"鮭陽"所指似爲一人。此作"漁陽"，未知所本。

② 瓠　《四庫》本原注："音壺。"

③《莊子》　"瓠巴鼓瑟而游魚出聽"句，出《荀子·勸學篇第一》，《辯證》此誤。又今本《姓纂》卷八《十一暮·瓠》有岑仲勉據《姓觿》七補"壹邱氏之後"五字。

孤竹

《元和姓纂》曰：遼西竹氏，出自孤竹君，本姜姓，成湯封之遼西，今支縣竹城是也。裔孫伯夷、叔齊，辭國餓死首陽山，子孫以國爲孤竹氏，亦單稱竹氏。謹按《後漢書·夜郎竹》[①]：“初有女子浣於遯水，有三節大竹流入足間，聞其中有號聲，剖竹視之，得一男兒，歸而養之。及長，有才武，自立爲夜郎侯，以竹爲姓。武帝元鼎六年，平南夷，爲牂柯郡，夜郎侯迎降。天子賜其王印綬。後遂殺之。夷獠咸以竹王非血氣所生，甚重之，求爲立後。牂柯太守吴霸以聞，天子乃封其三子爲侯，死，配食其父。今夜郎縣有竹王三郎神是也。”

徒人

《元和姓纂》曰：《左傳》，齊有徒人費。《國語》有徒人回。誤矣。費等皆徒人之以名見者，古無徒人氏[②]。

徒何

後周柱國太尉李弼，賜姓曰徒何氏[③]。

菟裘

《史記》：秦嬴之後，分封以國爲姓，有菟裘氏。春秋時，菟裘爲魯邑。

---

①《後漢書·夜郎竹》 錢氏校本同。《後漢書》卷八六《南蠻西南夷列傳》下有夜郎男兒“自立爲夜郎侯，以竹爲姓”，此“夜郎竹”或特指此姓，或“夜郎傳”之訛。

② 關於“徒人”是否爲複姓，以及鄧氏“古無徒人氏”説，可參今本《姓纂》卷三《十一模·徒人》條下岑校，此略。

③ 北周賜李弼“徒何”姓一事，見《周書》卷六〇《李弼傳》。

菟賴

《官氏志》:菟賴氏,一曰菟頞氏,後改爲河南就氏。

十二齊

齊

晉有武邑侯齊琰,九世孫[①]抗,字遐舉,唐德宗宰相。又瀛州齊氏有玘,生映,亦相德宗。《唐·宰相世系表》全用其説,止除齊惡、豹、明兒[②]三人。隋、唐間,有是光乂者,自稱齊姜姓,後改復舊,爲齊氏,事見孔至《雜録》。今詳三説皆誤[③]。謹按《春秋》:姬姓,衛昭伯長子,謚曰齊子,蓋戴公申文公燬之兄也。齊子之孫惡,始以祖謚爲齊氏。惡孫豹,爲衛司隸大夫,以殺孟縶罪,爲衛所逐,《春秋》書之曰"盜"。裔孫明,仕韓,又仕東周,以姓見於《戰國策》,則平恭侯受乃明之孫。當齊惡得謚時,姜姓齊爲大國,未有田和篡取之事,豈得以國爲姓?姓書自應劭、何承天以來,相承一誤,如齊、晉、秦、楚,不考其由,皆謂之氏於國者,故《姓纂》、《唐表》恥齊豹盜臣之名,喜太公大賢之後,鑿空傅會,皆以齊氏爲出姜姓而氏於國,不曰出姬姓而氏於謚。後人因循訛謬,遂失其本,不可以不辨正。昔顔師古注《眭孟傳》曰:"近世私譜之文,出於閭巷,家自爲説,事非經典。苟引先賢,妄相假託,無所取

---

① 九世孫　《新唐書》卷七五下《宰相世系表·齊氏》同;今本《姓纂》卷三《十二齊·齊》作"八世",詳見羅校、岑校。

② 明兒　《史記索隱》卷六《秦始皇本紀》引《戰國策》:"齊明,東周臣,後仕秦、楚及韓。""兒"或衍。

③ 此句語義欠明,疑《辯證》於齊氏所出有脱文;聯繫後句"今詳三説皆誤",所脱應係《元和姓纂》有關文字。鄧氏據《春秋》以齊出自姬姓,與《姓纂》齊出炎帝姜姓説異。

信。”善乎顏氏之知言也。

隄[①]

何氏《纂文要》曰：古隄字。

提

《左傳》：趙宣子車右提彌明，搏獒而殺之。姓書未收，今增入。

奚

出自任姓。夏車正奚仲之後，以王父字爲氏。孔子弟子奚容蒧，字子晳[②]。又成陽定侯奚意，生嗣侯信。元康四年，詔復其曾孫陽陵公乘通。

河南奚氏，達奚氏改焉。

郳[③]

出自曹姓。邾武公封次子於郳，是爲小邾，其地東海郡郳城是也。春秋時，小邾穆公之子甲，仕宋又奔鄭，始以國氏，謂之郳甲。

兒[④]

師古曰：音五奚反。後漢九真太守兒式。

---

① 隄 《四庫》本原注："音堤。"

② 奚容蒧，字子晳 《四庫》本原注："案孔子弟子奚容子蒧，字子晳，一作子楷。詳此則當爲奚容氏，'蒧' 誤作 '蒧'。" 今按：有關此氏，《史記》及《索隱》、《家語》諸本各異，"子晳" 或作 "子晳"，"蒧" 或作 "蒧(點)"、"子蒧"、"箴" 者，學者亦不乏辯證，如梁玉繩《史記志疑》、王叔岷《史記斠證》梳理衆説，可參。

③ 郳 《四庫》本原注："音倪。"

④ 兒 《四庫》本原注："音倪。"

梯

《晉書・載記》:西秦建威將軍梯君,破彭利和於漒川。姓書未收,今增入。

犀[①]

出自戰國時魏將犀武之後。《元和姓纂》曰:"秦有犀首。"邵氏曰:"姓書元有此氏,不敢削之。"皆誤矣。謹按《莊子音義》曰:犀首,魏官名,若今虎牙將軍,公孫衍嘗爲此官,非以犀爲氏。今以犀武爲正。

泥

《世本》:宋大夫泥卑之後[②]。

鮭[③]

《元和姓纂》曰:中山鮭氏後,漢有博士鮭陽鴻,修孟氏《易》。誤矣。謹按《後漢・儒林傳》注曰:姓觟陽,名鴻。觟,音胡瓦反,其字從角,或從魚,音胡佳反。然則鮭無單姓者。

洼[④]

南陽淯陽洼氏,漢有大鴻臚洼丹,字子玉,作《易論》,《易》家宗之,稱爲大儒。

畦

《晉書・載記》:後燕慕容寶時,魏伐并州,寶引群臣議於東

---

① 此條錢氏依《廣韻》移次兒氏後,今仍《四庫》本舊序編次。

② 泥卑　錢氏云:"《通志・氏族略》引作'卑泥'。"今按:《世本八種》卷上《氏姓篇》作"泥氏,宋大夫卑泥之後"。此作"泥卑"或倒誤。

③ 鮭　《四庫》本原注:"音圭。"

④ 洼　《四庫》本原注:"音圭。"

宫,中書令畦邃[1]請深溝高壘,以困魏師。《音義》:户圭反。姓書未收,今增入。

蜀[2]

梁四公子,其一曰蜀闖。

毒[3]

出《姓解》。

罜[4]

《姓苑》曰:罜,户圭反。

倢[5]

見《姓苑》[6]。

西周

《元和姓纂》曰:"周末分爲東、西二周,各以爲氏。"武公世[7]子稱爲西周氏。

---

① 畦邃 《晉書》卷一二四《載記·慕容雲》作"眭邃",卷後《校勘記》曰:"各本'眭'訛爲'畦',今據《魏書》、《北史·隱逸傳》、《慕容廆傳》、《通鑑》一〇八改。"鄧氏此處以畦爲姓,置於"十二齊"韻部("眭"則屬"五支"韻部),未詳所本。

② 蜀 《四庫》本原注:"音攜。"《元和姓纂》卷三《十二齊·□》曰下圭反,岑校曰:"□,据《廣韻》、《姓解》應作'蜀',《類稿》八亦然。"

③ 毒 《四庫》本原注:"音攜。"

④ 罜 《四庫》本原注:"音攜。"

⑤ 倢 《四庫》本原注:"音棲。"

⑥《四庫》本原注:"案字典、《廣韻》俱不載此字,疑即'郪'字之誤,今附入齊韻。"

⑦ 世 錢氏曰:"按《廣韻》作'庶'。"今按:《世本》卷七《氏姓篇》亦作"武公庶子",此誤。

西郭

《英賢傳》云：齊隱者居西郭，氏焉。漢有謁者僕射西郭嵩，晉有秘書郎西郭陽[①]，何承天以爲中朝名士。

西方[②]

《五代史》：定州蒲城人西方再遇爲州校，生鄴，後唐寧江軍節度使[③]。

西河

《後漢·馬援傳》有西河子輿相馬法，則子輿姓西河，而姓書遺佚未收，今增入。

西乞

《元和姓纂》曰："秦將軍百里術，字西乞，其孫以王父字爲氏。"

西陵

古侯國也。黄帝娶西陵女爲妃，號曰"嫘祖"。《元和姓纂》曰："《世本》，春秋時有大夫西陵羔。"

西樓

出自姒姓，夏後杞東樓公之子曰西樓公，子孫以號爲氏。

西門[④]

唐末宦者西門重遂、西門正範、西門思恭，皆爲樞密中尉。

---

① 西郭陽　《通志二十略·氏族略第三·以地爲氏》同，《晉書》卷四六《李重傳》作"西郭湯"。

② 今本《姓纂》卷三《十二齊·西方》曰："見《姓苑》。云少昊金天氏位主西方，今因氏焉。"與此迥異，疑《辯證》有脱文。

③《四庫》本原注："按《五代史》，西方再遇爲州軍校，此作'州校'，誤。"

④ 西門　今本《姓纂》卷三《十二齊·西門》曰："鄭大夫居西門，因氏焉。"與此異。

西宫

《姓苑》、《元和姓纂》皆未詳。謹按:《左傳》,鄭盜攻執政於西宫之朝,鄭人討西宫之難,則西宫執政所居,以别於太子之東宫,而後世氏焉。

西王

《新序》,子夏曰:"禹學於西王國。"

西鄉

《風俗通》曰:宋大夫西鄉錯之後。《尸子》有隱者西鄉曹。

西都

出王符《潛夫論》。

西閭

《説苑》有西閭過。

西素

出傅餘頠《複姓録》。

奚計盧

《河南官氏志》:奚計[1]盧氏改爲索盧氏。

---

① 錢氏曰:"案今本《官氏志》'計'作'斗'。"

古今姓氏書辯證卷五

十三佳

媧[①]

女媧之後。

柴

出自姜姓。齊卿高敬仲傒裔孫柴，字子羔，爲孔子弟子，後世以柴爲氏。

邢州龍岡柴氏：有守禮者，生榮，其姊適周太祖爲聖穆皇后，太祖養榮爲子，是爲周世宗皇帝，生恭帝宗訓、紀王希謹。世宗之弟貴，虢州防禦使。生肅，閤門祗候。肅曾孫之子詠，以比部員外郎封崇義公，生右侍禁若訥，亦封禁義公。晉州族人，東頭供奉官延可，生用政，用政生右侍禁元亨，元亨生供備庫副使愈，愈生南唐江州刺史克宏。

晉州臨汾柴氏：紹，字嗣昌，唐鎮軍大將軍、譙襄公，尚高祖平陽公主，夫妻佐義師有功，生右屯衛將軍哲威，衛州刺史、襄陽公令武。

娃

出《纂文要》。

---

① 媧　《四庫》本原注："音瓜。"

鮭陽

後漢牟融代鮭陽鴻爲大司農。鴻字孟宗。注曰:鮭陽,姓也。

十四皆

懷

《左傳》:周成王以商民大姓封諸侯,以懷姓九宗,賜唐叔。姓書曰:懷姓出古帝無懷氏之後。謹按:《顧雍傳》有尚書郎懷叙,望出河南。

淮

出《姓苑》。

十五灰

回

出自妘姓,祝融孫吴回之後,以王父字爲氏。

槐

《姓苑》:音懷,出商帝槐之後①。

枚②

漢弘農都尉枚乘,生皋。王莽時,有越嶲太守枚根。今望出淮陰。

梅

汝南梅氏,出自子姓。梅伯爲紂所醢,武王封伯玄孫黄梅,號

① 商帝槐之後　錢氏校本據《廣韻》改爲"夏帝槐之後",是。

② 枚　《四庫》本原注:"音梅。"

曰忠侯，以梅爲氏。世居楚、鄭間。漢將軍梅鋗，六代孫喜[①]，始居汝南。又南昌尉梅福，字子真。

雷

出自古諸侯。萬雷氏[②]之後，以國爲氏。後單姓雷。黄帝相雷公。淮南王郎中雷被。後漢南郡潳山蠻雷遷。晉豫章人雷焕，爲豐城令，後徙馮翊。南朝處士雷次宗。後燕陽翟公雷羣。前秦將雷惡地。姚秦將軍雷奇。唐著作郎雷穎，左庶子雷咸。

悝[③]

出《姓苑》。

頽

出自《左傳》，周大夫頽叔之後。《姓解》曰：《史記》有頽當。誤矣。頽當姓韓，封弓高侯，故韓王太子也。

崔

出自姜姓。齊丁公伋嫡子季子遜國叔乙，食采於崔，遂以爲氏，濟南東朝陽縣西北崔氏城是也。季子生穆伯，穆伯生沃，沃生野。八世孫夭，生杼[④]，爲齊正卿，謚武子。生三子：子成、子强皆

---

① 喜　今本《姓纂》卷三《十五灰·梅》作"漢將軍梅鋗，六代孫嘉"，《姓纂》此句輯自［宋］謝枋得《祕籍新書》。今兩存之。

② 萬雷氏　今本《姓纂》卷三《十五灰·雷》（輯自《祕籍新書》）曰："雷，方雷氏之後。女爲黄帝妃，生玄囂，蓋古諸侯國也。"與此異。據《漢書》卷二八《古今人表》："方雷氏，黄帝妃，生玄囂，是爲青陽。"此作"萬雷氏"應誤。

③ 錢氏校本依《廣韻》次序移此條至"十五恢"上、淮氏後，今仍《四庫》本舊序編次。

④ 錢氏案："高誘《淮南子·説林訓》注云：'崔杼，齊大夫崔野之子。'與此異。"

爲慶封所殺，子明奔魯，生良。十五世孫意如，爲秦大夫，封東萊侯，二子：業、仲牟。業字伯基，漢東萊侯，居清河東武城，生太常信侯昱。昱生襄國太守穆侯紹。紹生光禄勳嗣侯雅，雅生揚州刺史忠，忠生散騎常侍泰。泰字世榮，始居歙縣。二子：恪、景。恪，丞相司直，生郡功曹因。七子：雙、邯、寓、金、虎、藩、固。雙爲東祖，邯爲西祖，寓爲南祖，亦號中祖。唐人姓書曰：漢司隸清河崔忠有三子，長曰泰，子孫居歙縣，爲西祖，今烏水崔光其後也。次曰恪，恪弟因，因子雙，居武城，爲東祖，今僕射休兄弟及青州崔亮其後也；季曰寓，號中祖，司徒浩、武陵公寬及許州崔暹其後也。寓四世孫琳，字德孺[①]，魏司空、安陽孝侯。曾孫悦，前趙司徒、右長史、關内侯，三子：渾、潛、湛。湛生顗，後魏平東府諮議參軍。生蔚，自宋奔後魏，爲郢州刺史，居滎陽，號鄭州崔氏。生暹、幼。幼字季陽，後魏永昌郡守，五子：彦珍、景茂、彦章[②]、彦穆、彦昇。彦穆，後周少司徒、東郡公，四子：君綽、君肅、君胄[③]、君瞻。君胄生千里，千里生元綜，相唐武后。蔚少子彧，幼弟也，居鄢陵，爲許州鄢陵房。彧孫隋本州主簿子今，生利州刺史樞[④]。樞生陝州刺史義直[⑤]。義直生知悌、知久、知儉、知讓、知温、知遜。知温，相唐高宗，生泰之、謂之。泰之，初以職方郎中預平二張，官至左

①《四庫》本原注："案《唐·世系表》'琳'作'林'，'孺'作'儒'。"

② 章 《新表·崔氏》作"璋"。

③《四庫》本原注："案《唐·世系表》'胄'作'宙'。"

④ 樞 據趙超考《清河郡公崔泰之墓誌》作曾祖世樞，蓋避唐諱去世字，詳見《新表集校》卷二《崔氏》。

⑤ 陝州刺史義直 陝州刺史，《新表·崔氏》作"峽州刺史"；義直，《舊唐書》卷一八五《良吏傳·崔知温》作"義貞"。據《清河郡公崔泰之墓誌》：義直，"皇朝使持節、陝州諸軍事、陝州刺史"，則《新表》作"峽州"誤，《舊傳》作"義真"誤。

丞黄門侍郎、工部尚書。諤之,以商州司馬預平韋后,位少府監、趙國公。

南祖崔氏:泰少子景,字子成,淮陽太守,生璉,字子建[①]。璉生破虜將軍權,權生諫議大夫濟,字元先,亦稱南祖。濟生湫,字道初。湫生安定侯融,字子長,生中書令温,字道和。温生魏常山太守就,字伯玄。就生上谷太守公安。公安生晉大司徒、關内侯岳,字元嵩。岳生後趙尚書右僕射牧,字伯蘭。牧生後趙征東大將軍蔭,字道崇。蔭生聊城令怡,字少業。怡生宋樂陵太守曠,隨慕容德渡河,居齊郡烏水,號烏水房。生清河太守某,二子:靈延、靈茂。靈茂,宋庫部郎中,居全節,生稚寶,後魏祠部郎中。稚寶生逵[②],周司徒長史德仁,生許州治中君實。君實生宜君丞縣解。縣解生融,字文成[③],清河郡公。融生翹,唐禮部尚書、清河郡公。翹生渠州刺史異。異生能,字子才,嶺南節度使、清河郡公。能弟從,字子乂,淮南節度、清河公[④]。生慎由,字敬止,相宣宗。慎由生胤,字垂休[⑤],相昭宗,謂之"崔四公"。慎由弟安潛,字進之,太子太傅、貞孝公。皆有傳。伯基八世孫密,密二子:霸、琰。霸曾孫遵,後燕太常卿,生撫,宋汝南太守。撫玄孫文仲,生督,相

①《四庫》本原注:"案《唐・世系表》'璉'作'挺',此'璉'當誤。"

②《四庫》本原注:"案《唐・世系表》逵字景通,北齊三公、郎中,生司徒長史德仁,德仁生君實。'此脱。"

③ 字文成　《新表・崔氏》同;《新唐書》卷一一四《崔融傳》作"字安成",清河郡公,謚曰文。

④ 淮南節度、清河公　據《新唐書・崔融傳》附崔從:大和中,從爲淮南節度副大使,知節度事。又《四庫》本原注:"案《唐・世系表》:從,清河縣伯。"

⑤ 字垂休　《新表・崔氏》作慎由二子:昌遐字貽休,太子賓客;胤字垂休,相昭宗。傅璇琮據新、舊《唐書・崔胤傳》,考《新表》誤將一人作二人,崔慎由僅崔胤一子,字昌遐(貽休),太子賓客(詳見《兩〈唐書〉校勘拾遺》(《文史》第12輯,1981年)。

武后[①]。琰字季圭,魏尚書。生諒,字士文,生遇。遇生瑜。瑜生逞,字叔祖。逞生褘。褘四世孫溉,字[②]義玄,唐御史大夫、清丘貞公。義玄生神基,相武后。神慶,司刑卿、魏縣子。神慶生琳,太子太保[③]。

清河大房:逞少子諲[④],宋青、冀二州刺史。生靈和,宋員外散騎常侍。生後魏贈清河太守宗伯,生休、寅。休號大房,休字惠盛,後魏殿中尚書、文貞公,五子[⑤]:稜、仲文、叔文、子忠、子表。仲文,北齊光禄大夫,生隋内史舍人儦[⑥]。儦生虔[⑦]。虔生益,字元友。益生昕、暉。暉,渭州刺史,生誠。誠孫龟從,字元吉[⑧],相宣宗。

清河小房:寅字敬禮,仕後魏太子舍人、樂安郡守。生長[⑨],

①《四庫》本原注:"案《唐·世系表》:文仲之兄文舉,生訔,相武后。"

②《四庫》本原注:"案《唐·世系表》:溉生義玄。作'字'誤。"

③ 太子太保 錢氏曰:"案《唐·世系表》及《崔玄義傳》並作'太子少保'。"

④ 逞少子諲 趙超《新表集校》卷二《崔氏》據《魏書·崔逞傳》證崔諲非逞少子。

⑤ 五子 《四庫》本原注:"案《唐·世系表》'稜'作'惔','叔文'作'叔仁','子忠'作'子侃','子表'作'子聿'。"錢氏曰:"《後魏·崔休傳》并同《世系表》。"按《魏書》卷六九《崔休傳》稱"休有九子",與此異。

⑥ 儦 《四庫》本原注:"案《唐·世系表》'儦'作'僥'。"然中華本《新表·崔氏》作"儦"。又《隋書》卷七六《文學·崔儦傳》:"崔儦字岐叔,清河武城人也。祖休,魏青州刺史。父仲文,齊高陽太守。"是此作"儦"無誤。

⑦ 儦生虔 《隋書·崔儦傳》作儦生世濟,《新表》亦同。然崔世濟事跡不詳,《辯證》此作"虔"未詳所據。

⑧ 元吉 錢氏曰:"案《唐·世系表》及《崔元略傳》俱作'元告'。"據《舊唐書》卷一七六《崔龜從傳》,龜從字玄告,《新唐書》本傳亦同。蓋"元"乃避諱改字,"吉"、"告"二字形近而誤,應作"玄告",此誤。

⑨ 長 《四庫》本原注:"案《唐·世系表》作'長謙'。"《魏書·崔休傳》作休子長謙,《北史》卷二四《崔休傳》亦稱休"子滑,字長謙"。此脱"謙"字。

給事中、青州刺史。生子令、公華。子令，高唐令。公華生復州刺史大質。大質生玄覽、玄弼、玄機、玄泰。玄覽曾孫湛，字湛然，生虔、朝。虔，大理司直；朝，字懿忠[①]，鄭、懷二州刺史。孫羣，字敦詩，相憲宗。玄弼，延州刺史，生弘默、道默、道郁。道郁生醴泉令綜。綜生太子中允佶[②]。佶生諲、陲。陲，御史中丞，八子[③]：邠，字處仁，太常卿，謚文簡，生吏部郎中瓚。酆，司農卿，生吏部尚書瓘，字汝器。鄲，字廣略，浙西觀察使，謚德，生瑀、瑤、瑾，皆觀察使。璆，字致美，相黄巢。郇，大理卿，無子。邯，無官，生瓚，字錫勳。鄯，右金吾將軍，生琢，字子文；瑄，字右玉；琛，字真器；珮，字聲諫；琪，字廷秀。鄲，相宣宗。鄘，字德璋。

青州房：琰生欽。欽生京。京生瓊[④]，慕容垂車騎屬。生輯，宋泰山太守，徙居青州，號青州房。輯生修之。修之生宋尚書郎元孫。元孫生亮，後魏僕射、侍中、貞烈公。亮生士泰，征蠻別將、樂陵文肅公。生肇師，北齊中書侍郎、襄城男。肇師孫道淹，生方騫，萬年主簿、臨洛子[⑤]。方騫生貞固，武功主簿。貞固生景晊，大理評事。景晊生圓，相肅宗。

博陵安平崔氏：仲牟爲漢汶陽侯，始居博陵安平，生融。融

---

① 懿忠　《新表集校・崔氏》引《全唐文》卷六八二牛僧孺撰《崔相國群家廟碑》：朝，字守忠。與此異。

② 太子中允佶　《四庫》本原卷末附考證曰："太子中允句，原本作'大理主簿'。按《唐・世系表》，佶爲太子中允，諲爲大理主簿，今據改正。"

③ 八子　《新表集校・崔氏》據劉禹錫撰《清河縣開國男贈太師崔公神道碑》"大師諱陲，生才子六人"；杜牧撰《崔鄲行狀》作"親昆仲六人"，知崔陲六子，此應誤。

④《四庫》本原注："案《唐・世系表》：京孫瓊。"

⑤ 臨洛子　《新表・崔氏》、［唐］李華《贈太子少師崔景晊墓誌》均作"臨洺子"，或版刻之誤。

生石。石生廓，字少通，即“四皓夏黄公”也[①]。廓生寂。寂生欽。欽生朝，漢侍御史。生舒，漢四郡太守，二子：發、篆。篆，郡文學，王莽召不起，生毅。毅生駰，字亭伯，長岑長[②]，生三子：盤、瑗、寔。瑗字子玉。寔字子真，生皓，曾孫洪。盤生烈，後漢太尉，生鈞，字州平，西河太守。十世孫昂，生仁師，相唐太宗，四子：揣、擢、携[③]、挹。挹，户部尚書，生湜，字澄瀾，相中宗，年二十九爲中書令[④]，以罪誅。兄液。弟滌。

博陵大房：駰少子寔，字子真，後漢尚書，生皓。皓生質。質生贊[⑤]。贊生洪，字良夫，晉大司農，生廓。廓生遄。遄生懿，字世茂，五子：連、琨、格、邈、殊。五房。又燕主賜王氏，生怡、豹、偘，同爲一房，因號“六房崔氏”。連[⑥]，字景遇，鉅鹿令，號“大房”，生郡功曹綽，二子：標、鑒。標字格祖[⑦]，行博陵太守，生後魏鎮南長

---

①《四庫》本原卷末附考證：“按《新唐書・宰相世系表》載漢汶陽侯崔中牟生融，融生石，石生廓，不言廓即夏黄公；又考《前漢書・張良傳》，夏黄公在漢初年已八十餘，此云仲牟曾孫，時代不合，恐誤。”

② 長岑長 《四庫》本原卷末附考證：“按長岑，縣名；崔駰爲長岑長，乃縣令之職；原本作‘生長、岑，長三子：盤、瑗、寔’，是以長、岑爲駰子名，而盤、瑗、寔又爲長之子，其譌甚矣！今據《後漢書》改正。”錢氏亦曰：“三子：盤、瑗、寔。《唐・世系表》作二子：盤、寔。”

③ 携 《四庫》本原注：“案《唐・世系表》‘携’作‘攝’。”

④ 年二十九爲中書令 據《新唐書》卷五《玄宗本紀》、《舊唐書》卷七四《崔仁師傳》，崔湜先天元年被流放賜死，卒年四十三，則其景龍二年拜中書令、同中書門下三品時年三十九；《新唐書》本傳亦稱“湜執政時年三十八”，則此誤。

⑤ 贊 《北史・崔鑒傳》同，《新表・崔氏》作“瓚”。

⑥ 連 《四庫》本原注：“《姓纂》作‘遭’。”此或誤。

⑦ 格祖 《四庫》本原注：“案《唐・世系表》作‘洛祖’。”

史廣，字仲慶。生元猷[①]。元猷生當，字文業，後魏中書侍郎。當生伯謙，字士遜，鴻臚卿，謚懿伯。謙生淵，字孝源，青、冀二州司馬。生綜，字君維，長安令。綜生慎，字行謹，胡蘇令。慎生玄暐，相中宗，"五王"中一人也。玄暐生璆、璩、珪、瑨。璩，禮部侍郎、襲博陵公，生震、涣。涣，門下侍郎，生縱，御史大夫、常山忠公。縱生元方，沔州刺史。元方生碣，字東標。綜少子、祕書監行功[②]，生旻、景、昱、晷、晃、暈、晨、昊。晷曾孫損，字至無，相德宗。鑒字神具，後魏東徐州刺史、安平康侯，三子：含[③]、秉德、習。秉德，驃騎大將軍，謚靖穆，子忻、君哲、仲哲。仲哲，後魏司徒行參軍、安平縣男，生長瑜、仲琰。長瑜子樞[④]等九人，號"崔氏九龍"。仲琰生君昭。君昭生播。播生玄亮[⑤]。玄亮生無縱。無縱生望之、釋之、藏之、渾之。渾之生璥[⑥]，尚書右丞。璥生元略、元受、元式、元儒。元略，義成軍節度使，生鉉，字台碩，相武宗、宣宗。鉉

---

① 元猷　《魏書》卷四九《崔鑒傳》作"元獻"。

② 錢氏曰："案《唐・世系表》，行功乃鑒玄孫之孫，爲玄暐從祖，而《文藝傳》云行功兄子玄暉，與《表》兩不相蒙，此以行功爲綜少子，與《文藝傳》合；然《傳》云行功祖謙之仕北齊，終鉅鹿太守，行功由部郎歷蘭臺侍郎，則官階世系俱各不同。"

③ 含　趙超《新表集校・崔氏》："《北史・崔鑒傳》，（鑒）子合，字貴合。"此作"含"應誤。

④ 長瑜子樞　《北史・崔鑒傳》長瑜子名子樞，《辯證》此或脱"子"字。又錢氏曰："按《唐・世系表》，長瑜二子，子博、子信。……與此異。"

⑤ 玄亮　《新表・崔氏》博陵崔有兩玄亮，一爲大房崔氏、東漢崔駰之子、尚書寔七代孫崔懿（字世茂）之後，懿五子，長子連爲大房，此玄亮即出自大房長子連之孫、北魏崔鑒之後，是鑒孫仲哲之玄孫。另一玄亮出自崔懿第三子格，屬第三房，身世詳見《白居易集》卷七〇《唐故虢州刺史贈禮部尚書崔公（玄亮）墓誌銘》。兩玄亮應相差四代。

⑥ 璥　錢氏曰："案《唐・世系表》作'儆'。"

生沆，字内融，相僖宗。元受，直史館、高陵尉。元式相宣宗，生鎮、鉶[①]、鉅。

第二房：琨字景龍，饒陽令，行本郡太守，二子：經、鬱。經生辨，字神通，後魏武陽太守、饒陽侯，謚恭，二子：逸、楷。楷字季則，後魏殷州刺史、後將軍，生士元、士謙、士順。士元，周江陵總管、武康郡公[②]，生隋沂州[③]刺史曠。曠生隴州刺史礭。礭生駙馬都尉、博陵縣男[④]恭禮。恭禮生去惑、興宗。興宗，饒州長史，生臨涣丞儁[⑤]。儁生懿。懿生同州刺史頲。頲生琯、珦、璪[⑥]、珙、璵、瑨、球。琯字從律，山南東道[⑦]節度使。璪，刑部尚書。珙，相武宗。璵字朗士，河東[⑧]節度使。瑨，常州刺史。士謙弟説[⑨]，後周大將軍、安平壯公，生弘度、弘昇、弘峻。弘峻，隋趙王府長史，生洛令儼。儼生暄、晧、晊[⑩]。晊，徐州司馬，其孫儀甫、嬰甫。晧，安

① 鉶　據《舊唐書》卷一六三《崔元略傳》，崔鉶爲崔元受子。
②《四庫》本原注："案《唐·世系表》士謙，周江陵總管、武康郡公。生曠。"
③ 沂州　《新表·崔氏》作"淅州"。《北史》卷三二《崔辯傳》："曠少温雅，大業末位開府儀同三司、大將軍、淅州刺史。"
④ 縣男　《新表·崔氏》作"郡男"。
⑤ 儁　《新表·崔氏》作"儁"。又，趙超《新表集校·崔氏》引《全唐文》卷三九一獨孤及《唐前楚州司馬河南獨孤公故夫人博陵崔氏墓誌銘》作"儁"。
⑥ 璪　《四庫》本原注："案《唐·世系表》'璪'作'璪'。"
⑦ 山南東道　錢氏校本據《唐·世系表》、《新唐書》珙本傳改作"西道"。
⑧ 河東　《新表·崔氏》作"河中"。《文苑英華》卷四五三崔遠《授徐商崔璵節度使制》，璵爲河中晉絳慈隰等州節度觀察處置使。此作"河東"誤。
⑨ 説　趙超《新表集校·崔氏》證"説"名"士約"；周紹良據《舊唐書》卷一一八《孝友傳·崔沔》、《汝州長史安平男崔晧墓誌》考"説"當作"訦"，詳見《唐誌叢考》，載《中華文史論叢》1985年第2期。
⑩ 暄、晧、晊　趙超曰："晧，《崔沔傳》作'皚'，但云汝州長史，則又似暄子。而《佑甫傳》又作'祖晊'。"又曰："《新表》中儼二子暄、晧二字皆皚字之訛。"詳見《新表集校·崔氏》考。

平公[1]，生監察御史渾及太子賓客、清河孝公沔，字若冲。沔生成甫、祐甫。祐甫字貽孫，相德宗，除清吏八百員，人不以爲私者。無子，以廬江令嬰甫子植爲後。植字公修，相穆宗，嘗請以《無逸》爲元龜，然爲相無狀。鬱，後魏濮陽太守，生挺，字雙根，後魏司徒[2]、泰昌縣子。挺生孝芬，字恭梓，太常卿、太昌縣公。孝芬生猷，字宣猷，隋大將軍、汲郡胡公。猷生仲方，字文齊[3]，信都太守、固安縣伯。仲方生燾，字大德，鳳泉令、石城縣男。燾生安上，字敦禮[4]，相高宗，二子：修業、守業。修業，太子通事舍人。守業，刑部侍郎。孝芬弟孝暐，後魏趙郡太守，謚簡，生昂，字懷遠，北齊祠部尚書。昂曾孫紹睿，武邑令，生白水尉項[5]。項生汾西令昇之。昇之生造，字玄宰，相德宗。

第三房：格二子：蕃、穎。蕃生天護。穎八世孫不疑，左補闕。天護生穆、纂、融。纂字叔則，後魏冀州刺史，生觖，北齊散騎常侍。觖生誠及世立。世立，隋大理少卿、安平男，生祁陽令抗。抗生潛、漪、汲。漪，河間丞，生日用，相唐中、睿、玄二宗[6]。汲，長

---

① 安平公　據《新表集校·崔氏》引《汝州長史安平男崔暟墓誌》，暟（皓）封爵當爲安平縣男。

② 後魏司徒　據《北史·崔挺傳》，挺爲魏司徒府司馬，詳見趙超《新表集校·崔氏》。

③ 文齊　《四庫》本原注："案《唐·世系表》'文齊'作'不齊'。"據《隋書》卷六〇《崔仲方傳》："仲方字不齋。"此誤。

④ 字敦禮　錢氏曰："按《唐書》本傳作名敦禮，字安上。"今按：于志寧撰《太子太師中書令開府儀同三司并州都督上柱國固安昭公崔敦禮碑》（《全唐文》卷一四五）亦曰："公諱敦禮，字安上。父燾，定州刺史。"蓋此敦禮名、字相倒。

⑤ 項　趙超據權德輿撰《洪州建昌丞崔遴墓誌》，證崔昂曾孫崔紹，武邑令，生白水尉崔頊，詳見《新表集校·崔氏》。此作"項"乃字畫之誤。

⑥ 二宗　錢氏校本作"三宗"；錢氏曰："按《唐·世系表》，考日用以睿宗景雲元年參知機務，未嘗相中宗，此云'三宗'，誤。"則此作"二宗"亦刻誤。

安丞,生日知,字子駿,潞州長史、中山襄公。日用生宗之,右司郎中。

《元和姓纂》:清河東武城後有齊郡、高密、藍田三崔氏門户。魏大和中,定清河崔爲山東五姓甲門。又《太和姓族品》滎陽四姓:鄭、皇甫、崔、毛。又魏舊定清河崔爲第一甲門。釋曇剛《類例》曰:崔懷兄弟并青州崔肇次盧、鄭之後,崔陵及青州崔亮次之,崔隆宗爲後。舊定博陵崔爲次甲門。曇剛《類例》曰:先崔昂,次崔季舒及齊州崔光。李公恀[①]《類例》則首崔楷,後季舒。又舊甲乙門者,崔楷、長瑜爲先,子樞、季舒次之。舊博陵崔在乙門者,曇剛以崔暹入第五件[②],李公掩[③]則首崔敬寬,次崔暹。唐魏鄭公定天下諸州姓譜,以崔、張、房、何、傅、靳爲貝州清河郡六姓。又後燕上黨太守崔敦,博陵人,有五子:兄裔,三子,弟休,二子,各專一業,時號"敦五子",爲五舍,並裔、休等子爲崔氏十門,仕宦北齊。崔暹、崔昂、崔季舒,並爲高祖任使,時謂"三崔"。唐崔義玄、神基、琳,三世爲蒲州刺史。又神基、神慶、神福兄弟三人,相繼爲三庶子,神慶子珪又爲之。開元中,崔琳與弟珪、瑶三人同時列戟,號"三戟崔家"。天后時,有二崔融,俱爲郎官,故以文章目翹父[④],而以門户目其一人,蓋時不能辯也。

賜姓:西魏後周賜汲郡公崔宣猷、武城公崔士謙並姓宇文氏,安平公崔訦亦然。宣猷曾孫敦,士謙孫確,訦玄孫河,並復本姓。

---

① 李公恀　其人史傳無考,未知《辯證》所據。

②《四庫》本原注:"按'件'字疑'門'字之誤。"

③ 李公掩　《北史》卷三八《裴佗傳》、《新唐書》卷一九九《儒學·柳冲傳》、王方慶撰《魏文公諫録》均作"李公淹",此作"掩"誤。

④《四庫》本原注:"按崔融,史稱其爲文典麗,故以文章目之。翹,融之子也。"

裴

出自顓帝裔孫。大業生女華，女華生大費，大費生皋陶，皋陶生伯益，賜姓嬴氏，生大廉。大廉五世孫曰仲衍[①]。仲衍四世孫曰軒。軒生潏。潏生飛廉。飛廉生惡來。惡來生女防[②]。女防生旁皋。旁皋生太几。太几生大駱。大駱生非子，周孝王使養馬汧、渭之間，以馬蕃息，封之於秦，爲附庸使，續嬴氏號曰秦嬴。非子之支孫封䣙鄉，因以爲氏，今聞喜䣙城是也。六世孫陵，當周僖王之世，封爲解邑君，乃去"邑"從"衣"爲裴。裴，衣長貌。一云晉平公封顓帝之孫鍼於周川[③]之裴中，號"裴君"，疑不可辨。陵裔孫蓋，漢水衡都尉、侍中。九世孫燉煌太守遵，自雲中從光武平隴、蜀，徙居河東安邑。安、順之際，徙聞喜。曾孫曄，并州刺史、度遼將軍，子茂，字巨光，靈帝時，歷郡守、尚書，率諸將討李傕有功，封陽吉平侯。三子：潛、徽、輯。徽，字文秀[④]，魏冀州刺史、蘭陵武公，以其子孫多仕西凉者，故號"西眷裴"。四子：黎、康、楷、綽。

黎字伯宗，一名演，游擊將軍、秘書監，二子：粹、苞。粹，晉武威太守，二子：詵、暅。詵，太常卿，避地凉州，及苻堅克河西，

---

①《四庫》本原注："案《史記》大業取少典之子曰女華，生大費，是爲伯翳。生大廉。大廉之玄孫仲衍。此以女華爲大業子，而以大費、伯益爲兩人，俱誤。又《左傳》高陽氏有才子八人，庭堅即皋陶字也，則皋陶爲顓頊子，此則爲大費子，於傳無徵。"趙超《新表集校》卷一《裴氏》訂訛略同。

② 女防　趙超《新表集校・裴氏》據《史記・秦本紀》證女防乃惡來革子。

③ 周川　趙超《新表集校・裴氏》引《寧州刺史裴撝墓誌》作"同川"，此作"周川"應誤。

④ 文秀　今本《姓纂》卷三《十五灰・裴》（輯自《祕籍新書》）："微，子明，子孫又號中眷；微與子遐號'八裴'。"岑校曰："《三國志》卷二二注潛少子微，字文季。"與此異。

復還解縣,生劭。劭生和、鍾[①]。鍾生景惠,後魏别駕。景惠生会、他。会生韜,韜生後周司木大夫融,融生儀同大將軍孝瑜,居蒲州桑泉。生寂,字立真[②],相唐高祖,司空、尚書左僕射。寂生律師,駙馬都尉、河東公。律師生承先,殿中監。他字元化,後魏中軍將軍、荆州刺史,生讓之、訥之、謁之。訥之字士言,北齊中書舍人,始居聞喜,生掞、世矩、通。世矩[③]字弘大,相唐高祖,所謂"其姦足以亡隋,其智足以佐唐"者。生宣機、奉高、善昌。粹子晅,生瑾,自河西歸桑梓,居解縣洗馬川,號"洗馬裴",仕前秦爲大鴻臚,二子:天恩、天壽。天恩,後魏武都太守,生安祖、祖思、祖愛。安祖,安邑令,生思濟。思濟生宗賢。宗賢生措[④]。措生二子:同、機。機生談,相唐中宗。祖愛生鴻臚卿義同。義同生仁素。仁素生大同。大同生炎,字子隆,相中宗。炎生懿、彦先、伷先[⑤]。

黎第二子苞,生三子:軫、丕、彬。軫生嗣,西凉武都太守,三子:邕、奣、策。邕渡江居襄陽,生順宗。順宗三子:叔寶、叔業、令寶。叔業,齊南兖州刺史,初歸北,號"南來吴裴",事後魏,蘭陵郡公,謚忠武,子蒨之、芬之、藹之、英之、藹之。蒨之字文聽,北

---

①《四庫》本原注:"案《唐·世系表》,劭生和,和生鍾。"

② 立真 《四庫》本原注:"案《唐書》本傳,寂,字玄真。"今按:新、舊《唐書·裴寂傳》亦同,此或版刻之誤,應作"玄真"。《新唐書》卷七一上《宰相世系表·裴氏》作"真玄",則倒誤。

③ 世矩 《隋書》卷六七《裴矩傳》作"矩",是避唐諱而省"世"字。

④《四庫》本原注:"案《唐·世系表》'措'作'錯'。"

⑤ 伷先 《舊唐書》卷九《玄宗本紀下》開元二十九年四月,伷先遷工部尚書;又《舊唐書》卷八七《裴炎傳》稱炎長子彦先,伷先乃炎從子(《新唐書》本傳同),惟《新表·裴氏》作裴旦子,或另有所據。疑此"炎生懿、彦先、伷先"有誤。

齊隋王左常侍，生正[①]。正生南鄭鄭令脅，字歸厚[②]。脅生同節、守真、九思。守真，字方中，邠、寧二州刺史，生子餘、巨卿、耀卿、僑卿、幼卿、春卿、昱。子餘，給事中，謚孝。耀卿字涣之[③]，相唐明皇。僑卿，起居郎，生尚舍直長汧。汧孫户部員外郎伯言，生邕管經畧使行立。令賓二子：彦先、彦遠。彦遠生鑒。鑒生獻，隋扶州刺史、臨汾公，二子：義山、羅。義山生行本，相武后。行本兄知節，生倩。倩生士淹，禮部尚書、絳郡公，明皇狩蜀時馬上與論宰相者。生通，字文玄，檢校禮部尚書。羅，隋魏郡丞，生公緯、公繹、公續。公緯，祠部郎中，生瑾之，倉部郎中。瑾之生漼[④]，太子賓客、正平懿公。公繹，邢州長史，生袁州長史無悔。無悔八子：韋[⑤]、坦、昌、寬、歆、恂、晏、京。寬，禮部尚書，生諝，字士明，東都副留守。京，汝州别駕，生胄，字遐叔[⑥]，檢校兵部尚書。

嗣中子奣，晉太尉宋公版諮議參軍、并州别駕，號"中眷裴"。

---

①《四庫》本原注："案《唐・世系表》蕳之曾孫正，生脅，此作蒨之生正。"

② 正生南鄭鄭令脅，字歸厚　今本《姓纂・裴》作"正生歸厚，歸厚生脅"，與此異。岑仲勉據《金石録》卷二六《唐裴守真碑》已證《姓纂》之誤，又云《辯證》作"脅字歸厚"未知所本。

③ 涣之　《新唐書》卷一二七《裴耀卿傳》作"焕之"（《舊唐書》卷九四本傳耀卿無字），《全唐文》卷四七九許孟容《唐故侍中尚書右僕射贈司空文獻公裴公神道碑銘》作"字子涣"。

④ 瑾之生漼　錢氏曰："案《唐・世系表》，公緯二子，瑾之、炎（琰）之，餘與此同。而《漼傳》云：'父炎（琰）之，倉部郎中。'疑瑾之、炎（琰）之本一人，而前後異名，故此誤列爲二耳。"今按：趙超《新表集校・裴氏》曰："本傳，漼，琰之之子。"又據岑仲勉《郎官石柱提名新考訂》（四）《吏部員外郎・删補》"裴漼條"，漼爲琰之之子。此作"瑾之"應誤。

⑤ 韋　《四庫》本原注："案《唐・世系表》'韋'作'卓'。"

⑥ 遐叔　趙超《新表集校・裴氏》曰："本傳，字胤叔。"此作"遐"誤，或避宋諱而改字。

三子:萬虎[①]、雙虎、三虎。萬虎生保歡。保歡生良,字元賓,後魏太府卿。良生隋太中大夫子通。子通兄弟八人[②],皆爲名孝,詔表門閭,世謂“義門裴氏”。雙虎,後魏河東太守,生惠秀。惠秀生梁兵部尚書嵩壽。嵩壽生後周光、汾二州刺史,琅琊公伯鳳。伯鳳生定高、德超。定高襲琅琊郡公,德超寧州刺史,生思簡、思諒。思諒,靈武大總管、河東郡公。生行儉[③],唐襄武道大總管、聞喜憲公[④],其子光庭,字連城,相明皇。光庭生稹[⑤],司勳員外郎、正平縣子。稹生倩,字容卿,度支郎中、正平節男。倩生均,字君齊,左僕射、平章事。均生鉷,鳳翔府參軍。三虎,後魏義陽太守,三子:文德、嵩仁、桃弓。嵩仁曾孫耀之,高陽大守,生武陵令知道。知道生中書舍人義弘。義弘生蜷[⑥],字翁喜,杭州刺史、河東縣男,生遵裕、遵業、遵慶。遵慶字少良,相代宗,生會、向。向字傣仁,吏

---

① 萬虎　權德輿《唐尚書度支郎中贈尚書左僕射正平節公裴公神道碑銘》(《權載之文集》卷一七)稱:“魏冀州刺史微,五代至中軍將軍虎。”又據襄汾出土《裴使君(裴良)墓誌》(刊《文物》1990年第12期):“祖諱虎,河北太守。父諱保歡,少舉秀才,早卒。君諱良,字元賓。”則“萬虎”應作“虎”。

② 八人　據前引《裴使君(裴良)墓誌》,裴良八子、三女,八子爲:長子懇,字建扶;第二子誕,字仲睿;第三子子異,字仲仙;第四子子通,字叔靈;第五子子祥,字叔社;第六子子休,字季祥;第七子子闡,字季猷;第八子輔翼。此僅及第四子子通。

③ 生行儉　《四庫》本原注:“案張説《裴行儉神道碑》,行儉乃仁基子,此作思諒,誤。張九齡《裴光庭碑》亦祖仁基。”今按:《新表·裴氏》校勘記亦證行儉乃仁基之子,《辯證》此誤。

④ 憲公　《新表集校·裴氏》曰:“本傳作‘獻公’。”

⑤ 稹　《四庫》本原注:“案張九齡《裴光庭碑》‘稹’作‘積’。”今按:張説《裴光庭碑銘》(《全唐文》卷二九一)、獨孤及《裴公行狀》(《毘陵集》卷六)均作“稹”。

⑥ 蜷　錢氏曰:“按《唐·世系表》作‘惓’。”今按:《舊唐書》卷七〇《岑羲傳》稱“渭南令裴惓爲地官員外郎”,錢校是。

部尚書,生寅,字子恭,御史大夫。寅生樞,字化聖,相昭宗。苞第三子丕。丕孫涼州刺史定宗,生後魏冠軍將軍詵。詵生太原太守遼。遼生正平太守鄘、隴西郡公纂。纂四子:舒、嗣、秀、詢。舒,後周車騎將軍、元氏公,生昂。昂生玄運,濮州刺史。玄運生季友,司門郎中,生武。武曾孫訢。訢生總,太常博士。總曾孫安期,汾州司馬,生後己、循己、修己。後己,濟源令,生郁、邠、郥、鄏、部。循己,右[①]衛大將軍,生郥[②]、郕、酆、郢。修己,左贊善大夫,生郾、郇。部,汾州别駕,生福建觀察使乂及虔州刺史稷。乂生坦,字知進,相唐僖宗,生大理丞儲[③]。儲生贄,字恭臣,相昭宗。

東眷裴,出自茂第三子輯,號"東眷"。生潁,司隸校尉。潁生武,字文應,晉大將軍、玄菟太守。永嘉末,避地平州,生開。開字景舒,仕慕容氏,太常卿、祭酒。三子:原、成、範。範字仁則,河南太守,四子:韜、冲、湛、綏。冲字泰寧,後秦并州刺史、夷陵子,五子:道子、道護、道大、道會、道賜。道子字復泰,本州别駕,從劉裕入關,事魏,南梁州刺史、義昌順伯,三子:德歡、恩立、輔立。德歡一名慶[④],豫、鄭、廣、坊四州刺史,謚康,二子:澄、禮。澄字静慮,後魏汾州刺史,生景、漢、尼。尼字景尼,後周御正大夫,三子:之隱、師民、之爽。之爽生希仁、希淳[⑤]、希莊。希莊,陳州刺史,生抗。抗生宣。宣生肅,字中明,浙東觀察使,三子:儔、

---

①右　錢氏曰:"按《唐·世系表》作'左'。"

②錢氏校本作"郥",校曰:"原本'郥'作'郥',據《世系表》改。"今按:據前後文,"郥"爲後己子,作"郥"無誤。

③《四庫》本原注:"案《唐·世系表》儲係稷子。"又錢氏云:"按《裴坦傳》云'從子贄',贄乃儲子,則儲非坦子明矣。"

④慶　《新表·裴氏》作"度",應是。

⑤希淳　《四庫》本原注:"案《唐·世系表》'淳'作'惇'。"

休、俅。儔字次之，江西觀察使。休字公美，相宣宗。俅字冠儀[①]，諫議大夫，生澈，字深源，相僖宗。

道護二子：次愛、祖念。祖念[②]生弘陁，後魏聞喜公，生鴻琳，易郡太守。生客兒，後魏長平郡丞。弟鴻智，襄州刺史[③]、高邑侯，生師道。師道生懷儉，監察御史。玄孫垍，高陵令，生垍，相憲宗，獎諫官使盡忠者。師道之弟師武[④]，生懷感，澧州刺史。曾孫冕，字章甫，相代宗。懷感五子，其少子魯師生知機。知機二子：鉉、寘。寘生有隣，濮陽令。有隣生淑[⑤]，澠池丞。淑生度，字中立，歷相唐憲、穆、敬、文四宗，位司空，晉國公，用不用嘗爲天下重輕，生譔、詡、諗、調、識、諴、讓[⑥]。諗、識有傳。

唐疏勒國王姓裴氏，自號"阿摩支"。

栝

師古曰："栝，音希回反。姓栝名育。"[⑦]姓書舊無此氏，今增入。

---

① 冠儀 《舊唐書》卷一七七《裴休傳》作"冠識"。

② 念 錢氏曰："按'次'下疑衍，'念'下疑脱'祖'字。此承《世系表》之誤。"今存一説。

③ 刺史 錢氏曰："案《唐·世系表》作'長史'。"

④ 懷感 《四庫》本原注："案《唐·世系表》，懷感係師義子。"

⑤ 淑 《四庫》本原注："案《唐書》作'溆'。"今按：《舊唐書》卷一七〇《裴度傳》、《新表》均作"溆"，此形近致誤。

⑥ 生譔、詡、諗、調、識、諴、讓 《新表·裴化》同；《舊唐書》卷一七〇《裴度傳》稱：度"有子五人，識、譔、讓、諗、議"。與此異。

⑦ 音希回反 《漢書》卷二一《律曆志》"安陵栝育治終始"下蘇林注曰："栝，音布回反。"顔師古注曰："姓栝，名育也。"《廣韻·十五灰》"栝"亦作布回切。蓋"希"、"布"形近，故此誤以"希"爲"布"。

古今姓氏書辯證卷六

十六咍

來①

漢光禄大夫來漢,從楊僕擊南越。孫仲,諫議大夫,生中郎將歙,字君收,世稱天下義士。歙生褒,褒生稜,稜生執金吾歷,字伯珍。歷生中郎將定。定孫司空艷②,字季德,生敏,字敬達,蜀執慎將軍。七世孫㓜,始徙江都。㓜生繪。繪生護兒,隋左翊衛將軍、榮國公,二子:恒、濟,皆相唐高宗,世稱"護兒作相"是也。恒生虞部郎中景業。濟諫傳位武后事,知名,生潤州刺史敬業、中書舍人慶遠。

後漢又有并州刺史來機。唐又有酷吏來俊臣。寶歷時,來擇字無擇,應賢良方正科,著《秣陵子集》一卷。

郲

出自子姓,諸侯所食之邑。春秋時,鄭之時郲是也。

---

① 關於來氏所出,《新唐書》卷七三上《宰相世系表·來氏》曰:"出自子姓。商之支孫食采於郲,因以爲氏。其後避難去'邑'。"今本《姓纂》卷三《十六咍·來》略同。《辯證》或脱此句。

② 定孫司空艷 《新表·來氏》略同;然趙超《新表集校·來氏》訂訛稱"艷,定子,非孫"。所據未詳。

棓

《姓苑》云：棓，音扶萊切。

台

《姓苑》云：望出武功。

邰

扶風縣名，出自姬姓。后稷爲堯大司農，以功封邰，支孫氏焉。

敳

出自高陽氏，才子八愷，一曰頹敳[①]，後以字爲氏。

哀[②]

《後漢·更始傳》[③]：王莽使國將哀章守洛陽。注曰："《風俗通》：哀姓，出自魯哀公之後，因謚以爲姓。"又後漢有故掖庭人哀置，嫁爲男子章初妻。宋有哀道訓，居南康贛縣。

萊[④]

出自古諸侯萊國，之後爲氏。《左傳》："萊子國爲齊所滅，因氏焉。"誤矣。

---

① 頹敳　今本《姓纂》卷末《附録二：張氏四書姓纂引文之檢討》"十六咍"作"出自高陽氏才子八愷隤敳"；秦嘉謨輯補本《世本八種》卷七下《氏族篇》亦作"隤敳"。此應誤。

② 錢氏校本依《廣韻》次序移此條至"十六咍"韻首，今仍《四庫》本舊序編次。

③ 更始傳　此指《後漢書》卷一一《劉玄傳》，"更始"爲其建元年號，史稱更始帝。

④ 錢氏校本依《廣韻》次序移此條至來氏後，今仍《四庫》本舊序編次。

十七真

真

董賢使太醫令真欽求傅氏罪而無所得。又百濟國八姓，一曰真。近世真氏，望出上谷。

甄

《元和姓纂》曰“虞帝陶甄河濱，因以爲氏”，是也；其曰“或音堅”，則誤矣。甄義生于陶甄而不音堅，凌義生于凌人而不音去聲，皆後世聲變，故與義不協。姓氏多如此類，皆不足訝。政和中，御前放進士唱名，有甄盎者，中書侍郎林攄遽呼爲“堅快”，言者劾攄不學，以“伏獵侍郎”比之，遂罷攄政事，斥散秩。甄氏，《唐·方技傳》有甄權及其子立言[①]；《卓行傳》有甄濟及其子逢；《藝文志》有甄鸞，注《算經》。

因

《左傳》：遂人四族殺齊戍者，一曰因氏。

闉

《春秋》：楚大夫闉輿罷之後。

辛

周武王太史辛甲[②]，封于長子。後有辛伯、辛有，皆爲大夫。有二子適晉，史有辛廖，其後或爲董史。至秦將軍辛騰，家于中山

---

① 子立言　《四庫》本原注：“案《唐書·甄權傳》權弟立言，此作子，悮。”新、舊《唐書》之《方技傳》均作甄權弟立言，此作“子”應誤。

② 周武王太史辛甲　今本《姓纂》卷三《十七真·辛》、《新表·辛氏》條均曰“出自姒姓，夏后啓封支子於莘，‘莘’‘辛’聲相近，遂爲辛氏”。疑此前有脱文。

苦陘。曾孫蒲,漢初以名家豪俠徙隴西狄道。曾孫柔,字長泛,光禄大夫、右扶風都尉、馮翊太守,四子:臨衆、武賢、登翁[①]。武賢,破羌將軍。後漢有隴西郡從事辛都。

又隋辛彦之,爲禮部尚書,文帝令與沈重論議,重不能抗,曰:“辛君所謂金城湯池,無可攻之勢。”

又改姓者,後周賜綏化公辛并姓宇文,宿國公辛威姓普屯,隋初皆復舊。賜姓者,後周項亶賜姓辛氏,生偃武,偃武生義同[②],皆顯于唐,爲天水辛氏。

辰

《後魏·官氏志》:代北譬歷辰氏,改爲辰氏[③],望出河南。

仁[④]

《五代史》:甘州回鶻可汗姓仁,有仁美及其弟狄銀,又有仁裕,皆嘗朝貢。

人

出《姓苑》。

申

伯夷爲堯太嶽之官,封其後于申。楚文王滅申,以爲縣,其後

---

① 四子……登翁 《新表·辛氏》略同,但“臨衆”分作“臨”、“衆”。據《漢書·趙充國傳》“四府舉辛武賢小弟湯”,又云“湯兄臨衆”,則此少記一子,而《新表》誤。

② 義同 今本《姓纂》卷六《三講·項》下作“隴西金城:後周有項亶,周武帝賜姓辛氏,孫義周,唐屯田郎中”。

③ 辰氏 錢氏曰:“案今《官氏志》無此文。”今按:此姓見今本《姓纂》卷八《五寘·譬歷辰》,岑校曰:“代人改爲辰氏。”又,《魏書》卷一〇三《蠕蠕傳》有譬歷辰部。

④ 仁 今本《姓纂》卷三《十七真·仁》曰:“《姓苑》云:彭城人。”與此異。

以國爲氏,楚大夫申侯是也[①]。其族仕諸侯者,齊有申蒯,又有申鮮虞,生傅摯。魯有申豐、申繻、申須、申夜姑。又申黨,字周,爲孔子弟子。漢有魯申培公,武帝束帛加璧,召爲博士。後周賜北海公申徽姓宇文,隋初復舊。孫寧,仕唐。燕黄門侍郎申允、尚書左丞申紹。北燕有散騎常侍申秀。

鄰

《漢·藝文志》道家有《老子鄰氏經傳》四篇,注曰:老子姓李,名耳,鄰氏傳其學。姓書未收此字,今增入。

鱗

出自子姓,宋桓公御寇之後,以王父字爲氏。春秋時,鱗矔爲宋司徒,鱗朱爲少司寇。

陳

《元和姓纂》曰[②]:出自嬀姓,虞帝之後。夏禹封舜子商均于虞城。三十二世孫遏父爲周陶正,武王妻以元女太姬,封之宛丘,爲陳侯,以奉舜後,是爲胡公滿[③]。九世孫厲公他,生公子完,

---

① 關於申姓所出,今本《姓纂》卷三《十七真·申》曰:"姜姓,炎帝四嶽之後,封於申,號申伯,周宣帝元舅也。"與此異。

②《元和姓纂》曰　今本《姓纂》卷三《十七真·陳》作"嬀姓,亦州名,本太昊之墟,畫八卦之所。周武王封舜後胡公滿於陳,後爲楚所滅,以國爲氏。出潁川、汝南、下邳、廣陵、東海、河南六望",與此異。又,《辯證》陳姓實多沿襲《新唐書》卷七一下《宰相世系表·陳氏》,此列舉"《唐表》陳氏有四誤",前後齟齬。或鄧氏《辯證》陳姓文字存者有限,後之纂輯者以《新表》文字代入,又誤稱《姓纂》云云,亦未可知。

③ 遏父爲周陶正……是爲胡公滿　《新表·陳氏》略同,其後附《校勘記》曰:"按《左傳》襄公二五年云:'庸以元女配胡公。'杜預注:'胡公,閼父之子滿也。''閼父'即'遏父'。此言以大姬妻遏父而生滿,蓋誤。"

字敬仲,奔齊爲工正,以國爲氏。五世孫陳桓子字無宇,孫成子陳常又以所食邑爲田氏。今詳《左傳》魯莊公二十二年,陳人殺其太子御寇,陳公子完奔齊。其後有桓子無宇,生文子須無、武子彊、僖子乞,乞子占書[①]。其諸孫曰成子常及瓘,字子玉;逆,字子行。又陳莊、陳豹。《禮記·檀弓》有常孫莊子,名伯。陳子車。子車之弟子亢。陳乾昔及其子尊己。《論語》有陳子禽。至太公和,遂篡齊國爲田齊。和孫稱王。十五世孫齊王建爲秦所滅,三子:昇、桓、軫。桓稱王氏,是爲北海陳留諸王之祖。軫,楚相,潁川侯,因徙潁川,復爲陳氏。生嬰,秦東陽令史。嬰生成安君餘,餘生軌[②],軌生審,審生安,安生常,常生願,願生四子:清、察、齊、尚。齊生源。源三子:寔、朗、遂[③]。寔字仲弓,後漢太尉掾屬、文範先生,六子:紀、夔、洽、諶、休、光。諶字季方,獻文先生,生青州刺史忠,二子:佐、和。佐二子:準、徽。準字道基,晉太尉、廣陵公[④]。生伯眕,建興中渡江,居曲阿新豐湖。生匡,二子:赤松、世達[⑤]。世達,長城令,徙居長城卞若里[⑥],生丞相掾康。康生盱眙太守英。英生尚書郎公弼。公弼生步兵校尉鼎。鼎生散

① 乞子占書 《左傳》昭公十九年,莒子奔紀鄣,使孫書伐之。杜注曰:"孫書,陳無宇之子子占也。"哀公十一年《傳》:"陳僖子謂其弟書。"據此則知乞子陳書,字子占。此或係略稱。

② 軫,楚相……餘生軌 趙超據《史記·陳軫傳》證軫與齊王建相去一百七年,陳軫相楚顯誤;又《史記·陳餘傳》不言餘父嬰祖軫,"觀於軫爲建子,則餘之祖父及子皆不足信矣。自軌而下無論也"。詳見《新表集校·陳氏》。

③ 遂 錢氏曰:"案《唐·世系表》作'邃'。"

④ 廣陵公 《新表·陳氏》作"廣陵元公"。

⑤ 世達 今本《姓纂·陳》作"達";岑校據《陳書》,準生匡,匡生達,達爲準孫。《辯證》此據《新表》,世達乃準曾孫。兩存之。

⑥ 卞若里 《新表·陳氏》作"下若里",是。此字畫之誤。

騎侍郎高。高生懷安令詠。詠生安成太守猛。猛生太常少卿巨道。巨道生文讚[①],三子:談先、霸先、休先。霸先,陳武帝也。談先[②],梁東宫直閤將軍、義興昭烈公,生曇蒨、曇頊。曇蒨,陳世祖文皇帝,生鄱陽王伯山,字靖之[③];新安王伯固,字牢之;廬陵王伯仁,字壽之;江夏王伯義,字堅之;桂陽王伯謀,字深之;衡陽王伯信[④]。曇頊[⑤],陳高宗孝宣皇帝,生後主叔寶;隋涪陵太守叔英,字子烈;遂寧郡守叔堅,字子成;上黨通守叔卿,字子弼;鴻臚少卿叔明,字子昭[⑥];淮南王叔彪,字子華;唐宰相叔達,字子聰[⑦]。伯山生隋温令君範、淄州刺史君通、唐虔州刺史君賓,《循吏傳》加意勞來以還流移者。伯固生萬州刺史願。伯仁生隋資陽令蕃。伯義生隋穀熟令元基、文州刺史察、忠州刺史憲。伯謀生隋番陽[⑧]令鄷。伯信生梁州刺史法會。後主生隋昌陽令莊,字承肅。

---

① 文讚　《陳書》卷一《高祖紀》、《新表・陳氏》同;今本《姓纂・陳》作"文瓚",且云"瓚生茂先",未知何據。

② 談先　趙超《新表集校》卷一《陳氏》考《陳書》卷二八《世祖九王傳》、《南史》卷六五《文帝諸子》,"談先"均作"道談",並證稱"封義興昭烈公"之事或訛誤。

③ 靖之　錢氏曰:"案《唐・世系表》、《陳書》本傳俱作'静之'。"

④ 伯信　趙超《新表集校・陳氏》據《陳書》卷二八《世祖九王傳》,伯信當爲伯仁兄,與《辯證》異。

⑤ 曇頊　《陳書・高祖紀》作"頊"。文帝諱曇,此誤。

⑥ 字子昭　趙超《新表集校・陳氏》:"《隋禮部侍郎陳叔明墓誌》:君諱叔明,字慈尚。前陳武皇帝之孫,孝宣皇帝第六子。不作字子昭。"

⑦ 陳高宗孝宣皇帝諸子行序與名字,今本《姓纂・陳》作宣帝生叔寶、叔英、叔卿、叔明、叔堅、叔武,與此異。

⑧ 番陽　《新表・陳氏》作"番和",應誤。

又有潁川陳忠,生邕[①]。邕生夷行,字道周[②],相唐文宗。其弟玄錫,生夷實、夷則[③]。夷實生翻。夷則孫喜,陵州别駕,生陵州刺史聞。聞生仲寓及昌誨。仲寓生光象。昌誨生康乂,宣帝子。

叔明三孫:繹,侍御史;弘,邢州刺史[④];某,晉陵郡司功參軍。某生兼,唐右補闕、翰林學士,三子:當,監察御史;萇,大理評事,月有得于陽城者[⑤];京,字慶復,祕書監[⑥],有傳。京以從子褒繼,生灌,封高安丞。灌生伯宣、伯黨。

又唐明皇宰相希烈,汙僞官被誅,自有世系。

《漢史》曰:丞相曲逆侯陳平,陽武户牖人,有兄伯。後漢武陵太守陳奉,金城太守陳懿。蜀人陳省,應募擊羌封侯。又武陵澧中蠻陳從,零陵蠻陳湯。《左傳》有樂祁宰陳寅。孟子弟子有陳代、陳臻。

改姓氏者:劉聰之臣陳元達,字長弘,本姓高,以生月妨父,改陳氏。隋唐間有陳永貴,本姓白,改焉,有孫令英[⑦]。西魏賜許昌

---

① 邕 《新表·陳氏》同,《舊唐書》卷一七三《陳夷行傳》作"邑"。

② 道周 新、舊《唐書·陳夷行傳》、《新表·陳氏》均作"周道"。

③ 生夷實、夷則 據《新表·陳氏》,夷實、夷則爲陳邕子、玄錫弟;《舊唐書·陳夷行傳》亦曰:"弟玄錫、夷實,皆進士及第。"《辯證》應誤。

④ 邢州刺史 《新表·陳氏》同,今本《姓纂·陳》作"荆州刺史",兩存之。

⑤《四庫》本原注:"案月字下有闕。"錢氏曰:"案《唐書·陽城傳》有陳萇者,候其得俸,嘗往稱錢之美,月有獲焉。此'月有得于陽城者',即用《傳》中語,但意未明瞭。"則《四庫》本原注"月字下有闕"乃臆測矣。

⑥ 祕書監 《新表·陳氏》作"祕書少監",《新唐書》卷二〇〇《儒學傳·陳京》曰:"罷爲秘書少監,卒。"此脱"少"字。

⑦ 有孫令英 今本《姓纂·陳》曰:"隋利州總管陳永貴,本姓白,隋初改姓陳氏。叡,隋驃騎將軍,生貴。貴次子諧。諧孫令哲、令英。"則永貴、貴非一,令英爲陳貴曾孫。兩存之。

公[①]陳忻,姓尉遲,隋初復之,其曾孫義感仕唐。

《唐表》陳氏有四誤:《左傳》武王以元女太姬配胡公而封諸陳,是太姬爲胡公夫人,今以太姬妻閼父而生胡公,一誤也;陳佗殺太子免,蔡人殺他而立厲公躍,今以厲公名他,二誤也;《史記》曰:陳嬰母謂嬰曰:自我爲汝家婦,未常聞見汝先世之有貴者。今暴得大名,不祥。不如有所屬,事猶得封侯[②]。今《表》云嬰,軫之子,軫相楚,封潁川侯,三誤矣;《史記》成安君陳餘與張耳皆自大梁起兵,從劉、項取天下,嬰自東陽以兵屬項梁,餘、嬰二人同時,餘居大梁,嬰居東陽,本非父子,今《表》云嬰生餘,四誤也。姓氏之書不可誤,誤則子孫失其祖而後世秉筆者無所據依。今改正其甚者,而附以新望云。

秦

秦氏出自姬姓。周文王世子伯禽父受封爲魯侯,裔孫以公族爲魯大夫者,食邑于秦,以邑爲氏[③]。《春秋》魯莊公三十一年書築臺于秦,即其地也。莊公大夫曰秦子,乾時之戰,代君任患,而身止于齊,其家遂昌阜于魯國。昭公時,有大夫曰商、曰遄。又有堇

---

① 許昌公　《周書》卷四三《陳忻傳》作“許昌縣公”。

② 未常聞見汝先世之有貴者……事猶得封侯　《史記》卷七《項羽本紀》“未常”作“未嘗”,“先世”作“先古”,“事猶得封侯”作“事成猶得封侯”。錢氏亦曰:“案原本脱‘成’字,依《史記》補。”錢校是。

③ 關於秦姓所出,今本《姓纂》卷三《十七真·秦》曰:“顓頊,嬴姓,秦後。伯益裔孫非子,周孝王封之秦,隴西秦亭是也。至始皇滅六國,子嬰降漢,子孫以國爲氏。”與此異。《困學紀聞》卷一四翁注云“鄧氏……於秦明出自姬姓,而不辨《姓纂》嬴姓之説,意有佚文”,疑《辯證》此處有脱文。又今本《姓纂·秦》稱漢秦彭後,有太原、齊郡等秦姓郡望,《辯證》無。

父者,仕孟氏,爲孟僖子車右,以力聞諸侯。商孫西巴[①],有仁心,嘗放麑與其母,孟孫召爲太子傅而託國焉。漢興,高祖用婁敬策,徙大姓實關中,秦氏始自魯徙居扶風茂陵。西漢有襲,與羣從同時爲二千石者五人,世號"萬石秦氏"。襲孫彭,字伯平,爲後漢循吏,有傳。自彭而下,顯者代不乏人。

蠙

唐咸通中有蠙固,知音律。

邠

《元和姓纂》曰:周太王居邠,支孫氏焉。

新[②]

《元和姓纂》曰:出自荀氏新稚穆子之後,别爲新氏。

新垣

《陳留風俗傳》曰:"畢公封于垣,後以爲氏。"漢望氣者新垣平,以詐誅。魏將軍新垣衍,畏魯連之説,不敢帝秦。又新垣固,請子順相魏[③]。

新孫

出《姓苑》。

新和

出《姓苑》。

---

① 西巴 《四庫》本原注:"案《説苑》作'秦巴西'。"今按:《後漢書》卷一三《隗囂公孫述列傳》、《戰國策·魏策》均作"秦西巴",是。此應脱一"秦"字。

② 錢氏校本此條依《廣韻》移至闉氏後,今仍《四庫》本舊序編次。

③《四庫》本原注:"案《魏國策》及《世家》俱無此人,疑有脱誤。"錢氏曰:"《孔叢子·執節》篇有新垣固與子順論相魏事。"

辛廖

《英賢傳》:晉大夫辛廖之後。漢有河間相辛廖通[①]。

申公

春秋時,楚僭王號,其縣尹皆稱公。鬬克字子儀,謂之申公子儀[②]。屈巫臣,字子靈,謂之申公巫臣。其後或以申公爲氏。《風俗通》止言巫臣之後,又曰漢太子傅申公,誤矣。巫臣盡室奔晉,申公止姓申氏。

申叔

出自楚大夫,食邑于申而字叔,謂之申公叔侯,因爲申叔氏。春秋時,申叔時勸楚莊王復封陳。其子申叔跪,識巫臣竊妻以逃。申叔豫,以忠言曉薳子馮者。皆賢人。又有申叔展,其族申叔儀仕吳。

申鮮

《元和姓纂》曰:"《左傳》齊有申鮮虞,漢有中謁者申鮮洫。"謹按:鮮虞姓申,齊莊公之難,奔楚爲右尹。此必洫之先,因其祖名鮮虞而食邑于申,合以爲申鮮氏。《姓纂》蓋援古而未明也。

申章

《漢·儒林傳》有長沙王太傅申章昌,字曼君,楚人,傳《穀梁

① 辛廖通　《史記》卷三九《晉世家》"辛廖"下賈逵注曰:"辛廖,晉大夫。"今本《姓纂》卷三《十七真·辛相》作"《英賢傳》,楚大夫辛相之後。漢有河間相辛相通"。岑校曰:《姓纂》訛,"目及文均應改正"。

② 申公子儀　《元和姓纂(附四校記)》卷末附録二《十七真·申公》條同,岑仲勉又曰:"按《通志》不收此姓,《廣韻》則云:'申公子福,楚申公巫臣之後。'"

春秋》,徒衆尤盛。

申屠[①]

唐貞觀所定涼州西平郡六姓有申屠氏。五代有申屠謂。

因孫[②]

出《姓苑》。

真人[③]

《唐·日本傳》:建中元年,使者真人興能獻方物。真人,蓋因官而氏者。按:日本有朝臣真人,猶唐之尚書。

十八諄

荀

出自姬姓。春秋時,晉大夫荀息,裔孫騅[④]、嘉、會,皆爲卿大夫,其族爲大,别爲三族:一曰晉公族逝敖,生林父,爲文公中行將,謂之"中行荀氏";二曰林父之弟首,食邑于知,以所食邑氏,謂之"荀知氏";三曰逝敖曾孫歡,食邑于程[⑤],謂之"荀程氏"。漢宣帝名詢,當時改荀爲孫,以避上諱,故劉向校《荀卿書》,謂之《孫

①《辯證》此未及申徒得姓之由。今本《姓纂》卷三《十七真·申屠》曰:"周幽王后申氏兄申侯之後,支孫居安定屠原,因以爲氏。一説云,申侯狄夏賢人,後音轉改爲申屠氏。或云,申屠,楚官號也。"又,《姓纂》記漢以降申屠郡望二。

② 錢氏校本此條依《廣韻》次序移至真人氏後,今仍《四庫》本舊序編次。

③ 錢氏校本此條依《廣韻》次序移至邡氏後,今仍《四庫》本舊序編次。

④ 荀息,裔孫騅 《世本八種》卷五《王侯大夫譜·晉譜》引《春秋分記》曰:"逝敖之孫荀騅,謚文子。"與此異。

⑤ 逝敖曾孫歡,食邑於程 《世本八種》引《春秋分記》作荀騅食邑於程,與此異。

卿子》。十一代孫遂，居潁川，復本姓。遂生淑，字季和，有子儉、緄、靖、燾、汪、爽、肅、專，時人謂之"八龍"。爽生彧[①]，字文若，自有傳。

郇

郇侯之後，以國爲姓。後漢荀恁，亦作郇。唐元載未敗時，有男子郇謨以麻總髮哭于市，疏其罪惡。今淮南有郇氏，乃音環，未知其所自。

淳

《姓苑》曰吴人。

倫

《風俗通》云："黄帝時樂人泠倫氏之後。"或單爲倫氏。唐有監察御史玄慶[②]，京兆人。密州多此姓。

淳于

故州國，一名淳于，其地城陽淳于縣是也。春秋時，杞滅之，淳于公如曹，子孫以國氏。《史記》有二淳于髡，其一齊之贅壻，在《滑稽傳》；其一稱"先生"者，在《孟子傳》[③]。

唐貞觀所定河内七姓，一曰淳于。至憲宗避御名，改爲于氏。宋閬州南都淳于氏，五代登州刺史晏，生尚書郎希顏。

---

① 爽生彧　《後漢書》卷七〇《荀彧傳》曰："荀彧字文若，潁川潁陰人，朗陵令淑之孫也。父緄，爲湘南相。"同書卷六〇《荀爽傳》亦稱兄子彧。此應誤。

② 玄慶　錢氏校本作"倫玄慶"，是。

③ 錢氏曰："案《孟子》、《戰國策》、《史記》諸書述淳于髡事，大都在齊威、宣二王及梁惠王時，年代相去不遠，似即一人。鄧氏謂有二淳于髡，未知何據。"

十九臻

莘

武陽莘氏，出自姒氏。古有莘氏，諸侯也，女曰修己，爲鮌妻，生禹，其後國己[①]。夏后封其少子于莘，女爲周文王后，謂之太姒，其後以國爲氏。

𡝤

與莘同。或作𡝤。

詵

出《姓苑》。

二十文

文[②]

茂陵文固陽，本琅琊人，善馴野雉爲媒，用以射雉。又漢初越巂太守文齊，不附公孫述，以郡歸漢，封成義侯。《西京雜記》："大姓文不識，家富多書。"文長倩家一産二男，以前生爲長。唐開元太學博士文元忠。

謹按《春秋》：蔡大夫文之鍇，越大夫文種，宋大夫文無畏，字子舟，皆屬文王後。又衛將軍彌牟，謂之文氏之子，亦文王後也。今兩存之。

宋文氏，其先避翼祖諱，拆其字爲苟、文二字，此世俗之誤也。廟諱于文從苟，紀力反；從攴，普木反。今以"苟"爲"苟且"之

---

① 國己　錢氏校本作"國亡"，是。此顯誤。

②《辯證》此未及文姓得姓之由，今本《姓纂》卷三《二十文·文》曰："《風俗通》云，周文王支孫以謚爲姓。"

“苟”,又改“支”爲“文”,訛益甚矣。蓋國初儒者少而民未知學,故近世避諱更姓者,一切謬誤,如石城殿氏,出于縣令,庸人所改,尚無足怪。至文氏,乃巨勳元老之家,未嘗自别其誤,而處之不疑,尤可惜也。

雲

河南雲氏[①],《後魏·官氏志》:悉雲氏、牒雲氏,並改爲雲氏。《舊唐史》:教坊副使雲朝霞,善笛。

妘

《國語》:祝融之後。陸終第四子求言爲妘姓,封于鄶,其後别封鄔、路、偪、陽,凡妘姓四國,皆爲采衛。春秋時,鄅子之國亦妘姓。

云

妘姓,或去女爲云。

䢵

古子爵諸侯國。春秋時,國小而近楚,楚若敖父子娶焉,鬭伯比及令尹子文皆其出也,後以國氏。

員[②]

世俗讀與韻同,蓋訛也。《前凉録》,員懷遠,六代孫半千[③],少從王義方學,義方曰:吾聞五百歲一賢者生,子宜當,因遂命曰

---

① 河南雲氏　今本《姓纂》卷三《二十文·雲》“河南”前有“縉雲氏之後”五字。

② 員　《四庫》本原注:“音云。”

③ 六代孫半千　今本《姓纂》卷三《二十文·員》岑校曰:員半千,家狀云其本姓劉,南朝劉宋宗室之後,營陵侯劉遵考之子凝之,宋亡後投北魏,魏太武帝以忠諫比伍員,改姓爲員,賜名懷遠。岑氏又據《員半千墓誌銘》,證懷遠非員半千六世祖。則此以員半千爲員懷遠六代孫,應誤。

“半千”。其先隋末徙居臨汾。

君

姓書曰:君牙之後。謹按:君牙、君陳,皆不著姓,而邵公亦曰君奭,何獨于君牙之後爲氏?

軍[①]

謹按:安帝時,潁川人史玉殺人,其母軍請代玉死,事見《應奉傳》,則漢有軍氏。

芬

《戰國策》:晉大夫有芬質[②]。

紛

《戰國策》:魏臣有紛彊。則紛乃其氏,而姓書未收,今增入。

聞人

《元和姓纂》曰[③]:“少正卯,魯之聞人,後以爲氏。”此說未可據。謹按《家語》,弟子質疑者有此言,孔子因而數卯之罪,則“聞人”之説破矣。漢后蒼説《禮》,號《后氏曲臺禮》,授沛聞人通、漢子方,子方以太子舍人論石渠,至中山都尉。

軍車

《元和姓纂》曰:代北複姓。

---

① 軍　今本《姓纂》卷三《二十文·軍》此處有“冠軍侯之後,因以爲氏”,與此異。

② 芬質　錢氏校據《通志·氏族略》引《風俗通》作“芬賢”。今按:今本《姓纂》卷三《二十文·芸》下岑校曰:“考《廣韻》‘芬’字下云:‘又姓,《戰國策》晉大夫有芬質。’”則《辯證》無誤。

③《元和姓纂》曰　今本《姓纂》卷三《二十文·聞人》此處作“《風俗通》云”,則此處《辯證》誤以《風俗通》爲《姓纂》,或略去《姓纂》所引書名。

古今姓氏書辯證卷七

二十一欣

訢

出《姓苑》。

勤

《風俗通》:魯大夫有勤成。唐有館陶尉勤曾。

勤宿

後魏末,有賊帥勤宿明達[①]。

二十二元

元

《前漢・郊祀志》:秦始皇時,有燕人尚[②],能爲仙方。

河南元氏:出自拓拔[③]。魏孝文太和二十年詔曰:"北人謂

---

① 勤宿明達　今本《姓纂》卷一〇《一屋・宿勤》作"後魏帥宿勤名達",岑校曰:"見《魏書》九正光五年十月及同書卷八〇,'名'作'明',《通志》同。《廣韻》及《辯證》七誤'勤宿'。"

② 燕人尚　《漢書》卷二五上《郊祀志》作"元尚",此應脱"元"字。

③ 出自拓拔　《新唐書》卷七五下《宰相世系表・元氏》同;今本《姓纂》卷七《二十二元・元》作"《左傳》,衛大夫元咺之後。其先食采於元,因氏焉,今元城是也。其後子孫無聞",與此異。

土爲拓,后爲拔。魏之先出於黄帝,以土德王,故爲拓拔氏。夫土者,黄中之生[①],萬物之元也。宜改姓元氏。"都洛陽,十一世,一十五帝,一百六十一年,爲後周、北齊所滅。

初,什翼犍七子:一曰實君[②],二曰翰,三曰閼婆,四曰壽鳩,五曰紇根,六曰力真,七曰窟咄。道武皇帝,窟咄子也[③],生明元皇帝嗣。嗣生太武皇帝燾。燾生景穆皇帝晃。景穆諸子,濬、新成、子推、天錫[④]、雲、楨、胡兒休八房子孫聞於唐。濬,文成皇帝也。文成諸子,弘、長樂二房子孫聞於唐。弘,獻文皇帝也。獻文諸子,宏、幹、羽、勰四房[⑤]。宏,孝文皇帝也。子七人[⑥]:恂、恪、懷、愉、懌、悦。恪,宣武皇帝也。懷,廣平文穆王[⑦],生文懿王悌。悌生驃騎將軍、侍中贇。贇生後周韓國公謙。謙生菩提。菩提生寳琳。寳琳五世[⑧]孫文贄,皆襲爵。而什翼犍第六子力真。力真二

① 黄中之生 《周易正義》卷一《坤》:"黄裳元吉,黄,中之色也;裳,下之飾也。"《資治通鑑》卷一四〇高宗明皇帝中三年魏主詔亦作"黄中之色",則此作"生"誤,應作"色"。

② 實君 今本《姓纂》元氏條同,《新表·元氏》、《魏書》卷一五《昭成子孫傳》均作"寔君"。

③ 道武皇帝,窟咄子也 《四庫》本原注曰:"按《魏》本紀、《唐·世系表》道武帝俱作實君子,此作窟咄子。"今按:《魏書》卷二《太祖紀》曰:"太祖道武皇帝,諱珪,昭成皇帝之嫡孫,獻明皇帝之子也。"又據卷一《序紀第一·昭成帝》:昭成帝(什翼犍)"太子獻明皇帝諱寔……",則《辯證》此誤。

④ 天錫 《魏書》卷一九上《景穆十二王列傳》作"天賜"。

⑤ 四房 《魏書》卷二一上《獻文六王列傳》作"獻文皇帝七男",另有禧、雍、詳三王。

⑥ 子七人 《魏書》卷二二《孝文五王列傳》有"恌,未封,早夭"。此記恂、恪、懷、愉、懌、悦六子,或脱恌。

⑦ 廣平文穆王 趙超《新表集校·元氏》曰:"廣平文懿王元悌及范陽王元誨墓誌均稱懷謚武穆,非文穆。"

⑧《四庫》本原注:"案《唐·世系表》'五世孫'應作'六世',方合世系。"

子:意烈、意勁[①]。意勁,彭城公,五世孫敷州刺史楨,生巖、成。巖字君山,隋平昌公,生琳、弘。弘,隋北平太守,生義端[②],唐魏州刺史。義端生延壽、延福、延景。延景,岐州參軍,生南頓丞悱[③]。悱生比部郎中寬。寬生穆宗宰相稹,字微之,以詩名天下,謂之"元才子"。稹生道護。

永州元氏:結,字次山,水部員外郎,老於文學,居永州祁陽縣,自名其溪曰"浯溪",山曰"峿山",臺曰"庴臺",字皆從吾。吾者,我也。作《大唐中興頌》,磨崖刻石焉。至今溪上居民釣魚鬻碑者數十室,皆其遠孫,桑梓猶在。

宋朝杭州錢塘元氏:出自五代信州刺史仔昌,撫州節度使危全諷之弟也,與楊渥戰敗失郡,奔吴越,錢武穆王惡其姓,改曰元氏。

袁

出自嬀姓,陳胡公滿生申公犀侯,犀侯生靖伯庚,庚生季子惛,惛生仲牛甫,甫生聖伯順,順生伯他父,他父生戴伯,戴伯生鄭叔,鄭叔生鄭仲金父[④],金父生莊伯。莊伯生諸,字伯爰。孫濤

---

① 意勁　《新表・元氏》同;今本《姓纂・元》曰:"力真生意烈、勃。"《魏書》卷一五《昭成子孫列傳》:"意烈弟勃,善射御,以勳賜爵彭城公。"《北史》卷一五《昭成子孫列傳》亦同。則此"意勁"應即"意勃"。

② 弘……生義端　《新表・元氏》同;今本《姓纂・元》曰:"琳生義恭、義端。"岑校以《白居易集》卷六一《元稹誌》"五代祖弘,隋北平太守,高祖義端,魏州刺史"證《姓纂》有誤,則《辯證》此不誤。

③ 悱　今本《姓纂・元》作"俳";據白居易撰《元稹墓誌》、《舊唐書・元稹傳》、《新表・元氏》均作"悱",《辯證》無誤。

④ 鄭仲金父　《世本八種》卷六《陳》、[漢]王符《潛夫論》卷九《志氏姓》、今本《姓纂》卷四袁氏條、韓愈《袁氏先廟碑》、《新表》均作"仲爾金父",此應誤。

塗,從齊桓公盟會,賜邑陽夏,以王父字爲爰氏。爰、轅,一也。濤塗字仲,謚宣,謂之轅宣。仲生選。選生聲子突。突生惠子雅。雅生頗,爲司徒,奔鄭。秦末,裔孫告避難,居於河洛之間,少子政以袁爲氏。九世孫袁生,玄孫幹[①],封貴鄉侯[②],復居陳郡陽夏。八世孫良[③],二子[④]:昌、璋。昌,成武令,生漢司徒安,字邵公,三子:賞、京、敞。京,蜀郡太守,二子:彭、湯。湯字仲河,太尉、安國康侯,三子:成、逢、隗。成,左中郎,生紹。紹中子熙,其後居樂陵東光。熙裔孫令喜,同州治中,生異弘、異度、異式。異弘,唐瀘州參軍,生恕己,相唐中宗。恕己生淮陽太守建康。建康生給事中高,嘗封駁盧杞復官制書,知名。璋生漢司徒滂,字公熙。滂生渙,字曜卿,魏御史大夫,四子:罕[⑤]、遇[⑥]、奧、

① 九世孫袁生,玄孫幹 《新表·袁氏》作"九世孫袁生生玄,孫幹","生"字或衍。又,今本《姓纂》袁氏條岑校以爲"玄孫"當作"曾孫"。

② 封貴鄉侯 今本《姓纂》袁氏條、《新表·袁氏》同;趙超曰:"幹封'遺鄉侯',又見《後漢書·田廣明傳》,可證《新表》作'貴鄉'者誤。"詳見《新表集校·袁氏》。姑存一説。

③ 八世孫良 《新表·袁氏》同;趙超《新表集校·袁氏》據《隸釋》卷六《國三老袁良碑》、趙明誠《金石録》等考證袁生至袁幹世系,以爲《新表》之袁良即此,而與《後漢書》之袁良"同名異人,《新表》誤爲一人,而將袁安列爲其孫,甚誤。……據《袁良碑》,良爲袁幹六世孫,《新表》作八世誤"。今備一説。

④ 二子 《新表·袁氏》同,亦作昌、璋。趙超《新表集校·袁氏》曰:"良三子:光、騰、璋。昌及子安,孫賞、京、敞等以下世系乃誤入。"

⑤ 罕 《四庫》本原注:"案《唐·世系表》'罕'作'侃'。"今按:又據《三國志》卷一一《袁渙傳》,渙子侃。《辯證》應誤。

⑥ 遇 據陶敏《元和姓纂新校證》卷四《上平聲·二十二元·袁》引《三國志·魏書》卷一一裴松之注引《袁氏世紀》:"渙有四子:侃、寓、奧、準。"《册府元龜》卷八二二《總録部·尚黄老》有:"袁寓精辨,有機理,好道家之言,少被病,未官而卒。"則此"遇"乃"寓"之訛。

準。準，字孝尼，晉給事中。生沖，字景玄，光禄卿。生耽，字彦通[①]，歷陽太守。耽生質，字道和，東陽太守，二子：湛、豹。豹字士蔚，丹陽尹，二子：洵、淑[②]。淑，宋吴郡太守，謚曰正，二子：顗、覬。顗字國章，宋雍州都督，二子：戩、昂。昂字千里，梁司空、穆正公，三子：君正、敬、泌。君正字世忠，吴郡太守，生憲、穎[③]。穎，後周驃騎大將軍。穎生子温[④]，字君恪，隋左衛大將軍。温生士政，南州刺史。士政生當陽令倫。倫生石州司馬知玄。知玄生咸寧令曄。曄生滋，字德深，相唐憲宗，五子：坰[⑤]、寔、均、都、郊。敬、泌二房世系具《唐表》。

河東袁氏：本出陳郡，智弘相唐高宗，其孫辯，御史中丞。《元和姓纂》曰：望出陳郡陽夏者，"自後漢、魏、晉至梁、陳，正傳二十八人[⑥]，三公、令、僕一十七人"。望出汝南者，安後；出彭城者，生後；出京兆及華陰者，皆渙後；出襄陽者，術後。

謹按《左傳》：宣仲之後，陳大夫有袁僑及袁克。

---

① 彦通　《晉書》卷八三《袁耽傳》："耽字彦道。"《新表》亦同。《辯證》此誤。

② 二子：洵、淑　"淑"，《新表・袁氏》作"湛"，與豹兄同名，顯誤。據《宋書》卷五二《袁豹傳》，豹有三子：洵、濯、淑。今本《姓纂》袁氏條亦同。則此作二子或誤。

③ 君正……生憲、穎　韓愈《袁氏（袁滋）先廟碑》：袁穎父爲"拓跋魏鴻臚。鴻臚諱恭，生周梁州刺史、新安縣孝侯諱穎"。《辯證》此以君正爲穎父，未知何據。

④ 子温　上引《袁氏（袁滋）先廟碑》作"温"。

⑤ 坰　錢氏曰："案《唐・世系表》作'炯'。"

⑥ 正傳二十八人　今本《姓纂》卷四《二十二元・爰》作"正傳世二十八人"，此脱一"世"字。

原[①]

春秋時,鄭有原繁。陳之原氏,所謂南方之原者。後世望出魯郡者,孔子弟子原亢,字籍。出南郡者[②]。《趙廣漢傳》有潁川大姓原、褚,宗族恣横。後漢漢中太守鄭勤門下吏原展,以身扞勤,爲羌所殺。

爰[③]

漢袁盎後有爰猛者,其大父爲廣川王中尉,諫王發冢爲盜。後漢爰曾,字子路,起兵盧城頭,時號"城頭子路"。後趙有鄠人爰赤眉,妻李子揚以女,與共爲妖亂。唐有部國公爰子幹。

垣

謹按《後漢·公孫述傳》:南陽人宗成起兵,爲其將垣副所殺。注:"《風俗通》曰:垣,秦邑也,因以爲姓。"是也。晉宋而下,垣猶屬畧陽郡。《南史》垣護之,畧陽垣道[④]人是也,始皇將垣齮之後。晉有弘農太守垣延,襲破劉聰軍。宋臨淮太守、益陽壯侯垣護之,字彦宗,其弟積射將軍詢之。護之子襲祖,淮陽太守;詢之子崇祖,字敬遠,齊[⑤]五兵尚書、驍騎將軍、南齊驍騎將軍[⑥],

---

① 錢氏校本依《廣韻》次序移此條至元氏條後,今仍《四庫》本舊序編次。又今本《姓纂》卷四《二十二元·原》有"周文王弟十六子原伯之後,封在河内,子孫氏焉",《辯證》無。

② 出南郡者　今本《姓纂》原氏條"南陽"郡望下有漢南陽太守原季及子孫,此"出南郡者"後應有脱文。

③ 今本《姓纂·爰》稱爰得姓之由:"陳胡公九代孫伯諸之後。"與此異。

④ 垣道　《宋書》卷五〇、《南史》卷二五《垣護之傳》作"桓道";據《魏書》卷一〇六《地形志》:"渭州南安陽郡,領縣二:桓道、中陶。"此誤,應作"桓道"。

⑤ 錢氏曰:"案'齊'上疑脱'南'字。"錢校是。

⑥ 南齊驍騎將軍　錢氏校本以此六字爲衍文,當刪去。錢校是。

乃榮祖之從弟也。

轅

《漢·功臣表》有轅買,陳大夫[①]。

榬

或作轅。漢樓船將軍榬終古,斬狗北將軍,封語兒侯[②]。師古曰:"榬音袁,人姓也。"

樊

出自姬姓。謹按:周成王分魯公伯禽以商民七族,一曰樊氏。

言

仲尼弟子言偃,字子游,吴人。《莊子》有言成,子游偃,生言思,女嫁子張之子申祥[③]。

軒轅

黄帝之後,以號爲姓。唐《韓愈集》:道士軒轅彌明作《石鼎聯句》詩,一坐驚伏。宋光州固始令軒轅節。

軒丘

出自芈姓。楚文王子食采軒丘,因以爲氏。漢有梁相軒丘豹。

---

① 陳大夫　《四庫》本原注:"案陳大夫有轅諸,生濤塗,出自陳胡公七代孫,其後去車爲袁。此脱。又'轅'或作'榬'。"

② 語兒侯　《四庫》本原注:"案《漢書》作'蘌兒侯'。"今按:《史記》卷一一四《東越傳》云:"樓船將軍率錢唐轅終古斬徇北將軍,爲御兒侯。"此音同而誤。

③ 申祥　《四庫》本原注:"案《孟子》作'申詳'。"

原伯[①]

《英賢傳》曰:《左傳》周原伯絞之後氏焉。晉孝公時,有大夫原伯蓋。謹按《春秋》:原伯貫在絞之前百年,雖曰貫之後,爲氏可也。絞即虐其輿臣使曹逃者。

原仲

《元和姓纂》曰:陳大夫原仲後。楚大夫有原仲蔑。

二十三魂

渾

出自姬姓。周宣王母弟鄭桓公友,友孫穆公之子偃,字子游,其孫爲游氏。游氏之孫罕、子寬,又别爲渾氏。

河南渾氏,出自匈奴渾邪王,隨拓拔氏徙河南,因以爲氏。隋唐間,以氏爲部而屬回鶻,存九姓諸部中,族帳最南。貞觀時,薛延陀滅,大俟利發渾汪舉部内向,以其地爲皋蘭都督府。其酋阿貪支者,名潭,隋玉鈐衛大將軍[②],生回貴,唐豹韜衛大將軍、靈丘縣伯,生元慶[③]。元慶生大德、大壽[④]。大壽,太僕丞,生釋之,字釋之,左武衛大將軍、寧朔郡王。生瑊,相德宗,位太師,爲建中功

---

① 錢氏校本依《廣韻》次序移此條至言氏條後,今仍《四庫》本舊序編次。

② 隋玉鈐衛大將軍　《新唐書》卷七五下《宰相世系表·渾氏》同,趙超《新表集校》卷五《渾氏》引岑仲勉《唐史餘瀋》卷四《渾氏世系》,以玉鈐衛大將軍當爲唐官,此作隋,或誤。

③ 元慶　《舊唐書》卷一三四《渾瑊傳》以元慶爲阿貪支子,《新唐書》卷二一七《回鶻下》以回貴爲阿貪支子,無元慶;[清]沈炳震《唐書合鈔》、岑仲勉《唐史餘瀋》均以回貴、元慶爲一人,則《辯證》此處多元慶一代。

④ 大壽　《四庫》本原作"太壽";權德輿撰《渾瑊神道碑》、《新表·渾氏》及《新唐書》卷二一七《回鶻下》均作"大壽","太壽"顯誤,此徑改之。

臣。自瑊以上,世襲皋蘭都督。

謹按:近世讀史者,皆以瑊姓音混,然未有明據也。

昆

出自己姓,昆吾之後,單姓昆。

温

謹按《春秋》:周武王克商,蘇忿生以温爲司寇,其裔孫蘇子叛王即狄,遂失國。及晉文公納襄王,王賜之温,晉大夫狐溱、陽處父、郤至,皆食其地。陽、郤無後,惟狐氏子孫因以爲姓。狐本姬姓,其先出自虞叔,所謂公族者也。

漢有栒順侯温疥,生仁。仁子何,始居太原祁縣。何六代孫序,字次房,後漢護羌校尉,二子:壽、益。壽,鄒平侯相;益,字伯起,兖州刺史,生恕。恕生恢,魏揚州刺史[①],生濟南太守恭。恭二子:羡、憺。憺,晉河東太守,生嶠,字太真,江州刺史、始安忠武公,人謂之"玉鏡臺"、爇犀照江而死者。嶠兄六人并知名,時號"温氏六龍"。從子楷,隨桓謐奔後魏。玄孫[②]馮翊太守奇。曾孫裕,太中大夫,生隋泗州司馬君攸[③]。君攸生大雅、彦博、彦將。大雅,字彦弘,唐禮部尚書、黎孝公,生工部侍郎無隱、坊州刺史釋

① 生恢,魏揚州刺史　錢氏曰:"案《唐·世系表》作'孫恢'。"《新表》亦同。據《三國志》卷一五《魏志·温恢傳》:"温恢字曼基,太原祁人也。父恕,爲涿郡太守。"又,趙超《新表集校》卷二《温氏》引《後漢書》卷八一《温序傳》考温恢東漢時任揚州刺史;又據《三國志》卷一四《魏志·蔣濟傳》:"建安十三年,孫權率衆圍合肥……大軍南征還,以温恢爲揚州刺史,濟爲别駕。"則《辯證》"魏"指曹魏,不誤。

② 玄孫　錢氏曰:"案《唐·世系表》作'兄孫'。"《新唐書》卷七二中《宰相世系表·温氏》亦作"兄孫"。

③ 君攸　《舊唐書》卷六一《温大雅傳》作"君悠"。

胤。彦博,字大臨,相太宗,尚書右僕射、虔恭公,生太子舍人振,延州刺史、駙馬都尉挺。彦將,字大有,中書侍郎、清源敬公,生瓚、瑜、瑾、璩。釋胤孫景倩,南鄭令,生太常丞佶,字輔國。佶生邈、造、遜。造字簡輿,河陽節度使、禮部尚書、祁縣子。生璋,京兆尹,檢校吏部尚書。振曾孫曦,太僕卿,及其子祕書監西華,皆駙馬都尉。裔孫庭筠,本名岐,字飛卿,工辭章,與李商隱齊名,號"温李",時宰斥其擾場屋,不得第。子憲,光啟中及第,爲山南從事。李巨川嘗表雪庭筠曰:"蛾眉先妬,明妃爲去國之人;猿臂自傷,李廣乃不侯之將。"人至今傳誦之。庭筠弟廷皓,拒龐勛不爲草表被害,贈兵部郎中。

唐武德中,温彦博兄弟相代爲中書侍郎,時稱"温家二彦"。《唐史》曰:"初,顔氏、温氏在隋最盛,思魯與大雅俱事東宫,愍楚、彦博同直内省,游秦、大有典校祕閣。顔以學業優,温以職位顯於唐。"初,大雅遷黄門,彦博在中書,皆爲侍郎,對莞華近。高祖嘗從容謂曰:"我起晉陽,爲卿一門耳。"

河南温氏:《後魏·官氏志》,代北温盆氏改焉[①]。

門

唐京兆尹吕元膺擒山棚賊門察[②]。

孫

出自姬姓。衛康叔八世孫武公和,生公子惠孫,惠孫生耳,爲衛上卿,食采於戚,生武仲乙,以王父字爲氏。乙生昭子炎。炎

---

①《四庫》本原注:"案後魏温盆氏及温狐氏,俱改爲温氏。"

②《四庫》本原注:"案門氏,王應麟謂出自《周禮》,公卿之子入王端門之左,教以六藝,謂之'門子',其後氏焉。《莊子》有門無鬼。又《魏書·官氏志》:庫門氏、叱門氏、吐門氏,後俱改爲門氏。"

生莊子紇。紇生宣子鰌。鰌生桓子良夫[①]。良夫生文子林父。林父生蒯襄子嘉,嘉字伯國,世居汲郡。漢武帝時,會稽人孫辛爲朱崖太守。後漢建武中,郎將孫永擊蠻。又有隴西太守孫純、孫羌。晉有孫登。

又出自嬀姓。齊田完,字敬仲,四世孫無宇,二子:恒、書。書字子占,齊大夫,伐莒有功,景公賜姓孫氏,食采於樂安,生憑,字起宗,齊卿。憑生武,字長卿,以田、鮑四族謀作亂,奔吴爲將軍,三子:馳、明、敵。明食采於富春,自是世爲富春人。明生臏。臏生勝,字國輔,秦將。勝生蓋,字光道,漢中守。生知,字萬方,封武信君。知生念,字湛然[②],二子:豐、益。益字玄器,生卿,字伯高,漢侍中。生憑,字景純,車騎將軍,二子:屆、詢。詢字會宗[③],安定太守[④],二子:鸞、騏。

鸞生爰居。爰居生福,爲太原太守,遇赤眉之難,遂居太原。太原之族有嵐州刺史昉,生存進,安定太守。詢次子騏,字士龍,安邑令,二子:通、復。通子孫世居清河[⑤],太守靈懷。武德中,子孫因官徙汝州郟城。靈懷曾孫茂道,初名處約,字歷道,相唐高宗,五子:侹、侑、俊、儆、佺。

安邑令騏,少子復,字子遠,後漢天水太守,徙居青州。生厚,

① 生武仲乙……良夫　據今本《姓纂》卷二《二十三魂・孫》稱良夫爲武仲玄孫,與此異,詳見岑校。

② 湛然　《新唐書》卷七三下《宰相世系表・孫氏》作"甚然"。

③《四庫》本原注:"按《唐・世系表》'會宗'作'會定'。"又錢氏曰:"案汲古閣本《新唐書》作'會宗'。"

④ 安定太守　今本《姓纂・孫》作"西河太守";趙超《新表集校》卷三《孫氏》考《漢書・楊惲傳》、《楊敞傳》,會宗,西河人,安定太守。《辯證》無誤。

⑤《四庫》本原注:"按《唐・世系表》:'通子孫世居清河,後魏有清河太守靈懷。'此'清河'下脱'後魏有清河'五字。"

字重殷，大將軍掾。生瑶，字良玉，中郎將。生邃，字伯淵，清河太守。生儵，字士彦，洛陽令。生國，字明元，尚書郎。生躭，字玄志，漢陽太守，二子：鍾、旃。鍾，吴先主權之祖也。旃字子之，太原太守，二子：炎、歷。炎字叔然，魏祕書監。生稜[①]，字仲觚，太官令。生道恭，字雅遜，晉長秋卿，二子：顗、芳。顗，字士若。芳，中書令，子烈，避趙王倫之難，徙居昌黎。生岳，前燕侍中，子孫稱“昌黎孫氏”，歷幽州刺史、右將軍。生旂，字伯旗，平南將軍，坐與孫秀合謀，夷三族。顗避地河朔，居武邑遂[②]，生輝[③]，後趙射聲校尉；生緯，幽州都督；生周，後燕高陽王文學；生敬仁，北燕司隸功曹，二子：苑、蔚[④]。蔚，字伯華，後魏秘書監、棗彊戴男，二子：伯禮、方嗣。伯禮，巴州刺史，襲棗彊戴男，三子：元虓、孝敏、廣烈。元虓，北齊文宣皇帝相國騎曹，生北齊治中、大將軍司馬靈暉，生萬安、萬壽。萬安，隋徐、婺、兖三州刺史。四世孫也，樂陵主簿。孝敏，隋晉陽令，生壽張丞仲將。仲將生韓王典籤希莊。希莊生宋州司馬嘉之。嘉之生逖，唐刑部侍郎、左庶子[⑤]、文公。逖生華州刺史宿。宿生公器，邕府經畧兼御史中丞，六子：華清、正、簡、範、綮、晏。華清，太原尉；正，河中少尹；簡，東都留

---

① 稜　《新表・孫氏》作“倰”。

② 武邑遂　錢氏校本作“遂生輝”；《新表・孫氏》作“武邑武遂”；據《晉書》卷一四《地理志上》，冀州安平國下有武邑、武遂，此“武邑”後應脱一“武”字。

③ 輝　《新表・孫氏》作“煇”。

④ 蔚　《北史》卷八一《儒林・孫惠蔚傳》、《魏書》卷八四《儒林・孫惠蔚傳》“惠蔚先單名蔚”，後講佛經“有愜帝旨，詔使加‘惠’，號‘惠蔚法師’焉”。

⑤ 左庶子　《新表・孫氏》作“右庶子”。據《舊唐書》卷一九〇《文苑・孫逖傳》，逖天寶五載改太子左庶子，《辯證》是。

守、太子太保。遜三弟：遹，羽林兵曹參軍[①]；遘，亳州刺史[②]；造，詹事司直。遘四子：公彦，睦州刺史[③]；客卿，盱眙令；公輔，陸渾丞；起，白馬令。起三子[④]：非熊，黄梅尉；景商，天平軍節度使、檢校禮部尚書，謚康；清，太原少尹。景商九子：備，字禮用，直弘文館、藍田尉；儲，字文府，京兆尹、樂安侯；伾，興元少尹；儉，字德府，昭義判官；偓，字龍光，相昭宗；伉，春秋博士；佾，字文節，集賢院學士、司勳郎中。

方嗣，後魏建威將軍，生仲瑜，隋吏部侍郎，二子：恭文，石邑令；孝哲，會稽令。孝哲五世孫諫，唐右武衛兵曹參軍。

又《前漢·夏侯嬰傳》曰："初，嬰爲滕令奉車，故號滕公。及曾孫頗尚主，隨外家姓，號孫公主，故滕公子孫更爲孫氏。"今詳此，即漢公主母氏姓孫而夏侯氏有冒姓孫氏者。

又《唐·宰相表》云：孫氏一出楚蚡冒，"生王子蔿章，字無鉤。生蔿叔伯吕臣，孫蔿賈伯嬴，生蔿艾獵，即令尹孫叔敖，亦爲孫氏"。誤矣。謹按：蔿敖，字孫叔，一名艾獵。古人先字後名，故謂之孫叔敖。《傳》曰"蔿敖爲宰，擇楚國之令典"，是稱其姓名；伍參曰"若事之集，孫叔爲無謀矣"，是稱其字也。今駁正之，明其未嘗爲孫氏。

敦

晉張方有將敦偉，夜擊破劉沈軍。

---

① 羽林兵曹參軍　《舊唐書》卷一九〇《文苑·孫遜傳》作'左武衛兵曹'。

② 亳州刺史　《新表·孫氏》作"亳州長史"。

③ 睦州刺史　《新表·孫氏》作"睦州長史"。

④ 三子　據《新表·孫氏》，孫清之後尚有蔿、圓、諫、咺、扆五人，則"三子"或訛。

倱

《纂文要》曰:音盆[①]。

盆

《風俗通》曰:盆成括仕齊見殺,其子逃難,去成爲盆氏。漢有中郎將盆謚。

賁[②]

《元和姓纂》曰:"魯縣賁父之後。晉有賁浦。漢有郎中賁光。晉又有汝南賁嵩,清操之士。又庾琛女適汝南賁氏。"又有長水校尉賁顓。謹按:《後漢》,董憲將賁休,舉蘭陵城降,注:《前書》有賁赫,音肥。今有此姓,賁音奔,是隋唐以來音變而有此氏。

孫陽[③]

《英賢傳》曰:秦穆公子孫陽伯樂,善相馬,其後氏焉。漢侍御史孫陽放即其後。

昆吾[④]

出自己姓,高陽氏孫陸終,生樊,封於昆吾。夏時昆吾爲伯,因以國氏。

屯渾

《元和姓纂》曰:"太昊之佐屯渾氏,其後爲氏。"

---

①錢氏曰:"案《廣韻》,倱字户昆、牛昆二切,此音'盆',與標題不合,恐有脱誤。"

②賁 《四庫》本原注:"音奔。"

③孫陽 今本《姓纂》卷二《五支·戲陽》文字與此同,岑校稱:"按此以戲陽冒孫陽之文也。"

④錢氏校本此條依《廣韻》移至賁氏條後,今仍《四庫》本舊序編次。

温稽[①]

出《後魏書》。

奔水

神農娶奔水氏女爲妃。

二十四痕

恩

《風俗通》曰:"陳大夫成仲不恩之後。"爲氏。後燕有東庠祭酒恩茂。

根牟

出自東夷,根牟小國,在琅琊陽都縣東之牟鄉。《春秋》:魯宣公九年取其國,子孫氏焉。六國時,有根牟子著書,見《風俗通》。

根水

《世本》:老童娶根水氏女。

① 錢氏校本此條依《廣韻》移至昆吾氏條後,今仍《四庫》本舊序編次。

古今姓氏書辯證卷八

二十五寒

寒

姓書曰韓、寒聲變，因有寒氏。考其實不然。謹按《春秋》：夏諸侯伯明氏之君曰后寒，生子浞，善讒，后寒惡而棄之。有窮后羿收浞而信使之，以爲己相，因以父字爲氏，謂之寒浞，殺羿而因其室，生澆及豷，則夏之中葉亦有寒氏。成王封武王子於韓，猶在數百年後，則非聲變可知也。

《前漢・游俠傳》有陝人寒孺，即后寒之裔也。又後漢寒朗，字伯奇，一云朗姓蹇，非寒氏。

單①

河南單氏，《後魏・官氏志》：代北褐單氏、可單氏，並改爲單氏②。

韓

姓書校證最號詳備者，如《元和姓纂》、《唐・宰相世系表》皆云晉曲沃成師生萬，食采韓原，因以爲氏，蓋用杜元凱《左傳注》也。謹按：周武王庶子封爲韓侯，幽、平之後，國滅而地入于晉，

---

① 錢氏校本此條依《廣韻》移至韓氏條後，今仍《四庫》本舊序編次。

②《四庫》本原注："案《魏志》'褐'作'渴'，'可'作'阿'。"

則萬宜出韓侯，未必成師之子，故顔師古註《漢書》曰："'邘[①]、晉、應、韓，武之穆也。'據如《韓王信贊》所云，則韓萬先祖，武王之裔。而杜預以爲出自曲沃成師，未詳其説。"師古此注最爲有理，今宜用其意，更之曰：韓氏出自姬姓。周武王庶子封爲韓侯，奄受追貊之戎，以長北諸侯，其地謂之韓城，春秋時晉韓原是也。宣王中興，韓侯能幹不庭，方以佐王，大有功於周室，王親命之，賜之梁山，以爲韓國之望。平王東遷，子孫失國，以國爲氏，而地入于晉。至曲沃武公并晉，有韓萬者，爲戎御大夫，伐翼有功，復封韓原，以爲采地，自是韓氏始昌阜於晉。萬字武子，生定伯簡[②]，字子豐。子豐生子輿，子輿生獻子韓厥，厥生穆子無忌及宣子起。起代厥爲正卿。起生叔禽、叔椒、子羽、須無。須無代起爲卿，謂之平子。生簡子不信，字伯音。其族人有褐、穿、固、箕襄、邢帶及景子襄，皆爲晉大夫。景子無忌，字不信，生莊子。莊子生康子，始與趙、魏分知伯之地。康子生武子。武子生景侯虔[③]，始與趙、魏俱列爲諸侯。景侯生烈侯，烈侯生文侯，文侯生哀侯，哀侯生懿侯，懿侯生昭侯，昭侯生宣惠王，宣惠王生襄王倉，倉生太子嬰、公子咎、公子蟣蝨。咎立爲釐王。釐王生烈惠王，烈惠王生王安，爲秦所滅。而蟣蝨生信，漢封爲韓王，後與太子俱亡入匈奴，至頽當城，生子，

---

① 邘　錢氏校本作"邗"。今按：據《十三經注疏》（清嘉慶刊本）《春秋左傳正義》卷一五經二十四年"邘、晉、應、韓，武之穆也"句下注曰："四國皆武王子……野王縣西北有邘城。邘，音于。"則此作"邗"乃形近誤也。

② 生定伯簡　《新唐書》卷七三上《宰相世系表·韓氏》略同。錢氏曰："案杜預《世族譜》，定伯簡萬之孫；程公説《春秋分紀》，萬子求伯，求伯子簡。此以簡爲萬子，誤。"趙超《新表集校》卷三《韓氏》亦有訂訛。此誤。

③ 景侯虔　錢氏曰：案《史記·韓世家索隱》"虔"作"處"。王叔岷《史記斠證》卷四五《韓世家》有辯證，應作"虔"。此無誤。

因名爲頹當韓太子。亦生子嬰。至孝文時,頹當及嬰率其衆降漢,封頹當爲弓高侯,嬰爲襄城侯。弓高侯傳子至孫,國絶。其孽孫嫣貴幸。嫣弟説[①],擊匈奴,封龍額侯[②]。子增[③]嗣,謚安侯,生嗣侯寶及河南尹騫。寶無子,國除。成帝封增兄子岑爲龍額侯,子傳弓[④]嗣。而騫避王莽亂,徙居赭陽[⑤]。九世孫術,生純,皆河東太守。純生魏司徒、甫陽恭侯[⑥]暨。六世孫延之,字顯宗,後魏魯陽侯,孫瓌,平涼太守、安定公,生常州刺史演。演生褒,字弘業,後周少保、三水正伯,生唐户部尚書仲良[⑦]。仲良生瑗,字伯玉,相高宗。

---

① 嫣弟説 此句見《漢書》卷三三《韓王信傳》。今本《姓纂》卷四《二十五寒·韓》又作"頹當孫龍頟侯譊、案道侯説",與此異。趙超據顔師古注及《漢書·功臣侯表》等有考辯,詳見《新表集校·韓氏》。

② 龍額侯 《新表·韓氏》作"龍頟侯"。據《後漢書》卷七《昭帝紀》、卷八六《西南夷·白馬氏》均作"龍頟侯",此顯版刻之誤。下行"兄子岑爲龍額侯"亦誤。

③ 子增 《新表·韓氏》此作"頹當生孺,孺生案道侯説,説生長君,長君生龍頟侯增",與此異。

④ 傳弓 《漢書》卷三三《韓王信傳》作"持弓"。此應誤。

⑤ 赭陽 今本《姓纂·韓》作"南陽堵縣:頹當玄孫騫,避王莽亂,因居之"。岑校曰:"按《漢書·地理志》,南陽郡有堵陽縣,韋昭云,'堵'音'者';《晉書》三七《韓延之傳》作'赭陽',洪興祖《韓子年譜》引《姓纂》亦作'赭陽','堵'下奪'陽'字。"《辯證》此作"赭陽"無誤。

⑥ 甫陽恭侯 《四庫》本原注曰:"案《唐·世系表》'甫陽'作'甫卿'。"錢氏校本注曰:"案《魏志·韓暨傳》,封南鄉亭侯。'甫'、'南'形似,'陽'、'鄉'聲近,因以致誤。"蓋"甫"乃"南"之訛。錢校是。

⑦ 演生褒……生唐户部尚書仲良 《辯證》此以韓瑗祖褒、父仲良,今本《姓纂·韓》同。《舊唐書》卷八〇《韓瑗傳》曰:瑗"祖紹,隋太僕少卿。父仲良";羅振玉《輯姓纂佚文刪定補正記》(詳見今本《姓纂》韓氏條)、趙超《新表集校·韓氏》據《韓良(仲良)碑》均證仲良父紹,祖褒。知《辯證》仲良上應缺紹一代。

武安韓氏：弓高侯頽當裔孫尋，後漢隴西太守，世居潁川。生司空稜，字伯師，其後徙居安定武安。後魏有常山太守、武安成侯耆，字黄耇，徙居九門。生茂，字元興，尚書令、征南大將軍、安定王[①]，二子：備、均。均字天德，定州刺史、安定康公，生晙，雅州都督，生曹州司馬仁泰。仁泰生叡素，桂州長史，七子：晉卿，同州司法參軍；季卿，義王府胄曹參軍；子卿，陜州功曹參軍；仲卿，秘書郎；雲卿，禮部郎中[②]；紳卿，京兆府司録[③]；升卿，易州司法參軍。仲卿生愈，字退之，唐大儒也，吏部侍郎，謚文公，宋封昌黎伯，從祀文宣王廟。

昌黎韓氏：河東太守純四世孫安之，晉員外郎，二子：潛、恬。恬二子：都、偃。偃，臨江令，生後魏從事中郎[④]潁。潁生播，字遠遊，徙昌黎棘城，二子：勵、紹。紹字延宗，揚州别駕，二子：奕、胄。胄字弘胤，北齊膠州刺史，生護，字靈祐，後周商州刺史。護生賢，字思齊，隋郜州刺史[⑤]，襲黄臺公。賢生符，字節信，唐巫州刺史。符三子：大壽、大智、大敏。大智字不惑，洛州司户參軍，生偲，秘書郎；休，字良士，相明皇，以骨鯁知名，善諫諍，九子[⑥]：

①安定王　《新表·韓氏》作“安定桓王”。據趙超《新表集校·韓氏》引韓愈《虢州司户韓府君墓誌銘》“安定桓王五世孫叡素”，則此“安定”後應脱“桓”字。

②禮部郎中　錢氏曰：“案《唐·世系表》作‘禮部侍郎’。”

③司録　《新表·韓氏》作“司録參軍”。

④從事中郎　《新表·韓氏》作“從事郎中”；《通典》卷二〇《職官二·總叙三師三公以下官屬》，魏太尉、司徒、司空有長史、司馬、從事中郎，則從事中郎係三公與將軍府屬官，《辯證》是，《新表》作“郎中”倒誤。

⑤郜州刺史　《四庫》本原注：“案《唐·世系表》‘郜州’作‘鄧州’。”今按：隋無郜州建置，疑此是刊刻之誤。

⑥九子　《辯證》此處僅舉六子，今本《姓纂·韓》無滂，多渾、洄；《新表·韓氏》，韓休共十三子。

浩,高陵尉;洽[①],監察御史;洪,邢州長史;澣,郊社丞;汯,諫議大夫;滉字太沖,相德宗,中書令、晉國公,生羣、皋。羣,禮部員外郎;皋字仲聞,尚書左僕射。

陽夏韓氏:南鄉恭侯[②]暨之後,徙陽夏。望生垂,垂生弘、充。弘相唐憲宗,子公武,字從偃,右驍衛上將軍、檢校司徒、宣武節度使,謚曰肅[③]。

丹

《元和姓纂》曰:"堯子丹朱之後爲氏。漢有長安富人丹玉君[④]。"

安

出自姬姓。黄帝生昌意。昌意次子安,居于西方,自號安息國。後漢末,遣世子高入朝,因居洛陽。晉魏間,家于安定。後徙遼東姑臧以避亂,又徙武威。

河南安氏:後魏代北安遲氏改焉。

又安禄山,本姓康。其母阿史德爲覡,居突厥中,禱於軋牢山,即俗所謂"戰鬬神"者。既而妊。及生,有光照穹廬,野獸盡鳴,望氣者言其祥。范陽節度使張仁愿遣搜廬帳,欲盡殺之,匿而免。母以神所命,遂字曰"軋牢山"。少孤,隨母嫁狄將安延偃。開元初,延偃携以歸國,與將軍安道買皆來,得依其家,乃冒姓安,

---

①《四庫》本原注:"案《唐・世系表》'洽'作'治'。"

② 南鄉恭侯　參前"甫陽恭侯"條校勘記。

③《四庫》本原注:"案《唐・世系表》,宣武節度使謚'肅'者,乃弘弟充,此'檢校'上似脱'充'字。"今按:據《新唐書》韓弘本傳,弘子公武,謚曰恭。此"謚曰肅"前確有脱文。

④ 丹玉君　今本《姓纂》卷四《二十五寒・丹》作"丹君玉",岑校曰:"此係羅氏據《辯證》補。《姓氏篇》引《辯證》作'丹玉君'。《通志》'丹氏'云:'漢有丹王君,長安富人。'《辨誤》八據顔注,乃賣丹王君房,非姓丹。"

更名禄山。其後賊平,肅宗以國賊讎惡,惡聞其姓,京師坊里有安字者,悉易之。

鞬

《姓苑》云:百濟人姓。

但[①]

《漢·王莽傳》:西域焉耆先叛,殺都尉[②]但欽。又《姓苑》有濟陰[③]太守但巴。近有黄州進士但氏,自云其姓讀如去聲,又音訛爲淡。

邗

河南邗氏:《後魏·官氏志》,馝邗[④]氏改焉。

蘭

舊云出自姬姓。鄭穆公方娠,其母夢天使與之蘭。既生,名之曰蘭。及有疾,刈蘭而卒。子孫神之,因以爲氏。楚漢之前既無此氏,即合止以《漢史》爲始[⑤]。

刋

出《姓苑》。

---

① 但　《四庫》本原注:"音亶。"

② 都尉　《漢書》卷四四《匈奴傳》、卷九九《王莽傳》作"都護",此或誤。

③ 濟陰　今本《姓纂》卷四《二十五寒·但》作"濟南守但巴",岑校證其訛誤。

④ 馝邗　今本《姓纂》卷四《二十五寒·邗》岑校:"《廣韻》作'馝邦改邦',《尋源》三因據之,以爲作'馝邗'者誤,然此是一面之證,未爲定論。《類稿》一五作'馥邗'"。

⑤《四庫》本原注:"案《漢書》有武陵太守蘭廣。"

韓餘

《世本》:韓宣子、餘子之後氏焉。謹按《春秋》:晉成公宦卿之餘子。以爲餘子,蓋適子之母弟、宣子韓起也。

韓侯

《元和姓纂》曰:"周宣王錫命韓侯,支孫氏焉。"

韓褐

《英賢傳》曰:韓厥後,趙肅侯大夫有韓褐胥居。

邯鄲

出自趙姓,晉趙鞅族子趙午,受邑邯鄲爲大夫,因氏焉。後漢靈帝時,有靈州刺史邯鄲商,即其後。《會稽典録》:度尚弟子邯鄲淳,字子禮,弱冠有異才,作《曹娥碑》,無所點定,蔡邕題八字曰:"黄絹幼婦,外孫齏臼。"

安丘

耿弇父况與王莽從弟伋,共學《老子》於安丘先生。嵇康《聖賢高士傳》曰:"安丘望之,字仲都,京兆長陵人,少持《老子經》,恬静不求仕宦,號安丘丈人。成帝聞,欲見望之,望之辭不肯見。爲巫醫,隱於人間也。"

安國

漢南越王趙嬰齊,娶樛氏女爲后。后常與霸陵人安國少季通,及太子興立後,爲太后。武帝元鼎四年,使安國少季使南越,諭王及太后入朝。師古曰:姓安國,字少季。

安陵

《戰國策》:安陵纏,楚王妃之父。安陵小侯國也,子孫氏焉。

安是

《英賢傳》曰：晉有安是叔施。事晉厲公[①]。

安都

晉傅餘頠《複姓録》有此氏。

安遲

後魏安遲氏改爲安氏。

蘭喬

《元經傳》曰：匈奴四姓有蘭喬[②]氏，號日逐，世爲輔相。

二十六桓

桓

孝慈淵聖皇帝御名，胡官切，從木從亘。出自姜姓，齊公小白之後，以謚爲氏。《東觀記》曰：齊侯[③]作伯，支庶用其謚立族命氏焉。紹興二年，詔避諱之字曰亘，音周旋之旋。

後漢太子太傅[④]榮，字春卿，其先齊人，自齊徙沛國龍亢。榮生雍、郁。郁字仲恩，襲爵關内侯，生普、延、俊、豐、良。普傳爵，至曾孫延，字叔元，太尉、陽平侯，生衡、順。順生典，字公雅，光禄勳、關内侯。良，龍舒侯相，生鸞，字始春，議郎。子曄，字文林。

---

① 今本《姓纂》卷四《二十五寒·安是》作"《世本》，老童取安是女"，與此異。

② 蘭喬　今本《姓纂》卷四《二十五寒·蘭》作"匈奴四姓有蘭氏"；《後漢書》卷八九《南匈奴列傳》："異姓有呼衍氏、須卜氏、丘林氏、蘭氏四姓，爲國中名族，常與單于婚姻。"此作"蘭喬"未詳所據，或衍一"喬"字。

③ 齊侯　《東觀記》原文作"桓公"。

④ 太子太傅　今本《姓纂》卷四《二十六桓·桓》作"太子少傅"。據《後漢書》卷三七《桓榮傳》："即拜（張）佚爲太子太傅，而以榮爲少傅。"此或誤。

又族人酆,生麟。麟生彬,字彦林,尚書郎。

榮八代孫[1]彝,晉宣城内史,生雲、温、豁、秘、沖。沖,荆州刺史、豐城公,生嗣、謙、修[2]。修,晉護軍、長社侯,過江居丹陽,生尹。尹生崇之。崇之七世孫法嗣,唐郇王府諮議參軍,生少府丞思敏。思敏生彦範,相唐中宗。

姓書或云:宋公禦説之後司馬魋亦爲此姓,誤矣,魋乃向氏,特宋之公族。

謹按《左氏》:齊車右大夫桓跳,即榮之先。

官

出《姓苑》。

觀

出自姒姓,夏王啟庶子五人,食邑於觀,謂之"五觀",其地洛汭是也。"五觀"之後爲諸侯,有罪,夏王滅之,子孫以國爲氏。觀丁父仕鄀,楚武王伐鄀,俘丁父以歸,使爲軍帥,故楚大夫獨有觀氏,而世掌太卜,謂之"卜尹觀起",觀從、觀瞻皆其後也。後漢中平四年,有零陵人觀鵠,自稱"天平將軍"[3]。

欒

出自姬姓。唐叔虞之後,靖侯孫賓,食邑於欒,因以爲氏,其地趙國平棘縣西北欒城是也。賓生共叔,共叔生貞子枝,枝生宣子盾,盾生武子書,書生桓子黶,黶生懷子盈,皆晉卿。盈弟京、廬

① 八代孫　《晉書》卷九〇《桓温傳》作"九世"。有關世系考證詳見今本《姓纂》桓氏條岑校。

② 修　《新表》同,今本《姓纂》桓氏條作"循"。今按:修、循二字古常混用。

③ 天平將軍　《後漢書》卷八《孝靈帝紀》作"平天將軍",此作"天平"或倒誤。

及鍼[①]、糾、樂、魴、弗忌、豹六人,皆爲大夫。

漢有尚書樂巴,魏郡内黄人。

又春秋時齊惠公子雅,生施,字子旗,亦爲樂氏。

讙

出《姓苑》。

歎[②]

《海西先賢傳》有漁陽人歎援,字仲弓。

瞞

《風俗通》:"荆蠻之後,本姓蠻。"後世音訛,遂爲瞞氏。或曰本姓盤,改焉。

《左傳》:衛有司徒瞞成。

潘

出自姬姓。豫章潘氏,南唐散騎常侍處常,生内史舍人佑。今爲大族。

又潘,一作番,《漢·食貨志》:河東守番係,省砥柱之漕。師古注曰:"番,音普安切。"

華

《姓苑》:音潘。謹按:華,棄糞器也。

冠[③]

《列仙傳》有仙人冠先。

---

① 書生……及鍼　《世本八種》卷六《晉》作"書生桓子黶及鍼",與此異。

② 歎　《四庫》本原注:"一作'酇',則官反。"

③ 錢氏校本此條依《廣韻》移至觀氏條後,今仍《四庫》本舊序編次。

完顔

完顔昌[①]仕金爲大興尹,有文武材,宣宗面勞之曰:"卿曾大父是開國元勳。"

二十七删

關

《風俗通》云關令尹喜之後,誤矣。喜爲周函谷關尹,蓋三代官名,《國語》言"敵國賓至,關尹以告"是也。《漢·藝文志》有《關尹子》。師古曰:"名喜,爲關吏,老子過關,喜去吏而從之。"

環

謹按:《周禮》夏秋官皆有環人,未必其後不爲氏。《姓纂》獨取環烈[②]之後,必有所據也。

班

出自羋姓,楚若敖之後。秦滅楚,鬬班裔孫遷晉、代之間,因爲班氏。

蠻

出自羋姓。荆蠻之後,《春秋》謂之"戎蠻子",亦曰"蠻子赤"。其後爲氏。

---

① 完顔昌　完顔昌見於《大金國志》卷二四《紀年·宣宗皇帝上》、卷二五《宣宗皇帝下》,其略曰:金宣宗貞祐二年(1214)五月,以完顔昌爲大興尹兼留守;明年,元兵攻燕,燕城陷,昌自投於火身亡。《辯證》成書於紹興二年(1132),貞祐年間鄧名世已辭世,故此完顔姓應非鄧書文字,或後之纂輯者摻入。

② 環烈　今本《姓纂》卷四《二十七删·環》作"環列"。今按:《春秋左傳正義》卷一八文公元年:"潘崇,使爲大師,且掌環列之尹。"此作"烈"誤。

顔

《元和姓纂》曰:"圈稱《陳留風俗傳》、葛洪《要纂》皆曰出自顓帝之後。陸終第五子安,爲曹姓。"周武王封其裔孫曹挾於邾,至邾武公,字伯顔[①],人謂"顔公",子孫因以爲氏。王儉《譜》云[②]。未知儉何所據,今因圈、葛二家舊譜爲定。謹按:顔邑不見於經傳,而邾婁顔公事見《公羊傳》。魯公自爲家譜,亦以邾言其近也。邾近而人多事魯,故魯大夫有顔莊叔及鳴高。

齊亦近邾國,其大夫有顔庚,字涿聚,及其子晉。

關龍

《元和姓纂》曰:"夏桀時關龍逄之後[③]"。誤矣。龍逄姓關,莊子言龍逄剖[④],即其名也。後無複姓。

馯臂

《商瞿傳》:瞿傳《易》於馯臂子弓。徐廣曰:子弓,楚人,馯臂氏也。

二十八山

山

《風俗通》云:晉有山祈,爲七輿大夫。賈執《姓氏譜》河内五姓,其一山氏。

---

① 伯顔　今本《姓纂》卷四《二十七刪·顔》作"顔",岑校以"伯顔"誤。

②《四庫》本原注:"案《通志》引王儉《譜》云:'顔氏出自魯侯伯禽,支庶食采顔邑,因氏焉。'今'王儉《譜》云'之下不載儉語,謹補之。"

③ 此句今本《姓纂》卷四《二十七刪·關龍》作"夏桀時忠臣關龍逄之後"。史書"龍逄"多作"龍逢"。古逄、逢二字常形近而訛。"逄"又音"龐"。

④ 龍逄剖　《莊子·胠篋篇》作"昔者龍逢斬,比干剖,長弘胣,子胥靡",此簡稱或有脱文。

間

解見簡氏。

蕑[①]

《漢·淮南厲王傳》曰:王與故中尉蕑忌謀,殺反者開章以閉口。師古曰:"姓蕑,名忌。蕑,音姦。《嚴助》[②]作間,字音同,今流俗本此'蕑'字或作'簡'者,非也,蓋後人所改。"然則蕑、間,其本一也。

瞯[③]

《史記》:濟南瞯氏,宗人三百餘家,豪猾,二千石不能制,景帝使郅都盡誅之。

---

① 蕑 《四庫》本原注:"音間。"

②《嚴助》 此指《漢書》卷六四《嚴助傳》。

③ 瞯 《四庫》本原注:"音間。"

古今姓氏書辯證卷九

下平聲

一先

先

出自晉公族先氏，世爲晉卿大夫，所謂欒、郤、狐、先者也。春秋時，有先蔑、先都、先辛，皆以姓名見，其尤顯者，曰原大夫先軫，生霍伯先且居，且居生先克，三世爲卿。

阡

唐中和二年，邛州牙官阡能因公事違期，避杖，亡命爲盜。捕盜使楊遷誘之，能自出首，而遷誣以擒獲，被刑甚酷，遂駡楊遷，發憤爲盜，衆數千人。十一月，陳敬瑄命高仁厚爲招討使，仁厚用諜者破平之。邛州又捕能叔父行令等，敬瑄釋之。

天

黄帝之相有天老，後以爲氏。《元和姓纂》曰："《莊子》有天根，注云人姓名。"謹按：近世解注《莊子》多寓言，而天根非人。今依《姓纂》。

賢

出《姓苑》。

弦

出自古子爵小國，在光州弋陽軑縣東南。《春秋》魯僖公五年，楚滅弦，弦子奔黄，以國爲氏。齊有弦多，衛有弦施[①]。

燕

出自姬姓。周同姓大臣召公奭，爲武王、成王太保，封於北燕，傳國四十二世，至王喜，爲秦所滅。當春秋初，燕地小，常爲山戎所侵，子孫出仕中國，以國爲氏。或云南燕姞姓之後，其國先亡，因以爲氏。

孔子弟子有燕伋，字子思。漢有宜城侯燕倉。唐有直臣燕欽融。《元和姓纂》曰："弘農燕氏、廣漢燕氏，皆漢以來自范陽徙居者。"

唐百濟大臣八姓，其一曰燕氏，餘乃沙、劦、解、真、國、苗、木七氏也。

田

出自媯姓。陳厲公生公子完，避禦寇之亂奔齊，以國爲陳氏。齊桓公使爲工正，食采於田。八世孫常，擅齊政，爲强家，始稱田氏，或云陳田，聲相近也。常曾孫曰和，始篡齊爲諸侯。和生午，午生威王嬰齊。又四世而秦滅齊，虜王建。建弟假及儋[②]。儋子市、從弟榮、弟横、儋子廣，項羽時並裂地稱王。漢興，諸田徙陽陵，又徙北平。太尉武安侯蚡，大鴻臚廣明，大司農延年，皆其後。

---

①《四庫》本原注："案弦施亦齊臣，此作衛，蓋以哀公四年齊陳乞、弦施、衛甯跪救范氏，遂悮以弦施爲衛人。"

②《四庫》本原注："案王建弟惟假一人，若儋、市等，皆齊王疎族，此作'建弟假及儋'，未詳所本。"

魏議郎疇,字子泰。二十四世孫璟[①],唐鄭州司馬,生承嗣[②],其孫弘正[③],爲司徒、中書令,子市[④],魏博節度使。

又有望出平涼、京兆、鴈門、太原、天水、信都者,世系具《元和姓纂》[⑤]。

又後漢益州掾田恭,能譯夷人語。屯田長史田颭戰没,田汜逐敵被殺。晉有羅尚督護田佐。後蜀尚書田褒。西涼鎮軍將軍、西郡太守田昂,昂兄子承愛,南涼博士祭酒。田元沖,後周賜鴈門公。田弘,姓紇干氏,隋初復舊。玄孫正幹。

河南田氏:壽安田瑜,字資中,龍圖閣直學士、右諫議大夫,有傳,生齊卿、真卿、漢卿、彦卿、輔卿。福昌田晉,揚州刺史,生供奉官謚。謚生國子博士祐興。祐興生光禄卿棐,有傳。棐生陝州閿鄉簿伸。

淄州田氏:鄒平田敏,太子少傅致仕,生殿中丞章、太中大夫宗顯。宗顯生奉議郎綱及照。綱生疇。疇生文明,字德普。照生迪功郎俊民。俊民生延慶,字祖洽,並宣和六年進士。

范陽田氏:京兆尹、永興軍節度使、贈侍中重進,有傳,生六宅使守信、供奉官閤門祇候守吉。守信生殿直保和、保正。

潁川汝陰田氏:虢州團練使令方,生郢州團練使欽祚,有傳。欽祚生供奉官閤門祇候承誨、崇儀副使承説。承誨生閤門祇候

---

①《四庫》本原注:"案《唐・世系表》作二十二世。"

②《四庫》本原注:"案《唐・世系表》,璟生守義,守義生承嗣,此缺一代。"

③ 其孫弘正　據《舊唐書》卷一四一《田承嗣傳》附弘正,弘正祖延惲,承嗣之季父也。延惲生廷玠,爲弘正父。此以弘正爲璟孫誤,應爲從曾孫。又,《新唐書》卷七五下《宰相世系表・田氏》"廷玠"作"庭玠"。

④ 子市　《舊唐書・田承嗣傳》附弘正、《新表・田氏》均稱弘正子布,此形近而誤。

⑤《四庫》本原注:"案《姓纂》今缺。"

紹忠。

并州太原田氏：檢校太傅、左驍衛上將軍景咸，有傳，生漢明，補供奉官，使嶺表，卒。

易州田氏：紀生成象。成象生後唐泰州牧行方。行方生再遇。再遇生敏，字子俊，儀州防禦使，有傳，生瑾、琳、璹、璋、瑀。瑾生文思，副使；守度。守度生楙。楙生灝，紹聖四年進士。璹，供奉官，生内殿崇班守琪、内殿承制守中、供奉官守畏、守道。守中生澄城簿槩。璋生角。瑀生希古、希道、希崇。

汾州田氏：左領軍衛大將軍、康州團練使[①]，有傳，生守信，内殿崇班、閤門祗候。

兗州瑕丘田氏：水部員外郎昭度，生殿中丞穀，穀生太常博士植。

顛

《春秋》：晉大夫顛頡之後。

牽

安平牽招爲袁紹子尚從事，降曹操。曹操遣招詣柳城，慰撫烏桓。其後操梟尚首，令三軍敢有哭之者斬。招獨設祭悲哭，操義之，舉爲茂材。

又，祖約有將牽騰。

淵

《姓源韻譜》曰：出自高陽氏。才子八人，其一曰蒼舒，謚淵，後以謚爲氏。

---

①《四庫》本原注曰："案宋長興間，有田紹斌，汾州人，累官康州團練使。此脱名當即此人。"

邊

出自子姓。漢有邊韶,字孝先。南涼輔國司馬邊憲。西秦鎮遠長史邊芮。五代江南將邊鎬。其後子孫或居楚丘,或居陳留。

縣[①]

聖祖上一字嫌名[②],其字與“縣邑”之“縣”字同而平聲,或從心。

魯大夫有賁父及子瑣二人。孔子弟子有賁,字子象[③]。今詳此,本以垂掛爲義,而姓書未有言其所自出。竊意古者天子宫縣,諸侯軒縣,必有樂師掌其事者,以世官爲氏。又古者男生必垂桑弧於門,以射天地四方。《周官》治象、刑象之法,必垂之象魏,浹日而斂之,故莊子謂之縣令。此二事,亦恐有因而得氏者。然則賁父、子瑣、亶、成、芝、點六人者,其氏宜音平聲無疑矣。近世《姓源韻譜》、《元和姓纂》皆以此氏入去聲,音黄練切,誤也。今改正入先韻,去聲三十三霰更不收。

先縠[④]

《元和姓纂》曰:“晉先縠之後,氏焉。”謹案《春秋》,先縠食原、彘二邑,爲卿,故曰原縠,又曰彘子。

---

① 縣　《四庫》本原注:“平聲。”

② 聖祖上一字嫌名　此“聖祖”指宋始祖玄朗,其“上一字”即“玄”,“嫌名”縣,先韻,音懸。

③《四庫》本原注:“案孔子弟子縣亶父,字子象,見《廣韻》注。‘亶’,《索隱》作‘豐’;《家語》無‘父’字。此作‘賁’,疑即‘亶’字之訛。又有縣子成,字子祺,《家語》作‘子横’,亦孔子弟子。”

④ 先縠　今本《姓纂》卷五《一先》作“先穀”,岑校以爲誤。

先賢

漢匈奴單于從兄日逐王先賢撣降元帝[①],時封歸德侯,謚靖。生陽侯富昌。富昌子諷,諷子襄,襄子霸,皆嗣。師古曰:"撣,音纏。"

千乘

謹案:千乘,邑名也,其先食邑者,因以爲氏。

涓濁

《元和姓纂》曰:"《吕氏春秋》,夏首人涓濁梁善,畏明失氣而卒。"謹案:《荀子》"濁"作"蜀"。或恐濁梁姓涓,而非複姓。

二仙

鮮

《元和姓纂》曰:"鮮于氏之後,或單姓。"蜀李壽司空有鮮思明。

錢

出自顓帝曾孫陸終,生彭祖。彭祖生孫孚[②],爲周錢府上士,因官命氏焉。戰國時,有隱士錢丹。秦御史錢産,居下邳。《西京雜記》:會稽人錢勃勞苦故人朱買臣,遺與紈扇,買臣爲太守至郡,引爲上客。漢哀、平間,錢襄爲廣陵太守,避王莽亂,徙居烏程,生晟。

又,東晉青州刺史端,歷陽太守鳳,字世儀,所謂"精神滿腹"者。裔孫樂之,宋太府令[③],居長城,故又望出吴興。

---

① 元帝 《漢書》卷八《宣帝紀》此系事於宣帝神爵二年,此誤。

② 彭祖生孫孚 今本《姓纂》卷五《二仙·錢》作"彭祖孫孚",《通志二十略·氏族略第四·以官爲氏》亦作"裔孫孚,周錢府上士",此衍"生"字。

③ 太府令 錢氏曰:"案原本'太史'訛'太守',據《宋·天文志》改。"錢校是,應作"太史令"。

宋吴越錢氏：杭州臨安人鏐、鏍、鉥、鋸、鏢。鏐爲吴越國王，謚武肅。子元瓘嗣，謚文穆；子弘佐嗣，謚忠獻；弟倧嗣，國人廢之，以弟俶嗣。俶舉十三州歸於有司，徙封淮南王，守太師、尚書令兼中書令，贈鄧王，謚忠懿。

然

出自姬姓。鄭穆公蘭十一子，其一曰子然。子然之孫丹，字子革，奔楚爲右尹，以王父字爲氏。

延

後漢有公孫述將延岑，又有京兆尹延篤。謹案：吴公子札食采延陵及州來，《左傳》稱“延州來季子”，則已去陵稱延，延氏宜出於此。

又後魏可地延氏，亦改爲延氏。

連

《元和姓纂》曰：“齊大夫連稱後。”今泉州有連氏，望出馮翊。又，河南連氏：《五代史》，福建僞閤門使連仲遇①。

偏

《元和姓纂》曰：古有偏將軍。《急就章》亦有偏姓，即其先爲偏將軍，以官爲氏。

使

姓書云漢少府便樂成，望出魯國。誤矣。謹案《霍光傳》：“故長史任宣謂霍禹曰：使樂成小家子也！得幸大將軍，至九卿封侯。”師古曰：“使，姓也；字或作史。”然則使、史通用，而姓書誤

---

① 連仲遇　《舊五代史》卷八三《晉書·少帝紀》作“連重遇”，《新五代史》卷六二《閩世家》同。此或音同致誤。

其字畫,以使爲便也。

綿

《元和姓纂》曰:"晉大夫食采綿上,子孫氏焉。"謹案:孟子時,有高唐人綿駒善歌者,即其後。又河南綿氏,《後魏·官氏志》:爾綿氏改爲綿氏。

全

吴大司馬全琮,居吴郡錢塘,五代時蜀將全師都①即其後。又蜀賊取文州刺史全師雄爲帥。

登州蓬萊全氏:駕部郎中元忠,生濤,濤生化之,化之生居易。

泉

本姓全氏。全琮孫暉,封南陽侯,食封白水,改爲泉氏。後魏巴人泉企②爲洛州刺史、上洛侯,故望出上洛。

遼東泉氏:唐高建武爲高麗王時,有蓋蘇文者,姓泉氏,自云生水中以惑衆,父爲東部大人、大對盧。蓋蘇文嗣立,殘凶不逞,弑其王建武,更立建武弟之子藏爲王,自爲莫離支,專國。莫離支,猶唐兵部尚書、中書令。蓋蘇文死,子男生代爲莫離支,與弟男建、男産相怨。高宗平高麗,授男産司宰少卿,男生右衛大將軍,投男建黔州。男生有傳。

宣

《風俗通》曰:"宋宣公之後,以謚爲氏。"後漢馮翊雲陽人宣

---

① 全師都　《舊五代史》卷四七《唐書·末帝紀中》作"全師郁",《資治通鑑》卷二六五《唐紀》天祐二年亦同,此誤。

② 泉企　錢氏校本同。今按:據《北史》卷六六《泉企傳》,此應作"泉企",作"企"誤。

秉,字巨公,爲大司徒司直。光武曰:"楚國二龔,不如雲陽宣巨公。"子彪,官至玄菟太守。又晉彭城令宣聘,望出陳郡。

《元和姓纂》曰:"魯叔孫宣伯之後。"誤矣。宋宣公舍其子與夷,以國授其弟穆公,君子謂之知人。叔孫宣伯以淫罪奔齊,魯人盟之曰:"無或如叔孫僑如,欲廢國常,蕩覆公室。"僑如不自安,又自齊奔衛,而子孫無仕諸侯顯者,其後必不爲氏。

謹案《漢·功臣表》:南安莊侯宣虎,以重將破臧荼,侯,九百户,生共侯戎。戎子千秋,以罪免。元康四年,虎曾孫南安簪裹護,詔復其家。又土軍武侯[1]宣義,以廷尉擊陳豨,侯,千一百户,生孝侯相如[2]。相如生康侯平,平生侯生。虎、義,皆宋宣公後、巨公之先也。

翾

出《姓苑》。

船

《集韻》曰人姓。

顓

《元和姓纂》曰:出自顓帝之後,或顓臾之後,以國爲氏。

歂

《元和姓纂》曰:"顓孫之字或作'歂'。"誤矣。謹案:此氏必魯大夫歂孫之後。歂孫,乃生搏宋萬者。

---

① 武侯　《漢書》卷一六《高惠高后文功臣表》作"式侯",此或誤。

② 相如　《四庫》本原注:"案《漢書》'相如'作'莫如'。"今按:《漢書》卷一六《高祖功臣侯者年表四》、卷一八《高祖功臣侯者年表六》均作"孝侯莫如",《辯證》此誤。

員

見上平聲。宋陵州仁壽員安宇，太子中允；弟安輿，屯田員外郎。

虔

出自黄帝之子，得姓者十四人，其一曰虔氏[①]。《風俗通》曰：望出陳留。

騫

出自閔氏。魯閔損，字子騫，爲孔子弟子。其孫文，以王父字爲氏。後漢質帝時，有騫宏，字弘伯，避地昆吾[②]，爲金城别駕，封金城侯，子孫因家焉。裔孫弨，晉將軍、平陽郡太守，二子：白、昊。白四世孫敬，字宗之，後魏奉朝請、金城郡守、尚書庫部郎中。一子成，裔孫行本，唐靈州都督長史。弨五世孫威，後魏鄯州刺史、隰城公。曾孫直，唐華州長史，生味道，相武后。味道生慎金、辭玉、公胤。

權

出自子姓。商王武丁之裔孫封於權邑，其地南郡當陽縣權城是也。楚武王滅權，遷其國於那處，子孫以國爲氏。秦滅楚，遷大姓於隴西，而權氏始居天水。漢左輔都尉忠，十四世孫翼，字子良，爲前秦右僕射[③]、安丘敬公。生宣褒，後秦黄門侍郎。六世孫

---

①《四庫》本原注："案《國語》胥臣曰：黄帝之子二十五宗，其得姓者十四人，爲十二姓，姬、酉、祁、己、滕、葴、任、荀、僖、姞、嬛、依是也。惟青陽與夷鼓同己姓，又云青陽與蒼林爲己姓，則十四人中並無虔氏。"

② 昆吾　《新唐書》卷七四上《宰相世系表·騫》作"允吾"，《漢書》卷二八《地理志第八下》金城郡下有允吾縣。此作"昆吾"或誤。

③ 右僕射　《晉書》卷一一四《載記·苻堅下》作"左僕射"。

榮,隋儀同、郿城公。生文誕,常州刺史、平涼公。生崇本,曾孫德輿[①],字載之,相唐憲宗,有傳。

《元和姓纂》以鬬緡之後爲權氏,誤矣。楚嘗使緡及閻敖尹權而皆叛,未嘗爲氏。

又唐開元梓州刺史權若訥,有集十卷。

拳

春秋時衛大夫拳彌,其先以地爲氏。

鄢

謹案《春秋釋例》:"鄢,鄭地也,其先以所食邑爲氏。"楚鄢將師,衛鄢武子肸,皆爲大夫。姓書未有此氏,今增入。

嫣

《姓解》曰:漢有嫣説。誤矣。漢弓高侯韓頽當,孽孫曰嫣,爲武帝嬖臣,其弟説,封按道侯,乃二人名,非人姓也。

鮮于

出自子姓。商父師箕子,佯狂避紂,爲周武王陳《洪範》,武王封之朝鮮,支子仲食采於于,因合鮮、于爲氏。

唐貞觀所定高陵郡五姓,其一曰鮮于氏。

《藝文志》有《鮮于向集》十卷。

後燕翟真司馬鮮于乞,翟成司馬鮮于得。後趙將軍鮮于亮。

---

① 曾孫 《四庫》本原注曰:"案《唐·世系表》'曾孫'作'玄孫'。"今按:權德輿《伏蒙十六叔寄示喜慶感懷三十韻獻之》注曰"十二代祖,前秦(僕)射安丘敬公",其十二代祖翼,事見《十六國春秋》及《晉書》。八代祖,周宜昌公;七代祖,隋郿城公;六代祖,皇朝封平涼公。韓愈《唐故相權公(載之)墓碑》亦稱"平涼曾孫諱倕",則知翼至德輿確爲十二代,《辯證》世系有間斷,德輿應爲崇本玄孫,此作曾孫誤。

延陵

出自姬姓。吴王壽夢少子札,食邑延陵,後世以邑爲氏。《元和姓纂》曰:"趙襄子有謀臣延陵正[①],即其後。"謹案:宋謝晦兵敗而走,左右皆棄之,唯延陵蓋追隨不捨,文帝以蓋爲鎮軍將軍。

延州

《元和姓纂》曰:"吴季札封延州來,因氏焉。"誤矣。延,延陵也,與"州來"爲二邑,後世無以延州爲氏者。

宣于

《姓苑》曰[②]:《前趙録》劉元海有太史令宣于修之。

顓臾

出自風姓之後,封爲附庸,國於濟水之上,司伏羲太皞祀者,以國爲氏。

顓孫

《風俗通》:陳公子顓孫仕魯,因氏焉。其孫顓孫師,字子張,爲孔子弟子,生申祥,娶子游之女。

顓頊

下字犯廟諱[③]。古高陽氏帝號,後世以爲氏。《神仙傳》有太

---

① 延陵正　今本《姓纂》卷五《二仙·延陵》同,然《韓非子》卷三《十過》作"延陵生",《戰國策》卷一八《趙策》作"延陵王",《通志二十略·氏族略第三·以地爲氏》引《吕氏春秋》作"延陵玉"。蓋正、生、王、玉,皆形近而易訛。學者對此亦多辯證,若《姓纂·延陵》岑校、何建章《戰國策注釋》等考述,可詳參。

②《姓苑》曰　此應指劉宋何承天《姓苑》,而《前趙録》乃北魏崔鴻所著,時代在《姓苑》後。疑此"《姓苑》曰"後有脱文或訛誤。

③ 下字犯廟諱　宋神宗名趙頊,此鄧氏以"下字"代"頊",以免犯諱也。

原女顓頊和。

孿鞮

《漢·匈奴傳》:單于姓孿鞮氏。師古曰:孿,力全反;鞮,丁奚反。

焉耆[①]

西域人本焉耆部爲國,後以國姓。

鮮陽[②]

《元和姓纂》曰:"漢有揚州刺史鮮陽進,其孫滔,散騎常侍。"

鮮虞

出自春秋時鮮虞小國,其地今中山是也。晉伐鮮虞,滅之,子孫以國爲氏。

---

① 焉耆 《四庫》本原注:"上音咽,下音支。"

② 錢氏校本依《廣韻》次序移此條至鮮于氏條後,今仍《四庫》本舊序編次。

古今姓氏書辯證卷十

三蕭

蕭

出自子姓[①]。商王帝乙庶子微子啟,周封爲宋公,弟仲衍。八世孫戴公,生子衎,字樂父。裔孫大心[②],平南宫長萬有功,封於蕭,以爲附庸,今徐州蕭縣是也,子孫因以爲氏。其後楚滅蕭,裔孫不疑爲楚相春申君上客,世居豐沛。漢有丞相酇文終侯何,三子:禄、貴、則[③]。則生彪[④],字伯文,諫議大夫、侍中,以事始徙蘭

---

① 出自子姓 《新唐書》卷七一下《宰相世系表·蕭氏》作出自姬姓,趙超《新表集校》卷一《蕭氏》有考。

② 大心 趙超此條疑有誤,考證詳見《新表集校·蕭氏》。

③ 三子:禄、貴、則 《四庫》本原注曰:"案《漢書》,何子二人:禄、延。延生遺及則,則子慶。此作'何三子:禄、貴、則。則生彪',未詳所本。"錢氏曰:"案:'貴'當爲'遺'之訛。《唐·世系表》云:'何二子:遺、則。則生彪。'與《漢書》亦異。此本《唐表》。又據《漢書》以禄嗣侯,故云:'何三子:禄、遺、則。'"今按:趙超《新表集校·蕭氏》據《史記》卷一八《高祖功臣侯者年表》、《漢書》卷一六《高惠高后文功臣表》,考何少子延,延子遺、則,是遺、則乃何孫,非何子。

④ 則生彪 趙超《新表集校·蕭氏》據《南齊書·高帝紀》,考延生彪,彪乃則弟,非則子。

陵。生章,公府掾。章生仰,字惠高,生皓[①]。皓生望之[②],御史大夫,徙杜陵。生育,光禄大夫。生紹,御史中丞,復還蘭陵。生閎,光禄勳。閎生闡,濟陰太守。闡生冰,吴郡太守。冰生苞,後漢中山相;生周,博士。周生蟜,蛇丘長。蟜生逵,州從事。逵生休,孝廉。休生豹,廣陵郡丞。豹生裔,太中大夫。生整,字公齊,晉淮南令,過江居南蘭陵武進之東城里,三子:儁、鎋、烈。

苞九世孫卓,字子略,洮陽令,女爲宋高祖繼母,號"皇舅房"。卓生源之,字君流,徐、兖二州刺史,襲封陽縣侯。生思話,郢州都督,封陽穆侯,六子:惠開、惠明、惠基、惠休、惠朗、惠蒨。惠蒨,齊尚書,生介,字茂鏡,梁侍中。介生引,字敬休[③],陳吏部侍郎。引生德言,唐秘書少監。德言生沈,太子洗馬。沈生安節,相王兵曹參軍。安節生至忠、元嘉、廣微。至忠相中、睿二宗,生衡、衍,隨齊梁房。

整第二子鎋,濟陰太守。生副子,州治中、從事。生道賜,宋南臺治中、侍御史,三子:尚之、順之、崇之。順之字文緯,齊丹陽尹、臨湘懿侯,十子:懿、敷、衍、暢、憲、宏、偉、秀、憺、恢。衍,梁高祖武帝也,號"齊梁房"。懿字元達,長沙宣武王,七子:業、藻、象、猷、朗、軌、明。明字靖通,梁貞陽侯。曾孫文憬,湖州司馬。生元祚、元禮。元祚,萍鄉侯,生司勳員外誠、汝州刺史諒。諒生給事中直。直生策、節、革。革,邵州刺史,生嶰[④]、鄴、峴。嶰字

---

① 生皓　《新表·蕭氏》同;《新表集校·蕭氏》據《南齊書·武帝紀》,以爲章生皓,皓生仰。

② 皓生望之　《漢書》卷七八《蕭望之傳》未云望之爲蕭何後人,顔師古注亦有質疑。

③ 字敬休　《新表·蕭氏》作"叔休"。《南史》卷一八《蕭引傳》:"引字叔休。"

④ 嶰　錢氏曰:"案《唐·世系表》作'解'。"

應之。鄴字啟之,相唐宣宗,五子[①]:晏,字季平;涀,字文度;昌,字光祥;黯,字中蘊;曉[②],字象文。元禮,湘州刺史,生讖、諼、詮、纂。

梁高祖武皇帝八子:統、綱、續、繹、綜、績、綸、紀。統,昭明太子;綱,簡文帝。統五子:歡、譽、詧、詧、譽。詧,後梁宣帝,生巋、岌、巖、岑。巋,後梁明帝,生琮、璟、瑑、珣、瑀。琮,隋莒國公;璟,祕書監;瑑,晉陵王;珣,南海王。瑀字時文,相唐高祖、太宗。珣生鉅、鈞。鉅生唐銀州刺史嗣德,鴻臚少卿、瑯琊郡公嗣業。鈞,太子率更令,生灌,字玄茂,唐渝州長史。灌生絳州刺史仲豫及嵩。嵩,相明皇,生華、悟、衡。華,相肅宗,生殿中侍御史常。常生俛,字思謙,相穆宗。悟,大理司直,生倣,字思道,相僖宗。倣生給事中廩,字富侯。廩生須、益、頻。須生愿,後唐太子賓客。益生灌[③],廣南相,入朝爲屯田員外郎。衡,太僕卿、駙馬都尉,生戡、復、巽、升、鼎。復字履初,相德宗,生儉、湛。儉生騫,字鵬舉。湛生寘、宥。寘,相懿宗,生遘、邁。遘字得聖,相僖宗。邁字昌聖。瑀生鋭、鍇、鉞。鋭,駙馬都尉、太常卿;鍇,虞部郎中;鉞,給事中。鉞生恕,虢州刺史。恕生定,字梅臣。《唐史》稱蕭氏自瑀至遘,八葉宰相,以爲盛族。

謹按《春秋左氏傳》:成王分魯公伯禽以商民六族,一曰蕭氏,其後無聞。

契丹蕭氏:晉開運末,耶律德光北歸,以蕭翰爲宣武節度留守東京。翰,契丹呼爲國舅,及將授節鉞,李崧爲製姓名曰"蕭翰",自是始姓蕭,而蕭氏女世爲契丹后云。

---

① 五子　錢氏曰:"案《唐・世系表》鄴六子。"

② 曉　錢氏曰:"案《唐・世系表》作'曙'。"

③ 灌　錢氏曰:"案《唐・世系表》無此人;渝州長史灌乃益五世祖,益子不當同名。恐有誤。"

貂

齊寺人貂之後。今望出渤海[1]。

刁

姓書云：刁、貂聲同而字異，本一姓也。蜀有刁達，後燕有刁雲。

凋

《晉・載記》：石遵有將軍凋成。姓書未有此氏，今增入。

條

漢孝平時，安城太守程君縉，娶渤海條真女。程祁作《姓氏譜》云：條氏，商賢人之後。是也[2]。趙石虎有太常條枚[3]，爲太子傅。

調

《周禮》調人之職，掌司萬民之難而和合之，其世官者氏焉。

聊

《風俗通》有漢侍中聊倉，著書號《聊子》。又漢有潁川太守聊謀，著《萬姓譜》，子孫因官爲族，望出潁川。

遼

出《姓苑》。又魏將軍牛金，避司馬氏難，嘗改姓遼氏，至後周工部尚書遼允，始復爲牛氏。

---

①《四庫》本原注："案《後漢書》，陽嘉四年初，聽中官得以養子爲後。周時不應有此。《風俗通》引貂勃爲近是。"

②《四庫》本原注："案《左傳》，周分魯公殷民六族，有條氏。"

③ 條枚　《晉書》卷一〇七《載記・石季龍下》作"條攸"，此誤。

堯

帝堯之後，以謚爲氏，世居上黨。長子、後魏大司農堯暄，徙居岐州，生宗。宗兄子雄①，北齊驃騎將軍。又隋鷹揚郎將堯君素，魏郡湯陰人。

鄡

趙大夫食采於鄡，因以爲氏，今深州皐城即其地也②。

四宵

蛸

出自蕭氏。南齊武帝改巴東王子響氏曰蛸，貶之，使同於蟲類也。

朝③

舊無此姓。《姓解》曰：紂臣有朝涉。不勝其誤。謹按：邵意以謂斮脛者，朝姓而涉名。豈知乃晨涉水者，紂斮其脛，見淫刑之甚，不可謂之人姓名也。今駁去。

鼂

出自史氏。衛卿史朝之子，曰文子苟，苟子以王父字爲氏。朝通於鼂，故後世有鼂氏。或云蔡朝吳後，亦作鼂氏，漢御史大夫錯即其後。

---

① 宗兄子雄 《魏書》卷四二《堯暄傳》稱：暄長子洪，襲爵；洪子桀，洪弟遵；遵弟榮，子雄，字休武，元象中豫州刺史；雄弟奮，興和中驃騎將軍；奮弟難宗，武定中征西將軍。《北史》卷二七《堯暄傳》略同《魏書》。疑《辯證》"雄"後有脱誤。

②《四庫》本原注："案《史記》，孔子弟子有鄡子單，字子家。當即其後。"

③ 朝 《四庫》本原注："讀朝暮之朝。"

朝[①]

出自姬姓。蔡仲裔孫曰文侯申，生子朝。子朝生聲子。公孫歸生，字子家，生吴，以王父字爲氏，所謂蔡朝吴者[②]。

嚻[③]

《世本》曰：玄嚻之後。

譙

舊姓書云出自姜姓。武王克商，下車封神農之後於譙，以國爲氏。或云姬姓曹伯，食采於譙。皆誤矣。謹按：曹伯自文王子振鐸始封，至伯陽而滅，焦地未嘗在其封内。春秋時有二焦，一在陳而近楚，魯僖公二十五年，楚成得臣取焦是也；一在晉而近秦。魯宣公二年，楚師圍焦，晉趙盾救焦，是陳之焦宜爲神農苗裔所封，而晉之焦在河外，乃召公奭子焦侯之舊國。故晉司馬侯對平公曰："虞、虢、焦、滑、霍、揚、韓、魏，皆姬姓也，晉是以大。武、獻以下，兼國多矣。"蓋自晉獻公時，焦已在晉。其後惠公重賂秦以求入，許以河外列城五。杜預以二城乃焦、瑕，三城闕。後十五年，鄭人燭之武説秦伯曰："許君焦、瑕，朝濟而夕設版焉。"又四十年，當魯宣公二年，則秦圍焦而楚滅之。百餘年間，在晉之焦，三見于《傳》，則姬姓焦侯之後，明而可據。

① 朝　《四庫》本原注："讀朝廷之朝。"

② 所謂蔡朝吴者　錢氏曰："案襄二十六年《傳》，蔡太師朝吴。陸音如字。《廣韻》亦入陟摇切下。是'朝吴'之'朝'，本不音'潮'。《漢書》鼂錯本傳，鼂錯，鼂即朝之借字。《楚辭·哀郢》：'甲之鼂吾以行。'王逸云：'鼂，旦也。'《漢書·嚴助傳》'鼂不及旦'，馬融《長留賦》，皆以鼂爲朝。《説文》引杜林，亦以爲鼂旦字。古無四聲輕重之别，後世始以朝暮與朝廷兩讀。其實鼂錯即朝錯也，晁亦鼂之異文。"

③ 嚻　《四庫》本原注："虚嬌切。"

如曰神農之後,則又不可不辯也。何以知之?昔武王封黄帝之後於薊,封神農之後於焦,雖有其事,而實無受封之人。考諸經史,可驗者五事:《史記》云炎帝失德,黄帝與戰于阪泉之野,滅之,遂有天下,則神農氏亡矣。自黄帝及商,更數千年,不聞其後有達人。一也。初爲杞侯者曰東樓公,初爲宋公者曰微子,初爲陳侯者曰胡公嬀滿。炎帝之後,獨無姓名。二也。薊子地後入于召公之北,燕焦之地後入于陳,足見無人可立,國亦隨除。三也。周初以杞爲二王後,又封陳以備三恪。三恪以恭奉先聖爲義,蓋武王封建之法,非帝王舊制也。使炎帝之後有人,必增三恪以爲四矣。四也。孔子謂武王興滅國,繼絶世,天下之民歸心焉,蓋下車之初,凡三皇、五帝、二王之後,有國者存之,滅者興之,絶者繼之,此盛德之事也。至求其後裔而不復可見,盍亦收其爵土,改命賢者以爲諸侯?宛如後世褒録古賢而不幸無後,則已行之命當閣而不下,史臣書其事,以見前之詔令,不爲無恩,而一旦追寢,非獲已焉。五也。舉是五事,則姜姓焦國本無其人,姬姓焦侯正爲得氏之始。唐人李利涉載其説於《盛氏譜》中,雖略而可采,今參合援引,以定著《譙氏譜》云。

謹按:譙氏出自姬姓。召康公奭,輔周成王爲西伯,夫人姜氏出游池上,見二黑龍交,欿然不樂,遂有娠。及生子,有文在其手曰"盛",因名而氏之。年十有八,封爲譙侯,其地譙國焦縣是也。後裔寖微。至晉武公偁起曲沃,并晉,稍吞滅諸鄰國,始并焦而有其地,子孫因以爲譙氏。亦作焦,譙、焦一也。

魏有譙周。晉梓潼太守譙登,高凉將譙朗及明,折衝長史譙袒。後凉吕纂將譙辯。後蜀李壽聘處士譙秀以爲賓客。

焦

解見譙氏。

椒

《元和姓纂》曰:“楚大夫越椒之後,子鳴。”誤也。謹按《春秋》:越椒者,若敖之後,而伍參之子伍舉,謂之椒舉。舉之子曰椒鳴,是伍參之祖父有字椒者,而舉以王父字爲氏。不然,則椒邑以邑爲氏,特史失其傳,非越椒之後有椒鳴也。今宜曰出自伍氏,伍參之子舉以王父字爲椒氏。

饒

出自六國時齊大夫食邑於饒者。趙孝成王四年拔其邑,以封其弟長安君,齊之故臣,以邑爲氏,《姓苑》曰臨川人。漢有魯陽太守饒威,因家焉。又《吴志》:襄陽饒助之後,徙居永安。

謹按:徐廣注《史記》,曰饒屬北海,又曰饒陽在河間,然則北海之饒宜爲得氏之始。

傜

《後漢·岑彭傳》:更始遣將軍傜偉鎮淮陽。注:“《風俗通》曰東越王摇[①],句踐之後,其後以傜爲姓。”

繇

《後漢·郅惲傳》:太守歐陽歙教曰“西部督郵繇延,天資忠貞,禀性公方”云云。注曰:“繇姓,咎繇之後。”

銚[②]

其先姚姓,避難去女從金。潁川郟縣姚氏,漢桂陽太守猛,生衛尉安成侯期。期二子:葛陵侯丹、建平侯統。丹生舒,舒生羽,羽生蔡,皆嗣侯。謹按:唐以前銚字未有音姚者。《漢·李廣傳》

① 摇　《風俗通義·姓氏》、《世本·姓氏篇》均作“徭”。此或音同而誤。
② 銚　《四庫》本原注:“音姚。”

注曰：刁斗形如銷。師古曰："銷即銚也，音姚。今俗或呼銅銚。"《玉篇》亦曰：銚，温器也，弋昭切。自唐人作《廣韻》，始音掉[①]，蓋方言音變所致，而今人沿習久誤，不可復改。因考安成侯之氏，詳著其説。

姚

出自虞帝。生於姚墟，因以爲姓。春秋時鄭大夫姚句耳、姚般即其後。初，陳胡公滿封於陳，裔孫敬仲奔齊，爲陳氏，又爲田氏，齊亡居魯。至王莽封田豐爲代睦侯，以奉舜祀。豐子恢避莽亂過江，居吴郡，改姓爲嬀。五世孫敷，復改姓姚，居吴興武康。敷生信，吴選曹尚書。八世孫僧坦[②]，隋開府儀同三司、北隆公[③]。二子：察、最。察，隋太子内史舍人，襲公，生思廉，左散騎常侍、修文館學士、豐城康男[④]。生豫州司户參軍憕、符寶郎惲。憕字處平，生璹、珽。璹字令璋，相武后。珽，户部尚書。最，蜀王友，生思聰。至八世孫衮，唐太僕主簿。

陝郡姚氏：亦出自武康。梁[⑤]有征東將軍、吴興郡公宣業，生安仁，隋汾州刺史；生祥，隋懷州長史、檢校函谷都尉。祥生懿，字善意，嶲州都督、文獻公；生元景、元之、元素。元景，潭州刺史。元之名崇，相武后、中宗、睿宗、明皇，世稱姚梁公，生鄧州刺

---

①《四庫》本原注："案《廣韻》，原有餘昭、徒弔兩切。"

② 僧坦 《陳書》卷二七、《南史》卷六九《姚察傳》同；《新唐書》卷七四下《宰相世系表·姚氏》作"僧垣"，趙超《新表集校》已證僧垣誤。

③ 北隆公 《舊唐書》卷七三《姚思廉傳》：察爲"北絳公"。趙超據《姚南仲碑》、《北史》卷九〇《姚僧垣傳》考"北隆公"爲"北絳公"之訛。此誤。

④ 豐城康男 《新表·姚氏》作"縣男"；《舊唐書》卷七三《姚思廉傳》：貞觀九年，思廉拜散騎常侍，賜爵豐城縣男。卒，謚曰康。知《辯證》或以謚、爵並稱，無誤。

⑤ 梁 趙超《新表集校》卷四《姚氏》據《姚彝碑》作"陳"。

史彝、大理卿异、永陽太守弈。元素，宗正少卿，生楚州刺史弇、通事舍人彈[①]、鄢陵令算；孫九人，曾孫二十人，四世孫七人，五世孫五人。彝生闓、閬、闉、閲、闢。异生閎、閈、閥。弈生闌。闓生係、俟。閬生倍、倫。闉生侑、伾。闢生偁、偕。閎生恃[②]、悟、儈、惇、惕；閈生恬、憕；闌生恒、恊、愐[③]。其顯者，偁之子勖，爲諫議大夫。元素五孫、三曾孫[④]。弇生潤州司户參軍閑，睢陽太守、右金吾將軍闇。彈生闍、論。算生閈[⑤]。閈子秘書監合，世所謂"姚武功"者。

揺

句踐之後。東越王揺子孫，以王父字爲氏。《漢·功臣表》有海陽侯揺無餘[⑥]，本越將，以都尉擊項籍，封千七百户，謚齊侯[⑦]。子哀侯昭襄，生康侯建。建生襄侯省[⑧]。六世孫不更未央，生賢，爵關内侯，世居餘杭。

韶

出《姓苑》。今開封有此姓，望出太原。

---

① 錢氏曰："案《唐·世系表》作'馮'。"

②《四庫》本原注："案《唐·世系表》'恃'作'評'。"

③ 錢氏曰："案《唐·世系表》，闌六子：恒、愷、恊、愐、忱、慱。"

④ 錢氏曰："案上云'算孫九人'；算，元素子也。此處後云元素三曾孫，與上不相蒙，疑有脱誤。"

⑤ 算生閈　《新表集校·姚氏》訂譌曰："异子名閈，算子亦名閈，當有一譌。"

⑥ 揺無餘　《史記》卷一八《高祖功臣侯者年表第六》作"揺毋餘"，《漢書》卷一六《高惠高后文功臣年表》作"揺母餘"。今按：古毋猶無也，此作"無"非誤。

⑦《四庫》本原注："案《漢書》作'齊信侯'，此脱一字。"此應誤。

⑧《四庫》本原注："案《漢書·功臣表》'襄侯省'作'哀侯省'。"

昭

出自芈姓。楚昭王熊軫，有復楚之大功，子孫蕃衍，以謚爲氏。與舊族屈景皆爲楚大族。《戰國策》有昭衍、昭過、昭奚恤，皆是[①]大臣。

招

謹案《春秋》：陳侯之弟招，殺陳世子偃師，楚人討而執之，放之于越，其後以王父字爲氏[②]。

苗

出自芈姓。楚若敖娶邵女，生鬬伯比。伯比生子文、子良。子良爲司馬，生越椒，字伯棼，以罪誅，其子賁皇奔晉。晉侯使食苗邑，爲大夫，以苗爲氏，其地河内軹縣南苗亭是也。

望出上黨者：唐侍中、太保、韓國公晉卿，祖襲夔，始居長子。晉卿四世孫璘，泗州防禦使、静江統軍。璘生延禄，字世功，南唐檢校司徒、行右千牛將軍。五子：全厚、全贍、全節、全乂、全晦。

宋上黨苗氏：知麟州京，生授，字受之，殿前副都指揮使、保康軍節度使、檢校司空，有傳。生履，管軍節度使，累典邊郡，有傳。

潞州壺關苗氏：後徙符離，太常少卿植，生中奉大夫正倫。正倫生時中，字子居，左朝散大夫、寶文閣待制、守户部侍郎，有傳。

開封苗氏：太師繼宗，生武功大夫允元。允元生武功大夫仲淵。仲淵生豐，政和五年進士。

常州苗氏：工部員外郎因，生推官祐之。祐之生縣令兼。兼

---

① 皆是　錢氏校本作“皆楚”，近是。

②《四庫》本原注：“案《通志》，晉步招之後，以名爲氏。漢大鴻臚招猛。”

生元裔，宣和六年進士。

建康苗氏：諒生忠恕，忠恕生伯達，伯達生昌言，紹興十二年進士。又有光禄卿苗振，國子博士苗象中，如京使苗忠。

要

唐李懷光妹壻要廷珍，守晉州，以州降馬燧。

喬

漢太尉玄，五世孫勒，後魏平原内史，從孝文入關，生朗。朗生達，後周文帝命去木爲喬氏，義取高遠也。今望出太原。達裔孫琳，相德宗。

橋[1]

《史記》：魯人有橋桃[2]，畜牧塞上，馬牛千匹，粟以萬鍾計。又梁國睢陽橋氏，成帝時大鴻臚仁，字季卿，從同郡戴德學，著《禮記章句》四十九篇，號"橋君學"。五世孫基，廣陵太守，生肅，東萊太守。肅生太尉玄，字公祖。晉有蜀人橋贊，以李雄謀告張淳。

僑

僑極之後。

昭涉

《漢・功臣表》有平州共侯昭涉掉尾，以擊臧荼功，侯，千户。生戴侯種，種生懷侯它人，它人生孝侯馬童。馬童子昧，失侯。元康四年，掉尾玄孫涪不更福，詔復其家。

---

① 橋　今本《姓纂》卷五《四宵・橋》曰："黄帝葬橋山，支孫守塚者爲氏。"與此異。

② 錢氏曰："案今《史記》及單行本《索隱》'桃'俱作'姚'。"

昭武

唐西域康國,後名康居國,其王始居祁連北昭武城,爲突厥所破,南依葱嶺,即其地。有支庶分王,曰安、曰曹、曰石、曰米、曰何、曰火尋、曰戊地、曰史,世謂“九姓”[①],皆氏昭武。顯慶時,以阿濫爲安息州,以其王昭武殺爲刺史。簑斤爲木鹿州,以其王昭武閉息爲刺史。以米國爲南謐州,授其君昭武開拙爲刺史。何國爲貴霜州,授其君昭武婆達地爲刺史。史國爲佉沙州,授其君昭武失呵[②]喝爲刺史。舊史云支庶皆以昭武爲姓,示不忘本也。

朝臣[③]

《元和姓纂》曰:“日本國使臣朝臣真人,長安中,拜司膳卿同正,副使[④]朝臣太父,拜率更令同正。朝臣,姓也。”謹按《日本傳》:其王文武,遣朝臣真人粟田獻方物。朝臣真人者,猶唐尚書也。開元初,粟田復朝貢,從諸儒授經,詔四門助教趙玄默即鴻臚寺爲師。其副朝臣仲滿,慕華不肯去,易姓名曰“朝衡”,歷左補闕、儀王友,多所該識,久乃還。天寶十二載,朝衡復入朝。

憍陳如

《南史》:婆利國王姓憍如,自古未通中國。梁天監中,遣使朝獻。憍陳如者,本天竺婆羅門,晉末爲扶南國王,其子闍黎邪跋遂以憍陳如爲號,因姓氏焉。

---

① 九姓　此實列八姓;據《新唐書》卷二二一《西域傳下·康》,康國支庶分王,曰安、曹、石、米、何、火尋、戊地、史,其後有那色波。則此應脱那色波。

② 錢氏曰:“案《唐書》作‘阿’,形相近。”

③ 錢氏校本依《廣韻》次序移此條至僑氏後,今仍依《四庫》本舊序編次。

④ 副使　今本《姓纂》卷五《四宵·朝臣》無此二字,餘同。

古今姓氏書辯證卷十一

五肴

汷

《姓苑》曰:《漢書》汷孔車收葬主父偃,時稱爲長者。誤矣。此汷人孔車,非名孔車、以汷爲氏。

巢

春秋時,巢邑大夫牛臣,亦或以巢爲氏。後世望出魯國者,王僧孺《百家譜》云:河内荀超,娶魯國巢正女。又有巢猗,著《音釋》[①]三卷。望出義興者,宋中書舍人巢尚之,玄孫公逸,爲唐尚藥奉御,世傳醫術,今稱爲《巢氏病源》者[②]。

茅

出自姬姓,周文公第三子茅叔,封於其地,高平昌邑縣西茅鄉

---

①《音釋》 據《隋書》卷三二《經籍志》:梁國子助教巢猗撰《尚書百釋》三卷、《尚書義》三卷;《舊唐書》卷四六《經籍志》、《新唐書》卷五七《藝文志》略同(《新志》作《百釋》),然均無《音釋》。未詳《辯證》所本,或訛"百"爲"音"。

②《巢氏病源》 《新唐書》卷五九《藝文志》、《通志二十略·藝文略七》、《宋史》卷二〇六《藝文志》著録巢元方《巢氏諸病源候論》五十卷,晁公武《郡齋讀書志》等作五卷,應脱"十"。然史傳及公私目録均未言及巢公逸,《辯證》言公逸爲唐尚藥奉御,並撰此書,未詳所據。[清]張澍《姓韻》卷三〇《下平聲·三肴》巢姓曰:"鄧氏引作巢公逸,淩迪志以爲漢人,舛矣。"

是也，子孫以國爲氏。後漢樂安太守茅容[①]，後居陳留及晉陵。宋茅嵩，後居廣陵。

包

上黨包氏，出自楚大夫包胥，有乞師於秦存國之功，食邑於申，謂之“申包胥”，子孫徙居上黨。丹陽包氏，其先泰山鮑氏，王莽時避難，去魚爲包。

苞

出《姓苑》。

麃

《風俗通》云：秦皇將軍麃公之後，後漢有麃祀，魯有麃款。

茅夷

《元和姓纂》曰：“邾大夫茅夷鴻之後，見《左傳》。”謹按：世無此氏，而春秋時夷鴻姓茅氏，謂之“茅成子”，則後世子孫，何至乃以茅夷爲氏！考之義理，極無依據。凡《姓纂》中誤引經傳，增收入姓，如罕夷者數十，如茅夷者又數十，皆當時門生討論者淺陋訛謬，雜之以穿鑿臆説，刊修官未嘗考按本書，因而附列。今舉凡以辯之。如此類者，悉合駁正[②]。

六豪

高

高氏出自姜姓。齊太公六世孫[③]文公赤，生公子高，其孫傒，

---

① 後漢　錢氏校本此作“後世”，顯誤。

② 合　錢氏校本作“皆”。

③ 六世孫　《新唐書》卷七一下《宰相世系表·高氏》、今本《姓纂》卷五《六豪·高》同；岑校引《史記·齊世家》作“七世孫”，以“六世”爲誤。

爲齊上卿,與管仲合諸侯有功,威公[①]命傒以王父字爲氏,食采於盧,謚曰敬仲,世爲上卿。敬仲生莊子虎。虎生頃子[②]。頃子生宣子固。固生厚。厚生子麗。麗生止[③],奔燕。十世孫量,爲宋司城,後入楚。又十世孫洪,後漢渤海太守,因居渤海蓚縣。洪四世孫褒,字宣仁,太子太傅。褒生承[④],字文休,國子祭酒、東莞太守。生延,字慶壽,漢中太守。延生納,字孝本[⑤],魏尚書郎。納生達,字式遠,吏部郎中、江夏太守,四子:約、義[⑥]、隱、漢。隱,晉玄菟太守,生慶,北燕[⑦]太子詹事、司空,三子:展、敬、泰。展,後魏黄門侍郎[⑧],二子:讜、頤。讜,冀青二州中正、滄水康公,二子:祚、祐。祐字子集,光禄大夫、建康靈侯,二子:和璧、振。和璧字僧壽,後魏中書博士、下博公,生顗[⑨],字門賢,輔國將軍、延康惠公[⑩]。振生石,字安表[⑪],後魏安德太守,生隋萬年令衡。衡生元道、仲仁、季輔、季通。季輔,相唐太宗[⑫]。泰,

① 威公　《新表・高氏》作"桓公"。

② 頃子　《新表・高氏》作"傾子"。

③ 錢氏曰:"案襄二十九年《左傳疏》引《世本》作'厚生止'。"

④ 褒生承　《新表・高氏》作"褒孫承"。

⑤ 字孝本　《新表・高氏》作"字孝才"。

⑥ 義　《四庫》本原注曰:"按《唐・世系表》'義'作'文'。"

⑦ 北燕　《新表・高氏》同;趙超《新表集校》卷一《高氏》曰:《後燕録》慶仕前燕,非北燕。

⑧ 后魏黄門侍郎　《新表・高氏》同;趙超《新表集校・高氏》曰:《後燕録・高展傳》仕後燕,非後魏;黄門郎,非黄門侍郎。

⑨ 錢氏曰:"案《魏書・高佑傳》、《唐・世系表》'顗'俱作'顥'。"

⑩《四庫》本原注:"案《唐・世系表》作'建康惠子'。"

⑪《四庫》本原注:"案《唐・世系表》:振二子,長石安,次表。今作一人,與《表》異。"

⑫ 錢氏曰:"案《唐・世系表》作'相太宗、高宗',考《宰相表》,季輔以貞觀十九年入相,而薨於永徽四年,此止云相唐太宗,誤。"

北燕[①]吏部尚書、中書令,二子:韜、湖。湖,後魏寧西右將軍,生謐,侍御史。謐生樹生[②]及飜。樹生生歡,北齊高祖神武皇帝,世系在《北齊書》及《北史》。飜字飛雀,後魏侍御中散、孝宣公。生岳,字洪畧,北齊太保、清河昭武王。岳生勱,字敬德,隋洮州刺史、樂安侯。生宗儉[③],字士廉,相唐太宗,六子,文敏、質行、真行、審行知名[④]。文敏字履行,户部尚書、駙馬都尉,生璇、瑾。質行,主客郎中。真行,左驍衛將軍,生岐[⑤]、嶠、峻。峻,殿中丞、蒲州長史,生餘杭令迥。迥生彪[⑥],著作郎[⑦]、崇賢館學士,生某[⑧]及集。集,太原少尹兼御史中丞,生允恭、少逸、元裕。元裕字景珪[⑨],初名允中,吏部尚書、渤海縣男。子璩,字瑩之,相唐懿宗。以上出《唐·宰相世系表》及《元和姓纂》。

按:《姓纂》及《唐表》載高氏事詳矣,然猶有小誤。考之《春秋》,高傒乃天子之命卿,其得氏在威公前,非有合諸侯之功而後得氏也。魯莊公九年,齊桓公入,鮑叔薦管仲於公曰:"管夷吾治

---

① 北燕 《新表·高氏》同;趙超《新表集校·高氏》曰:《前燕録》泰仕前燕,非北燕。

② 樹生 《北齊書》卷一《神武紀上》作高歡父樹,《北史》卷六《齊本紀上》、《魏書》卷三二《高湖傳》作樹生。據陳垣《史諱舉例》第六十八《因犯諱知有衍文脱文例》考證,歡父樹生。此作"樹生"無誤。

③ 錢氏曰:"案宗儉,本傳單名'儉'。"

④《四庫》本原注:"原闕一人。"錢氏曰:"案《唐·世系表》列文敏等四人,而本傳云履行、審行、真行知名,謂惟三子有名于時也。此作'知名'亦此意,編校者誤以爲人名。通上計之,適得六子之五,故注'原闕一人'四字非是。"

⑤ 岐 《新表》作"嵊"。

⑥ 彪 趙超《新表集校·高氏》曰:"彪,《元裕傳》作彪。"

⑦ 著作郎 《新表·高氏》作"著作佐郎"。

⑧《四庫》本注曰:"按彪生炅及集,此'某'字應即'炅',避宋諱。"

⑨ 景珪 《新表·高氏》作"景圭"。

于高傒。”是傒已爲高氏矣。十五年，復會于鄄，桓公始霸。十六年，盟諸侯于幽。二十七年，又盟于幽。三十年，北伐山戎。閔公元年，存魯難，《經》書“齊高子來盟”。僖公元年，救邢，遷于夷儀，又會諸侯于檉。二年，救衛，封之于楚丘，又盟宋及江黄于貫。三年，會于陽穀。四年，以諸侯之師侵蔡伐楚，責苞茅之貢，盟屈完于召陵，始大霸諸侯。五年，以諸侯會王世子于首止。七年，盟于甯母。八年，盟于洮。九年，盟于葵丘，天子賜之胙。十三年，會于鹹。十五年，盟于牡丘。十六年，桓公卒。凡在位四十有二年。桓公之盟莫盛於召陵、首止，會莫盛於葵丘，功莫盛於救邢、存衛、存魯，北伐山戎，南伐楚，定王世子，而皆在於即位十年之間，則高傒之氏何與於有功乎？又管仲平戎于王，辭上卿饗禮，則曰：“臣，賤有司也，有天子之二守國、高在。”則高氏爲命卿亦已久矣。傒之前已有高渠彌、高克爲鄭大夫，則齊之高氏其先亦已仕鄭，非待傒而賜氏也。又《春秋》：高無咎之子弱，以盧叛。高止字子容，奔燕，其子豎不得立。齊人立恭仲之曾孫酀爲高氏後。酀既立，其宗有高發、高偃①、高昭子。昭子名齮，一名齕，字子將，爲梁丘據家臣，高無平②奔北燕，皆見於昭、定、哀之世，則酀之後，不爲無人。至孔子弟子有高柴，字子羔，亦出定、哀間。孟子弟子有高叟，出六國時，宜皆爲高酀裔孫。今以量爲止，十四世孫而棄酀，則世次有疑。今辯其誤，以見姓氏舊無全書云。

漢公孫丞相故人高賀告人曰：弘“内厨五鼎，外膳一肴，安可示天下”？弘曰：“寧逢惡賓，毋逢故人。”又《酷吏傳》：涿大姓西

① 錢氏曰：“案《杜氏世族譜》以‘酀’、‘偃’爲一人。”

② 高無平　錢氏校本作“高無丕”。今按：《春秋左傳正義》卷五九經十五年“齊高無丕出奔北燕”下阮元校曰：“監本‘丕’誤‘平’。”則知平、丕皆誤，當作“高無丕”。

高氏、東高氏,自郡吏以下皆畏避之,莫敢與牾,咸曰:"寧負二千石,無負豪大家。"師古曰:"兩高氏各以所居東西爲號者。"後漢京兆高恢,字伯通,隱華陰山中,與梁鴻善。南陽逸人高鳳,字文通,見《逸民傳》。

後周賜武陽高賓姓獨孤,隋初復舊。子穎[①]、曾叡。

河南高氏:《後魏·官氏志》有婁氏[②]改高氏,隋吏部侍郎高孝基,名知人,房玄齡、高士廉微時皆爲其所知。

皋

後漢桓榮,薦揚州從事皋弘,字秦卿,吴郡人家世衣冠,子徽,司徒長史。《元和姓纂》曰望出廣陵。後漢梁鴻夫婦,依吴大家皋伯通,居廡下。伯通察其妻舉案齊眉,異之曰:"非凡人也。"乃舍之於家。

勞

晉有三公、渤海勞霸[③]。

牢

古牢子之後。漢有尚書僕射牢梁。春秋時,齊大夫牢成前軍御[④]。又魏將軍牛金,亦嘗避難改牢氏。

褒

出自姒姓,夏禹之後爲諸侯,以國爲氏,其地梁州褒城是也。

又河南褒氏:《後魏·官氏志》代北達勃氏改焉。宋有太子

---

① 穎　錢氏校本作"頴"。據《隋書》卷四一《高熲傳》,高賓生熲,相隋文帝。此與錢氏校本均誤。

②《四庫》本原注:"按《後魏志》'有婁氏'作'是樓氏'。"

③《四庫》本原注:"按後漢有郎邪勞丙。"

④《四庫》本原注:"按此下疑有脱文。"

洗馬褒希儼。

陶

姓書云出自陶唐氏之後,以國爲姓,誤矣。謹按《風俗通》曰:氏於事者巫卜、陶匠。周成王分康叔以商民七族,一曰陶氏,即其後也。後世望出丹陽,晉太尉侃之祖父同始居焉。同生丹,吴揚武將軍、柴桑侯,遂居其地。生侃,字士衡,娶十五妻,生二十三子[①],二子少亡,二十一子官至太守。侃生員外散騎岱[②]。岱生晉安城太守逸。逸生彭澤令、贈光禄大夫潛。潛生族人熙之[③],宋度支尚書。熙之生梁邵陵内史測。測生陳吏部尚書旻。旻生隋散騎常侍元安。元安生陳夔州都督、尚書令、金陵縣公琮。琮生唐韶州始興令處寂、滁江二州刺史鋭、賀州録事參軍文禎。處寂生唐滕王府陪戎副尉先期。先期生光庭。光庭生如革及江州刺史祥。如革生進金。進金生淮南威毅第二十將茂麟。茂麟生左中衛將軍若思。若思生左驍衛將軍鑑。

桃

其先食邑桃丘,氏焉。或曰《周官》攻金之工有桃氏,爲劍者,以世官爲氏。後慕容熙幸臣桃仁。北燕馮素弗,以秦趙勳臣子弟桃豹爲右常侍。

---

①《四庫》本原注:"按《陶侃傳》'士衡'作'士行','二十三子'作'十七子',與此異。"

②《四庫》本原注:"按《陶潛傳》祖茂,武昌太守。此言潛祖員外散騎岱,亦異。"

③ 潛生族人熙之　《四庫》本原注:"按《晉書》、《宋書》陶潛傳俱不載其子,然潛五子俟、儼、份、佚、佟,見潛《誡子書》,無熙之名。'潛生族人'四字應有脱誤。"

敖

高陽氏别號大敖,其後有敖氏。唐有敖穎,進士第,望出魯國。

曹

出自高陽之後。陸終第六子[①]安,爲曹姓。裔孫曹挾,周武王封之於邾,其地魯國鄒縣是也。十四代孫文公遷於繹。至戰國時,距挾凡三十九世,而楚滅之,封其君爲鉅鹿侯。漢相國平陽侯參,生侍中窋,後徙居杜陵。後漢扶風曹世叔,娶同郡班彪女,名昭,字惠班,生子成,齊相、關内侯。成生子穀,中散大夫。昭壻之妹曰曹,生孝女曹娥,會稽上虞人,父盱,絃歌爲巫祝,溺死。

燉煌太守曹[②],益州太守曹謙,金城西部都尉曹鳳。

唐河南曹氏:確,字剛中,相懿宗,世系在《唐表》。或曰姬姓,周文王子振鐸,封爲曹伯,至伯陽,爲宋所滅,子孫亦以國爲氏,魏太祖即其後也。誤矣。當伯陽未亡時,已有曹氏,則魏亦當爲陸終之後,特史臣失於稽考,因成傅會之文爾。

今望出譙國者,漢丞相平陽侯參,始居沛國譙縣。望出金鄉者,唐御史中丞懷舜之後。出齊郡亭山縣者,唐金部郎中長史之後。出東海者,晉吏部尚書簡之後。出陳留者,晉陳留太守同之後。出清河者,晉清河太守泓之後。出鉅鹿者,魏太尉洪之後。

宋真定靈壽曹氏:同生業,業生成德軍兵馬使芸,芸生彬,字國華,太師兼侍中樞密使,贈中書令,濟陽武惠王,加贈韓王,有

① 第六子　今本《姓纂》卷四《二十七删·顔》、《新唐書》卷七五下《宰相世系表·曹氏》均作"第五子"。

② 燉煌太守曹　《四庫》本原注:"原缺。"今按:據《後漢書》卷四七《班勇傳》、卷八八《西域傳》,元初六年有敦煌太守曹宗,此"曹"後應脱一"宗"字。

傳。生璨、璉、玥、瑋、玹、玘、珣、琮。璨字韜光,殿前都指揮使、河陽節度、同中書門下平章事,贈中書令,謚武懿,有傳。生儀、伸。儀,字播臣,耀州觀察使、知渭州,有傳。生内殿崇班詠,閤門通事舍人詒、謂,西京左藏庫副使諹,左侍禁談。詠生文思副使明、侍禁暖。明生濟、涇、洚。暖生淵。詒生内殿承制旿。旿生湜、泌。謂生文思副使昕。昕生演、泫、濬。諹生奉職昭。談生評事晭、晅、昶。伸,東頭供奉官。璉,滑州都指揮使,無子。玥娶秦王女,昭宣使、恩州團練使,生右侍禁倫及偕。倫生内殿承制訥。訥生侍禁諫偕,字光道,衛州防禦使,知河陽,有傳。生大理寺丞諝、侍禁詁、内殿崇班謐。詁生曦瑋,字寶臣,宣徽北院使、簽書樞密院、彰武軍節度使,贈侍中,謚武穆,有傳。生禮賓使僖,内殿崇班侍,供備庫副使傒、倩。僖生供備庫副使諒,左藏庫副使説,内殿崇班譁、誼、諷。諒生奉職曛、侍禁旴、殿直晛、内殿承制昉、侍禁暌。説生評事昧。諷生評事旻。譁生奉禮郎杲、昪。誼生供奉官暉,内殿崇班暲,侍禁映、暄。暉生浹、洞。暄生沖、涓。傒生供備庫副使諮。諮生曍、暚。曍生濡、玹,左藏庫副使。暚生殿直倆,三班奉職估,文思使僅,左藏庫副使備、偓。倆生左藏庫副使諲。諲生内殿承制晛、供奉官晊、侍禁昺、奉禮郎易。晊生淑、沔、湘、測、溉。僅生左侍禁諤、殿直證、内殿承制詔。諤生侍禁晈、殿直譜。詔生曠、奉禮晄。備生大理評事晵。偓生内殿承制誨、殿直論。玘,虞部員外郎,贈太師,尚書令兼中書令,吴王,生傳、佾、億,女爲慈聖光獻皇后。傳,四方館使、榮州刺史,生供備庫副使誦。誦生大理評事景佾,字伯容,保静保平軍節度使,守太保,贈太師,沂王,有傳。生皇城副使評、東頭供奉官誠、六宅副使諭、文思副使詳、皇城副使諶、東上閤門誘。誠生侍禁旻、晼、昇,奉禮郎昱,供奉官晟。億,萊州防禦使,生内殿崇班讀、皇城副使誌。誌生昂、晸。珣，東上閤門使、儀州刺史，有傳，生文思副使傑、左藏副使依、東頭供奉官俊、文思副使侁。傑生三班奉職誥。依生侍禁譖。俊生供奉官諰、譏。侁生供奉官計、殿直讚。計生時。琮爲侍衛親軍、馬步軍都指揮使，有傳，生皇城使、嘉州刺史脩，西京左藏庫使任，六宅副使佺，左藏庫使偃，六宅副使伉，左班殿直俌。脩生供奉官諴、侍禁詗、内殿承制諫、供奉官侍禁訏、殿直諜。諫生昰、旦。訪生暟、曠。任生侍禁誃、奉禮郎訙、侍禁譬、供奉官諺、殿直調。諺生涣。

毛①

漢有畫工毛延壽。晉巴西郡丞毛植。唐時滎陽、河陽、北地毛氏，世系皆具《元和姓纂》②。延壽畫人形，醜好老少必得其真。

陶丘

《元和姓纂》曰："帝堯子居陶丘，因氏焉。"③齊大夫陶丘德，漢侍御史陶丘仁，後漢陶丘子林④，生魏安定太守壹，壹生晉陳留太守達。江左有陶丘乂之。漢末有平原陶丘隆，舉劉岱、劉繇者。

陶叔

出自周成王子陶叔之後，以國及王父字爲氏。

---

① 錢氏校本依《廣韻》次序移此條至牢氏條後，今仍《四庫》本舊序編次。

②《四庫》本原注："按《姓纂》，毛氏今缺。"

③ 有關陶丘氏所出，尚有"丹朱居陶邱，爲氏"、"帝堯子丹朱居陶丘"兩説，詳見今本《姓纂》卷五《六豪·陶邱》岑校。

④ 陶丘子林　今本《姓纂》卷五《六豪·陶邱》同，《後漢書》卷七〇《孔融傳》有"平原陶邱洪"，《後漢書》卷六四《史弼傳》注引《青州先賢傳》曰："洪字子林，平原人也。清達博辯，文冠當代。"此或稱字。又岑校曰："今《辯證》有兩陶丘仁，殆誤。疑《辯證》後'仁'字爲衍文。"然岑氏所稱"兩陶丘仁"不見於《四庫》本《辯證》。

曹牟

《姓解》曰:《先賢傳》有兗州刺史曹牟君卿,平昌人。

曹丘

《元和姓纂》曰:"《漢·季布傳》有曹丘生。"謹按:曹丘生、轅固生,皆以諸生顯名,故姓名之下稱生。《傳》曰:"季布之名,曹丘揚之也。"然則曹丘本非複姓,林氏誤矣。

饕餮[①]

《南史》:梁武陵王紀舉兵敗,有司請絶屬籍,元帝賜姓"饕餮氏"。

皋落[②]

出自隗姓,赤狄别種,居東山者,以國爲氏。[③]

---

① 錢氏校本此條依《廣韻》移至皋落氏條後,今仍《四庫》本舊序編次。

② 錢氏校本此條依《廣韻》移至曹氏條後,今仍《四庫》本舊序編次。

③ 今本《姓纂》卷六《十姥·古野》作"山東古野氏,赤狄别種,其後氏焉";岑校以爲"以古野冒皋落之文",詳見《姓纂》本條及卷五《六豪·皋落》。

古今姓氏書辯證卷十二

七歌

柯

齊西陵王典籤[①]柯氏。今望出齊郡,又後魏柯祇,改爲河南柯氏。

多

謹按《漢·功臣表》:多軍,故東越將。漢兵至,棄軍降武帝,元封元年,封無錫侯,千户,薨,子卯嗣侯。延平四年[②],坐與歸義趙文王將兵追反虜,到弘農擅棄兵還,贖罪免。李奇注《兩粤傳》及《漢書音義》,皆曰多軍名也,且粤姓騶氏,則多軍宜姓騶。然其子卯不以姓著,則必以多爲氏矣。近世臨川有瘍醫,能攻治傷折者,皆多氏,而不知其所自出。若非無錫侯卯之裔,必多于、多蘭之類,有單爲多氏者。今闕之,以傳疑。唐坻丘郡六姓,一曰多。

佗

《漢·游俠傳》:東道佗羽公子[③]。注曰:姓佗,名羽,字公子。

---

①《四庫》本原注:"按《齊書》柯益孫,齊郡人,官典籤。疑此有脱文。"

② 延平四年 《漢書》卷一七《景五昭宣元成功臣表第五》作"延和四年"。漢武帝元封後當爲延和;延平,乃東漢殤帝劉隆年號,此誤。

③ 東道佗羽公子 《史記》卷一二四《遊俠列傳》作"東道趙他、羽公子",其下《校勘記》曰:"《索隱》:'舊解以趙他、羽公子爲二人。'今按:此姓趙,名他羽,字公子也。"

羅

春秋時,楚莫敖屈瑕伐羅,羅人乘其無備,與盧戎夾攻之,屈瑕不能克。其後楚復伐羅,并其國,子孫以爲氏。或曰:出自妘姓,祝融之後,蓋其遠裔也①。《元和姓纂》有齊郡、襄陽、河東三族。後漢蜀人羅横,應募殺羌,吕叔都封侯。晉益州刺史尚,蜀李特將準,益州牙門將羅特,李離部將羅羕。畧陽羅恒,爲李壽征東長史,壽僭立,用爲股肱。南秦鎮軍將軍羅敦。

唐益州蜀郡三姓,洪州、豫州六姓,皆其一也。天祐中,起居郎羅衮,字子制,有集二卷。羅浩原、羅鄴皆有詩一卷。

襄陽羅氏:隋監門將軍榮,徙京兆之雲陽,生藝,字子廷②,唐開府儀同三司、燕王,弟壽,監門將軍。

杭州錢塘羅氏:給事中隱,爲錢氏幕客,有詩名,號《江東集》。

江南羅氏:《後魏·官氏志》,代北斛瑟羅氏、吐羅氏並改焉。五代時,有玉笥山道士隱之,與鄭雲叟同時者。河南令貫,以諫莊宗知名者。東川將璋,事顔暉者。

那

《風俗通》曰:"朝那,東夷也,以國爲氏,其後單爲那氏。"燕有遼西太守那頡。

何

出自姬姓。唐叔十一世孫萬,食采韓原,遂爲韓氏,後爲秦所滅,子孫散居陳楚江淮間,以韓與何近,隨聲變爲何氏。前漢司空

---

①《四庫》本原注:"按《世本》夏有武羅,其後氏焉。《周官》大羅氏掌鳥獸,其後亦以爲氏。又《急就篇》羅氏,顓頊後,封於羅,子孫以爲氏。《左傳》注:'羅,熊姓。'一曰祝融之後,妘姓。羅國爲楚所滅,其後號羅侯氏。"

②子廷　《新唐書》卷九二《羅藝傳》同,《舊唐書》卷五六《羅藝傳》作"子延"。

何武，後漢大將軍何進及何敞，晉外戚何晏，皆有傳。《元和姓纂》曰：望出廬江、丹陽、東海、齊郡。

阿

《風俗通》曰："伊尹爲阿衡，子孫以官爲氏。"

河南阿氏：《官氏志》，阿伏氏、阿賀氏，並改爲阿氏[①]。唐明皇時朔方節度使阿布思，乃九姓首領，姓阿，名布思。

柯祇[②]

《後魏·官氏志》：代北有柯祇[③]氏，後改爲柯氏。

多蘭

代北多蘭部大人，因以爲氏。

羅侯

羅君之後，支孫氏焉。晉中山王司馬服記蜀郡有羅侯氏。《北史》：代人羅結，其先世領部落，爲魏附臣。結爲外都大官，總三十六曹事，年一百一十，詔聽歸老，賜大甯東川爲私第別業，并築城，號曰"羅侯城"，朝廷每有大事，驛馬詢問焉。年一百二十卒。

何奈

匈奴單于之裔，歸漢爲何奈氏。晉幽州牧王浚有將軍何奈虎。

荷訾

代北人姓。

---

① 錢氏曰："案今本《官氏志》無此文。"今按：《魏書》卷一一三《官氏志》作"阿伏於氏，後改爲阿氏"，與此異。

②《四庫》本原注："祇，一作'枝'。"

③ 錢氏曰："案今本《官氏志》'祇'作'拔'。"

阿跌

唐回鶻九姓,一曰阿跌,亦曰阿咥,或爲跌跌,與拔野古等皆朝,以其地爲雞田州。開元中,跌跌思泰自突厥默啜所來降,其後光進、光顔,以功臣至大官,賜姓李氏。

阿熱

《唐·回鶻傳》:黠戛斯,古堅昆國也,自言李陵之後,其君曰阿熱,遂姓阿熱氏。駐牙青山,自阿熱牙至回鶻所,槖駞四十日行。譯者曰:熱,猶中國所謂郎也。

阿每

唐日本國王姓。《舊唐史》曰:倭王姓阿每。

阿那

後魏丞相阿那肱,本姓高阿那,時人便呼,止曰"阿那"。

阿賀

後魏阿賀氏,亦改爲阿氏。

阿伏

後魏阿伏氏,改爲阿氏。

佗駱拔[①]

《後魏·官氏志》改爲河南駱氏。

多覽葛[②]

《唐史》回鶻九姓,一曰多覽葛,亦曰多濫,在薛延陀東,延陀

---

① 佗駱拔 《魏書》卷一一三《官氏志》作"他洛拔氏,後改爲駱氏",今本《姓纂》卷八《六至》作"地駱枝"。

② 錢氏校本依《廣韻》次序移此條至阿伏氏條後,今仍《四庫》本舊序編次。

已滅,其酋多濫葛末,與回紇皆入朝,以其地爲燕都督府[①],授末都督。末死,以多濫葛塞匐繼爲都督。今詳此,正以部族爲氏。

阿伏干

《後魏・官氏志》:阿伏干氏,後改爲干氏[②]。

阿鹿桓

後魏阿鹿桓氏,後改爲桓氏[③]。

阿史那

突厥别姓。唐太宗時有蕃將阿史那社尒。高昌國亦有大冠軍[④]阿史那矩。高宗時,有大將軍阿史那道真、阿史那忠。突厥亦有僞可汗阿史那俀子。

阿史德

代北人姓。唐有行軍總管阿史德樞賓,執契丹松漠都督阿卜固獻東[⑤]。樞賓,貞觀五年爲定襄都督、秦涇道行軍總管,以討奚者。又安禄山母阿史德。

阿逸多

西域人姓。

---

① 燕都督府　《舊唐書》卷一九五、《新唐書》卷二一七《回鶻傳》均作"燕然都護府",此脱"然"字。

② 錢氏曰:"案今《官氏志》作'阿伏幹氏,改爲阿氏'。"

③ 錢氏曰:"案今《官氏志》改爲'鹿氏'。"

④ 大冠軍　《舊唐書》卷一九八、《新唐書》卷二二一高昌本傳均作"大臣冠軍",此脱"臣"字。

⑤ 獻東　錢氏曰:"案原本脱'都'字,據《唐書・北狄傳》補。"錢校是,應作"獻東都",《辯證》此脱。

阿鹿孤

後魏改爲鹿氏。

八戈

戈

《姓苑》不載所出。按:夏后時,戈本諸侯之國,必其後以國爲氏。

過[①]

《風俗通》:漢有兖州刺史過羽[②]。謹按《春秋》:寒浞處其子澆于過,謂之過澆,少康滅之,以封諸侯,其地漢東萊掖縣北過鄉是也。

繁[③]

周成王以商民七族分康叔,一曰繁氏。其後有繁羽,仕晉爲大夫。漢有御史大夫繁延壽。後漢建武十八年,益州太守繁勝,與昆明夷戰敗。漢魏間有繁欽,文集十卷。又汴州人繁氏,世居梁孝王吹臺之側,其家富盛,人謂吹臺爲"繁臺",今東都天清寺即其地也。唐秭歸人繁知一,題巫山廟詩爲白樂天所賞。

---

① 過　《四庫》本原注:"平聲。"

② 過羽　《通志二十略·氏族略第二·以國爲氏》作"過急"。張澍《姓韻》卷三一《五歌·過》曰:"《風俗通》:漢有兖州刺史過栩。案《風俗通》又云:光武中興以來,五曹詔書,題鄉亭壁,歲補正,多有闕謬。永建中,兖州刺史過翔箋撰卷别,改著板上,一勞而永逸。翔與栩字,相似而訛。《辯證》引作過羽,誤矣。"

③ 繁　《四庫》本原注:"音婆。"

番[①]

漢吴芮初封番君,其支孫氏焉。

和

出自羲和,掌天地之官,堯時和仲、和叔之後,以世官爲氏。《左傳》晉大夫和組父。

禾

謹按:《列子》范氏之上客有禾生,則禾爲人氏矣。姓書未有此氏,今增入。

科

出《姓苑》。

磨離

唐吐蕃將尚婢婢,遣磨離羆子將兵拒論恐熱,其屬燭盧鞏力勸羆子按兵拒險,羆子不從而敗。

波斯

《唐·西域傳》云:其先波斯匿王,有月支之别裔,因以其姓爲國號。

婆衍[②]

傅餘頠《複姓録》曰:代北人、南涼尚書左丞婆衍崘。

和拔

代北人姓。

---

① 番 《四庫》本原注:"音婆。"

② 錢氏校本依《廣韻》次序移此條至科氏條後,今仍《四庫》本舊序編次。

和稽

代北人姓。

九麻

車[①]

本姓田氏，其先齊諸田，徙長陵。

蛇

後秦姚萇有皇后蛇氏，兄蛇越[②]，爲南安太守。弟揚奇爲散騎常侍。又有建義將軍蛇立臨，晉太守蛇平，其後望出南安。

瓜

出《姓苑》。

花

唐高宗調露元年，遣左領衛將軍花大智[③]討突厥，兵敗免官。《舊唐史》：韓建誘防城卒花重武告十六宅反。宋有虞部郎中花尹，望出東平。

家

周大夫家伯，爲周幽王太宰。又家父爲大夫。漢成帝時，家君作彈棊以獻天子，賜羔裘、紫絲履，服以朝覲。

---

① 車　《四庫》本原注："尺奢切。"

②《四庫》本原注："按《通志》作'蛇越滂'。"

③ 花大智　錢氏曰："案《唐書·突厥傳》作'苑大智'，王氏《姓氏急就篇》並同，此作'花大智'誤。"今按：《舊唐書》卷三《高宗本紀》、《資治通鑑》卷二〇二高宗調露二年七月均作"花大智"，此或不誤。

瑕

出自周大夫，食邑於瑕，因以爲氏，望出汝南。

巴

謹按：《世本》曰巴郡南郡蠻本有五姓：巴氏、樊氏、瞫氏、相氏、鄭氏，皆出於武落鍾離山。其山有赤、黑二穴，巴氏之子生於赤穴，四姓之子皆生黑穴。未有君長，俱事鬼神，乃共擲劒於石穴，約能中者奉以爲君。巴氏子務相乃獨中之，衆皆服。又令各乘土船，約能浮者當以爲君。餘姓悉沉，唯務相獨浮，因共立之，是爲廩君。乃乘土船，從夷水至監陽①。監水②有神女，謂廩君曰："此地廣大，魚鹽所出，願留共居。"廩君不許。監神暮即來宿，旦即化爲蟲，與諸蟲羣飛，閉掩日光，天地晦冥，積十餘日。廩君伺其便，因射殺之，天乃開明。廩君於是乎君于夷城，四姓皆臣之。《後漢·南蠻傳》曰：廩君死，魂魄世爲白虎，巴氏以虎飲人血，遂以人祠焉。秦惠王并巴中，以巴氏爲蠻夷君長，世尚秦女。舊姓書云出於春秋時巴子之後，誤矣。

沙

《姓苑》云：東莞人。《風俗通》：晉有沙廣。又唐百濟大臣八族，一曰沙氏。梁貞明中，有渤海沙承贇登第。近世吴興多此姓。

牙

《風俗通》曰：周穆王大司徒君牙，後以字爲氏。

---

① 從夷水至監陽　陳橋驛據酈道元《水經注》卷三七《夷水》證夷水即鹽水；"監陽"，《世本·氏姓篇》、《後漢書》卷八六《巴郡南郡蠻》均作"鹽陽"，中華本校勘記引《荆州圖(副)》等考證作"鹽陽"是。

② 監水　應作"鹽水"，考同上。

衙

出自嬴姓。秦穆公子食采於衙，亦謂之彭衙，因氏焉，其地漢馮翊衙縣是也。漢長平令衙卿，七世同居。蜀督護衙博。姓書或音訝，或音語，大抵當以平聲爲正。

茶

舊音側加反。漢江都易王弟、濮陽侯[①]定國，行錢使男子茶悟[②]告王事。蘇林曰：茶，音食邪反。

佘[③]

《元和姓纂》曰：今洪州有佘氏。宋宣和間，有奉議郎知撫州臨川縣事佘昌明。

杷[④]

本姓杞，東樓公之後也。後漢靈帝時杞注[⑤]避董卓難，改爲杷氏[⑥]。《元和姓纂》又以"杷"爲"抱"[⑦]。未知孰是。

查[⑧]

宋歙州休寧人查元方，爲殿中侍御史。生道，字湛然，嘗泣禱

---

① 濮陽侯　《漢書》卷五三《景十三王·江都易王劉非傳》作"淮陽侯"，此作"濮陽侯"，未知何據。

② 茶悟　錢氏校本作"荼恬"。今按：《漢書·劉非傳》作"荼恬"。［清］陸廷燦《續茶經·譜録類二》云："《漢書》荼恬。則荼本兩音，至唐而荼、茶始分耳。"此曰"舊音側加反"，則非"荼"之訛。

③ 佘　《四庫》本原注："視遮切。"

④ 杷　《四庫》本原注："蒲巴切。"

⑤ 錢氏曰："案'注'疑當作'主'，本'匡'字，宋人諱爲'主'，或爲'羌'。"

⑥ 錢氏曰："案《廣韻》作'爬'。《姓氏急就篇》作'把'。"

⑦ 詳見今本《姓纂》卷七《三十二晧·抱》。

⑧ 查　《四庫》本原注："側加反。"

河，而冰泮得魚饋母，仕至龍圖閣待制。

樝

與查同。

車非

後魏獻帝次兄爲車非氏，孝文改爲周氏。周閔帝時，賜周瑶姓爲車非氏。

車焜

後魏獻帝封其疎屬爲車焜氏，後改爲河南車氏。

車遽

《世本》曰：齊有臨淄大夫車遽氏。

車成

出後魏《河南官氏志》。

瑕呂

《左傳》：晉大夫吕甥，一曰瑕吕飴甥。杜注云：瑕吕[①]，名飴甥。

沙陀

本朱邪氏所處磧名，因爲部族之號。朱邪賜姓李氏，而沙陀未嘗爲姓，《元和姓纂》以何據收之？此必誤也。

沙吒

唐有蕃將沙吒利、沙吒忠利。

---

① 瑕吕　杜預《春秋經傳集解》曰："姓瑕吕，名飴甥，字子金。"此"瑕吕"前應脱"姓"字。

佘丘

其先齊公族,食采佘丘,因氏焉。漢有侍御史佘丘炳。又隱士佘丘靈,居西河。佘音蛇。

蛇丘[①]

王子年《拾遺記》有蛇丘氏,出《西王母神異傳》。

華原

《元和姓纂》曰:後周鳳州刺史拓義華原羆[②],生威,周豐利公;生韓,皇右四府驃騎將軍,生善惠。

霞露

出《姓解》。

瑕丘

《風俗通》:"魯桓公庶子,食采瑕丘,子孫氏焉。"謹按:《漢·項羽紀》傳有瑕丘申陽者,張耳嬖臣也,先下河南郡,迎羽河上,故羽立申陽爲河南王。孟康曰:瑕丘縣之老人,姓申名陽。服虔曰:瑕丘屬中山縣,申姓陽名。獨文穎曰:姓瑕丘,字申陽。然則姓書用文穎之説創立此氏,未必非誤。又,瑕丘於春秋時未必在魯,而桓公之後自爲三家,不聞庶子爲誰也。

---

① 錢氏校本依《廣韻》次序移此條至車成氏條後,今仍《四庫》本舊序編次。

② 拓義華原羆　今本《姓纂》卷五《九麻·華原》岑校曰:"'拓義'似是爵號之稱,則其下當有奪文,如公、侯等字。"

古今姓氏書辯證卷十三

十陽上

陽

出自姬姓。晉大夫陽處父爲太傅，其後有陽畢，楚令尹。陽匄，字子瑕，生宫厩尹陽令終，令終生完及佗。魯陪臣有陽虎及其弟陽越。前燕有北平陽耽，其先徙居北平無終。《西京雜記》：司馬相如以所着鷫鸘裘就市人陽昌貰酒。又漢畫工下杜人陽望，善布色。

楊

周宣王少子尚父，封爲楊侯[①]，其地平陽楊氏縣，即漢之河東楊縣也。幽王犬戎之難，楊侯失國。及平王東遷，實依晉、鄭，以楊賜晉武公，晉於是并有楊國，司馬侯對平公，所謂"霍、楊、韓、魏皆姬姓"是也。晉武公生伯僑，伯僑生文，文生突，羊舌大夫也，食邑羊舌，凡三縣，一曰銅鞮，二曰楊氏，三曰平陽。突生職，五子：赤、肸、鮒、虎、季夙。赤字伯華，爲銅鞮大夫，生子客[②]。肸字叔向，晉太傅，食采楊氏，生伯石，字食我，以邑爲號，曰楊石，又

---

① 今本《姓纂》卷五《十楊・楊》作"周武王第三子唐叔虞之後"，與此異。

② 子客　錢氏校本作"子容"。《左傳》昭公二十八年杜注曰："子容母，叔向嫂、伯華妻也。"又《新唐書》卷七一下《宰相世系表・楊氏》作"子榮"，此應誤。

曰楊食我。食我黨於祁盈,盈有罪,晉并滅羊舌氏,叔向子孫逃於華山仙谷,遂居華陰。

有楊章者,生苞、朗、欵。苞爲韓襄王將,守修武,子孫因居河内。朗爲秦將,封臨晉君,子孫因居馮翊。欵爲秦上卿,生碩,字太初,從沛公征伐,爲太史,八子:鷃、奮、魋、儵、熊、喜、鸇、魋。喜字幼羅,漢赤泉嚴侯,生敷[①],字伯宗,赤泉定侯[②]。生裔,字毋害。裔生敞,字君平,丞相、安平敬侯[③],二子:忠、惲。忠,安平頃侯,生譚,屬國、安平侯,二子:寶、並。寶字稚淵,二子:震、衡。震子秉,秉子賜,賜子彪,四世太尉。

震字伯起,五子:牧、里、秉、讓、奉。牧字孟信,荆州刺史、富波侯[④],二子:統、馥。十世孫孕。孕六世孫渠。渠生鉉,燕北平郡守。生元壽,後魏武川鎮司馬。生惠嘏,太原郡守。惠嘏生謇、烈。謇,汲郡太守。烈,平原太守,生寧遠將軍禎。禎生忠,隋太祖武元皇帝。太祖生堅,字那羅延,隋高祖文皇帝。文帝生太子勇、煬皇帝廣。煬帝生元德太子昭,世宗孝成皇帝。昭生侑、倓、侗。侑,酅國公,生行基。行基生葇,字德順[⑤]。葇生温。温生幼言。皆嗣酅公。倓字仁安,燕王。侗字仁謹,恭皇帝。煬帝名廣,子暕,字世朏,齊王。生正道,唐尚衣奉御。正道生崇禮,户部尚書、太府卿。崇禮生慎餘、慎名、慎矜。慎餘,吏部郎中、少府少

---

① 敷　《新表·楊氏》同,趙超《新表集校》卷一《楊氏》據《史記》訂作"殷"。陳直《史記新證》作"赤泉侯楊喜,孝文十二年定侯敷嗣"。

② 赤泉定侯　《後漢書》卷五四《楊震傳》作"赤泉侯",此或爵、謚並稱。

③ 安平敬侯　《後漢書·楊震傳》作"安平侯",此亦爵、謚並稱。

④ 富波侯　《後漢書·楊震傳》作"富波相"。

⑤ 行基生葇,字德順　《新表·楊氏》同;[唐]楊烱《酅國公墓誌銘》:酅國公,"諱柔,字懷順"。此或誤。

監。慎矜,户部侍郎,生岳州刺史諫。慎名,洛陽令。

觀王房:本出渠孫興,後魏興平郡守[①],生國。國孫紹,後周特賜姓屋吕引氏[②],隋初復舊。後以士雄封觀王。士雄生恭仁,相唐高祖,生思誼、思訓、思訥。思訓,左屯衛將軍,有傳,生左衛將軍嘉本。嘉本生慎交。慎交生洄。洄生悦。自慎交以下,三世爲駙馬都尉。恭仁弟綝[③]、續、綱、恭道、師道。續,都水使者、弘農公,生思簡、思禎、思止。思止字不殆,唐潞州刺史、湖城男,生執柔、執虚、愛業、執一。執柔相武后。師道相唐太宗,生豫之。士雄弟士貴,隋道撫二州刺史、邢國公。士達,隋納言、始安恭侯。皆有世系。至六世孫孕。五世孫、隋輔國大將軍河東公贇[④],生初,光禄大夫、華山郡公。初裔孫播,世居扶風,生炎,字公南,相德宗。炎生朗,殿中侍御史。

漢太尉震子奉,字季叔,後漢中書侍郎、城門校尉。八世孫結,慕容氏中山相,二子:珍、繼。珍,魏上谷太守,生清河太守真。真生懿,洛州刺史、弘農簡公。懿生順、津。順字延伯,冀州刺史、三門縣男[⑤],徙居河中永樂,生琛,儀同三司、平鄉縣公。琛生汪,字元度,隋梁郡通守。汪生唐庫部郎中令本。令本生友諒、志謙、志詮。友

---

① 興平郡守　錢氏曰:"案《唐·世系表》作'新',此作'興',誤。"

② 屋吕引氏　《新表·楊氏》同;《北史》卷六八《楊紹傳》、《隋書》卷四三《觀德王雄傳》稱"叱吕引氏"。今按:《魏書》卷一一三《官氏志》有"叱利氏"、"叱吕氏",而無"叱吕引",故張澍以"此姓諸書無",而補入《姓韻》(卷八七《七質·叱吕引氏》)。《通志二十略·氏族略第二·以國爲氏》有"屋引氏,改爲房,虜姓也";《代北複姓》又作"屋引氏,本居玄朔,隨魏南遷。孝文改爲屋氏"。是諸史於胡姓記述多歧,此應亦北魏胡姓。

③ 綝　錢氏曰:"案《唐·世系表》作'練'。"

④ 至六世孫孕　趙超《新表集校》卷一《楊氏》以爲至此所記世系有誤。

⑤ 三門縣男　錢氏曰:"案《唐·世系表》作'三門縣伯'。"

諒,昊陵令,生宣州司户參軍珣[①]。珣生釗,後賜名國忠,相唐明皇,事具《外戚》及《姦臣傳》。四子:暄,太常卿;曉,殿中少監;朏,鴻臚卿、駙馬都尉;晞,太子中允。志謙生蜀州司户玄琰,玄琰生殿中監銛;次工部尚書玄珪,玄珪生太僕卿、駙馬都尉錡;次國子司業玄璬,生湖州刺史鑑。銛、錡、鑑,皆國忠兄弟也。順弟津,字羅漢,後魏司空、孝穆公,三子:愔、暐[②]、岐[③]。愔字遵彦,北齊尚書令、開府、岐王[④],徙居遵武。自津及愔並有名,四世同居,伯叔兄弟爲公卿三十人。遵彦生長安尉行表[⑤]。行表生敏及綝。綝字再思,相唐武后、中宗。弟亮、潤、寂。潤字温玉,唐國子祭酒、朔城公,生回、侃。侃,白水令,生縝、紘、繪、綰。綰字公權,相代宗,生監察御史弘徽。

越公房,本出中山相結次子繼,繼生暉,洛州刺史,謚簡。暉生河間太守恩。恩生越恭公鈞,號"越公房"。鈞生暄,字宣和,西魏度支尚書。生敷,字文顯,後周汾州刺史、臨正壯武公[⑥]。敷生

---

① 令本生友諒,友諒……生宣州司户參軍珣　關於楊珣父祖,《新表·楊氏》亦作父友諒,祖令本,《新唐書》卷二〇六《外戚·楊國忠傳》亦同。《金石萃編》卷八九唐玄宗御製《楊珣碑》作"大父令本……烈考志謙",與《辯證》、《表》、《傳》異。學者多以碑立於當時,且出自御製,當以碑爲是。

② 錢氏曰:"案《後魏書》及《北史》,暐字延季,乃津弟。此以暐爲津子,蓋沿《唐·世系表》之誤。"

③ 岐　《北史》卷四一《楊津傳》,津長子遁,遁弟逸,逸弟謐,謐弟愔,未有岐。

④ 岐王　《北史》卷四一《楊愔傳》作"開封王",《北齊書》卷三四《楊愔傳》同,然所附《校勘記》疑楊愔封"開封王"誤,應是"開府封王",所封之郡已不可考。

⑤ 錢氏曰:"案《唐·世系表》以行表爲岐子。《北齊書》愔二子:獻、天和,《北史》並同。此以行表爲愔子,似誤。"

⑥ 臨正壯武公　《四庫》本原注:"按《隋書》,敷謚'忠壯',與此本互異。'臨正'二字亦疑誤。"錢氏曰:"案《後周·楊敷傳》,魏建義初,襲臨貞伯,入周,歷進公。此避宋仁宗嫌名,故改貞爲正。"錢説是。

素,字處道,隋尚書令、司徒,楚景武公。生玄奬、積善、玄感。積善,上儀同。其孫悟靈,唐錢塘令,生寧州司馬幼烈。幼烈生三水丞藏器。藏器生遺直,濠州録事參軍。遺直生發、假、收、嚴。發生傑[①],字文逸。收字藏之,相宣宗[②]。嚴字凛之,兵部郎中[③]、判度支,生涉,字文川,相昭宗[④]。子凝式,有名節,自朱梁至周,未嘗出仕,常稱心疾,官至太子少師。素弟約、慎、岳。岳,隋萬年令、蒼山公,生弘禮、弘文、弘武。弘禮、弘武,相繼爲唐中書侍郎,時號“楊家二弘”。弘禮後爲太府少卿。弘武相高宗,生元亨、元裕、元禧、元禕、元咸,皆刺史。越恭公次子儉,字景則,西魏侍中、夏陽静侯,生文昇、文休、文异。文异,字文殊,隋刑部尚書、吴州總管、樂昌侯,生安仁。安仁生德立。德立孫隱朝,郃陽令,生臨汝令燕客。燕客生審及寧[⑤]。寧,國子祭酒,四子:汝士、虞卿、漢公、魯士[⑥],分爲四院。汝士字慕巢,刑部尚書、東川節度,贈太師,三子:知温、知遠、知至。知温生開物。開物生及善、弘善、慕義、令慶[⑦]。知至生整、協、恪、貽德。虞卿字師皋,工部侍郎、京兆尹,生

① 傑 《新表·楊氏》作“楶”。

② 相宣宗　錢氏曰:“案《唐·世系表》作相懿宗。考收以咸通四年入相,以七年罷,當從《唐表》。”

③ 兵部郎中　錢氏曰:“案《唐書》本傳及表,俱云‘兵部侍郎’,此作‘郎中’,誤。”

④ 錢氏曰:“案涉以哀帝天佑二年同中書門下平章事,此與《唐·世系表》皆云相昭宗,誤。”

⑤ 燕客生審及寧　《新表·楊氏》略同;趙超據《楊寧碑》考《新表》文异至燕客生審及寧記載有誤,並重排文异以下世系,詳見《新表集校·楊氏》。

⑥ 錢氏曰:“案《舊唐書》以汝士爲虞卿從兄,與此異。”

⑦ 開物生及善、弘善、慕義、令慶　錢氏曰:“案《唐·世系表》,以及善以下爲開物弟,‘弘善’作‘弘嘉’,‘令’作‘全’。”

知退、元孫、知權、磻、思、方、壇、堪[①]。知退生贊禹、贊圖、緒、濟[②]。贊禹生澄。贊圖生如初、韋之。緒生齊業[③]。元孫生球、贊辭。球生校六、校七。知權生甸、恂。恂生康兒、道冲。磻生安期。壇生延叟[④]。堪生承休。承休生巖，字光遠，仕吴越爲丞相，有子八人，號“吴越丞相房”。漢公字用乂，天平軍節度使、檢校户部尚書，贈太保，生思愿、輝、籌、範、諲、符[⑤]、知章[⑥]、篆、�、籧、篋、管。輝生沼。籌生寓。範生瑄、玢、璨。瑄生弘毅、弘敬、弘基、弘讓、弘烈。玢生思已。弘毅生正度。弘基生正禮、正諫、正弁、正表、正用、正倫、正儀。魯士字宗尹，長安令，贈工部尚書，生希古、仁贍、思實、崇鼎、源嶓。希古生徵。仁贍生峴、嶠[⑦]。思實生敬福、郁[⑧]。源嶓生雍凡。汝士兄弟四人，共有二十七子、三十六孫，其間多知名者。

文异弟文偉，儉少子也，隋温州刺史、安平公，四子：榮、士積、安濟、纂。榮生武州刺史師、駕部郎中泰、温令恪。恪生國子司業元表、司勳郎中元政。元政生殿中侍御史志玄。志玄生成

---

① 錢氏曰：“案錢希白《南部新書》，虞卿生知退，知退生堪，是以堪爲知退子，與此異。”

②《四庫》本原注：“按《唐·世系表》，知退生贊禹、贊圖、緒、濟、業五人，此脱‘業’一人名。”

③《四庫》本原注：“按《唐·世系表》，緒之下不載所生，此云生齊業，‘齊’蓋‘濟’字之誤，復以‘齊業’作一人名，誤。”

④《四庫》本原注：“按《唐·世系表》‘叟’作‘史’，此誤。”

⑤ 符　錢氏曰：“案《唐·世系表》以符爲諲子。”

⑥ 關於漢公生知章，趙超據楊魯士妾吴氏墓誌，考知章爲魯士子，非漢公子，詳見《新表集校·楊氏》。

⑦ 仁贍生峴、嶠　《新表·楊氏》以嶠爲仁贍弟。兩存之。

⑧ 錢氏曰：“案《南部新書》，堪生承休，承休生巖，巖生郁。是郁爲虞卿四世孫，與此異。”

名、成規。成名生憑、凝、淩。憑字虚受,刑部侍郎、京兆尹,生渾之。凝字茂功,司封郎中,生厚之[①],字謙人。淩生同州刺史欽之[②]。欽之生江西觀察使戴,字贊業,越恭公。少子寬,字蒙仁。暄,儉弟也,周總管、宜陽公。生文紀,字温範,隋荆州總管、陽山[③]敬公。文紀生孝湛、孝儼。孝儼生弘毅,洛州長史。生瑾、珪。珪,辰州司户參軍,生冠俗,奉天丞[④]。冠俗生單父尉太清。太清生於陵,字達夫,左僕射、弘農郡公。於陵四子:景復,衛尉卿;嗣復,字繼之,相文宗、武宗,生損及授;紹復,字紹之;師復,生拙,字藏用。

又後漢益州從事楊竦,破賊有功。晋弘農楊氏準,有二子:喬、髦,皆幼,喬爲裴頠所重,髦則樂廣所知,準曰:"我二兒,裴、樂所優劣也。"

後周臨汾公楊㝛,姓越勒氏。趙國楊忠,姓普六茹氏。儻城公楊紹,姓屋吕引氏[⑤]。㝛孫弘武,忠子隋文帝,紹子雄,皆復本姓。

唐有三王蠻,白馬氏之遺種,楊、劉、郝三族,世襲爲王。又,松外蠻趙、楊、李、董,爲貴族。

揚

漢成都揚雄,字子雲,生童烏,九齡能與玄文。今封子雲成都

---

① 厚之　錢氏曰:"案《唐·世系表》'厚'作'後'。"

②《四庫》本原注:"案《唐世表》作'敬之',此誤。"錢氏曰:案"敬"字,因避諱而改。

③《四庫》本原注:"按《隋書》文紀襲封華山郡公,此作'陽山',誤。"錢氏曰:"案《隋書》,文紀在周襲華山郡公,高祖爲丞相,改汾陰縣公,後改封上明郡公。此作'陽山',本《世系表》。"

④ 奉天丞　錢氏曰:"案《唐·世系表》作'先',此'天'字誤。"

⑤ 錢氏曰:"案《周書》,紹初賜姓屋公引氏,後賜姓叱利氏。"按:"屋公引氏"當係"屋吕引氏"之訛。

伯,從祀文宣王廟。

羊

出自《周官》,羊人之後[①],以官爲氏。梁孝王客有羊勝,善詞賦。

泰山南城羊氏:漢安帝時司隸校尉祲[②],生儒,桓帝時爲太常。儒生續,字興祖,懸魚不食者,位南陽太守。生京兆太守祕、上黨太守衜、太常忱。祕生魏郡太守祉、車騎掾繇。繇生四子:秉、給、式、亮。晉大鴻臚[③]。忱,晉侍中、蒙陰侯,生楷、權。楷生中書郎綏。權生桂陽太守不疑。綏生孚、輔、玄保。玄保生粲、戎、咸。粲,宋廣州刺史。衜生發、承、祜。發,淮北護軍,生倫、暨、伊。倫,高陽相。暨,陽平太守。伊,鎮南將軍。暨生贈太常曼、晉廬陵太守耽。曼生賁,祕書郎。祜字叔子,晉侍中太傅、鉅平成侯,無子,以兄子篇嗣侯,位散騎常侍。玄孫法興嗣侯,黨桓玄,誅。耽生右僕射瑾,輔國大將軍、開府儀同三司、甘露威侯琇。瑾生玄之,晉開府儀同三司、興晉侯。

唐開元五年,有太子詹事羊師度,充營田使。後魏羊祉暴酷,人號爲"天狗"。赫連勃勃有征東將軍羊狗。

謹按:舊書云"羊舌氏之後,有單姓羊者",誤矣。當羊斟仕宋時,羊舌氏之族方爲强家,安得單姓之説!

洋

揚州海陵多此姓,自云因洋川爲氏。

---

① 羊人之後　今本《姓纂》卷五《十陽·羊》岑補曰:"羊,晉養舌大夫之後。"與此異。

② 祲　錢氏曰:"案《後漢書》作'侵'。"

③ 錢氏曰:"案此下當重'亮'字。"今按:據《晉書》卷三四《羊祜傳》,錢校是,此"晉大鴻臚"前應脱"亮"字。

良

出自姬姓。鄭大夫,其族有良佐。

凉

《魏志》有昌邑太子太傅凉茂,山陽人,必其先封於凉,因氏焉。

香

士人遊宦南方者,云二廣有香氏,不知其得姓之因。舊姓書未有此氏。謹按:劉向《新序》有香居,諫齊宣王爲大室,王召尚書書之曰:"寡人不肖,好爲大室,香子止寡人也。"詳此,則六國已有香氏。今增入。

鄉

見《姓苑》。

商

出自商王之後,以國爲氏。紂時,有賢人商容,周武王式其間。孔子弟子有魯人商瞿,字子木;澤,字子季[①]。《元和姓纂》曰:"衛鞅封商君,子孫氏焉。"誤矣。《左傳》齊大夫商子車、商子游,皆爲戎御;鄭大夫商成公,儆司宫者。

唐貞觀所定揚州廣陵郡四姓,其一曰商。

房

清河房氏:出自祁姓。房陵[②]三十五世孫鍾,周昭王時食采

---

① 子季　見《史記》卷六七《仲尼弟子列傳》,《索隱》曰"字季",又有别本《孔子家語》作"子秀",應訛。

②《四庫》本原注:"案舜封堯子丹朱於房,爲房邑侯,春秋時防渚即其地也。秦爲房陵郡。唐武德爲房州。陵,丹朱之子也。"

靈壽,生沈。沈十二世孫、漢常山太守雅,徙清河繹幕。十一世孫植,後漢司空。植八代孫諶[①],隨慕容德南遷,因居濟南,四子:裕、坦、邃、熙,號“四祖”。裕孫後魏冀州刺史法壽,孫翼[②],仕至鎮遠將軍,襄壯武伯,二子:熊、豹。熊字子彪[③],本州主簿,生彦謙,司州[④]刺史。彦謙生玄齡,字喬松[⑤],相唐太宗,天下謂之“房杜”。喬松生遺直、遺則、遺愛。遺直,禮部尚書;遺愛,駙馬都尉。遺直五世孫階,大理寺司直,生魯、宋、詠、歸。魯生重,武功尉。重生大理評事謂。謂生從約、從繹、從絢、從綰。遺愛有六世孫復及鄴。鄴字正封。玄齡,齊州臨淄人,太尉、梁文昭公[⑥]。

河南房氏:晉初,有清河房乾使北虜,留而不遣。虜俗謂房爲“屋引”,改爲“屋引氏”。乾子孫隨魏南遷,復爲房氏。後魏殿中尚書、武陽公倫,生北齊侍中、吏部尚書謨。謨生廣深、恭懿。恭懿,隋海州刺史,生彦雲。彦雲生玄基,唐倉部郎中。玄基生水部郎中元陽。元陽生融[⑦],相武后。融生琯,字次律,相肅宗。琯三子:宗偃、乘[⑧]、孺復。宗偃,御史中丞;乘,祕書郎;孺復,容州刺史。玄基弟玄静,膳部郎中、清漳公,生肱。肱生岳、巒、陟、武、

---

① 植八代孫諶　詹宗祐《點校本兩唐書校勘彙釋(上)·新表一》有蘇玉瓊文考諶爲七代孫。

② 翼　《北齊書》卷四六《房豹傳》作“翼宗”,《傳》後《校勘記》曰:“翼宗”作“翼”乃雙名單稱。

③ 子彪　《北史》卷三九《房法壽傳》作“子威”。

④ 司州　錢氏曰:“案《唐·世系表》作‘司隸’。”

⑤ 字喬松　《舊唐書》卷六六《房玄齡傳》作“名喬,字玄齡”,《新唐書》卷九六《房玄齡傳》作“字喬”,均與此異。此“松”字或衍。

⑥ 梁文昭公　《舊唐書》卷二《太宗紀》及卷六六《房玄齡傳》俱作“梁國公”。

⑦ 錢氏曰:“案《唐·世系表》以融爲彦雲子、玄基弟,與此異。”

⑧ 乘　《四庫》本原注:“案《唐·世系表》‘乘’作‘衷’。”今按:《舊唐書》卷一一一《房琯傳》以乘爲長子。此無誤。

式、岱、密、巖、岡。武，興元少尹；式，宣歙觀察使。

防

謹按《後漢・鍾離意傳》：意爲堂邑令，縣人防廣爲父報讎，繫獄。其母病死，廣哭泣不食，意憐傷之，乃聽廣歸家，使得殯斂。丞掾皆争，意曰："罪自我歸，義不累下。"遂遣之。廣斂母訖，果還入獄。意密以狀聞，廣竟得以減死論。姓書未有，今增入。

方

《風俗通》曰：方雷氏之後。唐睦州桐廬人方干，以脣缺不得第，有詩名，號"玄英先生"，至今爲盛族，謂之"鸕鷀方氏"。鸕鷀，地名也。

章

出自姜姓。齊太公支孫封國於鄣。《左傳》：齊人降鄣。子孫去邑爲章氏。《神仙傳》有章震，望出南郡。陳司空章昭達。唐右驍衛將軍章承嗣。梓州刺史章彝，湖州人。循王府長史章廷珪，杭州人。二族皆望出吴興，事見《元和姓纂》①。

唐貞觀所定濮州武陽郡七姓，泉州南安郡六姓，洪州豫章郡六姓，皆有章氏。

昌

出自黄帝子昌意之後，支孫氏焉。望出東海及汝南。西秦有隴西羌將昌何。

羌

西羌種族氏焉。

---

① 事見《元和姓纂》 今本《姓纂》卷五《十陽・章》無此二族，相關文字或散佚。

姜

出自炎帝，生於姜水，因以爲姓。裔孫佐禹治水，爲堯四嶽之官，以其主山嶽之祭尊之，謂之太嶽，命爲侯伯，復賜祖姓，以紹炎帝之後。夏商以來，分爲齊、許、申、甫四國，世有顯諸侯。其居戎狄者，爲姜戎氏。田和滅齊，子孫分散。漢初，姜氏以關東大族徙關中，遂居天水。蜀大將軍、平襄侯維，裔孫明，居上邽。明，後魏兗州刺史、天水郡公。生遠，後周朝邑縣公。生寶誼，左武衛大將軍、永安剛公，生恪、協。恪，相唐高宗；協，成紀威公。又秦州上邽人秦州刺史謩，謚安，子確，字行本，左屯衛將軍、郕襄公。生嗣郕公簡，地官尚書。柔遠二子：皎、晦。皎，殿中監、楚國公，生太常卿、駙馬都尉慶初。晦，吏部侍郎。

九真姜氏：本出天水。舒州刺史神翊，生挺，挺生公輔、復。公輔相德宗；復，比部郎中。

廣漢姜氏：詩，後漢時人，事母至孝，有躍鯉之祥。西秦天水姜乳叛，乞伏益州討平之。晉西夷護軍姜發。後秦天水姜訓，爲姚萇大將軍掾；姜虬，爲撫軍東曹掾；姜紀，爲揚威將軍。後涼吕光部將姜飛，將軍姜顯。

長

春秋衛大夫長牂之後，有長武子。戰國時有長息，爲費惠公臣，本公明高弟子。姓書未有此氏，唯《千姓編》列爲長沮之後。按此，則周有長氏，不必沮後也。今增入。

張

出自姬姓。黄帝子少昊青陽氏第五子揮，爲弓正，始造弓矢，實張羅以取禽獸，主祀弧星，世掌其職，賜姓張氏。周宣王時，有卿士張仲，其後裔事晉爲大夫。張侯生老，老生君臣，君臣生趯，趯生骼,其孫曰抑朔[1]。至三卿分晉,張氏事韓。韓相開地,生平,凡相五君。平生良,字子房,漢太傅、留文成侯。生侍中辟疆及不疑,生典[2]。典生默。默生大司馬金。金生陽陵公乘千秋,字萬年[3]。千秋生嵩,嵩五子:壯、讚、彭、睦、述。壯生胤。胤生皓,字叔明,後漢司空,世居武陽犍爲。皓生宇,北平范陽太守,避地居萬城[4]。宇孫肥如侯孟成,生平,魏漁陽郡守。平生華,字茂先,晉司空、壯武公,二子:禕,韙。禕,字彦仲,散騎侍郎。生輿,字公安,太子舍人,襲壯武公。生次惠,宋濮陽太守,二子:穆之、安之。安之之族徙居襄陽。穆之,宋交州刺史。安之,宋青州主簿,生弘策,字真間,梁衛尉、洮陽閔侯。弘策生經[5],後周上士,隋巴州録事參軍。經生澧陽令則。則生益府功曹參軍玄弼。玄弼生漢陽王柬之,相武后、中宗。韙,晉散騎常侍,隨元帝南遷[6],寓居江左。六世孫隆,太常卿,復還河東,後徙洛陽,生子犯。子犯生俊,河東從事。生戈,字嵩之,周通道館學士。戈生洛[7]。洛生隲,字成隲,洪洞丞。隲生光、珪、説。説字道濟,相睿宗、明皇,生均、

---

① 張侯生老……其孫曰抑朔 《新唐書》卷七二下《宰相世系表·張氏》作“張侯生老,老生趯,趯生骼”,無君臣一代,亦無抑朔。與此異。

② 生典 錢氏以爲“生典”上應有“不疑”二字,《新表·張氏》亦作“不疑生典”。錢校是,此應脱“不疑”二字。

③ 萬年 《新表·張氏》作“萬雅”,疑誤。

④ 萬城 《四庫》本原注:“案《唐·世系表》‘萬城’作‘方城’,或因方、万二字破書之誤。”今按:據《漢書·地理志》、《後漢書·郡國志》,漢廣陽國有方城縣,東漢屬涿郡。此誤,應作“方城”。

⑤ 經 錢氏曰:“案《唐·世系表》‘經’作‘綎’。”

⑥ 隨元帝南遷 《新表·張氏》同;趙超據《晉書·張華傳》考韙與父張華同時遇害,未嘗過江,詳見《新表集校》卷二《張氏》。

⑦ 洛 據張説《贈丹州刺史先府君碑》,“洛”乃“恪”之誤,詳見趙超《新表集校·張氏》。

垍、埱[①]。

河東張氏：出晉司空華，裔孫吒子[②]，隋河東郡丞，自范陽徙居河東猗氏。生長度，銀青光禄大夫。長度生俊興，相國府檢校郎將。俊興生思義，唐成紀丞。思義生嘉貞，相明皇。嘉貞生延賞，初名寶符，相德宗。延賞生弘靖，字元禮，初名調，相憲宗，時號“三相張家”。弘靖生文規，桂管觀察使；次宗，舒州刺史。嘉貞弟嘉祐，左金吾將軍、相州刺史。

始興張氏：亦出自晉司空華之後。隨晉南遷，至君政，因官韶州曲江。君政，韶州别駕，生子虔、子胄。子胄生弘臧、弘毅、弘智、弘愈。弘愈，索盧丞，生九齡、九皋。九齡字子壽，相明皇，天下謂之“曲江公”，生右贊善大夫拯。九皋，殿中監、南康縣伯，生捷、擢、拱、撝、抗。抗生仲端、仲膺、仲宗、仲基[③]、仲方、仲孚。仲方，祕書監、曲江成伯，有傳。九齡子、孫、曾孫皆一人，四世孫二人，五世孫四人，六世孫七人，七世孫十七人，八世孫三十一人。

馮翊張氏：出後漢司空皓少子綱，字文紀，後漢廣陵太守。曾孫翼，字伯恭，蜀冀州刺史，子孫自犍爲徙下邽。德言，龍州刺史，生策[④]。策生仁愿，相唐中宗。仁愿生之輔，金吾衛將軍。之輔生通儒及知微。

吴郡張氏：本出嵩第四子睦，字選公，後漢蜀郡太守，始居吴郡。裔孫顯，齊廬江太守，生紹，梁零陵郡守。紹生冲[⑤]，字叔玄，

---

① 埱　《新表·張氏》作“埱”。

② 吒子　《新唐書》卷一二七《張嘉貞傳》作“高祖子吒”，此或倒誤。

③ 仲基　《四庫》本原注：“案《唐·世系表》‘仲基’作‘仲謩’。”

④ 策　錢氏曰：“案《唐·世系表》‘策’作‘榮’。”

⑤ 紹生冲　《舊唐書》卷一八九《儒學·張後胤傳》：後胤“父中，有儒學，隋漢王諒出牧并州，引爲博士”。然《隋書》卷七五《儒學·張冲傳》曰：“吴郡張冲，字叔玄。……官至漢王侍讀。”《新唐書》卷一九八《儒學·張後胤傳》亦同。是知《舊傳》誤。

隋漢王侍讀。冲生後胤,字嗣宗,國子祭酒,十一子:震、濟、謙、遜[①]、律師、小師、統師、豐仁、彦師、瑾、道師。律師,王府諮議參軍,生繼本、義方、承訓、承纘。義方字子儀,邢州刺史,生府正,朔方節度。府正生鎰,字貴權[②],相德宗。

清河東武城張氏:本自漢留侯良裔孫司徒歆。歆弟協,字季期,衛尉。生魏太山太守岱,自河内徙清河。曾孫幸,後魏青州刺史、平陸侯。生準[③],陳[④]青州刺史,襄侯。生靈真。靈真生彝,隋末徙魏州昌樂。彝字慶賓,後魏侍中、平陸孝侯。生始均,光禄卿、平陸侯。始均生景之[⑤],北齊兗州刺史、恭公。景之生虔威、虔雄。虔雄,隋陽城令,生文僖[⑥]、文瓘。文瓘字稚圭,相高宗。文瓘弟文琮,吏部侍郎。文收,太子率更令。文琮生戩、挹、錫。戩,江州刺史。挹,比部郎中。錫,相韋后[⑦]。

周有司城中大夫、虞鄉定公羡[⑧],賜姓叱羅氏,生照。照字士鴻,隋冀州刺史,複姓張氏,三子:惠賓、惠瑶、惠珍。惠賓,絳丞;

---

① 遜 《四庫》本原注:"案《唐·世系表》'遜'作'巽'。"

② 貴權 《四庫》本原注曰:"案《唐·世系表》'貴權'作'季權'。"今按:《新唐書》卷一五二《張鎰傳》亦作"季權",《辯證》應誤。

③ 準 《魏書》卷六四、《北史》卷四三張彝本傳作"準之",此或脱"之"。

④ 陳 《四庫》本原注曰:"案《唐·世系表》'陳'作'東'。"今按:據《魏書》、《北史》張彝本傳,張彝祖準之爲東青州刺史,《辯證》此誤。

⑤ 景之 《四庫》本原注曰:"案《唐·世系表》'景之'作'晏之'。"今按:據《魏書·張彝傳》:"始均子暠,襲祖爵……暠弟晏之,武定中,儀同開府中兵參軍。"此作"景之"誤。下同。

⑥ 僖 錢氏曰:"案《唐·世系表》作'禧'。"

⑦ 韋后 《新表·張氏》作"武后"。據《舊唐書》卷六《則天皇后本紀》,聖曆三年張錫爲相,是錫應相武后,《辯證》此誤。

⑧《四庫》本原注"案《唐·世系表》,羡之後爲河間張氏。此'相韋后'下應有'河間張氏'四字。"是《辯證》此前缺"河間張氏"四字。

惠瑶,瓜州司馬,生祖政、祖令。惠珍孫約、通。通,曹州刺史,生寂、孝開。寂生遊藝。遊藝生昇、兑。兑生蘭溪令綢。綢生君卿,正字。君卿生禓,字公表,天平軍節度使,三子:文蔚,字在華,相哀帝,爲朱全忠脅,傳禪,又相全忠弟;濟美,字舜舉;貽憲,字去華。寂弟孝開,蒲州刺史,生洪州都督知久。知久生汝州刺史栖真。栖真生感。[①]感生應,安南都護。應生仲素,中書舍人。仲素生鐸。鐸生濬,字禹川,相昭宗。

中山張氏:漢丞相北平文侯蒼之後,世居中山義豐。長諧生行鈞、行成。行成相唐太宗、高宗,生洛客、梁客。洛客生翁喜、彦起。

魏郡張氏:世居繁水。公謹生弘慎[②],襄州總管、郯襄公,三子:大象,户部侍郎;大素,給事中;大安,相高宗,生洽,左金吾將軍;涚,同州刺史;浚,侍御史。

汲郡張氏:世居平原。越州司馬善見,生荆州户曹參軍武定。武定生代州司功參軍知古。知古生鎬,字從周,相肅宗,所謂用之則爲帝王師者。

鄭州張氏:亮,相太宗,生慎微。

《元和姓纂》曰:唐有安定、范陽、太原、南陽、燉煌、修武、上谷、沛國、梁國、滎陽、平原、京兆等四十三望,大抵皆留侯遠裔。

孔至《姓氏雜録》曰:唐初定清河張爲乙門。又曰:唐張大師、延師、儉師兄弟三人並列戟,時稱"三戟張家"。又有張沛、洽、涉兄弟,亦同時列三戟。又開元中,張説、張嘉貞同時入相,互爲中書令,時稱"大張令"、"小張令"。又唐張萬歲及其子思廉,

---

① 感　《四庫》本原注:"案《唐·世系表》'感'作'咸'。"

② 生弘慎　《舊唐書》卷六八、《新唐書》卷八九張公謹本傳均作"公謹字弘慎"。此顯誤。錢氏校本據《唐·世系表》改"字弘慎",是。

思廉子景，三世爲太僕。

《後漢書》有交阯張游，内附，封歸漢里君。巴人張翕爲越嶲太守，得夷人和。益州刺史張喬，漢陽太守張貢，並爲護羌校尉。謁者張鴻，擊滇吾羌。隴西太守張紆，放遣迷吾羌。燉煌太守張璫，陳破羌三策。交阯刺史張喬，平蠻夷。

襄

後漢襄楷，字公矩，平原隰陰人。晉五官襄珍，巴西人，以郡降李蕩。

相

《姓苑》：音湘。

將

《姓苑》曰：石趙有常山太守將容。

莊

《史記·西南夷傳》云：始楚莊王時，使將軍莊蹻將兵畧巴蜀、黔中以西，蹻者，故莊王苗裔是也。春秋時，宋大夫莊朝、莊革。戰國有蒙漆園吏周，著《莊子》書。蜀人君平；桐廬人光，字子陵。至漢避諱，改爲莊氏[①]。

嘗

《風俗通》曰：齊孟嘗君之後氏焉。

---

① 改爲莊氏　《四庫》本原注："案漢明帝諱莊，故莊氏俱改爲嚴氏。此作改爲莊，誤。"錢氏亦曰："案鄧氏于周、君平、光俱不著姓氏，本承上莊期、莊革，謂'莊'改爲'嚴'。此作'改爲莊氏'，蓋傳寫之訛。"此誤。

常

出自姬姓。唐新豐常氏，咸安令緒，生杞王府司馬毅。毅生楚珪。楚珪四子。三原丞無畏[①]，生衮，相代、德二宗。後燕有中書令忠。北燕有黄門郎陋。後趙冉閔僭位，命常煒聘南燕慕容儁以爲廷尉監。

霜

出《姓苑》。

---

① 無畏 《四庫》本原注："按《唐·宰相世系表》'無畏'作'無爲'。"今按：《舊唐書》卷一一九《常衮傳》亦作"無爲"，此應誤。

古今姓氏書辯證卷十四

十陽下

王

周靈王太子晉，八世孫錯，爲魏將軍。生賁，爲中大夫。賁生渝，爲上將軍。渝生息，爲司寇。息生恢，封伊陽君，生元，元生頤，皆以中大夫召，不就。生翦，秦大將軍。生賁，字典，武陵侯；賁生離，字明，武城侯，二子：元、威。元避秦亂，遷于琅琊，後徙臨沂。四世孫吉，字子陽，漢諫議大夫，始家皋虞，後徙臨沂都鄉南仁里。生駿，字偉山，御史大夫，二子：崇、游。崇字德禮，大司空、扶平侯。生遵，字伯業，後漢中大夫、義鄉侯，二子：旹、音。音字少玄，大將軍掾[1]，四子：誼、叡、典、融。融字巨偉，二子：祥、覽。祥，晉太保、睢陵元公；覽字玄通，晉光禄大夫，即丘貞子。

祥五子：肇、夏、馥、烈、芬。肇，晉給事中、始平太守，生俊，晉太子舍人、永世侯。俊生遐，晉光禄大夫。遐生恪、臻。恪，領軍將軍；臻，崇德衛尉。恪生豫章太守欣之、廣州刺史懽之。馥，晉上洛太守、睢陵孝侯，生根，晉散騎郎、嗣睢陵侯。

覽六子：裁、基、會、正、彦、琛。裁字士初，晉撫軍長史，襲即丘子。基，字士光，晉治書御史。會，字士和，晉侍御史。正，字士則，晉尚書郎。彦，字士治，晉中護軍。琛，字士瑋，晉國子祭酒。

---

① 錢氏曰："案《晉書·王祥傳》：祖仁，青州刺史。此以王音爲祥祖，誤。"

裁生導、穎、敞。導字茂弘，晉太傅、大司馬、丞相，始興文獻公，生六子：悦、恬、洽、協、劭、薈[①]。

悦字長豫，始興世子。生混[②]，字奉正，晉丹陽尹、贈太常，生二子：嘏，字偉世，宋中領軍、尚書侍中，始興公；誕，宋輔國將軍，生詡，早卒。恬字敬豫，晉中軍將軍，生浩。洽字敬和，晉中領軍，生珣、珉。珣字元琳，晉車騎將軍、開府、東亭獻穆侯[③]。珉字季琰，晉太常。珣生弘、虞、柳、孺、曇首。

弘字休元，宋録尚書事、太保、中書監、文昭公。生錫，字寡光，宋江夏内史，三子：齊華容侯僧亮，宋侍中僧衍，宋黄門郎僧達[④]。僧衍生茂璋，梁黄門郎；僧達生道琰，宋廬陵内史。虞字休仲，宋廷尉卿，生深，宋新安太守。柳字休季，宋光禄大夫、東亭侯。生猷，字世倫，梁侍中、東亭康侯。生瞻，梁侍中、吏部尚書。生玄[⑤]。孺，宋光禄大夫，四子：遠，字景舒，宋光禄勳；微，字景立，宋秘書監、中書侍郎。僧謙，宋太子舍人；僧綽，宋金紫光禄大夫、豫寧愍侯[⑥]。遠生僧祐，齊黄門郎，生藉，齊中散大夫。僧綽二

---

① 導六子排行，《晉書》卷六五《王導傳》與《辯證》同，《新唐書》卷七二中《宰相世系表・王氏》稍異，作悦、恬、劭、洽、協、薈。

② 混　《晉書・王導傳》："悦無子，以弟子恬子琨爲嗣，襲導爵，丹陽尹，卒，贈太常。"此形近而誤，當作"琨"。

③ 東亭獻穆侯　《晉書・王導傳》作東亭侯，謚曰獻穆。

④ 生錫，字寡光……宋黄門郎僧達　《南史》卷二一《王遠傳》附《校勘記》（六、七）疑"錫字寡光"誤，且僧達應爲錫弟。

⑤ 生玄　錢氏校本作"生玄孺"。今按：據《宋書》卷六二《王微傳》，微字景玄（此作"景立"或傳寫之誤），父孺。則孺爲珣五子之一，錢氏校本以玄孺爲一人，顯誤。

⑥ 孺，宋光禄大夫，四子……豫寧愍侯　此段前後文字當存脱誤。據《宋書》卷六三《王曇首傳》、卷二二《王僧虔傳》以及《新表・王氏》，曇首二子，僧綽、僧虔，僧虔爲太子舍人，《辯證》此作"僧謙"，誤。又孺與曇（轉下頁）

子：儉，字仲寶，齊太尉、南昌文憲公；遜，晉陵太守。儉二子：騫，字思寂，梁金紫光禄大夫、南昌安公；暕，字思誨，梁國子祭酒。騫生規，字威明，梁金紫光禄大夫、南昌文侯①。規生褒，字子淵，後周光禄大夫、少司空、石泉康侯。暕三子：承，字安期，梁黄門侍郎；幼，梁東陽太守；訓，字懷範，梁侍中。

曇首，宋侍中、太子詹事、豫章文侯，生僧虔，齊司空、豫寧簡穆侯，五子：慈，字伯寶，齊太常、豫寧懿侯；志，字次道，梁金紫光禄大夫；楫，梁太中大夫；彬，字思文，梁秘書監；寂，字子玄，梁秘書郎。慈生泰，字仲通，梁驍騎將軍，生廓。楫生筠，字元禮，梁太子詹事，生祥，陳黄門侍郎。珉二子：朗、練，宋侍中。

導第四子協，字敬祖，晉元帝撫軍參軍、武岡侯。生謐，字稚遠，宋司徒、武岡文恭侯，三子：瓘、球、琇。球，字蒨玉，宋特進金紫光禄大夫。生奂齊，雝州刺史。

導第五子劭，字敬倫，晉車騎將軍，生三子：穆，字伯遠，晉臨海太守；默，晉右光禄大夫；恢，晉右衛將軍。穆三子：簡，宋五兵尚書；智及超。默三子：僧朗②、鑒、惠。僧朗，宋右僕射，生楷、粹、彧。楷，宋太中大夫，生藴，字彦深，宋黄門侍郎、吉陽男。粹字景深，齊黄門侍郎，生份，字季文，齊左光禄大夫、丹陽尹。彧字景文，宋開府儀同三司，三子：絢，字長素，宋秘書丞；繢，字叔素，齊太常；約，梁侍中、尚書廷尉。繢生雋，齊建安太守。生克，陳

（接上頁）首爲兄弟，《宋書·王微傳》亦稱僧綽爲"從弟"，則憎綽、僧謙（虔）非孺四子明矣。蓋《辯證》誤將僧綽、僧謙（虔）摻入孺四子中，致次序錯亂，"僧謙（虔）……豫寧愍侯"，以及"僧綽二子"至"訓，字懷範，梁侍中"一段，應在曇首後述。

① 文侯　《四庫》本原注："按《唐·世系表》'文侯'作'章侯'。"

② 僧朗　《晉書·王導傳》，默二子，鑒、惠，無僧朗。

左僕射。

導第六子薈，字敬文，晉衛將軍，生廞、懌。廞，晉吴國内史，生泰、華。華字子陵，宋侍中、右將軍、新建憲侯，生定侯，嗣爵。定侯生長及佟，皆嗣侯。懌生琨，齊左光禄大夫。

基生含、敦。含字處弘，晉光禄勳、驃騎將軍，生瑜，晉散騎常侍。敦字處仲，晉大將軍，生應，晉武衛將軍。

會生舒、邃。舒字處明，晉車騎大將軍、儀同三司、彭澤穆侯，生晏之、允之。晏之，晉護軍參軍，生崑之，嗣侯，生陋之。

正生廙、曠、彬。廙字世將，晉侍中、驃騎將軍，生東海内史頤之、晉司州刺史胡之、晉中書郎耆之、晉鎮軍掾羨之。胡之生茂之、承之、和之。茂之，晉陵太守，生裕之[①]，宋儀同三司。生恢之、瓚之、昇之。昇之，宋都官尚書，生齊吴興太守秀之、左僕射延之。秀之生峻，梁金紫光禄大夫。延之生綸之，齊都官尚書。耆之生隨之，晉上虞令。生鎮之，宋宣訓衛尉。弘之不仕。鎮之生標之，宋安復令。弘之三子：羅雲，宋西平長史；曇生，宋太常卿；普曜，宋秘書監。羅雲生思立、思正、思遠。普曜生齊太子少傅晏、廣州刺史詡。晏生德元，宋車騎長史。羨之生晉郎中令偉之。偉之生韶之，宋祠部尚書。韶之生曄，宋臨賀太守；曠，晉淮南太守，生羲之，晉金紫光禄大夫。羲之生玄之、凝之、涣之、肅之，晉驃騎咨議；徽之，晉黄門郎；操之，晉豫章太守；獻之，晉光禄大夫。徽之生禎之[②]，晉侍中。獻之生靖之，宋司徒、左長史。靖之生悦之，宋侍中。彬生彭之，晉黄門郎；彪之，晉儀同三司；翹之，晉光禄大夫。彪之二子：越之、臨之。臨之生納之、瓌之。納之生淮之。

---

①裕之　據《晉書》卷七六《王廙傳》，茂之子敬弘，無裕之，與此異。

②禎之　《晉書》卷八〇《王羲之傳》附楨之作“楨之”，此應誤。

淮之生輿之。瓌之生逡之。翹之生望之。琛生稜、侃[①]。輿之生進之。進之生清。

自吉以下,更魏晉南朝,一家正傳六十三人,三公令僕五十餘人,侍中八十人,吏部尚書二十五人。

石泉康侯褒,生鼐[②],字玉鉉,隋安都通守、石泉威明[③]侯,生弘讓、弘直。弘讓,字敬宗,隋中書舍人,專掌機密,生方士、方則、方泰。方士字玄逸,臨邛令,生沂州司馬崇禮;方則字玄憲,光禄卿,生蘭州刺史景、益州倉曹參軍晏、好畤丞昱、夏州長史昇。方泰字玄敏,太府少卿,生馮翊丞鴻。弘直字長宗,魏州刺史,生緘、續、績、綝、緄。緘字方舉,隨州司馬,生思息[④]、思恭。續字方紹,羅州令,生愔。績字方節,越王府法曹參軍,生思敬。綝字方慶,相武后,生晞、晦、曒、晊、曄、晙、暟、昕、暐、暉。晞字光烈,鄜州刺史,襲石泉侯,生定州刺史倩,字靈龜,及舒州刺史侁。倩生濡,膳部員外郎、黄州刺史,四子,其顯者,曰沂州觀察使[⑤]遂。澄,洋州刺史,五子;沐、淮,皆御史中丞。三子濟,尚衣奉御;一子沼,集州刺史,一子五孫;潤[⑥],杭州別駕,七子,其顯者,天平軍節度使源中,字正蒙。澗,汝州長史,五子,其顯者,福建觀察使源植。源

① 琛生稜、侃 《辯證》前記王覽六子:裁、基、會、正、彦、琛,但此處脱彦一支,又將琛及二子錯入正子孫中。按順序,"琛生稜、侃"應在正子孫後,即在"進之生清"後叙。總之,覽六子編次混亂,錯簡脱文兼有之。

② 鼐 錢氏校本作"鼎",或刻誤。錢氏曰:"案《周書·王褒傳》、《唐·世系表》'鼎'俱作'鼒'。"《辯證》或誤。

③ 威明 錢氏曰:"案《唐·世系表》作'明威'。"

④ 思息 《四庫》本原注:"按《唐·世系表》'思息'作'思哲'。"

⑤ 沂州觀察使 《新表·王氏》作"沂海觀察使"。今按:《新唐書》卷六五《方鎮表二》,元和十四年,置沂海觀察使。此作"沂州"應誤。

⑥《四庫》本原注:"按《唐·世系表》'潤'作'浦'。"

植七子：少子棿，字不耀，給事中。侁，三子四孫。

晞弟晦，字光遠。暾字光輔。暾生寵、宰。寵生揚州録事参軍仲連。仲連生紹。紹生璵，相肅宗[①]。璵生及，中書舍人。及生鐵，字聲仁，右諫議大夫。鐵生博[②]，字昭逸，相昭宗，三子：倜、倓、倫。晞弟晊，字光賓，殿中侍御史，四子、五孫。曄，殿中侍御史，一子。晙字光庭，明威將軍，三子、七孫、十一曾孫。暟字光範，明威將軍，三子、五孫。昕字光業，忠王司馬，無子。暐字光緒，萬州司馬。暉字光嗣，安化郡司馬。皆三子。

又弘直弟弘度、弘仁、弘義、弘訓、弘道、弘藝，及其六子、八孫。方慶弟緄及三子，皆以名見《唐表》。

正，字正則[③]，晉尚書郎，三子：廙、曠、彬。彬字世儒，尚書右僕射，謚肅侯。彬生二子：彭之、彪之。彪之字叔武，尚書令，謚簡，二子：越之、臨之。臨之生納之，皆御史中丞。納之生准之，字元魯，宋丹陽尹。生輿之，征虜將軍。輿之生進之，梁左衛將軍、建寧公。進之生清，安南將軍、中盧公。清生猛，陳東衡州刺史，三子：繕、纘、績。纘，皷旗將軍、楚州刺史，生德儉，字守節，歸仁縣男。生璿，字希琢，相武后。璿七子。

太原王氏：出自離次子威，漢揚州刺史。九世孫霸，字孺仲，居太原晉陽，後漢連聘不至。霸生咸。咸十九世孫澤[④]，字季道，

---

① 關於王璵相肅宗，岑仲勉《貞石證史》有考；趙超《新表集校》卷二《王氏》曰："肅宗時之相，乃別一王璵，非方慶六世孫，亦非摶之曾祖。其爲牽强無疑。"

② 博　《四庫》本原注："按'博'，《唐·世系表》作'摶'，本傳作'博'。"

③ 正，字正則　《晉書》卷三三《王覽傳》："覽子正，字士則。"又，《辯證》此"正，字正則"至"進之生清"一段文字與前重複，前已叙正三子之廙、曠、彬，在此又插入彬及子孫，蓋王覽子正一支經拆分前後脱誤。

④ 咸十九世孫澤　《新表·王氏》略同；《新表集校》卷二《王氏》以霸至咸，當漢光武帝至靈帝一百六十餘年，不應有二十代，疑此有誤。

鴈門太守。生昶,字文舒,魏司空、京陵穆侯,二子:渾、濟[①]。渾字玄冲,晉録尚書事、宗陵元侯[②]。生湛,字處冲,汝南内史。生承,字安期,鎮東府從事中郎、藍田縣侯。生述,字懷祖,尚書令、藍田簡侯。生坦之,字文度,左衛將軍、藍田獻侯,所謂"江東獨步王文度"。生愉,字茂和,江州刺史。生緝,散騎侍郎。緝生慧龍,後魏寧南將軍,四子:遵業、廣業、季和[③],號"四房王氏"。

宋王玄謨,字彦德,太原祁人,自序云:六世祖宏,河東太守、緜竺[④]侯,以從叔允之難,棄官北居新興,仍爲新興、雁門太守。祖牢,仕慕容氏,爲上谷太守。父秀,早卒。玄謨,左光禄大夫、開府儀同三司,領護軍將軍、南豫州刺史,加都督,謚莊,子深。深子續嗣。深弟寬,光禄大夫。寬弟曠[⑤],字明遠,永嘉太守。玄謨從弟玄象,下邳太守。玄謨從父蕤,東莞太守,子玄載,字彦休,兖州刺史,謚烈;弟玄邈,字彦遠,齊護軍、雍州刺史、壯侯。

大房王氏:遵業,黄門郎,生長明、松年。松年字北節[⑥],黄門侍郎、高邑平侯,生劭、規。劭字君懋,隋秘書少監,生孝京、孝柔。

---

①《四庫》本原注:"按《晉書》,渾,昶之子;湛,渾之弟;濟乃渾之子也。此作昶二子渾、濟,濟生湛,誤。"

② 宗陵元侯 《四庫》本原注:"按《晉書》,渾襲父爵京陵侯;此作宗陵元侯,'宗'乃'京'字誤也。"注是,此誤。

③ 錢氏曰:"案《唐·世系表》,慧龍,後魏寧南將軍、長社穆侯,生寶興,龍驤將軍。生瓊,字世珍,鎮東將軍,四子:遵業、廣業、延業、季和。此'寧南將軍'下脱簡甚多,四子中又脱延業一人,誤甚。"今按:錢氏校是。據《新表·王氏》,《辯證》"慧龍,後魏寧南將軍"後應脱"生寶興,龍驤將軍。生瓊,字世珍,鎮東將軍";另,"四子:遵業、廣業"後脱"延業"。

④ 緜竺 《新表·王氏》作"綿竹",是。

⑤ 曠 《南史》卷六八《王玄謨傳》作"瞻",字明遠,永嘉太守。

⑥ 字北節 《四庫》本原注:"按《唐·世系表》,松年,北齊黄門侍郎,此作'字北節','字'疑衍,'節'疑誤。"

孝京,揚州司馬,生子奇、子真。子奇,青州司户參軍,生慶賢、慶祚、慶符、慶詵、慶玄。慶賢,美原丞,生光謙,淮陰令。光謙生翊、翱、翃、尚、翽。翊,吏部郎中[①],生河東令重。重生文仲、君仲、英仲[②]。英仲,衢州刺史,生凝,字成庶,宣歙觀察使,謚真。翱,陽翟尉,生勳、堪,定陵令,生聰。聰生溥,字德潤,相昭宗。

第二房王氏:廣業,後魏太中大夫,生野父[③],北齊膠州刺史。次曰第九[④],次季真,凡三子、三孫、九曾孫,四世至十一世孫,又四十九人,並以名見《唐表》。

河東王氏:其先出琅邪。儒賢,趙州司馬。生知節,揚州司馬。知節生胄,協律郎。胄生處廉,汾州司馬。處廉生維、縉、繟、紘、紞。維字摩詰,尚書右丞;縉字夏卿,相代宗。

祁縣王氏:唐時稱"烏丸王氏"。今避御嫌名,因改之[⑤]。霸長子殷,後漢中山太守,食邑祁縣。四世孫寔[⑥],允、隗、懋。懋,後漢侍中、幽州刺史。六世孫光,後魏并州刺史,生冏,度支尚書、護烏丸校尉、廣陽侯,因號爲"烏丸王氏"。冏生神念,梁冀州刺史、壯侯,北齊亡,徙家萬年。神念生僧辯,太尉、永寧公。僧辯生顗,陳侍中、樂陵太守。顗生珌、珪。珪字叔玠,相唐太宗,生崇基及

---

① 翊,吏部郎中　《四庫》本原注:"按《唐・世系表》,翊,吏部侍郎。"

② 英仲　《四庫》本原注:"按《唐・世系表》'英仲'俱作'衆仲'。"

③ 野父　據《北史》卷三五《王劭傳》,廣業子乂,卒鉅鹿太守。與此異。《新表集校》卷二《王氏》疑"野父"乃"乂"之訛,未知所本。乂乃宋諱字,此或鄧氏爲避諱所改歟?兩存之。

④ 第九　錢氏曰:"案《唐・世系表》無此人。"

⑤ 今避御嫌名,因改之　宋太祖弟趙炅初名匡乂,又名光乂,"光""冏"二字均犯趙炅嫌名,故鄧氏爲"避御嫌名",未襲取《新表》"烏丸王氏"後"光生冏,度支尚書、廣陽侯"句,而從"霸長子殷"記起。

⑥《四庫》本原注:"按《唐・世系表》,四世孫寔,三子:允、隗、懋,'寔'字下脱'三子'二字。"《四庫》本校是。

南城縣男敬直。崇基,主爵員外郎,生體仁、尚逸、齊望、茂時。齊望,通州刺史,生左司郎中曉[①],酷吏也。茂時生司勳郎中光大、給事中燾。燾生大理少卿遂、蘇州刺史遘。

度支尚書、廣陽侯冏五世孫元政,幽州别駕,生實,安吉令。實生祚,青州司馬。祚生晃,温州刺史,三子:沼,禮部郎中;潔,國子司業;涯,字廣津,相憲宗、文宗。涯生孟堅,工部郎中、集賢院學士;仲翔,太常博士。

中山王氏:亦出晉陽。永嘉之亂,凉州參軍王軌,因官家焉,子孫居武威姑臧。五世孫橋,字法生,侍御史,贈武威定王。生叡,封中山王,號"中山王氏",後徙樂陵。叡字恪誠,後魏尚書令、中山宣王,生襲,字光孫[②],吏部尚書、中山惠王。襲生忻,散騎常侍、肆州刺史,謚穆。生子景及真。子景,北豫州司馬,生元季,隋大中正、開府儀同三司。元季生有方,岷州刺史。有方生長安尉行果。行果生晙,相明皇。

唐汾州長史王滿,亦晉陽人,生大璡[③],嘉州司馬,二子:昇、昪。昪,咸陽令,生恕,字士寬,揚府倉曹參軍。恕三子:播、起、炎。播,字明揚[④],相文宗,生秘書丞鎮、京兆府參軍冰。起,字舉之,魏郡文懿公,生武寧節度使式,浙東觀察使龜,字大年。汝州刺史鐐[⑤],字德

① 曉 《四庫》本原注:"按'曉',《唐·世系表》作'旭'。"

② 光孫 《四庫》本原注:"按'光孫',《唐·世系表》作'元孫'。"

③ 大璡 《舊唐書》卷一六四《王播傳》作"璡"。

④ 明揚 《舊唐書·王播傳》作"明敭"。

⑤ 汝州刺史鐐 《辯證》此處王起生式、龜、鐐、鑄四子,多襲取《新表·王氏》。然據《舊唐書·王播傳》,播弟炎,子鐸、鐐,倘如此,則"汝州刺史鐐,字德耀;鐐弟鑄,字台臣"句,應置於"生鐸,字昭範,相僖宗"後。又,趙吕甫疑《新表》王起、王炎兄弟順序有誤,考見詹宗祐主編:《點校本兩唐書校勘彙釋·〈新唐書·表〉》。

耀;鐐弟鑄,字台臣。炎,字逢時[①],太常博士,生鐸,字昭範,相僖宗。龜生右司員外郎蕘。蕘生權及定保,字翊聖,權字秀山。

華陰王氏:後徙京兆新豐。孝傑,相武后,生左驍衛將軍無擇。

京兆王氏:其先亦姬姓。《元和姓纂》:有居剡縣者,曰東海王氏;秦州者,曰天水王氏;同州者,曰馮翊王氏;鄆州者,曰東平王氏;萊州者,曰東萊王氏;潭州者,曰長沙王氏;山陽者,曰堂邑王氏。又曰金城王氏,曰廣漢王氏,曰新蔡王氏,曰新野王氏,曰章武王氏,曰廣陵王氏,曰聊城王氏,曰長安王氏,曰高陵王氏,曰河内王氏,曰河間王氏,曰藍田王氏,曰上黨王氏,曰鄴郡王氏,曰廣平王氏,曰華陰王氏,曰樂陵王氏,凡新望二十四[②]。及祁縣諸房、琅邪諸房,皆子晉後,出自晉陽,顯於唐而有世系者。京兆王氏,出自姬姓,周文王少子畢公高之後,封魏。至昭王彤,生公子無忌,封信陵君。無忌生間憂,襲信陵君。秦滅魏,間憂子卑子逃難于泰山,漢高祖召爲中涓,封蘭陵侯,時人以其故王族也,謂之"王家"。卑子生悼。悼生賢,濟南太守,宣帝徙豪傑居灞陵,遂爲京兆人。賢七世孫黨,上郡太守。卑子九世孫遵,字子春,後漢河南尹、上樂莊侯。遵生鲂。鲂孫康。康生諶。諶生鵠鲂。别孫景,生均、忠。均八世孫羆,後魏雍州刺史、萬年忠公,仕周爲同州刺史,死葬咸陽鳳栖原,子孫因家杜陵。羆生慶遠、明遠。明遠,周司金上士,生壽,隋州都、士職主簿[③]。壽生河西令喆。喆生浦州

---

① 逢時　錢氏曰:"炎字逢時。"今按:《新表・王氏》亦作"逢時"。此誤。

② 凡新望二十四　今本《姓纂》卷五《十陽・王》無此王氏諸郡望文字,應已散佚,其王氏條目爲清儒及岑仲勉輯補文字。

③ 士職主簿　《新表・王氏》作"七職主簿",[唐]孫逖撰《太子右庶子王公神道碑》亦作"七職主簿"。此誤。

長史[①]慶。慶五子：易從、敬從、擇從、朋從、言從。易從，揚州刺史，生賓、寔、宥、密、定。敬從，右庶子，生寥。擇從，京兆士曹參軍，生察。易從、擇從、朋從、言從，兄弟四人，皆擢進士第，至鳳閣舍人者三人，故號"鳳閣王家"。自是訖大中時，登進士第者十八人，位臺省牧守者三十餘人。擇從大足三年登第，先天中又應賢良方正制舉，升乙第，充麗正殿學士，子察，至德二年登第，終連州刺史。察生自立，緱氏令。自立生徽，字昭文，相僖宗，贈太尉，謚正，子三人：椿、樗、松，均登第。

忠七世孫直，瓜州刺史，生武宣、長諧。武宣，岳州刺史，生德本、德真。德本，鄧州刺史；德真，相高宗、武后，生九思，三原令。九思生潛、坦、裔。長諧生德玄，倉部郎中。德元生九功、九言、士會。九言，駕部郎中、滄州[②]司馬；士會，陸渾令。

《元和姓纂》有山陽王氏、高平澤州王氏，皆與京兆同出。

汲郡王氏：一曰河東猗縣王氏，出自子姓。商王子比干之後。比干以正諫爲紂所殺，子孫居朝歌，因氏焉。

北海劇縣王氏：一曰青州王氏，出自媯姓，舜後。陳公子完奔齊爲田氏，裔孫和取齊自王。秦滅齊，項羽封其孫田安爲濟北王，齊人以其後爲王家，因氏焉。

陳留王氏：居宋州，與北海同出。

河南王氏：其先代人，姓柘王，隨魏南徙，居中國，始改爲王氏，後魏安康公王瑜是也。

營州王氏：本高麗之族，朔方軍將虔威[③]，生司空霍國武烈公

---

① 浦州長史　上引孫逖撰碑文作"冀州、棗强二縣主簿"，與此異。

② 滄州　《四庫》本原注："按'滄州'，《唐・世系表》作'并州'。"

③ 虔威　《四庫》本原注："按'虔威'，《唐・世系表》作'處威'。"《舊唐書》卷一一〇《王思禮傳》作"虔威"。

思禮,有傳。

安東王氏:本阿布思之族,隸安東都護府,曰"五哥"[①],爲左武衛將軍。生末怛活,唐左金吾衛大將軍。末怛活生升朝,檢校太子賓客、樂安郡王。升朝生庭湊,成德節度使。庭湊生元逵,檢校司空[②]平章事。元逵生紹鼎,檢校左僕射;紹懿[③],檢校司空。紹鼎生景崇,檢校太傅、中書令、常山郡王。景崇生鎔,太尉、中書令、趙王,五世爲成德軍節度使。鎔生昭祚。

河内王氏:其先太原人,世居祁縣,復徙平州。至縉從侯希逸南遷,遂居河内温縣。右武衛大將軍靖,生唐左金吾衛大將軍瓌。瓌生縉,太子詹事。縉生智興,字正諫[④],寧武軍節度使、守太傅、雁門郡王。生晏平,永州司户參軍;宰,太原節度使。宰初名晏宰,其弟曰晏翼、晏實、晏恭、晏逸、晏琛[⑤]、晏斌、晏韜。

匡

太祖皇帝諱上一字。其地乃孔子所畏者,宋改爲主氏。政和中,多忌諱,官文書不得以主爲人姓,又改曰康氏[⑥]。

---

① 五哥　《舊唐書》卷一二四《王庭湊傳》作"五哥之",《新表·王氏》亦同。此或脱"之"字。

② 檢校司空　錢氏曰:"案《唐·世系表》及《藩鎮傳》俱作'檢校司徒',此作'司空',誤。"

③ 紹懿　《四庫》本原注:"按'紹懿',《唐·世系表》作'昭懿'。"錢氏曰:"案《藩鎮傳》作'紹懿'。"

④ 正諫　《四庫》本原注:"按'正諫',《唐·世系表》作'匡諫'。"錢氏曰:"案'匡'字避宋藝祖諱,故改爲'正'。"錢氏説是。

⑤ 景琛　《四庫》本原注:"按'晏琛',《唐·世系表》作'晏深'。"

⑥ 康氏　康氏見參本書卷十五《十一唐·康》,曰:"本朝避太祖廟諱,改匡氏爲主氏。政和間,以民姓主爲嫌,並改爲康氏。"

芳

《風俗通》:漢有幽州刺史芳華敷[①]。謹按:《後漢·馮異傳》有賊芳丹,據新豐。《續漢書》"芳"作"茅"。

狂

謹按:《左傳》宋大夫有狂狡,則狂人氏也。姓書未收,今增入。

陽成

《風俗通》:漢諫大夫陽成公衡。《功臣表》:梧侯陽成延,傳封四世。元康四年,詔復延玄孫之子梧公士注。王莽時,陽成脩獻符命。"成"一作"城"。

陽丘

《元和姓纂》曰:楚大夫食邑陽丘,以爲氏。

楊孫

秦大夫楊孫,爲穆公戍鄭,密謀取鄭,事覺奔宋,子孫以王父字爲氏。

羊舌

出自姬姓,晉公室十一族,其一食邑羊舌,以邑爲氏。羊舌大夫突,生職。職生赤,字伯華;肸,字叔向;鮒,字叔魚;虎,字叔虎;季夙,字叔羆。凡五子。赤生子容,肸生伯石。杜預《釋例》曰:或曰羊舌氏姓季名果。有人盜羊而遺其頭,不敢食,受而埋之。盜事發,詞連季氏。季氏掘羊視之,以明己不食。唯識其舌存而得免,因號羊舌氏。

① 芳華敷 《四庫》本原注:"按'華',《廣韻》作'乘',《通志》作'垂'。"

羊角

春秋衛大夫食采羊角，以邑爲氏。

梁垣

《陳留風俗傳》曰：畢公之後新垣演[①]，居大梁之墟，子孫氏焉。漢光武御史梁垣例，字惠伯。又武陵太守梁垣成。

梁餘

春秋晉大夫梁餘子養之後。謹按：韓氏餘子爲韓餘，傅氏留於巖者，爲傅餘。則梁氏在故國者，宜曰梁餘也。

梁于

《元和姓纂》曰：晉下軍御梁餘子養之後，衛人也，亦作梁于氏。

梁石

漢隱者梁石君，曹參所禮者。

商丘

出自高辛氏。閼伯爲陶唐火正，居商丘，主祀星辰，其後以地爲氏[②]。《列子》有商丘開。

商密

《元和姓纂》曰："楚大夫，以地爲氏。"謹按《左傳注》：商密，鄀别邑，後爲楚所并，其地南陽丹水縣是也。

---

① 新垣演　《世本八種》卷七上《氏姓篇》作"新垣氏。畢公封於新垣，後因氏焉。鯉將軍新垣衍即其後"（出自《廣韻》十七真引《陳留風俗傳》）；又《資治通鑑》卷五《周紀五》赧王下五十六年胡注亦曰："新垣，姓也。《陳留風俗傳》：周畢公之後居梁，爲新垣氏，梁有新垣衍、漢有新垣平是也。"則《辯證》作"演"誤，應爲"衍"。

② 今本《姓纂》卷五《十陽・商丘》曰："衛大夫食邑商丘，因氏焉。"與此異。

房當

唐時党項以姓別爲部,有房當氏。

防風

出自漆姓,古諸侯汪芒氏之君,其後有防風者,强狠不順。禹合諸侯於塗山,執玉帛者萬國,防風後至,禹戮之,子孫爲長狄大人。梁任昉《述異記》曰:吴越間有防風廟,土木作,其形龍首牛耳,連眉一目。昔禹會塗山,誅防風,其足長三丈,其頭專車。南中有民姓防風氏,即其後也,皆長大。越俗祭防風神,奏防風古樂,截竹長三尺吹之,音如狗嘷,三人披髮而舞。

章仇

《元和姓纂》曰:齊公族姜姓之後,本章弇,其後避仇,遂加仇字,爲章仇氏。長安元年①,右史、知貢舉張説下進士章仇嘉昂②。

河間章仇大翼,善天文,煬帝賜姓盧氏。天寶劍南東川節度、户部尚書章仇兼瓊,代居兖州,生湛。

羌憲

《世本》曰:衛公族羌之孫憲,爲羌憲氏。

羌丘

出《姓苑》。

羌師

《世本》曰:衛公族有羌師氏。

---

① 長安元年　徐松《登科記考》卷四《唐則天順聖皇后》,事系大足元年。

② 章仇嘉昂　今本《姓纂》卷十《十陽·章仇》作"章仇嘉勖",並有岑校。此誤。

相里

晉有相里夫。五代時有相里金。按：僧道世撰《法苑珠林》，言相里出鄭大夫子産之苗裔，昔子産之生，執拳而出，啟手觀之，文武[①]相里，因以爲氏。此釋子好怪之言，不足信也。

將閭

出自秦公子將閭之後，以字爲氏。謹按：《元和姓纂》曰"《漢·藝文志》有將閭子，著書，名莬"，誤矣。此《莊子》所謂蔣閭葂者。林氏以"蔣"爲"將"，以"葂"爲"莬"。

將軍

《世本》：衛靈公子郢，生文子彌牟，爲將軍氏，《禮記》"將軍文氏"是也。

將梁

《史記》：嬴姓之後。分封，以國爲姓，有將梁氏。

將其

《英賢傳》：齊公子將其之後，以字爲氏。

王史

《風俗通》曰：周先王太史，其後號王史氏。《英賢傳》曰：周共王生圉，圉曾孫浦，生簡，簡生業，業生宰。世傳史職，因以官爲氏。漢清河太守王史篆，生新豐令普。《漢·藝文志》禮家有《王史氏》二十一篇，注："七十子後學者。"劉向《別録》云六國時人。按：此人即宰之後、篆之先也。

---

① 文武　《法苑珠林》卷二七《至誠篇》作"文成"，錢氏校本作"文符"。此作"文武"應誤。

王孫

出自周王之孫仕諸侯者,别爲王孫氏。吴有王孫雒,齊有王孫揮,而賈之子王孫齊[①],謚昭子,皆以爲氏者。又伍員自吴使齊,託其子於齊,爲王孫氏。

王叔

出自姬姓。周襄王季父王子虎爲太宰,謚文,賜族曰王叔氏,謂之王叔文公。其後有王叔桓公、王叔陳生,皆爲卿士。陳生奔晉,其後爲晉人。

王官

出自晉戎御大夫王官無地之後。

王子

《元和姓纂》曰:"周大夫後。漢有王子中同,治《尚書》。"今詳漢人多以姓名字連稱,得非王同字子中乎?又謹按《春秋》:鄭大夫有王子伯駢、王子廖正。周王庶子仕鄭,以王子爲氏。

王人

《風俗通》曰:王人子突之後,因氏焉。漢有東平太守王人宰公。

長勺[②]

周成王分魯侯伯禽以商民七族,其一曰長勺氏。《春秋》魯莊公及齊人戰于長勺,即其地也。

---

① 而賈之子王孫齊　據今本《姓纂》卷五《十陽·王孫》"周有王孫滿,衛有王孫賈",則此"賈"前或有脱字。

② 此"長勺"及以下"長盧"、"長魚"、"長狄"、"長吾"五條,錢氏謂依《廣韻》當移至前羌師條之後,今仍《四庫》本舊序編次。

長盧

《元和姓纂》曰："《列子》：楚賢者長盧子著書九篇。"《藝文志注》曰楚人。按：《莊子》以盧爲蘆。

長魚

《春秋》，晉厲公嬖人長魚矯之後。

長狄

《元和姓纂》曰："鄋瞞長狄之後，複姓。"

長吾

《元和姓纂》曰："《莊子》有長吾子。"謹按：《莊子》以吾爲梧。

古今姓氏書辯證卷十五

十一唐

唐

出自祁姓。帝堯初封唐侯，其地中山唐縣是也。舜封堯子丹朱爲唐侯。至夏時，丹朱裔孫劉累遷於魯縣，猶守故封。商更號"豕韋氏"，周復改爲唐。成王滅唐，以其地封弟叔虞爲晉侯，更封劉累裔孫在魯者爲唐侯，以奉堯祀，唐州方城是也。初，成王滅唐時，子孫散在諸侯，以國爲氏。春秋時，鄭有唐苟，楚有唐狡，其後魏大夫唐雎，年九十餘，有名於戰國。雎孫厲居沛，漢斥丘懿侯，生朝。朝生賢。賢生遵。遵生中郎將蒙。蒙生臨邛令都，都生倫，倫生林，尚書令，王莽封建德侯。林生蔚，徙居潁川，生武威長惠，惠生侍御史賁，賁生大司空珍，珍生會稽太守瑁，瑁生翔，爲丹陽太守，因家焉，二子：固、滂。固，吴尚書僕射，生别部司馬瓊。瓊生宣。宣生晉鎮西校尉、上庸襄侯彬，字儒宗，二子：熙，極。熙，太常丞，娶涼州刺史張軌女，永嘉末，遂居涼州。生鄆，字子産，仕前涼，凌江將軍，徙居晉昌，七子：伯廉、威、季賢、幼賢、孝、達、季禮。威爲永世令，生弘，三子：瑶①、偕、諮，號"三祖"。瑶字昌仁，西涼晉昌太守、永興侯，生契、和。契字永福，伊吾王，生褒，

① 瑶　《新表·唐氏》同，然《魏書》、《北史》唐和本傳均作"繇"，詳見趙超《新表集校》卷四《唐氏》訂譌。

字玄達，後魏華州刺史、晉昌公。褒生茂，字興祖，散騎常侍、秦州刺史。茂生文祖、翼、曉①、保建。文祖，散騎常侍。翼字保相，後魏涼州守，五子、十五孫、三十九曾孫、三十四玄孫②。曉字保光，後周瓜州刺史。保建，後周姑臧公。褒弟純，字玄粹，後魏太原太守，生令世。令世生靈之，北齊尚書左僕射、温國公③。靈之生邕。邕生義④、鑒。鑒，隋雍州太守、晉昌公，生憲，字茂彝，唐雲麾將軍、安富縣公。憲弟茂純、茂琅、儉、敏。茂純，右勳衛將軍。儉，字茂約，禮部尚書、特進、莒國公，八子：松齡，太常卿；同人，司農少卿；嘉會，揚州刺史⑤；善識，駙馬都尉；觀，秘書監，皆尤顯者。敏，字季卿，延、濮、青、汴、邠等州刺史，生守臣、争臣。

契弟和，後魏兖州刺史。善識生欽⑥，欽生龍驤將軍歡。歡生二政，後周安東太守。二政生規，雲中守、酒泉公。規生世宗，隋洛陽令，生璿。璿生休璟⑦，相中宗。休璟生先慎⑧、先擇、修

①曉　《新表·唐氏》作“旭”。

②三十四玄孫　錢氏曰：“案《唐·世系表》，翼玄孫止三十人。”

③錢氏曰：“案《北齊書·唐邕傳》云：‘父靈之，魏壽陽令。’與此異。”

④錢氏曰：“案《唐·世系表》‘義’作‘羲’。”

⑤揚州刺史　錢氏校本作“洋州刺史”；錢氏曰：“案洋州原本作揚州，唐制揚州大都督治，無刺史。”錢説近是。《新表·田氏》亦作“洋州刺史”。此誤。

⑥善識生欽　錢氏曰：“案《唐·世系表》，善識三子：見日、建初、建亭。欽乃和之子，爲善識七世從祖。此云‘善識生欽’，‘善識’二字疑衍。”錢説是。

⑦生璿，璿生休璟　《四庫》本原注：“按休璟乃洛陽令諧之子，諧乃世宗之子，此‘璿’字誤。”錢氏曰：“案據《唐·世系表》並本傳，‘生’當爲‘字’之訛。”今按：《新唐書》卷一一一《唐休璟傳》：“唐璿，字休璟，以字行。”蓋此作“璿生休璟”誤，且休璟前脱其父諧一代。

⑧休璟生先慎　《四庫》本原注：“按《唐·世系表》‘先慎’作‘先睿’。”錢氏曰：“案汲古閣本《新唐書》作‘先眘’，‘眘’與‘慎’同。‘睿’當爲‘眘’之訛。”今按：“眘”爲宋諱字，諸本或因改諱字致訛。新舊《唐書》休璟本傳均作“子先慎”，則此無誤。

忠、修孝、履直。諮字守仁,後魏晉昌太守,生子化[①]。子化生儼,東海太守。儼生輪[②],青州太守。輪生永,後周儀同三司。平壽達公[③]陵,生怡[④]、懿、防。怡字君長,内史大夫、漢陽公。懿,字君德,隋隨、相二州刺史。防,工部員外郎,生君侯、儀貞、休貞。編[⑤],中書舍人。次生扶、持[⑥]。扶,字雲翔,福建團練使。生嶠,字仲申;嵩,字贊休。持,字德守,容管經略、朔方昭義節度使、檢校户部尚書,生彦謙,字茂業,河中興元節度副使,晉、絳、閬、壁四州刺史,號"鹿門先生"。陵弟瓌[⑦],後周臨淄文獻公,嘗賜姓万紐于氏,隋初復本姓。五子:詮、諒、則[⑧]、歆、弘。弘字君裕,職方郎,生簡、炎、皎。皎字本明,尚書左丞、益州長史,七子:如珪,字令問,秘書郎;如玉,字令德,河南府兵曹參軍;不占,字思

① 生子化 《四庫》本原注:"按《唐・世系表》:諮生揣,字子化。此'生'字下疑有脱文。"

② 輪 《北史》卷六七《唐永傳》作"父倫,青州刺史"。此或誤。

③ 平壽達公 錢氏曰:"案《唐・世系表》,永,後周儀同三司、平壽忠武公,生淩,儀同三司,襲平壽達公。此'儀同三司'下有脱文,當因兩平壽而誤。"

④ 怡 《新表・田氏》同,《北史・唐永傳》作"悟"。

⑤ 編 《四庫》本原注:"按《唐・世系表》:防子君侯、貞休、貞儀。貞休生誠,誠生次,字文編,中書舍人。次生扶。此'編'字上有脱字。"今按:《四庫》本原注是,"儀貞"、"休貞"係倒誤,應作"貞儀"、"貞休",且"貞休"在先,蓋此"編"前應脱"貞休生誠,誠生次,字文"數字。

⑥ 次生扶、持 《新表・唐氏》同;趙超據《北史・唐永傳》、《舊唐書・唐次傳》考曰:"按此時代推算,防至次其間歷近二百年,而據《新表》載至次僅四世,其間定有脱漏。"(《新表集校》卷四《唐氏》)另據周祖譔主編《舊唐書文苑傳箋證》卷三唐次條引《新表・唐氏》、權德輿《鄜坊節度使推官大理評事唐君墓誌銘並序》:唐次曾祖貞休,祖詡,父試(一作"誠")。則《辯證》防至次僅貞儀(及弟貞休)、扶兩代,應脱次父試(誠)一代。

⑦ 瓌 錢氏曰:"案《周書・唐永傳》、《唐・世系表》'瓌'俱作'瑾'。"此應誤。

⑧ 則 《新表・唐氏》同,《北史》卷六七《唐瑾傳》作"令則"。

義，金部員外郎；不佞，字思直，考城令；之武，字知言，懷集令；之奇，字知子，給事中，舉兵討武后亂者；季孝①，字幼忠，益州倉曹參軍②。皎弟臨，字本德，雍州長史，工、刑、兵、禮、吏、户六尚書。四子：旦，字曉明，太子中舍；晃，字正明，晉州長史；景，字廣明，河南府士曹參軍；昇，字高明，邢州司功參軍。景生給事中紹，字遵業，驪山講武時，以軍容不整被誅。紹生朝徹，字宣慈③。

棠

出自姜姓。齊大夫棠公，食采棠邑。其子無咎，隨母適崔武子，以棠爲氏。

郎

出自姬姓。魯懿公孫費伯，帥師城郎，因居之，子孫氏焉。郎，魯邑也。《春秋》，魯莊公築臺於郎，季武子築郎囿，即其地。漢有郎含。後漢郎顗，字雅光，北海人。石趙司空郎安丘。又：含五世孫、魏伏波將軍芳，徙居中山新市縣。後燕有秘書監郎敷，五代梁有軍將郎公遠。

琅

《姓苑》云：齊有琅過。《春秋左傳》魯襄公二十二年，齊侯伐衛，齊大夫狼蘧疏爲右翼車右，其字與晉狼瞫之狼、衛蘧瑗之蘧同，今姓書皆以狼爲琅，以蘧爲過，而脱去疏字。起於何承天一誤，而後世疑僞相承，至今未改，雖林寶能通《春秋》，惜乎未嘗是

① 季孝　《四庫》本原注："按'季孝'，《唐·世系表》作'遺孝'。"
② 益州倉曹參軍　《四庫》本原注："'益州'，一作'汴州'。"
③ 字宣慈　錢氏校本作"及宣慈"。按《新表·唐氏》，朝徹與宣慈爲兄弟，錢氏校本是，《辯證》此誤。

正。今如此類者，皆駁去之[①]。

狼

晉大夫狼瞫、齊大夫狼蘧疏之後。又河南狼氏：《後魏·官氏志》叱奴氏改焉。

倉

漢文帝時爲吏者，長子孫，掌倉吏，亦以倉爲氏。魏倉慈，字孝仁，爲燉煌太守，民夷稱其德惠。唐貞觀所定果州武都郡七姓，一曰倉[②]。

蒼

出自高陽氏，才子八人，天下謂之"八愷"，其一曰蒼舒，後世以字爲氏。漢江夏太守蒼英，因官居焉，遂爲江夏人。

剛

出《姓苑》。宋有散祇侯剛仁遇抵罪。

桑

出自少皞氏。一號窮桑，子孫以桑爲氏。謹按：王子年《拾遺記》曰："窮桑者，西海之濱有孤桑之樹，直上千尋，葉紅根紫，萬歲一實，食之後天而老。"白帝子與皇娥泛於海上，窮桑以贈答，謂之桑中皇娥。生少昊，號曰窮桑氏。《姓苑》諸書皆曰出自嬴姓。秦穆公時，公孫枝字子桑，其孫以王父字爲氏，或單爲桑氏。齊大夫有桑掩胥。漢御史大夫桑弘羊。石晉宰相桑維翰，河

---

① "《春秋左傳》"至"皆駁去之"一段，原屬本卷"唐溪"下文字；錢氏注曰"原本此下有辯琅過一條，乃'琅氏'下注文"，故錢氏校本此段已前移至"琅氏"下。錢校無誤，此段應屬同卷"琅氏"條文字，今移置此處。

②《四庫》本原注："按《急就篇》作黄帝史官倉頡之後。《左傳》周有倉葛。又漢倉公，姓淳于，號倉公。"

南洛陽人,生大理司直坦、左拾遺填。宋朝濟州鉅野桑氏,河西節度使贇,有傳,生德昌、德昂、德莊,並供奉官。

喪[①]

《姓苑》云:人姓,無定望。《元和姓纂》説同。謹按:《五代史》桑維翰舉進士,主司惡其姓,以爲桑、喪同音,則世宜有喪氏。唯《姓源韻譜》以爲楚大夫襄老後,誤矣。襄老姓屈,其後自爲襄氏。古人以奉葬爲襄事,亦不音喪,不宜附會而爲之説也。

康

出自姬姓。周文王子封爲衛侯,謚曰康叔,支孫以謚爲氏。或云康叔初食采於康,故謂之康叔,其地潁川康叔城是也。

《南史》康徇[②],字長明,華山藍田人,其先出自康居。初,漢置都護,盡臣西域,康居亦遣侍子待詔河西,因留不去,其後遂氏焉。晉時隴右亂,遷於藍田。徇曾祖堅[③],爲苻堅太子詹事,生穆。穆爲姚萇河南尹,宋永初中,率鄉族三千餘家入襄陽之峴南,宋爲置華山郡藍田縣,寄立於襄陽,以穆爲秦、梁二州刺史。生絢伯元龍、父元撫,並爲流人所推,相繼爲華山太守。絢,司州刺史、衛尉卿,謚壯。唐徐浩作《康府君墓誌》云:康叔子、王孫牟,謚康伯,子孫爲氏。

唐太學博士康國安,遠祖過江居丹陽,又徙會稽。國安,崇文館學士,以明經高第,供奉白獸門,有集十卷。又開元台州刺史康希詵[④],字南金,有集二十卷。希詵兄顯,爲修書學士,有《辭苑麗則》

---

① 喪　《四庫》本原注:"亦作喪。"

② 康徇　錢氏曰:"案《南史》本作'絢',此作'徇',誤。下同。"錢氏説是。

③ 曾祖堅　錢氏曰:"案《南史》本作'因',此作'堅',誤。"

④ 希詵　《新唐書》卷六〇《藝文志四》作"希銑",有集二十卷;《顔魯公文集》卷七亦有《康使君(希銑)神道碑銘》。《辯證》此應誤。

三十卷、《海藏連珠》三十卷。瀘州刺史康元辯,字通理,有集十卷。

本朝避太祖廟諱,改匡氏爲主氏。政和間,以民姓主爲嫌,並改爲康氏。

荒

出《姓苑》。

鄺

謹按《唐·叛臣傳》:高駢故吏鄺師虔,收葬駢。

黄

出自嬴姓。少昊金天氏裔子曰昧,爲水官,號玄冥師,生臺駘,能業其官,宣汾、洮,障大澤,有功,顓帝嘉之,封諸汾川,其後爲沈、姒、蓐、黄四國,以國爲姓[①]。東周時,黄人出仕諸侯,衛懿公有前驅將黄夷,晉欒盈之黨有黄淵是也。齊桓公霸諸侯,黄人嘗會盟於貫、於陽穀。魯僖公十二年,楚滅黄,其族遂仕楚,春申君歇即其後。《西京雜記》曰:古有東海黄公,"能制蛇御虎,立興雲霧,坐成山河。"漢丞相霸,太尉瓊,世居江夏。後漢尚書令香,居會稽餘姚。香孫南陽太守子廉,名守亮,又居零陵。魏侍中權,又居巴西。香嘗爲東郡太守,又家東郡。

唐貞觀所定虢州[②]江夏郡三姓、泉州安南郡[③]六姓、括州松陽

① 關於黄氏所出,今本《姓纂》卷五《十陽·黄氏》據《祕笈新書》輯補:"陸終之後,受封於黄,爲楚所滅,以國爲氏。"與《辯證》説異。

② 虢州　據《舊唐書》卷四〇《地理三·江南西道》"鄂州上,隋江夏郡";《新唐書》卷四一《地理五·江南道》亦有鄂州江夏郡,蓋此"虢州"乃"鄂州"之訛。

③ 安南郡　《舊唐書》卷四〇《地理志·江南東道》(《新唐書·地理志》略同)唐貞觀初置泉州,下有"南安縣",無"安南郡"。未知《辯證》何據。

郡三姓、曹州[①]東陽郡十一姓、濮州濮陽郡六姓，皆有黄氏。《元和姓纂》有江陵、洛陽、晉安三族，皆唐世士人新望。

皇

《風俗通》云三皇之後，非也。謹按：皇氏出自子姓。宋戴公子充石，字皇父，爲宋司徒，其孫南雍缺，以王父字爲皇父氏。或去父稱皇氏，蓋古者冠字，而六十稱父，别爲兩氏，於理有稽。春秋時，皇氏仕宋，其族仕鄭。在宋者曰充石，十世孫皇瑗，爲宋司徒，生麇、野、般、鄖。麇，司徒；野字子仲，司馬，食邑於鄒，謂之鄒般。又大司馬非我，右師緩，皇國父、皇奄傷、皇伯、皇懷。仕鄭者曰皇武子、皇頡、皇辰、皇戌。戌子皇耳。《元和姓纂》曰："吴青州刺史皇象，居江都，後裔徙吴郡。"《神仙傳》有皇初平，居山陰。隋上州刺史新豐伯皇冲，自云漢皇運之後，出上洛。

湯

出自子姓。成湯之後，以謚爲氏。五代有唐嵐州刺史湯群，董昌僞相湯臼。今望出范陽。

汪

出自古諸侯汪芒氏之裔。春秋時，魯公爲有嬖僮汪錡[②]，能執干戈以衛社稷，戰齊師死焉，孔子命魯人勿殤之。唐歙州刺史汪華，始居新安，故望出新安。今黟歙之人十姓九汪，皆華後也。陳稷州别駕汪剛，陳亡，自歙州徙河間，又有河間汪氏。

---

① 曹州　據《舊唐書》卷四〇《地理志》，天寶中，婺州改爲東陽郡，非屬曹州。又敦煌文書北圖位字 79 號《唐貞觀氏族志殘卷》、S.2052 號《新集天下姓望氏族譜》亦作東陽郡婺州。此應誤，當作"婺州"。

② 汪錡　《四庫》本原注："案'汪錡'，《左傳》作'錡'，《檀弓》作'踦'。"

芒

出自商王帝芒之後。《史記》:魏有芒卯。

臧

出自姬姓。魯孝公子彄,字子臧,其孫以王父字爲氏。一曰彄食采臧邑,爲臧孫氏[①],後世單爲臧氏。僖伯彄,生哀伯臧孫達,達生文仲臧孫辰,辰生宣叔臧孫許[②],許生武仲臧孫紇及定伯臧爲,皆魯卿。又昭伯賜、頃伯會、臧賓如、臧疇、臧賈、臧石、臧堅,皆魯大夫。後漢二十八將、城門校尉、朗陵侯臧宫,世居潁川。又有烈士臧洪。晉有臧混,六世孫榮緒,居東莞莒縣。唐羽林大將軍臧懷亮,居天水。故望出潁川、東莞、天水。

囊

出自羋姓。楚莊王公子貞,字子囊。其孫瓦,字子常,爲令尹,以王父字爲囊氏。

卬[③]

後蜀李壽攻朱提,以卬攀爲前鋒。《姓苑》云:出自穆公子卬

---

① 爲臧孫氏 《四庫》本原注:"案公子彄,《左傳》即稱臧僖伯,此云彄字子臧,其孫始以王父字爲氏,則彄子達何以即稱臧哀伯? 服虔云:庶公子則以配字爲氏,尊公族,展氏、臧氏是也。《禮記正義》:庶子以二十字爲氏,亦臧氏也。惟《通志》謂以邑爲氏。"

② 僖伯彄,生哀伯……辰生宣叔臧孫許 今本《姓纂》卷五《十一唐·臧孫》岑校曰:"案《世本》,孝公生僖伯彄,彄生哀伯達,達生伯氏瓶,瓶生文仲辰,辰生宣叔許,許生武仲紇。"則《辯證》達後應脱瓶、辰二代。

③《辯證》此姓取自《姓苑》,云穆公子卬後,屬韻"十一唐"下,於聲韻應無誤。然文獻未見穆公子卬,今本《姓纂》亦無此姓,惟卷九《二十一震》下有"印"姓,曰:"姬姓,鄭穆公子印之後。公子睔,字子印,其孫印段,以王父字爲氏,望出馮氏。"陶敏《元和姓纂新校證》卷九考證曰:(轉下頁)

後，以王父字爲氏。

唐溪

後漢延篤，從潁川唐溪典受《左氏傳》。《先賢行狀》曰：典，字季。

唐山

《漢·禮樂志》有《房中祠樂》，高帝唐山夫人所作。韋昭曰：唐山，姓也。

唐孫

《世本》：祁姓。唐堯之後，其孫仕晉，自爲唐孫氏。

堂邑

前漢張騫應募使月氏，與堂邑氏故胡奴甘父俱出隴西。注[①]：《漢書音義》曰：堂邑氏，漢人，其奴名甘父[②]。騫後與胡妻及堂邑父俱還漢，上拜堂邑父爲奉使君。

棠谿

其先周大夫，食邑棠谿，謂之棠谿公。後地入於楚，故吴王之

（接上頁）"印：原無此標目及文，'鄭穆公子印之後，以王父字爲氏'二句十三字，係岑校據《名賢氏族言行類稿》卷四四、《古今合璧事類備要續集》卷二四引《姓纂》補。其餘另據《通志·氏族略三》'印氏'補。"蓋"卬""印"形近，《辯證》或混淆爲一歟？然以韻屬判斷，則《辯證》又不似因形近致誤，今疑"《姓苑》云"後文字爲濫入者。

① 注　此"注"所指應爲《史記》卷一二三《大宛列傳》所引《集解》及《漢書音義》。

② 其奴名甘父　此句出《史記》卷一二三《大宛列傳》注引《漢書音義》，原文曰："堂邑氏，姓；胡奴甘父，字。"王叔岷《史記斠證》引《索隱》曰："案謂堂邑縣人家胡奴名甘父也。"

弟夫槩王奔楚,爲棠谿氏,其後字訛爲唐谿氏。漢貢禹以《春秋》授潁川棠谿惠,惠授泰山冥都。

當塗

《後漢·公孫述傳》:光武與述書曰:"圖讖云:代漢者,當塗高。"《東觀記》曰:姓當塗,名高。

蒼林

黄帝二十五子,其一曰蒼林氏,與青陽同爲己姓。

桑丘

漢有桑丘公,著書五篇。《元和姓纂》曰:"下邳有桑丘氏。"謹按:王子年《拾遺記》曰:少皞號曰窮桑氏,亦曰桑丘氏。六國時,桑丘子著《陰陽書》,即其裔也。

桑扈

《史記》:桑扈子,古賢人[①]。《英賢傳》曰:弘農有此氏。

皇甫

出自子姓。宋戴公臼[②],生公子充石,字皇父,爲司徒。生季子來。來生南雍缺[③],以王父字爲氏。缺六世孫孟之,生遇,避地奔魯。裔孫鸞,漢興,自魯徙茂陵,改"父"爲"甫"。後漢皇甫規,字威明,安定朝那人。祖父稜,度遼將軍;父旗,扶風都尉。又漢安定郡嵩,生陵,始居安陵。裔孫珍義,資、建二州刺史,生嵩陵令文亮、黄門侍郎文房。文亮生鏡幾、鄰幾、知常[④]。鄰幾,太子洗馬,生憬、悰、愔、愉。愉

① 桑扈子,古賢人　《史記》似無此句,不知鄧氏何據。

② 臼　《新唐書》卷七五下《宰相世系表·皇甫》作"白",是。此誤。

③ 南雍缺　錢氏校本同,《新表·皇甫》作"鈌"。下同。

④ 今本《姓纂》卷五《十一唐·皇甫》知常後有希慶。

生鏞,字和卿,太子少保;鏄,相憲宗,生珪,字德卿。珪生蘊,字待價。

京兆萬年皇甫氏:隋并州司馬誕,生唐民部尚書、滑良公[①]無逸,字仁儉。五代晉將皇甫遇,甘陵將皇甫暉。

唐貞觀所定涇州安定郡六姓,其一曰皇甫。賈執《姓氏譜》謂之"安定五姓"。魏定安定皇甫在乙門。又舊滎陽四姓。

皇子

《元和姓纂》曰:《莊子》有皇子告敖。

湯滂

唐武德時,東女國王姓湯滂氏,始遣使入貢,高祖厚報之。

臧會

《元和姓纂》曰:魯大夫臧須伯[②]會之後,别爲臧會氏。

臧文

《元和姓纂》曰:魯大夫臧文仲後,氏焉。

---

① 滑良公　《舊唐書》卷六二《皇甫無逸傳》稱皇甫誕、無逸父子爲安定烏氏人,未稱"京兆萬年",與此異。又無逸封滑國公,謚曰良。此乃爵、謚並稱。

② 須伯　《世本》:"臧會,臧頃伯也。"今本《姓纂》卷五《十一唐·臧》亦作"頃伯"。此字畫之誤。

古今姓氏書辯證卷十六

十二庚

更

《戰國策》:魏有更盈,能虚弓落雁,雁先被傷,故得之。後世傳鳥聞虚弦而下,蓋起於此。

彭

出自顓帝高陽氏之後。顓帝曾孫犂,爲高辛氏火正,有大功,實能光融天下,命曰祝融。弟吴回,嗣守其職,生陸終。陸終有子六人,其三曰籛,爲彭姓,封於大彭,今彭城是也。大彭氏謂之彭祖,其後別封豕韋、諸稽、舟人三國。商之中世,大彭、豕韋皆伯諸侯,而豕韋之裔別爲韋氏,諸稽之後無聞,舟人後自爲禿姓,唯大彭常爲彭姓。商末,大彭氏失國,子孫處申。楚文王伐申,取彭仲爽以歸,使爲令尹,相楚有功,能滅申息以爲郡縣,廣楚封畛至於汝水,而陳、蔡之君皆入朝,故仲爽家世爲楚大夫。

後秦鎮軍將軍彭白狼,揚威將軍彭蚝[①]。後凉張掖太守彭晃。南凉彭敏,秦隴之冠。

英

出自偃姓,皋陶之後,封國於英。春秋時,楚滅英,子孫以國

---

① 彭蚝 《晉書》卷一一九《載記·姚泓傳》作"彭蚝"。

氏。漢九江王英布六人[①]。

平

出自韓侯少子婼,食采平邑。秦滅韓,因徙下邑,氏焉。漢丞相平當,生司徒晏。九代孫自扶風徙燕郡薊門。前燕有護軍將軍領將作大匠平熙。唐有詩人平曾。

荆[②]

《史記》:燕荆軻謂之荆卿。唐時荆氏,望出絳郡。今望出廬陵。

明

出自姬姓。虞仲之後,公族有井伯奚,生孟明視,孟明,字也,古人先字後名,故曰孟明視。視爲秦穆公將,霸西戎有功,其孫以王父字爲氏。後居鬲縣,望出平原。《南史·明僧紹傳》曰"百里奚子孟明,以名爲姓",誤矣。僧紹祖玩,州從事;父略,給事中。僧紹字休烈,生元琳、仲章[③]、山賓。山賓字山若[④],梁國子祭酒;弟少遐,字處默,都官尚書,生司空記室罕。僧紹兄僧胤,冀州刺史。慧照[⑤];弟僧暠,青州刺史。明氏南渡雖晚,並有名位,自宋至唐,爲刺史者六人。唐有諫議大夫明崇儼。

鳴

出自趙,賢人竇犨,字鳴犢,非罪被殺,子孫以字爲氏。

---

①《四庫》本原注:"案《漢書》,黥布,六人也,姓英氏。"

② 關於荆姓所出,今本《姓纂》卷六《十二庚·荆》有岑仲勉補"楚熊繹國亦號'荆',支孫因氏焉"。

③ 仲章　《南史》卷五〇《明僧紹傳》作"仲璋"。

④ 山若　《南史·明僧紹傳》附山賓作"孝若"。錢氏校本有考,此應誤。

⑤ 慧照　據錢氏校記,《四庫》本原"慧照"上應脱"生"字。

榮

魯莊公時有榮叔來錫命，文公時有榮叔來歸含[①]，皆周大夫。又魯宣公弟叔肸之子曰聲伯嬰齊，生榮，字駕鵞，亦以榮爲氏，謂之榮成伯。孔子弟子有榮旂，字子旗。漢有魯人榮廣，字王孫，通《穀梁春秋》。楚大夫亦有榮黄，字季，勸子玉捨瓊弁者。晉寧朔將軍榮胡，以彭城降慕容儁。又段遼將榮保。

卿

《風俗通》云："虞卿之後。"或云項梁將卿子冠軍之後。《戰國策》有卿秦，爲魏將軍[②]。唐貞元時邵州進士卿侃，望出邵陽。

黥

淮南王英布少時，人相之，當黥而王。已而坐法黥，以刑徒謫輸驪山，後王九江及淮南，因謂之黥布。

行

《周禮》大行人之後，以官爲氏。後漢初，隗囂遣將行巡寇扶風。注曰："行，姓；巡，名。"《風俗通》云："漢有行祐，爲趙相。"

衡

《風俗通》云："伊尹爲阿衡，因以爲氏。一云魯公子公衡之後，以王父字爲氏。"漢莒人衡胡，傳白氏[③]《易》。又臨淄衡氏，袁紹敗後，支孫避難衡山，改爲衡氏。唐邕管經畧使董昌誣殺參軍衡方厚。

---

① 來歸含　錢氏校本作"來歸舍"；據《春秋左傳正義》卷一九文公五年春正月，"王使榮叔來含且賵"，則"含"字不誤。

②《四庫》本原注："案《史記》，燕王喜使卿秦攻代，趙使廉頗破之，則秦乃燕將，此作魏將，誤。"

③ 白氏　《漢書》卷八八《儒林傳》作"田氏"，錢氏校本亦作"田氏"。此誤。

彭祖

大彭支孫，以號爲氏。

平林

《元和姓纂》曰：《史記》平林老之後，氏焉[①]。

平寧

出《姓苑》。

平陵

出《姓苑》。

京城

鄭京城太叔之後，亦爲京城氏。《列子》曰：京城氏之孀妻，即其家也。

京相

晉京相璠注地里書，桑欽、酈道元皆引用之。

滎錡

謹按：《左傳》魯昭公二十一年，周景王田北山，崩于滎錡氏。杜注曰："河南鞏縣西有滎錡澗。"然則大夫食其地者氏焉。今增入。

滎叔

韓有大夫滎叔遇[②]。

---

①《四庫》本原注："案《史記》乃平陵老，《元和姓纂》亦作陵，此引爲平林氏，誤。"

② 韓有大夫滎叔遇　今本《姓纂》卷五《十二庚·滎叔》作"漢有大夫滎叔遥"。兩存之。

行人

《元和姓纂》曰:"《左傳》陳行人儀之後,衛有行人燭過,皆以官爲氏。"謹案《春秋》:陳行人于徵師[①],晉行人子員、行人子朱,衛、鄭皆有行人子羽,未嘗爲氏。今以儀、燭過後爲氏者,林寶之誤也。

十三耕

閎

《史記》:周文王四友閎夭之後。漢有廣陵相閎孺。顔師古注《尹翁歸傳》曰:"閎,姓也。"

訇

許横切。謹案《蜀録》:秦州流民訇氏據成都[②],求救於成,成主李雄以兵救之。又天水人訇琦,殺成太尉李離。

萠

出《姓苑》[③]。

---

① 陳行人于徵師　錢氏校本同;今本《姓纂》卷四《二十五寒·干》作"《左傳》……陳干徵師"。據《春秋左傳正義》昭公八年,"楚人執陳行人干徵師,殺之",則此作"于"乃形近之誤也。又,干姓見錢氏校本附殘宋本《辯證》韻目"二十五寒"下,《四庫》本該姓應佚。

② 訇氏據成都　訇氏,《通志二十略·氏族略第五·平聲》作"訇氏"。《資治通鑑》卷八六永嘉元年曰"秦州流民鄧定、訇氏等據成固",胡三省注:"訇,姓;氏,名。"則《辯證》作"訇氏"無誤。又,成都,錢氏校本作"外都";據《通鑑》上文,疑"成都"或"成固"之訛。

③《四庫》本原注:"案《字典》、《廣韻》均不載此字,疑即'萌'字之訛。《正字通》有五代蜀裨將萠慮者,今附入耕韻。"

十四清

清

出自晉大夫,食邑於清,其地河東聞喜縣北清源是也。晉厲公嬖大夫清沸魋,始以邑爲氏。《史記·貨殖傳》有巴蜀寡婦清,秦皇帝以爲貞婦而客之。

嬴

出自顓帝裔孫[①],曰女脩,吞玄鳥墮卵生大業。大業取少典之子曰女華。女華生大費,與禹平水土,帝賜之皁斿[②],佐舜調馴鳥獸,是爲栢翳,舜賜姓嬴氏。大費二子:一曰大廉,實鳥俗氏;二曰若木,實費氏。其玄孫曰費昌,或在中國,或在夷狄。費昌當夏桀時,去夏歸商,爲湯御,以敗桀於鳴條。大廉玄孫曰孟戲、仲衍[③],鳥身人言,爲帝太戊御,世有功,以佐商國,故嬴姓多顯。玄孫中潏,在西戎,保西陲,生蜚廉,蜚廉生惡來,父子俱以材力事紂。惡來生女防。女防生旁皋,旁皋生太几,太几生大洛[④],大洛生非子。周孝王使主馬汧、渭之間,馬大蕃息,於是孝王曰:"昔栢翳爲舜主畜,畜多息,故有土,賜姓嬴氏。今其後世亦爲朕息馬,朕其分土爲附庸。"邑之秦,使復續嬴氏祀,號曰秦嬴。生秦侯。

---

①《四庫》本原注:"案《索隱》:'女脩,顓頊之裔女,吞鳦子而生大業,其父不著。而秦趙以母族而祖顓頊,非生人之義。《左傳》:郯國,少昊之後,而嬴姓蓋其族也。則秦趙宜祖少昊氏。'即《史記》本紀亦未嘗謂出自顓頊。此作出自顓頊,未詳所本。"

② 皁斿　《史記》卷五《秦本紀》作"皁游",《索隱》曰:"游,音旒,謂賜以皁色旌旆之旒。"

③ 仲衍　《史記》卷五《秦本紀》"仲衍"作"中衍";據[清]梁玉繩撰《史記志疑》卷四引《史記索隱》:"舊解以孟戲仲衍是一人,今以孟、仲分字,當是二人名也。"

④ 大洛　錢氏曰:"案《史記》'洛'作'駱'。"

秦侯生公伯。公伯生秦仲。秦仲始大,有車馬禮樂侍御之好,國人作《車鄰》之詩美之。生莊公。莊公生襄公。襄公備其兵甲,以討西戎,始取周地,受顯服爲諸侯。有田狩之事,園囿之樂,僭西畤,祭白帝,大夫作《駟鐵》、《小戎》、《終南》之詩美之。孫曰寧公[①],生武公、德公。德公生宣公、成公、穆公。穆公名任好,能用賢人,大霸西戎。子四十人,可見者:太子罃、罃弟弘女、簡璧,皆夫人晉姬所生。罃立爲康公。康公生秦伯稻,是爲共公。共公生桓公。桓公生景公及后子鍼,字伯車[②]。景公生惠公、哀公。哀公曾孫悼公。悼公五世孫獻公。獻公生孝公,用商鞅計,强兵力農,以雄諸侯。孝公生惠王。惠王生武王、昭襄王。昭襄王生孝文王。孝文王生莊襄王。莊襄王生始皇帝政,改姓趙氏。始皇立二十六年,初并天下,在位五十一年。少子胡亥立,爲二世皇帝。趙高弑二世,立其兄太子扶蘇之子子嬰。項羽誅之,遂滅秦。

春秋時,又有黄、徐、梁、葛、邛、穀、麇七國,皆嬴姓,與秦同出[③]。其以人見於《左傳》者,曰秦公子慭、徐子章禹及其夫人、邛子、邛夫人、麇子、梁伯及其女梁嬴、卜招父父子。至漢有嬴公,治《公羊春秋》,爲眭孟師,世居東平,不知爲何國之後,望出東平。

---

① 孫曰寧公　錢氏曰:"案《秦本紀》,襄公生文公,文公太子卒,賜謚竫公。竫公子立爲寧公。此'孫'上疑脱'曾'字。"

② 錢氏曰:"案徐廣、小司馬俱引《世本》云'景公名后伯車也',似有脱誤。然《左傳》秦伯車如晉涖盟,《史記·秦紀》及《年表》屬之景公,則相延已久,故《春秋分紀》亦承其謬。此從韋昭、杜預説,直云'鍼字伯車'較勝。"

③《四庫》本原注:"案《史記》:秦之先爲嬴姓,其後分封,以國爲姓。有徐氏、莒氏、終黎氏、運奄氏、菟裘氏、將梁氏、黄氏、江氏、修魚氏、白冥氏、蜚廉氏、秦氏,然秦以其先造父封趙城,爲趙氏。"

鄤[①]

出《姓苑》。

營

《風俗通》曰：周成王卿士營伯之後，氏焉。

嬰

《風俗通》曰：晉大夫趙嬰齊之後，氏焉。

成

出自羋姓。楚若敖之孫令尹得臣，字子玉，以王父字爲氏[②]。得臣生太心，字孫伯，及子西、子孔。子孔名嘉，與孫伯皆爲令尹。其後成虎，字熊，爲大夫。裔孫散仕他國者，周蔿大夫成愆，秦成差，宋成讙，晉成何、成鱄是也。漢成雄，居上谷。孫羨，後周常山公。唐中書令成汭。五代有將軍成美。

謹按：春秋時，周、魯皆有成邑，當時大夫之食其邑者，未必不以爲氏。羋姓成氏，自子玉、孫伯而下皆以名顯諸侯，後嗣又不乏人，則以王父字爲氏在理不疑，而周大夫宜亦楚人之裔也。

郕[③]

出自姬姓。周文王子叔武，封爲郕伯，後失其國，子孫以國爲氏。戰國時，郕午仕趙，改爲成氏[④]。

---

① 鄤　《四庫》本原注："音盈。"

② 關於成氏所出，今本《姓纂》卷五《十四清·成》與此異。

③ 郕　《四庫》本原注："音成。"

④ 錢氏曰："案《韓非子》及《戰國策》並云'大成午從趙（來），謂申不害於韓'。《史記·趙世家》有'大戊午'，'戊'即'成'之訛也。鮑注《國策》，誤截'大'字屬上章讀，遂以'成午'爲趙人。鄧氏又改'成'爲'郕'，誤益甚矣。"

程

出自顓帝，生稱，稱生老童。老童二子：重、黎。重爲南正司天。《唐表》又曰：重爲火正司地，其後世爲掌天地之官。裔孫封於程，是爲程伯，雒陽上程聚即其地。《西漢·地理志》：右扶風安陵縣，闞駰以爲即古之程邑是也。周宣王時，程伯休父失其官守，以諸侯入爲王司馬，故以邑爲程氏，其族别爲司馬氏。

程氏世居長安。唐利州刺史思奉，生左贊善大夫子珪。子珪生太子左諭德獻可。獻可生异，字師舉，相憲宗。异生巽。

謹案《左氏傳》：晉荀氏支子食邑於程，以邑爲氏。晉下卿程鄭，大夫程滑。後漢漢中上計吏程包，漢中五官掾程信，漢中程文矩，爲安衆令，魏安鄉侯程昱，文中子弟子程元，陳鎮西將軍、重安忠壯公靈洗，詳具尚書郎番陽①程祁忠彦所撰《世譜》。

并②

梁大同七年，有并韶者，交阯人，富於詞藻，詣選求官。吏部尚書蔡樽③以并姓無前賢，除廣陽門郎。韶耻之，還鄉，與李賁爲亂。

精縱

《英賢傳》曰：周成王子精，别封縱邑，因以爲氏。

嬰齊

《元和姓纂》曰：出芈姓，楚令尹子重曰公子嬰齊，後氏焉。

---

① 番陽　據［宋］程祁撰《禾譜題序》"元豐辛酉年，余初舉進士於鄱陽"（《宋代序跋全編》卷一八《書（篇）序》），則此誤。

② 并　《四庫》本原注："平聲。"

③ 蔡樽　據《梁書》卷二一、《南史》卷二九蔡撙本傳，應作"蔡撙"，此誤。

成公

李利涉《編古命氏》曰：出自姬姓，周昭王子成公男之後。《漢·藝文志》有成公生，與李斯子由同時而不仕。晉成公綏，字子安，有傳。石虎有左校令成公段，以造庭燎不善被誅。南涼有大司農成公緒。宋棣州成公氏：安仁令斅，生乾州判官恕，恕生《三傳》出身湘，湘生階州司户純臣。

成陽①

漢有安陽護軍成陽恢，生謁者僕射昇。

幷官

幷，一作弁。《先賢傳》云：孔子娶幷官氏，生伯魚②。

---

① 成陽　據今本《姓纂》卷五《十四清·成陽》條下岑校，此成陽僅係存目，内容或誤。

②《四庫》本原注："案'幷'一作'亓'，音堅；或作'笄'，或作'上'，未有可證，不能定從何字。又據'亓'本作'幵'，《説文》曰'兩干對舉也'，然則'亓官'者，其掌幵之官而後以爲氏者歟？"

古今姓氏書辯證卷十七

十五青

青

黄帝子青陽氏，爲青氏。

經

《千姓編》曰：望出平陽。

邢

出自姬姓。周公第四子靖淵[①]，封爲邢侯，其地廣平襄國縣是也。《春秋》魯僖公二十五年，衛文公滅邢，子孫以國爲氏。齊大夫邢公，晉大夫邢伯、邢侯，勇士邢蒯，其後世爲滁州全椒人。漢司空邢綏之後有文偉，相唐武后。五代梁洺州刺史善益，萬勝[②]小將師遇，晉衛尉卿德昭，高麗廣評侍郎順，杕州[③]民旌門閭者釗。

---

① 公第四子靖淵　王叔岷《史記斠證》附《史記逸文》有“成王封周公旦子靖淵爲邢侯”；[唐]杜牧《樊川集》卷八《邢涣思墓誌銘》云“邢氏，周公次子靖淵”，與此異。

② 萬勝　《舊五代史》卷一三《張萬進傳》曰：“萬進危蹙，小將邢師遇潛謀内應。”此誤。

③ 杕州　《新唐書》卷三八《地理志二》、《新五代史》卷六《唐本紀》作“棣州”，是。

陘[①]

《元和姓纂》曰:魯大夫有陘氏之後。

丁

出自姜姓。《藝文志》有丁子著兵書[②]。後漢末,南郡太守丁遵因官家焉,故望出濟陽。《漢·儒林傳》濟陽丁寬之後,望出陳郡。又丁固[③]夢松生腹上,爲三公。後漢末,有丁原。晉秦州刺史丁聿。又望出譙國扶風。曹世叔子婦丁氏,作《曹大家贊》。桓玄參軍丁赤,又望出西河。赤四世孫興,魏西河太守。後燕莊獻[④]太子妃丁氏兄子,七兵部尚書[⑤]信。南燕有右僕射通。

宋開封祥符丁氏:贈太師顗,生逢吉,贈太師、中書令。逢吉生度,工部侍郎、參知政事、觀文殿學士,贈右僕射,謚文簡,有傳。

星

《羊氏家傳》曰:南陽太守羊續,娶北海星重女。今望出濟北。

靈

出自子姓。宋文公子圍龜,字子靈,其孫不緩,爲左師,以王

① 陘　《四庫》本原注:"音形。"

② 丁子著兵書　《漢書》卷三〇《藝文志》作"《丁子》一篇"。

③ 丁固　錢氏校本作"丁國";考《三國志》卷四八《吴書·孫皓傳》,當爲"丁固",此不誤。

④ 莊獻　據《晉書》卷一二四《慕容盛載記》,應作"獻莊",此或倒誤。

⑤ 七兵部尚書　據《十六國春秋》卷五一《後燕録九》:"太妃丁氏,盛伯獻莊太子全之妃,七兵尚書丁信之姑。"《晉書》卷一二四《慕容盛載記》記慕容熙有七兵尚書丁信。又《通典》卷二三《職官五·兵部尚書》云"至後魏始有七兵尚書耳"。錢氏曰"'部'字疑衍",甚是。

父字爲氏。《左傳》:晉趙宣子得靈輒于翳桑,别一族。《漢·功臣表》有陽羡定侯靈常,以擊騶布功侯,生共侯賀。賀生哀侯勝。元康四年,詔復常玄孫南和大夫横家。《左傳》:越大夫靈姑浮,以戈擊傷吴闔廬。

泠

《元和姓纂》曰:《後漢·方伎傳》有泠壽光,江都人[①]。宋有狂民泠青,開封人。

冥

《史記》太史公曰:禹本姒姓,其後分封,以國爲姓,有冥氏[②]。漢冥都,治《公羊春秋》,泰山人,師事堂谿惠,故《公羊》顔氏復有冥氏。

瓴[③]

《風俗通》:漢太子太傅瓴守。後漢北海瓴巽,字子然,孔融以其賢,配社祭之。《元和姓纂》曰:後趙有瓴删。謹按:《孔融傳》或作甄子然,未知孰是。

青史

《英賢傳》云:晉太史董狐之子,受封于青史,因氏焉。《漢·藝文志》有青史氏[④],其書五十七篇。世以史書總謂之青史,其説蓋起于此。

---

① 江都人　泠壽光見於《後漢書》卷八二《方術傳下》,云死於江陵,未云是江都人。今本《姓纂》卷五《十五青·泠》作"《姓苑》云,江都人有泠壽光"。
②《史記》卷二《夏本紀》"太史公曰"原文爲:"禹爲姒姓,其後分封,用國爲姓,故有夏后氏……冥氏、斟(氏)、戈氏。"
③ 瓴　《四庫》本原注:"音平。"
④ 青史氏　《漢書》卷三〇《藝文志》作"《青史子》五十七篇"。

青陽

《風俗通》曰：青陽，黄帝子。《國語》曰：青陽爲己姓。黄帝娶方雷氏女，生青陽，少昊氏也，後世以爲氏。漢有東海太守青陽愔，又有東海中尉[①]青陽精。前蜀王氏樞密使唐道襲，其母青陽氏，夢白衣神人逼而交之，乃生道襲。又，范禹偁有門生青陽誠，對語終日，飲井水一杯。

唐貞觀所定鄭州滎陽四姓，一曰青陽。

青牛

謹按：《後漢·方伎傳》有封君達，號青牛道士。

青烏

《神僊傳》有青烏公。

經孫

出《姓苑》。

邢莫

《官氏志》：代北邢莫氏，後改爲莫氏[②]。

形成

邵氏《姓解》曰：《史記》有此姓。

涇陽

秦太后弟封涇陽君，因氏焉。漢有駙馬都尉涇陽犨。

---

① 東海中尉　《通志二十略·氏族略第四》作“東海王國中尉”。據《風俗通義佚文》，有“東海王國中尉青陽精”，此應脱“王國”二字。

② 錢氏曰：“案今本《魏書》無此文。”

丁若

《風俗通》云：齊丁公子懿伯，食采于若，因氏焉。晉有遂興令丁若某，字堅固[①]。

泠淪

《元和姓纂》曰：黄帝樂官泠淪氏之後，氏焉。

泠洲

《元和姓纂》曰“伶州鳩之後”，誤矣。州鳩，周景王之伶人也，《左氏》、《國語》未嘗以“泠州”爲姓，後世亦無此氏[②]。

十六蒸

承

《世本》：衛大夫承叔之後[③]。後漢侍中承宫，字少子，琅邪姑幕人。子疉，官至濟陰太守。《神僊傳》：承蟾白日昇天。

陵

宋泰寧軍節度使李從善，母陵氏，封吴國太夫人。

---

① 丁若某，字堅固　《四庫》本原注：“案《元和姓纂》作丁若賢，字弘固。”今按：今本《姓纂》卷五《十五青·丁若》亦同，有岑校略曰：按《通志》，晉遂興令丁若堅，高密人；《姓氏篇》又引《韻譜》作“漢有遂興令丁若謀，字弘固”，蓋各本“所徵後先復異，未詳所據”。

② 泠洲鳩　今本《姓纂》卷五作“《左傳》，泠州鳩之後”。泠州鳩見《左傳》昭公二十一年；《漢書》卷二七《五行志》有應劭注：“泠，官也。州鳩，名也。”此鄧氏所謂“未嘗以‘泠州’爲姓，後世亦無此氏”者。然鄧氏以“泠洲”爲姓，未詳所據。

③ 承叔　《後漢書》卷二七《承宫傳》注引《世本》作“成叔承”。

淩

齊有淩居。又出會稽諸暨。又唐節度使王翃,誅河中悍將淩正。

應[①]

出自姬姓。周武王子應侯之後,以國爲氏。漢有應曜,隱居淮陽山中,與四皓俱召,曜獨不至。時人語曰:"商山四皓,不如淮陽一老。"玄孫順,字華仲,居汝南南頓。後漢建武初,有應嫗者,生四子而寡,見神光照社,試探之,乃得黄金,自是諸子宦學,並有才名。至瑒,七世通顯,嫗即華仲母也。華仲爲河南尹,次子疊,江夏太守。生郴,武陽[②]太守。郴生奉,字世叔,讀書五行俱下,爲司隸校尉,著《後漢書序》[③]、《感騷》三十篇。奉子劭,字仲遠,一作仲援,太山太守。著《漢官儀》、《風俗通》及《春秋斷獄》三十卷。劭弟珣,字季瑜,司空掾,生瑒、璩。瑒字德璉,魏太子文學;璩字休璉,侍中。從弟君苗、君胄。璩子貞,晉散騎常侍,弟純。純子詹,過江,晉賜觀烈侯[④]。子誕,晉江州刺史,自順居汝南南頓,故望出汝南。唐靖州刺史智育。

乘[⑤]

河南人乘弘,晉吴興人乘越,皆爲郡望。

---

① 應　《四庫》本原注:"平聲。"

② 武陽　據《後漢書》卷四八《應奉傳》,應彬爲武陵太守;又考《後漢書·地理志》,東漢並無武陽郡,此應誤。

③《後漢書序》　錢氏校本作"《漢書後序》"。據《後漢書·應奉傳》,錢氏説是。

④ 觀烈侯　《晉書》卷七《成帝紀》作"觀陽伯",卷七〇《應詹傳》作"觀陽縣侯"。或應從本傳。

⑤ 乘　《四庫》本原注:"平聲。"

勝[①]

《元和姓纂》曰:本勝屠氏,後世避仇,改爲勝氏。

仍

夏諸侯有仍氏,後以國爲氏。《左傳》:夏后相娶有仍氏女,曰后緡,生少康是也。

徵

仁宗皇帝嫌名字與"角徵"之"徵"同。出自理徵之後。吴有率更令崇,望出河南。又王莽嘗遣大司馬嚴尤與廉丹擊匈奴,皆賜姓徵氏,號"二徵將軍"。

繒

出自姒姓。鄫子之後,以國爲氏,亦作繒氏。《漢·功臣表》有繒賀,以戰彭城斬項羽功,封祁穀侯。子頃侯胡嗣。胡生它。宣帝時,復其玄孫茂陵公大夫賜家。

鄫

出自姒姓。鄫子之後,仕魯者以國爲氏。

陵陽

《姓苑》曰:子明[②]釣得白魚,腹内有穀,服之登僊。

勝屠

漢有河東太守勝屠公。

---

① 勝 《四庫》本原注:"平聲。"

② 子明 錢氏曰:"案'子明'上疑脱'陵陽'二字。"今本《姓纂》卷五《十六蒸·陵陽》作"《搜神記》,陵陽子明上宣城陵陽山得仙,其後因山爲氏"。錢氏説是,此脱"陵陽"。

十七登

登

《元和姓纂》曰:後漢有左馮翊登道,將作大匠登豹。蜀有關中流人登定。舊望出始平,今望出南海①。

曾

出自姒姓。夏少康封其少子曲烈于鄫。魯襄公六年,莒滅鄫,鄫太子巫仕魯,去邑爲曾氏,居南武城。巫生夭,爲季氏宰。夭生阜②,爲叔孫氏家臣。阜生點,字晳,點一作蒧。生參,字子輿。參生元、申。元生西。西生欽。欽生导。导生羨。羨生遐。遐生盈。盈生樂,漢山陰縣都鄉侯。樂生浼。浼二子:旃、光。旃生嘉,光生壽。壽生弁。弁生子方,家長沙,是爲長沙房。嘉二子:寶、項。項家扶風,是爲扶風房。生二子:玉,後家冀州;昌,後家青州。寶生琰③。琰生據,避王莽亂渡江,居廬陵縣吉陽鄉,是爲吉陽房。據二子:闡、瑒。闡生植。植生横。横生興。興生丞,丞三子:珪、舊、略。珪,吉陽鄉;舊,雲蓋鄉;略,居撫州南豐④,是爲撫州房。闡十世孫震忽,又家韶州,爲韶州房。瑒生永,家虔州,爲虔州房。瑒十二世孫通,始家交州,是爲交州房。此曾

---

① 今本《姓纂》卷五《十七登·登氏》係羅振玉據《辯證》此條補,其中“蜀有關中流人登定”,岑校云:《通志》作“《蜀録》有關中流人始平登定”,“今望出南海”作“望出始平、南陽”。此作“南海”誤。

② 夭生阜　錢氏曰:“案《通志·氏族略》作‘巫生阜’,無‘夭’。”今按:今本《姓纂》卷五《十七登·曾》亦作“巫生阜”。據《春秋左傳正義》卷四一昭公元年有曾夭、曾阜。又見杜預《春秋釋例》卷八《世族譜第四十五之上·魯》。《辯證》此應不誤。

③ 琰　錢氏校本作“炎”。下同。

④ 居撫州南豐　錢氏曰:“案殘宋本‘撫州’上無‘居’字。”

氏舊譜也。

譜之後，又著九祖：一祖，晉永嘉二年徙居會稽；一祖，詮之後，家扶風；一祖，漢尚書令偉，自云參五世孫；一祖，漢福州刺史曜曾孫晉景侯涣之後，家蜀郡；一祖，漢御史大夫游二十四世孫、撫州長史盈之後，家豫章；一祖，漢泗州别駕惠十四世孫詠之後，家吴郡；一祖，參六代孫、潁川[①]太守岌之後，家河内；一祖，襄州録事參軍炅十六代孫[②]、黄門侍郎琦之後，家襄陽。又蜀郡爲第二房，豫章第三房，南陽第四房，吴郡第五房，河内第六房。又有居江夏者，漢岐州刺史綸之後。綸子迥，嘗爲廷尉、司隸云。

傰

《姓書》曰"漢南山盜帥傰宗，音多，亦音朋"，此以形似取之之誤也。謹按《王尊傳》：尊爲高陵令，時南山盜帥傰宗等數百人爲吏民害，尊捕殺之。蘇林曰：傰，音朋。晉灼曰：音倍。師古曰：晉音是。然則諸書音多無據，合從師古爲正[③]。

弘

《元和姓纂》曰："唐避諱改爲洪氏。"《風俗通》曰：衛大夫延[④]之後。漢五鹿充宗，受學于弘成子。成子少吞五色石，大如燕卵，遂大明悟，爲天下通儒。

宋朝避諱，改爲洪，今居丹陽豫章者是也。

---

① 潁川　錢氏曰："殘宋本'川'字作'州'。"

② 十六代孫　錢氏校本作"十八代孫"。

③《四庫》本原注："案傰，一作'倗'。《集韻》、《廣韻》、《唐韻》均音朋，今仍收入登韻。"

④ 延　錢氏曰："案《通志·氏族略》引作'演'。"今按：今本《姓纂》卷五《十七登·弘》作"《風俗通》云衛大夫弘演之後"。此作"延"或誤。

滕

出自姬姓。黄帝子得姓者十四,其一曰滕。或云周文王子封爲滕侯,所謂滕叔繡。叔繡之後,以國爲氏,孟子弟子滕更是也。吴大司馬滕胤,居劇縣,望出北海。唐開元中進士滕雲翼,河東人。

滕叔

《元和姓纂》曰:滕叔繡之後爲氏。楚考烈王時,有大夫滕叔肅。

騰

本姓滕氏,因避難改焉。後漢北海相騰撫。

古今姓氏書辯證卷十八

十八尤

郵

出自王良，字無卹，爲晉趙簡子御，食邑於郵，子孫以邑爲氏。

鄾

鄧大夫，食采南鄙鄾邑，楚并其地，子孫氏焉。

劉

出自祁姓。陶唐氏之後，生子有文在其手曰劉累，因以爲名。能擾龍，事夏王孔甲，爲御龍氏。商高宗武丁時，徙封豕韋，又爲豕韋氏。豕韋[①]徙封於唐，居堯之故墟，又爲唐氏。周成王滅唐，封其後於杜陵，又爲杜氏。杜伯事周宣王，無罪見殺，其子隰叔奔晉，生士蔿，爲士師，有功，因官命氏，又爲士氏。蔿生成伯缺，缺生武子會[②]。魯文公六年，晉人使士會逆公子雍，不得入，士會遂留事秦。晉靈公八年，晉召士會于秦，秦人歸之。其子孫處秦者爲劉氏。生明，明生遠，遠生陽。十世孫戰國時獲于魏，遂爲魏大夫。秦滅魏，居大梁，生清，徙居沛。清生仁，號豐公，生太公煓，字執嘉，即太上皇也。

---

① 豕韋　錢氏校本作“商末”。

② 武子會　《新唐書》卷七一上《宰相世系表·劉氏》作“士會”。

煓四子：伯、仲、邦、交。邦字季，漢高祖皇帝。劉向頌高祖云“漢帝本系，出自唐帝。降及於周，在秦作劉。涉魏而東，遂爲豐公”是也。

高皇帝八男：吕后生孝惠帝，曹夫人生齊悼惠王肥，薄姬生孝文帝，戚夫人生趙隱王如意，趙姬生淮南厲王長，諸姬生趙幽王友、趙共王恢、燕靈王建。淮南及其子衡山、濟北王，自有傳。

高祖弟楚元王交，字游，生太子辟非、夷王郢客、平陸侯禮、休侯富、沈猶侯歲、宛朐侯執[①]、棘樂侯調。夷王生戊，有罪，立平陸侯禮爲楚文王，生安王道。道生襄王注。注生節王純。純生延壽，國除。休侯富，子四人，辟彊字少卿，爲宗正。生宗正、陽城侯德。德字路，生向，字子政，本名更生，爲漢名儒，光禄大夫、中壘校尉，著《新序》、《説苑》、《列女傳》。少子歆，字子駿，爲王莽國師，有傳。

高祖兄伯，子信，爲羹頡侯；子喜，爲代王。仲子濞，爲吴王。從父兄賈，爲荆王。從祖兄澤，爲燕王。有《荆燕吴傳》。

孝文皇帝四男：竇皇后生孝景帝、梁孝王武，諸姬生代孝王參、梁懷王楫，有《文三王傳》。

孝景帝十四男：王皇后生孝武皇帝，栗姬生臨江閔王榮、河間獻王德、臨江哀王閼，程姬生魯恭王餘、江都易王非、膠西于王端，賈夫人生趙敬肅王彭祖、中山靖王勝，唐姬生長沙定王發，王夫人生廣川惠王越、膠東康王寄、清河哀王乘、常山憲王舜，有《景十三王傳》。

孝武皇帝六男：衛皇后生戾太子據，趙婕妤生孝昭皇帝，王

---

① 執　錢氏校本亦作“執”。據《漢書》卷一五上《王子侯表第三》“宛朐侯埶”，下有顔師古注曰：“埶音藝。”此形近而誤。

夫人生齊懷王閎,李姬[①]生燕剌王旦。太子生史皇孫,史皇孫生宣帝。有《武五子傳》。

孝宣帝五男:許皇后生孝元皇帝,張婕妤生淮陽憲王欽,衛婕妤生楚孝王囂,公孫婕妤生東平思王宇,戎婕妤生中山哀王竟。

孝元皇帝三男:王皇后生孝成帝,傅昭儀生定陶王康,馮昭儀生中山孝王興,皆有傳。定陶恭王生欣。成帝無子,以欣爲皇太子,即位,是爲孝哀帝。追尊恭王爲恭皇,置寢廟京師。中山孝王興生衎。哀帝無子,召中山王衎入即位,是爲孝平皇帝。改立東平思王孫成都爲中山王,奉孝王祀。

後漢世祖光武皇帝諱秀,字文叔,南陽蔡陽人。高祖九世孫,出自景帝子長沙定王發,生舂陵節侯買,買生鬱林太守外,外生鉅鹿都尉回,回生南頓令欽、蕭令良。良,趙孝王也。南頓君娶同郡樊重女,字嫻都,生三男:長齊武王縯,字伯升;次魯哀王仲;次光武。

光武皇帝十一子:郭皇后生東海恭王强、沛獻王輔、濟南安王康、阜陵質王延、中山簡王焉,許美人生楚王英,光烈皇后生顯宗、東平憲王蒼、廣陵思王荆、臨淮懷王衡、琅邪孝王京。

孝明皇帝九子:賈貴人生肅宗孝章皇帝,陰貴人生梁節王暢,後宫生千乘哀王建、陳敬王羨、彭城靖王恭、樂城靖王[②]黨、下邳惠王衍、淮陽頃王昞、濟陰悼王長。

孝章皇帝八子:宋貴人生清河孝王慶,梁貴人生和帝,申貴人生濟北惠王壽、河間孝王開,後宫生千乘貞王伉、平春悼王全、

---

① 李姬　錢氏校本作"孝姬";據《漢書》卷六三《武五子傳》,李姬生燕剌王旦,錢本當誤。

② 樂城靖王　錢氏校本亦同。據《後漢書》卷五〇《孝明八王列傳·樂成靖王黨》,應作"樂成靖王",此音同而誤。

城陽懷王淑、廣宗殤王萬歲。

和帝二子:平原懷王勝、孝殤帝。

殤帝無子,立清河孝王慶長子祐[①],是爲孝安帝。

安帝後宫李氏,生孝順帝。

順帝後宫虞姬,生孝沖帝。

沖帝無子,立河間王孫、解瀆亭侯萇之子弘,是爲孝靈帝。

靈帝何后生太子辯,王美人生孝獻帝。

謹按:東周時,王之卿士食采於劉者,以邑爲氏,出自姬姓。王季子劉康公生定公劉夏。夏生獻公劉摯。摯生文公劉卷,一名狄,字伯蚠。卷生劉桓公及劉毅、劉佗、劉州鳩。其族仕晉者曰劉難,與定公同時,此别一家也。

彭城劉氏:漢宣帝生楚孝王囂。囂生思王衍。衍生紆。紆生居巢侯般,字伯興。般生愷,字伯豫,後漢太尉、司空。愷生茂,字叔盛,司空、太中大夫,徙居叢亭里。六世孫訥,晉司隸校尉。孫憲,生羨。羨二子:敏、該。敏生慶,後魏東徐州刺史。生軫,北齊高平太守。生通,字子將,隋毗陵郡通守。通生德威、德敏、德智。德威字尚重,唐刑部尚書。生審禮,工部尚書、彭城公。生佺壽、侍庶、易從。易從,通州[②]長史,生中書舍人昇、給事中晟[③]。德智,滁州刺史,生汾州刺史延嗣。敏[④]從子僧利,後魏羽林監,生世明。世

---

① 長子祐　殘宋本作"祜"。據《後漢書》卷五《孝安帝紀》:"恭宗孝安皇帝諱祜。"作"祜"是,此應形近之誤。

② 通州　錢氏曰:"案《唐・世系表》作'漢',此'通'字疑誤。"今按:據《舊唐書》卷七七《劉審禮傳》,易從後歷彭州長史,《新》傳亦同。則此作"通州"、《新表》作"漢州"皆誤。

③ 晟　錢氏曰:"案《唐・世系表》'晟'作'晸'。"

④ 據前文,疑"敏"前脱一"德"字,即德敏。

明生偉,字世英[①],北齊睢州刺史。二子:瑗、珉。珉,北齊睢陽太守,生務本。務本生藏器,唐比部員外郎。藏器生知柔、知章、子玄。子玄字知幾,中書舍人、居巢文公,六子,其顯者曰貺、彙[②]、餗。貺,起居郎,生浹、滋。浹生敦質、敦儒。滋相德宗,生約、緒。餗,河南兵曹參軍[③],生贄。彙,尚書右丞,生贊,字公佐,宣歙觀察使。彙弟秩,國子祭酒,房琯愛之,所謂"曳洛河雖多,豈能當我劉秩"者。秩弟迅,左補闕。迥[④],給事中。

又有劉升,生景,字司光,鄜州[⑤]從事。景生瞻,字幾之,相懿宗。

彭城輿綏里[⑥]劉氏:漢高祖弟楚元王交之後。交十五代孫混,始過江居晉陵丹徒縣京口里,官至武原令。混生靖,東安太守。靖生郡功曹翹。翹生裕,字得輿,小字寄奴,宋高祖武皇帝。高祖生少帝義符、太祖文皇帝義隆。太祖生孝武帝駿,平元凶劭之亂,即位,生前廢帝子業。及遇害,立文帝第十八子彧爲明帝。明帝生後廢帝昱、順帝準,凡八主,六十年。《南史》傳曰:"宋武帝遺詔:'京口要地,去都密邇,自非宗室近戚,不得居之。'劉氏之居彭城者,分爲三里:帝室居綏輿里,左將軍劉懷肅居上里,豫州刺史劉懷武居叢亭里。三里及劉道産所居吕縣凡四劉,雖同出楚元王,由來不序昭穆。"孝武帝大明元年,深忌竟陵王誕,

---

① 偉,字世英　偉,錢氏校本同,殘宋本作"褘"。據《北齊書》卷三五《劉褘傳》,褘,"字彦英,彭城人,父世明",則《四庫》本、錢氏校本皆誤。

② 彙　錢氏曰:"案《唐・世系表》'彙'作'稟'。"今按:據《舊唐書》卷一〇二《劉子玄傳》,子玄六子,其一曰彙,《新》傳亦同,此無誤。

③ 兵曹參軍　錢氏曰:"案《唐・世系表》作'功曹參軍'。"

④ 迥　錢氏校曰:"案《唐・世系表》'迥'作'迵'。"

⑤ 鄜州　《新表・劉氏》作"鄜坊"。

⑥ 輿綏里　《宋書》卷七八《劉延孫傳》、《南史》卷一七《劉康祖傳》附伯父簡之傳均作"綏輿里",此"輿""綏"誤倒。

不欲使居京口，遷之廣陵，始以道産子延孫爲南徐州[①]，據京口以防誕，與之合族，使諸王序親。五年，始召誕孫[②]還，復以京口授帝子。

京兆武功劉氏：本出彭城。後周石州刺史懿，生韶，上儀同，二子：文静、文起。文静，唐佐命功臣，相高祖，位納言、魯國公，生樹義，駙馬都尉、魯公；文起，散騎常侍。

弘農劉氏：高祖兄代王嘉之後。

中山劉氏：漢景帝子中山靖王勝後，居中山。

梁郡劉氏：漢明帝子梁節侯暢之後，居梁。

尉氏劉氏：漢章帝子河間孝王開，世居樂城，十世孫通，徙居尉氏。通，後魏建武將軍、南陽太守、樂城侯，孫能[③]，北齊冠軍將軍。能生熾，唐淮陽王參軍。熾生子威。子威生仁軌、仁相。仁軌字正則，相高宗，生滔、濬。濬，工部員外郎。生晃，太常卿，襲樂城公。晃生子藩。子藩生焆，雅州刺史。焆生瑑，字子全，相宣宗。

臨淮劉氏：出自漢光武子廣陵思王荆子俞鄉元侯平。平生彪，襲封，事繼母以孝聞，世號"仁義侯"。生玄。玄生熙，尚書郎。熙生述，東平太守。述生建，晉永城令，世居臨淮。建生會，歷琅邪内史，從元帝渡江，居丹陽。曾孫彦英，宋給事中、通直散騎常侍，二子：隱人、逸人。迨梁末，又徙晉陵。隱人五世孫子翼，字小心，唐著作佐郎、弘文館學士。生懿之，給事中；禕之，相武后。

---

① 據《南史》卷一七《劉延孫傳》："孝武初，位侍中，封東昌縣侯，累遷尚書右僕射。大明元年，除金紫光禄大夫，領太子詹事。又出爲南徐州刺史。"則此"南徐州"後脱"刺史"二字。

② 誕孫　錢氏校本作"延孫"。據前引《南史·劉延孫傳》，錢校是，此誤。

③ 能　《新表·劉氏》亦作"能"。殘宋本作"乂能"。

南陽劉氏：出自長沙定王。生安衆康侯丹，襲封，三世徙沮陽。裔孫廙，字恭嗣，魏侍中、關内侯，無子，以弟子阜嗣。阜字伯陵，陳留太守。生喬，字仲彦，晉太傅、軍諮祭酒。生挺，潁川太守，二子：簡、耽。耽字敬道，爲尚書令。生柳，字叔惠，徐、兖、江三州刺史，又徙江陵。曾孫虬，字靈預，宋當陽令，"文藝先生"，生之遴[①]，字思貞，梁都官尚書。曾孫洎，字思道，相唐太宗，生都官郎中廣宗。

高平劉氏：魯恭王子郁郅侯驕，徙高平。

東莞劉氏：齊悼惠王肥，生城陽景王章。傳國九代，至王津，光武封爲平萊侯，徙居東莞姑幕。裔孫有宋尚書令穆之。

廣平劉氏：出自漢景帝子趙敬肅王彭祖，生陰城思侯蒼。蒼薨，嗣子有罪，不得立，遂居廣平肥鄉。蒼十一世孫邵，字孔才，魏散騎常侍。十一世孫藻，生矜，兖州刺史。矜孫林甫，中書侍郎、樂平男。林甫生祥道、慶道、應道。祥道相高宗，生齊賢，更名景先，亦相高宗。應道，吏部侍郎[②]，生令植、元勗。令植，禮部尚書，生京兆少尹孺之。孺之生從一，相德宗。元勉，括州刺史，生朐山丞如璠。如璠生迺，字永夷，兵部侍郎、貞惠公。迺生伯芻，字素芝，刑部侍郎。伯芻生寬夫，字盛之，澤潞掌書記。寬夫生允章，字韞中；焕章，字文中；元章，字求中。

丹陽劉氏：世居句容。刑部侍郎三復，生鄴，字漢藩，相懿宗、僖宗。

曹州南華劉氏：一曰濟陰劉氏，出自漢楚元王交之後。自彭

---

① 文藝先生，生之遴　據《南史》卷五〇《劉虬傳》，虬子之遴；《新表·劉氏》（劉）虬私謚爲"文藝先生"。殘宋本作"文藝生先之，先之生遴"，"之先"後文字存衍誤。

② 吏部侍郎　《新表·劉氏》作"吏部郎中"。

城避地徙南華，築堌以居，世號劉堌。隋有東萊令晉，字進之，三子：郁、多讓、多退。郁字蔚卿，唐弘文館學士，生懷器、恭[①]。恭字伯寅，新井令。生知晦，字仲昌，武功丞。如晦[②]生昱、暹、晏。昱字士明，大理司直，生傳經、專經、善經[③]、深經。暹字士昭，杭州刺史，生談經、通經、全經、瞻經、遵經、志經。談經字辨之，大理評事，生大理卿濛，字潤之。志經字仲修，雅州刺史，生潼，字子固，河東節度使。晏字士安，相肅宗、代宗，爲名臣，所謂"據馬點鞭"，"如見錢流地上"[④]者。晏生執經、宗經。

信都劉氏：唐冀州武强人幽求，相睿宗，爲尚書右僕射、同中書門下三品；相明皇，守尚書左僕射、知軍國事、徐國文獻公，贈司徒。

平原劉氏：景帝子膠東王寄，傳國五代，後漢有河南尹暹，居平原，至唐而絶。

平原[⑤]高唐劉氏：淮南厲王長子濟北王勃，生崇始，居高唐。

東平劉氏：景帝子魯恭王餘之裔，封東平侯，因居之。

廣陵劉氏：武帝子廣陵厲王胥之後。

東海劉氏：光武子、東海王强之後。

南郡劉氏：孝武帝子代王參曾孫義，封曲陽侯，子孫如居南郡。

高密劉氏：城陽景王章，封八代，後分城陽，置高密，遂爲郡人。

竟陵劉氏：章帝封魯恭王餘裔孫爲竟陵侯，因家焉。益州牧

---

① 恭　《四庫》本原注："按《唐·世系表》'恭'作'泰'。"錢氏曰："案汲古閣本《新唐書》作'恭'。"

② 如晦　據上文及錢氏校本、殘宋本，應作"知晦"。

③ 善經　《新表·劉氏》作"繕經"。

④ 此語出《新唐書》卷一四九《劉晏傳》。

⑤ 平原　錢氏校本無此"平原"二字，疑衍。

焉,生璋,即其後。

范陽劉氏:廣陵王胥子西鄉侯宏,後徙范陽。

長沙劉氏:漢景帝子長沙定王發,傳國七代,支庶居本郡。

東萊劉氏:城陽景王章七世孫文王悝,支子别封掖侯,皆爲郡人。

濮陽劉氏:唐潤州刺史穎秀之後。

廬陵劉氏:漢長沙定王發,生安咸侯倉,子孫徙焉。唐太子賓客中山劉禹錫,字夢得,即其後①。

南康劉氏:楚元王交六代裔孫璠,徙居南康。

譙郡劉氏:宋文帝子義陽王昶後。

河間劉氏:代郡部落大人,魏河間公提之後。

雕陰劉氏:晉左賢王豹之後。唐有綏州總管②劉大俱。

宋州虞城劉氏:唐有左驍騎衛將軍③、襄武肅公師旦。

并州劉氏:唐有少府監、葛國公義節,本名世龍,生鳳昌,有從子箕州刺史思禮。

雍州池陽劉氏:唐衛尉卿、魯襄公④弘基,生仁實。

又有蘭陵劉氏、抒秋劉氏、宣城劉氏、陳留劉氏,並史失其傳。

河南劉氏:出自匈奴,漢高祖以宗女妻冒頓,其俗貴者皆從母姓,因改爲劉氏。中平中,單于羌渠使子扶羅將兵助漢,討平黄

---

① 據《劉夢得文集·外集》卷九《子劉子自傳》:"其先漢景帝賈夫人子勝,封中山王,謚曰靖,子孫因爲中山人也。"與此異。鄧氏所本未詳。

② 綏州總管 《新唐書》卷一《高祖本紀》作"綏州刺史",《資治通鑑》卷一九一《唐紀》高祖武德七年八月作"綏州刺史",九月作"綏州都督"。兩存之。

③ 左驍騎衛將軍 錢氏曰:"殘宋本'驍'後無'騎'字。"今按:唐無"驍騎衛"之稱,殘宋本是。

④ 魯襄公 考《舊唐書》卷五八《劉弘基傳》,弘基先封任國公,後改封夔國公,無魯襄公。

巾。扶羅死,子豹爲左賢王,生前趙主元海,名淵。元海生和及聰,族子曜,皆繼立,四主,二十六年。而匈奴左賢王去卑裔孫庫仁,字没根,後魏南部大人、凌江將軍;弟眷,生羅辰,定州刺史、永安敬公。其後又居遼東襄平。元魏平定遼東,徙家于代,隨孝文遷洛,遂爲河南洛陽人。羅辰五世孫環儁,字仲賢,北齊中書侍郎、秀容懿公;弟仕儁,生坦,字寬夫,隋大理卿、昌國縣伯。坦生政會,唐民部尚書、邢襄公。生玄意,字深之,汝州刺史、駙馬都尉。玄意生天官侍郎奇。奇生獲嘉令慎知。慎知生東阿令褧。褧生藻,字茂實,秘書郎。藻生符,字端期,蔡州刺史,八子,皆登進士第。崇龜字子長,清海軍節度使;崇彝字子憲,都官郎中;崇望字希徒,相昭宗,尚書左僕射、同平章事,贈司空;崇魯字郊文,水部員外郎、知制誥,哭李磎白麻失明者;崇謩字成禹,太常少卿、弘文館直學士。初,崔安潛帥許及劍南,崇望昆弟四人同幕府,世以爲才。崇望生珪、瓌、玕。

涿州歸義劉氏:幽府左司馬乘,生幽州巡官因。因生耀遠,晉司空、平章事,修舊唐史,行於世。

後漢荆州刺史劉度,爲蠻所破。隴西太守劉旴,中平二年,破滇羌。凉州刺史劉乘,備羌。建武中,武威將軍劉尚擊南蠻,中郎將劉羌亦擊蠻。《南史》:劉旴①與族兄歊,并履高操,隱居不仕,族祖孝標嘗曰:"旴超超絶俗,如天半朱霞;歊矯矯出塵,如雲中白鶴。皆儉歲之膏粱,寒年之纖纊。"②又劉穆之,字道和,宋武帝左僕射,内總朝政,外供軍旅,決斷如流,事無壅滯。賓客輻輳,求訴百端,内外諮稟,盈階滿室。目覽詞訟,手答牋書,耳行聽受,口並酬應,不相參涉,皆悉贍舉。隋劉炫,字光伯,强記默識,莫與

① 劉旴　《南史》卷四九有《劉訏傳》,此作"旴"誤。下同。
② 絶俗,《南史·劉訏傳》作"越俗";"膏粱"作"粱稷",餘同。

爲儔，左畫方，右畫圓，口誦，目數，耳聽，五事同舉，無所遺失，然躁。又儀同三司劉臻，精兩《漢書》，時人稱爲“漢聖”。又平鄉令劉曠，百姓感其德化，在職七年，獄無繫囚，囹圄生草，庭可張羅。

賜姓劉氏：漢高祖五年，誅項羽，封項伯等四人爲列侯，賜姓劉氏。《功臣表》有射陽侯劉纏，即項伯也。又是年六月，封婁敬爲奉春君，帝曰：“婁者，劉也。”賜姓劉氏。後周賜武鄉公劉志姓宇文，長廣公劉亮姓侯莫陳，隋初復舊。志孫旻，亮孫順。

留

名世曰：出自周封内大夫，食采於王畿之留，以邑爲氏。周莊王時有留子國、留子嗟，皆賢人。莊王不明，留氏放逐，國人作詩刺之，今《丘中有麻》是也。

謹按：《子華子》後序云：“子華子程叔本，聚徒著書，自號程子。”門人甚多，其著書者，曰留務滋子。又曰鬼谷子姓留，即務滋也[①]。《漢·功臣表》有留盻[②]，以客吏從高祖入漢，又以都尉擊項羽功，封彊圉侯，傳國三世。又河間元王有少史留貴。《史記·日者傳》有留長孺，以相彘立名，皆子嗟之後。魏晉而下，常有姓名見於史者。《元和姓纂》、《姓源韻譜》、《廣韻》皆曰“衛大夫留封人之後”，誤矣。莊王者，平王之孫也。周自平王東遷，四十九年而《春秋》作。當是時，留子爲周大夫，而留爲周之采邑，未嘗與衛，則子國之先，氏於邑，與春秋隨會、原穀同意。以地里考之，周衰而留入于宋，故祭仲往留而宋人執。臣瓚注《漢志》

---

①《四庫》本原注：“按鬼谷子，《神仙傳》作姓王，名詡；唐陸龜蒙詩謂名訓，不詳所從出。高氏《子略》謂無鄉里、俗姓名。《隋志》亦不著其名。此作留務滋，未詳所本。”

② 留盻　錢氏校本作“留盼”，誤。據《漢書》卷一六《高惠高后文功臣表》“彊圉侯留肹”，則此作“盻”亦誤。

陳留郡曰:"宋亦有留,彭城留是也。留屬陳,故稱陳留。"師古曰:"瓚説是。"然則古有二留,皆未嘗屬衛,衛之大夫,何自爲留封人也。必曰宋、陳有留,衛與之鄰境,而有封人,則事在莊王之後,亦不得爲留氏之祖,今宜以《詩》爲正。

樛[①]

亦作抖,音摎,亦音留,《戰國策》有樛留。《史記》南越王趙嬰齊在長安時,娶邯鄲樛氏女,及即位,上請立樛氏女[②]爲后。后弟樛樂,以校尉擊南越,死事,天子封其子廣德爲龍亢侯[③],六百七十户。元鼎五年二月[④]壬午封,六年坐酎金免。魏有河内太守樛尚。《元和姓纂》曰"秦有嫪毐",謬誤矣。樛從木[⑤],音鳩;嫪從女,音勞。《姓苑》音留。

---

① 樛　錢氏曰:"此氏原有二條,一在'十八尤',一在'二十幽'。今本以'二十幽'一條收入'十八尤',而此條竟缺。"

② 樛氏女　《四庫》本無"氏"字,據殘宋本補。

③ 龍亢侯　《四庫》本原注:"案《漢·功臣表》作'龍侯樛廣德',無'亢'字。"錢氏曰:"案《史記》作'龍亢'。"今按:《史記》卷二〇《建元以來侯者表》及卷一一三《南越傳》皆作"龍亢侯",相關考證見傳後《索隱》。

④ 元鼎五年二月　錢氏曰:"案《史記》作'元封'。"《四庫》本原注:"案《漢書》'二月'作'三月'。"今按:據梁玉繩考證,廣德父樂以元鼎四年死事,此作五年封子,無誤;封後六年有罪國除,已爲元封五年,故此句"六年"前脱"元封"。詳參《史記漢書諸表訂補十種·校漢書八表》。

⑤ 樛從木　《四庫》本原注:"案《漢書》及《通志》,樛从手不从木。"今按:陳直《史記新證·南越列傳第五十三》云:"《雙劍誃吉金圖録》下、三十一頁,有'四年相邦樛斿之造戟',出土於咸陽,以傳文證之,樛姓爲趙人而徙居秦國者。《秦本紀》昭王五十一年'將軍摎攻韓',摎與樛疑爲一字,故《漢書》本傳文則稱爲樛氏女。《景武功臣侯表》有龍亢侯摎世樂,爲樛氏女之弟也。知樛、摎本爲一字通假無疑。又按:《居延漢簡釋文》卷一、十頁,有簡文略云:'移肩水候利處里樛孟,除爲肩水□。'爲地節三年簡,知樛姓在西漢時尚廣泛也。"鄧氏此説無誤。

秋

古有魯人秋胡，娶妻三月而游宦，三年，胡還家。其婦采桑於郊，胡至郊而不識其妻也。見而悦之，遺黄金一鎰。妻曰："妾有夫，游宦不返，幽閉[①]獨處，三年于兹，未有被辱于[②]今日也。"採不顧。胡慙而退。至家，問家人妻何在，曰："行采桑于郊，未返。"既還，乃向所挑之婦也。夫妻並慙。妻赴沂水而死。漢時，杜陵人秋胡，能通《尚書》，善爲古隸字，爲翟公所禮，欲以兄女妻之。或曰："秋胡已娶而失禮，妻遂溺死，不可妻。"翟公[③]舉古事明之曰："今日之秋胡，非昔日之秋胡。昔魯有兩曾參，趙有兩毛遂。南曾參殺人見捕，人以告北曾參母；野人毛遂墜井而死，人以告平原君，君曰：'嗟乎！喪予[④]矣。'既而知野人毛遂，非平原君客也。豈得以昔之秋胡失禮，而絶昏於今之秋胡哉！"秋胡之後，宋有中書舍人秋當。今望出天水。

猷

《風俗通》云："衛有猷康。"今望出隴西[⑤]。

游

出自姬姓。鄭七穆氏，其先鄭穆公子姬[⑥]，字子游。子游生公孫

① 閉　錢氏曰："案《西京雜記》作'閨'。"

② 于　錢氏校本作"如"，似較勝。

③ 翟公　殘宋本作"馳象"。

④ 喪予　錢氏校本依《西京雜記》"喪"前補"天"字，作"天喪予"。

⑤ 隴西　《通志二十略·氏族略第五》作"望出遼西"；《姓觿》卷四二《下平聲·十一尤》有按語曰："猷，《氏族略》引，云漢有猷康，隴西人。"兩存之。

⑥ 鄭穆公子姬　殘宋本作"鄭穆公生公子偃"。"姬"，錢氏以爲當作"偃"。今按：[漢]王符撰、[清]汪繼培箋《潛夫論》卷九《志氏姓第三十五》云："子游，公子偃。見成六年《左傳》杜注。"今本《姓纂》卷五《十八尤·游》："鄭穆公子偃字子游之後，以王父字爲氏。"則此作"姬"乃"偃"之譌。

蕫,字子蟜。蕫二子,以王父字爲氏。昄字子明,生良,良以父有罪廢。鄭人立昄弟吉,字太叔,爲正卿,所謂子太叔者也。吉生速。又吉兄子游楚,字子南,生印。其族仕周者,曰游孫伯。秦漢而下,著望河北廣平郡,與宋、焦、談爲廣平四姓。至後魏,游雅,字伯度,祕書監。梁郡宣侯爲廣平人①,其族祖曰鱓②,仕慕容熙,爲樂浪太守。生幼,仕慕容跋③,爲廣平太守。幼生明根,字志遠,仕魏孝文,爲儀曹尚書、散騎常侍、鴻臚卿④、新泰侯,年七十五,爲國五更,謚靖,歷官内外五十餘年,時論貴之。與高閭以儒學齊名,時號"高游"。子肇,字伯始,襲爵,官至廷尉卿,博綜經史,外寬柔而内剛直,甚有聲稱。子祥,字宗良,高邑文侯。其後有徙居揚州廣陵。隋時⑤間與戴、商、盛,又爲廣陵四姓。

遊

游氏亦作遊。魏河南尹遊述,始居廣平。今游氏望出廣平,遊氏望出馮翊。

牛

出自子姓。宋司寇牛父,子孫以王父字爲氏。漢牛邯爲護羌校尉,因居隴西。至漢隴西主簿崇,始居安定。邯裔孫與,西魏太常丞,始居涇陽。安定牛氏:魏大將軍牛金之後。逃難,姓牢氏,又改姓遼氏。後周工部尚書遼允,封臨涇公,復姓牛氏。允生隋奇

① 廣平人　殘宋本作"廣平任人",據《魏書》卷五五《游明根傳》:"游明根,字志遠,廣平任人也。"殘宋本是,此"廣平"後脱一"任"字。

② 鱓　《魏書》卷五五《游明根傳》、《北史》卷三四《游雅傳》作"鱓",是,此乃形近之誤。

③ 慕容跋　《北史》卷三四《游雅傳》作游幼仕馮跋。

④ 鴻臚卿　《北史》卷三四《游雅傳》作"大鴻臚卿"。

⑤ 隋時　錢氏校本作"隋唐",《辯證》或誤。

章公弘。六世孫幼聞,生僧孺[①],字思黯,歷相唐敬宗、文宗,位司空、平章事、奇章公。生蔚、藂。蔚生徽。皆有傳。前秦西州豪族牛雙,推姚萇爲盟主。萇稱大將軍、秦王,以雙爲參軍[②]。後秦隴西牛壽,率漢中流人歸晉。鶉觚牛氏通生會,會生意,意生仙客,仙客生明皇[③]。

富平牛氏:唐春官侍郎鳳及之後。

脩

《英賢傳》曰:出自少昊氏子脩,爲帝嚳玄冥師,掌水官,其後氏焉。漢有校尉脩炳。晉梁碩迎脩湛,領新昌太守事,王敦遣王諒誅之。

犨[④]

《元和姓纂》曰:"晉大夫郤犨之後。" 謹按《呂氏春秋》:陳有惡人焉,曰敦洽犨麋,其人椎顙廣顔,色如漆,陳侯悦之。敦洽,地名也。然則未必晉郤氏之後。

周

出自姬姓。黄帝裔孫后稷,封於邰,其地扶風斄鄉是也。后稷子不窋,失其官,竄於西戎。曾孫慶節,立國於豳,其地新平漆縣東北豳亭是也。七世孫古公亶父,爲狄所滅,徙居岐下之周原,故國號曰周,其地扶風美陽南是也。武王克商,十一世,平王遷都

①《四庫》本原注:"案《唐·世系表》,僧孺,安定牛氏,出自漢主簿崇之後。遼允生弘。弘生方智。方智五世孫幼聞,生僧孺。其間並無牛金名氏。至晉有小吏牛金。此作魏大將軍,未詳所本。唐時詆僧孺者,多云牛金之後,名世或據此增入。當依唐史爲正。"

② 以雙爲參軍 《四庫》本原注:"案牛雙,《通志》作'牛犨',《晉書》作'牛雙',與此同。"

③ 仙客生明皇 "生",錢氏校本改"相"字,是。此顯誤。

④ 此條錢氏校本據《廣韻》移至舟氏條後,今仍《四庫》本舊序編次。

王城,河南縣是也。

平王少子烈,食采汝墳。烈生懋,懋生文,文生昇,昇生興,興生晏[①],晏生安,安生宏,宏生明,明生隱,隱生壽,壽生容,容生休,休生雄,雄生暉,暉生寬,寬生員,員生成,成生邕。秦滅周,并其地,爲汝南郡,遂姓周氏,家於汝南。一云秦黜周赧王爲庶人,百姓稱爲周家,因氏焉。邕生秀,秀生仁,字季房。漢興,續周之嗣,復封爲汝墳侯,賜號正公。以汝墳下濕,徙于安城[②]。十子,長曰球,執金吾。生平陵令應。應生郎中、孝廉道。道生五官中郎約。約生決曹掾燕,燕裔孫表,梁義、衡二州刺史,襲蓬陵侯。生才卿,隋德延二州刺史、永城恭侯[③]。子懷義,太子右宗衛率。懷義生基,字崇業,常州刺史[④]。基生允元,相武后。

永安周氏:亦出自決曹掾燕九世孫靈起[⑤]。梁桂州刺史、褒城侯[⑥],其先避西晉亂,徙南居永安黄岡。靈起生法僧、法尚、法

① 晏　《新唐書》卷七四下《宰相世系表·周氏》同作"晏",錢氏校本作"宴"。下同。

② 安城　《新表·周氏》作"安成"。據《漢書》卷二八上《地理志上》,安南郡有安成縣,無安城縣。此作"安城"或誤。

③ 永城恭侯　《四庫》本原注:"按《唐·世系表》'恭侯'作'敬侯'。"

④ 常州刺史　《四庫》本原注:"按《唐·世系表》作'常州長史'。"

⑤ 九世孫靈起　《新表·周氏》作"(燕)九世孫防,防十三世孫靈超。其先避西晉之亂,南徙居永安黄岡",與此異。岑仲勉曰:"復考《新表》,仁五世孫燕,決曹掾。燕九世孫防,防十三世孫靈超。合言之,即靈超最少爲仁二十五世孫。仁生漢初,去梁末約七百五十年,依三十一年一世計之,大致相合。若宋本《辯證》云'永安周氏,亦出自決曹掾燕九世孫靈起',則靈起祇仁十四世孫,揆諸計世之法,殊不合理,鄧氏蓋誤九世孫防爲九世孫靈起也。"詳見今本《姓纂》卷五《十八尤·周》。

⑥ 褒城侯　今本《姓纂·周氏》作"梁褒城侯",岑校據《文館詞林》卷四五三《褚亮周孝範碑》、《千唐志齋藏志·周紹業誌》、《陳書》卷一三《周炅傳》,證靈起爲梁保城肅侯,則"褒城"應作"保城"。

明[①]。法明,黄州總管、道國公,孫渾,梁令,生左拾遺沛。沛生左驍尉兵曹參軍頲。頲生墀,字德升,相宣宗。墀生寬饒、咸喜、承規、承矩。承矩生泳。法僧、法尚,世系見《唐表》。

《元和姓纂》曰[②]:沛郡周氏,赧王之後。尋陽周氏,晉梁州刺史訪之後。陳留周氏,與汝南同出。臨川周氏,本汝南人,徙臨川,宋有臨川太守周毅。廬江周氏,漢周仁之後。淮南亦然。泰山周氏,周燕子忠爲太守,因家焉。已上八郡,并舊望。

永安周氏:仁之後,世居廣州河間。文安周氏、臨汝周氏,并仁之後。華陰周氏,十代祖謨,自丹陽隨朱齡石入關,遂居華陰。河東汾陰周氏,亦仁之後。江陵周氏,唐金部郎中敏道,衛尉少卿行謇,隴西人,生以悌。又唐監察御史子諒,京兆人。長安周氏,本姬姓,赧王之後。願曾孫處遜[③],先天中,避明皇嫌名,改焉。後周太子太保願,弟威,生權。權生思忠、思恭。思忠,職方員外郎;思恭,丹州刺史。願侄道斌,長安令、比部郎中。河南周氏,後魏獻帝次兄普氏改焉。西魏濟北穆公周瑶[④],賜姓車非氏,隋復本

---

① 靈起生法僧、法尚、法明　據《隋書》卷五六《周法尚傳》,祖靈起,父炅;《新表·周氏》作"炅字法明",又以炅爲法尚之弟,與《隋書》異。岑仲勉據《樊川集》卷七《周墀墓誌銘》"靈起……生炅,在陳爲車騎將軍。炅生法明",證《新表》奪去一代,而《辯證》此亦失炅一代,誤以祖孫爲父子。

② 此段"《元和姓纂》曰"殘宋本文字見錢氏校本《校勘記中》,錢校云:"此上四百二十一字,在'允元相武后'之下。"故置此。

③ 願曾孫處遜　今本《姓纂·周氏》岑校云:"宋本《辯證》以處遜爲願曾孫,殆誤。"

④ 西魏濟北穆公周瑶　今本《姓纂·周氏》作"西魏幽州總管、濟北穆公周瑶",岑校略曰:"《隋書》五五《周摇傳》,摇爲幽州總管在開皇初(參拙著《〈隋書〉牧守編年表》),封濟北公在周末,今《姓纂》作'西魏幽州總管、濟北穆公',年代殊不明耳。宋本《辯證》有'穆公'二字,但仍誤'瑶'。"據此則此句或有脱誤。

姓。昭州周氏,唐樂州刺史孝諫,世爲樂州首領。生萬才,永州刺史。萬才生柳州刺史君模。已上九郡,爲新望。[①]

《元和姓纂》曰:汝南安城縣。周安平王次子秀,别封汝川[②],因家焉。漢汝南侯周仁徙汝南。六代孫燕。魏周斐[③],孫峻[④],晉揚州刺史,生顗、嵩[⑤]。顗,左僕射、安城侯。六代孫顒,生捨。捨生弘正、弘讓、弘直。弘正,陳左僕射[⑥],生墳,生若水[⑦]。弘直,陳太常卿,有傳。生確,陳都官尚書。孫翼,唐江王友。孫訥

① 以上乃錢氏《校勘記》所引殘宋本中《姓纂》文字,與《四庫》本下文異。錢校謂:"今本乃有一千二十一字,與此文全不合。首有'《元和姓纂》曰'五字,疑《永樂大典》以《元和姓纂》附《辨證》下,而輯書者并取之也。"岑仲勉以錢説爲是:"錢氏所録宋本《辯證》四百二十一字,其末段三百一十字,亦冠'《元和姓纂》曰'五字,蓋鄧氏節引《姓纂》之文也。"並於卷五周氏條首將《姓纂》佚文(錢説一千二十一字,不確,實不足九百字者)全文録出,稱之爲出自"《永樂大典》本《姓纂》"。詳見今本《姓纂》卷五《十八尤·周》岑校。

② 周安平王……汝川　今本《姓纂·周氏》略同,惟"汝川"作"汝州"。據陶敏《元和姓纂新校證》,《後漢書》卷八一《周嘉傳》引嘉高祖父燕語:"我平王之後,正公玄孫。"注引謝承書曰:"燕字少卿,其先出自周平王之後。漢興,紹嗣,封爲正公,食采於汝墳也。"《廣韻》卷二《周》:"本自周平王子,别封汝川。"則周無安平王,此"安平"誤,"安"字衍。

③ 周斐　今本《姓纂·周氏》作"周斛",《新表·周氏》作"裔";"斛"乃宋諱字,《新表》或改"裔"以避之。然岑校曰:"余按《大典》本,實作'魏周斐孫浚'。唐人寫裴姓字,亦常作'斐',則周斐即《晉書》之周裴,館臣輯《姓纂》者不知匯通,强依《新表》改作'裔',文遂不可曉矣。"據此則"斐"不誤。

④ 孫峻　錢氏校本作"浚",《晉書》卷六一有《周浚傳》:"字開林,汝南安成人也。父裴(斐),少府卿。"此誤。又據上今本《姓纂·周氏》岑校:"惟此云'斐孫',《晉書》云'裴子',則相差一代,'孫'或'子'之訛。"此應作"子浚"。

⑤ 生顗、嵩　《晉書·周浚傳》:"三子:顗、嵩、謨。"與此異。

⑥ 左僕射　今本《姓纂·周氏》同,然《南史》卷一〇《陳本紀下》作"右僕射"。岑校:"按《叢編》一三《陳惠集法師碑》,《諸道石刻録》稱太建六年尚書左僕射、國子祭酒、豫州大宗(中)正周弘正撰。"此不誤。

⑦ 生若水　今本《姓纂·周氏》作"生墳,墳生若水",則此"生"字前脱"墳"字。

言,岷州刺史。

沛國,赧王之後。漢汾陰侯周昌,從父兄苛,御史大夫。子武[①],高景侯。又蒯成侯[②]周緤,與昌並沛人。陳留、汝南,同祖晉周震[③]。尋陽,晉梁[④]刺史周訪,生建城公撫。生楚,益州刺史。生虓[⑤],五代孫羅睺,右武大將軍。生仲隱,唐平州刺史。臨川,狀云本汝南人,徙臨川。宋臨海太守周毅,去孫[⑥]寶玉,唐中州刺史。生子褒,永州刺史。陳西豐侯周敷,孫弘毅,唐集州刺史、江陵公。生處、静、冲。廬江,狀稱仁之後。陳周士衡,桂陽王諮議,孫績,唐司刑丞。生利涉,比部郎中;利貞,御史大夫。太山,周燕子忠,爲太山太守,因家焉。淮南周仁之後。

已上周氏八郡,並舊望。

永安,狀稱仁之後,代居黄州。梁保城侯周虛超[⑦],生法

① 子武　今本《姓纂·周氏》同,校云:"案《漢書》,高景侯周成。'武'字誤。"

② 蒯成侯　今本《姓纂·周氏》作"蒯城侯",岑校云:"按《漢書》四一《周緤傳》,更封緤爲蒯城侯。"此應形近而誤。

③ 陳留、汝南,同祖晉周震　今本《姓纂·周氏》同,岑校:"觀宋本《辯證》知之,'震'必'浚'之訛,涉音相近也。汝南者祖浚,則陳留者亦當祖浚,合汝南、沛國、潯陽、臨川、廬江、太山、淮南,即下文所謂周氏八舊望。"則周震應爲周浚。

④ 梁　錢氏校本作"梁州"。《晉書》卷五八《周訪傳》:"訪以功遷南中郎將、督梁州諸軍、梁州刺史,屯襄陽。"錢校是,此"梁"後應脱"州"字。

⑤ 生虓　《晉書》卷五八《周訪傳》:子撫,撫子楚,楚子瓊,瓊子虓。此作楚生虓,或脱瓊一代。

⑥ 去孫　錢氏校本作"玄孫",是。此誤。

⑦ 梁保城侯周虛超　殘宋本作"靈起褒城侯";今本《姓纂·周氏》作"梁褒城侯周靈超",此作"保城"應誤。另,虛超,錢氏曰:"案《唐·世系表》作'靈超'。"今本《姓纂》羅振玉校亦以作"靈超"是。岑校以"虛"字誤。《隋書》卷六五、《北史》卷七六《周法尚傳》、《樊川集》卷七《周墀墓誌銘》均作"祖靈起",則此"虛超"誤。

僧、法尚、法明[①]。法僧生孝節，唐嘉州刺史。生鳳、鴻。鳳玄孫應，生克搆。克搆，房州刺史。克生儉[②]。鴻生潘[③]，給事中。法尚，隋永州刺史，生紹範、嗣[④]，孫沛[⑤]，右拾遺。紹範，左屯大將軍[⑥]、譙公，生道務，駙馬、左衛將軍[⑦]。生伯瑜、勵言。瑜，楚州刺史，釋從[⑧]，宣州刺史，生厲[⑨]。勵言，少府監，先言[⑩]，左金吾將軍。法明，黄州總管[⑪]。河間文安縣，狀云仁之後，後周右僕射文安公惠達，孫含恩[⑫]，晉州刺史。臨汝，周仁之後。唐屯田員外基，生允元，鳳閣侍郎、平章事。華陰，狀稱十代祖讜，自丹陽隨朱齡石入關，遂居

---

① 生法僧、法尚、法明　今本《姓纂·周氏》同；羅校云："案《隋書·周法尚傳》，祖靈超，父炅，與此不同。"岑仲勉綜合《新表》、《隋書》、《周墀墓誌銘》、《周孝(紹)範碑》，證靈起後奪去炅一代，炅生法僧、法尚、法明。

② 克生儉　錢氏曰："案'克'字疑衍，或下有'搆'字。"錢校是。

③ 潘　錢氏曰："案《唐·世系表》作'播'。"

④ 生紹範、嗣　《隋書·周法尚傳》，法尚六子，長子紹基，少子紹範。無嗣。今本《姓纂·周氏》作"法尚，隋永州刺史，生紹嗣。孫沛，左拾遺。紹範，左屯衛大將軍、譙公"，岑校曰："《新表·周氏》法尚有子糾嗣，'糾'殆'紹'之訛。"則《辯證》"嗣"前應脱"紹"字。岑證甚詳，可參之。

⑤ 嗣孫沛　上引岑校以爲沛非紹範孫。

⑥ 左屯大將軍　錢氏曰："案'屯'下疑脱'衛'字。"

⑦ 左衛將軍　今本《姓纂·周氏》作"右衛將軍"。

⑧ 釋從　據錢校，"釋"字《唐·世系表》作"擇"；今本《姓纂·周氏》亦作"生擇從，宣州刺史"，則此作"釋從"誤，且前脱"生"字。

⑨ 生厲　今本《姓纂·周氏》亦同，錢氏校本依《新表·周氏》作"萬"。岑校已證作"厲"誤。

⑩ 勵言，少府監，先言　此"先言"義不可通，或前後有脱文。今本《姓纂·周氏》作"勵言，少府監；生先義，左金吾將軍"，應是。

⑪ 黄州總管　《新表·周氏》同。今本《姓纂·周氏》作"萬州總管"，岑校以爲誤。

⑫ 含恩　錢氏校本作"舍恩"。

華陰。隋樂州刺史[①]、樂陵公周儒，生護仁，皇右武衛大將軍、洛州長史、嘉川公。生志珪、玄珪。志珪，亳州刺史；玄珪，少府監，生履順，冀州刺史。河東汾陰，狀稱周仁之後。貞觀有周䄠，生玄式、玄達。玄式生子敬、行冲。子敬，主客員外；行冲，登州刺史，生彭年、喬年[②]。彭年，蜀州刺史；喬年，大理司直，孫戴，大理評事。玄達，國子博士[③]。清河，唐鳳閣舍人周茂禎，輝州參軍。江陵，金部郎中周行謩，隴西人，生姒娣[④]，安西都護。生泌，隴右節度。生皓，太僕卿。膳部郎中周謂，淮陰人。弟澈，鄧州刺史。監察御史周子諒，京兆人。生頌，大理司直。生君巢，循州刺史。虞部郎中周文雄，比陽人。禮部郎中周琮，河間人。長安，本姬氏，赧王之後，先天中，避玄宗嫌名，改姓周氏。後周太子太僕願，弟威，生權。生思忠、思恭。思忠，職方員外。生處遜，水部員外[⑤]、萬年令。思恭，丹州刺史。願姪道斌，長安令、比部郎中。河南，《後魏・官氏志》：獻帝次兄普氏，改爲周氏。西魏幽州總管、濟北周搖，賜姓車非氏，隋復本姓。搖孫處智，唐右千牛將軍。生思

---

① 樂州刺史　今本《姓纂・周氏》同，岑校曰："隋無'樂州'，當是'欒州'之訛。"説見岑著《隋書牧守編年表》。

② 喬年　今本《姓纂・周氏》作"萬年"。

③ 玄達，國子博士　今本《姓纂・周氏》同；岑校據《新唐書》卷五七"周玄達太學助教，與修《尚書正義》"，大和八年《唐故鄂州永興縣尉汝南周君（著）墓誌銘并序》，考此玄達與貞觀之玄達（河東汾陰周䄠之子）時代、歷官不合，當是同姓名者。

④ 行謩，今本《姓纂・周氏》作"行譽"，殘宋本《辯證》作"唐金部郎中周敏道，衛尉少卿行謇"；據岑校："考《郎官柱》'金中'有周敏道，但無'周行某'其人，'郎中'下應依宋本《辯證》補'周敏道，衛尉少卿'七字，'譽'、'謩'、'謇'三字孰正，待考。"又"姒娣"，殘宋本《辯證》、《舊唐書》卷七及卷九七、卷一九九均作"以悌"，神龍中任安西都護。此誤，宜從殘宋本。

⑤ 水部員外　《辯證》卷四《七之・姬》作"郎中"，詳見該條下校記。

亮、思敬。昭州，唐樂州刺史周孝練[①]，代爲樂州首領。生萬才，永州刺史。萬才生柳州刺史君模[②]。

已上九郡爲新望。

州

出自姜姓諸侯，封於州，其地城陽淳于縣是也。《春秋》魯桓公六年，其君州公如曹，不復，州國遂亡。子孫以國爲氏。晉大夫州綽、州賓。《元和姓纂》曰"衛有公子州吁"，誤矣。州吁人名，非以州爲氏。

舟

出自秃姓。舟人國之，後以國爲舟氏。春秋時有虢大夫舟之僑。

丘

《元和姓纂》曰：齊太公封於營丘，子孫以地爲姓，世居扶風。《左氏》，邾大夫丘弱。漢平帝時，丘俊持節安撫江淮，屬王莽篡位，遂留江左，居吴興烏程。唐貞觀初，有將軍丘師利，不敢與房、杜争功。又丘爲，蘇州嘉興人，有事迹在《藝文志》。河南丘氏，代北丘敦氏改焉。

唐丘和，始自河南洛陽徙眉[③]，和，特進、稷州刺史、譚襄公，子十五人。行恭，左衛大將軍、天水襄公，生酷吏神勣。

鄒

出自子姓。宋正考父後，食采鄒邑，支孫遂以爲氏。其地本

---

① 孝練　今本《姓纂·周氏》作"孝諫"，殘宋本同，此作"練"或誤。

② 君模　今本《姓纂·周氏》作"君謨"。

③ 眉　《舊唐書》卷五九《丘和傳》附丘行恭傳、《舊唐書》卷三八《地理志》均作"郿"，此誤。

邾子之國，後爲魯所并，以封其大夫，魯國騶縣是也。漢有鄒陽，齊人，善辭賦，事梁孝王，有名。晉南陽鄒湛，有傳。《西京雜記》：菑川國人鄒長倩，贐遣公孫弘爲賢良。

郰[①]

孔子父紇，字叔梁，食邑於郰，爲魯大夫，謂之郰叔紇，亦曰郰紇，以力聞於諸侯。《禮記》：孔子問郰曼父之母，然後得徵在之殯。

騶[②]

《國語》齊大夫有騶馬繻。謹按：《史記》閩越王無諸，及越東海王摇，其先皆越王勾踐之後，姓騶氏。又東越王餘善反，號其將騶力等爲"答漢將軍"[③]。然則兩越君臣皆騶姓，未必非馬繻族裔。徐廣注以爲騶一作駱，誤矣。

稠

《漢·武功臣表》有常樂侯稠雕，以匈奴大當户降，封五百七十户，傳其子廣漢。姓書未有此氏，今增入。

裘

《元和姓纂》曰：裘氏，因以邑爲姓[④]。或云仇氏避難[⑤]改焉。謹案：古者卿大夫多因所食邑爲氏，而衛以裘氏之邑賜柳莊，則

---

① 郰 《四庫》本原注："音鄒。"

② 騶 《四庫》本原注："音鄒。"

③ 答漢將軍 據《史記》卷一一四《東越列傳》，"號將軍騶力等爲'吞漢將軍'"，則此作"答漢將軍"誤。

④ 裘氏，因以邑爲姓 錢氏曰："今本（'裘氏'前）脱'衛大夫食'四字，'邑'字誤在'以'字下。"

⑤ 難 錢氏校本作"漢"，當誤。

前説有據。晉有秦州刺史裘苞。

仇

宋大夫仇牧之後。後漢考城主簿仇覽,一名香,居陳留。又侍御史仇尼、後燕尚書仇孺,居遼西,故望陳留及遼西。後秦汧川氏仇高,執竇衡[①]以畀姚興。又貳原氏帥仇常。

求

《姓苑》云:"本仇氏,避難改焉。漢有求仲。"《元和姓纂》曰:"本裘氏改焉。"二説未知孰是,今皆存之。漢何武弟顯,家有市籍,租常不入,市嗇夫求商捕辱顯家。顯欲以吏事中商,武不聽,白太守,召爲卒史[②]。州里皆服。

牟

出自祝融之後,有牟子國,後以爲氏,其地太山牟縣是也。漢太尉牟融,字子優,北海安丘人,長子麟爲郎。後漢河内太守牟長,字君高。並居樂安臨濟。晉中郎將劉寅有部將牟穆,石虎有幸臣牟咸。《千姓編》曰:望出鉅鹿及滎陽。

尤

出《姓苑》。

流

出《姓苑》。

---

① 竇衡　錢氏校本作"竇衡";考《晉書》卷一一七《姚興載記上》、《晉書》卷一一四《苻堅載記下》,當爲竇衝。此形近而誤。

② 卒史　錢氏校本依《漢書·何武傳》改爲"卒吏"。陳直《漢書新證》曰:"'卒吏'無此官名,當爲'卒史'之誤字,《尹翁歸傳》作'卒史'可證。"則此無誤。

憂

出《姓苑》。

優

《元和姓纂》曰:《史記》,優孟,楚人[①],子孫氏焉。

彪

衛大夫彪傒之後。

仇尼

出《姓苑》。後燕慕容熙大城肥如及宿軍,以仇尼倪爲鎮東大將軍、營州刺史,鎮宿軍。

---

① 優孟,楚人　今本《姓纂》卷五《十八尤·優》作"優孟,樂人也";《史記》卷一二六《滑稽列傳》云"優孟,故楚之樂人也"。是知《辯證》、《姓纂》此處並有脱文。

古今姓氏書辯證卷十九

十八尤下

由吾

秦由余之後，先仕吴，後入楚，因號由吾氏。晉由吾道榮[①]，有傳。《唐·藝文志》有由吾公裕《葬經》三卷。

由余

由余之後，以字爲氏。

游梓

《英賢傳》曰："游梓子，著書一篇，言法家事。"按：此豈非《藝文志》"游棣子"誤棣爲梓乎？

游水

名世曰：姓書未收，今增入。謹按《前漢·郊祀志》：武帝時，文成既死，明年，天子病鼎湖甚，巫醫無所不致。游水發根言："上郡有巫，病而鬼下之。"服虔曰："游水，縣名；發根，人姓名。"師古曰：服説非也。"游水，姓也；發根，名也。蓋因水爲姓也。本嘗遇病，而鬼下之。"

---

① 晉由吾道榮　據《北齊書》卷四九《方伎傳》、《北史》卷八九《由吾道榮傳》，其爲北齊時人，非晉人，此作"晉"誤。

游棣

《漢·藝文志》法家有《游棣子》一篇，師古曰："棣音徒計反。"按：師古不言姓游棣，恐姓游名棣也，如韓非、鄧析子然。

修魚

《史記·秦本紀》贊曰：秦之先，嬴其姓，後分封[①]，以國爲姓，故有修魚氏。

雔子[②]

《世本》：陳桓公生昭子來將，孫卑，爲雔子氏。

周生

《姓苑》：後漢周生豐，字偉防，太山南武陽人。建武七年，爲豫章太守，清約儉惠，《馮衍傳》所謂司空長史令狐約讚衍於豐者是也。魏初有博士周生烈，燉煌人，爲《論語義説》，即豐之後。劉炳《燉煌實録》云：魏侍中周生烈，本姓唐，外養周氏。今亦存其説。

周陽

出自趙氏。漢淮南王舅趙兼，封周陽侯，子由，爲河東尉，因父封氏焉。由見《酷吏傳》。郭頌[③]《世語》云：魏文帝時，有周陽

---

① 嬴其姓，後分封　《史記》卷五《秦本紀》"太史公曰"作"秦之先爲嬴姓。其後分封，以國爲姓"。

② 此條錢氏校本據《廣韻》移次於周陽條之後，今仍《四庫》本舊序編次。

③ 郭頌　《隋書》卷三三《經籍志》："《魏晉世語》十卷，晉襄陽令郭頒撰。"此作"郭頌"誤。

咸、周陽占異[①]。

丘敦

《官氏志》：後改爲丘氏。初，後魏獻帝七分國人，以弟豆真[②]爲丘敦氏，封臨淮王。

孝文時改丘氏。

丘林

《官氏志》：後改爲林氏。

鄒屠

謹按王子年《拾遺記》曰："帝嚳妃，鄒屠氏之女也。軒轅去蚩尤之凶，遷其民善者於鄒屠之地，惡者於有北之鄉。其先以地命族。"後分爲鄒氏、屠氏。

仇由

或作仇繇。韓子曰：仇由，小國，爲智伯所滅，後人以國爲氏。

牟孫

出《姓苑》。

---

① 有周陽咸、周陽占異　《四庫》本原注："案《世語》有周陽成能占災異，此脱誤。"今按：《通志二十略·氏族略第二·以郡國字爲姓》"漢郡國"條引郭頒《世語》云："魏文帝時，有周陽成，能占異。"則此"咸"乃"成"之訛，後一"周陽"衍。

② 豆真　今本《姓纂》卷五"丘氏"條作"豆真折"。李縮撰《唐故劍南西川節度觀察判官大理司直兼監察御史何□公(模)墓誌銘并序》(吴剛主編《全唐文補遺》第五輯)："公諱模，字仲甫，河南人。後魏文成皇帝第七子、臨淮王、征南大將豆真之系孫也。"則此作"豆真"無誤。

由

西戎由余相秦，子孫氏焉。或云楚王孫由于之後，亦爲氏。

攸

《元和姓纂》曰：北燕有尚書攸邈。

丘穆陵

《官氏志》：後改爲穆氏。

三丘

《姓苑》云：蜀有三丘務。

浮丘

《列仙傳》有浮丘公，控鶴上嵩山。《漢·楚元王傳》：申公學《詩》於浮丘伯。

疇

出自古摯疇氏之後，以國氏。《左傳》有越大夫疇無餘。

儔

出《姓苑》。

苍

《元和姓纂》曰：音浮。

不

音浮。晉汲郡人不準盜發六國時魏王冢，得古文竹書，今《汲冢記》是也。又姚興有安遠將軍不蒙世。

十九侯

侯

出自姒姓。夏后氏之裔封侯,子孫因以爲氏。一云本姬姓,晉侯緡爲曲沃武公所滅,子孫逃難他國,以侯爲氏。春秋時,鄭有侯宣多,生晉及侯羽、侯獳。魯郈馬正侯犯,戎御大夫侯叔夏。齊有大夫侯朝。曹伯之竪有侯獳。戰國時,魏有處士侯嬴。漢末,侯氏徙上谷,裔孫恕爲北地太守,因家焉,爲北地三水人。四世孫植,從魏孝武西遷,賜姓侯伏氏,又賜姓賀吐氏[①],其後復舊姓。植字仁幹,周驃騎大將軍、肥成節公。其孫君集,相唐太宗。丹徒侯氏,漢司徒霸之後,自上谷徙焉。又後漢金城太守侯霸,擊羌有功,領護羌校尉。

河南侯氏:《後魏·官氏志》,侯奴氏、渴侯氏、古引氏,皆改焉[②]。

又侯景,以安北將軍夏侯夔之子譒爲長史,譒遂去夏稱侯氏,託爲景族子。

歐

《元和姓纂》曰:東歐王之後,亦作甌[③]。

謳

《左傳》越大夫謳陽之後。

---

① 錢氏曰:"案《周書》本傳作'賜姓侯伏侯氏,又賜姓賀屯'。"

② 錢氏曰:"案今本《官氏志》有俟奴氏改爲俟氏,渴侯氏改爲緱氏,胡古口引氏改爲侯氏,皆與此不合。"

③《四庫》本原注:"今《姓纂》脱此文。"

區[①]

《風俗通》云：古善劍區冶子之後，單姓區氏。謹按：《漢·王莽傳》有中郎區博，諫莽未可分授諸侯茅土，致諸侯困乏，有傭作者，莽從之。師古曰：區，姓也，一侯反。吴有蒼梧太守區景。唐有士人區册。宋有宜州刺史區賛。潭州長沙區程，爲宜春簿，生法一[②]。

樓

出自姒姓。周武王封夏禹裔孫東樓公於杞，生西樓公題[③]。公孫仕他國者，以樓爲氏。漢五侯客樓護，齊郡人。吴樓玄，譙郡人。後漢，秦自譙徙會稽之西部，因居東陽烏程縣。晉東海王越有將軍樓裒。

河南樓氏，賀樓氏改焉。

婁

出自姒姓。夏少康裔孫封於杞，曰東樓公，後爲楚所滅，食邑於婁，因以爲氏，其地城陽諸縣婁鄉是也。或云：邾婁國之後爲姓。

漢太常、奉春君敬，齊人。後漢婁氏，始居南陽，後徙鄭州原武。後燕尚書郎會。侍中、納言師德，字宗仁，相唐武后，生介休令思穎，思穎生千乘令志學，志學生圖南。

緱[④]

邵氏《姓解》曰：王子晉別傳有緱氏山，陳留有緱氏山，緱姓

---

① 區 《四庫》本原注："音歐。"

② 生法一 殘宋本無"一"字。又，此條末有《四庫》本原注："案《急就篇》區氏，古善劍歐冶子之後，單姓區氏。《廣韻》云：今郴州有之。"

③《四庫》本原注："案《史記·杞世家》東樓公生西樓公，西樓公生題公，題公生謀娶公。此脱。"

④ 緱 《四庫》本原注："音鉤。"

也。《孝子傳》有陳留緱氏女名玉，見《申屠蟠傳》。

句[①]

出自少昊氏。叔子曰：重爲勾芒木正，世不失職，以官爲勾氏。一云郑文公遷于勾繹，後氏焉。孔子弟子有衛人勾井疆[②]。

鉤

《姓苑》：鉤弋之後，或爲鉤氏[③]。

鯫

下平鯫氏，或有作上聲者，徂鉤切。《韻譜》音士九切，誤矣。《風俗通》有人姓鯫名生。《説文》云：小人之後，以爲卑小人之稱[④]。謹按：《張良傳》"沛公曰鯫生説我"云云，謂酈食其也。服虔曰："鯫生，小人。"瓚曰："《楚漢春秋》，鯫，姓。"師古是服説，今從之。

裒

河南裒氏：《後魏·官氏志》，代北達勃氏改焉[⑤]。

侯岡

《地記》曰：蒼頡姓侯岡氏，其後居馮翊衙縣。今望出馮翊。

---

① 句　《四庫》本原注："音鉤。"

②《四庫》本原注："案句氏，宋避高宗嫌名諱，改爲'勾'。"今按：此姓目作"句"，未避宋諱，與前不一，或爲後之纂輯者所增。

③《四庫》本原注："案蜀有句氏，宋避高宗嫌名諱，改爲'鉤'。"

④ 卑小人之稱　錢氏以"人"字爲衍文。

⑤ 代北達勃氏改焉　錢氏曰："案四豪'褎氏'條注引'裒'作'褎'，與今《官氏志》合，此作'裒'，異。"今按：今本《姓纂》卷七《十二曷·達勃》有"達勃改爲褎氏"。《魏書·官氏志》："達勃氏，後改爲褎氏。"鄧氏此作"裒"，未知所本。或裒通褎，古裒字常作褎，故此裒字不誤。

歐陽

出自姒姓。夏帝少康庶子封于會稽,至越王無疆,爲楚所滅,更封無疆子蹄于烏程歐餘山之陽,爲歐陽亭侯,遂以爲氏。後有仕漢爲涿郡太守者,子孫或居冀州之渤海,或居青州之千乘。千乘之顯者曰生,字伯和,仕漢爲博士,以經名,所謂歐陽《尚書》者是也。渤海之顯者曰建,字堅石,仕晉爲頓丘太守,所謂“渤海赫赫,歐陽堅石”者是也。建遇趙王倫之亂,見殺,其兄子質以其族南奔。質字純之,居長沙臨湘。七世孫①景達,字敬遠,齊本州治中,生荔浦令僧寶,字士章。僧寶生梁陽山穆公頠,字靖世。頠二子:紇、約。紇字奉聖,廣州刺史,生詢、亮、德、器。詢字少信,唐率更令、渤海縣男,四子:長卿、肅、倫、通。通字通師,相武后,生幼明、幼護。幼明字仲廉,生昶,字子原②,渤海子。昶生璟、琮。璟字崇文,侯官令;琮,吉州刺史,遂家吉州。八世孫萬,安福令,其後或居安福,或居廬陵,或居吉水,而廬陵之儒林鄉歐桂里爲著姓。萬孫雅,字正言,生効及楚③。楚字德用,韶陽簿。効生謨及託。託,檢校工部尚書。生彬,南唐吉州軍士④推官。

歐侯

《前漢·外戚傳》:許廣漢女平君,年十四五,當爲内者令歐侯氏子婦。臨當入,歐侯氏子死,其母將行卜相,言當大貴。乃以歸皇曾孫,是爲宣帝許后。師古曰:歐侯,姓也。歐音烏溝反。

---

① 七世孫　錢氏曰:“案《唐·世系表》作‘七世族孫’,此似脱‘族’字。”

② 子原　《新唐書》卷七四下《宰相世系表·歐陽氏》作“子願”。

③ 雅字正言,生効及楚　錢氏曰:“案《唐·世系表》以楚爲雅弟。”

④ 軍士　錢氏校本作“軍事”,是。此音同致誤。

樓季

《潛夫論》：晉穆侯庶子樓季之後。謹按：晉趙衰少子嬰齊，謂之樓季，而穆侯之後無聞，豈節信討論未審乎？

鍮匆

南涼禿髮利鹿孤，僭稱西河王[①]，其將鍮匆崘進曰："今建大號，誠順天心；寧居樂土，非貽厥之規。宜課農桑以供國用，習戰法以誅未賓。"利鹿孤然其言，遂伐吕隆，大敗之。

投壺

出自荀中行氏。晉中行穆子相其君景公[②]，會諸侯，與齊侯宴，投壺。穆子舉矢，曰："寡君中此，爲諸侯師。"中之。時人稱焉。後以爲氏。

鉤弋

《英賢傳》云：漢昭帝母鉤弋夫人。

勾龍

出自共工氏，子曰勾龍，爲后土。三代以降，祀爲社，子孫氏焉[③]。

取慮

音秋廬。《元和姓纂》曰：徐偃王子，食邑取慮，因氏焉。唐時臨淮郡多此氏。

侯莫陳

其先魏别部，居庫斛真水，因氏焉。後周有侯莫陳崇，爲西魏

---

① 西河王　錢氏校本亦作"西河王"。考《晉書》卷一二六《禿髮利鹿孤傳》"以隆安五年僭稱河西王"，則應爲河西王，此誤。

② 景公　《四庫》本原注："按《左傳》作'昭公'。"

③ 錢氏校本闕此條。

八柱國。宋鄭州防禦使侯莫陳利用,有罪誅。又侯莫陳廷山,碌碌無可稱。後改姓陳氏。

投和羅

唐南詔投和羅王,姓投和羅,名脯邪迄遥。

侯史

《風俗通》曰:晉董狐世爲晉侯史,因氏焉。漢桑弘羊故吏侯史吾[①],匿弘羊子迁。後漢侯史乾爲東萊太守,因家焉。晉有侍中、少府侯史光。

疋婁

亦作匹婁。後魏疋婁内干,女爲齊神武皇帝武明皇后。後亦改爲河南婁氏。

僂

見《姓苑》。

工僂

《左傳》齊大夫工僂灑、工僂會。或曰:僂,一音吕。

投

出自姬姓。周畿内諸侯郇伯,從桓王伐鄭,投先驅以策,賜姓投氏。漢有投調。

侔

《漢·藝文志》有侯子著書一篇,李奇注曰:或作侔子。今詳侯、侔皆人氏,合兩存之。

---

① 侯史吾　今本《姓纂》卷五《十九侯·侯史》作"侯史吴",《漢書》卷六〇《杜延年傳》有故吏侯史吴。此"吾"音同而誤。

二十幽

幽

出《姓苑》。

二十一侵

侵

《三輔決録》有扶風太守侵恭,因官居焉。

尋

出自姒姓。夏后同姓諸侯曰斟尋氏,後爲寒浞所滅,子孫因爲尋氏。晉有尋曾,字子貢。隋末有將軍尋相。

鐔[①]

近蜀中有此氏,音變爲蟾。

鄩

謹按:春秋鄩,周邑也。河南鞏縣西南有地名鄩中者是。春秋時周大夫食采者,以邑爲氏,故有鄩肸及其子鄩羅。

潯[②]

《姓苑》曰:汝南人。

灊

出《姓苑》。音尋[③]。

---

① 鐔　《四庫》本原注:"音尋。"

② 潯　《四庫》本原注:"音尋。"

③ 音尋　此二字在錢氏校本中爲"灊"字下之小注。

臨

出自高陽氏，才子八人，其一曰大臨，子孫以王父字爲氏。或曰林氏訛爲臨氏。《春秋公羊傳》有臨南。《後漢·孔融傳》有臨孝孫。石趙有秦州刺史臨深。隋有儀同臨孝恭，京兆人。

謹按：《春秋》，臨，晉邑；魯哀公四年，趙稷奔臨，弦施墮臨。未必非以邑爲氏。高陽氏之説恐無明據。

綝

《新唐書·吐蕃傳》：會昌三年，贊普死，天子以妃綝兄尚延力子乞難[①]胡爲贊普。始二歲，妃共治其國。大將結那都[②]見乞難胡，不肯拜，曰："贊普支屬尚多，何至立綝氏子！"哭而出。用事者共殺之。

斟

《國語》曰：祝融之後，侯伯八姓[③]，斟姓無後。賈逵注云：斟，曹姓之後也。

箴

《元和姓纂》曰："楚大夫箴尹鬭克黄之後，子孫以官爲氏。"今從之。《姓源韻譜》曰"衛大夫箴莊子之後"，誤矣。謹按：《春秋》衛大夫有鍼莊子，其字从金从咸，不从竹也。是時陳、衛皆有鍼氏，未嘗音針，宜以《姓纂》爲正。

---

① 難　錢氏云："案《唐書》'難'作'離'。"

② 結那都　錢氏校本同。考《新唐書》卷二一六下《吐蕃傳》作"結都那"，《資治通鑑》卷二四六《唐紀》會昌二年十二月條亦作"首相結都那見乞離胡不拜"。此應誤。

③ 祝融之後，侯伯八姓　《四庫》本原注："案《鄭語》史伯曰：'黎爲高辛氏火正，故命之曰祝融，其後八姓，於周未有侯伯。'此脱'未有'二字。"

蒧

黄帝子得姓者十四人,其一曰蒧氏。邵氏《姓解》曰:"蒧與箴,皆音針。"

湛

謹按:陶侃母一作諶氏[①],未知何者爲是。

諶[②]

《姓苑》:陶侃母諶氏。晉初,豫章黄堂觀[③]女道士諶氏,以仙術授許旌陽,謂之諶母。今建昌軍南豐多此姓。

任[④]

出自黄帝少子禺陽,受封於任,以國爲姓。十二世孫奚仲[⑤],爲夏車正。又十二世孫仲虺,爲湯左相。太戊時有臣扈,武丁時有祖己[⑥],皆徙國於邳。祖己七世孫成侯,又遷於摯,亦謂之摯國。杜預曰薛歷夏、商、周六十四世,爲諸侯,是也。齊人任不齊,字選,爲孔子弟子。又二十八將有信都太守、柯陵侯光,字伯卿。子司空隗,字仲和。隗生步兵校尉、西陽侯屯。屯生嗣侯勝。勝生北鄉侯世。又侍御史任逴,奉鄧太后詔,赦蠻夷。逴音卓。又征西太尉、樂亭侯尚,與鄧騭討羌。又騎都尉仁,救三輔。又郃陽令

---

① 諶氏　錢氏曰:"案'諶'字疑當作'湛'。"

② 諶　《四庫》本原注:"音忱。"

③ 豫章黄堂觀　據《太平廣記》卷六二、《輿地紀勝》卷七,"豫章"或作"丹陽"。

④ 任　《四庫》本原注:"平聲。"

⑤ 今本《姓纂》卷五《二十五侵·任》作"黄帝廿五子,十二人各以德爲姓,一爲任氏,六代至奚仲",與此異。

⑥ 祖己　錢氏校本同,《新唐書》卷七三上《宰相世系表·任氏》作"祖巳",《史記》卷三《殷本紀》作"祖己"。應從《史記》,此無誤。

顭,兩追羌,戰死。

廬江任氏:敖十六代孫晉安西將軍顒,始徙居焉。西河任氏:亦敖之後,徙西河。晉有東平太守任誕。至唐右司郎中任正名,又居成都。渭南任氏:亦後[①]自沛徙居廬州。合肥任氏:陳將忠之弟七寶,陳定遠太守。生瓌,字瑋,陝州都督、營國公。瓌弟璨,太子典膳丞。晉有益州從事明。後秦天水任謙,爲姚萇從事中郎。後蜀巴西宕渠任回,爲李特腹心,上邽令任臧爲特爪牙。又有别帥任道。李壽以任調爲股肱。南燕辟閭渾部將任安。

禽

出自齊管夷吾之孫,仕魯,别爲禽氏,所謂禽鄭是也。其後有禽滑釐,高士禽慶,孝子禽賢。《韓詩外傳》:秦大夫禽息,碎首薦百里奚。又後漢北海禽度,字子夏,游五岳名山,不知所終。

金

出自漢匈奴休屠王,太子日磾,字翁子[②],事武帝,著忠孝節。帝以休屠作金人,爲祭天主,因賜姓金氏,封秺侯。二子賞、建,俱侍中。日磾弟倫,字少卿,黄門郎。生安上,字子侯,侍中、都亭敬侯,四子:常、岑、敞、明。敞三子:涉、參、饒。涉二子:湯、融。皆侍中。世名忠孝,七世内侍。

唐貞觀所定益州蜀郡三姓,一曰金氏。汾州河西郡四姓,一曰金氏。又唐新羅國王姓金氏。武陽高棐曰:"江浙金氏,避錢武穆王諱改焉。"後凉吕光將金石,生後趙將金光。後秦將金洛,生夏尚書金纂。

---

① 亦後　錢氏校本二字互倒。

② 字翁子　《四庫》本原注:"案《漢書》日磾字翁叔,此作'翁子',誤。"注是。

陰

南凉散騎侍郎陰利鹿，隨秃髮傉檀殁於西平。又陰馴，烏孤以爲西州之德望，擢爲股肱。謹按：《春秋》周大夫有陰里、陰不佞、陰忌，皆在管修之前。《風俗通》云“古陰康氏之後”，是矣。然不知與管修之陰氏爲同族否[①]。

參

《世本》曰：“陸終第二子參胡之後。”

蓡

《纂文要》曰：“古參字，亦人姓。”

岑

後漢征南大將軍、舞陽壯侯彭，字君然。生屯騎校尉、細陽侯遵。遵曾孫像，南郡太守。生晊，字公孝。黨錮難起，逃于江夏山中，徙居吴郡。生亮伯。亮伯生軻，吴會稽鄱陽太守，六子：寵、昏、安、頌、廣、晏。後徙鹽官。十世孫善方，梁起居舍人，生之象，邯鄲令。之象生文本、文叔。文本字景仁，相唐太宗，位中書令。

斟灌

《左傳》：寒浞使澆用師，滅斟灌氏。注：夏同姓諸侯，以國爲姓者。

斟戈

《姓苑》云：人姓。或云：斟灌氏一名斟戈。

---

① 錢氏曰：“按此條當有脱文。”

沈猶

上音沉,泰山人也。魯有沈猶氏,不敢朝飲其羊。曾子弟子有沈猶行。

古今姓氏書辯證卷二十

二十二覃

覃

今人音尋。後漢漊中蠻覃兒健，澧中蠻覃戎。唐將王翃，擒西原賊帥覃問。宋章惇安撫湖北，平州蠻覃文猛。漢賜州蠻覃彦，以地内附。

譚

出自周畿内諸侯譚子之後。春秋魯莊公時，齊桓公滅之，子孫以國爲氏。晉吏部郎謝朓知選時，有姓譚者乞官，朓曰："齊侯滅譚，那得有卿。"對曰："譚子[1]奔莒，所以有僕。"人以爲佳對。漢末，太原譚賢，守節不仕王莽，賢字伯升。又唐人譚正夫。

南

出自子姓。成湯八世孫盤庚，妃姜氏，夢赤龍入懷，因孕，十二月而生子。手把"南"字，長荆州[2]，因號"南赤龍"。生子

---

① 譚子　錢氏校本作"譚侯"。

② 長荆州　《通志二十略·氏族略第六·生而有文第十三》曰："南氏，《姓源韻譜》云，盤庚妃姜氏，夢龍入懷，孕十二月而生，手把'南'字，長封荆州，號'南赤龍'。"則此"長"字後或脱"封"字。

條。條孫仲,爲紂將,平獫狁之難。宫括[①],爲周文王臣,封南陽侯。宫括生邵,爲成王大司馬,封白水侯。邵生宫,宣王時爲南陽侯。又宫生伯,莊王時爲上大夫。春秋時有周大夫南季聘魯,宜爲宫之子、伯之父兄。其後魯有南蒯、南遺。漢有南季,傳西京曹元禮算術。唐肅宗時,給事中南巨川,望出河東;開府儀同三司南霽雲,望出魏郡頓丘,霽雲生涪州刺史承嗣[②]。

男

謹按:周初有定州僞將男在貴,江南人。是男爲人姓,而姓書未收也,今增入。

堪

出自高辛氏。才子八元,其一曰仲堪,子孫以王父字爲氏。

南郭

出自齊大夫,居國之南郭,因氏焉。春秋時,齊大夫南郭偃,會晉而逃歸。又景公子鉏奔魯,亦謂之南郭鉏于。莊子時有南郭子綦,生八子,召九方歅相之。

南宫

其先有食邑南宫者,以邑爲氏。唐冀州南宫縣,即其地也。春秋時,宋大夫有南宫長萬,生南宫牛。又魯孟獻子生閲,一名

---

① 錢氏曰:"案《尚書·君奭》傳,南宫氏,括名。《正義》及邢昺《論語疏》皆從之。《顧命》有南宫毛。昭二十三年《傳》有南宫極,注云'周卿士',當即括後。《國語》稱文王即位,咨于二虢,度于閎夭,謀于南宫,以'南宫'連屬,明係複姓。此以爲姓南名宫括,謬甚。"

②《四庫》本原注:"按《辯證》于東姓云:中國有東、西、南氏,高麗有北氏,必其先皆以方爲氏。而此條所引,並不言方,蓋以《姓纂》誤爲《辯證》也。今仍舊本。"

縚,字适,謂之南宫敬叔[①]。必以所居爲稱,非南宫氏。舊説文王臣南宫适,亦非複姓。

南史

出自齊大夫,居國之南,以居爲氏,謂之南史氏。《春秋》,齊崔杼弑莊公,南史氏聞太史盡死,執簡以往,將書崔杼罪者,即其家也。

南鄉

晉國高士全,隱於南鄉,因以爲氏。後漢羽林太監南鄉槐。

南榮

《姓源韻譜》曰:古有善曝背於南榮者,獻之於君,因以爲氏。

二十三談

談

六國時有談生。《蜀録》云:石季龍有將軍談玄。唐太宗時,嶺南酋長馮盎、談殿迭相攻擊。其後望出吴郡。今望出梁國廣平。

郯[②]

出自嬴姓,少昊氏之後,封國於郯。春秋時,郯子朝魯,能言,

---

①《四庫》本原注:"按孔子弟子氏南宫者,曰括、曰适、曰縚、曰説、曰閲,皆字子容,而名有五。明夏宏基輯《孔門弟子傳略》,以南宫适、括、縚字子容爲一人,以仲孫閲、説字南宫敬叔者爲一人。朱彝尊曰:攷《春秋名號歸一圖》,有仲孫閲,即南宫敬叔,而不及括、縚,則夏説似可從。《史記索隱》、《家語》、《世本》、《説苑》諸書,説雖不一,然《古今人表》既有南容,又有南宫敬叔。師古注於南宫則云南宫縚,於敬叔則名南宫适,是孔門弟子之列,有二南宫已皎然矣。又考閲乃僖子之子,則作獻子之子亦誤。"

② 郯　《四庫》本原注:"音談。"

少昊氏以鳥名官。魯女嫁郯,謂之郯伯姬。其後國亡,子孫以國爲氏,而世居沛。

甘

姬姓。周惠王少子太叔帶,食采於甘,謂之甘昭公。生成公。成公生簡公及悼公甘過。成公孫平公鰌。鰌生桓公。又有甘歜,敗戎于邥垂,及甘大夫襄,皆其族。

唐時,望出洹水、丹陽、長樂、富水。

㚲

《姓苑》:音甘。

儋[①]

出自姬姓。周簡王少子曰儋季,以字爲氏。季生括。又有儋翩。皆爲周大夫。

聃[②]

出自姬姓。周文王少子載,字季,爲成王大司空,封國於聃,謂之聃季。後以國爲氏,仕周爲大夫,春秋時,尹氏訟聃啓于晉是也[③]。聃一作耽。又鬬章囚鄭聃伯。鄧有聃甥。

澹臺

孔子弟子澹臺滅明,字子羽,魯國武城人。裔孫伯敬[④],爲漢

---

① 儋 《四庫》本原注:"音耽。"

② 聃 《四庫》本原注:"音耽。"

③ 尹氏訟聃啓于晉是也 原文見《春秋左傳正義》卷一九經十四年七月:"周公將與王孫蘇訟于晉,王叛王孫蘇,而使尹氏與聃啓訟周公于晉。"此或存脱誤。

④ 澹臺伯敬 《通志二十略·氏族略第五》作"澹臺敬",《後漢書》卷七九下《儒林傳·薛漢》作"澹臺敬伯",則"伯敬"倒誤。

博士,會稽人。

甘先

出《姓解》。

甘莊

出《姓解》。

三州

《元和姓纂》曰:三州孝子之後,亦單姓州。

三飯

《元和姓纂》曰:繚適蔡,干適楚,缺適秦,後皆氏焉。

三伉

《元和姓纂》曰:宋子姓,微子之後。

三種

出《姓苑》,云人複姓。

亞飯

四飯

二十四鹽

鹽

《魯國先賢傳》有鹽津,爲北海相,因居之。

閻

出自姬姓。昭王少子,生而有文在其手,曰"閻"。康王封於閻城,晉滅閻,子孫散處河洛[①]。前漢末,居滎陽。尚書閻[②]暢,侍中、北宜春侯,三子:顯、景、晏。顯,車騎將軍、長社侯。顯生穆,避難,徙於巴西之安漢。顯孫甫,魏武帝封爲平樂鄉侯,復居河南新安,生牂牁太守璞。璞生晉殿中將軍、漢中太守讚。讚生遼西太守亨。亨生北平太守、安成亭侯鼎,字玉鉉[③],死劉聰之難。子昌,奔于代王猗盧,遂居馬邑。孫滿,後魏諸曹大夫,自馬邑徙河南。滿孫善,龍驤將軍、雲中鎮將,因居雲州盛樂,生車騎大將軍、燉煌鎮都大將提,提生盛樂郡守進。進少子慶,字仁度[④]。後秦天水閻遵,爲姚萇大將軍掾。又有越騎校尉閻生,征南主簿閻恢。後蜀李特,以晉始昌令、巴西閻式爲謀主。後凉有祁連都尉閻襲。又吕隆遣母弟、愛子、文武舊臣閻松等五十餘家,質于長安。

唐貞觀所定太原郡十姓,有閻氏。

廉

孔子弟子廉潔,字子庸,衛人。趙相信平君廉頗,後居趙郡。

---

① 錢氏曰:"案《唐·世系表》,閻氏有三説,一云太伯曾孫;一云昭王少子;一云唐叔虞之後,晉成公子懿,食采于閻邑,晉滅,子孫散處河洛。此合第二説、第三説爲一,誤。或'閻城'下有脱文。"

② 尚書閻　錢氏曰:"案《唐·世系表》,此下當脱'章生'二字。"今按:《新唐書》卷七三下《宰相世系表·閻氏》:"尚書閻章,生暢,侍中、北宜春侯。"今本《姓纂》卷五《二十四鹽·閻》曰:"漢尚書閻章,生暢,侍中、宜春侯。"錢説是。

③ 顯孫甫……字玉鉉　《新表·閻氏》同。《新表集校》卷三《閻氏》訂譌曰:"甫,《晉書·閻纘傳》名圃。讚,《晉書》名纘。鼎字玉鉉,《晉書》本傳字臺臣。又《晉書·閻纘傳》:纘,巴西安漢人,僑居河南新安。不言有孫鼎。《閻鼎傳》:鼎,天水人。不言其祖爲纘。且《纘傳》:纘子亨爲遼西太守,不能之官,依青州刺史苟晞,後爲晞所害。不言其子爲鼎。此段疑牽附。"今存一説。

④ 字仁度　錢氏曰:"案《唐·世系表》,慶,後周小司空、上柱國、石保成公,再傳至立本,相高宗。此'字仁度'下疑有脱文。"

漢興,以豪宗自苦陘徙京兆杜陵。或居隴西襄武,世爲邊郡守。後秦有侍御史廉桃生。

詹

謹按:《元和姓纂》曰“詹尹之後”,誤矣[①]。

占

出自嬀姓,陳公子完裔孫書,字子占,後人以字爲氏。

苫

出自魯家臣苫夷,字越,生子曰陽州。

淹

近世豫章人有此姓,不知其所自出。

潛

宋有潛友成,登進士第。

黚

齊隱士黚敖之後。《後漢·劉永傳》有方與人黚陵,斬逢萌,封關内侯。

鍼[②]

出自嬀姓,陳僖公之孫鍼子,以所食邑爲氏。其孫莊子爲衛大夫。八世孫宜臼奔楚,爲箴尹。

---

①《四庫》本原注:“按詹氏,周有詹父、詹桓伯,云出自周宣王支子,封爲詹侯。晉有詹嘉,虢有詹父,鄭有詹伯,俱在詹尹之先。《姓纂》之説,固未該括,名世辯其誤,而不詳所自出。今擬增入。”

② 鍼　《四庫》本原注:“音鈐。”

瞻葛

《英賢傳》曰：有熊氏之後。《世本》宋景公有大夫瞻葛祁，其後齊人語訛，以瞻葛爲諸葛。

鍼巫

魯大夫鍼巫氏，莊公三十二年，使叔牙待命于其家，使鍼季酖之是也。姓書云鍼巫或去邑爲鍼氏，蓋指鍼季言之。

黚婁

劉向《列女傳》有黚婁先生，古賢者。謹按：揚子《法言》曰"顏淵黚婁"，似其人黚姓婁名，未知《姓纂》何據以爲複姓。

箝耳①

箝亦作鉗，西羌複姓也。狀云周王季後，爲虔仁氏，音訛爲箝耳。魏太師宇文泰，遣安州長史鉗耳②康買，使于王琳。唐明皇遣哥舒翰守潼關，以箝耳大福爲屬將。又隋恒山郡九門縣令鉗耳君《清德之頌》③云："君名文徹，華陰朝邑人，本周王子晉之後。避地西戎，世爲君長，因以地爲姓。曾祖静，仕魏爲馮翊太守。祖郎④，成、集二州刺史。父康，周荆、安、寧、鄧四州總管别駕，安陸、龍門二郡守。大業六年建碑。"

---

①《四庫》本以鍼巫、黚婁、箝耳爲序，錢氏以爲據《廣韻》，當以箝耳、黚婁、鍼巫爲序。今仍《四庫》本舊序編次。

②鉗耳　原文作此，下文亦有"鉗耳君"。參錢氏校本，兩處均作"箝耳"，是，此蓋傳寫之誤。

③鉗耳君《清德之頌》　據王仲犖著《北周地理志》卷五《山南下・安州》安陸郡注："北周任安陸郡守者，見歐陽修《集古録跋尾・隋恒山郡九門縣令箝兒君清德之頌》：父康，周安陸、龍門二郡守。"此"鉗耳"應作"箝兒"。

④郎　錢氏云："宋殘本作'朗'。"

二十五添

謙

乞伏熾盤以鎮南將軍謙屯爲都督河右諸軍事，又以凉州刺史謙屯爲鎮軍大將軍、河州牧。

兼

《姓源韻譜》曰：衛公子兼之後，氏焉。

二十六咸

咸

出自商賢相巫咸之後，以字爲氏。唐開元殿中侍御史咸廣業，世居東海臨朐。

函[1]

《姓苑》：漢有豫章太守函熙。謹按：《周官》攻皮之工，有函人爲甲者，或以世官爲氏。

咸丘

自魯大夫[2]食邑咸丘，因以爲氏，其地高平鉅野縣東咸亭是也。

函輿

《元和姓纂》曰："晉范皋夷食采函輿，因氏焉。"

---

① 函　《四庫》本原注："音含。"

② 自魯大夫　錢氏校本"自"上有"出"字，較勝。

函洽

《姓苑》有此氏。今詳“洽”、“冶”二字相似,未必非“函冶氏”字畫訛也。

二十八嚴

嚴

三國時,魏有嚴顔。後秦有吏部郎嚴康。後蜀李特以嚴抂爲謀主[①]。後凉祁連都尉嚴純。

二十九凡

凡閻

《姓苑》云:唐叔之後。今東莞多此姓。

① 嚴抂爲謀主　據《晉書》卷一二〇《載記·李特》作“李遠、李博、夕斌、嚴檉、上官琦、李濤、王懷等爲僚屬,閻式爲謀主,何巨、趙肅爲腹心”,則此作“抂”誤,應作“檉”。錢氏校本作“拴”,亦誤。又“謀主”,當作“僚屬”。

古今姓氏書辯證卷二十一

上　聲

一董

董

出自己姓。黄帝之後,封國於飂。其君叔安者,有嫡子曰董父,學擾龍以事帝舜,賜姓曰董,爲豢龍氏。其後有鬷夷氏。至周,太史辛有之,二子適晉,與孫伯黶共司晉典籍,以其董督晉史,又爲董氏,《春秋傳》云晉有董史是也。晉文公時有大夫董因。後有良史董狐,大夫董叔,趙氏臣董安于。其後有董子名無心,著書難墨子。又項羽封將董翳爲翟王,都高奴,翳孫遂居隴西。《漢·高祖功臣表》有成敬侯董渫,傳國四世。武帝功臣有散侯董金吾,以匈奴都尉降。子安漢、孫賢,皆嗣侯。是時匈奴無董姓,必中國人陷虜而歸者。後漢陳留人屯田都尉董禮[①],娶蔡琰女。公孫述時,牂牁大姓董氏,保境爲漢,被褒賞。西羌殺漢中太守董炳。後蜀李班以隴西董融爲賓友。又有太師董皎。後涼吕光以隴西董光爲軍佐,以討西域。後燕有博士董謐。南燕

---

① 董禮　據《後漢書》卷八四《列女》有董祀傳,此作"禮"誤。

有尚書令董鋭。唐元和有荆南[1]從事董侹，字庶中，有《武陵集》。范陽董秦，檢校司空、平章事。唐中書門下平章事董晉，河東人。

又松外蠻數十姓，趙、楊、李、董爲貴族。

孔

謹按：春秋時衛有孔氏，出自姞姓[2]，仕衛爲大夫，孔嬰齊後有莊叔孔達，成子孔烝鉏，生頃叔孔羈。羈生孔文子孔圉。圉子孔悝，字叔。陳孔氏出自嬀姓。公孫寧謂之孔寧。寧之後，有孔奂。鄭孔氏有孔叔、孔將鉏，不知其所出。又穆公子嘉之後，有孔氏。今依《元和姓纂》分爲子孔氏，不列於此。

孔父

《元和姓纂》曰："微子之後。宋大司馬孔父嘉，亦爲孔氏。"

二腫

隴

《姓苑》曰：宣城人。

奉

出《姓苑》。謹按：《後漢·獨行·戴就傳》，光禄奉肹上就爲主事[3]。

勇

出《姓苑》。

---

① 荆南　劉禹錫《故荆南節度推官董府君墓誌銘》(《全唐文》卷六一〇)作"荆州"。

② 出自姞姓　今本《姓纂》卷六《一董·董氏》作"出自孔姓"，岑校曰："'孔'訛，《備要》一二、《新書》七、《類稿》三四均作'子姓'。"與此異。

③ 此句出《後漢書·獨行傳·戴就》注引《風俗通》。

拱

今撫州臨川民有此姓,不詳所自出。

三講

項

出自古諸侯項國,其地汝陰項縣,今項城是也。魯僖公十七年,滅項,取其地。楚考烈王滅魯,封其將於項,因以爲氏。《西京雜記》有項瑫及其子陸,傳曹元理算術於南季。《三輔決録》,安陵項仲山,每飲馬渭水,常投三錢。唐江東人項斯,字子遷,能詩。楊祭酒詩云:"平生不解藏人善,到處逢人説項斯。"會昌中,爲丹徒尉。

四紙

紙

河南紙氏:《後魏·官氏志》,渴侯氏改爲紙氏[①]。

扺[②]

僧道世撰《法苑珠林》:晉有扺世常,中山人。謹按:姓書未有此氏,今增入。

氏

宋有起居郎氏居方。河中府虞鄉令氏昭度。

---

① 錢氏曰:"按'紙',十九侯'侯'字條注作'侯',《廣韻》四紙引與此同。今本《官氏志》作'緱'。"

② 扺 《法苑珠林》卷二八《神異篇第二十·雜異部第五·感應緣》有晉居士扺世常。此"扺",掌氏切,音紙,紙韻。

委

《周禮》有委人,掌斂甸稍芻薪之賦,以共委積。後以世官爲氏。漢有太原太守委進。

蛾[①]

晉大夫蛾析,見《左傳》。《姓源韻譜》以爲音俄,誤矣。

蔿[②]

出自芈姓。楚公族大夫,食邑於蔿,因以爲氏[③]。《左傳》僖二十七年,子玉治兵於蔿,即其地也。春秋時,蔿吕臣,字叔伯。生賈,字伯嬴。賈生蔿艾獵,一名敖,字孫叔。孫叔從孫子憑,生掩,爲大司馬。自吕臣至子憑,四人皆爲令尹,故蔿氏世爲楚大夫[④]。東周時,周大夫子國食邑於蔿,謂之蔿國,然不以爲氏。《元和姓纂》曰"士蔿之後",誤矣。蔿爲晉大夫,姓士氏。

闖[⑤]

《集韻》、《廣韻》皆曰人姓,今存之,然已誤矣。《姓源韻譜》

---

① 蛾 《四庫》本原注:"音蟻。"

② 蔿 《四庫》本原注:"音委。"

③ 楚公族大夫,食邑於蔿,因以爲氏 今本《姓纂》卷六《四紙·蔿氏》作"晉士蔿之後,以王父字爲氏",與此異。詳見岑校。

④《四庫》本原注:"按《左傳》桓公六年,楚武王侵隨,使薳章求成焉。而《唐書·世系表》云:蚡冒生蔿章,然則薳、蔿字同,而薳章爲蔿氏之始。《辯正》謂蔿吕臣生蔿賈,以僖公二十七年《傳》有蔿賈尚幼之文,遂意爲吕臣之子。《世本》及杜預注皆未詳其系也。蔿艾獵即孫叔敖,爲蔿賈之子,服虔、杜預之説同。蔿子馮,《世本》爲蔿艾獵之子,杜預爲蔿艾獵之從子,説不同。《辯證》所引,世次井然,以爲祖禰,或出臆説。"

⑤ 闖 《四庫》本原注:"音委。"

曰《國語》有闖大夫，誤矣，《國語》無此人[1]。謹按《魯語》曰："公父文伯之母，季康子之從祖母也。康子往焉，闖門與之語。"注：闖，闢也；門，寢也。此謂婦人能遠嫌爾，安得爲人氏乎？

蔿[2]

出自芈姓。楚蚡冒生王子章，字發鉤，以艸爲氏，謂之蔿章。其後有靈王令尹蔿罷，字子蕩。太宰蔿啓彊，寢尹蔿射，工尹蔿固，亦曰蔵尹。周大夫蔿洩、蔿居、蔿越，皆名顯諸侯。或云蔿、蔦一也，字通於蔦，故子憑及其子掩，亦或以爲氏。當時史册互見，故别爲兩族。

寪[3]

于委切。魯大夫姓。《左傳》魯隱公祭鍾巫，館于寪氏是也。

䚗

丑豕切，音褫。姓書未有。謹按：《列子》"古善聽者䚗俞"，今增入。

芈

綿婢切。出自顓帝，生稱。稱生卷章。卷章生重黎。重黎誅弟吴回，代爲祝融，是爲火正。吴回生陸終。陸終生子六人，皆剖拆而産，其六曰季連，爲芈姓，楚其後也。季連生附沮。附沮生穴熊。其後中微，或在中國，或在夷狄，弗能紀其世。周文王時，穴熊裔孫鬻熊，佐文王有功。成王舉文武勤勞之後，得鬻熊孫熊

①《國語》無此人　今本《姓纂》卷六《四紙·闖氏》作"《國語》有闖大夫"，岑校考證以爲誤。

② 蔿　《四庫》本原注："音委。"

③ 寪　《四庫》本原注："音委。"

繹[①],封於荆蠻,食以子男之田,賜姓羋氏,以奉祝融、鬻熊之祀。國於丹陽,其地南郡枝江是也。荆小而僻在深山,蓽路藍縷,以啓山林。熊繹生熊艾。熊艾生熊黖。熊黖生熊勝。熊勝以弟熊楊爲後。熊楊生熊渠。熊渠三子:長子熊毋康早死,中子熊摯紅代立,其弟執疵弑而代之,號曰熊延。熊延生熊勇。熊勇以弟熊嚴爲後。熊嚴四子:伯霜、仲雪、叔堪、季徇。長子伯霜代立,是爲熊霜。其後仲雪死,叔堪避亂於濮,少弟季徇代立,是爲熊徇。生熊咢。熊咢生熊儀,是爲若敖。楚人以敖爲尊稱,故君卒而不成禮以終之者,皆謂之敖。若敖生熊坎,是爲霄敖。霄敖生熊眴,是爲蚡冒。蚡冒弟熊通弑而代立,僭號楚武王。武王生文王熊疵,始都郢。文王生熊囏,是爲堵敖。其弟熊頵弑之而代立,是爲成王。生太子商臣及王子職,商臣弑成王自立,爲穆王。穆王生莊王熊旅。莊王生共王熊審。共王無嫡子,有庶子五人:招、圍、比、黑肱、棄疾。招立爲康王,生郟敖員。郟敖生幕及平夏。公子圍弑其父子而自立,是爲靈王熊虔。熊虔生太子禄、公子罷敵。靈王死於乾谿,公子比殺其二子而自立。比字子干,是爲訾敖。以其弟黑肱爲令尹,所謂令尹子皙者也。公子棄疾殺子干、子皙而自立,更名熊居,是爲平王。平王生建、啓、壬。太子建,字子木,費無極譖之,奔鄭,生白公勝。公子啓,字子閭,五讓不爲王。平王薨,立少子壬,是爲昭王熊軫。昭王賢而知大道,失國而復得之。生章及子良。章代立爲惠王,生簡王中。中生聲王當。當生悼王熊疑。熊疑生肅王臧及宣王熊良夫。良夫生威王熊商。商生懷王槐。懷王爲秦所詐,留死於秦,國人立其太子横爲頃襄王。頃

① 孫熊繹　錢氏曰:“案《楚世家》,鬻熊子熊麗,熊麗生熊狂,熊狂生熊繹。此‘孫’,疑當作‘曾孫’。”

襄王生幽王及哀王猶。猶庶兄負芻王五年,秦虜之而滅楚,以其地爲郡縣,而楚之子孫仍芈姓。

《漢·藝文志》,七十子之後有芈子,名嬰,著書十八篇。唐開元中,有隋右衛將軍芈雄曾孫端,爲金吾司戈①。

謹按:春秋楚王子、公子雜見於《左傳》者,令尹子元、息公子朱、公子穀臣、公子燮、公子茂。令尹子嬰齊,字子重;司馬公子側,字子反;太宰公子辰,字子商;令尹公子壬夫,字子辛;司馬公子午,字子庚。令尹公子追舒,字子南,生棄疾。司馬公子魚,字子魴。司馬公子何忌。申公王子牟、左尹公子勝、公子丙、公子馮、公子申、公子成、公子平、公子罷、公子寅、公子槖師、公子罷戎、公子茂、公子宜穀、公子格、公子齮、公子繁、公子慶、公子寬、司馬公孫何忌。凡三十二人,皆不知誰之子。又令尹公子申,字子西,生令尹寧,字子國,及武城尹公孫朝;昭王兄公子結,字子期,謂之司馬之期,生寬及平;而白公之弟曰王孫燕,凡三家七人。又《史記》,秦王後宮曰芈八姓②,號宣太后,其弟曰穰侯魏冉③。涇陽君、葉陽君,皆楚後芈氏。

是連

北齊文宣帝有黄門郎是連子暢。代北是連氏,隨魏南徙,孝文太和中,改爲連氏,望出河南。

---

① 金吾司戈　今本《姓纂》卷六《四紙·芈氏》作"唐金吾將軍",與此異。

② 芈八姓　《史記》卷七二《穰侯列傳第十二》:"秦武王卒,無子,立其弟爲昭王。昭王母故號爲芈八子,及昭王即位,芈八子號爲宣太后。"據《漢書》卷九七《外戚傳》注引《前漢書》:"漢興,因秦之稱號……又有美人、良人、八子、七子、長使、少使之號。"則"八子"乃官名,此作"八姓",誤。

③ 穰侯魏冉　《史記》卷五《秦本紀》、卷七二《穰侯傳》作"魏冄"。蓋"冄"乃"冉"本字,古多通用。

是婁

代北是婁氏,後改爲河南高氏。

是賁

代北是賁氏,後改爲河南封氏[①]。

是人

《姓解》曰:《北齊·方技傳》,由吾道榮學於是人氏[②]。

是云

西魏有開封是云寶。

是奴

代北是奴氏,後改爲是氏[③]。

倚相

楚左史倚相之後。威王時,有倚相季文,爲士官。

五旨

比

《姓解》曰"商有少師比干",誤矣。謹按:商,姓子氏;比干者,王子之名。按此則世無比氏,合駁去。

---

① 後改爲河南封氏　今本《姓纂》卷六《四紙·是賁》作"改爲兒氏",岑校以爲誤。

②《四庫》本原注:"案《北齊·方技傳》:由吾道榮少好道法,聞晉陽人某明筭術,乃尋是人,爲其家傭力以學道。則'是人'乃'此人',非姓也,此誤。"

③ 後改爲是氏　《魏書》卷一一三《官氏志》曰"是云氏,後改爲是氏",《通志二十略·氏族略》亦同,今本《姓纂》卷六《四紙·是奴》作"改爲封氏"。《辯證》此説未知所本,存疑。

矢

出《姓苑》。

履

出《姓苑》。

癸

出自姜姓，齊癸公之後，氏焉。

視[①]

出《姓苑》。

壘[②]

後趙有壘澄，本姓裴氏，後改焉。謹按：《左傳》裴音非，蓋後世聲轉爲匪，而又改之也。

水丘

《漢·酷吏傳》，薛宣收大姓公孫丹親黨繫獄，使門下書佐水丘岑盡殺之。注：水丘，姓；岑，名。

登北

《元和姓纂》曰：國名也，女爲舜妃者，後爲氏[③]。

---

① 此條錢氏校本依《廣韻》移次於比氏條之前，今仍《四庫》本舊序編次。

② 此條錢氏校本依《廣韻》移次於履氏條之後，今仍《四庫》本舊序編次。

③ 登北　《四庫》本原注："案《山海經》，舜妃登比氏，一曰登北氏。蓋皆字形之訛。"今按：《通志二十略·氏族略第二·一國爲氏》作"癸北氏，國名，女爲舜妃"；錢氏校本作"癸北"，今本《姓纂》卷六《五旨》亦作"癸北"（係羅振玉據《古今姓氏書辯證》補，但所據應非《四庫》本）。則登比、癸北形近易訛，存疑。

六止

市

《戰國策》曰：燕有將軍市被。謹按：《周官》司市之後，必以官爲氏。

紀

出自姜姓，炎帝之後，封爲紀侯，其地東莞劇縣是也。紀侯嘗譖齊哀公于周，周烹之。《春秋》魯莊公四年，齊襄公復九世之讎，滅紀，紀侯義不下齊，大去其國，君子善之。子孫以國爲氏。又北燕有尚書紀達。

祀

謹按：故事，咸平五年十一月，賜京城父老祀道巖爵公士。道巖百十九歲，率父老百五十四人上尊號。上嘆其壽考，故奬之。或云祝道巖也。

似

《後魏·官氏志》：似先氏改爲似氏[①]。

己

出自黄帝子，得姓者十四人，而青陽、夷鼓同爲己姓。青陽，少昊氏也。夏諸侯有蘇氏，周諸侯有郯子，皆其後。有蘇氏女女於紂，謂之妲己。

姒[②]

出自黄帝子昌意，其後曰顓帝，生崇伯鯀。鯀生伯禹，爲堯司

---

① 錢氏曰："按今《官氏志》無此文。"

② 此條錢氏依《廣韻》移置己氏條前，今仍《四庫》本舊序編次。

空，宅舜百揆。舜薦之於天者，十有七年，終踐天子之位。周王子晉論其功曰："伯禹釐改制量，象物天地，比類百則，儀之于民，而度之于群生。故天無伏陰，地無散陽，水無沉氣，火無災燀，神無閒行，民無淫心，時無逆數，物無害生。皇天嘉之，祚以天下，賜姓曰姒，氏曰有夏，謂其能以嘉祉，盛富生物也。"韋昭注曰："姒猶祉也。"

禹爲夏后氏，生帝啓。啓生太康、仲康。仲康生相。相生少康。少康生帝子[①]。帝槐。帝槐生芒。芒生泄。泄生帝不降、帝扃。扃生廑。廑崩，立帝不降之子孔甲。孔甲生皋。皋生帝發。發生履癸，是爲桀。桀無道，成湯放之於南巢，夏絶不祀。

至周武王克商，下車而求禹後，得東樓公，封之於杞。杞自東樓公已降，世系皆具《史記》。生成公及桓公姑容[②]。姑容生孝公丏、文公益姑、平公郁釐。郁釐生悼公成。成生隱公乞、僖公過。過生湣公。皆與諸侯會盟。桓公，成公之弟，以魯僖公二十四年即位，襄公六年卒，在位七十年[③]。春秋時諸侯，享年久長未有如杞桓公者。又夏后少康庶子，封於會稽，自號於越。越子允常及其子越王句踐。句踐太子適郢，及鄫、沈二國之君，亦見於《春秋》，皆姒姓。又《左傳》載少昊子臺駘，封諸汾川，沈、姒、蓐、黄，實守其祀者。姒乃國名，非姓也。

---

① 帝子　據《史記》卷二《夏本紀》應作"帝予"，"帝少康崩，子帝予立。帝予崩，子帝槐立。帝槐崩，子帝芒立"。又錢氏校云"此下脱'帝予生'三字"，是。

② 生成公及桓公姑容　錢氏曰："案《史記・杞世家》，東樓公七傳至德公，德公卒，弟桓公姑容立。《集解》、《索隱》並引《系本》云'惠公生成公及桓公'；小司馬云：'此系家脱成公一代，故云弟桓公姑容立。'詳鄧氏此文，似從《世本》，但'生成公'上當有脱文。"

③ 七十年　錢氏曰："徐廣、小司馬引《世本》俱作'十七年'。"

史

周太史佚之後,以官爲氏。鰌字子魚,其族朝,生文子狗,皆仕衛爲大夫。漢魯國史恭生高、玄①。高,大司馬、樂陵安侯,二子:術、丹。丹,左將軍、武陽頃侯。孫均。均子崇,自杜陵受封溧陽侯②,遂爲郡人。崇裔孫宋樂鄉令史瓌。瓌七世孫務滋③,相唐武后,生清河令惟肖,是爲宣城史氏。又丹裔孫後漢歸義侯苞,晉永嘉亂,避地河西建康,是爲建康史氏。又有高容史氏、京兆史氏,皆丹後。而京兆有隋太平公萬歲。陳留考城史氏,漢京兆尹敞之後。河南史氏,本代北阿史那氏改焉。又後漢漢陽太守史充,領護羌校尉。後凉吕隆以文武舊臣史難等五十餘家,質於長安。南凉祠部郎中史暠,爲文武之秀傑。

使

師古曰:使,姓也,字或作史。事見下平聲二僊便氏。

李

出自嬴姓。顓帝高陽氏生大業。大業生女華。女華生皋陶④,字庭堅,爲堯大理,生益。益生思成⑤。歷虞、夏、商,世爲大理,以官命族,爲理氏。至紂之時,理徵字德靈,爲翼隸中吴伯,以直道不容於紂,得罪而死。其妻陳國契和氏與子利貞,逃難於伊侯之墟,食木子得全,遂改理爲李氏。利貞亦娶契和氏女,生昌

---

① 史恭生高、玄　錢氏曰:"案《唐・世系表》,史恭三子:高、曾、玄。"

② 溧陽侯　今本《姓纂》卷六《六止・史》作"溧陽子",與此異。

③ 瓌七世孫務滋　錢氏曰:"案《唐・世系表》,務滋,瓌八世孫。"今按:今本《姓纂》卷六《六止・史》作"九代孫",未知孰是。

④ 大業生女華,女華生皋陶　《史記》卷五《秦本紀》:"大業取少典之子曰女華,女華生大費。"則女華乃大業之妻,非其女,此應誤。

⑤ 思成　《新唐書》卷七〇上《宗室世系表》作"恩成"。

祖,爲陳大夫,家於苦縣。五世孫乾,字元果,爲周上御大夫。娶益壽氏女嬰敷,生耳,字伯陽,一字聃,周平王時爲太史,著《道德經》八十一章。唐明皇用方士説,尊爲聖祖混元上德皇帝。伯陽後有李宗,字尊祖,魏封於段,爲干木大夫,一云伯陽子宗,仕魏,封於段干。生同,趙相兑[①],生躋,趙安陽君[②],二子:曰雲、曰恪。恪生洪,字道弘,秦太子太傅。生興族,字育神,一名汪。秦將軍生曇,字季遠[③]。趙柏人侯,入秦爲御史大夫,葬柏人西,生四子:崇、辯、昭、璣。崇爲隴西房,璣爲趙郡房。

崇字伯祐,隴西南鄭公,二子:長曰平燕;次曰瑶,字内德,南郡守、狄道侯,生信,字有成,大將軍、隴西侯。信生超,一名伉,字仁高,漢大將軍、漁陽太守。二子:長曰元曠,侍中;次曰仲翔,河東太守、征西將軍,討叛羌于素昌,戰没,贈太尉,葬隴西狄道東川,因家焉。生伯考,隴西、河東二郡太守。生向,成紀令,因居成紀。弟尚,范陽房始祖也。尚生廣,前將軍,猿臂善射,才氣天下無雙,匈奴畏之,號“飛將軍”。三子[④]:長當户,生陵,字少卿,降匈奴者;次曰椒;次曰敢,字幼卿,郎中令、關内侯。生禹、忠。忠,頓丘房始祖也。禹字子通,生丞公,河南太守。生先,字敬宗,蜀郡、北平太守。生長宗,字伯禮,漁陽丞。生君况,字叔干,一字

---

① 生同,趙相兑　錢氏曰:“案《唐·宗室世系表》,當作‘同生趙相兑’,此疑有脱文。”今按:《新唐書·宗室世系表》作“生同,爲趙大將軍。生兑,爲趙相。生躋,趙陽安君”,則此“生同”後脱“生”等字。

② 趙安陽君　據上引《宗室世系表》作“趙陽安君”;又據［元］李元贊撰《皇西祖碑序》(《全元文》卷一〇四三):“曾孫宗仕魏,封邑於段干。宗生同,爲趙將軍。同生克(即兑),爲趙相。克生齊(即躋),封陽安君。齊二子:曰雲、曰恪。”則“躋”應爲“陽安君”,此作“安陽”應誤。

③ 季遠　《新唐書·宗室世系表》作“貴遠”,與此異。

④ 三子　《新唐書·宗室世系表》作“二子”,無“次曰椒”者,與此異。

子期，太中大夫。生本，字上明，侍御史。生次公，字仲君，巴郡太守、西夷校尉。弟恬，渤海房始祖也。次公生軌，字文逸，魏臨淮太守、司農卿。弟潛，申公房始祖也。軌生隆，字彦緒，長安令、積弩[①]。生艾，字世績，晉驍衛將軍、衛郡太守[②]。生雍，字雋熙[③]，濟北、東莞二郡太守，二子：長曰倫，丹楊房始祖也；次曰柔，字德遠，北地太守。雍孫蓋，安邑房始祖也。柔生弇，字季子，前涼天水太守、武衛將軍、安西亭侯。生昶，字仲堅，涼太子侍講。生暠，字玄盛，西涼武昭王興聖皇帝，十子：譚、歆、讓、愔、恂、翻、豫、宏、朓[④]、亮。愔，鎮遠將軍房始祖也；其曾孫系，平涼房始祖也。翻，孫三人：曰丞，姑臧房始祖也；曰茂，燉煌房始祖也；曰冲，僕射房始祖也。曾孫曰成禮，絳郡房始祖也。豫玄孫曰剛，武陵房始祖也。

歆字士業，西涼後主，八子：勗、紹、重耳、弘之、崇明、崇産、崇庸、崇祐。重耳字景順，以國亡奔宋，爲汝南太守。後魏克豫州，以地歸之，拜弘農太守，復爲宋將薛安都所陷[⑤]，後魏安南將軍、豫州刺史，生獻祖宣皇帝熙，字孟良，後魏金門鎮將。生懿祖光皇帝，諱天錫，字德真，三子：長曰起頭，長安侯，生達摩，後周羽林監、太子洗馬、長安伯，其後無聞；次曰太祖；次曰乞豆，後魏定州刺史房。

太祖景皇帝虎，字文彬，後周柱國大將軍、唐國襄公，八子：

---

① 積弩　《四庫》本“積弩”後脱“將軍”二字，錢氏校本有補。

② 衛郡太守　《新唐書·宗室世系表》作“魏郡太守”。考《晉書》無衛郡之設，此應誤。

③ 雋熙　《新唐書·宗室世系表》作“儁熙”。

④ 朓　《新唐書·宗室世系表》作“眺”。

⑤ 復爲宋將薛安都所陷　據《魏書》卷六一《薛安都傳》，重耳（李拔）被俘後，“及世祖臨江”，乃得還魏復任。則此後應有脱文。

長曰延伯,生於東山,其後太祖入關,延伯仕北齊,爲散騎常侍。武德四年,追封南陽伯,附屬籍,貞觀初罷之。與姑臧、絳郡、武陽公三房,號“四公子房”。至開元二十三年,復附屬籍曰南陽公房,屬籍曰蔡王房、譙王房、畢王房、雍王房、郇王房、大鄭王房。

蔡王房:蔡王蔚,周朔州總管、襄武縣公,生西平懷王安。安生平原王瓊、霍山王珽、襄武郡王琛、河間元王孝恭、濟北郡王瑊、漢陽王瓌、濟南王折。折生廬江王瑗。畢王房:畢王璋,生永安壯王孝基。雍王房:雍王繪,生長平王贄。贄生淮陽王道元、淮陽王道明、江夏王道宗。郇王禕[①],生武陵王伯良、長平肅王叔良、中山王仲良、新興王德良、長樂王幼良。叔良曾孫、揚州參軍思誨[②],生姦臣林甫,相明皇。大鄭王房:鄭孝王亮,生淮南靖王神通、襄邑恭王神符。

代祖元皇帝諱昺,周安州總管、柱國大將軍、唐國仁公,四子:長高祖,次代王澄,次蜀王湛,次漢王洪。梁王至曾孫而絶。蜀王房後爲渤海王房,湛生襄城王容兒、渤海恭王奉慈。

高祖神堯大聖大光孝皇帝二十二子,分十五房:曰楚王智雲、荆王元景,皆無後。徐王元興[③],曰徐王房,至五世孫絶。韓王元嘉,曰韓王房,建中元年改爲嗣鄴王房,元嘉生訓、誼、譔、諶、訥。小鄭王元懿,曰鄭王房,元懿生璥、琰、球、璿、琳、璲、珩[④],嗣

①《四庫》本原注:“案《唐·宗室世系》,此‘郇王禕’上宜有‘郇王房’三字。”

② 叔良曾孫、揚州參軍思誨　錢氏曰:“案《唐·宗室世系表》,思訓,叔良孫,此作曾孫,誤。”今按:《新唐書》卷七八《宗室·長平王叔良傳》,子孝斌,生思訓、思誨,思誨爲揚州參軍事,子林甫。錢説是。

③ 元興　《四庫》本原注:“案《唐書》‘元興’作‘元禮’。”

④《四庫》本原注:“案《唐書》高祖子有小鄭王房,稱惠鄭王房,名元懿,生璥等。此作韓王元嘉生懿,懿生璥,世系不合。今照《唐書》添入。”錢氏曰:“案《唐·宗室世系表》‘璥’作‘璜’,璜弟有樂安郡公珪,與《宗室傳》小異。”

王璥，曾孫夷簡，相憲宗；安德郡公琳，孫勉，相德宗。霍王元軌、虢王鳳、舒王元名、魯王靈夔，皆至五世孫絶。道王元慶、江王元祥，曰道王房、江王房，皆至十二世。鄧王元裕、密王元曉、滕王元嬰，皆至孫絶。

太宗文武大聖大廣孝皇帝，十四子：長曰常山愍王承乾；次楚王寬，出繼；次吴王恪；次濮王泰；次庶人祐，附濮王譜；次蜀王愔；次蔣王惲；次越王真；次高宗；次紀王慎；次江王囂；次代王簡；次趙王福；次曹王明江，代趙王，皆附曹王譜。常山愍王房：承乾子郇國公象，生適之，相明皇。吴王房：恪生成王千里、朗陵王瑋、嗣吴王琨，琨生信安王禕，嗣吴王祇。禕生峘、嶧、峴。峘，越國公。嶧，户部侍郎。峴，相肅宗，所謂"欲粟賤，追李峴"者。蔣王房：惲十五子。越王、紀王、曹王房皆多子孫。

高宗天皇大聖大宏孝皇帝，八子：燕王忠，無子。澤王上金，九子。許王素節，十三子，爲三房。孝恭皇帝弘，無子。章懷太子賢，爲太邠王房。次中宗、睿宗。

中宗皇帝，四子，節愍太子重俊爲湖陽郡王房。

睿宗皇帝，五子，讓皇帝憲，房曰寧王房，憲生汝南[①]王璡、濟陽王嗣莊、嗣寧王琳、潁川公珦[②]、晉昌公班[③]、魏郡公琯、蒼梧公玠、文安公瓘、漢中王瑀。璡生椿、櫟、榧、稻、栻[④]、梠、枵、梗、楓、樞。瑀生楬、梢。梢生諫議大夫景儉。惠莊太子亦曰申王房。惠文太子房亦曰岐王房。惠宣太子房亦曰薛王房，名業，曾孫知柔，相昭宗。自明王以後，諸王不出閣，不分房，子孫闕而不見。其可

① 汝南　錢氏曰："案《唐·宗室世系表》及《宗室傳》俱作'汝陽'。"

② 珦　錢氏曰："案《唐·宗室世系表》作'珣'。"

③ 班　錢氏曰："案《唐·宗室世系表》作'斑'。"

④ 栻　錢氏曰："案《唐·宗室世系表》作'杙'。"

知者，明皇二十一子[①]，肅宗十四子，代宗二十子，德宗十一子，順宗二十二子[②]，憲宗二十子，穆宗五子，敬宗五子，文宗二子，武宗五子，宣宗十一子，懿宗八子，僖宗二子，昭宗十七子。其封爵、名字，皆有本傳。宗室宰相十一人：郇王房有林甫、回，大鄭王房有程、石、福，小鄭王房有勉、夷簡、宗閔，常山王房有適之，吴王房有峴，惠宣太子房有知柔。

凡定著三十九房。

隴西李氏：出自興聖皇帝第七子豫，字士寧，東晉西海太守。孫琰之，字景珍，後魏侍中[③]、文簡公。生剛[④]、慧。剛，宜州刺史[⑤]，生充節、充信、充穎。充節，隋朔州刺史、武陽公，生大通、大辯、大亮。大亮，唐右衛大將軍、武陽懿公。充穎，後周滑州刺史、流江公，生宣州刺史義本。義本生迥秀，字茂實，相武后。迥秀生俊，黄州刺史。

姑臧大房，出自興聖皇帝第八子翻，字士舉，東晉祁連、酒泉、晉昌三郡太守，三子：達、抗、寶[⑥]。懷[⑦]。抗，東萊太守，生思穆，字叔仁，後魏營州刺史、樂平宣惠伯。生獎，字道休，北齊魏州尹、廣平侯。生瓌，黄門郎。生斌，散騎侍郎、襲樂平侯[⑧]。寶

---

① 二十一子　錢氏曰："案《宗室列傳》作'三十子'。"

② 二十二子　錢氏曰："案《宗室列傳》作'二十七子'。"

③ 琰之，字景珍，後魏侍中　琰之，《新唐書》卷九九《李大亮傳》作"琰"；"後魏侍中"，兩《唐書》李大亮本傳均作"後魏度支尚書"，與此異。

④ 剛　《舊唐書·李大亮傳》作"綱"，是。下同。

⑤ 宜州刺史　《舊唐書·李大亮傳》作"後魏南岐州刺史"，與此異。

⑥ 達、抗、寶　《新唐書》卷七《宰相世系表·李氏》"姑臧大房"三子作寶、懷達、抗。與此異。又據《魏書》卷三九《李寶傳》，"寶自伊吾南歸敦煌，遂修繕城府，規復先業，遣弟懷達奉表歸誠"，則《辯證》此"達"前應脱"懷"字。

⑦ 懷　據《魏書》李寶本傳，寶字懷素，則此"寶"後"懷"字或存衍誤。

⑧ 樂平侯　錢氏曰："案《唐·世系表》作'樂平伯'。"

七子[①]：承、茂、輔、佐公、業、冲、仁宗。承號姑臧房，承字伯業，後魏滎陽太守、姑臧穆侯，生韶、彦、虔、蕤。韶字元伯，定州刺史、姑臧文恭侯，生璵、瑾、瓚。瑾字道瑜，後魏通直散騎侍郎、文恭侯，生蒨之、行之。蒨之子蔓容，北齊考功郎中，生元儉、武卿。元儉生義璹、義珙、義璋、義琛、義瑛。義琛，工部侍郎。武卿生瘿陶令玄德。玄德生義琰、義瓘、義璡。義琰相唐高宗。行之字義通，隋唐州下溠郡太守、固始縣男，生夷道、玄道。玄道，秦王學士、給事中、常州刺史，生正基、雲將。正基，太子舍人，生給事中亶，字景信。亶生秘書監成裕。成裕生揆，字端卿，相肅宗、德宗[②]，所謂"唐第一人李揆"者。生興公、次公、幼公、佐公。揆弟崈之，生祕書少監上公。上公生太子庶子景素。景素生蔚，相懿宗，諫奉佛太過者。蔚三子：湝，禮部侍郎；洵，福建觀察使；涚，字明澤[③]。雲將，尚書右丞，生晏。晏生顔。顔生歸期。歸期生逢吉，字虚舟，相憲宗。承子彦，字次仲，後魏秦州刺史，生燮、爽。爽字明德[④]，生元相。元相五世孫乾昇，秦府户曹參軍，生水部郎中岑。岑生虔州刺史舟、豪州刺史丹，即以書戒妹、事在國史譜者。岑弟峰，開州刺史。

丹陽房，晉東莞太守雍，長子曰倫。五世孫文度，西凉安定太守，與族父寶入後魏，因居京兆山北。文度生權，後魏河秦二州刺史、杜縣公。生崇義，後周雍州大中正、五州刺史、武康縣公。崇

① 寶七子 《魏書·李寶傳》作寶六子：承、茂、輔、佐、公業、冲，無仁宗，與此異。又同書卷五九《李冲傳》亦云兄弟六人，此作"七子"恐誤。

② 相肅宗、德宗 錢氏曰："案《唐·世系表》止云相肅宗；《宰相表》及揆本傳，亦無相德宗事。此'德宗'二字疑衍。"

③ 明澤 錢氏曰："案《唐·世系表》'明'作'殷'。"

④ 明德 錢氏曰："案《唐·世系表》作'德明'。"

義生詮，隋趙郡太守、臨汾襄公。詮四世孫藥王[①]、靖、客師、正明。靖，字藥師，相太宗，尚書右僕射、同中書門下平章政事，司徒衛景武公所謂“兼資文武，出將入相”者。生德謇、德獎。德謇，將作少監、衛國公。靖兄端，字藥王，梓州刺史、永康公。客師，右武衛將軍、丹陽郡公，年九十猶馳獵，人謂之“鳥賊”。孫令問，散騎常侍。靖五世孫彦方，鳳翔司録參軍。靖叔父傳節[②]，司隸州刺史，生唐刑部尚書乾祐。乾祐生昭德，相武后。

又漢騎都尉陵，降匈奴，裔孫歸魏，見於丙殿，賜姓曰丙[③]。後周信州總管、龍居縣公，生明。明生粲[④]，唐左監門衛大將軍、應國公，高祖與之有舊，以避世祖名，賜姓李氏。粲生寬、旻。寬，奉常正卿、隴西公，生道廣，字太丘，相武后。四子：元綜、元繹、元紘、元緘。元綜，屯田郎中、荆府長史；元繹，都水使者；元紘，字大綱，相明皇，所謂“南山可移，判不可摇”者；元緘，鄆州刺史。

隴西李氏：後徙京兆者，岷州刺史嵩，生洮州刺史思恭。思恭生欽，左金吾衛大將軍。欽生晟，字良器，相德宗，太尉司徒中書令。

西平王十二子：愿，河中節度使；聰，光禄寺主簿；總，太子中允；愻，左神武大將軍；憑，右威衛大將軍；恕，光禄卿；憲，嶺南節度使；愬，陳許節度使、左僕射同平章事，平蔡功爲多；懿，渭南

---

①《四庫》本原注：“案《唐・世系表》，詮生藥王，此作四世孫，不合。”

② 傳節　錢氏曰：“案《唐・世系表》‘傳’作‘偉’。”

③ 賜姓曰丙　［清］趙紹祖《新舊唐書互證》卷七《宰相表至宰相世系表凡七十九事》引《新唐書考證》曰：“《李元紘傳》，《新》、《舊》書並云本姓丙氏，賜姓李，不言其爲李陵之裔，未知孰是。”

④ 後周信州總管、龍居縣公，生明，明生粲　《新表・李氏》作“後周有信州總管、龍居縣公明，明生粲”，與此異。此“生明”之“生”字疑衍。

尉;聽,字正思,檢校司徒、凉國公,生左神武將軍琢;惎,右羽林將軍;慇,嵐州刺史。

趙郡李氏:出自秦司徒曇,次子璣,字伯衡,秦太傅。三子:雲、牧、齊。牧,趙相武安君,始居趙郡。趙納頓弱之間,殺牧。齊爲中山相,亦家焉,即中山始祖也。牧三子:汨、弘、鮮。汨,秦中大夫、太子詹事,生諒。諒生左車、仲車。左車,趙廣武君,韓信北面師事之者,生常伯遐。遐字伯友,漢涿郡守,生岳、德、文、班。岳字長卿,諫議大夫。生秉、義。秉字世範,潁川太守,因徙家焉。生翼、協、敏。敏,五大夫將軍,生謨、道郎。謨字道謀,臨淮太守。生哆、華。哆字子讓,上黨太守,生護、元。護字鴻默,酒泉太守,生武、昭奮。武字昭先,東郡太守、太常卿,生讚、修、奕、就。修字伯游,後漢太尉,生諒、叔、訓、季。諒字世益,趙相。生膺,字元禮,河南尹,持風裁自高,從之游者,謂之"登龍門"。生瓌、瓚、瑾。瑾字叔瑜,東平相,避難復居趙。生志、恢、宣。宣字叔興,生定[①]、臺、奬、碩。定字文義,魏水衡都尉、漁陽太守,生伯括、機、叔括、季括[②]。機字仲括,太學博士,臨江、樂安二郡太守,生群、瓌、密、楷、越。楷字雄方,晉治書侍御史,避趙王倫之難,徙居常山。五子:輯、晃、芬[③]、勁、叡。叡子勗,兄弟居巷東;勁子盛,兄弟居巷西。故叡爲東祖,芬與弟勁共稱西祖,輯與弟晃共稱南祖。自楷徙居平棘南通,號"平棘李氏"。輯字護宗,高密太守。

---

① 宣字叔興,生定 《北史》卷三三《李孝伯傳》作"恢生定,字文義"。

② 生伯括、機、叔括、季括 《北史·李孝伯傳》作定"有子四人,並仕晉。平字伯括,爲樂平太守;機字仲括,位國子博士;隱字叔括,保字季括,位并尚書郎。兄弟皆以儒素著名,時謂之'四括'"。則此惟機稱名不稱字。

③ 芬 《北史·李孝伯傳》作"茉"。

子慎、敦，居柏人[①]，子孫甚微，與晃南徙故壘，故輯、晃皆稱南祖。晃字仲黄，鎮南府長史。生義，字敬仲，燕司空長史。生吉，字彦同，東官舍人。吉生聰，字小時，尚書郎。聰二子：真、融。真字令才，中書侍郎；融亦爲後燕中書侍郎。真生紹，字嗣宗，殷州别駕。紹生義深，北齊行凉州刺史。義深生騊駼，隋絳州長史[②]，三子：政藻、政起、政期。政藻，宣州長史[③]，生刑部侍郎叔睿。生楙道、游道、諧道。游道相武后。政期，水部郎中，生素立，開州[④]刺史、高邑平侯。素立生休烈，鄠令。休烈生鵬，字志遠，壁州刺史。鵬生畬，字玉田，考功郎中。畬生承，山南東道節度使。鵬弟升遠、從遠、希遠、昌遠。希遠，晉陽尉，生揚州左司馬并。并生峴、規、覿、覰、觀。峴，廬江令。生固言，字仲樞，相文宗。

燕司空長史羲後有萬安，自趙郡徙管城，生頊。頊生日知，相中宗。

南祖之後，有善權，後魏譙郡太守，徙居譙。生延觀，徐、梁二州刺史。延觀生續，馬頭太守。續生顯達，隋潁州刺史。顯達生遷，

---

① 柏人　《北史·李孝伯傳》、《新唐書》卷七二上《宰相世系表·李氏》均作"柏仁"，是。

② 義深生騊駼，隋絳州長史　《舊唐書》卷一八五《良吏上·李素立》："李素立，趙州高邑人，北齊梁州刺史義深曾孫也。祖騊，散騎常侍。"與此異。又據《北史》卷三三《李義深傳》、《北齊書》卷二二《李義深傳》，均作義深子騊駼，則此無誤。

③ 政藻，宣州長史　《舊唐書·李素立傳》、《新唐書》卷一九七《李素立傳》均作"父政藻，隋水部郎"，與此異。詹宗祐著《點校本兩唐書校勘彙釋·新唐書列傳》有馬俊民校正：李素立父政期，隋水部郎。又，宣州長史，《新表·李氏》作'宜州刺史'，與此異。

④ 叔睿生楙道……生素立，開州刺史　據上引素立傳，父政藻，《辯證》此比《舊》傳多出游道一代。又，開州刺史，《傳》稱素立永徽初遷蒲州刺史，亦與此異。

德州刺史。遷生孝卿,穀州治中,三子:敬玄、忱、元素。敬玄相唐高宗。忱生欽一[①]。元素相武后。敬玄生思冲,工部侍郎。守一,成都郫令。守一生晤,金壇令。晤生紳,字公垂,相武宗,所謂“短李”。

東祖:叡,字幼黄,高平太守、江陵寧公。生勉,字景賢,頓丘太守、大中正。生頤,字彦祖,高陽太守、武安公,四子:勰、系、奉、曾。勰字少同,蘭陵太守,生靈及均。均字善德,後魏趙郡太守,生璨。璨生元茂、宣茂。宣茂,後魏幽州刺史,生籍之、志之。籍之字修遠,司徒諮議參軍,生徹。徹生純及公緒。公緒字穆叔,後魏冀州司馬,棄官,賜號潛居公,生少連。少連生守冲、守元、守素。守素,唐秦府學士、天策兵曹[②]參軍。系字和叔,後魏平棘男。生順,字德正,四部尚書、高平宣王。生式,字景則,濮陽侯。式生憲,字仲軌,揚州刺史、濮陽文靖伯。生希遠、希宗、希仁、希騫、希禮。希騫,後魏黄門侍郎、文惠公,生元卿、仲卿。仲卿生文琬、文立、文政。仲卿爲中山王開府諮議。政爲虢州司馬[③],生思過、恩慎[④]、晉客。晉客,司農卿、元氏縣男,生正悌、正簡。正簡,唐司農卿。生崗,武城令。崗生長倩、元善、長裕。長倩生絳[⑤],字深之,相憲宗,生璆、頊、璋。璋字重禮,宣歙觀察使。希禮字景節,北齊信州刺史。文公生孝正、孝基。孝基,隋晉王文學,生野王、柬王。野王,東郡功曹,生襄城令鎮惡。鎮惡生偘、僑[⑥]。偘,台州司法參軍;嶠字巨山,相武后,生暢、裕、粲、懿,皆太守、刺史。

---

① 忱生欽一 《四庫》本原注曰:“案《唐・世系表》‘忱生欽一’作‘恍字欽一’。”今按:“忱”作“恍”或傳寫之誤。
② 兵曹 錢氏曰:“案《唐・世系表》作‘倉曹’。”
③ 司馬 錢氏曰:“案《唐・世系表》作‘別駕’。”
④ 恩慎 錢氏校本作“思慎”,《新表・李氏》亦作“思慎”,此應字畫之誤。
⑤《四庫》本原注:“案《唐書》本傳絳乃元善子,此作長倩子,不合。”
⑥ 僑 錢氏云:“《唐・世系表》作嶠,下云嶠字巨山,知當作‘嶠’不作‘僑’。”

東祖之後,又有謂,隋南和公,生左金吾、衛將軍爽。爽生太子中允震。震生鄂州司馬光朝。光朝生鹽鐵判官仲塾。仲塾生珏,字待價,相文宗。

西祖:勁,字少黄,晉治書侍御史,二子:盛、隆。盛,中書侍郎,生纘、襲。纘字緯業,太子祭酒,生延、休。延字紹元,後魏假趙郡守,生建連、黿連。曾孫摶,固始令,生惠明。惠明生新政令大智。大智生尚一、尚貞、尚乂[①]。乂字尚真,中山正公,所謂"李下無蹊徑"者,其兄弟文章同爲一集,謂之《華萼集》[②]。襲生閣。閣生傑、侔。傑六世孫公敏,生懷遠,相武后。懷遠生景伯,禮部侍郎。景伯生彭年、喬年。彭年,吏部侍郎。侔孫代和[③]。代和孫趙州長史彦宗,生嗣真,字承胄,御史中丞、知大夫事,常山昭子,有傳。盛弟隆,後魏阜城令。生謀,幕令。謀孫元稱,後魏廷尉。元稱孫孝恭,生懷柔、懷宗。懷宗生隋謁者郎君逸。君逸生肅然。肅然生載。載生栖筠,字貞一,御史大夫、贊皇文獻公。栖筠生吉甫,字弘憲,相憲宗。吉甫生德修、德裕。德修,楚州刺史;德裕字文饒,相文宗、武宗,生椅、渾、燁[④]。渾,比部員外郎;燁,郴尉。燁生因衡、延古。因衡,左補闕;延古,司勳員外郎。

---

① 尚一、尚貞、尚乂　《舊唐書》卷一〇一《李乂傳》:"李乂,本名尚真,趙州房子人也。少與兄尚一、尚貞俱以文章見稱,舉進士。"又據《新表·李氏》,大智第三子乂,則此"尚乂"之"尚"字衍。

②《華萼集》《舊唐書》卷一〇一、《新唐書》卷一一九《李乂傳》、卷六〇《藝文志》作"《李氏花萼集》"。

③ 代和　《四庫》本原注:"案《唐·世系表》'代和'作'恃和'。"

④ 生椅、渾、燁　《新表集校》卷二《李氏·趙郡李氏》校異曰:"《新書》七二上《世系表》,德裕'生椅,渾,爗'。未詳所本。爗,《舊》、《新》傳同……但今出土諸石皆作爗,字書雖云通作燁,然字體究異也。"又《集校》引《郴縣尉李燁墓誌》:"燁字季長。曾祖栖筠,祖吉甫,考德裕。君爲衛公第五子。"亦與此異。

遼東李氏：璣少子齊，趙相，初居中山。十三代孫寶，字君長，後漢玄菟都尉，徙襄平。生雄，車騎長史。生亮，字威明，原武令。生敏，河内太守。生信。信生裔，裔字宣伯，晉司徒廣陸成侯。生固，字萬基，散騎侍郎。生志，字彦道，陽平太守，嗣廣陸侯。弟沉。沉孫根，後燕中書令。生宣，鄴郡守。宣生晉[①]，後魏汝南公。晉生永，太中大夫。永生弼，字景和，後周太師、隴西武公。生耀、暉、安、衍、綸、晏、椿。耀，隋開府邢國公。生寬，隋梁州總管、蒲山公。寬生密，字元邃，一字法主，兵敗歸唐，拜光禄卿、邢國公。密生右臺監察裹行知古。寬弟偉，生燉煌公檀。檀曾孫澄，義成節度使、武威郡王，生克寧。衍，後周太官伯真卿肅公，生仲威。仲威孫成休，生泌，字長源，相德宗，七歲賦"方圓動静"。嘗與肅宗同輦出，人指之曰："着黄者聖人，着白者山人。"諫德宗不廢太子，封鄴侯。五子：絙，高陵尉；繁，和州刺史；繟；咸陽尉；紩，涪州刺史；絢，華州文學。椿，曾孫祖光，生元素，字大朴，户部尚書。

江夏李氏：漢酒泉太守護，次子昭。昭少子就，後漢會稽太守高陽侯，徙居江夏平春。六世孫式，字景則，東晉侍中。生嶷。嶷生尚，字茂仲。生矩，字茂約，江州刺史。生充，字弘度，中書侍郎。生顒，郡舉孝廉。七世孫元哲，徙居廣陵，生善、昉。善，蘭臺郎，憙文選學，人謂之"書簏"。生邕，字泰和，北海太守，工文章，天下謂之"李北海"。昉生璞。璞生瑄，起居郎，生鄘、鄘。鄘字建侯，相憲宗，以吐突承璀所薦，恥之，辭相位去。生拭，起居舍人。拭生磎，字景望，相昭宗，即劉崇龜掠白麻，誣沮之而不得者。磎生沉，字東濟。

---

① 晉　錢氏曰："案《唐·世系表》作'貴'。"

漢中李氏:漢東郡太守、太常卿武,孫頡,後漢博士,始居漢中南鄭。生郃,字孟節,司徒,知二星向蜀者。郃生固,字子堅,太尉,三子:基字憲公,慈字季公,燮字德公。燮,安平相,十二世孫德林,隋内史安平公。生百藥,唐禮部侍郎、宗正卿、安平文公。百藥生安期,相高宗。安期生宗師、宗臣、宗元、宗墨。

柳城李氏:二族,其一世爲契丹酋長,後徙京兆萬年。令節,曾孫光弼,太尉侍中、臨淮郡王。其一本奚族,不知其氏,至寶臣爲張瑣高養子,冒姓張氏,後賜姓李,爲司空、清河王。

略陽李氏:出自廩君之後,世居邑西宕渠。漢末大亂,遷於漢中楊車坂,爲百姓害,號"楊車邑"[①]。至將軍武,始歸於魏,遷略陽北土,復號巴氏[②]。武生東羌獵將慕。慕生輔、特、驤、庠、流。輔,驍騎大將軍。特字玄休,宣威將軍、長樂鄉侯,以子雄僭位,追謚景帝,廟號始祖。驤,驍騎將軍,以子壽僭位,追謚獻帝。庠字玄序,威寇將軍、楊泉亭侯。流字玄通,秦文王。特三子:始,武威將軍;蕩,驍騎將軍;雄字仲雋,位前將軍,僭即帝位,國號蜀,在位三十六年,謚曰武帝,廟號太宗,以兄子班嗣。蕩五子:班、琀、稚、玝、都。班字世文,襲位一年,而雄之子期戕之於殯宫。琀,中領軍;稚,將軍,皆死於氐賊。玝棄涪城,奔晉都,爲中宗所殺。仲雋四子:越、期、霸、保。越,建寧王、相國大將軍、録尚書事;期字世運,弑班而自立,在位三年,驤子壽廢之,爲邛都縣公,謚曰幽;霸、保皆不病而死。驤子壽,字武考,襲廢期而自立,在位五年,謚昭文皇帝,廟號中宗。三子:勢、廣、福。勢字子仁,嗣

---

① 楊車邑　《晉書》卷一二〇《載記·李特》作"楊車巴",此或誤。

② 至將軍武……復號巴氏　《晉書·載記·李特》作"魏武帝拜爲將軍,遷於略陽",此或有脱文;巴氏,特傳稱"北土復號之爲巴氏";據《晉書·李特傳》附校勘記,南部蠻並無"巴氏"之稱,則此作"巴氏"無誤。

父位五年而國亡,晉封之爲歸義侯。廣,大將軍、漢王,坐求爲太弟,貶臨邛侯,自殺。壽養弟攸,安北將軍。流子世,位將軍。又李庠妹夫、西夷校尉含,生二子:國,太宰;離,太尉。含弟胡,將軍。又有陰平令李遠。將軍李恭。大將軍李傳。廣漢太守李超。陳倉令李武。大將軍李濤。司空李璜。司徒李雲。漢嘉太守李乾。侍中李豔。大將軍李基。又李壽爪牙李閎。鎮東大將軍李奕。又尚書僕射、武陵公載,謀反下獄死。越嶲太守釗,李雄待遇甚厚,朝議皆決之。又羅尚西南夷校尉李毅,又李特征西將軍遐,皆爲李壽所殺。越嶲太守李演,自郡上書,勸壽歸正反本,釋帝稱王,壽怒殺之。左僕射李嶷,數以立言忤旨,壽亦殺之。

雞田李氏:本河曲[①]部落稽阿跌之族,至光進賜姓李氏。光進,節度使。光顔,守司徒兼侍中。

武威李氏:見上平聲安氏。

代北李氏:出自沙陀,見上平聲朱耶氏。

高麗李氏:正己爲三公,有傳及表。

范陽李氏:自云常山愍王之後。載義,守太保、范陽節度使。

渤海李氏:靺鞨人茹常,爲朔方部將,以戰多賜姓,更名嘉慶。其子懷光,爲朔方帥,位三公,以反誅。李氏有董秦者,幽州薊人,自史思明賊中冒圍歸李光弼,召至京師,賜姓李,名忠臣,檢校司空平章事。

西域李氏:唐乾元元年,西域匿識[②]國王訖俱設伊俱鼻施來

---

① 河曲　錢氏曰:"案《唐·世系表》作'河南'。"今按:《新表·李氏》亦作"河曲",則錢氏所據版本或異。

② 西域匿識　錢氏曰:"案《唐·西域傳》作'識匿'。"錢校是。《辯證》此倒誤。

朝[1],賜姓李氏。

河南李氏:《後魏·官氏志》有叱李氏,改爲李氏[2]。

《西京雜記》有李廓,諫濟陰王興居反。又李黎,一生一男一女[3],以前生者爲長。又茂陵少年李亨,養鷹狗,皆爲佳名。同州蒲城人郭子和,及其弟子政、子端、子升,歸唐,賜姓李氏,婺州刺史、夷國公。

---

① 訖俱設伊俱鼻施來朝　《四庫》本原注:"案《通考》作'紇設伊俱鼻施來朝',此多一'俱'字。"錢氏曰:"案《唐·西域傳》與《通考》並同,此疑誤。"今按:《新唐書·西域傳下》識匿條下有:"護蜜者……乾元元年,王紇設伊俱鼻施來朝,賜氏李。"知此所記爲護蜜史事。護蜜,即胡蜜國。此事又見《册府元龜》卷九七六《外臣部·褒異》:乾元元年七月癸未,"護密國王紇設伊俱鼻施來朝,帝嘉之,賜姓李,改名崇信"。則此"訖俱"之"訖"爲"紇"之訛,"設"上"俱"字衍。

② 叱李氏,改爲李氏　錢氏曰:"案今《官氏志》無此文。"今按:此亦見《通志二十略·氏族略第五》"代北複姓"目。《魏書·官氏志》有"叱利氏,後改爲利氏"。張澍《姓韻》卷八七《四質·叱·叱李》云:"叱李即叱利,亦即叱列也,後改爲李氏。"陶敏《元和姓纂新校證》卷一〇《入聲·五質·叱列(叱利、叱李)》據《北齊書》、《北史》叱列平本傳(即前趙郡李定子李平、字伯括者),亦以叱利爲李氏。

③ 一生一男一女　《西京雜記》卷三《霍妻雙生》作"李黎生一男一女",上"一"字應衍。

古今姓氏書辯證卷二十二

六止下

理

出自皋陶之後。歷虞、夏、商、周，世爲大理，以官命族爲氏。

始

《項羽傳》：秦將軍章邯使軍候始成使羽。注曰：姓始名成。

士

出自祁姓，帝堯之後。劉累爲夏御龍氏，其孫商時徙封爲豕韋氏。周武王時，因封爲唐氏。成王時徙杜城，又爲杜氏。杜伯爲周宣王大夫，無罪見殺。其子隰叔奔晉，生蔿，字子輿，爲晉獻公士師。朝無姦官，國無敗政，因其有功，命以官爲士氏。蔿生司空士穀。蔿孫會，字季，謚曰士武子。生文子燮、共子魴。燮生宣子匄。匄生獻子鞅。鞅生昭子吉射及皋夷。魴字季，生彘裘。其族有獻子士富，及士渥濁、士弱、士文伯、士彌牟、士丐、士茁、士蔑。

漢、魏間，有交阯刺史士燮。

又《左傳》，秦士雃、宋士平、衛士榮，皆其族。唐李遠知選，有王忠者被放，吏謬書其姓爲"士忠"，遠曰："調者三萬無士姓，此必王忠。"吏叩頭服罪。詳此乃當時調者無士氏，非謂天下無士氏也。

侯

《風俗通》：古賢人侯子。《漢・藝文志》有《侯子》一篇，李奇注曰："或作《侔子》。"此必侯氏也。

子

出自帝嚳次妃。有娀氏之女曰簡狄，姊妹三人，行浴於元丘水中，見玄鳥墮卵，簡狄吞之，孕而生契。契長，而佐禹治水，有功，帝舜命爲司徒，封於商，姓子氏。《禮緯》曰："以玄鳥生子，故爲氏焉。"《史記》褚先生曰："子，兹也。兹，益大也。"宜從褚説。契生昭明，昭明生相土，《詩》所謂"相土烈烈，海外有截"者。生昌若。昌若生曹圉。曹圉生冥，爲司空，勤其官而水死。冥生振。振生微。微生報丁。報丁生報乙。報乙生報丙。報丙生主壬。主壬生主癸。主癸生天乙，是爲成湯。成湯伐夏弔民，放桀于南巢，踐天子位。生太丁、外丙、仲壬，皆前卒[①]。湯崩，立太丁之子太甲，是爲太宗。太甲生帝沃丁、帝太庚。太庚生帝小甲、帝雍己、帝太戊，太戊爲中宗。中宗生帝仲丁、帝外壬、帝河亶甲。河亶甲生帝祖乙。祖乙生帝祖辛、帝沃甲。沃甲崩，立祖辛之子祖丁。祖丁崩，立沃甲之子南庚。南庚崩，立祖丁之子陽甲。陽甲之弟曰帝盤庚、帝小辛、帝小乙，生帝武丁，是爲高宗。高宗生帝祖庚、帝祖甲。祖甲生帝廩辛、帝庚丁。庚丁生帝武乙。武乙生帝太丁。太丁生帝乙。乙生帝辛，是爲紂。紂不道，周武王誅之，立其子武庚禄父爲諸侯，以續商祀。武庚挾三監以叛，成王誅之，立帝乙之子微子啓爲宋公，奉成湯之祀，得用天子禮樂，爲二王之後，作賓于王家。

微子卒，弟微仲衍立。微仲生宋公稽。稽生丁公申。申生

---

① 錢氏曰："案此本《尚書》注疏，與《史記・殷本紀》外丙、仲壬皆繼世爲君者不同，當以《史記》爲正。"

湣公共及煬公熙。共生厲公鮒祀。鮒祀生僖公舉。舉生惠公覸。覸生哀公。哀公生戴公。戴公生武公司空。司空生宣公力。力以國授其弟穆公和。和又以國授宣公之子殤公與夷。華父督弑與夷,迎穆公子馮于鄭而立之,是爲莊公。莊公生閔公捷及桓公禦説。禦説生襄公兹父。兹父生成公王臣。王臣生昭公杵臼及文公鮑。鮑生共公瑕。瑕生平公成。成生元公佐。佐生景公顯曼[①],能以善言責躬,而熒惑退舍,及卒,公子特殺太子而自立,是爲昭公。昭公生悼公由[②]。由生休公田。田生威公辟兵[③]。辟兵生剔成及宋君偃,齊湣王滅之。

又有黎國,與宋同姓。而蕭國出於宋,皆子姓也。

宋之子孫,分爲戴、武、桓、穆、莊之族,其後爲華、向、皇、樂、魚、蕩、鱗、仲、孔、褚、師氏,皆有譜。而當時見於經傳者,曰子游。昭公子公子穀生公孫鄭、大司馬公孫卬[④]、公孫鍾離、公子寅、公子御戎、公子朱、公子固、公孫援、公孫丁、公孫忌。又襄公之子曰司城須,孫曰孔叔。文公之子曰公子圍龜,字子靈。平公之子曰太子痤、公子城。成公之子曰公子周,字子高。昭公之弟曰啓。文公少子曰公子肥,元公之弟曰母弟辰、公子地,莊公之孫曰大司馬公孫固,皆宋子姓。又秦大夫子蒲、子虎,楚大夫子疆、子捷、子駢、子孟、子貝,宋大夫子韋之類,皆子姓也。

---

① 景公顯曼　錢氏校改爲"頭曼"。《史記》卷三八《宋微子世家》作"景公頭曼"。此誤。

② 悼公由　《四庫》本原注:"按宋悼公名購由,此脱'購'字。"

③ 威公辟兵　《史記·宋微子世家》作"辟公辟兵",《索隱》引《紀年》作"桓侯璧兵",此作"威公"應誤。

④ 公孫卬　《春秋左傳正義》卷一九上昭公七年作"公子卬,昭公弟"。此或誤。

梓

其先《周官》梓人之後，以世官爲氏。春秋時魯大夫梓慎。

厎

《漢・功臣表》：魯侯奚涓無子，封母厎爲侯[①]。

市南

《元和姓纂》曰："楚有市南熊宜僚，後以爲氏。"按：《莊子》以宜僚爲市南子。

似先

高麗扶餘種也。唐武德中，有右驍衛將軍似先英問。又《陳儒傳》，荆南監軍朱敀，攻殺節度使段彦謩，僖宗遣中人似先元錫慰撫之。又《李訓傳》，訓嘗遣中人似先希逸按邊。

史華

《元和姓纂》云：衛公子史，食采于葉，因氏焉。《左傳》作史華。[②]謹按：魯閔公二年，狄人囚史華龍滑與禮孔，二人曰："我太史也。"則華、禮皆氏，龍滑與孔皆名。華音去聲，非以葉爲華也。今以史華、龍滑，自分爲兩人。或曰：姓史華，名龍滑，皆誤矣。

史晁

《世本》曰："衛史晁之後。"謹按：晁與朝通，必史朝氏也。

---

①《四庫》本原注："案《史記》作'母疪'，《漢書》作'厎'。然厎乃名，非氏也。厎氏後亦無表見者，疑誤。"

② 此所引《元和姓纂》文字，見於今本卷六《六止・史葉》，作"史葉，《韓例》云衛頃侯之後公子史，食采于葉，因氏焉。《左傳》作史華"；岑校曰：《韓例》爲《釋例》之訛。

李蘭

代北複姓。

士孫

春秋時齊大夫有士孫氏,因所居名其里。魯襄公二十五年,崔杼葬莊公于士孫之里是也。漢博士、平陵侯士孫張,至其孫[①]灌津侯萌之子賢、穎,凡十世,有譜系。唐有《士孫瑞集》十卷。

士弱

《元和姓纂》曰:"晉士莊子弱爲獄官,晉人謂之士弱氏。"按:此《左傳》全文,記當時語,未必後世有此氏也。

士丐

《元和姓纂》曰:"晉大夫士丐之後。"謹按:春秋晉有二士丐,其一乃宣子;而相士鞅、逆齊侯于河者,别一士丐,未知何人之後。

士季

出自晉司空士蔿之後。貞子士渥濁,生莊子士弱。弱生士文伯瑕。瑕生景伯彌牟,别爲士季氏。

士貞

下一字仁宗廟諱嫌名。《姓源韻譜》曰:"晉人謂之士貞氏。"按:此《左傳》全文,記當時語,未必後世有此氏也。

子游

《世本》:鄭穆公生子偃、字子游之後。謹按:春秋鄭游氏,無

---

① 其孫　據今本《姓纂》卷六《六止·士孫》,士孫張後尚有六代至萌,故此應作裔孫。

子字。

子有

《元和姓纂》曰:"魯有子字子有後[①],見《禮記》,宋有子有恭叔。"今詳《禮記》無此事,且依林氏存之。

子夏

《元和姓纂》曰:"陳宣公生子夏,後爲氏。"誤矣。謹按:《左傳》此即夏氏。春秋以來,未嘗有子夏氏。《姓纂》承襲久誤,以夏爲姒姓之後,故指子夏爲複姓,今駁正之。

子干

《姓纂》有氏無解[②]。謹按:《左傳》楚公子比,字子干,嘗奔晉,又歸楚自立,棄疾脅之,自殺。後世必有以字爲氏者。

子羽

《元和姓纂》曰:"晉公族子羽後,爲楚邑大夫。"謹按:《左傳》衛、鄭皆有行人子羽,晉韓起庶子又有子羽,今云"晉公族",必韓宣子之後,以字爲氏。

子叔

出自姬姓。衛公孫剽,字子叔,穆公少子也。嘗爲衛君,謂之殤公。生太子角,其孫黑背,以王父字爲氏,謂之子叔黑背,春秋時魯大夫。聲伯亦曰子叔嬰齊,其後去子爲叔氏。

---

① 魯有子字子有後　今本《姓纂》卷六《六止上·子游》作"魯有若字子有之後",此或誤。

② 今本《姓纂》卷六《六止上·子干》目下有文,曰:"魯季平子干叔彭便之後。"故鄧説此條"《姓纂》有氏無解"顯誤。岑校以爲《辯證》"此句係後子成氏之文,誤繫於此,今子成氏條亦遺失。子干應删"。

子家

出自姬姓。魯莊公曾孫歸父,字子家,其孫以王父字爲氏[①]。

子服

出自姬姓,魯公族仲孫蔑之子佗,别爲子服氏,謚懿伯,生子服惠伯椒。椒生子服景伯何,後有子服子伯。

子國

《世本》曰:鄭穆公生子國發。發生子産僑,簡成子。僑生子思參。參生子玉珍,武子。珍生子樂卑,顯莊子,爲子國氏。謹按:春秋子産家,止謂之國氏。

子旗

齊惠公孫欒施,字子旗。鄭七穆氏豐施,亦字子旗。未知何人之後爲氏。

子革

《元和姓纂》曰:"《世本》宋司城子革後。又曰:季平子支孫爲子革氏。"皆誤矣。謹按《春秋》,季氏無子革,唯樂喜字子罕,爲宋司城。審此言,則子罕氏,非子革氏。必欲存此一氏,宜改曰:出自姬姓,鄭穆公子子然,生丹,字子革,奔楚爲右尹,後人以爲子革氏,則近而有據。

子臧

出自姬姓。曹公子欣時,字子臧,遜國於負芻,子孫以王父字爲氏。

---

① 今本《姓纂》卷六《六止上·子家》作"魯公族子家氏。魯大夫子家霸懿伯",與此異。

子車

秦大夫以王父字爲氏。春秋時，其三子奄息、仲行、鍼虎，殉葬秦穆公，國人哀其皆秦之良，爲賦《黄鳥》詩者。

子駟

鄭穆公子騑字子駟之後。鄭大夫有子駟德公，見《釋例》。謹按：春秋駟氏，無子字，《釋例》亦無子駟德公。

子南

出自姬姓，鄭穆公孫游氏之子曰楚，字子南，別爲子南氏。又芈姓，楚莊王子追舒，字子南，其後亦別爲子南氏。

子占

《世本》曰：陳威子占書，書生子良堅。堅子以王父字爲氏。

子師

出自鄭大夫子師僕之後。漢有北平太守子師將石。

子禽

陳僖子生惠子得，爲子禽氏。按：《論語》有陳子禽毁仲尼於子貢。陳僖子相去未遠，必僖子之子字子禽，而其子若孫以王父字爲氏。

子木

出自芈姓，楚平王太子建字子木，爲少師，費無極所譖，王使人殺之，建懼，奔吴，其子孫以字爲氏①。

子晳

出自姬姓，鄭穆公孫駟氏之子曰駟黑，字子晳，别以字爲子晳

①《四庫》本原注："案楚别有令尹子木。"

氏。黑生印。或云：芈姓，楚共王子公子黑，字子晳，乾谿之難，子干爲君，子晳爲司馬，棄疾殺子晳，其孫氏焉。

子孔

《世本》曰：鄭穆公生公子嘉字子孔之後。謹按：春秋有二子孔。司徒孔生公孫洩，洩生孔張。士子孔生子良。

子人

出自姬姓，鄭穆公之弟語，字子人，爲大夫，其孫九以王父字爲氏，春秋鄭伯使子人九行成于晉是也。

子士

《世本》曰：魯叔孫成子生齊季，爲子士氏。謹按：《左傳》孟僖子妾曰子士之母，則子士乃孟僖子之後。

子泉

《世本》曰：齊頃公生子泉湫，因氏焉。《左傳》齊有大夫子泉捷。《新序》説同。謹按：《春秋》以泉爲淵，蓋淵、泉通用①。

子罕

《世本》曰：鄭穆公子喜，字子罕，生子展舍之。舍之生子皮虎。或作子軒氏。春秋罕氏無子字。

子蕩

《元和姓纂》曰："《世本》宋桓公生子蕩，因氏焉。"謹按：《春秋》宋蕩氏，亦無子字，而宋大夫樂轡、楚大夫屈罷，皆字子蕩，未知子蕩果誰後也。

子午

《元和姓纂》曰："《世本》，楚公子午之後。齊大夫子午明。"

---

①《四庫》本原注："案'淵'字爲'泉'，係唐避諱改。"

子俛

《英賢傳》云：子俛子，齊人，著書五篇，論兵法，與穰苴同。按：此即俛氏，不必爲複姓，解見子扁氏。

子儀

《左傳》宋向魋之臣曰子儀克，其先必以王父字爲氏，如鄭君子儀、楚申公鬬子儀之類。

子西

出自芈姓，楚平王子申，字子西，爲楚令尹。白公之難，子西死焉，後世以王父字爲氏。

子寤

《世本》曰："季平子生昭伯寤，其後爲子寤氏[①]。"

子仲

謹按：《詩》曰"子仲之子，婆娑其下"，則子仲陳國世族。《風俗通》曰陳宣公子子仲之後，以字爲氏，是矣。

子郢

《元和姓纂》曰："《世本》，衛公族昭子郢之後。"按：此必衛靈公子郢也，郢字子南。

子石

《世本》曰："陳桓子生子石難，自别爲子石氏。"

子穆

《世本》曰："陳僖子生子穆安，因爲子穆氏。"

---

① 今本《姓纂》卷六《六止上·子寤》作"陳僖子生宣子，其後爲子寤氏"，與此異。

子高

《左傳》衛大夫子高魴之後。

子然

《世本》曰:"鄭穆公子子然之後。"謹按:春秋七穆,然氏無子字,他姓亦然。

子乾

《世本》曰:"齊頃公子子乾之後,以王父字爲氏。"春秋時有子乾晳。

子期

出自芈姓。楚平王子結,字子期,爲大司馬。白公勝作難,殺子期於朝。後世以字爲氏。

子庚

芈姓。楚令尹公子午,字子庚,其孫以王父字爲氏。

子囊

《元和姓纂》曰:《左傳》齊大夫子囊帶之後。

子公

《世本》曰:"齊頃公子子公之後。"謹按:春秋鄭公子宋,亦字子公。

子沮

《世本》曰:"陳烈子生子沮與,後爲子沮氏。"

子襄

《世本》曰:"齊桓公子子襄之後。"

子旅

周大夫氏，悼王之入，次于子旅是也。

子季

《世本》曰："楚公族子季氏。"

子成

《世本》曰："魯季平子生子成叔彭侯之後。"

子扁

《元和姓纂》曰："《莊子》有子扁子。"誤矣。謹按：《莊子》有扁子，一曰子扁慶子，嘗與孫休言者。其曰子扁子，正如子列子之類。古者以子爲男子通稱，故弟子稱師名，加子於姓氏之上，子列子、子扁慶子是也。《姓纂》如此類皆誤收爲複姓。今駁去子字，止存扁氏，餘可槩見云。

俟利

後魏匹孤之後，其官曰俟利，猶中國方伯也。後以官爲氏。

俟斤

謹按：唐史突厥大臣曰俟斤，世其官而無員限。其先世官者爲俟斤氏，後改爲艾氏。

俟亥

代北姓，後魏獻帝次弟爲俟亥氏[①]。

---

① 後魏獻帝次弟爲俟亥氏　《通志二十略·氏族略第五》"俟氏"同。錢氏曰："案《魏·官氏志》，獻帝以次弟爲俟氏，後改爲亥氏，與此異。"姚薇元《北朝胡姓考》以"俟氏"當係"俟亥氏"之脱誤，則此作"俟亥氏"無誤。又《辯證》本卷"俟"、"俟亥"兩姓源於《元和姓纂》卷六《六止上·俟亥》條，知是分拆自後者而略有不同，《姓纂》作"獻帝以次子爲俟亥"，非次弟也。兩存之。

俟畿

代北俟畿氏,後改爲河南畿氏[①]。

俟奴

俟奴氏,後改爲俟氏[②]。

俟吕陵

後周太祖賜韓褒姓曰俟吕陵氏,後改爲吕氏。

俟伏斤

後魏俟伏斤氏,後改爲伏氏。

俟伏侯

俟伏侯氏,改爲侯氏。

俟力伐

代北姓,後改爲河南鮑氏。

---

① 錢氏曰:"案《魏・官氏志》有俟幾氏,後改爲幾氏。幾、畿形近而訛。"

② 以上"俟利"至"俟奴"連續五條,錢氏校本移置於士貞條之下,今仍《四庫》本舊序編次。

古今姓氏書辯證卷二十三

七尾

尾

《元和姓纂》曰:"古有尾生,或云即微生高。"[1]誤矣。謹按:微生别一氏,尾亦一氏也。後漢太尉劉虞,爲公孫瓚所殺,虞故吏尾敦劫虞首歸葬。注曰:尾敦,姓名。

偉

謹按《後漢·蔡邕傳》曰:"光禄勳偉璋,有名貪濁。"注曰:偉姓,璋名也。漢有姓偉。舊姓書未有此氏,今增入。

尾勺

周成王分魯公以商民六族,一曰尾勺氏。

八語

圉

出自《周禮·夏官》,圉師,掌養馬者,後世以官爲氏。《左傳》楚大夫圉公陽,以邑爲氏。

---

① 今本《姓纂》卷六《七尾·尾》作"曾尾生,或云即微生高也"。下有岑校曰:"余按《通志》作'魯尾生'。魯、曾字近易訛,且同是一字,若'古有'則爲兩字,應從《通志》或從《類稿》三四作'魯有'。"兩存之。

吕

出自姜姓。炎帝裔孫爲諸侯,號共工氏。伏羲、神農之間,能霸九州,有地在弘農。從孫伯夷,佐堯掌禮,爲秩宗;徧掌四嶽,爲諸侯伯,號太嶽。又佐禹治水有功,賜姓曰姜,氏曰有吕,封爲吕侯。吕者,膂也,言能爲禹股肱心膂,以養物豐民人也。吕侯國在蔡州新蔡,歷夏、商世祀不絶。周穆王時,吕侯入爲司寇,訓夏贖刑,作《吕刑》之書。宣王時,改吕爲甫,後爲强國所并。當商季世,有吕尚,字牙,號太公望,蓋吕侯枝孫。起漁釣,佐周文王,爲武王太師,定天下有大功,封爲齊侯,命書曰:"五侯九伯,汝實征之,以夾輔周室。"太公望生丁公吕伋。伋裔孫莊公,生僖公禄父及夷仲年。年生公孫無知,僖公生襄公諸兒、公子糾、桓公小白。無知殺襄公,小白自莒入,立爲君,用管仲爲相,九合諸侯,不以兵車。天子賜之胙,遂霸諸侯。其後世系具《春秋》、《戰國策》①。嫡夫人三人,皆無子。内嬖長衛姬生公子無虧,謚武孟;鄭姬生孝公昭,葛嬴生昭公潘,密姬生懿公商人,少衛姬生惠公元,宋華子生公子雍。又庶子七人,爲楚七大夫,史失其名。桓公薨,孝、昭、懿、惠四公繼立。昭公生舍,惠公生頃公無野。舍母魯女,曰子叔姬;無野母曰蕭同叔子。頃公生靈公環及公子角、公子成。靈公夫人顔懿姬之姪鬷聲姬生莊公光,戎姬生公子牙,穆孟姬生景公杵臼。莊公薨,景公立。景公生悼公陽生、晏孺子荼、公子嘉、公子駒、公子黔、公子鉏,一曰南郭且於。景公薨,立荼,國人納陽生而出荼。陽生生簡公壬,爲陳常所弑。簡公後四世康公貸,大臣田和遷之於海濱,盡取其國。春秋時,齊諸公子以名見者,有東宫得臣、公子彭生、仲孫湫、公子彊、公子鉏、公孫敖、叔孫還、公孫明、公孫晳、公孫傁。頃公二子,曰公子固,字子城;公子鑄,字子

①《戰國策》 錢氏曰:"案此三字有誤。"

公。又二孫，曰公孫捷，字子車；公孫青，字子石。又子商、子周、公孫夏、公孫揮，皆吕氏也。

康公七世孫禮，秦昭襄王十九年，自齊奔秦，爲柱國、少宰、北平侯。二子：伯昌、仲景。伯昌生青，以令尹從漢高祖，封陽信侯，謚胡。青生臣，上柱國。唐隨州刺史仁宗，即其後也。秦丞相、文信侯不韋，陽翟人。漢高后父、臨泗侯吕公[①]，單父人，二子：澤，周吕令武侯；釋之，建平康侯。澤二子：台，吕王；産，梁王。台四子：嘉，東平侯；通，燕王；庀，東平侯；平，下邳侯。釋之三子：則，建平侯；種，不其侯；禄，趙王。其族中微。

至尚書令霸，居東萊，爲東萊吕氏。霸十一世孫虔，字子路[②]，魏徐州刺史、萬年亭侯，徙居東平任城。虔孫行鈞，徙居河東。行鈞，後魏東平太守。六世孫雄[③]，生崇禮、崇粹。崇粹，唐兵部郎中，生諲，相肅宗。諲生仁本、春卿、夏卿、冬卿。仁本，磁州司馬，生璜、琳。璜生傆、傪、皓。琳生伸。皓生伯禽、時中、绛。伸生緄、綱、紓、綸、紡、績[④]、纓、綜。春卿，尚衣奉御。

---

① 漢高后父、臨泗侯吕公　今本《姓纂》卷六《八語・吕》作“單父人吕公，女爲漢高祖皇后，封臨淄侯”。岑校以“臨淄”應作“臨泗”。

② 字子路　《三國志》卷一八《魏書・吕虔傳》作“字子恪”，應是。

③ 虔孫行鈞……六世孫雄　《四庫》本原注：“按《唐・世系表》，雄乃行鈞孫，此作六世孫，不合。”趙超《新表集校》卷五《吕氏》亦曰：“《新表》於行鈞、雄之間衹空一格，又不注明是六世孫，不合。”今按：考上引《三國志・吕虔傳》及周明泰撰《三國志世系表》，虔子翻、孫桂嗣爵，桂後無人，與此“虔孫行鈞”異。又虔乃三國魏人，行鈞乃北魏人，二人不可能是祖孫關係。又《元和姓纂》吕氏行鈞一支出東平，而諲一支出河東，岑校以爲《新表》合此兩支爲一支，而《辯證》吕姓亦“合行鈞、諲爲一系，蓋本《新表》，未能據以定《姓纂》、《新表》之是非”。要之，新、舊《唐書》之《吕諲傳》均不載其先代，《金石録》卷二七《吕諲家廟碑》今已不傳，故無以定行鈞以下世系。

④ 紡、績　錢氏曰：“案《唐・世系表》‘紡’作‘紼’，‘績’作‘縝’。”

汝

汝與女同。夏少后遺臣有女艾,魯大夫女賈。又《馮異傳》有賊汝章,據槐里,自稱將軍。又春秋時秦有不更女父。

處

師古曰:《史記》趙有處子。

褚

出自子姓。宋共公子段,字子石,食采於褚,其德可師,號曰"褚師"。生公孫肥,子孫因爲褚氏。漢時有褚大。元、成間有褚先生,名少孫,裔孫重,始居河南陽翟。重裔孫招,安東將軍、揚州都督、關内侯。孫䂮,字武良,晉安東將軍,始徙丹陽。五子:頠、説、洽、裕、祥。頠生爰,字謀遠,晉護軍將軍、散騎常侍,贈衛將軍。生希,豫章太守,譜絶。洽生裒,字季野,晉衛將軍、中書令、侍中、録尚書事、征北大將軍,贈太傅、都鄉元穆侯,所謂"皮裏陽秋"者。二子:歆、熙。歆字幼安,散騎常侍、祕書監。生爽,字弘茂,晉義興太守,贈金紫光禄大夫,五子[①]:秀之、粹之、陟之、裕之[②]、淡之。秀之字長倩,宋太常,四子:雋之[③]、湛之、貞之、法顯。雋之生淵、澄。淵字彦回,齊司徒、録尚書事、驃騎將軍、侍中,贈太宰,謚文簡,所謂"洛水三公"[④]者。淵二子:賁、蓁。賁字蔚先,齊侍中,生霽,譜絶。蓁生向,字景政,梁廬陵長史。生翔,字世

① 五子 據《晉書》卷九三《外戚·褚爽傳》,爽三子:秀之、炎之、喻之,與此異。

② 裕之 《新表·褚氏》作"裕之"。

③ 雋之 《新表·褚氏》作"儁之"。

④ 洛水三公 《南齊書》卷三六《謝超宗傳》:"司徒褚淵送湘州刺史王僧虔,閣道壞,墜水;僕射王儉嘗牛驚,跣下車。超宗撫掌笑戲曰:'落水三公,墮車僕射。'前後言誚,稍布朝野。"此作"洛"乃音近而誤也。

舉，梁吏部尚書，譜絶。淵弟澄，字彦道，齊侍中、右軍將軍，譜絶。法顯，鄱陽太守，二子：炤、炫。炤字彦先，召爲國子博士，不拜。炫字彦緒，齊散騎常侍[①]，贈太常，三子：游、澐、漢。澐字士洋，梁中書侍郎、湘東王府諮議參軍。澐二子：濛、隨。濛，太子舍人。生玠[②]，字温理，陳御史中丞。生亮，字希明，唐左散騎常侍、陽翟侯，四子：遂賢、遂良、遂功、遂年[③]。遂良，字登賢[④]，唐中書令、河南文忠公，相太宗、高宗，諫立武后，天下謂之褚河南。三子：彦甫、彦仲、彦季[⑤]。彦甫生僑、休。休五世孫虔[⑥]，七世孫昭。

北燕有中書郎匡。

許

出自炎帝裔孫伯夷之後。周武王封其裔孫文叔於許，以爲四嶽之嗣。至許元公結，爲楚所滅，遷於容城，子孫分散，以國爲氏。衛大夫許爲，一曰許公爲是也。其後自容城徙北新城縣都鄉樂善里。秦末有許猗，隱居不仕。曾孫毗，漢侍中太常。生德，字伯

---

① 齊散騎常侍　今本《姓纂》卷六《八語・褚氏》作“炫，齊侍中、吏部尚書”。

② 澐二子……生玠　《四庫》本原注曰：“按《唐・世系表》，漢，梁中書侍郎，生象，象生玠，玠生亮。此作澐生濛，濛生玠，與《世系》不合。”趙超《新表集校》卷五《褚氏》曰：“漢，《南史・褚裕之傳》作澐，《陳書・褚玠傳》同；象，《南史・褚裕之傳》作蒙，《陳書・褚玠傳》同。”則《新表》“漢”乃“澐”之訛，“象”或亦“蒙（濛）”之訛，此作澐、濛近是。

③ 遂年　今本《姓纂・褚氏》同，《新表・褚氏》作“逢年”，誤。

④ 字登賢　《舊唐書》褚遂良本傳無字，《新唐書》本傳及《新表・褚氏》均作登善。

⑤ 三子：彦甫、彦仲、彦季　今本《姓纂・褚氏》亦作三子，然彦仲作彦冲；《新唐書》卷一〇五《褚遂良傳》作二子，彦甫、彦冲。

⑥ 休五世孫虔　《新唐書》卷一〇五《褚遂良傳》作“文宗時，詔以遂良五世孫虔爲臨汝尉”，此作休五世孫，或誤。

饒，安定汝南太守，因居平輿。四子：攄、政、邈、勁。攄，大司農，生允，字士崇，魏中領軍、鎮北將軍，三子：殷、勳、猛。允孫式。式二子：皈，字仲仁，晉司徒掾，四子：茂、詢、嶷、雅。詢，字玄度，四子：元之、仲之、季之、珪。珪，宋給事著作郎、桂陽太守，生勇慧，齊太子家令、冗從僕射、晉陵縣侯。二子：懋，梁天門太守、中庶子，生亨、德；次子政，字義先，別居邵陵。亨，陳衛尉卿。

安陸許氏：出自詢五世孫君明。梁楚州刺史法光，生紹[①]，字嗣宗，唐陝州刺史、安陸郡公，四子：善、伯裔、智仁、圉師。圉師相高宗，黄門侍郎、同中書門下三品，謚簡，生自牧、自遂、自正。

欽寂[②]，生右金吾大將軍輔乾，即海東使者；次曰宕州刺史輔德。欽明生鴻臚少卿誡惑、太僕卿誡言。以上爲高陽許氏。高陽北新城縣，即唐博陵郡地也。

汝南許氏：漢許劭[③]，字子將，與兄虔齊名，汝南人稱平輿"淵有二龍"。喜評人物，謂之"月旦評"。其後有因官居太原者，皆著望。後漢博士慎，字叔重，亦平輿人，所謂"五經無雙許叔重"，作《字説》[④]，今行於世。其後有居會稽陽羡者。

晉陵許氏：漢徐州刺史聖卿。

安陵許氏：漢有許博，著《大博經》。

巨

前秦苻堅將梁山巨武，縛慕容暐。

---

①《四庫》本原注："按《唐·世系表》，君明生弘周，弘周生法光，與此世數不符。"是知君明、法光間存脱文。

②《四庫》本原注："按《唐·世系表》，紹四子，長善，善生力士，力士生欽寂、欽明。此'欽寂'上應有脱字。"

③ 漢許劭　錢氏曰："案'漢'上疑脱'後'字。"

④《字説》　應即《説文解字》。

所

謹按:後漢永初二年,劇賊畢亮等數百,乘船寇平原,縣令劉雄與門下小史所輔浮舟追至厭次津,與賊合戰,並爲賊擒。輔求代雄死,賊縱雄而殺輔,人謂輔孝盡愛恭,義極君臣。

唐高麗有大酋所夫孫。近世所氏,望出平原。

《風俗通》曰"宋大夫華所事之後",誤矣。《左氏》華御事爲司寇,非"所事"也。《姓源韻譜》曰:所,《説文》曰伐木聲也;《詩》曰:'伐木所所。'古虞衡之官主伐木,聞聲遂以爲氏。亦誤矣。今《詩》無此語。"所所"之字,得非許字訛其字畫乎①?

楚

出自晉趙孟家臣楚隆之後。蓋其先以地若字爲氏。姓書皆以爲芈姓,楚國滅於秦而氏焉,誤矣。

莒

出自曹姓陸終之後。周武王封兹輿期於莒,是爲莒子。其國之子弟,以國爲氏,莒僕、莒展、莒慶是也。漢有緱氏令莒誦,其後爲平昌人。《左傳》有齊大夫莒恒,爲申驅將。

叙

出《姓苑》。

藇

出《姓苑》。

---

①《四庫》本原注:"按《穀梁傳》,隱九年,俠卒。俠者,所俠也。詳此則華所事之先,已宜有此氏。"錢氏曰:"案'許'、'所'古通,'何許'即'何所'也。《文選》謝文暉在郡卧病詩,'良辰竟何許',注:許,猶所也。二字形不相涉,鄧氏以爲字畫之訛,非。"

咀

出《姓苑》。

姖[①]

《唐・藝文志》有姖威《渾輿經》[②]一卷。

褚師

事見褚氏。褚師段,字子石,生公孫丁及石彄。彄別爲石氏,而段後有褚師子肥。其族仕衛者,曰褚師定子,生聲子。褚師比及褚師圃、褚師子申,皆衛大夫。

巨母

王莽時,韓博上言,有奇士,長丈大十圍,來至臣府,曰欲擊匈奴,自謂巨毋霸,軺車不能載,三馬不能勝,卧則枕鼓,以鐵箸食。博意以莽字巨君,毋得篡盜而霸也。莽聞惡之,以事誅博,留霸新豐,更其姓爲巨母氏,謂因文母太后而霸王符也。

九麌

羽

出自姬姓。鄭穆公之子揮,字子羽,其孫頡爲馬師,以王父字爲氏。

禹

萬姓即夏禹之後,世代罕聞,至漢世,有從草從禹而曰萬章,字子夏,在長安西,號曰"城西萬子夏",爲京兆尹門下督從,至殿

---

① 此條錢氏校本移置於巨條之下,今仍《四庫》本舊序編次。

② 姖威《渾輿經》 據《三國志》卷二一《魏書・桓威傳》,威,下邳人,年十八,著《渾輿經》,仕爲安成令。又,《隋書》卷三三《經籍志》曰:"梁有《渾輿經》一卷,魏安成令桓威撰,亡。"則此作"姖威"誤。

中侍中。諸侯貴人争欲揖章,莫與京兆言者。疑此萬與禹姓同也。又鄅子國在瑯琊,其後以國爲氏,恐此鄅,禹也,與萬通用。

宇

出《姓苑》。

栩

《陳留先賢傳》有栩氏。又《漢·董賢傳》有栩丹。

鄅

出自妘姓。鄅子之國,其地瑯琊開陽縣是也。魯昭十八年,鄅子藉稻,邾人襲而滅之。子孫仕宋,以國爲氏。

甫

出自姜姓。炎帝裔孫伯夷,爲堯太嶽,封其後爲甫侯,子孫以國爲氏。

府

《風俗通》:漢有司徒掾府悝。

武

春秋魯隱公時,王使武氏助伐翼,其子來魯求賻。漢有武臣,爲趙王梁鄒孝侯臣,生德[①]。德生東武亭侯最。最生敬襄侯嬰。嬰生中涓濟陰侯山附,後以酎金國除。山附生陳留太守、内黄侯都。都生汝南太守宣,字文達。宣二子:尚、浮。浮字元海,司徒左長史,生臨漳令静[②],字伯濟。静生烈,字文照。烈生光禄勳篤,字猗

---

①《四庫》本原注:"按《史記·功臣表》,梁鄒孝侯武儒生子最,襄侯,至山附國除,則最非武臣之後。今此作臣生德,德生最,俱誤。儒,《漢書》作'虎',唐避諱作'彪'。"武臣史書記載多歧異,如今本《姓纂》卷六《九麌·武》作"漢初,武臣爲趙王,又有武涉。《功臣表》,梁鄒侯武彪"。詳見岑校。

② 生臨漳令静　錢氏曰:"案原本脱'生'字、'静'字,據《唐·世系表》補。"

伯,生太常中壘校尉悌。悌生九江太守、臨潁侯端。端生魏侍中、南昌侯周,周三子:陔、韶、茂。陔字元夏,晉左僕射、薛定侯。陔生太山太守、嗣薛侯越。越生威遠將軍、嗣薛侯鋪[①]。鋪生太子洗馬嘏。嘏生洛州長史、歸義侯念。念生平北將軍、五兵尚書、晉陽公洽,別封大陵縣,賜田五十頃,因居之。生祭酒神龜。神龜生本州大中正司徒越王長史、襲壽陽公克己。沛國武彪裔孫周,魏南昌侯,生陔,晉左僕射薛侯。五代孫洽,魏晉陽公,因始封居太原永水,或號太原武氏。洽曾孫居常,北齊鎮遠將軍,生儉,永昌王諮議。生華,隋東都丞。生士稜、士讓、士逸、士彠。士稜,唐司農少卿、宣城公,生君雅。君雅生敬真、崇真,太子洗馬。士讓,唐太廟令路公,生惟良、懷道、懷運。惟良,衛尉卿,生攸宜、攸緒。攸宜,雍州刺史、都官[②]尚書、建王。攸緒,揚州長史,隱嵩山,神龍拜太子賓客、巢公,不起;景雲封安平王,亦不拜。生君訥[③]。懷道,左監門長史,生攸暨、攸寧。寧[④],春、冬、夏尚書,納言,建昌五江公[⑤]、岐州刺史,生文瑛、荀瑛。攸暨,駙馬司禮卿、定王、司徒、楚公,生崇敏、崇行。崇敏,宗正卿,上黨王;崇行,國子祭酒。懷運,淄州刺史,生攸歸、攸止、攸望。攸歸,九江宗正卿[⑥]。孫良臣,商州刺史。攸止,恒安王、司賓卿,女,玄宗惠妃,追封貞順皇后。

---

① 越生威遠將軍、嗣薛侯鋪 《晉書》卷四五《武陔傳》陔子輔,非越所生。《傳》缺“越”一代,與此異。

② 都官 錢氏曰:“案《唐·世系表》‘都’作‘冬’,此疑誤。”

③ 君訥 錢氏曰:“案《唐·世系表》‘君’作‘若’。”

④ 寧 錢氏曰:“案原本脱‘攸’字,今補。”錢氏校本補“攸”字。

⑤ 建昌五江公 錢氏曰:“據《唐·外戚傳》,原本‘王’訛‘五’,‘江’下脱‘國’字。”錢校是。

⑥ 九江宗正卿 錢氏曰:“案《唐·外戚傳》,攸歸歷司屬少卿,至齊州刺史,贈九江王。此疑有誤。”

攸止子昕、忠、信。忠，鴻臚卿；信，秘書監[①]，同攸止。攸望，會稽王[②]、少府監、察公。孫徹，洋州刺史。士逸，始州刺史、陸公[③]，生志元、仁範、安業。志元，倉部郎中，生懿宗、嗣宗。懿宗，河内王、殿中監，汴、魏州刺史，神丘道大管公[④]，生瑾、瓌。仁範，雲陽令，生尚賓、重規、載德。尚賓，河間王益府長史。重規，高平王司禮卿、神龍朔方大總管、禮部尚書，生成節、成藝。載德，潁川王殿中監、右千牛大將軍，生平一、敬一。平一，考功員外郎，生集、備、就、登。集，梓州刺史；備，殿中御史，中元衡[⑤]，門下侍郎平章事、

① 攸止子……秘書監　錢氏曰："案《唐·世系表》，昕忠，鴻臚卿；信忠，秘書監同正。此似誤以忠、信爲單名，或'忠'、'信'上有脱字。"今按：《辯證》此襲取《元和姓纂·武氏》，岑仲勉考此句存誤，可參考之。

② 會稽王　錢氏曰："案原本脱'王'字，據《唐·外戚傳》補。"

③ 始州刺史、陸公　錢氏曰："案《唐·世系表》作'贊國節公'，此疑誤。"今按：據趙超《新表集校》卷四《武氏》引《攀龍臺碑》，士逸爲安陸郡公；《武就碑》作鄮國節公。《舊唐書》卷五六《武士䕢傳》作安陸縣公、韶州刺史；《新唐書》卷二〇六《外戚·武士䕢傳》則作"六安縣公"，韶州刺史同。則此"始州刺史"當爲"韶州刺史"，"陸公"或應從碑、《舊》傳作"安陸郡公"。

④ 神丘道大管公　今本《姓纂·武氏》作"神兵道大總管"，《新唐書》卷二〇六《外戚·武懿宗傳》："神功元年，孫萬榮敗王孝傑兵，詔懿宗爲神兵道大總管討之。"此誤。

⑤ 備，殿中御史，中元衡　今本《姓纂·武氏》作"先元衡"，羅校云："案'先'，《金石録·唐贈吏部尚書武就碑跋》引作'生'。又案《就碑》、《唐表》並以元衡爲就子。"岑校："按《金石録》二九云：'右唐武就碑。就，元衡父也。《元和姓纂》載平一四子，集、備、就、登，備生元衡。今此碑與《唐書·宰相世系表》皆以元衡爲就子。《姓纂》元和中修，是時元衡爲宰相，不應差其世次，豈余家所藏本偶爾脱誤乎？當俟别本校正。'是趙氏見本已誤作'備生元衡'，今本又誤'生'爲'先'也。《舊書》一五八《元衡傳》：'父就，殿中侍御史。'（《新表》則云潤州司馬。）今備亦殿中侍御史，歷職相同，宜乎易於脱誤矣。"要之，就生元衡近是。此"中"或衍或誤，備至元衡間世系存脱文。

成都尹。登生儒衡殿中御史思元,一名安業,零陵令,追封渤海王。生求己,太僕少卿。士彠,唐工部尚書,利、荆二都督,應國公,卒贈司徒周公,又贈太師,追崇魏王,配食高祖廟。彠女爲則天皇后,生中、睿宗。彠子元慶、元爽。元慶,宗正少卿,生審思、再思、三思。審思,追封申王。再思,宫門郎,追封蔡王。三思,梁王,夏、春、天三尚書,内史,神龍司空同三品,降德静,爲節愍太子所殺,生崇訓、崇謙、崇烈、崇撝、崇操。崇訓,駙馬太常卿、太子賓客,生繼植,左衛將軍。崇謙,光禄卿、梁公。崇烈,尚乘奉御。元爽,虞部郎中、少府少監,生承嗣,魏王,春、天二尚書,納言,文昌左相,實封一千三百一户[①]。生延基,駙馬、右羽林將軍、郯公;延安,光禄卿、邗公;延壽,衛尉少卿、燕公;延秀,駙馬、太常少卿、桓公。承業,陳王、左驍衛大將軍,生延暉,駙馬、陳公,生[②]羽林衛將軍,生惲[③]。斌業次子延祚[④],光禄少卿、鄶公;延嘉,秘書少監、莒公。

又《風俗通》,趙平原君勝,封武成,因氏焉[⑤]。

倂

出《姓苑》。

---

① 一千三百一户　據《舊唐書》卷一八三《外戚·武承嗣傳》,此"三百"下衍"一"字,。

② 錢氏曰:"案'生'字疑衍。"

③ 據《新唐書》卷七四上《宰相世系表·武氏》,延暉孫惲,惲父缺。故此"延暉"至"生惲"間或存脱文。

④ 斌業次子延祚　據《舊唐書·武承嗣傳》,延祚爲武承業次子,此誤。

⑤ 錢氏曰:"案《廣韻》九麌引《風俗通》云:宋武公之後,漢有武臣,是應君以單姓武氏爲出自宋武公。若武成一條,《通志·氏族略》引入複姓下,與武氏無涉,此誤引。"

輔

唐監察御史魏傳弓，劾奏中人輔信義，見《竇懷忠傳》。唐齊州臨濟人輔公祐爲盜，有傳[①]。

柱

出自古烈山氏之子柱，爲稷神，後世以爲氏。一云周柱下史之後。

詡

出《姓苑》。

豎

廟諱嫌名[②]。亦作竪、寺人、小臣之稱，曹竪侯獳之類，後世或以爲氏。

庾

古者倉氏、庾氏之後，子孫以世官爲族。漢有庾乘者，司徒辟有道，徵不就，二子：嶷、遁[③]。嶷，魏太僕；遁廉退不仕，以諸子貴，賜拜太中大夫。遁二子：某，史失其名[④]；峻，字山甫，晉御史中丞、侍中常侍，三子：岷[⑤]，侍中、長岑貞男；琮，太尉掾[⑥]。敳，晉吏部郎；某二子：袞、琛。袞四子：怞、蔑、澤、捃。蔑生願，安成太

① 輔公祐　《四庫》本原注："按《唐書》作'輔公祏'。"

② 廟諱嫌名　宋英宗名曙，"豎"爲嫌名。

③ 遁　《四庫》本原注："按《姓纂》亦作'遁'，《晉書》作'道'。"

④《四庫》本原注："按《晉書・庾純傳》，劉斌議曰：純兄峻以父老求歸，峻不得歸，純無得歸之理。則純即遁之子可知，史未嘗失其名也。"

⑤ 岷　《晉書》卷五〇《庾峻傳》作"珉"，此應誤。

⑥《四庫》本原注："按《晉書》庾峻二子岷、敳，無琮，岷官至侍中、長岑男，爲劉元海所害，謚曰貞。"

守。琛五子：亮、懌、冰、條、翼。亮字元規，晉太尉、文康公；懌，西中郎將，贈衛將軍、簡子；冰字季堅，晉車騎將軍，贈司空、忠成公；條字幼序，贈左將軍；翼字稺恭，晉征西將軍，贈車騎將軍、肅子。亮三子：會、羲、龢。會一作彬。羲字羲叔，晉吴國内史。龢，晉中領軍。羲二子：準、楷。準一作淮，豫州刺史、西中郎將；楷，西中郎將。準生悦，字仲豫，宋江州刺史。楷生鴻。龢生恒，字敬則，尚書右僕射，贈光禄大夫。懌一子統，晉建威將軍、尋陽太守，生玄之，宣城内史。冰七子：希、襲、友、藴、倩、邈、柔。希，晉北中郎將，徐、兗二州刺史，護軍將軍；友，晉中書郎、東陽太守；藴，晉廣州刺史；倩，太宰長史；邈，會稽王參軍；柔，晉散騎常侍。希生攸之。友生叔宣，右衛將軍。藴生廓，東陽太守，二子：登之，宋豫章太守；仲文，宋吏部尚書。登之生仲遠，宋侍中。仲文生弘遠，齊江州長史。弘遠生曜。冰玄孫道愍，齊射聲校尉。翼二子：方之，代父守襄陽者；爰之，輔國將軍。弘遠從弟徽之，御史中丞，二子：漪、泳。冰五世孫佩玉，宋長沙内史，生沙彌，梁長城令。沙彌生持，梁尚書左户郎。又族人輝，安北長史，生東，吴國内史。東生闡，吴國内史。闡生肅之，湘東太守。

蜀人庾氏：唐同州刺史崇，生樸，前蜀禮部尚書。其族子四人：傳美，後唐都官郎中；傳昌，前蜀翰林學士；傳素，左僕射；傳信，翰林學士。

楀

《元和姓纂》曰："《詩》曰：'楀維師氏。'寵臣之族也，後氏焉。"

主①

宋政和中，禁天下不得稱主及君，乃改爲康氏。

---

① 此條錢氏校本依《廣韻》移置於楀條之上，今仍《四庫》本舊序編次。

宇文

出自匈奴南單于裔。有葛烏菟，爲鮮卑君長，世襲大人。至普回，因獵得玉璽，自以爲天授也，俗謂天子爲“宇文”，因號宇文氏。或云神農氏爲黄帝所滅，子孫遁居北方，鮮卑俗呼草爲“俟汾”，以神農有嘗草功，因自號俟汾氏，其後音訛，遂爲宇文。普回子莫那，自陰山徙居遼西，至後周，追謚曰獻侯。生可地汗，號莫何單于。闢地，西出玉門，東踰遼水。孫普撥，生丘不勤。丘不勤生莫珪。莫珪生遜昵延。遜昵延生俟逗歸[①]，自稱大單于，爲慕容晃所滅。生六子：一曰拔拔陵陵，二曰拔拔瓌，三曰紇闍，四曰目原，五曰紇闍俟直，六曰目陳。拔拔陵陵號阿若彦，仕後魏，都牧主、開府儀同三司、安定忠侯，以豪傑徙居代州武川。

羽弗[②]

孔至曰：後魏改爲弗氏[③]。

武城

出自楚大夫，食邑武城，因以爲氏。謹按：《春秋》有二武城，魯武城曰南武城，曾參家也，則楚邑宜曰北武城矣。

武羅

《元和姓纂》曰：“夏武羅國之後。”謹按：夏遺臣武羅，必其後爲氏。

---

① 俟逗歸　《四庫》本原注：“按《北周書》作‘侯豆歸’，《唐・世系表》作‘佚豆歸’。”

② 錢氏校本依《廣韻》移此條置於宇文條之上，今仍《四庫》本舊序編次。

③ 改爲弗氏　《元和姓纂》卷六《九麌・庾》作“改爲羽氏”。岑校：“《通志》無‘羽弗’，有‘費羽’。費，弗之訛，參前文羽姓。《辯證》二三云：‘孔至曰，後魏爲弗氏。’其説又異。”兩存之。

武都

《西秦録》有武都氏。謹按:武都者,仇池之别名,今成州是也。其先以地爲氏。

甫爽[①]

《世本》曰:宋有大夫甫爽文叔。

豎侯

《元和姓纂》曰:宋有大夫豎侯息,曹有豎侯獳。息未詳所出。謹按:豎侯獳之説誤矣。《春秋》"曹伯之豎侯獳貨筮史",乃曹之小臣,姓侯名獳,行賂於卜者,非複姓也。

主父

《元和姓纂》曰:趙武靈王主父之後,子孫以爲氏。漢有主父偃。宋開封人、將仕郎宗旦,生天經。天經生主簿齊賢。齊賢生喆,字颖叔,政和五年上舍。

---

① 錢氏校本依《廣韻》移此條置於武城條之上,今仍《四庫》本舊序編次。

古今姓氏書辯證卷二十四

十姥

姥

《姓苑》曰:姥氏亦作媽。

杜

杜伯爲宣王大夫,無罪被殺,因失其國,子孫居杜城者,爲杜氏。而仕晉,晉太子申生之傅曰原欵,韓厥之御曰溷,羅平公之宰夫曰蕢。其族在秦者,曰回;在魯者,曰橋、曰洩。回以力聞,橋以母喪宮中,無相得名,所謂"杜氏之葬,在季武子寢西階下者"是也。洩事叔孫氏,忠於其君,避季平子難,奔楚,生大夫綽。綽生段。段生赫,爲秦大將軍,食采南陽衍邑,世稱爲杜衍。赫少子秉,上黨太守,生南陽太守札。

宋中書舍人晁以道説之解《書》"雲土",云"土",古"杜"字也,《詩》"桑土"是也。土氏之先曰陶唐氏、御龍氏、豕韋氏,其後爲唐杜氏。有土蔿、土穀、土會、土匄、土燮、土鞅、土吉射、土富、土魴,皆唐杜氏也。或作士氏,誤也。士員、士弱、士文伯、士景伯,是士氏。《西京雜記》:杜陵杜夫子善棊,爲天下第一,自言精其理者,足以大裨聖教。即徙家者也。孝宣帝布衣時,游諸陵,往來鄠、杜間。至隋唐都京兆,杜氏、韋氏皆以衣冠名位顯,故當時語曰:"城南韋杜,去天尺五。"二家各名其鄉,謂之"杜曲"、"韋曲”。自漢至唐，未嘗不爲大族。

周，字長孺[①]，三子：延壽，西河太守；延考，河東太守；延年，字幼公，御史大夫、建平敬侯，七子：緩、繼、紽、熊、紹、緒、絪[②]。緩字元仁，雁門太守，二子：業、彰。熊字少卿，荆州刺史。生穰，字子饒，後漢諫議大夫，二子：敦、篤。敦字忠信[③]，西河太守，生邦，字召伯，中散大夫，三子：賓、宏、繁。賓字叔達，舉有道，不就，二子：翕、崇。翕字伯括，太子少傅[④]，生畿[⑤]，字伯侯[⑥]，魏太僕卿、豐樂、戴侯[⑦]，三子：

---

① 錢氏曰："案《唐·世系表》札生周，此疑'周'上有脱字。"

② 七子：緩、繼、紽、熊、紹、緒、絪　今本《姓纂》卷六《十姥·杜》同。錢氏曰："案《唐·世系表》延年六子，無絪，紽作他（他與佗同）。其見于《漢書·杜周傳》者，惟緩、佗、熊及欽，欽最知名，此獨不及，殆不可解。"錢説是。《姓纂》、《新唐書》卷七二《宰相世系表·杜氏》、《辯證》本卷均未載杜欽，疑《姓纂》杜氏有脱文（其記延年亦甚簡，僅言"又徙杜陵。延年孫篤"），而諸書本之，故缺略實多。

③ 錢氏曰："案《唐·世系表》作'仲信'。"

④ 錢氏曰："案《唐·世系表》，翕司空掾，與此異。"

⑤ 敦字忠信……生畿　關於杜畿世系，史多歧異。《三國志》卷一六《魏書·杜畿傳》引《傅子》稱畿爲延年之後，但未詳其父祖。《辯證》此作敦生邦，邦生賓，賓生崇，翕生畿，是畿爲敦玄孫、邦曾孫。《新表·杜氏》略同。今本《姓纂·杜氏》則曰："篤（敦弟）曾孫畿，河東太守。"與此異。岑校疑《姓纂》在篤、畿之間缺一代。至於畿父，此作翕，字伯括；《新表·杜氏》則作"崇，字伯括，司空掾，生畿"，亦異。據《後漢書》卷四《孝和孝殤帝紀》、卷一一九《南匈奴傳》，杜崇，官中郎將，和帝永元七年被殺，而此時杜畿尚未出生，故以崇生括應誤，而翕生畿近是。

⑥ 字伯侯　《三國志·杜畿傳》："字務伯。"

⑦ 魏太僕卿、豐樂、戴侯　錢氏曰："案《唐·世系表》，畿，魏河東太守。與此異。"據前引《三國志·杜畿傳》，其任河東太守無誤；又"文帝即王位，賜爵關内侯，徵爲尚書。及踐阼，進封豐樂亭侯，邑百户……追贈太僕，謚曰戴侯"。此無誤。

恕、履[①]、寬。恕,字伯務[②],御史大夫、幽州刺史,生預,字元凱,晉荆州、益州、寧州刺史,征南大將軍,荆南大都督長史,駙馬都尉,開府儀同三司,當陽侯,尚宣祖長公主[③]。有平吴大功,注《春秋左氏傳》,行於世,自號"《左傳》癖"。宋尊崇祀典,歷代賢臣唯預從祀文宣、武成王二廟,古今無與爲比。預四子:錫、耽、躋、尹[④]。錫字世嘏,尚書左丞。曾孫悊,二子:楚、秀。秀二子:果[⑤]、皎。

京兆杜氏:漢建平侯延年二十世孫文瑶,與義興公果[⑥]同房。文瑶,隋浚州刺史,生玄道,左千牛[⑦]。元道生含章,定州司法參

---

① 履　錢氏曰:"案《唐·世系表》'履'作'理'。"今按:據《三國志·杜畿傳》裴注引《杜氏新書》曰:杜畿三子,"恕弟理,字務仲。少而機察精要,畿奇之,故名之曰理。年二十一而卒。弟寬,字務叔"。錢校是,此應作"理"。

② 伯務　據《三國志·杜畿傳》,此傳寫倒誤,應作"務伯"。

③ 尚宣祖長公主　據《晉書》卷三四《杜預傳》,文帝嗣立,預尚帝妹高陸公主,此作宣祖長公主,未知何據。

④ 預四子:錫、耽、躋、尹　預四子行序,史載多歧。今本《姓纂·杜氏》作錫、尹、躋、耽,《新表·杜氏》作錫、躋、耽、尹,除錫爲長子外,各不相同,均與《辯證》異。蓋因永嘉之亂,預子孫或播遷南渡,或留守北朝,故世系自此多淆亂,至不可考。

⑤ 秀二子,果、皎　據《周書》卷三九《杜杲傳》:杲,字子暉。《金石録》卷二三《杜如晦碑跋》云:"傳云其祖名杲,而碑所書乃名徽……蓋此碑乃太宗手詔世南,勒文於石,其官爵、祖父名諱不宜有誤,皆可以正史氏之失矣。"是知"果"誤,應作"杲",而徽亦其名。又,《北史》、《周書》皆以皎爲杲父。今本《姓纂·杜氏》則曰"秀玄孫果",岑校:"《新表》七二上云,預子錫,錫曾孫悊,悊二子楚、秀,秀二子果、皎,照其計算,杲爲預六世孫,與《姓纂》爲九世孫者不合,然晉初至北周初,幾三百年,知《新表》必誤無疑。"按:岑氏以杲爲秀玄孫,增加三世,又與此異。

⑥ 果　即杲,同上。

⑦ 左千牛　趙超《新表集校》卷二《杜氏》補正:案權德輿《東都留守檢校吏部尚書判東都尚書省事扶風縣伯杜亞神道碑》作"右千牛"。

軍,含章二子:緒、繹。繹,秀容令,生孟、寅、亞、麟、平。亞字少公,檢校禮部尚書。緒,京兆司録參軍,生黄裳、黄中。黄裳字遵素,相憲宗。黄中,峽州刺史。黄裳二子:勝、載。勝字斌卿,天平節度使兼揚州租庸使,遂家廣陵。生庭堅,字輔堯,衛州刺史。庭堅生審彤,審彤二子:昌業、繼元。

襄陽杜氏:出自當陽侯預幼子尹[①],字世甫,晉弘農太守。二子:綝、弼。弼字君佐[②],魏治書侍御史;綝字宏固,奉朝請,一子襲,字祖似[③],上洛太守,二子:標、冲[④]。標字文湛,中書侍郎、池陽侯。冲字方進,襲池陽侯,生洪泰,字道廓,南徐州刺史,襲池陽侯,三子:祖、悦、顒。祖字紹先,員外散騎常侍。悦字望之,上柱國、吏部尚書。顒字思顔,後周侍中、驃騎大將軍、雍州刺史、安平公,贈太尉,六子:景懋,字公瑾,常州刺史;景仲,字世則,鄘州刺史、當陽侯;勝,字景驤,濟州刺史;景峻,湖州刺史;景恭,字慶之,後周驃騎大將軍、慶成公[⑤];景秀,字彦之,後周渭州刺史、思寧公,二子:懿、遜。懿,隋殿内監、甘棠公,生乾播、乾祐、乾祚。依藝。依藝,監察御史,鞏令,生審言,膳部員外郎、修文館學士[⑥]。生

---

① 預幼子尹　今本《姓纂·杜氏》稱襄陽杜氏出自元凱少子耽,與此異。

② 弼字君佐　據《北齊書》卷二四《杜弼傳》,弼字輔玄,小字輔國。此君佐、輔玄、輔國義近而易訛,未知孰是。

③ 祖似　錢氏曰:"案《唐·世系表》作'祖嗣'。"

④ 標、冲　錢氏曰:"案《唐·世系表》'標'作'摽',以'冲'爲'摽'子,與此異。"

⑤ 慶成公　錢氏曰:"案《唐·世系表》作'康城公',此疑誤。"

⑥ 此乾祚後,脱襄陽杜氏杜遜及子嗣一支。據今本《姓纂·杜氏》:"襄陽,當陽侯元凱少子耽,晉凉州刺史;生顧,西海太守;生遜,過江,隨元帝南遷,居襄陽。遜官至魏興太守,生靈啓、乾元。"據羅振玉校:乾元,即乾光。據《周書》卷四六《杜叔毗傳》,乾光生漸,漸生二子:君賜、叔毗,叔毗孫依藝。據《隋唐五代墓誌彙編》長安〇〇七《大周故京兆男子杜并(轉下頁)

閑,奉天令。閑生甫,字子美,左拾遺、檢校工部員外郎、劍南西川節度參謀,二子:宗武、嗣業①。

遜,柏人令,生淹②,本縣中正,三子:行簡、行則、行敏③。行敏,荆、益二州都督府長史,南陽襄公,二子:崇憲、崇慤④。崇慤,左司員外郎、麗正殿學士,二子:希奭,越州别駕;希望,河西隴右節度,八子⑤:信,

---

(接上頁)墓誌銘並序》:"晉當陽侯預之後,世世冠族,到於今而稱之。曾祖魚石,隋懷州司功、獲嘉縣令;祖依藝,唐雍州司法、洛州鞏縣令。父某(指審言),皇朝洛州洛陽縣丞。"即杜遜後裔,而并乃杜甫叔父。元稹撰《唐故工部員外郎杜君(甫)墓係銘並序》(《集》卷五六):"晉當陽成侯姓杜氏,下十世而生依藝,令於鞏,依藝生審言。"《舊唐書·杜甫傳》:"本襄陽人,後徙河南鞏縣。曾祖依藝,位終鞏令。祖審言,位終膳部員外郎,自有傳。"據上,則知《辯證》將景秀之子、淹父遜,與杜眈之子遜混淆爲一人,以致依藝前有五代世系脱漏。

①《四庫》本原注:"案元稹《杜甫墓誌》及《唐書》本傳,甫一子宗武,宗武子嗣業,此誤。"校是。

② 遜,柏人令,生淹　此杜淹非京兆杜如晦叔父、御史大夫、檢校吏部尚書、安吉郡公杜淹,淹字執禮,祖業,周豫州刺史,父徵,河内太守,子敬同(《舊唐書》卷六六《杜如晦傳》附杜淹),《辯證》脱漏未載。

③ 行簡、行則、行敏　《新表·杜氏》"行簡"作"行毓";今本《姓纂·杜氏》作"陳生行敏",岑校曰:"據《新表》,景秀又生遜,遜生淹,淹生行敏,此作'陳生',乃傳刻之誤。"權德輿《杜佑遺愛碑》:"曾祖諱行敏,皇銀青光禄大夫,荆、益二州大都督府長史,南陽郡公。"(《全唐文》卷四九六)則此無誤。

④ 崇慤　錢氏曰:"案《唐·世系表》作'樂懿',疑即其字。"今按:《舊唐書》卷一四七《杜佑傳》作"祖慤,右司員外郎"。

⑤ 八子　《辯證》此下實列七子:信、位、佋、任、儒、佑、供;今本《姓纂·杜氏》杜希望七子,無杜信。但《新表·杜氏》作信、位、佋、任、儒、佑、供、巨卿(兼侍御史),八子,然第五子儒,字巨卿,其字與弟名同,有違常理;又,唐京兆杜氏另有一杜信,字立言,是杜暐之子,見《寶刻叢編》卷八引《關中金石録·唐太子賓客杜信碑》,碑立於元和十四年,信歷官國子司業、刑部員外郎、杭州刺史、太子賓客,亦與杜希望諸子同時代,但輩分係後者從叔。唐避諱甚嚴,叔侄間犯諱罕見,故存疑。要之,希望六子可考者位、佋、任、儒、佑、供,此作"八子"或訛。

太子賓客;位,考功郎中、湖州刺史;佋,詹事司直、金城丞;任,河南府兵曹參軍;儒,武進簿;佑,字君鄉[①],相德、順、憲三宗;供,洪州長史。佑三子:師損、式方、從郁。師損,工部郎中、司農少卿,二子:德之、宗之。宗之字有宗,信州刺史,生羔[②],潤州延陵令,避亂徙居黄巖。式方字考元,桂管觀察使,五子:惲,富平尉;憓,興平尉;悰,字永裕,相武宗、懿宗,贈太師、豳國公。恂失其官。慆,泗州刺史。悰生裔休、述休、儒休。從郁生牧、顗。顗字勝之,生無逸。

洹水杜氏:出自戴侯恕少子寬,字務敏[③],孝廉郎中。曾孫曼,石趙從事中郎、河東太守,初居鄴,葬父洹水,後亦徙居焉。五世孫君賜,生景,宣明[④]。景生子裕[⑤],字慶延,隋樂陵令,五子:正玄、正藏、正倫、正儀、正德。正倫,相高宗;正藏,隋行軍長史,生志静,出繼正倫,後爲安福令,嗣襄陽公。生僑,懷州刺史。僑生咸,涼州都督;損,大理少卿。損四子:存介[⑥]、廙、戩。廙生曾、冀、兼、羔。曾,左金吾兵曹參軍;冀,太學博士兼河南尹;羔,刑部郎中,二子:中立、思立。中立,義武軍節度使。

---

① 君鄉　錢氏校本作"君卿"。新、舊《唐書》杜佑本傳均作"君卿"。錢校是,此或形近傳寫之誤。

②《四庫》本原注:"案《唐・世系表》羔生宗之,與此不合。"

③ 務敏　錢氏曰:"案《唐・世系表》作'務叔'。"錢校是。

④《辯證》此處應承自《新表・杜氏》:"君賜生景、宣明。"然《北史》卷二六《杜銓傳》有"銓族孫景,字宣明"。此"宣明"前或脱一"字"字。

⑤ 子裕　《北史》卷二六《杜銓傳》作"裕"。

⑥ 損四子:存介　《新表・杜氏》亦作四子,曰存,左贊善大夫,介下無履官、子嗣。然據《新唐書》卷一七二《杜兼傳》:"安禄山亂……伯父存介爲賊執,臨刑,兼號呼願爲奴以贖,遂皆免。"如此則存介爲一人,損三子,或少記一人。

濮陽杜氏：出自秦大將軍赫，生威，世居濮陽。裔孫謨，後魏濮陽太守，因家焉。謨生亮，後魏陳留太守。亮生伽，北齊交州刺史、廣陵公。伽生保，隋雁門太守，二子：義博、義寬。義寬，唐滕王府諮議、蘇州司馬，三子：無忝、慎行、承志。慎行，荆益二州長史、建平侯。生鵬舉，位宰相、安州都督，三子：靈瑶、鳳舉[①]、鴻漸。鴻漸字之巽，相代宗，二子[②]：收、威、封、鼎。承志，天官員外郎，生暹，相明皇。暹生孝友，殿中監；給事中[③]。

南朝有杜岸、杜胐、杜幼安兄弟，三人皆有傳。又杜僧明、稜，循吏杜驥、杜慧慶，文學杜之偉，亦有傳。後魏有杜銓。北齊杜弼及子臺卿。後周有杜杲，有杜彦、杜超，節義則杜叔毗、杜松贇，循吏則杜纂，皆有傳。後蜀李匡長史杜淑。後涼吕光部將杜進，殿中監杜尚。後燕慕容熙，起承華殿，典軍杜静載棺詣闕上書極諫，熙怒斬之。南燕平原令杜雄。

魯

出自姬姓。周公子伯禽所封，傳國三十四世，至魯頃公滅於楚，遷於下邑，子孫以國爲氏，世吏二千石。漢哀、平間，自魯徙扶風平陵。漢魯匡，爲王莽羲和，生武陵太守某。某生恭，字仲康，漢司徒。生謙，隴西太守。謙子旭，太僕。恭弟丕，字叔陵，爲侍

---

① 鳳舉　趙超《新表集校》卷二《杜氏》訂譌曰："舉字疑訛。以其父名鵬舉，子犯父諱而疑其訛。據《全唐文》卷四二二楊炎《安州刺史杜公神道碑》，鵬舉長子靈瓊，次子奉遥，季子鴻漸，並無鳳舉。疑鳳舉爲鵬舉弟而《新表》誤下一格。《補正》亦引《杜鵬舉神道碑》證鵬舉三子名。"

② 二子　錢氏校本同。據《新表·杜氏》及《元和姓纂·杜氏》，鴻漸四子：收、威、封、鼎，與此異。疑"二"爲"四"之誤。

③《四庫》本"給事中"前無人名。錢氏校本據《唐·世系表》補"昱"。據《新表·杜氏》，"昱，給事中"；又，《舊唐書》卷九八《杜暹傳》，"暹在家孝友，愛撫異母弟昱甚厚"，則此處所脱應作"弟昱"。

中,所謂"五經復興"。魏荆州刺史芝,自平陵徙鄗縣。南燕有尚書魯邃。

古

出自姬姓。周太王亶父,避狄人之難去,國於岐山之下,自號古公,後氏焉。漢有京兆古生,爲都掾史四十餘年,善訑慢,二千石隨以諧謔,趙廣漢黜之,京師以"古掾曹"爲俳戲。後漢東平憲王從王古霸[①]。長沙孝子古初。唐高宗時部將古神威。宋朝嶺外人古成之,及進士第,爲綿竹令,嘗遇異人授道。

伍

伍氏出自春秋時楚莊王嬖人伍參,以賢智升爲大夫。生舉,食邑於椒,謂之椒舉,其子曰椒鳴、伍奢。椒鳴得父邑,而奢以連尹爲太子建太傅,費無極譖之,王逐太子而殺伍奢及其子棠君尚。尚弟員,字子胥,奔吴,事闔廬爲卿,破楚入郢,以報父讎。吴夫差時,忠諫不見聽,屬子於齊,爲王孫氏。

五

謹案史傳:伍奢父子皆作"五",則"伍"、"五"通用。《陳涉傳》有銍人五逢。

仵[②]

《姓苑》曰:襄陽多此姓。晉有仵戎。謹案《唐·忠義傳》:薛舉遣其將仵士政招降者劉鋹。有賀州守將仵彦柔。

---

① 原文如此,疑有脱誤,句未完。《後漢書》卷四二《光武十王·東平憲王蒼傳》"近令從官古霸問涅陽主疾"下注曰:"《風俗通》曰:'古姓,周有古公亶父,其後氏焉。'涅陽主,光武女,竇固之妻也。"

② 仵 《四庫》本原注:"音午。"

虎

出自高辛氏子八元伯虎之後,子華、子虎,以字爲氏。《風俗通》有合浦太守虎旗。

琥

黄帝之後。

鄔

出自晉大夫,司馬彌牟帥師平周亂,納恭王有功,食采於鄔,爲大夫,其地太原鄔縣是也,子孫以邑爲氏。又昭二十七年,晉祁勝與鄔臧通室,即鄔是也。

近世望出南昌。宋撫州崇仁鄔氏,延伯生綬,綬生思,思生執權,字少達,左宣教郎,湖廣、京西、江西總領司幹辦公事。

苦

《莊子》有南方之墨者苦獲。

浦

《元和姓纂》曰:"《晉起居注》有尚書令浦詳。"或曰浦選。

圃

見《姓苑》。

五鹿

晉文公封舅犯於五鹿,因氏焉①。漢有五鹿充宗。《風俗通》曰:氏於官者,三鳥、五鹿。

① 今本《姓纂》卷六《十姥・五鹿》作"《左傳》云,少昊氏,因官氏焉",與此異。

五王

東莞五王氏,《史記》云:自齊威王至王建,爲五王[①],建虜於秦,子孫别以“五王”爲氏。

五鳩

少昊氏以五鳩爲鳩民之官[②]。鳩,集也。其後以官爲氏。後趙有將軍五鳩盧。

五里

出《姓苑》[③]。

伍相

吴相伍員子孫,吴人號之“伍相之後”,事見《元和姓纂》。

伍參

《世本》曰:伍參之後,楚昭王時有伍參蹇。

古孫[④]

《元和姓纂》:賈孫氏後訛爲古孫氏,音亦訛變。

古龍

唐南蠻扶南國王,姓古龍氏。

---

① 自齊威王至王建,爲五王　詳見《史記》卷八九《田完敬仲世家》,威王始稱霸,歷宣、湣、襄、建,至建爲秦所虜,共五王。

② 今本《姓纂·杜氏》作“《世本》云楚鳩氏。《國語》,楚昭王時有五鳩蹇”,與此異。

③ 出《姓苑》　今本《姓纂》卷六《十姥·五里》作“其先齊諸田”,岑校以爲誤。

④ 錢氏校本依《廣韻》次序移此條至魯步氏條後,今仍《四庫》本舊序編次。又,今本《姓纂》卷六《十姥·古孫》係據《氏族略》增改,曰:“姬姓,王孫賈之後,亦隨音改爲古孫氏。”與此異。

吐火[①]

《河南官氏志》:後魏代北人姓。

吐萬

代北人姓。

吐賀

後魏有吐賀真。

吐羅

或作叱羅。《後魏·官氏志》:吐羅氏改爲羅氏,南陽有叱羅協。

吐門

或作叱門。《後魏·官氏志》:改爲門氏。

吐難

《後魏·官氏志》:吐難氏,改爲山氏[②]。

吐缶

《後魏·官氏志》:改爲祝氏,望出河南。

吐渾

與吐谷渾、獨孤渾、渴足渾四氏並見《補遺》。

魯步

西羌有魯步氏。

---

① 錢氏校本依《廣韻》次序移此條至圃氏條後,今仍《四庫》本舊序編次。

② 吐難氏,改爲山氏　錢氏曰:"案《魏書》今作'土難氏'。"今本《姓纂》卷四《二十八山·山》同;卷六《十姥·吐難》作"改爲難氏"。岑校:"《官氏志》無吐難,有土難,云'改爲山氏'。《通志》作'吐難改爲山氏'。"

虎夷

出《姓苑》。

普屯

後魏太祖賜辛威姓普屯氏。

補禄

《英賢傳》云:晉惠帝時殿中中郎將補禄彣。

吐谷渾

或作吐渾,出自慕容廆庶兄吐谷渾,後將所部居西零之西、甘松之南,極乎白蘭數千里。其孫葉延曰"《禮》云孫子得以王父字爲氏",遂爲吐谷渾氏。

普陋茹[①]

代北人姓。後改爲河南茹氏。

古口引

後魏虜姓。

户盧提

《唐·吐蕃列傳》:德宗即位,遣使韋倫歸蕃俘。是時,乞立贊爲贊普,姓户盧提氏,謂倫曰"我乃有三恨"云。

扈地干

《後魏·官氏志》:扈地干氏,改爲河南扈氏。

吐突

唐有中官吐突承璀。

---

① 錢氏校本依《廣韻》次序移此條至扈地干氏條後,今仍《四庫》本舊序編次。

十一薺

邸

《風俗通》:漢上郡太守邸杜。北齊酷吏、行臺僕射邸珍,字安寶,中山曲陽人,後徙洛陽。隋吏部主事邸懷道,諫煬帝幸江都。

米

西域米國胡人入中國者,因以爲姓。《唐·藝文志》有米遂《明堂論》一篇。又回紇僕固部有米懷玉,爲達干。又有供奉歌者米嘉榮及其子米和郎。五代有沙陀部人米至誠,吴節度使。今望出隴西高平。

啓[①]

出《姓苑》。

十二蟹

解

謹案:《左傳》晉郇瑕之地,沃饒而近鹽,即河東解邑,今之解州也。晉解狐,後有解梁,不受楚賂,以死致君命於宋[②]。解張,字張侯,爲郤克御,破齊師有功,皆爲名大夫。《姓纂》討論此氏最詳明可據,今從之。

唐百濟國大臣八姓,一曰解氏。又巴西解思明,爲後蜀李壽征東長史,壽僭立,用爲謀主,後坐勸立漢王廣,爲太弟所誅。

---

① 啓　《四庫》本原注:"音啓。"

②《四庫》本原注:"案《左傳》宣公十五年,楚子圍宋。《傳》晉使解揚如宋。此云解梁,與《傳》不合。"

米禽

唐党項以姓别部,有米禽氏,事見去聲六至利氏。

十三駭

楷

出《姓苑》。

十四賄

隗

《元和姓纂》曰:"春秋時翟國,隗姓,子孫氏焉。" 後漢隗囂,望出天水成紀。隗紹,望出汝陰。此説有據,今從之。謹案:春秋時,狄人伐廧咎如,獲其二女:叔隗、季隗。晉公子重耳娶季隗,以叔隗妻趙衰。又周襄王以狄伐鄭,王德狄人,立女隗氏爲后,則隗亦赤狄之姓。當時見於經傳者凡五種,曰東山皋落氏,曰廧咎如,曰甲氏,曰潞氏,曰留吁鐸辰,皆赤狄隗姓。唯甲、潞、皋落别以其部爲氏,餘二者有號無氏,則隗之爲姓舊矣。《姓源韻譜》曰"天水成紀隗氏出自大隗之後",此誤也。《莊子》言黄帝見大隗于具茨之山,蓋寓言,非有是人,不可以爲據。西涼折衝司馬隗仁,與乞伏熾磐力戰五年,乃得還姑臧,沮渠蒙遜執其手曰:"卿,孤之蘇武也!" 以爲高昌太守。

十五海

宰①

後漢有西部都尉宰鼂。後漢弘農人宰宣,上言封大將軍妻爲

① 今本《姓纂》卷六《十五海·宰》作"周大夫宰周公孔之後,以官爲姓",與此異。

邑君，以媚梁冀。

亥[①]

《孟子》有亥唐，晉平公時人。

河南亥氏：《後魏·官氏志》，俟亥氏改焉。

宰氏

《元和姓纂》曰："《范蠡傳》云陶朱公師計然，姓宰氏，字文子，葵丘濮上人。"今詳此必單姓，而《姓纂》誤指爲複姓也[②]。

十六軫

軫[③]

《姓苑》云：出自軒轅氏造車，車後用横木爲軫，因賜姓軫氏。《元和姓纂》曰：《春秋》貳、軫國，後爲氏。《廣韻》曰：今吴縣有之。

閔

周大夫閔子馬，字馬父，生損，字子騫，爲孔子弟子。後漢司徒掾閔仲叔，子孫居太原。南朝齊、梁間，何昌寓爲吏部尚書，嘗有一客姓閔，求官，昌寓謂曰："君是誰後？"答曰："子騫後。"昌寓團扇掩口而笑謂坐客曰："遥遥華胄。"前秦苻堅將閔亮。北燕太史令閔尚。

菌[④]

出《姓苑》。

---

① 亥　《四庫》本原注："音海。"

②《四庫》本原注："案計然辛氏，《元和姓纂》誤以爲'宰'，且又指爲複姓，舛謬甚矣。《辯證》蓋因其譌也。"

③ 軫　《四庫》本原注："真上聲。"

④ 錢氏校本依《廣韻》次序移此條至軫氏條後，今仍《四庫》本舊序編次。

古今姓氏書辯證卷二十五

十七準

尹

周宣王時,尹吉甫爲天子三公,東遷之後,世掌其職。尹武公、尹文公、尹言多、尹固、尹辛、尹圉,皆爲卿大夫,故《詩》言:"尹氏太師,惟周之氐。"《春秋》亦書"尹氏卒","尹氏立,王子朝",以譏世卿。《漢·功臣表》有城父侯尹恢,傳國三世。後漢中郎將尹就。壽春刺史尹耀。福禄長尹嘉,欲解印綬與復父讐女趙娥俱亡。

牂牁大姓尹氏,公孫述時,保境爲漢遣使奉貢,光武賞之。又毋斂縣人尹珍,字道真,自以生荒裔,從許慎、應奉受經書,還鄉教授,官至荆州刺史。後秦天水尹氏,緯,字景亮,仕姚興,官至尚書左僕射,號名臣,贈司徒、清河忠成侯。又西州大族尹赤,以佐命功爲姚萇大將軍左長史。又有大將軍參軍尹延年,别部帥尹嵩,京兆尹尹昭,大將軍尹元,寧朔將軍、弘農太守尹雅。又尹敵守杏城,爲赫連勃勃所執。後蜀驃騎大將軍右丞相尹奉,後涼丘池令尹興。苻堅將尹國。唐有御史大夫尹思正,亦天水人。

允

謹按《春秋》:周王使詹威伯辭於晉曰:"先王居檮杌于四裔,故允姓之戎居于瓜州。"杜預曰:允姓,陰戎、陸渾之祖,與三苗居於三危者。然則允姓宜出於三苗。《元和姓纂》曰:“允格之後。”允格,金天氏之裔,未知與三苗爲親疎也。

尹文

齊定王時有尹文先生,即考成子從之學幻者。《漢·藝文志》:名家有尹文子,説齊宣王時事,在公孫龍前。劉向云:與宋鈃俱游稷下者。

尹公

衛大夫尹公佗之後。

十九隱

隱

《吴志》:廷尉監隱蕃,自云魯隱公之後,以謚爲氏。蕃,青州人,逃奔吴,欲爲亂,事覺被誅。又河間中尉隱哀,北海人。

二十阮

阮

後漢巴吾[①]令阮敦,生瑀,字元瑜,漢司空祭酒,二子:熙,武都太守;籍,字嗣宗,晉步兵校尉。熙生咸,字仲容,晉散騎郎、始平太守,二子:瞻,字千里,晉太子舍人;孚,字遥集,晉丹陽尹、鎮南將軍、廣州刺史。孚從孫廣籍,生渾,字長成,晉太子庶子。渾生深,籍從祖諶。生武,字文業,魏清河太守,籍從祖略,齊國内史。生覬,汝南太守,二子:放,字思度,晉交州刺史,贈廷尉;裕,

① 巴吾　今本《姓纂》卷六《二十阮·阮》岑校以爲後漢兖州陳留郡有己吾縣,此作“巴吾”訛。

字思廣，晉金紫光禄大夫、東陽太守。放生晞之，南頓太守。裕三子：傭，州主簿；寧，鄱陽太尉；普，驃騎咨議參軍。傭生歆之，中領軍。歆之生彌之。寧二子：腆，祕書監；萬齡，郡從事。普生長之，宋中書郎。族人修，字宣子，太子洗馬。种，字德猷，平原侯相。漢侍中胥卿八世孫共，字伯彦，子偘，字德如，與嵇康友善，位至河内太守。皆望出陳留尉氏。

偃

出自顓帝裔孫女修，生大業。大業孫曰皋陶，字庭堅，爲舜大士，明五刑，有功，賜姓偃氏，封於河東，爲諸侯。貳、軫、州、絞、蓼、六、群、舒，皆其後也。春秋時，楚盡滅偃姓之國，遂絶其後。吴有大夫偃州員，王莽時有偃宗。

匽①

後漢孝莊帝母匽氏，諱明。《史記》曰："匽姓，皋陶之後。"按此，則偃姓後世或去人爲匽。

寋②

其偃切。邵氏《姓解》音愆，未知何據。

圈③

琅邪圈氏：《風俗傳》云因避仇改爲卷焉。仍音求晚切。

---

① 匽 《四庫》本原注："音偃。"

② 寋 《四庫》本原注："音蹇。"

③ 圈 《四庫》本原注："音捲。"今按：此條文字見《元和姓纂》卷六《十七準・卷氏》："《陳留風俗傳》云：陳留太守琅琊卷焉，本姓圈氏，因避仇，改去囗。"《辯證》或混"卷"爲"圈"或有缺文，今兩存之。

苑

音於阮切。漢太山太守康,字仲真,渤海重合人,見《黨錮傳》。唐人家譜云:商武丁孫受封於苑,因氏焉。或音怨,非也。楚莊王以常侍苑庾爲上卿,芮國公苑君璋居馬邑,生孝政,其曰宛春之後者,誤矣。

宛

《春秋左傳》:楚大夫宛春,晉大夫宛没,齊大夫宛茂,鄭大夫宛射犬,字公孫,未知孰爲先後。其字或音平聲。後漢有下邳太守宛暹。吴有吴興太守宛方。

晚①

《漢·藝文志》"雜家"有《子晚子》三十五篇,齊人好議兵,與《司馬法》相似。姓書未有此氏,今增入。

偃師

《元和姓纂》曰:"出自嬀姓。陳悼太子偃師,爲公子招所殺,裔孫以王父字爲氏。"或曰周人食邑偃師,氏焉。今河南偃師即其地也。

卷子

《世本》:"衛文公後卷子子州,氏焉。"

二十三旱

散②

周文王大臣散宜生之後,或爲散氏。姓書以爲宜生姓散,誤矣。

---

① 錢氏校本依《廣韻》次序移此條至蹇氏條後,今仍《四庫》本舊序編次。
② 散　《四庫》本原注:"上聲。"

罕

出自姬姓。鄭穆公之子曰公子喜,字子罕,其孫以王父字爲氏。子罕生公孫舍之,字子展。子展生罕虎,字子皮,及其弟罕魋。子皮生嬰齊,字子蓋,生罕達,字子姚,一曰武子賸。子展弟曰公孫鉏,字罕朔。又晉獻公時有大夫罕夷,不知其得氏之始。

散宜

《古今人表》:帝堯妃、女皇散宜氏女也。後有散宜生爲周文王臣,佐武王定天下。

罕夷

《元和姓纂》曰:"晉大夫罕夷之後。"誤矣。謹按:罕氏名夷,子孫何至兼其祖之姓名以爲複姓?况後世未嘗有罕夷氏,則《姓纂》援據誤矣。竊意元和中置局討論,容有諸儒臆説聚於其中,而當時官長見簡牘繁穰,不暇一一刊正。謹一洗之,無使後世轉失其真,而姓氏訖無全書也。

罕开

虜姓。

二十四緩

緩

《魏·官氏志》有如稽[①]氏,後改爲緩氏。"如稽"一作"緩稽"。

---

① 如稽　錢氏曰:"案今本《官氏志》作'和稽'。"錢校是。下同。

㬮

音院。唐時荆州多有此姓也。

晥

《姓解》曰:音緩。

琯[①]

出《纂文要》。

滿

魏有滿寵,爲揚州刺史,生太尉翼。翼生奮,字武秋,晉尚書令,世爲山陽昌邑人,墓在濟州金鄉。分爲二族,曰南滿、北滿云。

二十五潸

阪上

《元和姓纂》曰:"上黨屯留人,其先居阪上,因氏焉。"晉惠帝時,有殿中將軍阪上囂。

二十六産

簡

《元和姓纂》曰:"晉大夫狐鞫居食采續邑,號爲簡伯。"[②]誤矣。師父、鞫居皆春秋時人,而師父在前已爲簡氏。

---

① 琯　《四庫》本原注:"音管。"

② 簡姓見今本《姓纂》卷七《二十六産·簡》,作"周大夫簡師父之後",與此異。《姓纂》别本續姓亦有"晉大夫狐鞫居,食采續邑,號爲簡伯",岑校以爲林書兩列姓源,而後輯佚者或遺其一;或宋人混續於簡,應存疑。

二十七銑

銑

出《姓苑》。

扁

《姓解》曰：音卞。《莊子》有扁子，爲孫休師。

二十八獮

衍

出《姓苑》。

展

出自姬姓。魯孝公之子，字子展。其後有夷伯。夷伯孫無駭，爲魯司空，隱公命以王父字爲展氏。

遣

出《姓苑》。

蹇

九輦切。宋成都雙流蹇氏：周輔，字磻翁，歷度支副使、寶文閣待制、户部侍郎知開封府、中書舍人、刑部侍郎，終朝請大夫。知廬州，爲人深文刻核，喜言利，故老云嘗改鹽法，病民，東南大窮，幾至於亂。有傳。二子：逢辰，屯田員外郎；序辰，亦爲三司副使。

懷安金水蹇氏：翔生逢，逢生綬，官朝奉郎。綬生汝明，紹興四年進士。

單

出自姬姓。周成王封少子臻于單邑，爲畿内諸侯，因氏焉。春秋時，有單伯，曰襄公、頃公、獻公、成公、穆公、武公、平公，皆爲天子卿士。裔孫荘，後漢濟陰太守，因家焉。會稽太守、長沙侯熙，又徙山陽。

宋德安單氏：惠連生熙及煦。煦字孟陽，犯廟諱，以字稱，光禄卿，有傳。又駕部員外郎、從化孟陽，生渢，朝議大夫。渢生孝擇，宣和六年進士。

辯

出《姓苑》。

雋

案：後漢馬援征五溪蠻，軍次下雋，有壺頭與充兩道可入。注曰：下雋，縣名，屬長沙縣，故城今辰州沅陵縣。雋音字兖反。詳此，即或有上雋、下雋二邑，不疑之先以邑爲氏。

免

出自衛卿免餘之後，以王父字爲氏。

蜎[①]

已見下平聲一先。《廣韻》收入此韻，今兩存之。

葂

出《姓苑》[②]。

---

① 錢氏校本依《廣韻》次序移此條至雋氏條後，今仍《四庫》本舊序編次。

②《四庫》本原注："案《廣韻》無此字。《海篇》'莬'字通作'葂'，音免，今附入獮韻。"

鴂

出《姓苑》。

輾遲

《後魏·官氏志》:輾遲氏,後改爲展氏。

二十九篠

繳

神宗朱墨本[1]第六十三卷三月戊午,以左班殿直繳順爲東頭供奉官。

蓼

蓼出自偃姓皋陶,庭堅之後,封國於蓼。楚滅蓼,子孫以國爲氏。

鳥洛

《元和姓纂》曰:"伯益仕堯,有養鳥獸之功,賜姓鳥洛氏,支孫又以'路洛'爲氏[2]。"《史記》曰:大費子太廉爲鳥俗氏。俗誤作洛。

三十小

肁

與肇同,亦作兆。《戰國策》趙將軍肁賈之後。

---

① 神宗朱墨本　據《宋史》卷二〇三《藝文志二》:"《神宗實録》朱墨本三百卷,舊録本用墨書,添入者用朱書,删去者用黄抹。""神宗朱墨本"當即指此,蓋鄧氏曾以删定官兼史館校勘,此援引《實録》以爲實例。

② 支孫又以路洛爲氏　據今本《姓纂》卷七《二十九篠·鳥俗》岑校:"今目及下文均言鳥俗,此作'賜姓鳥洛',訛。《通志》又訛'鳥'爲'烏'。復次,《通志》目作'路洛',文作'路浴',考下文謂誤作'洛',卷八亦作'路洛',則作'路洛爲氏'者是。"可參校之。

趙

趙氏本與秦同祖,出自顓帝高陽氏,裔孫曰女修。女修織,玄鳥墮卵,女修吞之,生子大業。大業娶少典之子,曰女華。女華生大費,與禹平水土。功已成,帝錫玄圭,禹受命曰:“非我能成,亦大費爲之輔。”于是帝舜曰:“咨爾費,贊禹功,其賜爾皂斿,爾後嗣將大出。”迺妻之姚姓之玉女。大費拜受。佐舜調馴鳥獸,多馴服,是爲柏翳。生大廉。大廉四世孫仲衍,鳥身人言,爲帝太戊,御世有功,以佐商國,遂爲諸侯。仲衍四世孫仲潏,生蜚廉。蜚廉生季勝。季勝生孟增。孟增幸於周成王,生衛父[①]。衛父生造父。造父爲穆王御,日馳千里,攻徐偃王,大破之,以功封趙城,子孫氏焉,其地河東永安縣是也。造父已下,六世至奄父,號公仲,爲周宣王御,脱王於千畝之戰。奄父生叔帶。叔帶以周幽王無道,去周仕晉文侯,始建趙氏於晉國。五世孫夙,晉獻公戎御,賜采邑於耿,今河東皮氏縣耿鄉是也。夙弟衰,字子餘[②],驪姬之亂,從公子重耳奔翟,翟人伐廧咎如,得二女,隗氏納諸重耳,重耳以叔隗妻衰,生盾。衰從重耳亡於外十九年,遂得晉國,立爲晉文公。文公以衰爲原大夫,升爲上卿,任以國政,又以女妻衰[③],生原叔同、屏季、括、樓、季、嬰齊。衰卒,謚成子,國人并字與謚稱之,謂之“成季子”。盾嗣。盾字孟,嗣父爲卿,謚宣子。盾卒,子

① 衛父　錢氏曰:“案《史記》作‘衡父’。”錢氏校是。下同。

②《四庫》本原注:“原按:趙安仁、歐陽修等皆云夙生共孟,共孟生衰,誤矣。杜預注《左傳》曰:趙衰者,獻公戎御,道夙之弟。今詳《春秋》閔公二年。夙爲戎御,以滅耿。僖公四年,文公重耳奔蒲,則夙爲衰之兄明甚,必夙謚共孟,衰謚成季也。”

③ 錢氏曰:“案《趙世家》:‘趙衰既反晉,晉之妻固要迎翟妻。’此‘晉之妻’蓋是衰故妻或原聘。此云‘又以女妻衰’,似誤解《史記》‘晉之妻’三字。”

朔嗣。朔娶晉成公女,生武。朔卒,謚莊子。屠岸賈之難,朔客公孫杵臼及其友程嬰,得朔遺腹子,匿之。既長,從其母姬氏,育於公宫。其後晉景公疾,卜之曰:"大業之後不遂者爲祟。"以問韓厥。厥知趙孤在,乃曰:"大業之後在晉絶其祀者,其趙氏乎?成季之勳,宣孟之忠,而亡其後,爲善者其懼矣。"景公乃立趙武,而反其田邑,武平公時爲正卿,有令名,以主諸侯,諸侯不敢名而字之,曰趙孟。趙孟卒,謚文子。文子生景子成,成生簡子鞅,鞅生襄子無卹。襄子之子獻侯浣,始以周天子命,與韓、魏三分晉地[①]。敬侯卒,子成侯種立。成侯卒,子肅侯立。肅侯子武靈王,生惠文王何,惠文王生孝成王丹,孝成王生悼襄王偃,偃生幽繆王遷。遷八年,秦併六國,趙人立遷兄嘉[②]爲代王,後降于秦。秦使嘉子公輔主西戎,西戎懷之,號曰"趙王",世居隴西天水西縣[③]。至漢京兆尹廣漢之後,居涿郡,代踰千祀,而僖祖皇帝生焉。

臣聞之,太史氏曰:僖祖立道肇基積德起功懿文憲武睿和至孝皇帝,生於涿,長於燕,歷永清、文安、幽都三縣令,生順祖惠元皇帝,累官兼御史中丞,贈右驍衛將軍,實生翼祖簡恭睿德皇帝,歷營、薊、涿三郡刺史,生宣祖昭武睿聖皇帝,贈太尉。宣祖五子,長邕王光濟,次太祖皇帝,次太宗皇帝,次秦王廷美,次夔王光贊。

---

① 錢氏曰:"案《史記·趙世家》:獻侯卒,子烈侯籍立;烈侯卒,弟武公立;武公卒,復立烈侯子章爲敬侯,滅晉分地。此'獻侯浣'下當有脱文。"錢説應是。據殘宋本,此處有"與韓、魏並列爲諸侯。獻侯卒,子烈侯籍立。烈侯卒,子恭侯章立",爲《四庫》本所無,今置於此,以補獻侯浣之後世系。

② 遷兄嘉　今本《姓纂》卷七《三十小·趙》作"遷子嘉",岑校以爲誤。

③ 世居隴西天水西縣　今本《姓纂·趙》作"居隴西郡","天水西縣"另起一行爲獨立郡望,詳見其下岑仲勉等校勘記。然《辯證》此後趙氏郡望中有"隴西天水趙氏",則應在此句讀結句。

太祖啓運立極英武睿文神德聖功至明大孝皇帝，二子：長魏懿王德昭，次楚康惠王德芳，生名連惟字，惟字生名連從字及守字，從字、守字生名連世字，世字生名連令字，令字生名連子字，子字生名連伯字，伯字生名連師字，師字生名連希字。

太宗至仁應道神功聖德文武睿烈大明廣孝皇帝，九子：長漢恭獻王元佐，次昭成太子元僖，次真宗皇帝，次魯恭靖王元份，次陳文惠王元傑，次韓恭懿王元偓，次蔡恭惠王元偁，次吴恭肅王元儼，次代國公元億。魯恭靖王，後封商王，生濮，安懿王。安懿王生舒王宗懿、康王宗樸、昌王宗晟、懷王宗暉、樊王宗輔、建王宗藎、信王宗治、蕭王宗博、彭王宗衮、崇王宗瑗、襄王宗愈、袁王宗勝、景王宗漢。陳、韓、蔡、吴、代五王，生名連允字，允字生名連宗字，宗字生名連仲字，仲字生名連士字，士字生名連不字，不字生名連善字，善字生名連汝字，汝字生名連崇字。秦悼王廷美十子，曰高密郡王德恭，字復禮；廣平郡王德隆，字日新；潁川郡王德彝，字可久；廣陵王德雍；保平軍節度使德鈞，字子正；忠正軍節度使德欽，字丕從；金城侯德潤，字温玉；申王德文；姑臧侯德愿，字公謹；武昌軍節度使德存，字安世，十子，生名連承字，承字生名連克字，克字生名連叔字，叔字生名連之字，之字生名連公字，公字生名連彦字，彦字生名連夫字。

真宗膺符稽古成功[①]讓德文明武定章聖元孝皇帝，六子，曰温王禔，次悼獻太子祐，次仁宗皇帝，次昌王祇，次信王祉，次欽王祈。

---

① 成功　殘宋本作“功成”；據《宋史》卷六《真宗本紀》，真宗謚號爲“應符稽古神功讓德文明武定章聖元孝皇帝”，則此作“成功”或“神功”之誤。

仁宗體天法道極功全哲[①]神文聖武睿德[②]明孝皇帝，四子：周懷靖王昉，後封褒王；唐悼穆王昕，後封豫王；燕悼懿王曦，後封鄂王；次英宗皇帝。

英宗體乾膺歷隆功盛德憲文肅武睿神宣孝皇帝，六子：長神宗皇帝，次潤王顔，次嘉王頵，次益王，次岐王頵[③]，次吴王顥。五王生名連孝字。孝字生名連安字。安字生名連居字。居字生名連卿字。

神宗體元顯道法古立憲帝德王功英文烈武欽聖仁孝皇帝，十四子：曰成王佾、惠王僅、唐王俊、襄王[④]伸、冀王僩、次哲宗皇帝、次豫王价、徐王倜、陳王佖、沂王[⑤]偉、次徽宗皇帝、次燕王俱[⑥]、楚王似、越王偲。

哲宗憲元繼道世德揚功欽文睿武齊聖昭孝皇帝，一子：越王茂，册贈太子。

徽宗聖文仁德顯孝皇帝，子長孝慈淵聖皇帝，次衮王[⑦]檉、鄆王楷、荆王楫、肅王樞、景王杞、濟王栩、益王棫、次欽宗[⑧]皇帝、次邠王材、祁王模、莘王植、儀王樸、徐王杕、沂王樗、定王棋、和王榛、信王杙、漢王椿、安康郡王梃、廣陵郡王楗、陳王機、相國公梴、建康郡王榠、嘉國公椅、温國公棟、涇王楒、儀國公桐、昌國公柄、

---

① 全哲　殘宋本作“全德”；據《宋史》卷九《仁宗本紀》，殘宋本是。
② 睿德　殘宋本作“睿哲”；據《宋史・仁宗本紀》，殘宋本是。
③ 頵　《宋史》卷一四《神宗本紀》、二四二《后妃傳》作“顥”，此誤。
④ 襄王　殘宋本作“褒王”；據《宋史・仁宗本紀》，殘宋本是。
⑤ 沂王　據《宋史・宗室世系表》、《宗室列傳》，應作“儀王”，此誤。
⑥ 俱　殘宋本作“俣”；據《宋史・宗室世系表》、《宗室列傳》，殘宋本是。
⑦ 衮王　殘宋本作“兖王”；據《宋史・宗室世系表》、《宗室列傳》，殘宋本是。
⑧ 欽宗　殘宋本作“今上”。錢熙祚曰：“作‘欽宗’大誤，此高宗非欽宗也。”錢氏説是。

原王樅,餘未出閣。

臣名世曰:臣聞盛德必百世祀。昔堯舜之佐,有大功於生民,故能積德累仁,以蕃育其子孫,後世有聖人出,則膺三靈眷命,履至尊而制六合,乃知天人相與之際,甚可畏也。《論語》曰:"舜有臣五人而天下治。"臣嘗觀五人者,其後皆有天下,得中華之正統:禹身得之,夏有天下四百三十餘年;契至成湯得之,載祀六百;至武王得之,周有天下,傳三十六王;皋陶至神堯得之,唐有天下,傳二十帝。獨柏翳之後,慶源流衍,歷數千年。而後太祖皇帝得之,以爲宋,則天爲民而立君,其愛人甚矣。恭惟太祖,收五季分裂餘燼,揖遜而踐九五,獨能混一區宇,再造彝倫,有三代至仁,而無秦漢以來之弊政,休養生息,垂二百年。雖孽牙其間,宗社盟禍,而民皆謳吟思宋,忍死以待恢復。今皇帝以真主中興,恭儉寅畏,不敢自居聖智,坐薪嘗膽,以圖功業,將使四海會同,以禮承天之休,欽若祖宗成烈,宜其聖子神孫,億萬斯年而無窮盡也。夫由柏翳大功,以知太祖之興與三代同符;由太祖之至仁,以知今皇帝祀宋配天,方興而未艾。則姓氏之探討本原,不可以不學也。《詩》曰:"天保定爾,以莫不興。如山如阜,如岡如陵。如川之方至,以莫不增。"臣之所欲誦説以期於上者。臣謹序。

諸郡趙氏。

下邳趙氏:出自天水,漢丞相周之後徙焉。

扶風趙氏:出自天水,漢中大夫禹之後徙焉。

河間趙氏:與涿郡同出漢京兆尹廣漢,支孫居潁州,徙河東蠡吾縣,又徙河間。

酒泉趙氏:其先因官于酒泉者,自天水徙焉,隋武侯[①]將軍才

① 武侯　殘宋本作"武候";據《隋書》卷六五《趙才傳》以及《舊唐書》卷八三《趙道興傳》,殘宋本是。

即其後。

隴西天水趙氏：公輔十二世孫融，字長，後漢右扶風大鴻臚。七世孫瑶，後魏河北太守。瑶曾孫乾贊，仕隋爲幽州刺史。陽武公生玄極，唐忻州刺史。玄及[①]生仁本，相高宗，二子：誼[②]，司僕少卿；諫，左羽林將軍。誼生道先，蒲州[③]録事參軍。道先生憬，字退翁，相德宗。憬四子：宣亮、全亮、元亮、承亮。天水之族又有賓，生英特，英特生叔文，三世爲忠武軍牙將。叔文生犨、昶、珝，保陳州抗巢賊有功，兄弟繼爲忠武軍節度使。犨，同平章事，贈太尉，昶亦贈太尉，珝贈侍中。犨二子：麓，梁列卿；霖，梁駙馬都尉、租庸使、户部尚書。珝子穀，梁宣徽北院使。

新安趙氏：後徙京兆奉天。向樂令德暠[④]，生景旦，普安令。景旦生唐城平令灌然。灌然生植，字道茂，嶺南節度使、檢校工部尚書，謚簡，生下邽尉公儀及遵約、仁約、存約、從約、滂。存約，興元節度判官，二子：隱，字大隱，相懿、僖二宗；隲，字元錫，華州刺史。隱三子：光逢，字延吉，唐太常卿、梁司徒平章事；光裔，相後唐莊宗；光嗣，南漢劉龑宰相。光逢生熙，字績臣，梁諫議大夫。光裔二子：損、益。損二子：承遜、承讜。隲生光遠。從約二子：蒙、藴。蒙生昌齡[⑤]。滂字思齊[⑥]，三子：峻，字義山[⑦]；崇，字爲山，御史大夫、太子少保；岣，字德山。

燉煌趙氏：又曰張掖趙氏，其先自天水徙居。隋鷹揚府郎將

① 玄及　此即上文之“玄極”，顯係誤寫。
② 誼　錢氏曰：“案《唐・世系表》作‘誼’。”
③ 蒲州　錢氏曰：“案《唐・世系表》作‘洪州’。”
④ 德暠　錢氏曰：“案《唐・世系表》作‘德胄’。”
⑤ 昌齡　錢氏曰：“案《唐・世系表》作‘昌翰’。”
⑥ 思齊　錢氏曰：“案《唐・世系表》作‘思濟’。”
⑦ 義山　錢氏曰：“案《唐・世系表》作‘儀山’。”

子遷，生監察御史武蓋。武蓋生彦昭，字奂然，相唐中宗。

南陽趙氏：世居宛縣，後徙平原。後魏太常卿鑒，生榮，隋吏部侍郎。榮生德言，主客員外郎。德言二子：景、仁泰。景，好畤令；仁泰，南和令。景生敭先，敭先生驊，唐秘書監。驊生宗儒，子秉文，相德宗。仁泰二子：慎己、慎庶。慎庶，殿中侍御史；慎己，告成丞，生駰，京兆士曹參軍，二子：涉，侍御史；渾，大理丞。涉生儋，監察御史。渾三子：伉、侔、佶。伉，昭應尉，三子：璱[①]、璜、璉。佶，兼監察御史。

信都趙氏：唐尚書左丞涓之先徙焉。

金城趙氏、中山曲陽趙氏、南陽穰縣趙氏、長平趙氏、汲郡趙氏，皆與天水同祖。

華陰趙氏：五代江陵縣丞溥，生孺，秘書省正字。孺生居晦。居晦生瑩，字元暉，晉宰相，二子：易則、易從。易則，晉刑部郎中。

蔡州趙氏：唐末淮安王德禋，生凝及明。德諲、凝皆爲襄州節度使。明字贊堯，荆南留後，奔王建爲工部尚書，以清白著名。

後漢蜀郡太守趙温，别部司馬趙瑾，越騎校尉趙代，漢陽太守趙博，武威太守趙冲及子義陽亭侯愷，並見《西域羌傳》。酒泉龐涓母趙名娥，復父讐，州郡表其閭。犍爲盛道，妻同郡趙氏女，字瑗姜。西魏八柱國家，一曰趙貴。又賜清河公[②]趙肅姓乙弗，隋初復舊，孫宏智事唐。

宗正寺皇族譜[③]。

---

① 璱　今本《姓纂》同；《新表·趙氏》作"璘"，岑校引《唐故進士趙君（珪）墓誌銘》證作"璘"誤。

② 清河公　《周書》卷三九《趙肅傳》作"封清河縣子"。

③ 此譜，《四庫》本、《岱南閣叢書》本皆不載。殘宋本"多壞字"（錢熙祚語）。錢氏以《宋史·宗室傳》校補完備，附《校勘記中》"國姓趙氏"條後。

蟜

古無蟜氏，出於蟜牛之後。而鄭公孫蠆，字子蟜，考其世在蟜固前，恐固乃蠆孫，以字爲氏。

小王

晉大夫小王桃甲之後。邵氏以小爲少，誤矣。

擾龍

《元和姓纂》曰："劉累之後。漢有侍御史擾龍群。又擾龍宗爲侍御史，詣董卓白事，不解劍，卓撾殺之。"

趙陽

《潛夫論》：衛公族有趙陽氏，公子趙陽之後也。

三十一巧

佼

《後漢·劉永傳》：更始拜西防賊帥佼彊爲橫行將軍。注曰：佼，音絞。又曰周原伯佼之後，見《蓋延傳》。

絞

《元和姓纂》曰：《左傳》有絞國，在隨[①]、唐之南，以國爲氏。

鮑

出自姒姓，夏諸侯國子孫氏焉。裔孫叔牙，相齊桓公，名顯諸侯，謚曰共。曾孫牽，曰鮑莊子；國，曰鮑文子；國孫鮑牧，皆齊卿

① 隨　錢氏校本同。今按：《世本》卷七下《氏姓篇下》作"隋"；今本《姓纂》卷末附録二《張氏四書姓纂引文之檢討·上聲·三十一巧·絞》亦作"隨"，是，此指春秋隨國。此無誤。

牧之家臣，曰“差車鮑點”。其族仕晉者，曰鮑癸。漢元光七年，鮑敞問雨雹及陰陽事於董仲舒，見《西京雜記》。其後鮑氏居東海剡縣。鮑宣生永，永生昱，三世爲司隸校尉，宣不屈王莽而死。光武嘗令貴戚斂手，以避二鮑，即永也。

鮑俎

代北複姓。

古今姓氏書辯證卷二十六

三十二皓

皞

《蜀録》:有皞氏,出武落鍾離山黑穴中。

浩

出自六國時浩生不害之後。

抱

漢末有枹羌,避董卓亂,改姓抱。《北史》有抱嶷、抱老壽,皆其後。《姓纂》以“抱”爲“把”①,未知孰是。

老

《左氏》注云:老佐,戴公之子。誤矣。佐去戴公甚久,非其子也。

道

《左傳》:楚大夫道朔,其先以國爲氏。謹按《春秋》:齊桓公行霸,有江、黄、道、柏四國附之。《漢·地理志》有安陽②縣,應劭曰:“道國也,今道亭是。”又,顔師古注《漢·地理志·汝南郡》,

---

① 抱　見今本《姓纂》卷七《三十二皓·抱》,爲岑氏所補。

② 安陽　《漢書》卷二八《地理志》作“陽安”,此倒誤。

應劭曰[①]:陽安縣,道國也;弋陽,黄國也,今黄城是;西平,柏子國也,今柏亭是;安陽,故江國也,今江亭是。

稻

謹按:《周官》稻人,掌稼下地者,必以官氏。

考[②]

名世曰:今汴都開封人有此姓。

棗

晉幽州刺史王浚壻棗嵩,人呼爲"棗郎"。《唐藝文志》有《棗據集》二卷,《棗嵩集》二卷,《棗腆集》二卷。

𤥚

音好。未詳[③]。

昊英

古天子昊英氏之後。

浩生

《元和姓纂》曰:以浩生不害爲複姓浩生氏。

浩羊

《風俗通》:齊大夫浩羊氏,名嘉。

---

① 此"應劭曰",乃顔師古注《漢書·地理志》汝南郡下所引應劭之注文。

② 錢氏校本此條依《廣韻》移至𤥚氏條後,今仍《四庫》本舊序編次。

③《四庫》本原注:"案'𤥚'乃古文'好'字。《廣韻》、《集韻》俱不言人姓,《正字通》曰:'𤥚'字變體爲'𤥚'。𤥚姓雖有表見者,然一音丑,一音好,聲亦不類。今案《字典》有妞字,女久切,音紐,姓也。高麗人有之,𤥚疑即妞氏之訛,然《廣韻》載𤥚而無妞,今仍其舊云。"

考城[①]

《元和姓纂》曰:"老城氏,或爲考城氏。"[②] 今詳濟陽考城,得非以城爲氏者,或去土爲成乎?

老陽

周大夫老陽子之後。

老萊

《元和姓纂》曰:"老萊子,古賢人,著書。"

三十三哿

我

《漢·藝文志》有《我子》一篇,劉向云爲《墨子》之學。

可

河南可氏:後魏阿伏干、可地干氏,並改爲可氏。《北史》,可悉陵年十七從太武獵,空手搏猛獸以獻,後封暨陽子。

娿

姓書皆音烏可切。《姓纂》無此氏。謹按:《莊子》有娿荷世,乃寓言,非人姓,《姓纂》削之是也。

左[③]

後漢鄧禹以左于爲軍師。又左雄,南陽温人。晉羅尚牙門將

---

① 錢氏校本此條依《廣韻》移至老萊氏條後,今仍《四庫》本舊序編次。

② 今本《姓纂》卷七《三十二皓·老城》岑校曰:"老城,《姓解》、《通志》均作'考成'。"鄧氏所言是。

③ 今本《姓纂》卷七《三十三哿·左》作"齊氏公族有左右公子,因以氏焉。魯有左邱明。楚左史倚相"。《辯證》此脱左氏所出。

左氾,後秦征東府寮左雅。

可單

後魏可單氏,後改爲河南單氏,音篳。

可頻

《後周書》:王雄之,太原人,或曰代人,涇州總管、庸國公,西魏賜姓可頻氏,生謙[①],周益州總管。唐建中時,有藍田尉可頻瑜。

可達

世爲武昌人,隨魏南徙。後魏司徒可達安。

可悉

後魏都幢將、暨陽子可悉陵[②]。

左丘

臨川季瑞卿言:"蜀人有賣卜者左丘氏,自云左丘明之後。又嘗見御史姓左者,問其先丘明家乎,御史曰:'左與左丘,本自兩氏。'因知蜀卜者果不妄。"姓書未有此氏,今增入。

左師

出自子姓。宋公子魚,世爲左師,以官爲氏。

左史

《元和姓纂》曰:"古者左史記言,因氏焉。楚有左史倚相,後以官爲氏。"

---

① 生謙　《四庫》本原注:"案《後周書》王雄本傳,雄單名,無'之'字,生子謙。此作'謙',亦誤。"

② 可悉陵　今本《姓纂》卷四《二十二元·元》岑校以爲可悉陵即拓跋氏羽鄰,"陵"、"鄰"音轉,"可"字與"羽"字相類。備一説。

左行

《春秋》：晉文公時，先蔑將左行，後以爲氏。漢有御史左行恢。

左公

邵氏《姓解》曰："左氏，衛左公子洩。"誤矣。左，公子衛官；洩，其名。後世或有左公氏，亦非必洩後也。

可地延

後魏可地延氏，後改爲河南延氏。

可朱渾

後魏并州刺史可朱渾買奴，孝文時改爲朱氏。望出河南。

可足渾

後燕以新平公可足渾潭爲車騎大將軍、尚書令。

三十四果

瑣

《唐·史奚傳》云：開元二十年，奚酋長李詩、瑣高等，以部落五千人降史思明。《傳》云：思明初走奚，詭稱使者將還，奚王令百人從入朝。奚有部落瓚[①]高者，名聞國中，思[②]欲禽以贖罪，訹王曰："從我者雖多，無足與見天子者，唯高材，可與至中國。"王悦，命將帳下三百與俱。既至平盧，殺其兵，因高以獻。今詳瑣乃高之氏，合增入。

---

① 瓚　據《新唐書》卷二二五《逆臣·史思明傳》，應作"瑣"，此形近之誤。
② 思　據《新唐書·史思明傳》，"思"後脱"明"字。

火拔

唐哥舒翰守潼關，蕃將火拔歸仁以本軍隸麾下。及潼關失守，歸仁執翰以降賊。

火尋

《唐·西域傳》：康居九姓，一曰火尋。

頗超

唐時，党項以姓别爲部，有頗超氏，事具去聲六至利字。

三十五馬

馬

出自嬴姓，伯益之後。趙王子趙奢爲惠文王將，有功賜爵，爲馬服君。馬服者，言能服馭馬也。奢生牧，亦爲趙將，子孫以馬服爲氏，世居邯鄲。秦滅趙，牧子興徙咸陽，秦封武安侯，三子：珪、琛、嵩。嵩生述，字貞惠，漢太子傅①、平通侯；生權，爲寧東將軍，三子：何羅、通、倫。通字達，黄門侍郎、重合侯，坐何羅反，徙扶風茂陵成懽里。生賓，議郎、繡衣使者，三子：慶、昌、襄。昌生仲，玄武司馬，四子：況、余、援、員。援，伏波將軍也。余字聖柳②，中壘校尉、揚州牧，二子：嚴、敷。嚴，後漢將作大匠，七子：固、伉、歆、鱄、融、留、續。融字季長，二女：論、芝，皆有才藝。歆十一世孫默，生岫。默，後魏雍州侍中，生思歡。岫字子岳，生喬卿，梁襄州主簿。喬卿生君才，右武衛③大將軍、南陽公，生萬歲令珉、均州

---

①漢太子傅　《新唐書》卷七二下《宰相世系表·馬氏》作"漢太子大夫"。

②柳　錢氏曰："案《唐·世系表》作'卿'。"

③右武衛　《新表·馬氏》作"右武候"。

刺史懿。珉生季龍，嵐州刺史、大同使[①]，三子：炬、炫、燧。燧，字洵美，相唐德宗，位司徒，生太僕少卿彙、少府監暢。彙生赦、敭，皆參軍。暢生繼祖，殿中少監。

扶風馬氏：唐有曛，生植，字存之，相宣宗。生郁。郁生儔，字後己。

博州茌平馬氏：齊有茌平令暹，因官居焉。暹生周[②]，相太宗。生恂、載，尚書左丞、吏部侍郎[③]，生覯、覬。覬，吏部郎中，生元振、元極[④]。恂，河南尹[⑤]、丹州刺史。

又後漢騎都尉賢，擊零昌有功，封都鄉侯。賢孫光，以賢及二子死羌兵，封舞陽亭侯。又張掖太守續，領護羌校尉。又護羌從事元。後蜀李壽以馬當爲股肱，坐勸立太弟，夷三族。後涼吕光有中田校尉馬邃。又門下侍郎馬權，以讒被誅。南凉馬輔，爲中州之令族。北燕有吏部尚書、廣宗公馬弗勤。

賈

出自姬姓。晉唐叔虞少子公明，周康王封之於賈，爲附庸，謂之賈伯，河東臨汾縣賈鄉即其地也。曲沃武公取晉，并賈國，以其子孫爲大夫，其族仕諸侯者，陳有賈獲，齊有賈寅。至漢，長沙王太傅賈誼，洛陽人，生璠，尚書中兵郎，二子：嘉、惲。嘉，宜春太守，最好學有名，生復，游擊將軍，五子：洪、潤、汭、湘、注。汭，輕騎將軍，生曄，下邳太守，二子：冰、淵。冰，遼東太守[⑥]，三子：納、

① 大同使 《新表·馬氏》作“大同軍使”。
② 錢氏曰：“案《唐·世系表》，暹生瑗，瑗生周。此作‘暹生周’，似有脱誤。”
③ 尚書左丞 據《新表·馬氏》，載，尚書左丞、吏部侍郎。此前脱“載”字。
④ 元極 錢氏曰：“案《唐·世系表》作‘元拯’。”
⑤ 河南尹 《新表·馬氏》作“河南令”。
⑥ 冰，遼東太守 《新唐書》卷七五下《宰相世系表·賈氏》作“淵，遼東太守”。

邠、丕。丕生沂[①],秘書監,二子:廷玉、秀玉。秀玉,武威太守、肅侯,生機,駙馬都尉、關内侯[②],又徙長樂,二子:通、延。通,車騎大將軍,三子:仲安、仲謀、仲遠[③]。仲遠,潁川太守,生疋,字彦度,輕車將軍、雍州刺史、酒泉郡公,二子:乂、康。康,秘書監,二子:鍇、鈞。鈞生弼,散騎侍郎,二子:躬之、匪之。躬之四子:希鏡[④]、希遠、希逸、希叟。希鏡生税,義興太守,税生執[⑤],梁太府卿,精世譜學,撰《姓氏英賢傳》,二子:暹、肇。肇二子:寰、弘。弘,後梁中軍長史,生緦[⑥],北齊青、兖二州刺史,河東公,二子:皡、巘。

---

① 沂　《四庫》本原注:"案《唐·世系表》'沂'作'昕'。"錢氏曰:"汲古閣本《新唐書》作'沂'。"今按:《新表·賈氏》作"沂",此無誤。

②《四庫》本原注:"案《唐·世系表》,秀玉,武威太守,生衍,兖州刺史。衍生龔,輕騎將軍,徙居武威,二子:綵、詡。詡,後魏太尉、肅侯,生璣,駙馬都尉。此作秀玉生機,中有脱誤。"

③ 仲遠　錢氏曰:"案《唐·世系表》作'仲達'。"

④ 躬之四子:希鏡　《新表·賈氏》亦作弼二子,躬之、匪之,躬之生希鏡。今本《姓纂》卷七《三十五馬·賈》曰:"晉有散騎常侍賈弼,生匪之,宋太宰參軍。生希鏡,齊外兵郎,撰《永明氏族狀》。生執。"《南齊書》卷五二《賈淵傳》亦曰:"賈淵字希鏡,平陽襄陵人也。祖弼之,晉員外郎,父匪之,驃騎參軍,世傳譜學。"則匪之生希鏡近是。又,希鏡,本名淵,唐人諱"淵",遂稱字。

⑤ 希鏡生税,義興太守,税生執　《新表·賈氏》作"希鏡……生棁,義興郡太守;生執,梁太府卿",除"税"、"棁"相異,餘略同此。然今本《姓纂·賈》作希鏡生執,無税一代。《新唐書》卷一九九《柳冲傳》引柳芳《氏族論》:"希鏡傳子執,執更作《姓氏英賢》一百篇。"亦無税一代。又,《南齊書·賈淵傳》:"建武初,淵遷長水校尉。荒傖人王泰寶買襲琅邪譜,尚書令王晏以啓高宗,淵坐被求,當極法。子棲長謝罪,稽顙流血,朝廷哀之,免淵罪。"則淵有子曰棲長。未知孰是,兩存之。

⑥《辯證》此從賈淵子税至裔孫緦五代,趙超《新表集校》卷五《賈氏》疑其誤,曰:"案希鏡當南齊高帝時,北齊建國在梁簡文帝初,相去七十餘年,何遽有五世孫也。緦無傳,疑屬牽附。"存此備考。

巘,殿中少監[①],三子:懿、慤、憲。憲字元楷,後周祕書監,葛榮之難,避地浮陽[②],生處静、處澄。處静生敬言,滑州刺史。敬言生令思,禮部員外郎。令思曾孫耽[③],字敦詩,相唐德宗[④],子孫居樂陵。

又樂陵賈氏:有至、曾父子,世掌誥命。至在先天時,草睿宗傳位詔;曾又草明皇册肅宗詔,天子美之。曾爲黄門侍郎、平陽公,至爲黄門侍郎、晉國公。至生係,衡州刺史。係生穜,司門員外郎。穜生昶,太子司議郎。昶生琛,河南密令。琛生翃,常州刺史兼鹽鐵使、江淮留後。翃生潭,字孟澤,南唐檢校司徒、泰州刺史、洛陽宣子,三子:彬、穆、修。彬爲朝散大夫、大理司直,穆爲泰州司倉參軍。

河南賈氏:世居姑臧。胄生寧,寧生餗,字子美,相文宗。後漢侍御史賈昌,使日南。北地太守賈福,擊羌不利。《西京雜記》:戚夫人侍兒賈佩蘭,言宫中事甚詳。晉東夷護督[⑤]賈沈,迎立扶餘王子,卒復其國。後凉吕光討西域,以武威太守賈虔爲軍佐。後

---

① 殿中少監 《新表·賈氏》作"殿中監"。

② 避地浮陽 趙超《新表集校·賈氏》考曰:"又《魏書·肅宗紀》,孝昌二年,葛榮自稱天子,其去北齊文宣帝天保元年尚二十五年,不應其孫憲先已避地,其祖緦方始入仕北齊也。疑屬牽附。"

③ 令思曾孫耽 《新表·賈氏》同;今本《姓纂·賈》作"樂陵,賈誼之後,唐沁水丞賈元琰生耽"。據岑校考辩,耽居相位十餘年,林寶修《姓纂》時,距其卒不遠,《姓纂》似不應列敬言於洛陽而耽又别出樂陵。故耽出自何支,猶待考核,或"耽"前有脱文。

④《四庫》本原注:"案《唐·世系表》敬言子遠則,遠則生知義,知義生元琰,元琰生耽,相德宗。據此,則耽乃敬言之玄孫、遠則之曾孫,此作'令思曾孫',與《唐表》不合。"

⑤ 護督 據《晉書》卷一〇八《載記·慕容廆》:武帝伐扶餘,"東夷校尉何龕,遣督護賈沈將迎立依慮之子爲王……",知此"護督"倒誤。

燕慕容永將賈韜。後秦章武太守賈堅。

夏

姓書皆曰姒姓,夏王之後,誤矣。夏非國氏,與齊、秦正同。謹按:《春秋》出自嬀姓,陳宣公庶子西,字子夏,別其族爲少西氏,生御叔。御叔娶鄭宣公[①]子貉之妹,生徵舒,字子南,始以王父字爲夏氏,而其母謂之夏姬。魯宣公九年,徵舒弑靈公。十一年,楚莊王討夏氏亂,轘徵舒於栗門,因滅陳爲縣,感申叔時諫,乃復封之鄉,取一人以歸,謂之夏州。而徵舒三世孫夏齧,四世孫夏區夫,皆仕陳爲大夫。裔孫夏之禦寇,亦仕齊,爲大夫。

漢有司徒夏勤。後漢交阯太守夏方,九江人,降蠻有功。晉有會稽人夏統,字仲御。唐大曆中有太常博士夏珏。堂後官、嘉州長史夏德崇。

堵[②]

出自鄭大夫,食邑於堵,因以爲氏。鄭文公時有堵叔爲政,謂之"三良"。又有堵俞彌、堵女父、堵狗,皆爲鄭臣。《春秋音義》音者,正合入此韻。

冶

其先周官冶氏,掌爲兵器,以世官爲氏。衛大夫冶廑,魯大夫冶區夫。

---

① 鄭宣公　據張傳官撰《急就篇校理》卷第二《六・夏脩俠》引《曾校》:"'靈',《玉海》本作'宣',非是。考鄭國春秋時凡十餘君,無宣公者。而夏徵舒殺陳靈公在公元前五九九年,去鄭靈公在位時(前六〇五)不久,故知此爲鄭靈公。"則知此誤。

② 錢氏校本依《廣韻》次序移此條至馬氏條後,今仍《四庫》本舊序編次。

假

見《姓苑》。漢有陳留假倉，字子驕，治《尚書》，受學於平陵張山拊，官至膠東相、騎都尉。《尚書》有假氏學。

乜

蕃姓，今秦隴間有之。望出趙郡。

馬適

《漢·功臣表》有畢侯馬適育[①]。又《昭紀》元鳳元年，武都氐人反，遣執金吾馬適建擊之。注云：姓馬適，名建。然則建必育之後也。

馬矢

後漢二十八將有馬宫，本姓馬矢氏，後改爲馬氏。

馬服

出自趙奢封馬服君，子孫氏焉。《後漢注》曰：馬服者，言能服馭馬也。

馬師

出自姬姓，鄭穆公曾孫羽頡爲鄭馬師，始以官氏，謂之馬師頡。

野利

《唐·党項傳》：慶州有破丑氏族三，野利氏族五，把利氏族一，與吐蕃姻援，擾邊十年。代宗用郭子儀計，遣使招慰，於是破丑、野利、把利三部皆入朝，芳池州野利部並徙綏延州。大曆末，野利秃羅都與吐蕃叛，子儀擊斬之，而野利景庭、野利剛以其部入

---

① 畢侯馬適育　據《通志二十略·氏族略第五》："馬適氏。《英賢傳》，漢有畢梁侯馬適育。"則此"畢"後脱"梁"字。

附雞子川。又有六州部落,曰野利越詩,其後世事夏國。李元昊將野利遇乞善用兵,元昊分山界,戰士之半付之,中國尤苦邊患。慶曆中,种世衡用間殺遇乞,元昊遂衰。

野詩

唐鳳翔將野詩良輔,以名雄邊,朝廷遣使至吐蕃,虜輒言:"唐家稱和好豈妄邪!不爾,安得任良輔爲隴州刺史?"

野頭

宇文士及之先姓野頭氏,後改賜焉。

野辭

唐時党項以姓别爲部,有野辭氏。事具去聲六至,利字。

虵咥

一作野咥,後魏虜姓。上音野,下音鐵。

者舌①

《世本》曰:康居國人,朝後魏,因留中國。

賈孫

《姓苑》曰:衛有王孫賈,出自周王之後,其孫自以去王室遠,改爲賈孫氏。漢侍中有賈孫强。

夏侯

漢太僕汝陰侯嬰,裔孫、唐駕部郎中審封,生孜,字好學,相宣宗、懿宗。又漢太子太傅勝,家居長安,號長安夏侯氏。《南史》:夏侯亶、夏侯夔繼爲豫州刺史,並有恩惠於鄉里,百姓歌曰:"我之有州,頻得夏侯。前兄後弟,布政優優。"

---

① 錢氏校本依《廣韻》次序移此條至馬師氏條後,今仍《四庫》本舊序編次。

夏父

出自曹姓。郳婁顔公之子曰夏父,與魯孝公同時,以國授其弟盱,盱請分國而治,則六分之而受其一,國人稱焉。其後以王父字爲氏。魯文公時有夏父展。宋有大夫夏父祉[①]。

夏丁

出自衛大夫,太叔悼子之甥曰夏戊,其祖字丁,以王父字爲夏丁氏。戊生期,爲衛司徒。

夏陽

晉大夫夏陽説,其先以所食邑爲氏。

夏里

《元和姓纂》曰:"漢四皓夏里黄公,河内軹人。"

社南

《姓苑》云:扶風安陵有社南氏、社北氏。《風俗通》曰:齊昌[②]徙居社南,因以爲氏。

社北[③]

《風俗通》曰:齊昌徙居社南,因以爲氏。又有居社北者,亦以爲氏。漢高場[④]娶扶風社北氏女。

---

① 祉　今本《姓纂》卷七《三十五馬·夏父》作"徵",與此異。

② 齊昌　錢氏校本據《通志二十略·氏族略第三》引《風俗通》改爲"倡"。今本《風俗通義·佚文》、《姓纂》卷六《十姥·祖南》均作"齊倡",則此應作"倡",下同。

③ 社北　今本《姓纂》卷七《三十五馬·社北》引《風俗通》云"凡氏於職,社北、五鹿,有社北大夫,因氏焉",與此異。

④ 高場　今本《姓纂》卷六《十姥·祖南》、《通志二十略·氏族略第三》均作"高煬",此形近而誤。

古今姓氏書辯證卷二十七

三十六養

養

楚大夫食邑於養，因以爲氏。

蔣

周公第三子伯齡封蔣，子孫氏焉。因在汝南期思縣，宋改爲樂安。漢有蔣詡、蔣郎[①]。

樂安：今光州僊居縣也。宋有蔣恭。

義興：詡十代孫休[②]，自樂安徙義興陽羨縣。十一代孫元遜，陳左衛將軍。堂姪曾孫儼，唐蒲州刺史，生安遇，郢州刺史。儼再從姪岑，膳部員外、司農少卿，生晁，兼御史。岑堂弟勵己，生至，著作郎。儼五從[③]挺，主爵郎中、國子司業，生洌、湲[④]、深。洌，尚

① 郎　今本《姓纂》卷七《三十六養·蔣》作"蔣朗"；岑校以宋人諱"朗"缺筆，故常訛爲"郎"。

② 詡十代孫休　今本《姓纂·蔣》同；岑仲勉引《全唐文》卷五三四齊光義《後漢亙亭鄉侯蔣澄碑》，休爲詡五代孫，詳見蔣氏條岑校。

③《四庫》本原注："案'五從'下有脱字。"

④ 洌、湲　今本《姓纂·蔣》同；岑校引《千唐誌齋藏誌·裴迴夫人李氏誌》，以爲"洌"當作"冽"，"湲"當作"涣"。詳《姓纂·蔣》。下同。

書左丞,生先諫[①],光禄少卿。鎮,工部侍郎。湲,禮部尚書、東都留守,生鉥[②],起居舍人、國子司業。生將明;生乂,太常少卿。並元遜之族也。乂生係、伸、佶、偕。係,檢校左僕射、興元節度;中書侍郎、華州刺史[③],生泳。佶,國子祭酒。

東萊膠東:狀稱魏太尉蔣濟之後。唐吏部侍郎、大理卿蔣欽緒,生溆、演、漾、溢、溶、沇、清。溆,鳳州刺史,生都、郁、邵[④]。演,兵部員外,生邦、酆。邦,殿中丞、御史;酆,大理評事。漾,咸陽令。溢,長安丞,生郢、郕。溶,奉先令、安州刺史,生鄗[⑤]。沇,刑部侍郎、大理卿,生郅,兼監察御史。清,鞏縣尉。兄子郕[⑥],繼施州刺史。緒堂姪溥。

鞅

出晉卿趙鞅之後。

彊

彊氏依《千姓編》移入上聲。

---

① 生先諫　今本《姓纂·蔣》同;岑校引《奉天録》卷一、《全唐文》卷三七六任華《西方變畫讚》有"前殿中侍御史蔣鍊",以"諫"當作"鍊",疑"先"字亦衍。

②《四庫》本原注:"案《唐·世系表》,將明父瓌,此作'鉥',不符。"今按:據今本《姓纂》蔣氏條考證引《千唐誌齋藏誌》建中四年《源溥誌》,有撰人題曰:"宣德郎,守起居舍人樂安蔣鉥撰。"則此作"鉥"不誤。

③《四庫》本原注:"案《唐史》,伸相懿宗,此'中書侍郎'上疑脱去'伸'字。"

④ 生都、郁、邵　今本《姓纂·蔣》作"生郁、邵",與此異。

⑤ 錢氏曰:"案《唐·蔣欽緒傳》以鄗爲清孫,與此異。"

⑥ 兄子郕　今本《姓纂·蔣》作"兄子郕繼,施州刺史","東萊膠東"條已述"溢,長安丞,生郢、郕",而此又以"郕繼"連讀爲一人,顯誤。

罔

宋景德四年，西夏趙德明母罔氏卒，起復鎮軍大將軍。十月，葬罔氏，命閤門祇候袁禹爲弔祭使。

放[①]

《尚書》堯臣放齊之後。

䮝

《姓苑》曰：呼朗切。今涇州有之。毗養反，又曰呼朗切。

莾[②]

爐黨切。今辰沅州蠻種有此氏，謂之"莾溪蠻"。

養由

《元和姓纂》曰："楚養由基之後。"謹按《春秋》：楚人謂由基爲養叔。蓋單姓養氏，豈後人别爲複姓乎？

長孫

出自拓跋氏。鬱律，生二子，長曰沙莫雄，次曰什翼犍，什翼犍即魏道武皇帝祖也。後魏法七分其國人，以兄弟分統之，沙莫雄爲南部大人，後改名仁，爲拓拔氏，生嵩，太尉、柱國大將軍、北平宣王。道武以嵩宗室之長，改爲長孫氏。至孝文，以獻帝長兄爲紇骨氏，次兄普氏爲周氏，又次兄爲達奚氏，又次兄爲伊婁氏，又次兄敦丘氏[③]爲丘氏，又次兄俟氏爲万俟氏[④]。叔父之後乙旃氏爲叔孫氏。疏屬車

---

① 放　《四庫》本原注："上聲。"

② 錢氏校本依《廣韻》次序移此條至党氏條後，今仍《四庫》本舊序編次。

③ 敦丘氏　《四庫》本原注："案《魏志》作'丘敦氏'，此誤。"又錢氏曰："案《唐·世系表》亦作'敦丘'。"

④《四庫》本原注："案《魏志》，俟氏後改爲亥氏。此不合。"

焜氏爲車氏。是爲十姓。太和中，詔自代北而徙者，皆爲洛陽河南人[①]。嵩三子：泰、同、敦[②]。泰，征南將軍、都督中外諸軍事，生大將軍延年。延年生陝州刺史、鄫國公儉。儉生相州刺史、昌寧侯[③]平，二子：道生、道開。道生，太尉、上黨靖王，三子：旃[④]、太一、德一。旃，司空、上黨康王[⑤]，生觀，司徒、上黨定王。生稚、澄。稚字幼卿，西魏尚書令、太師、上黨文宣王，二子：子裕、子彦。子裕，右武衛將軍[⑥]、平原公，二子：紹遠、兕。紹遠字師，西魏大司空、河中獻公[⑦]，生覽，字休因，後周大司徒、薛公。姓書曰：稚爲太師孫，紹遠爲大司空，遠子覽爲大司徒，三世三公。覽生洪、寬、龕、操。操，唐金部郎中、樂壽安男，生憲、誼、鑒、詮。詮，尚衣奉御、駙馬都尉少卿、平安男。熾，隋户部尚書、饒陽公。晟，字季成，隋淮陽太守、齊獻公，五子[⑧]：無乃，唐左監門衛將軍、清都郡公；無傲，昌寧郡公；無憲，兵部尚書、薛國公；無忌，字輔機，相太宗、高宗，太尉、趙國公；無逸，雲麾將

① 洛陽河南人 《新唐書》卷七二上《宰相世系表·長孫》作“河南洛陽人”，此應誤。

② 嵩三子：泰、同、敦 沈炳震《唐書宰相世系表訂譌》據《魏書》卷二五《長孫嵩傳》考嵩子頹，無泰、同二人；又，敦乃頹之子、嵩之孫。

③ 侯 錢氏曰：“案《唐·世系表》作‘公’。”

④《四庫》本原注：“案《魏書》‘旃’作‘抗’，此作‘旃’，與《唐·世系表》及《元和姓纂》同，唯與本傳不合。”錢氏曰：“案《北史》‘旃’作‘旆’。”

⑤ 錢氏曰：“案《魏書》，抗位少卿，早卒，《北史》旃與《魏書》同。此作‘司空、上黨康王’，不合。”

⑥ 錢氏曰：“案《魏書》及《北史》俱云子裕，位衛尉少卿，與此異。”

⑦《四庫》本原注：“案《魏書》，稚凡五子：子彦、子裕、紹遠、士亮、季亮。以紹遠爲子裕子，與《唐書·長孫皇后傳》及《世系表》俱同，惟與本傳不合。”錢氏曰：“案《魏書》及《北史》，俱以紹遠、士亮、季亮爲稚俊妻羅氏所出，而《北史》又以士亮爲稚弟澄字，殆不可解。”

⑧ 錢氏曰：“案《北史》，晟長子行布，次子恒安，是晟不止五子。”

軍、郫縣公。無忌十二子：冲，秘書監、駙馬；涣，鴻臚少卿、上黨郡公；濬，常州刺史、安康伯；淹，長水令、安城縣公；温，尚衣直長；澹，太子洗馬；浄，尚衣奉御；溆，成州刺史；津，尚衣奉御；澤，左千牛衛長史；潤，太常少卿、金城縣子；冲生延，通事舍人。延生宣州刺史元翼。元翼生寧州刺史、陳留縣公訓。訓生福昌尉釗。釗生三子：守貞、守英、守廉。守貞，鴻臚卿，生全緒，寧州刺史。全緒生燧，涇原營田判官、試太子通事舍人。慥，邠州刺史。燧生紹先、恭先、孝先、雅先①。慥先②生凝、沍。

爽鳩③

《元和姓纂》曰："少皞氏司寇曰爽鳩氏，封爲諸侯，居齊地，以地爲氏。"

三十七蕩

蕩

出自子姓，宋桓公御説，生公子蕩，蕩生公孫壽，壽生意諸，世爲司城，意諸以王父字爲蕩氏。其後有蕩虺，爲宋大夫。而魯女伯姬嫁爲蕩氏婦。

盪

《集韻》曰：人姓，音儻。

莽

前漢反者馬何羅，後漢明德馬后耻與同宗，改爲莽氏。

---

① 雅先　《新表·長孫氏》作"稚先"，是。

② 慥先　錢校本作"慥"，此"先"字衍。

③ 錢氏校本依《廣韻》次序移此條至養由氏條後，今仍《四庫》本舊序編次。

党[1]

後秦將軍党删[2]。又姚興將党志隆,以東鄉降大夏赫連勃勃,用爲光禄勳。

廣武

出自趙廣武君李左車之後,氏焉。《廣韻》曰“何氏《姓苑》陳餘封廣武君,後爲氏”,誤。餘乃成安君,以不用廣武君計敗死泜水之上,韓信得廣武君而師事之。

三十八梗

丙

齊大夫邴歜,後去邑爲丙氏。又李陵裔孫,自匈奴歸魏,見於丙殿,賜姓丙氏。

邴

出自齊大夫,食采於邴,以邑爲氏。春秋時,有邴歜、邴夏、邴師、邴意茲。其族仕晉者,曰邴豫、邴師。仕魯者,有邴洩。《元和姓纂》以爲晉邴豫[3]食采而得氏,《廣韻》以邴音柄而引去聲,皆誤矣。

---

① 党　《四庫》本原注:“音黨。”

② 後秦將軍党删　今本《姓纂》卷七《三十七蕩·党》作“姚秦將軍党耐虎”,岑校以爲“《姓解》三亦稱党耐虎。唐人諱‘虎’,此殆後人所改正者。《辯證》三三党姓引稱‘貰耐虎’,二七作‘党删’,殆誤”。按:《辯證》卷三三《四十二宕·貰》曰:“本出西羌,姚秦將貰耐虎,代爲羌豪。”是耐虎不爲党姓。又,《晉書》卷一一六《載記·姚萇》另有“党删”。岑校或誤。

③ 邴豫　今本《姓纂》卷七《三十八梗·丙》云“晉大夫丙豫食采于丙,因氏焉”;同書卷七《三十八梗·邴》岑校曰:“丙、邴相通,自漢已然。”

景

出自姜姓，齊景公之後，以謚爲氏。景丑、景春，皆其裔也。戰國時，景氏世爲楚相，景翠、景鯉、景舍，尤其顯者。後有景差，能賦。或云楚之公族，别爲景氏。《漢·高紀》：東陽人[①]立景駒爲楚王。文穎注曰：楚族景氏，駒名。高帝九年，徙齊楚大族景氏、昭氏、屈氏、田氏、懷氏五姓關中，與利田宅，好畤、華陽諸景是也。後漢大將軍、櫟陽侯景丹，居馮翊櫟陽。侍郎景勃，居蜀郡。後漢廣漢人景毅爲越嶲太守，有仁恩。南涼有太史令、安亭侯保。

省

《左傳》：宋大夫有省臧。

杏

出《姓苑》。

梗

晉大夫食采梗陽，其後氏焉。

邴意

《元和姓纂》曰："齊大夫邴意兹之後。"望出千乘博昌。

三十九耿

耿

出自姬姓侯伯之國，其地平陽皮氏縣東南耿鄉是也。商王祖乙嘗圮于耿，即其所都。春秋魯閔公二年，晉獻公滅耿以封趙夙，

---

① 東陽人　《史記》卷七《項羽本紀》"秦嘉已立景駒爲楚王"下《集解》曰："秦嘉，廣陵人。"

耿國子孫奔楚爲大夫，以國爲氏，耿之不比是也[①]。後漢遼東太守耿夔斬句驪渠歸，功曹耿秏戰没。玄菟太守耿臨破句驪。又謁者耿潭破羌。京兆虎牙都尉溥。漢陽太守种受羌降。騎都尉秋擊羌。《東觀記》：嵩履清高之節，亂童介然特立不隨俗。

漢鉅鹿耿氏：武帝時以吏二千石徙扶風茂陵。上谷太守、牟平烈侯況，字俠游，六子：弇、舒、國、廣、舉、霸。弇字伯昭，建威大將軍，好畤愍侯。子忠，騎都尉，忠子馮，馮子侍中良，一名無禁，良子協，皆嗣侯。舒，伏胡將軍、牟平侯，生襲，襲生大將軍寶，皆嗣侯。寶生侍中、牟平侯箕，陽亭侯常。寶弟子承，羽林郎將、林慮侯。霸，隃麋侯，生文金。文金生喜，喜生顯，爲羽林左監，顯生河陽太守援，皆嗣侯。援字伯緒，其孫宏猶襲爵。廣、舉皆中郎將。國字叔慮，大司馬，二子：秉、夔。秉字伯初，光禄勳、美陽威侯，子漢陽太守沖嗣。秉曾孫紀，爲少府。夔字定公，度遼將軍、粟邑侯、中郎將。廣子恭，字伯崇，長水校尉，子溥，京兆虎牙都尉，生宏，字季遇，度遼將軍。

耿氏自中興已後，迄建安之末，大將軍二人，將軍九人，卿十三人，尚公主三人，列侯十九人，中郎將、護羌校尉、刺史、二千石數十百人，蓋與漢興衰云。

東郡太守、東光成侯純，父鉅鹿宋子人艾，爲王莽濟平尹，生東郡太守、東光成侯純[②]，字伯山，子莒鄉侯阜。生旴及騰，並封高亭侯。騰子忠，忠孫緒，皆嗣侯。純三弟：植，輔威將軍、武邑侯；

①《四庫》本原注："案晉獻公滅耿，《傳》在閔公元年，非二年也；且莊公二十八年荆伐鄭，《傳》已有'耿之不比，爲旆'語，是不比之仕楚在滅耿之先矣。今觀此文義，似不比于滅耿之後然後奔楚，爲大夫疑屬附會。"

② 此句文意與前重複。

宿，代郡太守、遂鄉侯；訊[①]，赤眉將軍、著武侯。凡宗族封列侯者四人，關内侯三人，爲二千石者九人。

唐大曆拾遺耿湋，徙居河東。《江淮異人録》有女冠耿先生，善黄白術，事南唐。晉有成都内史耿縢。後涼軍司馬耿稚。

幸

後漢幸子豹破蠻，以功爲朱崖太守。《晉・方技傳》幸靈，唐幸南容，並洪州人，望出南昌。

四十静

潁

謹案：潁，鄭地也；鄭大夫考叔爲潁谷封人，因以爲氏。後漢陳留長安人潁容，字子嚴，撰《春秋釋例》。至今望出陳留。

宋著作佐郎潁贄，策中賢良方正科，遷太子中允。

領

《程氏世譜》：宋新安郡丞、艾亭侯程法曉，娶吴郡領氏。謹案：領氏未詳所出。

井

虞大夫食邑於井，謂之井伯，後爲氏。漢扶風郿人井丹，字大春，以文學知名，所謂“五經紛綸井大春”者。《廣韻》以井氏爲姜子牙之後，未知何據。後涼有臨松令井祥。

---

① 訊　《後漢書》卷二一《耿純傳》：“訢爲赤眉將軍，封著武侯，從鄧禹西征，戰死雲陽。凡宗族封列侯者四人，關内侯者三人，爲二千石者九人。”（同書《鄧禹傳》同）此作“訊”誤。

省

出《姓苑》。

涓

《左傳》齊大夫涓竈之後。

井强六斤

代北四字姓。

四十一迥

冷

顔師古曰:音零。《漢·功臣》:下相莊侯冷耳,以拒黥布功侯,子順嗣。元康四年,詔復耳玄孫長安公士安家。元帝功臣騶望侯冷廣,望出河内者。又淮南冷封,字次君,傳《公羊》顔氏學,自名其家,官至淄川太守。《急就章》,漢有冷幼功,河内人。後漢護羌校尉冷徵。

古今姓氏書辯證卷二十八

四十三等

鄬

《穆天子傳》，鄬，伯綮之後。鄬國在虞、芮之間。

四十四有

友

梁冀美人友通期。謹按：此舊書未有，豈吴氏誤以友爲支？識者更詳辨之[①]。

柳

柳，謹按《禮記》，衛太史柳莊，衛君稱爲社稷之臣。又衛人柳若，問子思爲出母服，自爲展禽之後。

鈕

東晉有吴興鈕滔。宋開封鈕氏，太理寺丞約，生棐、建中。棐，宣德郎，生定國。生昌言，政和五年上舍。建中，左班殿直，生

---

①《四庫》本原注："案《東觀漢記》'友通期'一作'支通期'。"今按：《後漢書》卷三四《梁冀傳》作"友通期"，注者以"友"爲姓；另，曹金華《後漢書稽疑》卷三四《梁統列傳》"友通期"條曰："章懷注：《東觀記》'友'作'支'。余按：《後漢紀》卷二十作'叐'，即'友'字。"《辯證》無誤。

太常博士華國。

夊[1]

百濟人姓。

醜

《後漢・袁紹傳》有醜良[2]。

舅

晉大夫狐偃，字子犯，文公重耳之舅，子孫或氏焉。

臼

春秋時宋華氏家臣臼任之後。

有扈

《史記》曰：禹之先，姒姓，其後分封，以國爲氏，故有有扈氏。

有巢

古帝者有巢氏後。

有窮

謹按《春秋傳》，昔夏之後，后羿自鉏遷於窮石，號有窮氏，子孫或以爲姓。

有男

《史記》曰：禹之先，姒姓，其後分封，以國爲姓，故有有男氏。

有鬲

夏諸侯，以國爲氏。少康之臣靡嘗奔焉，自其國收三國之

① 夊 《四庫》本原注："音久。"

② 錢氏曰："案《通志・氏族略》與此同。《袁紹傳》有顔良、文醜，無醜良，疑誤。"

燼[①],以滅寒浞。

有偃

《元和姓纂》曰:皋陶偃姓之後,有偃子皋,爲晉士官。

右師

謹按:後漢包咸,師事博士右師細君,則右師氏宜收而姓書未有,今增入。春秋時,宋有左師、右師,皆國相,而華元爲右師,以官爲氏。細君蓋其後也。

右宰

謹按:春秋衛國之官有右宰,其世官者氏焉。衛大夫右宰醜,涖殺州吁。其孫右宰穀,自言狐裘羔袖者。

右公

衛右公子職之後,以官爲右公氏。

右行

《姓解》曰:晉賈華爲右行,其後氏焉。漢有御史中丞右行綽。謹按《春秋》,賈華者,晉太子申生之屬七輿大夫也。其後晉文公作三行以禦戎,屠擊將右行,亦或爲氏。晉大夫右行詭、右行辛,皆以氏見者也。邵氏惟此一説稍有據。今兩存之。

右扈

出《姓苑》。

醜門

《西秦録》有下將軍醜門弟子。

---

① 自其國收三國之燼　據《左傳》襄公四年云:"靡自有鬲氏,收二國之燼以滅浞,而立少康。"此"三國"應作"二國"。

臼季

《元和姓纂》曰“齊公子臼季宣孟”,誤矣。謹按:二人春秋時皆晉大夫,臼季,胥臣也;宣孟,趙盾也。胥臣字季,食邑於臼,謂之臼季,爲晉司空,謂之司空季子。詳此,即世有臼季氏,必胥臣之後,爲氏,然未必有也。

壽西

謹按《漢紀》,昭帝元鳳元年冬十月,詔曰燕王遣壽西長孫縱之等賂遺長公主丁外人云云。蘇林曰:“壽西,姓也;長,名也。孫姓,縱之名。”未知林果何據。如無所據,必孫縱之爲壽西長,或壽西人姓長孫名縱之者也[①]。

受酉[②]

《姓解》曰:《後魏書》有受酉氏。

四十五厚

厚

出自姬姓。魯孝公八世孫瘠,食采於厚,謂之厚成叔,因氏焉。厚與郈通。

後

五代漢隱帝嬖臣後贊。今夷門多此姓。

斢[③]

音天口切[④]。

---

①《四庫》本原注:“案長孫之氏,後魏獻帝時以拓跋氏改焉,始有此氏。漢時不應有此。名世此案,似未可據。”

② 此條錢氏據《廣韻》移置於壽西條之上,今仍《四庫》本舊序編次。

③ 斢 《四庫》本原注:“音斗”。

④《四庫》本原注:“案《通鑑》,斢,他口、徒口切。《十國紀年》,吳越有斢滔;《急就篇》,斢氏,見《姓苑》。”

苟

出自黄帝子,得姓者十四人,其一曰苟[1]。戰國時,苟變可將五百乘,子思薦於衛侯。秦州刺史苟池,望出隴西。後魏代北若干氏改爲苟氏,望出河南。近世有避廟諱,從其偏旁爲苟氏,誤矣。廟諱偏旁乃茍氏,紀力反,乃轉爲苟且之苟,於姓氏本源失之愈遠。程氏《世譜》云:以河内地方多苟杞,氏曰苟。誤矣。胥臣無是語也。

郈[2]

郈於春秋爲魯叔孫氏邑,陪臣食焉者爲氏,郈成叔瘠、郈魴假是也。

后

出自共工氏之子曰句龍,爲后土,自三代以來,祀爲社神。子孫以后爲氏。越大夫后庸。孔子弟子后處,字子里。

厚丘

出《姓苑》。

牡丘

《姓苑》有鉅鹿太守牡丘勝。謹按:其先食邑牡丘,故以爲氏。

---

①《四庫》本原注:"案顔師古注:苟氏,一曰本晉大夫荀氏之後,避難改爲苟氏。"

② 此條與下"后氏",錢氏據《廣韻》移至斜氏條之上,且"郈"與"后"次序顛倒。今仍《四庫》本舊序編次。

四十七寢

沈

古字作邥，出自姬姓。春秋魯成公八年，爲晉所滅[①]。沈子逞，字循之，奔楚，遂爲沈氏。生嘉，字惟良，二子：尹丙、尹戊。尹戊字仲達，隱於靈山，爲楚左司馬。生諸梁，字子高。及後臧子高亦爲左司馬，食采於葉，號葉公，生二子：尹射、尹文。尹射字修文，爲楚令尹。旬日亡去，隱於華山，二子：尹朱、尹赤。尹赤字明禋，生郢。郢字文明，召爲丞相，不就。生平，字俊之，封竹邑侯。生遂，字佐時，秦博士。生倧，字文甫，左庶長、竹邑侯。生遵，字伯吾，漢齊王太傅、敷德侯，徙居九江壽春，二子：盛、逵。逵字伯弘，驃騎將軍。生乾，字仲元，尚書令。生承，承字元良，南陽太守、彭城侯。生助[②]，字子衡，揚武校尉、鎮軍[③]，三子：嵩、奮、奉。奮字仲異，御史中丞。生格，字仲悌，將作大匠。格生謙，字文恭，御史中丞。謙生静，字文光，濟陰太守，避王莽之亂，隱居桐柏。三子：勳、戎、臺。戎字威卿，後漢光禄勳，以九江從事，説降劇賊尹良，漢光武封爲海昏侯，辭不就，因避地徙居會稽烏程縣之餘不鄉，遂家焉。順帝永建元年，分會稽爲吴郡。靈帝初平五年，分烏程爲永安縣。孫皓寶鼎二年，分吴郡爲吴興郡。晉太康三年，改永安爲武康，即爲郡人。戎四子：酆、

---

①《四庫》本原注："案《左傳》定公四年，蔡公孫姓帥師滅沈，以沈子嘉歸。《傳》稱晉使滅之，則事在定公四年。此作成公八年，爲晉所滅，於《傳》無徵。"

② 生助　《四庫》本原注："案《唐・世系表》承作泓，助作勗。"今按：岑仲勉據《宋書》卷一〇〇《沈約自序》作"乾子弘，弘子勗"，詳今本《姓纂》卷七《四十七寢・沈》校記。此或避宋諱"頊"改作"助"。

③ 鎮軍　《新表・沈氏》作"揚武校尉、鎮軍將軍"。此或脱"將軍"。

懿、齊、恭。酆字聖通，零陵太守，四子：湝、仲、高、景。景，河間相，生彦。彦裔孫君亮，相武后。其曾孫超，生嵩，字文甫[①]。

瞫[②]

《後漢》：武落山黑穴中出四姓：瞫氏、相氏、樊氏、鄭氏，事見巴氏説。

廩丘

齊大夫廩丘子，其先以所食邑爲氏。《英賢傳》：齊有隱者廩丘充。

四十八感

禫

出《姓苑》。

譚

徒感切。《姓苑》曰：吴人。

湳

奴感、乃感二切。《水經》曰：湳水出西河美稷縣，東南流。《東觀記》：羌人因水以氏之。漢冲帝時，羌湳狐奴歸化，蓋其渠帥也。潘安仁《關中詩》曰“虛皛湳德”，德乃狐奴之後。

---

① 生嵩，字文甫　《新唐書》卷七四上《宰相世系表·沈氏》作“崧”，字文甫同。趙超《新表集校》卷四《沈氏》曰：“沈崧，《唐登科記考》卷二四與《十國春秋》卷八六作字吉甫，考《詩經·大雅》有‘崧高，尹吉甫美宣王也。’疑沈崧字取義于此，當作吉甫。”

② 瞫　《四庫》本原注：“音審。”

昝[1]

《晉載記》:李驤子壽,追尊母昝氏爲皇太后。又有前將軍昝堅,即后族也。《後魏·官氏志》:代北複姓外盧氏,改爲昝氏[2]。望出太原及彭城。吐蕃大酋昝插[3]。武后長壽元年四月,吐蕃别部酋長昝捶帥羌蠻八百餘人内附。宋博州高唐昝氏居潤,宣徽北院使、東京副留守、判開封府檢校太尉、左領軍衛上將軍、義成軍[4]節度使,贈太師,有傳。生惟質,至内園使。惟質孫建中,三班借職。居潤弟居濟,水部員外郎。

冄[5]

《姓苑》有冄氏。

四十九敢

覽

徒感切。《前秦録》有將軍噉鐵。噉與啖通[6]。

---

① 昝 《四庫》本原注:“子感切。”

② 錢氏曰:“案今《官氏志》無此文。”

③ 昝插 下作“昝捶”;《舊唐書》卷一九六《吐蕃上》有“大首領昝捶率羌蠻部八千餘人詣玄遇内附”,事又見《通鑑》卷二〇五長壽元年;《新唐書》事同,但“昝捶”作“昝插”。則此前、後形近誤寫,當從《舊唐書》。

④ 義成軍 《宋史》卷二六二《昝居潤傳》作“義武軍”。據龔延明著《宋史職官志補正》卷八《建隆以後合班之制》考證:《宋朝事實》卷一八“河北西路”,中山府,唐爲定州,義成軍節度,太平興國元年改定武軍節度;《元豐九域志》卷二“河北兩路”略同。要之,此或沿唐稱,宋應爲定武軍。

⑤《四庫》本原注:“都感切。”

⑥ 此條原繫於“覽”氏標題之下,《四庫》本原注:“案文與標題不相蒙,疑有錯簡。‘噉’亦重出。”錢氏曰:“編《大典》者誤入‘覽’下耳。今依文别列‘噉’氏,繫文於下,而删‘覽’氏。”今按:據《廣韻》,“覽”確爲人姓,《姓苑》以爲彭城人。

欖

余靖安道作《屯田郎中黄府君碑》云:"母欖氏,累封真陽曲江南陽縣太君。"謹按:姓書未有此氏,今增入。

啖

舊姓書音上聲,《集韻》音淡,今從《集韻》。秦王苻堅有秦州刺史啖鐵,本武都氏。又氏啖青,廢枹罕帥衛平迎立苻登者,乃鐵之祖也。唐潤州丹陽簿啖助,治《春秋》,謂之啖先生。大曆中,水部郎中啖彦珍,河東人。

五十琰

冉

《元和姓纂》曰:"大夫叔山冉之後。"按:此本無明據,而周文王子封於聃,太史公省聃爲冉,則冉出於聃,最爲有理。今宜曰魯國冉氏,出自姬姓,周文王子聃季載,以國爲氏,後人去"耳"爲冉氏。春秋時,冉爲魯大夫①。唐初有開州首領冉肇則,又有夔州首領冉種。

染

按:《史記》染姓亦作冉,字畫之變也。

奄

《風俗通》:周成王既伐奄,其子孫以國爲氏。《元和姓纂》曰"秦大夫奄息",誤矣。息姓子車氏。

---

① 冉爲魯大夫　《通志二十略·氏族略第四》作"楚大夫叔山冉";今本《姓纂》岑校引《釋例》以爲魯人無叔山冉,詳見卷七《五十琰·冉》。

𡚁

音閃，蕃姓也[①]。今詳三姓止當爲一姓，以傳寫字畫之誤，遂成三字[②]。

彡姐

《漢·馮奉世傳》：永光三年[③]秋，隴西彡姐旁種反。師古曰："彡音所廉反，又先廉反。姐，音紫。今西羌尚有此姓，音先冉反。"

五十三豏

減

音咸。漢有減宣。《急就章》有減罷軍。師古注《漢志》曰："減，姓也，音減省之減。"宣爲中丞。本字作咸。

五十四檻

撖

音檻。《元和姓纂》曰："胡感切。今河内懷州多此氏。"

五十五范

范

出自祁姓。帝堯之後，爲陶唐氏。裔孫劉累，學擾龍以事夏

① 錢氏曰："案此下當有脱文。"

②《四庫》本原注："按此所云三姓，未明著其文，應有脱誤。考《廣韻》、《集韻》，蕃姓有貟、貧二姓；又《佩觿集》'𡚁，姓也'，並失冉切，音閃。本文所云三姓，當指此三字，或以形似而訛也。"

③ 永光三年　《漢書》卷七九《馮奉世傳》作"永光二年"。

王孔甲，賜氏曰御龍，以更彭姓豕韋之後。劉累遷於魯縣，至商爲豕韋氏，與大彭更伯諸侯。商末，國於唐。周成王滅唐，以封大叔，徙封唐氏於杜，京兆杜縣是也。杜伯事周宣王，無罪見殺，其子奔晉，生蔿，字子輿，爲晉士師，以官爲氏。士蔿生成伯缺。缺生武子會，爲晉上卿，佐文公、襄公，尊事天子，爲諸侯盟主。又滅赤狄，有功，王賜之黻冕，使爲晉太傅，食邑於范，因氏焉，謂之范武子，其地濮州范縣是也。

武子生范文子燮。燮生宣子范匄。匄生獻子范鞅，字叔鞅，生昭子及皋夷。昭子名吉射，皋夷側室子也。又戎御大夫范無恤。智伯滅范氏，范氏子孫出奔他國。三卿分晉，范氏歸事魏，魏相范痤即其後。魏范睢避魏齊之難，變姓名爲張禄先生，入秦爲丞相、應侯。越相范蠡，功成，泛扁舟游五湖，變姓名爲鴟夷子、陶朱公，皆名重諸侯。後漢司隸校尉滂，字孟博，汝南人，後徙居河内。裔孫履冰，爲唐宰相。

漢金鄉侯范式，後居山陽，博士升叔之後，居代郡南鄉。

舞陰范氏：晉雝州刺史晷，生稺、堅①。堅，護軍長史，生啓，黄門侍郎。稺生汪，晉安北將軍、徐兖二州刺史，二子：康，嗣爵；甯，字武子，晉豫章太守，注《春秋穀梁傳》者。甯二子：泰，宋車騎將軍；弘之，餘杭令、武興侯。泰二子：晏，宋侍中；曄，宋左衛將軍、太子詹事，謀反伏誅。汪曾孫璩之，宋中書侍郎，生抗，郢府參軍。抗生雲，梁侍中，即明友後。唐職方郎中季明，又自燉煌徙懷州。又晉范宣，陳留人。范粲，外黄人。謹按《左傳》，楚大夫

---

① 雝州刺史晷，生稺、堅　雝州刺史，《晉書》卷九〇《良吏傳·范晷》作“雍州刺史”，卷七五《范汪傳》亦云汪爲雍州刺史晷之孫，則此作“雝州”誤；又，晷傳云“二子：廣、稚”，未知所本；而汪傳云父稚（即稺，稚别體也）、叔堅，則知《辯證》無誤。

范山,勸王收北方,必子孫之奔他國者。後秦洗馬范勗。後蜀李雄,以西山范長生巖居穴處,求道養志,將以國讓之,長生不受,拜丞相,尊曰“范賢”,又加天地太師、西山侯。

范師

《姓解》曰:《姓苑》有范師利方。

古今姓氏書辯證卷二十九

去　聲

一送

貢

琅邪贛遂,耆老大儒,教授數萬人[1],爲太守門下掾,拜起舒遲。太守朱博出,教主簿曰:"贛老生,不習吏禮,主簿且教拜起,閑習乃止。"博不喜諸生故也。贛與貢同。

弄

《姓解》曰:吐蕃王姓,唐太宗嘗以公主妻弄讚。

痛

周穆王有嬖寵盛姬,早死,穆王哀之不已,加禮葬之,改其族爲痛氏。

仲

出自子姓。宋莊公子城,字仲子,生公孫師。師生江,爲宋司馬,以王父字爲仲氏,所謂司馬仲江者。江生幾,字子然,爲元公左師。生佗,字子服。其族居衛者,曰由,字子路,爲孔子弟子。裔孫居樂安及中山。後漢右扶風仲光,擊零昌。《唐·王播傳》

---

① 教授數萬人　"萬",《漢書》卷八三《朱博傳》作"百"。

有學士仲無頗。又魯東門氏被逐,立襄仲之子嬰齊爲仲氏,其後無聞。《元和姓纂》曰:高辛氏才子仲熊、仲堪之後爲氏;又仲虺爲湯左相,其子孫氏焉。二説皆誤,蓋附會之過也。宋兵部侍郎、天章閣待制仲簡,字畏之,揚州江都人。

棟

出《姓苑》。

洞沐

《元和姓纂》曰:漢有洞沐孟陽,治《易》。

仲孫

出自姬姓。魯桓公四子,長子莊公同,次曰慶父,次叔牙,次季友。慶父卒,謚共仲。生穆伯公孫敖。敖生文伯穀、惠叔難。穀生孟獻子蔑,始以仲孫爲氏。蔑生莊子仲孫速。速生孝伯仲孫羯。羯生僖子仲孫貜。貜生懿子仲孫何忌。何忌生武伯洩,一名彘。自敖至彘,皆爲魯卿,與叔孫氏、季孫氏分掌國政,謂之三家。

仲叔

衛大夫仲叔于奚,其先以王父字爲氏。于奚以救孫良夫功,爲新築大夫,賜曲垂之樂、繁纓以朝。裔孫圉爲靈公大夫,能治賓客。

仲熊

《元和姓纂》曰:"楚公族有仲熊氏。"謹按:楚出自鬻熊之後,其君臣世以熊冠其名,蓋姓芈而氏熊也。故同姓之國,亦有熊姓,其臣亦以熊氏。則熊氏即熊姓之别。有字仲者,宜爲仲熊氏,不然,八愷仲熊之後,亦宜有爲氏者焉。

仲顔

《元和姓纂》曰："魯有大夫仲顔莊叔，齊有大夫仲顔據。"謹按：魯大夫二人，一曰公巫召伯仲，一曰顔莊叔。今《姓纂》所取是以公巫召伯與仲顔莊叔爲二人，其説亦可據。

仲行

《元和姓纂》曰"《左傳》，秦三良仲行之後"，是也；又云"《世本》有仲行寅①，晉大夫有仲行氏"，誤矣。春秋時，秦仲行，子車氏之子也；中行寅，荀氏之後也。古字中與仲雖通用，然晉之中行氏，於官本對左右而爲中；秦之仲行氏，於字本對伯季而爲仲，不可强合。

二宋

宋

《漢·郊祀志》有燕人宋無忌，爲秦始皇作仙方者。其後有楚懷王上將軍義，封武信君，生漢中尉衛將軍、壯武侯昌，始居西河介休。十二世孫晃。晃三子恭，恭弟畿，生榮國。榮國曾孫丹②，後魏吏部尚書、利人侯③，生紀，字仲烈。紀生欽道，北齊黄門侍郎。生元節，定州田曹。元節生弘竣，大理丞。弘竣生櫟陽令務本。務本生衛州司户參軍玄撫。玄撫生璟，相明皇，善守文，以持天下之正，不求邊功，天下謂之"姚宋"，而剛正又過於崇。

---

① 有仲行寅　今本《姓纂》卷八《一送·仲行》作"宋有仲行寅"。此"有"前脱一"宋"字。

② 丹　《新唐書》卷七五上《宰相世系表·宋氏》作"弁"，《魏書》卷六三《宋弁傳》云紀乃弁子，則此作"丹"誤，應作"弁"。

③ 侯　錢氏曰："案《唐·世系表》作'子'。"

又有廣平宋素，生叔夜。叔夜生申錫，字慶臣，相文宗。生球、慎微。球生珦[①]。前秦寧朔將軍宋方。後燕宋赤眉，殺司空慕容宙反，伏誅。前燕慕容廆，以西河宋奭爲股肱。又有右僕宋活、平原宋該，居樞要位。黄門侍郎宋回。揚武將軍、南涼涼州人宋鍾，爲姚弼内應，誅。又材官將軍宋益。

統萬

亦作吐萬，代北人氏，後改爲萬氏。

三用

雍

出自姞姓，黄帝之後，與南燕同祖。商周之間，有食采於雍者，因以爲氏。春秋時，宋雍糾爲鄭祭仲贅壻，其族雍廩，爲齊大夫。至漢有雍齒，封什邡侯。自漢以來，州名、人氏皆音于用切，惟楊億《談苑》云："當作平聲，乃音訛而爲去聲也。"謹按：姓書皆曰雍氏出自姬姓周文王子雍伯之後，以國爲氏，考其實不然。《春秋傳》曰："宋雍氏女於鄭莊公，曰雍姞"；又云：宋雍氏有寵于宋莊公。杜氏注云："雍氏，姞姓，宋大夫。"當時宋大夫以女嫁諸侯，如華子、雍姞，皆兼稱姓氏，蓋宋二王之後，國大而史籍全備，故記注無闕。然則雍氏不出周文王，而出於黄帝，不音去聲而音平聲，無可疑者。今從《左氏》及《談苑》爲正。

俸

近世有此姓，音平聲，讀若豐[②]。

---

① 珦　錢氏曰："案《唐·世系表》作'珣'。"

②《四庫》本原注："按《廣韻》俸上、去二音，無平聲。今仍依入去聲。"

雍門

《世本》:齊頃公生子夏勝,以所居爲雍門氏。謹按:《春秋》雍門,齊城門,所謂焚雍門之荻也。《戰國策》:齊雍門周,以琴干孟嘗君。《説苑》:齊有雍門子狄。

四絳

絳

《元和姓纂》曰:"絳縣老人之後。"邵氏《解》曰:"絳侯周勃之後。"

五寘

被

《吕氏春秋》:晉有大夫被瞻。《風俗通》:漢有大夫被通。牂牁太守被條。邵氏引《古今人表》曰"王倪之師被衣,被音披",誤矣。"被衣"非人,且不音披,乃《莊子》寓言,不必引爲瞻、通、條三人之祖。邵氏援古每不精詳,如此類,皆合駁正。

智

出自荀氏。林父之弟荀首,食邑于知,謂之知莊子,以邑爲氏。生武子知罃。罃生知朔、知盈。朔早死。盈字伯夙,爲卿,是爲知悼子。生文子知躒。躒生襄子荀瑤,號知伯①。又知起、知徐吾,皆其族。瑤貪而愎,爲韓、魏、趙所滅,知氏遂亡。其存者,惟輔氏。知亦作智。

---

① 錢氏曰:"案此文有脱簡。《史記索隱》引《世本》云櫟生宣子申,申生智伯瑤。"

義渠

《風俗通》:義渠,狄國,爲秦所滅,因氏焉。漢有光禄大夫義渠安國,宣帝時使行覘諸羌。

六至

摯

魏有摯仲治,對曲水事者。《晉史》曰:虞,字仲治。

遂

漢綏和元年,丞相司直、琅邪遂義子貢爲左馮翊,此遂氏名義而字子貢者。

祕

《漢表》:戴敬侯祕彭祖,以擊陳豨功,侯千一百户,生共侯憚。憚生夷侯安。安[①]生安侯軫。軫生蒙。蒙曾孫政陽乘公乘詔復其家[②]。師古曰:祕,姓也,讀如"祕書"之"祕"。

餽

晉中行穆子圍鼓,鼓之嗇夫餽間倫請降,穆子不受。

利

《姓解》曰:楚公子食采於利,其後氏焉,今爲蜀利州。謹按:《漢紀》高祖六年,利幾反,上自將擊破之。利幾者,項羽將

①《四庫》本原注:"案《漢書》'安'作'安國',此脱'國'字。"

②《四庫》本原注:"案《漢書》:蒙孫陽陵大夫政,詔復其家。此脱誤,'曾'字亦疑衍。"今按:據《漢書·高惠高后文功臣表》,戴敬侯"七世,元康四年,彭祖玄孫之孫陽陵大夫政詔復家",《辯證》"蒙曾孫政陽"後"乘公乘"之"乘"字疑衍;"公乘詔復其家"或存錯簡。

也。羽敗，爲陳令，降上，侯之潁川。上至雒陽，舉通侯籍召之，利幾恐，反。然則中山相乾之前已有幾，特應劭未之思耳。今補其闕。

又河南利氏[①]。

冀

太原冀休光，梁節度觀察留後。弟休復，梁觀察使。光六世孫德榮。

宋有都官郎中冀榮膺，司理參軍冀式，進士出身冀隨。

貳

今望出河東。

懿

《春秋》襄二十六年，諸侯疆戚田，取衛西鄙懿氏六十，以與孫氏。杜預曰："戚城西北五十里有懿城，因姓以名城。"然則懿氏仕衛，乃其先公族以爲氏者。故懿氏卜妻陳敬仲[②]。《秦録》：姚泓有吏部郎懿横。《風俗通》云"齊懿公後"，誤矣。懿公，桓公子，桓公時已有懿氏。

駟

出自姬姓。鄭穆公子騑，字子駟，生夏，字子西。夏生帶及乞。帶字子上，乞字子瑕，始以王父字爲駟氏。帶生偃，字子游；乞生歂，字子然。歂生弘，字子般。又有黑，字子晳，及駟奉。

①《四庫》本原注："案《魏志》吒利氏改爲利氏。"

②《四庫》本原注："案懿氏卜妻敬仲，杜注：陳大夫也。此上言仕衛者，或別爲一族則可，今竟以懿氏卜妻敬仲爲衛臣，未詳所本。"

季

出自姬姓。魯桓公允夫人文姜,方娠,卜人謁之曰:"生有嘉聞,其名曰友。間于兩社,爲公室輔。季氏亡則魯不昌。"及生男,有文在其手曰"友",遂以名之,而字季。其後季友有大功于魯,受費以爲上卿,魯人謂之季子。卒,謚成季。生文子行父[①],始以字爲季孫,亦曰季氏。文子生武子季孫宿。宿生悼子季孫紇。紇生平子季孫意如。意如生桓子季孫斯。斯生康子季孫肥。肥曾孫曰昭子强。自文子、武子,世執魯政,爲上卿,故季氏爲强家。其族曰公若、公鳥、公亥、公冶、公思展、鲂侯[②]、子言,及公鳥之子甲,皆季氏。春秋時,隨有季梁,楚有季然,或出季孫,而梁乃名字並行,非氏也。陸終六子,其季曰連,爲芈氏,而一人爲季氏。

南唐有節度使季章,廬陵人。

自

謹按《漢·百官公卿表》,元初元年,郎中令自爲更爲光禄勳。此即自氏名爲者[③]。《姓苑》有此氏而未詳,今增修。

利孫

晉大夫公孫,食邑於利,因爲利孫氏。漢東萊太守任康,娶利孫氏女。

---

① 錢氏曰:"案文六年《穀梁疏》引《世本》云,季友生仲無佚,佚生行父。杜氏《世族譜》亦以父爲季友孫,與《穀梁疏》合。而《檀弓正義》引《世本》又云,公子友生齊仲,齊仲生無逸,似誤。鄧氏更以成季生文子,未詳所本。"

② 鲂侯 《左傳》昭公二十五年有"鲂假",無"鲂侯",疑"侯"爲"假"字之訛。

③ 錢氏曰:"案《史記·酷吏·楊樸傳》有光禄徐自爲。據此,則非姓自名爲也。鄧氏之説,似屬附會。"錢説是。

利作

《英賢傳》:後漢安樂任叙,娶同郡利作氏女。

棄疾

出自芈姓。楚平王初名棄疾,即位改名熊居,子孫以爲氏。悼王時,棄疾休爲右師。

季孫

出自姬姓。魯公子友之後,爲季孫氏。後去孫稱季氏。

季連

《元和姓纂》曰:晉有堂邑[①]大夫季連齊,出自陸終第六子季連之後。

季瓜

《世本》云:周八士季騧之後,爲氏。騧,或作瓜。晉有祁邑大夫季瓜忽。

季老

《世本》:宋華氏有華季老,其子氏焉。

地連

《廣韻》曰:後魏虜複姓有地連氏。

地倫

傅餘頠《複姓録》云:代北人姓。

---

① 堂邑　今本《姓纂》卷八《六至・季連》作"唐邑",《廣韻》卷四亦作"晉有唐邑大夫季連齊"。王利器《風俗通義校注》:"案:《姓解》云:《風俗通》:'楚伍尚爲堂邑大夫。'即棠谿也,今揚州六合縣是其地。伍尚時,有以棠爲氏者,後人寫字譌,乃有堂姓。案:《左傳》昭公二十年作'棠','棠'、'堂'古通,見《魯峻碑》。"則此作"堂邑"不誤。

自死獨膊

代北人四字姓。

七志

寺

古寺人之後。

異

唐温州金州蠻，多異氏。

忌

《風俗通》:"周公忌父之後，以王父字爲氏。"

寺人

《元和姓纂》曰"宋寺人惠墻伊戾後"，誤矣。伊戾姓惠墻。春秋時，晉有寺人披，一名勃鞮，字伯楚。齊寺人貂、寺人瘠環，宋寺人羅、寺人柳，皆以官與名見，豈伊戾獨爲得姓之始？大抵寺人皆自有姓氏，不過如今養子，而冒其姓爾。春秋已來，無寺人氏，今駁去。

食其

漢廣野君酈食其，玄孫賜以食其爲氏。曾孫武，爲侍中，始改爲侍其。

八未

緯

出《姓苑》。

魏

出自姬姓。周文王子畢公高,封於畢,裔孫畢萬事晉,受魏,爲大夫,河中河西縣是也。因以邑爲氏。萬生芒季①。芒季生武子犨②。犨生悼子及錡、顆。悼子生莊子絳③。絳生嬴。嬴生獻子舒。舒生襄子戊④。戊兄子侈,字曼多⑤,生桓子⑥,代爲晉卿⑦。其族魏壽餘。皆爲大夫。桓子孫文侯斯⑧,始列爲諸侯。斯生武侯擊。擊生惠王罃。罃生襄王赫。赫生哀王均。均生恢,恢二子:伯倫、彦。彦字叔倫⑨,張掖太守。生歆,字子胡,鉅鹿太守。初居下曲陽,二子:愉、悦。愉字彦長,侍中。生宙,字惠開,平原太守。

---

① 萬生芒季　《新唐書》卷七二中《宰相世系表·魏氏》作萬生芒、季,爲二人。

② 芒季生武子犨　《新表·魏氏》作"季生武子犨"。

③ 莊子絳　《新表·魏氏》作"昭子絳"。

④ 舒生襄子戊　《新表·魏氏》作"舒生襄子曼多",以"襄子曼多"爲一人,輩分亦異。曼多,《辯證》爲舒孫,《新表》爲舒子,錢校有考,詳後。趙超《新表集校》卷二《魏氏》訂譌曰:"《史記·魏世家》注:(舒)作荼。(又)《魏世家》(曼多)名侈。魏侈之孫,曰魏桓子。中間一代闕名。注《索隱》曰:《系本》云:襄子生桓子駒。則桓子又爲襄子子。"可參之。

⑤ 錢氏曰:"案《魏世家索隱》引《世本》云:'獻子生簡子取。取生襄子多。'《世族譜》亦云'魏曼多,舒之孫',與《世本》合。《史記》、《唐書》俱以侈爲舒子,非是。侈字曼多,名字相配。《春秋分紀》引《世本》'舒生侈,侈生曼多',析爲二人。蓋所據《世本》有錯誤。此又云舒生襄子戊,戊兄子侈,與諸説俱不同,未詳所本。"

⑥ 錢氏曰:"案《索隱》引《世本》云:'襄子生桓子駒。'而《魏世家》以桓子爲侈孫,《唐·世系表》亦云'曼多生文子須,須生桓子',俱與《世本》不符。此從《世本》,'桓子'下疑脱'駒'字。"

⑦《四庫》本原注:"按《唐·世系表》'晉'作'貴'。"

⑧ 桓子孫文侯斯　《新表·魏氏》作"桓子孫文侯都"。

⑨ 叔倫　錢氏曰:"案《唐·世系表》作'叔綸'。"

生紹。曾孫宣，北海公。孫紞，二子：儔，爲東祖；植，爲西祖[①]。儔孫藪，三子：儵生玄同[②]，字和初，相唐武后。五子[③]：愔，著作郎。懍，御史主簿。恬，鄭州刺史。確，司議郎。皆至曾孫，有世系。

館陶魏氏：漢兗州刺史衡，曾孫珉，始居館陶，爲魏州曲城人。珉孫彦，字惠卿，後魏光州刺史[④]。生釗，字顯義，義陽太守。生伯裔[⑤]、長賢。長賢，北齊屯留令。生徵，字玄成，相唐太宗，侍中、鄭文貞公，四子：叔玉、叔瑜、叔琬、叔璘。叔玉，光禄少卿，及其子膺，皆襲封。叔璘，禮部侍郎。叔瑜，豫州刺史，生華，禮部侍郎、武陽男。華與薛稷，俱傳其父筆意，世稱善書者，前有虞、褚，後有薛、魏。生某[⑥]，駕部郎中。叔璘生汝陽令因[⑦]。因生監察御史明。明生陵臺令馮猷[⑧]。馮猷生謩，字申之，相宣宗，門下侍郎、平章事。謩生潛，字藴華；滂，字進禹。潛生敖。

宋城魏氏：與館陶同祖，有元忠，舊名真宰，相武后、中宗，謂

---

① 關於魏氏之東、西祖，《新表·魏氏》與此略同。《姓纂》以魏收爲西祖之後，但據《魏書》卷一〇四《自序》，收乃歆子悦之後，而此謂歆子愉之後分爲東祖，兩説又不符。存疑。

② 儵生玄同　錢氏曰"儵生玄同，當有脱簡"，錢氏説是。今按：《新表·魏氏》儵弟意，意裔孫士廓，士廓孫玄同。又據《新唐書》卷一一七《魏玄同傳》："玄同字和初，定州鼓城人。祖士廓，仕齊爲輕車將軍。"則《辯證》此"儵"之下確有脱誤。

③ 五子　據《新表·魏氏》，愔非玄同後，"五子"前疑有脱文。

④ 刺史　《新表·魏氏》作"長史"。

⑤ 伯裔　《四庫》本原注："按《唐·世系表》'伯裔'作'伯允'。"錢氏曰："案宋避藝祖諱，故改爲'裔'。"

⑥ 生某　《四庫》本原注："按《唐·世系表》'某'字應作'瞻'字。"

⑦ 因　《四庫》本原注："按《唐·世系表》'因'作'殷'。"

⑧ 馮猷　《四庫》本原注："按《唐·世系表》'馮猷'作'馮憲'。"錢氏曰："案汲古閣本《唐·世系表》作'憑獻'。"

之魏齊公。生太僕少卿昇及晃。

鹿城魏氏：亦與館陶同祖，有知古及盈。知古相明皇，五子：喆，延安太守。㟧，陽安太守。林，朔州刺史。珏，鴻臚少卿。曜，贊善大夫。盈生昌。昌生扶，字相之，相宣宗。扶生簹，字守之，刑部侍郎。

清河魏氏：漢魏無知，曾孫謨，爲清河太守，始居焉。

任城魏氏：無知曾孫不害，生漢任城太守舍，又居任城。

宜陽魏氏、東郡魏氏：出自鉅鹿。

費

出自顓帝之後。女華生大費，佐舜調馴鳥獸，舜賜之嬴姓，其子若爲費氏，其玄孫曰費昌。當夏之季，去桀歸商，爲湯御，以敗桀於鳴條。《蜀譜》云：益州諸費，有名位者多。唐黄巢有僞樞密使費傳古。《姓纂》云"費出姒姓，禹後"，未知何據。後漢犍爲人費貽，漆身佯狂，不事公孫述。

尉

出自古討姦之官，曰尉氏，鄭尉氏獨以其官爲族。春秋時，鄭有尉止，生翩。《漢·地理志》陳留尉氏縣，應劭曰："古獄官曰尉氏，鄭之別獄也。"瓚曰："鄭大夫尉氏之邑，故遂以爲邑。"師古曰："鄭大夫尉氏亦以掌獄之官故爲族耳，應説是也。"或曰尉音鬱，誤矣。今京師開封府尉氏縣，即當時之地，安得音鬱？後凉有寧遠將軍、金城太守尉祐。南凉有撫軍從事中郎尉肅。又僞檀將尉賢政，固守浩亹，不降熾磐。

盵

《纂文要》曰：古氣字。

魏强

《元和姓纂》曰：魏武子支孫莊子快，生强，爲魏强氏。

費連

《官氏志》：後魏費連氏，改爲費氏，望出河南。

費聽

唐党項以姓爲部，有費聽氏。

古今姓氏書辯證卷三十

九御

御

《元和姓纂》:《周禮》御人,因官命氏。《左傳》有御叔。今從之。又云漢公孫丞相故人御人倩[①],誤矣。故人乃鄒長倩,事具《西京雜記》。

慮

謹按:《左傳》有賈人[②]司徒老祁、慮癸二人,杜預别司徒老祁爲一人,則慮癸宜爲姓慮名癸。

鐻

音慮,《左傳》楚大夫鐻金之後。

庶

《千姓編》曰:《檀弓》:子思之母死于衛,門人曰:"庶氏之母死,何爲哭於孔氏之廟?"注曰:庶,姓也。《急就章》有庶霸遂。

---

① 御人倩　今本《姓纂》卷八《九御·御》作"漢有御長倩者,丞相公孫弘故人"。岑校:"余按《姓解》一御姓:'漢有御長卿,厚遺公孫弘者。'又郵姓:'《西京雜記》有郵長倩。'均不作'鄒',然御長卿係建平元年司空長史,應别一人。"

② 賈人　殘宋本作"費人";據《春秋左傳正義》卷四七昭公十四年,"南蒯之將叛也,盟費人司徒老祁、慮癸",則作"賈人"誤,殘宋本是。

宜以《千姓編》爲正。吴氏討論此氏,最爲詳明有據者。

豫

謹按《戰國策》曰:"豫讓,晉畢陽之孫。"詳此,則豫子之先出畢氏,畢氏之先出於姬姓。《史記》宋有魚者豫且,必其後也。

茹[①]

出《姓苑》,音去聲,又音上聲。

御龍[②]

出自祁姓。陶唐氏之孫,曰劉累。夏王孔甲,擾于有帝,帝賜之乘龍,河、漢各二,各有雌雄。孔甲不能食。劉累學擾龍于豢龍氏,以事孔甲,能飲食之。夏后嘉之,賜氏曰"御龍",以更豕韋之後。

著丘

出自己姓。莒著丘公之後。莒,夷國,無謚而有號,故以號爲氏。著丘,莒别邑也。

去疾

《世本》:鄭穆公子去疾之後。

去斤

代北去斤氏,魏孝文時,改爲艾氏。

據

出《姓苑》。

---

① 錢氏依《廣韻》移此條於豫氏條之上,今仍《四庫》本舊序編次。

② 御龍　今本《姓纂》卷八《九御·御龍》岑校以爲此乃冒"擾龍"之文,應删。

譽

晉有平原太守譽粹。

庶其

《元和姓纂》曰:"邾大夫庶其之後,今爲沛人。"

十遇

注

出《姓苑》。

裕

出《姓苑》。西秦時,鮮卑大夫裕苟來降,拜建忠將軍、蘭泉侯。

諭

姓書云:諭與喻同,皆音樹。

喻

出自姬姓。鄭公子渝彌,周桓王時爲鄭司徒[①],後立别族爲渝氏。歷秦、漢,至景帝皇后,諱志,字阿渝。中二年,避諱改水爲喻,因爲喻氏。《姓苑》曰:"喻音樹。"

南昌喻氏:東晉有喻歸,撰《西河記》二卷。《南史》,梁世寒門達者,唯陳慶之與俞藥。藥初爲武帝左右,帝謂曰:"俞氏無先賢,世人云'俞錢',非君子所宜,改姓喻。"藥曰:"當令姓自於臣。"歷位雲旗將軍、安州刺史。唐咸通中,有刺史喻士珍。

---

①《四庫》本原注:"案《左傳》鄭有堵俞彌,無渝彌名,然俞彌乃堵氏,此疑悮。"

傅

《唐・宰相表》曰:"出姬姓,黄帝裔孫大由,封於傅邑,因以爲氏。商時虞、虢之間有傅氏,居于巖傍,號爲'傅巖'。高宗[①]得説於此,命以爲相。裔孫漢義陽侯介子,始居北地。曾孫長復,封義陽侯。生章。"章生叡,代郡太守。二子:巽[②],魏冀州刺史;允[③],後漢弘農太守,字固,二子:嘏、松。嘏字蘭石,魏太常、陽都元侯。嘏生祗,晉太子太傅、靈川縣公。祗三子:宣,晉御史中丞;暢,後趙大司馬;雋,東明亭侯。暢生冲、詠。嘏十一世孫奕,唐中散大夫、太史令、泥陽男。北齊有行臺僕射伏虎,孫文傑,唐杞王府典軍。

清河傅氏:出自後漢漢陽太守、北節侯[④]燮,字南容。生幹,字彦林,魏扶風太守。幹生玄,字休奕,晉司隸校尉、鶉觚剛侯。玄生咸,字長虞,晉司隸校尉、貞侯,始自北地徙清河。裔孫仕後魏,爲南陽太守,生交益,殿中侍御史。交益生元淑、依仁、游藝[⑤]。元淑,冬官尚書,生伯玉及司勳郎中黄中。依仁生侍御史延嗣。游藝相武后,所謂"四時仕宦"者。

後漢武威太守、護羌校尉傅育,生毅,明進侯。《南史》:傅琰字季珪,父僧祐,山陰令,有能名。琰仕宋,爲武康令,遷山陰令,

① 高宗　殘宋本作"盤庚",《新唐書》卷七四上《宰相世系表・傅氏》亦作"盤庚",此作"高宗"與下文所述"改'盤庚'二字爲'武丁'"不合。

② 巽　《新表・傅氏》叡一子允,無巽。與此異。

③ 允　趙超《新表集校・傅氏》據《三國志・魏書・傅充傳》,以"允"當作"充"。

④ 北節侯　錢氏校本作"壯節侯";據《後漢書・傅燮傳》,應爲"壯節侯",此作"北節侯"誤。

⑤ 交益生元淑依仁游藝　趙超《新表集校・傅氏》引《大唐故始州黄安縣令傅(交益)君墓誌銘》,作"嗣子神童、羽客、守節、游藝等",與此異。

並著能名，二縣皆謂之“傅聖”，父子並著奇績。時云諸傅有理縣譜，子孫相傳，不以示人。

宋傅弘之，字仲度，北地泥陽人，舊屬靈州。漢末失土，寄馮翊，置泥陽、富平二縣，廢靈州，故傅氏悉屬泥陽。晉武帝太康三年，復立靈州縣，傅氏還屬靈州。弘之高祖祗，晉司徒，後封靈州公，不欲封本縣，故祗一門還屬范陽[①]。曾祖暢。祖洪，度江。父歆，梁州刺史。後凉張掖督郵傅曜，爲丘池令尹興所殺。前燕有護軍傅顏。

今謹按：舊書自《風俗通》至《元和姓纂》，皆云説築於傅巖，因以爲姓，大誤矣。謹按《國語》：周内史過對惠王曰：“丹朱之神降于莘，宜使太史帥狸姓奉犧牲獻焉。”王從之，使太宰忌父帥傅氏及祝史往。韋昭注曰：“狸姓，丹朱之後，在周爲傅氏，神不歆非類，故帥以往。”又春秋時，鄭大夫有傅瑕，晉有傅傁，傅氏亦未嘗乏人。今詳此，則堯出於黄帝，丹朱出於堯，大由宜出於丹朱；傅氏更虞、夏、商、周，爲族姓已久，特少顯者，故史失其系爾。今從《唐表》爲正，止改“盤庚”二字爲“武丁”，“姬姓”爲“狸姓”，“黄帝”爲“堯帝”，又止於“相”、“裔”二字間增“東周時鄭有傅瑕晉有傅傁”十一字，則極詳明矣。

俞[②]

今撫州臨川民有俞氏，不音平聲，而音“喻”。謹按：喻氏舊

---

① 故祗一門還屬范陽　所述傅弘之一系，當本《宋書》卷四八《傅弘之傳》，傳稱傅祗封“靈州公”，與前所述傅祗爲“靈川縣公”異。又，“范陽”，《宋書》本傳作“泥陽”，此作“范陽”應誤。

② 此條錢氏校本以爲依原音當次於傅氏條之上，今仍《四庫》本舊序編次。

音“樹”,必治平初避上嫌名[①],聲同者因去“口”爲“俞”,又嫌其與平聲俞氏相雜,則音“喻”以别之[②]。

傅餘[③]

晉傅餘頠著《複姓録》,自云傅説之後,留居傅巖,爲傅餘氏。

務相

廪君姓務相氏。謹按《後漢·南蠻傳》,務相乃巴氏子,非以務相爲氏,今駁去。

具封[④]

《元和姓纂》曰:“鄭公子具,食采開封,因氏焉。鄭大夫具封狐人。”

注吾[⑤]

唐會昌中,回鶻戛頡斯[⑥]君長阿熱,使注吾合素上書。注吾,虜姓也;合,言猛;素者,左也,謂武猛善射者。行三歲,至京師,武宗大悦,命班渤海使者上,以其處窮遠能修職貢云。

樹洛干

代北樹洛干氏,後改爲樹氏。

---

① 治平初避上嫌名　此“上”指宋英宗;“嫌名”,英宗名曙,與喻氏舊音“樹”同音,故曰嫌名。

②《四庫》本原注:“案《廣韻》‘俞’字無音去聲者,今附入遇韻。”

③ 此條錢氏校本依《廣韻》移次於具封條之後,今仍《四庫》本舊序編次。

④ 今本《姓纂》卷八《十遇·具封》岑校以爲本條即“封具”條之文,因誤倒其姓,一文而二出,應删。

⑤ 此條錢氏校本依《廣韻》移次於務相條之上,今仍《四庫》本舊序編次。

⑥ 戛頡斯　錢氏曰:“案《唐書·回鶻傳》本作‘黠戛斯’,此疑誤。”錢校是。

樹黎

《元和姓纂》曰：後魏時有蠕蠕别帥樹黎勿地來降。

務成

《吕氏春秋》：務成子，堯師也。舜學於務成附。

遇

《風俗通》："漢有東安太守遇冲。"《姓苑》曰："今東莞有遇氏。"

樹

《姓苑》曰：清河樹氏，今江東有之。河南樹氏：《後魏·官氏志》，樹洛干氏改焉。

住

出《姓苑》。

逗

音住，出《纂文要》。

附

後漢段熲將附都。唐監察御史附德意。望出新平。

鑄

《風俗通》："鑄國，堯後也，在濟北蛇丘縣。《左傳》：臧宣叔娶於鑄。後世以國爲氏。"

孺

魯人孺悲之後。

務

務光，夏時人，耳長七寸，禹聘爲上公，光耻之，投水而死。

具

春秋晉大夫具内。後漢中常侍具瑗。

十一暮

慕

今開封市人有慕氏,不詳所出。虢州團練使、鄆州總管慕興,定州人,或作慕容氏。

募

謹按《南史》:新羅國王姓募名泰始,梁普通二年,遣使隨百濟奉獻方物。

度

《姓源韻譜》曰:古者掌度支之官,後以爲氏。漢度安,年十七[①]爲侍郎。後漢度尚,荆州長史。今詳度安乃慶安世,事[②]《西京雜記》,《姓源韻譜》誤也。

路

出自姬姓[③]。帝摯子玄元,堯封於中路,歷虞、夏稱侯,子孫以國爲氏[④]。西漢有官師路扈,爲天子筆,皆直百金。梁孝王客路僑

---

① 錢氏曰:"案《西京雜記》,慶安世年十五,爲成帝侍郎,此作'十七',蓋亦沿《姓源韻譜》之誤。"

② 今詳度安乃慶安世,事 《四庫》本原注:"按'世事'二字疑。"錢氏校"事"後補"見"字。今考《西京雜記》卷二有"慶安世年十五,爲成帝侍郎"等語,故錢校是。

③ 關於路氏所出,今本《姓纂》卷八《十一暮·路》作"炎帝之後,黄帝封其支子於路,春秋時路子嬰兒是也。今上黨路縣。漢大中大夫路温舒。子孫以'路'爲氏"。與此異。

④《四庫》本原注:"案《汲冢周書》'路人大竹'注:路人,東南蠻。(轉下頁)

如，善賦。符離侯博德①，始居平陽②。裔孫嘉，字君賓，晉安東太守。曾孫建，生慶③，後魏太常卿。生彩，後周夏州刺史。彩生兖④，隋兵部侍郎、閿卿公。六世孫巖⑤，字魯瞻，相懿宗。又泌，生隨，字南式，相文宗。皆有傳及世系表。

潞

出自隗姓，赤狄之種，曰潞氏，其爵爲子，其地上黨潞縣是也。

（接上頁）又《國語》：北有路、洛、泉、徐、蒲，皆赤翟别種，隗姓，子爵。《左傳》宣公十五年，晉滅之，潞子嬰兒是也。顔師古注《急就章》：路，水名，又因爲縣，在涿郡界，居者氏焉。王應麟注：妘姓，陸終子求言之後，别封路。《元和姓纂》亦作黄帝之後。惟《唐·世系表》謂出自姬姓，帝摯後。《辯證》所引，蓋據此。"

① 符離侯博德　《新唐書》卷七五下《宰相世系表·路氏》略同，《姓纂·路》岑校考曰"《漢書》一七及五五均作'邳離侯'"，其"符離"作"扶離"，應音同而訛。然《史記》作"符離侯"，《索隱》云：縣名，在沛郡。［清］梁玉繩《史記志疑》卷一三《建元以來侯者年表第八》考曰："《漢志》在沛，《水經·睢水注》亦以爲路博德封國。而《漢表》作'邳離'……又《衛將軍傳》'破符離'，師古曰'塞名'。趙氏《漢表舉正》謂路將軍當封此，亦非。"王叔岷《史記斠證》則以"《漢傳》亦作邳離，《通鑑》注從之。《漢表》作邳離，與《漢傳》同，恐非傳寫之誤"。兩説各有所據，兩存之。

② 始居平陽　平陽，《姓纂》羅校、岑校據《魏書》卷七二《路恃慶傳》、《路詮誌》"祖彩，陽平郡公，父兖，隋大興縣令、内史舍人、兵部侍郎(《文字新編》三)"，當作"陽平"；趙超《新表集校》卷五《路氏》據《大周故右肅政臺主簿路(庭禮)府君誌石文》，亦作"陽平"。此作"平陽"應倒誤。

③ 曾孫建，生慶　《四庫》本原注："案《唐·世系表》建曾孫慶，此作'生'，不合。"

④ 兖　《四庫》本原注："案'兖'，《唐·世系表》作'克'。"錢氏曰："案汲古閣本作'兖'。"今按：今本《姓纂·路》、《新表·路氏》亦作"兖"。岑校曰："《昌黎集》二六《路應碑》云：'自隋尚書兵部侍郎諱兖，四代而至冀公，冀公諱嗣恭。'……韓文之路衮，即此《誌》之路兖；韓文之平陽，即此《誌》之陽平，均當從《誌》爲正。"

⑤ 六世孫巖　《四庫》本原注："案《唐·世系表》'六世'作'七世'。"

春秋時，潞子嬰兒爲晉所滅，子孫仕晉。又河南潞氏，《後魏·官氏志》没路真氏改焉。

顧

《唐表》云出自己姓。顧伯，夏商侯國也。成湯伐韋、顧，顧之子孫散亡，以邑爲氏。初居會稽。漢有顧翱者，事母孝，母喜食雕胡飯，翱徙居太湖，湖中自生雕胡，得以養母。至吴丞相雝，弟侍中徽，又徙居鹽官。徽十世孫越，陳黄門侍郎。孫胤，唐著作郎、餘杭公，生琮，相武后。生潤，祕書郎；浚，齊安太守。唐顧雲，字垂象，池州人，虞部郎中，爲高駢淮南從事，有《顧氏編遺》十卷，《苕川總載》十卷，《纂新文苑》十卷，啓事一卷，賦二卷，《集遺具録》十卷。又吴人祕書郎顧況，子非熊，大中時，爲盱眙簿，棄官隱茅山，有詩一卷。大中校書郎顧陶，有《唐詩類選》二十卷。顧氏譜云：越王句踐七代孫閩君揺，漢封於甌，揺別封其子爲顧余侯，因氏焉。漢初分會稽爲吴郡，遂爲吴郡人。

胙

邵氏《姓解》曰：《左氏》周公之胙嗣，因有胙氏。謹按：邵説誤矣。當云出自周公之後，封於胙，子孫以國爲氏可也。然世無此氏見史傳者，今姑存之。

互[①]

唐《紀異録》：寧州羅川人互可思，年已百歲，明皇得二十七仙玉像於金華[②]。可思，其地即可思莊也。可思至京，失其所在。

---

① 此條錢氏校本依《廣韻》移次於胙氏之上，今仍《四庫》本舊序編次。

② 金華　殘宋本作“金華河”。據《太平廣記》卷二九《神仙感遇傳》“唐開元中，玄宗皇帝晝景宴居，昏然思寐，夢二十七仙人……敕天下山川郡縣……詔訪焉。於寧州東南五里有地名羅川，川上有縣，縣以川名，（轉下頁）

慕容

《前燕録》云：昔高辛氏游于海濱，留少子壓越以居北夷，邑于紫蒙之野，號曰東胡。秦漢之際，爲匈奴所敗，分保鮮卑山，因山爲號。至魏初，率義王莫護跋攜部落入居遼西，燕代多冠步摇冠，跋好之，乃斂髮襲冠，諸部因謂之“步摇”，後音訛爲“慕容”。子木延，左賢王。孫涉歸，進拜單于，遵循華俗。自云慕二儀之德，繼三光之容，因以“慕容”爲氏。至廆，字奕洛瓌，始號燕王，位車騎將軍、平州牧、大單于，在位四十九年，薨。策贈大將軍、開府儀同三司、襄公，追尊高祖武皇帝，廟號高祖。弟運，平西王[①]。廆五子：翰、皝、仁、昭、幼。翰字元邕，建威將軍。皝字元真，侍中大將軍、大都督河北諸軍事、大單于、燕王，在位十五年，追謚文明皇帝，廟號太祖。子雋[②]嗣。位[③]，征虜將軍。昭，建武將軍。幼，廣武將軍。運生制，尚書令、臨澤侯。

皝五子：雋、恪、垂、納、德。雋字宣英，初爲燕王太子，嗣位承制，一如廆、皝故事。以永和八年僭即帝位，國號大燕，十一年而死，謚景昭皇帝，廟號烈祖。子暐嗣。恪字元恭，太宰、録尚書事，太原王。垂字道明，仕苻堅，爲京兆尹、泉州侯[④]，太元十一年，據中山，僭即尊位，國號後燕，在位十三年，謚成武皇帝，廟號世祖。子寶嗣。納，北海王，以子超僭立，追謚穆皇帝。德字玄明，仕後燕慕容寶，爲使持節，都督冀、兖、青、徐、荆、豫六州諸軍事，

（接上頁）有羅州山，相傳有洞穴”，［宋］李石《續博物志》亦作“金華洞”，則應作“洞”。殘宋本作“河”亦誤。

① 平西王　殘宋本作“西平王”。

② 雋　據《晉書》卷一〇九《載記·慕容皝》子儁嗣立，應作“儁”。下同。

③ 位　據上“廆五子：翰、皝、仁”，此顯誤。殘宋本作“仁”，是。

④ 泉州侯　《四庫》本原注：“案垂仕苻堅，封賓都侯。此作‘泉州侯’，疑誤。”

特進，車騎大將軍，冀州牧。隆安四年，據廣固僭立，國號南燕。在位五年，謚獻成[①]皇帝。無子，以母兄納之子超嗣。制生精，北地愍王，入後魏爲豆盧氏。雋五子：暐、臧、暐、泓、冲。曄爲太子，早死，謚獻懷。臧，撫軍大將軍，樂安王。暐字景茂，嗣位，二十一年而國亡，入前秦，仕苻氏，爲尚書、新興侯，追謚幽皇帝。泓，濟北王。冲，中山王。

垂兄子紹，鎮南將軍；楷，征西大將軍、太原王。垂六子：全、寶、農、柔、隆、熙。全謚莊獻太子，追謚皇帝。寶字道祐，仕苻堅，爲凌江將軍。垂僭位，立爲太子，垂死嗣立，二年而蘭汗弒之，謚惠愍皇帝，廟號烈宗。子盛嗣。農，大司馬。隆，征北將軍、高陽王。熙字道文，仕盛爲驃騎大將軍、尚書左僕射、中領軍，盛死繼立。在位六年，寶養子高雲弒之而自立，追謚昭文皇帝。雲亦爲馮跋所滅。垂弟子宙，司空、樂浪王。納子超，仕叔父德，爲驃騎大將軍、北海王。德死，以超嗣，在位六年，宋公劉裕滅之。德兄子麟，司空、趙王。

寶四子：盛、會、策、元。盛字道韻，嗣位三年而死，謚昭武皇帝，廟號中宗。叔父熙嗣。會，清河王。策字道符，立爲太子，蘭汗殺之。元字道光，平原公。盛子定德。從弟鍾，字道明，都督、録尚書事，奔于姚興，興拜始平太守、歸義使[②]。

自晉永嘉時，建國爲吐谷渾。隋、唐間，慕容伏允爲王，死，長子順爲可汗。順子諾曷鉢立，封青海國王。諾曷鉢死，子忠立。忠死，子宣超立。宣超死，子曦皓立。龍朔三年，吐蕃取其地，凡三百五十年而國絶。貞元十四年，以朔方節度副使慕容復爲長樂都督，封青海郡王，襲可汗號。復死停襲。

---

① 獻成　錢氏曰："《晉·載記》、《十六國春秋》俱作'獻武'，此疑誤。"

② 歸義使　《晉書》卷一二八《載記·慕容鍾》作"歸義侯"，是。

慕輿

《元和姓纂》曰:"鮮卑慕容氏,音訛爲慕輿氏。"[①]《前燕録》有慕輿虔、慕容嵩、左衛將軍慕容騰、太師慕輿根、尚書左僕射慕輿護、司徒慕容拔、越騎校尉慕輿良。燕慕容廆有臣曰慕輿句,勤恪廉靖,使掌府庫,不案簿書,而始終無漏。又慕輿河,明敏精審,使典獄訟,覆訊精允。

路中

賈執《英賢傳》曰:路中大夫以爲氏。謹按:漢景帝時七國反,齊王城守使路中大夫告天子。張晏曰:姓路,爲中大夫。

路洛

見入聲十九鐸"烏洛氏"。

素和

《唐嘉善府左果毅都尉誓狀》云:其先出自顓帝。王子偁曾孫重黎,誅共工氏有功,堯命其子和仲居春官,代爲岳牧。和仲之孫宗處代,清素自守,百姓號曰"素和",子孫氏焉[②]。後趙有宜陽公素和明,即宗處之後也。北齊士開,改姓和氏。

素黎

《後魏・官氏志》曰:素黎氏後改爲黎。

---

① 今本《姓纂》卷八《十一暮・慕輿》同;岑校云:"初,慕容破後,種族仍繁,天賜末,頗忌而誅之,時有遺免,不敢復姓,皆以'輿'爲氏。"又,《魏書・官氏志》有"莫輿氏後改爲輿氏"。岑校以爲"莫"本可讀作"暮"。

② 今本《姓纂》卷八《十一暮・素和》作"鮮卑檀石槐之支裔。後魏有尚書素和跋,弟毗,右將軍素和突。《後魏書》云,以本白部,故號素和,孝文改爲和氏",與此異。

護諾[①]

後魏西河護諾干内附,《姓纂》以爲護諾氏[②]。

布却

出《姓苑》。

庫門

《官氏志》:庫門氏後改爲河南門氏。

庫汗

唐貞元中,范陽判官有庫汗勣。

庫狄

鮮卑段匹磾之後,姓庫狄。後周有少師庫狄峙。

庫成

《風俗通》曰:"苦成",方言音變爲"庫成"。《燉煌實録》:右奉車都尉庫成述[③],生濟,爲大夏令。

步叔

《家語》:齊人步叔乘爲孔子弟子,字子車[④]。

---

① 此條錢氏校本依《廣韻》移次於素和條之上,今仍《四庫》本舊序編次。

② 詳見今本《姓纂》卷一〇《十九鐸·諾護》,岑校以爲作"諾護"者傳本之訛,應改正,移入去聲。

③ 右奉車都尉庫成述　右奉車都尉,今本殘宋本作"石趙奉車都尉";錢校曰:"石"訛爲"右",脱"趙"字。是。今本《姓纂》卷八《十一暮·庫成》岑校曰:《通志》庫成氏作"《燉煌實録》,石趙奉車都尉庫成述,生濟,大夏令;又郎中庫成佇,廣平太守庫成防,從孫馗"。則《姓纂》有脱文,《辯證》此處亦脱"又郎中庫成佇,廣平太守庫成防,從孫馗"。

④ 步叔乘　《四庫》本原注:"案《廣韻》作'少叔乘'。"

庫如干

出《官氏志》。

庫傉官[①]

《前燕録》:燕將庫傉官斌降魏,又叛魏歸燕,魏斬斌,并其族幽州刺史昌、征北將軍提。又慕容垂左長史庫傉官偉,官至太師。慕容寶時,西河公庫傉官驥守中山,爲慕容詳所殺,盡滅庫傉官氏。其族有先降魏者,後有岷山桓公庫傉官泥。隋初改爲庫氏。

步大汗

北齊步大汗氏,後改爲韓氏。

步鹿孤

代北步鹿孤氏,後改爲步氏,亦作步鹿根氏。

步六根

代北步六根氏,後改爲步氏,亦作步鹿根氏。

步六孤

後魏步六孤真,爲長安鎮將。孝文入中國,改步六孤爲河南陸氏。

露

魯大夫露堵父之後[②]。漢有上黨都尉露平。

---

① 庫傉官　今本《姓纂》卷八《十一暮·庫傉管》作"庫傉管",岑校曰:"《廣韻》、《通志》作'庫傉官',《疏證》謂'管'爲'官'聲之誤,殊不知管、官同音,亦猶'傉'之或作'辱'、'褥'耳。"且依岑校。

② 今本《姓纂》卷八《十一暮·露》作"露伯,夏、殷侯國也,子孫以國爲氏焉",與此異。

暮

出《姓苑》。

故

出《姓苑》。

固

晉平公時有舟人固乘。

布

《陶侃别傳》有江夏布興。姓書云姑布氏之後。

錯

《姓苑》:宋大宰錯之後。

鍇

出《姓苑》。

庫

《風俗通》云:古守庫大夫之後,因官爲氏。後漢輔義侯庫約。

步

晉大夫郤揚[①]食采於步,因以爲氏,謂之步陽、步招、步毅,即其後也。吴丞相步騭。河南步氏:《後魏·官氏志》:步六根氏改焉。

姑布

姑布子卿,善相,趙簡子時人。

---

① 郤揚　今本《姓纂》卷八《十一暮·步》作"《左傳》,晉大夫步揚之先,食采於步,因氏焉"。此作"郤揚"誤。

十二霽

蒂

或作蔕，音帝。《漢・王莽傳》有中常侍蔕惲。

系

楚有系益。

惠

瑯琊惠氏：周惠王之後，以謚爲氏。梁相惠施著書，稱惠子。西漢長安儒生惠莊，聞朱雲折五鹿充宗之角，乃裹糧從之。

桂

漢有燕人桂褒，爲揚州刺史。後漢太守陳球碑陰有城陽炅横，漢末被誅，有四子：一守墳墓，姓炅；一子避難居徐州，姓昋；一子居幽州，姓桂；一子居華陽，姓炔。四字皆九畫[①]。今詳横必王莽時死，褒乃其後也。近世桂氏，望出天水燕郡。

昋[②]

一云本姓炔，名貞，爲秦博士，坑儒後改此姓。漢昋横爲衛尉。又上計掾昋景雲。今臨海有此姓，望出弘農及虢略。

炅[③]

太宗廟諱，從日從火，事見桂氏。

炔

《前漢・儒林傳》：《尚書》大夏侯學，有齊人炔欽，字幼卿，爲

① 錢氏曰："案炅、昋、炔皆八畫，桂字十畫，此云四字皆九畫，疑有誤。"
② 昋　《四庫》本原注："音桂。"
③ 炅　《四庫》本原注："音桂。"

博士。其師許商,號欽爲文學,以比四科。

隸[①]

王莽大司馬隸並[②]。

第三

其先齊諸田氏。漢武徙諸田于園陵,以門族次第爲氏。廣孫田癸爲第三氏。

第五

唐有第五華,弟琦,相肅宗。又有宦官第五可範。

惠叔

魯大夫孟惠叔難,後爲氏。後漢尚書郎惠叔儉。

惠牆

《左傳》宋寺人惠牆伊戾。注:惠牆,姓也。

細封[③]

唐党項别部,姓細封氏。

契苾

九姓回鶻,匈奴苗裔。後魏時謂之高車,亦謂之回鶻,亦曰敕

---

① 隸　今本《姓纂》卷八《十二霽》作“杕”。考詳下。

② 隸並　今本《姓纂·杕》曰:“王莽大司馬杕並,見《姓苑》。”岑校:“杕”,字書無此字,應即“杕”字。杕,《廣韻》、《姓解》、《通志》皆作“棣”;王莽大司馬逯並,見《漢書》翟方進、王莽二傳及《恩澤侯表》。據顔注,逯,姓也;並,名也。“逯”或作“逮”,因轉而爲“杕”也。古有棣姓。據此則知此作“隸並”誤。

③ 此條及下“契苾”條,錢氏校本依《廣韻》移次於惠叔條之上,今仍《四庫》本舊序編次。

勒，周、隋時又曰鐵勒。居陰山之濁洛河北。其一曰契苾部，亦曰契苾羽，在延耆西北鷹莎川。其酋阿椤[①]自稱可汗，與弟莫賀咄特勒皆有勇。莫賀咄死，子何力尚紐率其部帥來歸，詔處之甘、涼間，以其地爲榆溪州。何方仕唐，爲左驍衛大將軍。其後哥舒翰守潼關時，蕃將契苾寧以本軍隸麾下。

麗飛

麗飛與荔非同。

羿

有窮后羿之後。

計

《國語》：計然爲越大夫，范蠡師之。本濮上人，姓辛，字子文，其先國之公子也。後漢有計子勳。

薊

《風俗通》："漢有薊子訓，爲司空。"今望出内黄。

隸

出《姓苑》。

麗

出《姓苑》。

第八

廣弟田英爲第八門，王莽時有講學大夫第八矯，即其後。

① 阿椤　《四庫》本原注："案《唐書·回鶻傳》作'哥楞'。"

古今姓氏書辯證卷三十一

十三祭

衛

出自姬姓。周文王后妃太姒,生十子:長伯邑考,次武王發,次管叔鮮,次周公旦,次蔡叔度,次曹叔振鐸,次成叔武,次霍叔處,次康叔封[①],次聃季載。武王定天下,封紂子武庚爲商侯,使管、蔡、霍三叔監之。成王即位,三叔以武庚畔。周公相成王誅之,立康叔爲衛伯,居河、淇之間,故商墟地。成王既長,舉康叔爲大司寇。康叔六世孫頃侯,始進爵爲侯。頃侯之孫和,歷相周厲、宣、幽王,年九十餘薨,謚睿聖武公,于是又進爵爲公。武公之後,傳國三十餘世。至衛君角,爲秦二世所廢,遂爲庶人,子孫以國爲氏。陳涉起兵時,燕人衛滿,避地朝鮮自王,再傳國滅。漢丞相綰,世居代之大陵。裔孫暠,明帝時,以儒學自代召至河東安邑,卒,因賜所亡地葬之,子孫家焉。後漢蔡琰,初適河東衛仲道。漢末護羌校尉瑶,即其後[②]。暠孫覬[③],魏尚書。覬生瓘,字伯玉,晉

---

① 康叔在此爲第九子;今本《姓纂》卷八《十三祭·衛》作"周文王第八子康叔",與此異。

② 據《後漢書》卷八四《列女傳·董祀妻》,琰"初適河東衛仲道,夫亡無子"。此以衛瑶爲衛仲道後,未詳何據,或仲道、瑶之間存脱誤。

③ 暠孫覬　據《晉書》卷三六《衛瓘傳》,瓘高祖暠,父覬,則《辯證》暠至覬間或缺一代。

太保、録尚書事、蘭陵郡成公，四子：恒、嶽、裔、宣。宣尚武帝公主。恒字巨山，長水校尉，謚蘭陵貞世子，生璪、玠。璪字仲寶，散騎常侍、江夏郡公。玠字叔寶，總角時乘羊車入市，見者稱爲"玉人"，好言玄理。時王澄、王玄、王濟有盛名，皆出其下，世謂"王家三子，不如衛家一兒"，又云"叔寶神清"，位太子洗馬，子孫世居安邑。至唐開元時，隱者衛大經，始爲蒲州解人。善《易》，嘗預筮死日，先鑿墓，自爲誌文，果如筮而終。代人衛操，字德元，仕魏爲相。晉定襄侯與宗親入魏者，義陽亭侯衛護，恊義亭侯衛鞬，安樂亭侯衛懃，都亭侯衛崇、衛倩，信義將軍衛沈。前秦有凉州别駕衛翰。前燕栗彊令衛顔雋。南凉衛因，號文武之秀傑。後燕蘭穆腹心衛雙。

芮

出自姬姓，周卿士芮伯之後，以國爲氏。《元和姓纂》曰："今望出扶風。"

贅

《戰國策》：齊人有贅子，嘗死贅上之難[①]。

鋭

邵氏《姓解》曰：齊鋭司徒後。《姓苑》曰：周升平中[②]，有鮮

---

①《四庫》本原注："案《國策》：'濮上之事，贅子死，章子走。''濮上'，此作'贅上'，誤矣。注云：皆以名子之，章，匡章也。然則贅乃人名，其氏未可考。又查各姓書所載，並無贅姓。《字典》、《廣韻》各書箋釋'贅'字之義，又無注'贅爲姓'者。今名世即引《國策》'贅子'一語，又别無考證之條，遂收入姓氏，未詳所本。"

② 周升平中　《風俗通義·佚文·姓氏》曰："銑氏，升平中，鈎弋有鮮卑御史中丞銑管。"《通志二十略·氏族略第四·鋭氏》注曰："晉升平中，有鮮卑御史大夫鋭管，有作'銑管'者，誤。"則此作"周"誤。

卑御史中丞鋭管，或作銑管。

敝

《左傳》：齊大夫敝無存，以死事受賞，追賜犀軒直蓋，葬以上卿之禮。後氏焉。

制

《漢・藝文志》曰："漢興，制氏以雅樂聲律，世在樂官，頗能記其鏗鏘鼓舞[①]。"

厲

謹按《春秋》，厲國在義陽隨縣北之厲鄉，楚與國也。其後以國爲氏。漢有義陽侯厲温敦，後居東陽，又徙范陽。

世

出自《春秋》衛世叔氏之後，去"叔"爲世氏。秦大夫世鈞。漢九江都尉世寵。《漢・藝文志》：陳人世碩著《世子》二十一篇。謹按：古書"世"字，唐諸儒避太宗諱，皆改爲"太"字，王世子改爲太子之類是也。《論語》曰"世叔討論之"，乃子太叔游吉也。

毳[②]

出《姓苑》。

税

《荆州記》曰：建平信陵縣有税氏。昔廪君王巴蜀，蜀王見廪君兵强，結好於廪君，乃以税氏五十人造廪君。皇朝校書郎税挺，

① 據《漢書》卷三〇《藝文志》，此"頗能記其鏗鏘鼓舞"後脱"而不能言其義"六字。

② 錢氏校本此條在"鋭"、"税"之中，今仍《四庫》本舊序編次。

望出河間。

裔

《左氏》齊大夫裔款之後。

藝

出《姓苑》。

毳

晉大夫士魴，食采於毳，謂之毳子，以邑爲氏，其地今平陽是也。魴生毳裘。

十四泰

泰

與太同，文王臣泰顛之後。又《禮記》有泰連①。

太

與泰同。《姓纂》曰：今咸陽多此氏。

藹

晉有南海太守藹焕，望出魯國。

汏

出《姓苑》。

大

《風俗通》曰：大庭之後。唐渤海國王姓大氏，其王乞乞仲象，生祚榮，私謚高王。祚榮生武藝、門藝。武藝謚武王，生文王

① 泰連　錢氏云："疑即'大連'。"

欽茂。欽茂生宏臨。宏臨生成王華璵。華璵少子曰康王嵩鄰[①]。嵩鄰生定王元瑜、僖王言義、簡王明忠。明忠從父曰宣王仁秀。仁秀孫彝、震、虔、晃、玄錫,皆稱繼立。五代時,其王曰諲選,王子曰昭順,相曰誠謂,使曰昭佐、曰禹謨、曰光贊、曰陳林,皆大氏。

貝

《韻譜》:古賢者貝獨坐之後。《千姓編》曰:今吴越多此姓。望出清河。

宋常州貝氏:襄生俛。俛生沂。沂生寶,政和五年上舍。

沛

《姓苑》曰:吴人音貝。

會

《風俗通》曰:陸終第六子會人之後。《姓纂》曰:"鄶仲之後,避難去邑爲會氏。"漢有武陽令會栩。

最

名世曰:《前漢·郊祀志》:秦始皇時,燕人最後爲僊方道,形解銷化。師古曰:人姓名。然則"最"乃人氏,而姓書未有。今增收。

蔡

出自姬姓。周文王生蔡叔度。度生蔡仲胡,成王封爲蔡侯。

① 華璵少子曰康王嵩鄰 《舊唐書》卷一九九下《渤海靺鞨傳》云:"嵩璘父欽茂。"《新唐書》卷二一九《渤海傳》云:"欽茂死,私諡文王。子宏臨早死,族弟元義立一歲,猜虐,國人殺之,推宏臨子華璵爲王,復還上京,改年中興。死,謚曰成王。欽茂少子嵩鄰立,改年正歷,有詔授右驍衛大將軍,嗣王。建中、貞元間凡四來。死,謚康王。"依兩《唐書》,則嵩璘爲欽茂子。依《辯證》,嵩璘爲欽茂曾孫,恐誤,疑"華璵少子"爲"欽茂少子"之訛。

春秋時，楚滅蔡而縣其地，子孫以國爲氏，而仕諸侯。齊大夫蔡朝，楚大夫蔡洧、蔡鳩居，晉太史蔡墨，皆是也。秦相剛成君蔡澤。漢陳留圉蔡氏勳，字君嚴，郿令。曾孫攜，字叔業，新蔡長。生稜，字伯直，貞定公；質，字子文，衛尉。稜生邕，字伯喈，議郎。質生睦，魏尚書，二子：德，樂平太守；宏，陰平太守。德生充[①]，從事中郎。宏生豹，晉建威將軍、徐州刺史。充生謨，晉侍中、司空文穆公，二子：邵，永嘉太守；系，撫軍長史，生綝，司徒左司屬。二子：軌，給事中；廓，宋吏部尚書。軌生淡。廓生興宗，宋征西將軍、開府儀同三司、左光禄大夫。三子：順，太尉、從事中郎；約，太子詹事；撙，中書令、吴郡太守。又後漢遼東太守蔡諷。後蜀左僕射蔡興，以切諫誅。

蹛[②]

亦作蹛，音帶，又音多。《匈奴傳》有蹛林。《王莽傳》有中常侍蹛惲[③]，嘗使責問孫女妨詛祝姑事者。師古曰：音帶，又徒蓋反。

賴

三代諸侯賴子之國。《春秋》魯昭四年，楚滅之。子孫以國爲氏。漢交阯太守賴先。蜀有零陵太守賴文。唐光禄少卿賴文雅。今望出河内。

---

① 充　《晉書》或作“充”，或作“克”，如《禮志中》、《陸雲傳》、《蔡謨傳》皆作“克”。兩存之。

② 此條錢氏校本依《廣韻》移次於貝氏之上，今仍《四庫》本舊序編次。

③《四庫》本原注：“案今本《漢書》皆作‘蹛’。蒂、蹛、蹛三姓，同引一人，似必有悮。”

祋[1]

《後漢·來歷傳》有光禄勳祋諷,注:丁外反。又《鄧隆傳》注:音丁[2]活反。

太叔

出自姬姓,衛僖侯八世孫儀,别爲太叔氏,謚文子。文子生懿子太叔申。申生悼子太叔疾。疾生僖子太叔遺。謹按:"太"字古本皆作"世",所謂"世叔"是也。漢尚書太叔雄。晉東平人太叔廣,爲列卿,以樞機清辯著名。

太士

《元和姓纂》曰:太士氏,永嘉人。建安太守太士靈秀。今松陽有此氏。武陽高棐曰:"今永嘉有此族,曰大士氏,不音泰。"謹按:古獄官曰大士,宜以官氏,必後世字與音訛而爲太也。

太史

漢有尚書郎太史慈,其先齊太史之後,以官爲氏。或云周太史後。《唐·藝文志》有太史叔明《孝經發題》四卷。

太室

謹按:太室山在河南陽城縣西南,其先居人,因山爲氏。

太師

《元和姓纂》曰:商有太師摯,周有太師疵。謹按:二人皆以官稱,而未必爲氏,《姓纂》誤矣。

---

① 此條錢氏校本依《廣韻》移次於蔡氏之上,今仍《四庫》本舊序編次。

②《四庫》本原注:"案《後漢書·陳忠傳》尚書令祝諷,'祝'或作'祋'。"

太祝

謹按：古者擇先聖之後，有光烈而能知山川之號、高祖之主、肅恭明神者以爲太祝，故後世以官氏。

太陽

邵氏《姓解》曰：《神僊傳》有太陽子，白日昇天。

大陸

齊太公後，食邑陸鄉，因爲大陸氏。謹案：《左傳》齊大夫東郭賈，字子方，食邑大陸，號大陸子方，因氏焉。

大庭

《英賢傳》曰：古帝號。一云炎帝諸侯也，後爲氏。

大心

《英賢傳》曰：楚臣大心[①]，令尹得臣之子，其孫以王父字爲氏。楚襄王時有大心子成，爲黄邑大夫。

大狐

出自姬姓。晉大夫狐突，字伯行，文公重耳外祖父也。生毛及偃。毛生溱。皆爲晉卿，别爲大狐氏。《世本》有晉大夫大狐容，即其後。

大公

《世本》有大公叔穎。契丹有户部使大公鼎，渤海人。

大野

後魏南青州刺史大野拔都、大野兒。《周書》：閻慶賜姓大野

① 楚臣大心　殘宋本作“楚成大心”。據《春秋左傳正義》卷一九上文公五年，“春，六人叛楚，即東夷秋，楚成大心仲歸帥師滅六”，此誤。

氏。後魏龍驤將軍謝懿，亦賜姓大野氏。唐太祖景帝，西魏時賜姓大野氏，官至太尉，與李弼等八人佐周伐魏，有功，皆爲柱國，號“八柱國家”。隋文帝相周，始復高祖姓李氏。

大夫

《漢·淮南厲王傳》有男子但，又大夫但[①]。張晏注曰：“大夫，姓也。上云‘男子但’，明其本姓大夫也。”師古曰：“既曰大夫但，又曰士伍開章，明其爲大夫也。”今從師古，不爲氏。

大食

《唐·西域傳》：永徽二年，大食王豃[②]密莫末膩遣使朝貢，自言王大食氏，有國三十四年，傳二世。舊史云：王姓大食氏。謹按：大食，隋時東并波斯，遂爲强國。蓋以姓名國，如古趙、魏之類。

大彭

彭祖爲虞夏諸侯，號曰大彭氏。

大賀

《唐·契丹傳》：其君長大賀氏。契丹與唐俱興亡，三百年間，乍臣乍叛，至阿保機滅之，大賀氏乃絶。

大山

大亦作太，黄帝之相有太山稽。

大連

出自古賢人大連之後。

---

①《四庫》本原注：“案《漢書》，應從師古説，删去‘男子但又’四字即順。”
② 豃 《舊唐書》卷一九八《西戎傳·大食》作“噉”。

大征

《姓苑》曰：下邳人。

大師

出《姓苑》。

大拔

唐突騎施首領之姓。

會庌

庌音雅。《姓苑》曰：齊靈公子虒，生竈，爲會庌氏。謹按：惠公之孫竈，字子雅，非靈公之子。必子雅父子嘗食采于會，因氏焉。因以會庌爲複姓也。

會稽

夏少康封少子于會稽，遂爲會稽氏。漢初徙譙稽山，始改爲稽氏。

蔡仲

《元和姓纂》曰："蔡仲胡之後。趙將有蔡仲其。"

大莫干

周末有尉遲迥將軍[①]大莫干元章。後魏改爲河南郃氏。

大利稽

後周賜蔡祐姓大利稽氏。

泰豆

造父之師曰泰豆氏。

---

① 尉遲迥將軍　殘宋本無"遲"字。

太伯

周古公之子，吳太伯之後。

太傅

《姓纂》曰：漢太子太傅疏廣，曾孫彦則，避王莽亂，改爲太傅氏。

大季

《世本》：鄭穆公生大季子孔，[①] 志父之後。

大羅

《周官》大羅氏，天子掌鳥獸者之後。《史記》秦將大羅洪[②]。

大戊

晉公子大戊之後。《世本》有原大夫戊孝昭。

大俗稽、大落稽

皆出《後魏書》。

艾

《晏子春秋》：齊大夫艾孔之後，即《左傳》裔款也。《風俗通》：龐儉母艾氏。南燕有牙門艾江。東平太守艾銓。唐侍御史艾欽宜。河南艾氏：《後魏·官氏》有俟斤氏、去斤氏，並改爲艾氏。

鄶

《千姓編》曰：古侯國，爲鄭所滅，子孫以國氏。

---

① 鄭穆公生大季子孔　今本《姓纂》卷八《十四泰·大季》同；岑校據杜預《世譜》，士子孔生大季，士子孔，穆公子也，疑此句有誤。

② 大羅淇　今本《姓纂》卷八《十四泰·大羅》作"大羅洪"，岑校："宋本《辯證》作'淇'，恐非也。"

兑
出《姓苑》。

帶
六國時帶佗之後。

焍賴
出《姓苑》。

刈
《姓源韻譜》:宋有刈懷。

十六怪

祭

出自姬姓,周文公子祭伯,爲周畿内諸侯,相天子,爲三公,後以國爲氏。或云:春秋時祭封人仲足,爲鄭卿,子孫氏焉。後漢二十八將有祭遵,字弟孫,潁川潁陽人,征虜將軍、潁陽成侯。兄午,酒泉太守。從弟彤[1],字次卿,太僕,生逢、參。參,遼東太守。

介

《姓纂》曰:《左傳》晉有介之推,《神仙傳》,介琰、介象。謹按:《春秋》有賢人介之推,又有東夷附庸國介葛盧。葛盧,介君之名也。之推不見得姓之始,葛盧不見亡國之年,二人之國與姓,不相沿也。今依《姓纂》爲定。後世討論姓氏者,勿誤以葛盧爲之推之祖,當詳辨之。

① 彤　《後漢書》卷二一《祭遵傳》有"祭遵從弟肜",此作"彤"應誤。

玠

出《姓苑》。

蒯

晉大夫蒯得之後。西漢有辯士蒯徹,避武帝諱,改名通。其先蓋以所食邑爲氏,其地河南縣西南蒯鄉是也。凡以姓氏見于姓書,未原其所自,而《春秋》、五經有其人者,當以《春秋》、五經爲始。《千姓編》曰:今望出襄陽。

蕢

唐白鶴觀道士蕢雲陶,亦音蒯。今臨海有此氏。

蕢 ①

魯人蕢尚,畫宫于道,受哀公弔。曾子謂不如杞梁妻知禮。

祭公

邵氏《姓解》曰:祭公謀父之後。

十七夬

快

出《姓纂》、《姓苑》。

噲 ②

燕王噲之後。《孝子傳》有噲參,以藥補傷鶴,鶴銜珠報之。

---

① 蕢 《四庫》本原注:"音快。"

② 噲 《四庫》本原注:"音快。"

殨

音快，亦作㻅。《韻譜》曰：晉有殨錢[①]。

十八隊

對

《千姓編》曰：《急就章》有對若芳。

背

古邶國，在今衛州，以國爲姓。後去邑爲背。

十九代

戴

出自子姓。宋戴公之後，以謚爲氏。春秋時，宋大夫戴惡裔孫。漢汝南慎陽戴自[②]：遵，字子高，平帝時侍御史。避王莽亂，歸鄉里。家富，尚俠，食客常三四百人，時人語曰："關中大豪戴子高。"孫伯鸞、叔鸞。叔鸞名良，有隱德，五女皆有隱者之風，見《逸民傳》。九江戴氏：聖、德兄弟，善學，世號大戴、小戴《禮》。德，信都太傅，居魏郡斥丘，裔孫景珍，後魏司州從事，生冑及仲孫。冑相唐太宗。仲孫生至德，相唐高宗。至德生良紹。《元和姓纂》有廣陵、譙國、清河三族。

璦[③]

音愛。《玉篇》曰：璦，至大玉也。

---

① 錢氏曰："案《廣韻·十七夬》作'㻅錢'，無'殨'字。今依'㻅'字收入。"

② 戴自　"自"，殘宋本作"氏"；據《後漢書》卷八三《逸民·戴良傳》，良曾祖父遵，字子高。則殘宋本作"戴氏"是，此顯刻誤。

③ 此條錢氏校本依《廣韻》移次於能氏條之上，今仍《四庫》本舊序編次。

代

代，翟國，在常山之北，其地今爲代州，趙襄子滅之，其族以國爲氏。《史記》趙有代舉。漢有京兆代舉。

載

《風俗通》云：姬姓之後。

能

音耐。《姓苑》云：長廣人。狀云：楚熊摯之後，避難改焉。《唐·孝友傳》有鄭縣能君德。又京兆尹能延休，鄠人。上元中，河北招討使能元皓，生太仆少卿昱。

佴

音耐。《山公集》有佴湛。

塞

出《姓苑》。

古今姓氏書辯證卷三十二

二十一震

信

《風俗通》:魏公子信陵君無忌,後氏焉。李納將信都承慶爲青州刺史。《唐·藝文志》有信都芳,刪注《樂書》九卷,及《器準》三卷[①]。

遳[②]

出《姓苑》。

藺

出自姬姓。晉穆侯之子成師,封邑於韓。裔孫韓獻子厥,厥玄孫康,食采於藺,因氏焉,其地西河藺縣是也。裔孫相如爲趙上卿,子孫仕秦,隨司錯伐蜀,因家成都。魏末自蜀歸關中,因居鄭縣。《千姓編》曰:今望出中山華陰。

晉

姓書皆云出自姬姓。周武王子唐叔虞,封爲晉侯。傳國二十代,爲韓、魏、趙所滅,子孫以國爲姓。考其説,必《風俗通》之蔽

---

① 錢氏曰:"案信都係複姓,不應雜入信氏條。此疑有誤。"今按:錢説是。殘宋本"李納將"至"三卷"三十一字見後"信都"條下。

② 遳 《四庫》本原注:"音吝。"

也。謹按:《春秋》楚大夫有晉陳,其後晉鄙爲魏將軍。當晉陳時,晉方爲諸侯盟主,未有三卿分地之事,安得以國爲姓? 竊意晉文侯仇之後,并於曲沃,當時必有公族,自傷亡國,以國爲氏者。而秦火之後,史籍不存,因失其傳爾。今以晉陳爲正。凡人姓似出於國而非者,秦、楚、晉、宋、齊皆是也。姓書一槩造端,疑誤相襲,使天下譜系不明久矣。今一洗之。後世君子,慎勿泥古而喜近似之説也。前蜀有節度使暉,許州人。

釁

欣去聲。亦作舋。出自魯宗人釁夏之後。邵氏以爲舋,誤矣。

振[①]

出《姓苑》。

印

出自姬姓。鄭穆公生倫[②],字子印。倫生黑肱,字子張。黑肱生印段,字子石,以王父字爲印氏。段生癸,字子柳。又有印堇父。今望出馮翊。

慎潰

魯大夫慎潰氏,其家奢侈踰法,孔子爲司寇,越境亡徙。

鎮

出《姓苑》。

---

① 此條錢氏校本依《廣韻》移次於信氏條之上,今仍《四庫》本舊序編次。

② 倫 今本《姓纂》附録二之《張氏四書姓纂引文之檢討·去聲·二十一震》印條作"喻",或作"睔",似誤,參岑校。

信平

出《姓苑》。

信都

《風俗通》云：張敖尚魯元公主，封於信都，因氏焉。一云本申屠氏，古者信、申同音，故爲信都氏。齊有信都芳。唐貞元初，李納將信都承慶爲青州刺史。《唐・藝文志》有信都芳，删注《樂書》九卷，及《器準》三卷。

進

華嶠《後漢書》有小黄門進延。

縉

出《纂文要》。

慎

《風俗通》：韓大夫慎到，著《慎子》三十篇。晉有東陽太守慎條①。

昚

慎，一作昚。

廟諱

太祖廟諱下一字，避諱之字曰胤。

---

① 東陽太守慎條　《通志二十略・氏族略第五・慎氏》引《風俗通》作"東陽太守慎脩"。今本《姓纂》卷九《二十一震・遴》下岑校曰："'慎條'想亦'慎脩'之訛。"

二十三問

問

《姓苑》云:襄陽人。

鄆[①]

魯大夫食采於鄆,氏焉,其地今東平府是也。

訓

《周禮》訓方氏後,因官爲姓。

餫[②]

邵氏《姓解》有此氏,恐其先負氏之别也。

問弓

出《姓苑》。

問薪[③]

出《姓苑》。

運奄

《史記》曰:秦之先嬴姓,其後分封,以國爲姓,有運奄氏。

運期

後漢梁鴻改姓運期,名耀,字侯光,與妻子居齊、魯間。

運

出《姓苑》。

---

① 鄆 《四庫》本原注:"音運。"

② 餫 《四庫》本原注:"音運。"

③ 據錢氏《校勘記中》,殘宋本"問弓"、"薪問"爲一條。《岱南閣》本、《四庫》本析爲二條,且"薪問"倒爲"問薪"。

員

見上平聲。皇朝陵州仁壽員安宇，太子中允。弟安輿，屯田員外郎。

奮

出自高辛氏，才子八元伯奮之後爲氏。

二十四焮

靳[①]

《戰國策》：韓上黨之守[②]靳黈。《史記》：楚大夫靳尚。漢功臣信武肅侯歙，汾陽莊侯彊，並家長安。歙音翕。子亭嗣，坐事免。元康四年，詔復歙玄孫之子長安上造安漢家。彊生共侯解。解生康侯胡。胡子石，失侯。元康四年[③]，詔復彊玄孫長安公乘忠家。劉聰時，有鎮北將軍靳冲，望都公靳陵，中護軍靳準，皆長安之後。後燕術士靳安。南燕撫軍司馬靳瓌。

二十五願

万

《後魏・官氏志》：万忸于、吐万氏並改爲万氏[④]。望出河南。隋有穀城公万緒[⑤]。後漢万震，作《南州異物志》。

---

① 靳　《四庫》本原注："居近切。"

② 上黨之守　殘宋本作"上黨太守"，此誤。

③ 元康四年　《四庫》本原注："案此四字原本脱去，今据《漢書》增入。"

④《四庫》本原注："案《魏書・官氏志》無此文，疑有誤。"

⑤ 穀城公万緒　《四庫》本原注："案《隋書》作'穀城郡公吐萬緒'。"

萬[①]

《元和姓纂》曰:畢萬之後。一云芮伯萬之後。孟軻門人有萬章。漢二十八將,扶風茂陵人萬修,字君游,爲右將軍、槐里侯。生泫氏侯普。普生扶柳侯親,無子,封修曾孫豐爲曲平亭侯,子熾嗣。無子,又封修玄孫恭爲門德亭侯。謹按:《姓源韻譜》以爲,自武王以萬人得天下,因以爲氏,誤矣。武王之伐商也,虎賁三千人,其書曰:受有億萬人[②],惟億萬心;予有臣三千,惟一心。明周之興以德,不以衆。今云以萬人得天下,是後世好兵而無識者之言,且於古無稽,不可採信。

曼[③]

出自子姓,商王後[④]。春秋時爲鄧國。楚、鄭皆有夫人鄧曼是也。姓書未收,今增入。

娩

《纂文要》云:古万字。

憲

《韻譜》曰:八元仲獻之後[⑤]。《元和姓纂》曰:《周官》司寇之屬曰布憲,後因氏焉。今從《姓纂》。

---

① 此姓内容今本《姓纂》卷九《二十三問》作"奮",内容亦大同,屬冒入,詳見岑校。

② 受有億萬人　殘宋本缺"億萬"前字;錢氏稱所缺爲"臣"字。據《尚書正義》卷一一《泰誓上》"受有臣億萬,惟億萬心",則錢校是而《辯證》文義應無誤。

③ 曼　《四庫》本原注:"音萬。"

④ 商王後　殘宋本無"後"字。

⑤《四庫》本原注:"按《左傳》高辛氏才子八人,一曰叔獻,此作仲獻,而以憲氏爲其後,未詳所本。"錢氏曰:"案《廣韻》,'獻'、'憲'二字皆姓,此疑'獻氏'條注,誤入'憲'下。"

怨[①]

出《姓苑》。

曼丘

齊士有曼丘不擇。《漢紀》:高祖七年,韓王信亡走匈奴,與其臣[②]曼丘臣立趙後爲王。師古曰:"曼丘、母丘本一姓,語有緩急。"故爲兩氏。

万紐于

紐,一作忸。魏有柱國万忸于謹。後周唐瑾、樊琛,並賜姓万紐于氏[③]。

勸

出《姓苑》。

蔓

楚大夫鬬成然,食采於蔓,因氏焉。

䝴

音万,出《梁四公子記》。一曰䝴杰。

建

姓書皆曰楚太子建之後。《漢·元后傳》有建公。

獻

《風俗通》有秦大夫獻,則晉獻公之後。戰國有獻淵。

---

① 此條錢氏校本依《廣韻》移次於萬氏條之上,今仍《四庫》本舊序編次。

② 臣　殘宋本作"將";據《漢書》卷一《高帝紀一》,作"將"是。

③ 万紐于氏　《四庫》本原注:"案《魏·官氏志》作'勿忸于氏'。"錢氏曰:"案《廣韻》,'勿'亦作'万'。"

獻丘

出《姓苑》。

圈

已見上聲。

二十六慁

頓

出自姬姓國頓子之後，其地南頓是也。《春秋》，魯昭四年，楚滅頓，子孫以國爲氏。戰國有頓弱。一曰頓子。《魏志·華陀傳》有督郵頓子獻。今頓氏望出魏郡。

論

《西秦録》有將軍論叔達。謹按：唐吐蕃官，大相曰論茝，副相曰論茝扈莽，各一人。亦號大論茝扈莽各一人[①]，亦號大論、小論，又總號曰尚論掣逋[②]。大抵"論"者，吐蕃相也。唐太宗時，吐蕃大論薛東禄贊[③]始入朝，召對合旨，帝以琅邪公主外孫妻之。東禄贊有子欽陵，曰贊婆，曰悉多于，曰勃論詔[④]，其兄弟並當

① 亦號大論茝扈莽各一人　錢氏校本無此十字。《新唐書》卷二一六《吐蕃傳》曰："唐吐蕃官大相曰論茝，副相曰論茝扈莽，各一人，亦號大論、小論。"疑此句衍誤。

② 尚論掣逋　《新唐書·吐蕃傳》作"尚論掣逋突瞿"。

③ 薛東禄贊　薛，《通典》卷一九〇《邊防·西戎·吐蕃》同，曰："欽陵姓薛氏，其父禄東贊頗曉兵事。"然《舊唐書》卷一九六《吐蕃傳》作"禄東姓薮"。陳國燦《唐代論氏家族及其源流》（《中國史研究》1987年第2期）以"薮"與禄東贊原姓"噶爾"音同，以《舊唐書》爲是。兩存之。又東禄贊，新、舊《唐書·吐蕃傳》均作"禄東贊"，此倒誤。

④ 勃論詔　殘宋本作"勃論禄"；另兩《唐書·吐蕃傳》均稱禄東贊第五子曰勃論，此作"詔"或誤。

國[①]。欽陵子弓仁，聖曆二年，以所統吐渾七千餘帳自歸，授左玉鈐大將軍，封酒泉郡公，始以其世官爲論氏。弓仁卒，贈撥川郡王。孫瑀[②]，以殿中監從李光弼破史朝義有戰功，封蕭國公，爲英武軍使，論氏遂爲唐名將，家武威郡。誠節[③]，生河東節度副使惟清，襲爵；其弟惟良，鄜州防禦使；惟貞[④]，河南節度副使；惟賢，劍南節度使、西平郡王；惟明，鄜坊節度使、建安郡王。惟貞生倐、偕、伾。伾生唐侍御史晃。又吐蕃使者論仲琮、論巖等十數人。

宋論氏，唐御史晃三世孫勍，生衡。衡生藴。藴生叡。叡生程，侍御史。程二子：翊，駕部員外郎；翱，長安簿。

困没長

《唐·南詔傳》：驃國，古朱波也。其王姓困没長，名摩羅惹。

---

①《舊唐書·吐蕃傳》載："禄東贊有子五人：長曰贊悉若，早死；次欽陵，次贊婆，次悉多于，次勃論。"《新唐書·吐蕃傳》云："有子曰欽陵、曰贊婆、曰悉多於、曰勃論。"與此異。

② 瑀　《新唐書》卷一一〇《論弓仁傳》：弓仁孫惟貞，名瑀。

③ 誠節　今本《姓纂·論》作"成節"，誤；又［唐］張説《撥川郡王論弓仁碑》曰弓仁長子廬，次子舊久，而無誠節，故岑仲勉疑"成（誠）節是否此二人之別名，抑碑未及載，無考"。

④ 惟貞　《新唐書·論弓仁傳》："惟貞，名瑀，以字行。"新出《唐故英武軍使開府儀同三司太常卿上柱國蕭國公贈靈州大都督論公墓誌銘》（簡稱《惟貞碑》）曰："公諱惟貞，字瑀，本名仙芝。"雖名、字有歧異，然則瑀、惟貞爲一人无異。又弓仁生誠節，誠節生惟貞、惟明、惟賢等，蓋《辯證》前稱弓仁孫瑀無誤，只是叙述失序，應先誠節，後惟貞（瑀）。按吐蕃論氏成員世系、名諱、官爵，文獻記載多歧異，敦煌古藏文資料與新出碑刻資料如《惟貞碑》，於論氏研究多有裨益，學者已多考證，可參考之。

二十八翰

汗

《戰國策》:楚有汗明,春申君嘗詔門吏爲汗先生著客籍。

馯

出《姓苑》,音汗。

炭

《姓解》曰:《西京雜記》有長安人炭虬。謹按:《西京雜記》有長安慶虬,作《清暑賦》,託名相如,乃盛行于世,非炭氏也。

犴[①]

《漢書·梁王傳》:睢陽人犴反。師古注曰:"姓犴,反名也。"

僕

《集韻》曰:姓也。音漢[②]。

幹獻

《世本》:宋司徒華定後,爲幹獻氏。

粲

出《姓苑》。

賛

《千姓編》曰:出《姓苑》。今開封有之。

---

① 犴 《四庫》本原注:"音岸。"

②《四庫》本原注:"案《玉篇》:僕,呼旰切,音漢,姓也。《廣韻》不載此字。今附入翰韻。"

忓

《集韻》曰:姓也。音汗。

二十九换

貫

《姓苑》曰:《戰國策》齊有貫珠。漢初趙相貫高。後漢護羌校尉貫友。石勒有法曹令史貫志。《千姓編》曰:今望出西河。名世曰:出自古貫國之後爲氏。周初分魯侯以貫國之鼎,《明堂位》所謂"貫鼎"是也。

灌

《風俗通》:斟灌氏,夏同姓諸侯,子孫以國爲氏。漢丞相潁陰侯灌嬰。又太僕灌夫父張孟,常爲嬰舍人,易姓灌氏。謹按《春秋傳》云:斟灌爲過澆所滅,因氏焉。

冠[①]

劉聰嘗使冠威監東宫。

奐

出《姓苑》。

段

出自姬姓。鄭武公子共叔段之後,以王父字爲氏。戰國時有韓相段規。漢武帝時段卬,爲北地都尉。曾孫招,生會宗,字子松,西域都護、金城太守。會宗生貞,武威太守,子孫始自天水上邽徙居武威姑臧。會宗從曾孫熲,字紀明,後漢太尉,所謂"凉州

① 冠　《四庫》本原注:"去聲。"錢氏曰:"此氏原有二條,一在平聲'二十六歡',一在去聲'二十九换'。今本以二條互易之。"

三明”者。十九世孫文昌,唐宰相,世系具《唐表》。

遼西段氏,本鮮卑檀石槐之後。晉將有段匹磾等。

《三輔决録》曰:“段氏,李老君之自出,段干木之子隱如,入關去干字。”誤矣。段以字,段干以地,本爲二族,不可合爲一事也。前秦扶風太守段鏗,望出馮翊。後秦黄門郎段章,以儒術侍講東宫。後凉建康太守段業。後燕太保段崇。慕容寶母段氏,尊爲皇太后。又趙國侍郎段平,子長上段速骨,殺樂浪王宙叛,伏誅。段儀及段温收部曲於内黄,助慕容德。段木延弑慕容沖。前將軍、思悔侯段璣。殿中將軍段讚,讚子泰。南燕徐州刺史段宏,奔魏。散騎常侍段封,伏誅。又左軍將軍段暉。前燕鮮卑别部段遼,及弟蘭,自號齊王。蘭子龕,前燕伏順將軍。龕弟羆欽,族人勁、勤。勁[①],尚書郎。南凉安北將軍段苟。又段懿,武威之宿望。西秦中尉段曄[②]。唐臨淄人段志玄,典禁衛軍,門不夜開,太宗以爲真將軍。

爨[③]

□□《後漢書》有京兆尹爨肅。《蜀志》:李氏時,有交阯刺史爨□,□□刺史爨頠。《華陽國志》有昌甯大姓爨習。隋南寧夷爨翫降,拜昆州刺史。先是,爨瓚竊據南寧州,乃漢牂牁地,梁遥授刺史,其子震,相承爲酋帥。太平公史萬歲擊平之。唐武后時,有中郎將爨寶璧。今望出晉江。

---

① 勁　殘宋本作“勤”;《晉書》卷一一〇《慕容儁載記》“遣其尚書郎段勤以太牢祠之”,則作“勤”是,此誤。

②《四庫》本原注:“案《晉書・乞伏熾磐載記》作段暉爲中尉。”

③ 爨　《四庫》本原注:“取筭切。”今按:此條錢氏校本依《廣韻》移次於段氏之上,今仍《四庫》本舊序編次。

冠軍

《元和姓纂》曰:"漢霍去病爲冠軍侯,支孫氏焉。"晉有太傅參軍冠軍夷。

名世謹按:應劭注《漢·地里志》曰:南陽郡冠軍縣,武帝置,故穰盧陽鄉、宛臨洮[①]聚也。武帝以封霍去病。去病頻出征匈奴,功冠諸軍,故曰冠軍。然則後人以邑爲氏。穰、宛皆南陽縣名。洮音桃。

段干

名世曰:出自李氏,皋陶之後。混元皇帝伯陽,有子曰宗,仕魏有功,封於段干,後以邑爲氏。戰國時段干木乃其後也。

三十諫

諫

《元和姓纂》曰:"《周禮》有司諫,子孫以官爲氏。"漢有治書侍史諫忠,見《風俗通》。今望出歙郡。

晏

名世曰:出自姜姓。齊公族晏弱,爲卿,謚桓子。弱生平仲嬰。嬰生圉。及其族晏氂、晏父戎,爲齊大夫。南燕尚書郎謨,青州人。

豢龍

出自古諸侯。飂叔安裔子董父,實甚好龍,能求其嗜欲以飲食之,龍多歸之。乃擾蓄龍,以事帝舜。帝賜之姓曰有董,氏曰豢龍。豢龍,官名。官有世功,則又以官爲氏。御龍亦如之。

---

① 臨洮　殘宋本作"臨駣";據《漢書》卷二八上《地理志上》"冠軍"縣下注作"臨駣",此誤。

患

出《姓苑》。

三十一襇

蔄[①]

《集韻》曰:"胡莧切,姓也,讀若綻。"《姓苑》:"又音漏。"

三十二霰

倩[②]

出《集韻》。

練

《姓苑》云:南康人。《千姓編》曰:今建安多此姓。自言先世仕閩,食邑於閩之練鄉,因以爲氏。

見

同州人。又音睍。

嬿

出《姓苑》。嬿,奴甸切,同州人。又音睍。

殿

崇寧間,有商人殿全,自虔州石城徙居撫州,自言本姓犯宣祖諱下一字。建隆中,其祖以訟至縣,縣令因字形更爲殿氏。

---

① 蔄 《四庫》本原注:"音慢。"

② 倩 《四庫》本原注:"倉甸切。"

縣潘

《禮記》:衛太史柳莊卒,君與之邑裘氏與縣潘氏。裘、縣潘,皆邑名。以邑爲氏。故《元和姓纂》曰:衛大夫有縣潘氏。

薦

出《姓苑》。

三十三線

鮮

《集韻》音線。《韻譜》曰:本音平聲,亦有音變而爲去聲者。

單①

《韻譜》、《廣韻》上、去聲皆有單氏,而二書主吴音,多以上聲爲正。《姓纂》亦然。今詳字有兩音,須審擇其一,不宜皆出,以誤後學。今世單氏,人皆呼去聲,合移入去聲三十三線爲定。

皇朝德安單氏。

譴②

出《姓苑》。譴氏,遼東人。

援

出《姓苑》。

---

① 錢氏曰:"此氏原有二條,一入上聲'二十八獮',一入去聲'三十三線',今本亦互易之。"

② 譴　《四庫》本原注:"牽,去聲。"又,錢氏以爲"譴氏"爲"變氏"之訛。

卷

《元和姓纂》曰：代北茂眷氏[①]，改爲眷氏。

縧

與戀同，漢有南郡太守戀祕。

卞

《元和姓纂》曰：出自姬姓。曹叔振鐸之後，支子食采于卞，氏焉。魯有卞莊子。楚有卞和。世爲冤句人。謹按《莊子》：湯時有卞隨。又春秋時魯、晉皆有卞邑，未知何獨出於曹也[②]。

弁

劉曜有太史令弁廣明。

羨

出《姓苑》。

鄯善

西域國人，以國爲氏。

羨門

名世曰：秦始皇時，燕人羨門子高，稱有仙道形解銷化之術。

---

① 茂眷氏　殘宋本作"茙眷氏"。《魏書》卷一一三《官氏志》"南方有茂眷氏，後改爲茂氏"後校勘記曰："沈濤《隨筆》卷五云：'《廣韻》一東茙字注引作茙眷氏，後改爲眷氏，《元和姓纂》一東所引亦同，是今本兩茂字皆茙字傳寫之訛。'"今本《姓纂》卷一《一東·茙氏》岑校亦曰"必字畫之誤也"。此應從宋本作"茙"。

②《四庫》本原注："案《廣韻》謂本曹叔振鐸之支子，封於卞，遂以建族。原本不載此文，似未明晰，今附以備考。"

變

出《姓苑》。變氏,遼東人。

戰

後漢初,有諫大夫戰兢。

鄄

衛大夫鄄子士,始以氏見於《左傳》。

賤

《風俗通》云:漢有北平太守賤瓊。

三十四嘯

銚

《元和姓纂》曰"以邵反",此唐人方言之誤也。

古今姓氏書辯證卷三十三

三十五笑

召

出自姬姓。周同姓功臣曰太保奭，食王畿之召邑，爲天子三公，謂之召公，分陜以主諸侯，謂之召伯。裔孫召穆公虎，至簡公盈，皆襲爵士，爲王卿士。其支庶仕諸侯、以國爲氏者，齊有召忽、召楊，秦有東陵侯召平及召不疑，漢南陽太守召信臣。

尞[①]

本姓牛氏，魏將軍牛金，爲司馬宣王所殺，子元定，避難安定，改姓尞氏。

召伯

《元和姓纂》曰：《左傳》召伯奂之後。

少正

邵氏曰：魯有少正卯。謹按《周書·康誥》，少正[②]，蓋《小宰》小司徒之類。周制，六官之長曰正，則其貳謂之少正。孔子誅卯，蓋其先必因官以少正爲氏，不然，則少正卯之官爾。

---

① 尞 《四庫》本原注："音燎。"

②《四庫》本原注："案少正御事出《酒誥》，此作《康誥》，誤。"

少師

《英賢傳》:魯有少師陽、少師慶。謹按:樂官有少師,古人世官,或有以爲氏者。然陽、慶特稱其名。

少叔

謹按:邵氏以仲尼弟子爲少叔乘,誤矣,乘乃步叔也[①]。

少西

名世曰:出自嬀姓,陳公子夏之後,别爲少西氏。

少王

邵氏以小王桃甲爲少王氏,誤矣,《左傳》無少王氏。

少施

《世本》曰:施父之後,支孫爲少施氏。《雜記》曰:"孔子曰:吾食於少施氏而飽,少施氏食我以禮。"是也。

邵

唐人青州《邵氏家狀》云召信臣之後。漢有青州刺史邵休,其先避事,加"邑"爲邵氏。

少

《姓纂》曰:黄帝父少典之後。一云少昊氏後。《禮記》有少連,善居喪。

少室

《國語》:趙簡子之臣曰少室周。

① 步叔也　殘宋本作"步叔氏",應是。

三十六效

豹

出自高辛氏子八元叔豹之後。

淖①

謹按：楚將淖齒，殺齊湣王。又漢江都易王美人淖姬。《集韻》："人姓，音卓。"未知孰是。又漢成帝召趙飛燕及其女弟入宫，姿性穠粹，左右見之，皆嘖嘖嗟賞。有宣帝時披香博士淖方成在帝後，唾曰："此禍水也，滅火必矣。"

校師

《姓源韻譜》曰："鄭人欲毁鄉校，子産曰：是吾師也。因有校師氏。"誤矣。

校

《元和姓纂》曰：《周官》校人之後。唐有河南士曹校傑。

孝

《元和姓纂》曰：齊孝公支孫，以謚爲氏。

三十七號

到

《元和姓纂》曰："楚令尹屈到之後，以王父字爲氏。宋、梁間有到彦之、到溉、到洽，望出彭城太原②。"謹按：李延壽《南史》

---

① 淖 《四庫》本原注："音閙。"

② 太原 今本《姓纂》卷九《三十七號·到》同，岑校曰："'太'字應'武'之訛。"此應誤。

曰到氏"楚大夫屈到後",誤也。屈到,字子夕。古人以王父字爲氏,無氏其名者。疑到氏之先,别有所本。

宋、齊以來,彭城武原到氏:彦之,字道豫,宋南豫州刺史、建昌忠公,與王華、王曇首皆配食文帝廟庭。長子元度,益州刺史;少子仲度,嗣爵,爲驃騎從事中郎;兄弟並有才用,皆早卒。仲度子:撝、賁、遁、坦。賁襲建昌公,後還爵於撝。遁,南海太守。撝,五兵尚書,子沆,字茂瀣,梁殿中曹侍郎。坦,齊中書郎,三子:沼、溉、洽,俱知名。溉,字茂灌,梁金紫光禄大夫、散騎常侍,子鏡,字圓照,太子舍人,生藎,丹陽尹丞。洽,字茂沿,梁御史中丞、尋陽太守,謚理子,子仲舉,字德言,陳侍中、尚書僕射;子郁,尚陳公主,官至宣城太守。梁武帝嘗謂任昉曰:"諸到可謂才子。"昉曰:"臣嘗竊議,宋得其武,梁得其文。"陸倕詩曰"既有絶塵到",謂溉、洽兄弟也。

受

音到,亦呼作瀑。《集韻》音號。後魏河南姓也。

郜

出自姬姓。周文王子封於郜,其後以國爲氏。晉有高昌長郜玖。

操

隋大業末,有鄱陽賊操天成,自號元興王,建元始興。又有操師乞[1],亦鄱陽人,自號元興王,建元天成。謹按《新唐書·林士

---

① 操師乞　《資治通鑑》卷一八三《隋紀》大業十二年《考異》曰:"《隋·帝紀》作'操天成'。按……皆無操天成名。此賊本一人,而《隋》、《唐》二史各有名號年紀,今參取之。"

弘傳》,隋末饒州鄱陽人操師乞爲盜,自號元興王,建元天成[①]。大業十二年,據豫章,爲隋治書侍御史劉子翊討殺之。今依《新書》。

暴

周卿士暴辛公之後,以邑爲氏。漢御史大夫暴勝之,字公子,河東人。《酷吏傳》有南陽豪猾大姓孔、暴二家。

漕[②]

《漢書·游俠傳》,其名聞者,西河漕仲叔,注曰:漕,姓也。

好[③]

玨與好同,《説文》曰:皆人姓。呼報切。

悼

出《姓苑》,與叜同。

玨

或作好。

叜

出《姓苑》,音悼。

秏

出《姓苑》,音悼。

告

其先部氏,去"邑"爲告。孟子時有告子。

① 此處引文與上重複。

② 漕 《四庫》本原注:"去聲。"

③ 好 《四庫》本原注:"去聲。"

嫪

郎到切。秦莊襄太后有嬖人嫪毐。

三十八箇

賀

出自姜姓。齊公族大夫慶克,生慶封,以罪奔吴。漢末,子孫徙會稽山陰。後漢慶儀爲汝陰令,其曾孫純爲侍中,避安帝諱,改爲賀氏。望出會稽。

又《官氏志》,後魏賀蘭、賀賴氏,並改爲賀氏,望出河南。後燕有清河太守賀耕。南凉傉檀將賀連。宋忻州定襄賀氏,易州刺史惟忠,善守邊,有傳。生昭慶,西京作坊使,知通遠軍。

開封陳留賀氏:右千牛衛、率府率景思,女爲孝惠皇后。后兄懷浦,六宅使、平州團練使,生令圖,平州團練使,知雄州,與其父首謀北伐。一歲中,父子俱陷焉。有傳。

蔡州賀氏:中散大夫應誠,生撫辰,光禄大夫。撫辰生坦,奉議郎。坦生允中,字子忱,吏部員外郎、左朝散郎、福建路轉運判官。

洛州[1]賀氏:信,生百祥,朝議大夫。百祥生勉及宗彦,臨晉令。勉,承議郎,生希仁,紹聖四年進士。

濟南賀氏:九皋,生適中,秉義郎。適中生旂,朝散郎,二子:紱,宣和三年進士;絪,宣和六年進士。

會稽賀氏:鑄,字方回,舊字師聖,以文詞稱。

齊州臨邑賀氏:光禄卿志誠,生僅,中散大夫,二子:蒙,太廟齋郎;隨,鄧州司法參軍。隨生衛,政和五年上舍。

---

① 洛州　殘宋本作"洺州",近是。

密州賀氏：寬，生良臣。良臣生瑋，承議郎。瑋生端，紹聖四年進士。權生漢臣，朝奉大夫。漢臣生珪，朝奉大夫。珪生天覺，政和五年上舍。

賀蘭

《周書·賀蘭祥傳》曰：其先與魏俱起，有紇伏者，爲賀蘭莫何弗，因以爲賀蘭氏。唐貞觀所定洛州河南郡十四姓，一曰賀蘭。按：北人八族，有賀蘭氏，自稱李陵之後，居賀蘭山下，因以爲氏。後改爲賀氏，支屬亦有不改者。

賀若

北俗謂"忠貞"爲賀若。後魏孝文時，代人皆改單姓，唯賀若氏以先祖有忠貞之稱，不改，仍爲賀若氏。

賀遂

晉初，稽胡楚賜姓呼延，居西夏州。後魏呼延勒爲定州刺史，居定陽鎮，賜姓賀遂。其後音訛，又改爲賀悦。

賀婁

代人。本居漠北，以國爲氏。孝文改爲樓氏，謂之北人八族。望出河南。高仙芝破勃律時，有裨將賀婁餘閏。

賀敦

孔至《姓氏雜録》曰：後魏賀敦氏，改爲賀氏。

賀賴

南燕有輔國將軍、遼西公賀賴盧，後爲北人八族賀氏。匈奴單于賀賴頭，率部落三萬五千降慕容儁，拜寧西將軍，封雲中郡公。

賀魯

出《後魏·官氏志》。賀魯改周氏[①]。

賀葛

出《後魏·官氏志》。後賀葛改葛氏。

賀兒

賀兒改兒氏。

賀六渾

北齊神武之姓。

賀悦

賀拔

周賀拔勝之先,與魏俱出陰山,代爲酋長。北方謂土謂拔,謂其總有其地土,時人相賀,故曰賀拔。後自武川徙居河南。其後或改姓何氏。

賀拔干

出《後魏·官氏志》。

賀術

後魏初,賀術祁居賀安山,因氏焉。

三十九過

播

《風俗通》:商賢人播鼗武。誤矣。謹按:播鼗,樂師也,非以

① 錢氏曰:"案今《官氏志》無此文。"

官氏。

破丑

唐時党項居靈山者，曰破丑氏。

破六汗

後魏三字姓。

破多羅

後魏代北人姓，後改爲潘氏。

四十禡

謝

出自黄帝之後。任姓之別爲十族，謝其一也，其國在南陽宛縣。三代之際，微不見，至《詩・崧高》，始言周宣王使召公營謝邑，以賜申伯，蓋謝已失國，子孫散亡，以國爲氏。魯有成大夫謝息。至晉、宋間，出陳郡者始爲大族，受封陽夏及康樂者，各以其封著望云。

東郡陽夏謝氏：典農中郎將纘，生衡，國子祭酒。二子：鯤、裒。鯤，字幼輿，太常、咸亭康侯，生尚，字仁祖，衛將軍、開府儀同三司、咸亭簡侯。裒，字幼儒，吏部尚書[1]，六子：奕、據、安、萬、石、鐵。

奕字無奕，豫州刺史、安西[2]將軍，三子：淵、靖、玄。淵，字叔

---

① 吏部尚書　《四庫》本原注："案《晉書・謝安傳》作'父裒，太常卿'。"據《世説新語》卷中《方正第五》劉注引《永嘉流人名》，裒"歷侍中、吏部尚書、吴國内史"。是此無誤。

② 安西　殘宋本作"鎮西"。今按：據《晉書》卷八《穆帝紀》、卷七九《謝奕傳》，奕"遷都督豫司冀并四州軍事、安西將軍、豫州刺史、假節"，此無誤。

度，義興太守。靖，太常，二子：玩、虔。玩，豫寧伯。玄，字幼度，車騎將軍、開府儀同三司、康樂獻武公。生瑍，祕書郎。生靈運，宋永嘉太守、臨川内史、康樂公。生鳳。鳳生超宗，齊竟陵王、征北諮議，二子：才卿、幾卿。才卿生藻。幾卿，梁左光禄長史。

據，字玄通，中郎。二子：朗、允。朗，字長度，晉東陽太守。生重，字景重，會稽王道子驃騎長史，五子：絢、瞻、晦、𫍯、遯。絢，字宣映，宋文帝鎮軍[①]長史，生世基。瞻，字宣遠，宋豫章太守，生紹。晦，字宣明，宋領軍將軍、散騎常侍、建平郡公，文帝討擅弑少帝罪，伏誅，生世休。𫍯，字宣鏡，宋黄門侍郎，生世平。允，字令度，宣城内史，四子：裕、純、𧻓、述。裕，字景仁，宋尚書左僕射。生恂，字泰温，鄱陽太守。生孺子，宋西陽太守。生璟，梁左户尚書、侍中。生微，南蘭陵太守。純，字景懋，南平相。𧻓，字景𧻓，司徒右長史。述，字景先，宋吴興太守、左衛將軍，三子：綜、約、緯。綜，太子中舍人。緯，正員郎，生朓[②]，字玄暉，齊尚書郎。生謨，梁信安令、王府諮議。

安，字安石，晉太傅、文靖公，二子：瑶、琰。瑶，琅邪王友，四子：該、模、澹、璞。該，東陽太守，生承伯。模，光禄勳。澹，字景恒，宋侍中、特進、金紫光禄大夫。璞，字景山，光禄勳。琰，字瑗度，會稽内史，贈侍中、司空、望蔡忠肅公，三子：肇、峻、混。肇，晉驃騎參軍、散騎常侍。峻，晉散騎侍郎、建昌侯。混，字叔源，尚書左僕射。

萬，字萬石，晉淮南太守、散騎常侍。生韶，字穆度，車騎司

① 鎮軍　殘宋本作“撫軍”。

② 緯，正員郎，生朓　殘宋本作“約生朓”，未知所本；《南齊書》卷四七《謝朓傳》曰“父瑋，散騎侍郎”，則此不誤。

馬。生思[①],字景伯,晉武昌太守,二子[②]:曜,御史中丞。弘微,太常、建昌侯,生莊,字希逸,宋中書令、散騎常侍、金紫光禄大夫。五子:颺,宋金紫光禄大夫。朏,字敬冲,齊侍中、司徒、尚書令、中書監。顥字仁悠,齊北中郎長史。瀹,字義潔,齊太子詹事,贈金紫光禄大夫。朏二子:諼,司徒右長史。譓,右光禄大夫,生哲,字穎豫,陳吏部尚書。瀹二子:覽,字景滌,齊吴興太守,贈中書令;舉,字言揚,梁侍中、衛將軍、開府儀同三司。覽二子:僑,字國美,梁侍中;札,字世高,梁湘東王諮議。舉生嘏,梁侍中、中書令、都官尚書。僑生禕。嘏二子:儼、伷。儼,太常;伷,尚書僕射。

石,字石奴,晉司空、南康襄公,生汪。

鐵,字鐵石,永嘉太守。二子:邈,晉吴興太守。冲,晉中書郎、贈散騎常侍,生方明,宋會稽太守。二子:惠連,宋彭城王法曹行參軍;惠宣,臨川太守。

唐貞觀三年閏十二月丁未,東謝酋長謝元深、南謝酋長謝強來朝。諸謝皆南蠻别種,在黔州之西。詔以東謝爲應州,南謝爲莊州,隸黔州都督。

夜

名世曰:漢靈帝光和中,雒陽男子夜龍,以弓箭射北闕。《風俗通》曰:夜,姓也。龍有從兄陽。

斥[③]

《元和姓纂》曰:又充夜切。今蔡州有此姓,出《爾雅》。

---

① 思 《晉書·謝萬傳》作“恩”,此應誤。

② 二子 《晉書·謝萬傳》曰“恩三子”,然僅記曜、弘微二人,未知孰是。

③ 斥 《四庫》本原注:“音柘。”

斥山。

華[①]

名世曰：出自子姓。宋戴公孫督，字華父，爲宋太宰，弑其君殤公及其大夫孔父，厚賂齊、秦、魯、鄭，四國不能討，使相宋公，因自立爲華氏。古未有生而賜族者，惟督以一時之妄，自立姓氏，後世因之。督孫華耦，及其族喜、御事、元、臣、費遂，世系具《春秋人譜》。舊姓書云：戴公子考父，食邑於華，氏焉。誤矣。

今華氏望出高唐沛國譙縣。

赫連勃勃有尚書華韜。

宋州下邑華氏：温琪仕梁，爲節度使，仕唐，爲太子少保。

化

見《姓苑》。

射[②]

名世謹按：《漢書·律曆志》[③]，武帝改元封七年爲太初元年，詔大中大夫公孫卿、壺遂、太史令司馬遷、侍郎尊、大典星射姓等議造漢曆。師古曰："姓射，名姓也。"下文云"姓等奏不能爲算，願募治曆者"，師古曰："姓即射姓也。"《三輔決録》曰：後漢末，大鴻臚謝服，天子以爲將軍出征。姓謝名服不祥，改姓射名威。威子監、掞。監，蜀郡太守。掞，中郎將。

下門

《國語》周景王大夫下門子之後，因氏焉。《世本》：晉有大夫

① 華　《四庫》本原注："去聲。"

② 此條錢氏校本依《廣韻》移次於華氏條之上，今仍《四庫》本舊序編次。

③《四庫》本原注："案原本誤作《郊祀志》，今改正。"

下門聰。

下陽

《春秋公子譜》曰："姬姓，虢叔之後。"謹按：虢之二邑，曰上陽、下陽。

霸

《益都耆舊傳》有霸栩。

謝邱

周宣王子，食采謝邱，因氏焉。《古今人表》有謝邱章。

晋

《集韻》曰：音亞。見《纂文要》。

夏

《元和姓纂》曰：夏后之後。

舍

出《姓苑》。

舍利

出北蕃酋帥舍利部，因氏焉。

厙

音舍。《姓苑》云：古括、豫州多此姓。

柘

柘，楚地，後屬洛陽爲縣，所居之人氏焉。《急就章》有柘温舒。今望出武陵。

<u>𢓍</u>

<u>所嫁反。《集韻》:姓也。《風俗通》曰:新鄭有楊𢓍村。</u>

<u>華士</u>

<u>《元和姓纂》曰:"晉有隱者華士,太公誅之。"謹按:太公時未有晉。又,此人姓華名士,亦非複姓,合駁去。</u>

<u>偌</u>

<u>出《集韻》,人夜切。</u>

四十一漾

向[①]

出自子姓。宋文公赤,生子曰肹,字向父。其孫以王父字爲氏。春秋時,向戌食邑於合,謂之合左師。生宜及鄭,世系具《春秋人譜》。<u>後漢向栩,望出山陽。宋向彌,望出河東。</u>其[②]曰:出姜姓,附庸向國,爲莒所滅,以國爲氏。誤矣[③]。

暢

《風俗通》云出姜姓。齊後有暢惠明著《論語義注》十卷。唐有詩人暢當及暢整。今望出魏郡。

宋朝有都官郎中暢均,河南人。河中暢守真,生熙;熙生括,録事參軍;括生彦雄,政和五年上舍。

匠

《姓源韻譜》曰:《周禮》匠人之後。《風俗通》曰:氏於事者,

---

① 向　《四庫》本原注:"音餉。"

② 其　殘宋本作"姓書",近是。

③《四庫》本原注:"案《通志》,向出自祁姓,爲附庸國。"

巫卜陶匠。

尚

齊太公號師尚父，支孫氏焉。漢高士尚長，字子平，河内朝歌人。今望出汲郡及清河上黨。唐末賊尚君長。

償

亦作賞，音上。《姓苑》云：吴中八族，其一償氏。晉有郗隆主簿償慶。

望

《風俗通》云：齊太公望後。《姓苑》云：今魏興人。《史記》：齊太公見文王，曰："吾太公望子久矣。"因號太公望。後氏焉。

相[①]

漢武落山四姓，一曰相氏。後秦有馮翊相雲作《德獵賦》。又望出西河，唐貞觀所定汾州西河郡四姓，其一相氏。

匠僂

《後魏·官氏志》：匠僂氏[②]改爲僂氏，望出河南。

匠麗

《左傳》：晉大夫匠麗氏。《漢·功臣表》有祝其侯匠麗舒。

尚方

《漢·朱博傳》：長陵大姓尚方禁，少時嘗盜人妻，見斫，創着

---

① 相 《四庫》本原注："去聲。"

② 匠僂氏 鄧氏以"匠僂"爲姓，不知其所本。《魏書》卷一一三《官氏志》曰："匹婁氏，後改爲婁氏。"據姚薇元《北朝胡姓考》，"匹婁"亦作"疋婁"，此"匠僂氏"或是"匹婁氏"之誤。

其頰。府功曹受賂,白除禁調守尉。太守朱博聞知,以他事召見,視其面,果有瘢。博辟左右,問禁,禁叩頭服狀。博笑曰:丈夫固時有是事。馮翊欲洒卿恥,拔拭用禁。因勑禁:"毋得泄語,有便宜,輒記言。"因親信之,以爲耳目。禁晨夜發起部中盜賊及它伏姦,有功效。博擢禁連守縣令。

亮

出《姓苑》。

諒

後漢有諒輔,廣漢人。

濮王諱[①]

從言,從襄。《姓苑》曰:人姓也。

況[②]

出《姓苑》。廬江人。

四十二宕

浪

晉永嘉末,張平保青州,爲其下浪逢所殺。

盎[③]

出《姓苑》,音烏浪反。

---

① 濮王諱　濮王係宋太宗之孫,名允讓,蓋此條實爲"讓"氏。
② "況"在《廣韻》"四十一漾",錢氏《校勘記中》誤排在"四十二宕",今移正。
③ 盎　《四庫》本原注:"於浪切。"

党

《集韻》作党，丁浪反，又音黨[①]。本出西羌，姚秦將党耐虎，代爲羌豪。又羽林監党成，後居華陰。吴平男党娥，後居同州。

伉[②]

《姓纂》曰：《風俗通》，漢有中大夫伉書。謹按《後漢書》注：《風俗通》曰："衛大夫三伉之後。漢有伉喜，爲漢中守。"乃"抗"字。

亢

唐韋臯鎮蜀，有部將亢榮朝，以兵破吐蕃。

阬

魯大夫氏。《左傳》："司馬牛卒於魯郭門外。"阬氏即其家也。

曠

《風俗通》云：師曠之後。

宋潭州曠元則，生用宗。用宗生無忌。無忌生湜，字次淵，紹興二年進士。

抗

丹陽抗氏。《後漢·度尚傳》：烏程東鄉侯抗徐，字伯餘。

---

①《四庫》本原注："案原本作'党'，《廣韻》不載此字。'党'係'黨'俗字，今改爲'党'字，與《集韻》同。"

② 伉 《四庫》本原注："音抗。"

古今姓氏書辯證卷三十四

四十三映

敬

宋廟諱[①]，從苟從攴。苟，紀力反；攴，普木反。避諱之字曰恭。出自嬀姓。陳厲公子完奔齊，謚敬仲，子孫以謚爲氏。或曰齊高傒，敬仲之後。唐宰相、五王暉，《世系表》載蒲坂敬氏[②]甚詳。《姓苑》云"黄帝孫敬康後"，誤矣。秦、漢以前無此氏。宋避諱改爲苟氏及文氏，又不勝其誤。政和中，有詔改爲恭氏。唐平陽王暉之後，綏州刺史琬，生忻，同州掾。忻生衮，某州刺史。衮生翔，梁崇政使。又唐河東節度使[③]昕。弟暉[④]，右散騎常侍；晦，太子賓客。

慶

出自姜姓。齊公族大夫慶克，以王父字爲氏。又嬀姓，陳桓公五世孫，亦爲慶氏，皆具《春秋人譜》。至漢廣陵慶氏，猶出姜姓。

---

① 宋廟諱　殘宋本作"翼祖"。翼祖爲趙匡胤祖父，名敬。

② 蒲坂敬氏　蒲坂，今本《姓纂》卷九《四十三映·敬》作"平陽"。

③ 河東節度使　據吴廷燮《唐方鎮年表》卷四《河陽》考，會昌三年河南尹敬昕爲河陽節度使，此作"河東"應誤。

④ 暉　錢氏曰："案《唐·世系表》作'皞'。"今按：今本《姓纂》敬氏亦作"皞"，此應誤。

孟

出自姬姓。魯桓公生仲慶父,世爲魯卿,謂之仲孫氏。古謂庶長爲孟,故又曰孟氏。孟軻之後,世居高密。晉分高密置平昌郡,因爲平昌安丘人,此平昌孟氏也。《姓源韻譜》曰:洛陽孟氏:晉孟欽有左慈之術,苻融欲誅之而不得。孟嘉九月九日登龍山賞宴,風落其帽。

東海孟氏:漢孟卿,以學顯名。

鉅鹿孟氏:漢孟敏,嘗於太原荷甑,墜地不顧,郭林宗因勸之令學,後官至太尉。晉有幽州刺史孟業,肥大,帝秤之,重千斤。又宋有左僕射孟昶,弟顗,亦爲左僕射。

武康孟氏:後凉有昌松太守孟禕。

安平孟氏:魏有京兆太守孟康,嘗至郊界觀農桑,自刈芻飼馬,不煩於人。

江夏孟氏:晉孟宗嘗爲令[①],自作鮓寄母,又冬泣竹而筍生。《姓源韻譜》載孟氏七望,皆詳明可據,他姓未能稱是,故盡録之。

博州孟氏:少府監濟。淄州孟氏:度支郎中、集賢校理恂。河南河清孟氏:左騏驥使辨。又諸郡庫部員外郎孟奇、孟肅之,虞部員外郎孟槩、孟東之、孟規,大理寺丞孟齊,左拾遺直史館孟知化。駕[②]。

柄

《姓源韻譜》曰:泰山[③]下邑名,居者因以爲氏。

---

① 令　殘宋本作“池監”。

② 駕　此“駕”後應有脱文。

③ 泰山　殘宋本作“春山”。

慶父

《世本》曰：魯大夫慶父之後，有慶父籍，爲楚工正。

慶忌

《姓苑》：吴王子慶忌後爲氏。又有慶師氏。

孟獲

《吕氏春秋》齊力人孟獲，後有孟獲氏。謹按：孟獲即烏獲也。

慶師

四十五勁

正

《姓苑》曰：出自正考父之後，以字爲氏。名世謹按：《漢書·郊祀志》，燕人正伯僑，秦始皇時爲僊方。《京房傳》：秦人正先非，刺趙高而死。魏有永昌太守正帛。

聖

《姓源韻譜》曰：八愷隤敳謚聖，後世氏焉。

鄭

出自姬姓。周厲王少子威公友受封畿内，爲鄭伯[①]，今華州

---

① 少子威公友受封畿内　今本《姓纂》卷九《四十五勁·鄭氏》作“周厲王少子受封於鄭，是爲桓公”；《新唐書》卷七五上《宰相世系表·鄭氏》同。岑校曰：“《新表》七五上及《庫》本均作‘友’，《備要》八及《類稿》四七引‘少子友受’，是也。”則此作“友受”無誤。

鄭縣是也。威公生武公[①],與晉文侯[②]夾輔周室。平王東遷于洛,鄭徙溱、洧之間,今河南新鄭是也。十三世至幽公,爲韓所滅。子孫播于陳、宋,以國爲氏。幽公生公子魯。魯六世孫榮,號鄭君,生莊,字當時,漢大司農,居滎陽開封。當時五代孫稺[③],徙河間[④]。至燕,太子詹事溫,生四子[⑤]:濤,居隴西;曄,後魏建威將軍,號北祖;恬,號中祖;蘭[⑥],號南祖。曄七子[⑦],白麟、胤伯、叔夜、洞林、歸藏、連山、幼麟,因號七房。鄭氏世系具《唐·宰相表》。

又北齊中書監鄭述祖,兄弟嚴祖、遵祖、順祖、敬祖,五人並爲甲門,遂稱"五祖鄭氏"。又述祖與父道昭,皆爲光州刺史,民歌

---

① 威公生武公 《新表·鄭氏》作"周厲王少子友封於鄭,是爲桓公,其地華州鄭縣是也。生武公",與此異。據今本《姓纂》岑校:"羅(振玉)校云:'威公即桓公,前稱桓公,後稱威公,殊非。'余按《備要》八及《類稿》引文均無'威公'字。"

② 晉文侯 今本《姓纂·鄭氏》作"晉文公",岑校以爲應從《尚書》作"晉文侯"。

③ 五代孫稺 《新表·鄭氏》當時後有韜、仲、房、季、奇,至稺爲六代。

④ 徙河間 《新表·鄭氏》與此異,曰:"漢末自陳居河南開封。晉置滎陽郡,遂爲郡人。"然趙超《新表集校》卷五《鄭氏》以《表》中上文爲衍誤。兩存之。

⑤ 至燕太子詹事溫,生四子 《辯證》溫四子次序爲濤、曄、簡、恬;然今本《姓纂》鄭氏條作"楚生溫",又曰"生三子:曄、恬、蘭",無濤;《新表·鄭氏》則曰稺十二世孫豁生溫,"豁,字君明,燕太子少傅、濟南公"。《辯證》此據未詳,或有脱誤。存之。

⑥ 蘭 今本《姓纂》、《新表·鄭氏》均作"蘭",岑校據《魏書》卷五六《鄭羲傳》,字幼麟,叔父簡,則此作"蘭"誤。

⑦ 曄七子 今本《姓纂》曰曄七子:白麟、小白、叔夜、洞林、歸藏、連山、幼麟,因號"七房鄭氏",與《辯證》異者,無胤伯;岑校曰:《新表》以"小白爲七子之父,多出一代","小白,宋本《辯證》作'胤伯',即'胤伯'之諱改,是鄧氏又誤混父子爲一人矣";《新表·鄭氏》則作"曄生中書博士茂,一名小白,七子:白麟、胤伯、叔夜、洞林、歸藏、連山、幼麟,因號'七房鄭氏'",與《姓纂》迥異者,曄即小白,生七子;趙超《新表集校》訂訛曰:"曄固無七子,而小白尤無七子也。"小白子應只胤伯一人。二説可參。

曰:"大鄭公,小鄭公,相去五十載,風教猶尚同。"隋鄭法倫父子工畫,亦曰"大鄭公"、"小鄭公"。開元中,鄭齊景、齊丘、齊望兄弟三人,皆爲著作[①]。

性

《姓苑》有性氏。

姓

《集韻》曰:"古之神聖母,感天而生子,故稱天子。"《春秋傳》"古天子因生賜姓",故从女、从生。謹按:《漢書·貨殖傳》,臨菑姓偉,貲五千萬。師古曰:"姓姓,名偉。"

盛[②]

《元和姓纂》曰:周同姓國,爲齊所滅。《穆天子傳》:盛,姬之國也。《公羊傳》曰:"成降于齊師。成者,盛也。諱滅同姓,故言成也。"漢有司徒盛吉,即盛國之後,以國爲氏。吉裔孫,後漢北地太守苞、吴郡太守憲。憲,字孝章,始居譙郡虞城。晉有孝子盛彦,又居廣陵。唐人孔至曰:譙郡盛氏,其先太姜,生季歷。季歷娶太任,生文王,名昌。子召公,名奭,使輔成王,爲西伯。化流召南,廣被江漢,由是興周,隆七百之祚。召公夫人姜氏,出游池上,見二黑龍交會,舉目視之,欲然不樂。即有娠,而生一子,手中有文字炳然,即盛字。長年十八,封爲譙侯,因爲望焉。《韻譜》曰:"其先姓奭,後改爲盛。"謹按:《韻譜》之説,與孔至合而小異,起於漢元帝名奭,諱奭之字曰盛,妄意古人有名字同者,指召康公爲商人,商人

---

① 著作　錢氏曰:"案'著作'下疑脱'郎'字。"

②《四庫》本以盛、夐、令爲序,錢氏校本據《廣韻》以令、夐、盛爲序。今仍《四庫》本舊序編次。

尚質，名字皆當曰奭，而奭訛爲盛，誤矣。今以《元和姓纂》爲正。

夐

出《姓苑》。

令

名世曰：《漢紀》文帝後六年，匈奴入上郡，以中大夫令免爲車騎將軍，屯飛狐。師古曰：姓令，名免也。

政[①]

出《姓苑》。

正令

漢有尚書郎正令宫。《元和姓纂》曰：其先《周官》儀僕，掌貳車正令，氏焉。

竟

出《姓苑》。

竸

《姓纂》：楚大夫以所食邑爲竸氏。

四十六徑

甯

《元和姓纂》曰：出自姬姓。衛康叔之後。武公生季亹，食采於甯，其地懷州修武縣是也。季亹弟頃叔，生跪，以邑爲氏。跪孫速，謚莊子。莊子生武子俞。俞生惠子殖。殖生悼子喜。代爲衛卿，謂之九世卿族。齊桓公之相有甯戚。周威王之師有

① 此條錢氏校本據《廣韻》移置於正氏之上，今仍《四庫》本舊序編次。

甯越。

唐貞觀所定青州齊郡四姓,一曰甯氏。又西原蠻豪有甯氏。

四十七證

乘

名世曰:《漢書·儒林傳》,乘弘治《易》爲博士。注:音食證切。諸家誤作平聲。今望出平陽。

乘馬

《前漢·周勃傳》:勃斬陳狶將乘馬降①。師古曰:姓乘馬,名降。乘音尺孕反。漢有張掖人乘馬敷。《溝洫志》有諫大夫乘馬延年,明計算,能商功利。

乘丘

名世曰:《漢·藝文志》有《乘丘子》五篇,注曰:六國時人。謹按:《春秋》魯莊公十年,敗宋師于乘丘。乘丘,魯地也。姓書②未有此氏,今增入。

四十八嶝

鄧

出自子姓。商高宗武丁,封其季父於河南,爲鄧侯,别賜姓曼。春秋時,楚武王、鄭莊公皆娶鄧女,謂之夫人鄧曼。而鄧侯吾

---

①《四庫》本原注:"按《史記》作'乘馬絺',《漢書》作'降'。"

② 姓書　錢氏校本作"《姓纂》"。陶敏《元和姓纂新校證》卷九《四十七證·乘邱》曰:"卷三'壺邱'下有'乘邱'之文,然原無'乘丘'標目。"則錢説亦通。

離,嘗一朝魯。魯莊公十六年,楚文王滅鄧祁侯,子孫以國爲氏,而仕楚,君子稱鄧廖爲楚之良是也。廖裔孫析,仕鄭。漢初,謁者僕射鄧公,絳侯故人鄧都尉,猶爲楚人。漢之中世,鄧況始自楚徙居南陽新野,子孫以農桑爲業。

光武時,有車騎將軍宏,建威將軍尋,復漢將軍曄,渤海太守、鄳侯邯,廷尉、西華侯晨,太傅、高密元侯禹,禹子、平壽敬侯訓,生和熹太后。鄧氏自中興後,累世寵貴,凡侯者二十九人,公二人,大將軍以下十三人,中二千石十四人,列校二十二人,州牧郡守四十八人,其餘侍中、將、大夫、郎、謁者,不可勝數。其世系具《後漢書》。

訓孫晉。永嘉亂,居丹陽。陳亡,徙長安。裔孫乾,隋安成太守。乾曾孫暠,唐魏州刺史、臨川公。暠孫惲,尚書左丞[①]、淮陽子,生汪、冲及比部員外郎洋、杭州刺史温。

安定鄧氏:騭七代孫、晉武威太守艾,徙安定。艾孫羌[②],苻秦并州牧、左僕射。羌裔孫素,唐兵部郎中、南陽伯,又居藍田。素子玄挺,吏部侍郎。其宗人曰唐著作郎行儼。

洛陽鄧氏:唐尚書左丞景山,爲揚州刺史。

平陽鄧氏:晉僕射攸,字伯道,始居平陽。

---

① 暠孫惲,尚書左丞　惲,今本《姓纂》卷九《四十八嶝·鄧氏》作"憚",岑校已校正,應作"惲";尚書左丞,今本《姓纂》作"刑部尚書",岑校以[唐]路敬淳《懷州河内縣魏夫子祠碑》中"秋官尚書、檢校懷州刺史南陽鄧府君"即鄧惲,則作"刑部尚書"是。

② "安定鄧氏"至"艾孫羌"　今本《姓纂·鄧氏》作"騭七代孫晉生武威太守",岑校曰:"宋本《辯證》作'七代孫晉武威太守艾'。按三國末之鄧艾,未嘗仕晉,亦未爲武威太守。考《全文》二六五李邕《鄧天師碣》,'晉有武威太守世龍',依次詳之,'生'字當衍,'太守'下脱'世龍'兩字。"又,"艾孫羌",今本《姓纂》作"子羌";岑校以鄧艾孫無名羌者,疑《辯證》此支文字闕脱衍誤並存。

襄陵長沙鄧氏:晉荆州刺史粲,爲桓冲别駕。

陳郡鄧氏:晉廣州刺史遐,有勇力,襄陽河北水有蛟,害人,遐拔劍入洲,蛟繞其足,截蛟數段。

宋成都鄧氏:太常丞致仕、贈太師至,生綰,字文約,歷御史中丞、龍圖閣學士、中大夫、知滁州,贈太師,有傳。二子:洵仁、洵武。洵仁,某軍節度使、開府儀同三司①。洵武,字子常②,觀文殿大學士、知樞密院事,生雍,字處和,吏部侍郎。

鄧陵

邵氏《姓解》曰:楚公子食采鄧陵,氏焉。《韓子》有鄧陵子。謹按:《莊子·天下篇》有南方墨者鄧陵子。《音義》曰:鄧陵,人姓。

四十九宥

右③

《元和姓纂》曰:"晉屠擊將右行,因氏焉。"謹按:左公子之後爲左氏,則右氏亦右公子後。《姓纂》以爲右公氏,故取屠擊爲證。

祐

出《姓苑》。

---

①《四庫》本原注:"按《宋史·鄧綰傳》,子洵仁,大觀中爲尚書右丞。"

② 子常　殘宋本作"子能",據《宋史》卷三二九《鄧洵武傳》"洵武字子常",知此無誤。

③ 右　今本《姓纂》卷九《四十九宥·右》同,然岑校曰:"《通志》此文附右行氏,是也。"詳見姓下考證。

富

名世曰:《左傳》周大夫富辰後。《漢·虞延傳》有太守富宗。後秦尚書郎富允,以儒術侍講東宫。唐晉陽尉富嘉謨,陳留人。舊姓書云:魯大夫富父終甥之後,亦單姓富。誤矣。

宋河内富氏:贈工部侍郎伯瑫,六子:處謙、紹麟、紹宗、南歸、紹鐳、紹鈞。處謙,内黄令,贈太師,中書令兼尚書令,鄧國公。生令荀,一名竦,商州馬步軍都指揮使,贈太師,中書令兼尚書令,韓國公。三子:言、堯、相。言,都官員外郎,贈太師,中書令兼尚書令,秦國公。生弼,字彦國,歷相三朝,開府儀同三司,守司徒,武寧軍節度使、同中書門下平章事,致仕贈太師,謚文忠公。

俞

《姓苑》曰:漢有俞連。《吴志》:孫韶伯父何,本吴人,姓俞。《集韻》曰:俞音胄,姓也,丑救切。武陽高棐曰:一畫爲俞,音餘,平聲;兩畫爲俞,音胄,去聲。今衡州有此氏,乃音丑,蓋音變也[①]。

廖

出自周王子伯廖之後,一云古飂叔安後。秦昭王時,巴夷廖仲作白竹之弩,射殺白虎。漢有鉅鹿太守廖顗。

襄陽廖氏:蜀有[②]中鄉侯廖化。

武陵廖氏:漢有桂陽太守廖初[③],長沙太守[④]廖立。

唐末,廖光圖作《廖氏家集》一卷。今三峽、閬中皆有此姓。謹按《後漢書·更始傳》,平林人陳牧、廖湛,注曰:廖,力弔反。

---

①《四庫》本原注:"按《元和姓纂》有俞氏,亦引此,俞、俞疑即一氏。"

② 蜀有　今本《姓纂》卷九《四十九宥·廖》作"《蜀志》有",是。

③ 廖初　今本《姓纂》作"廖祁",岑校考作"廖祈",此或形近致誤。

④ 長沙太守　今本《姓纂》作"侍中,長水校尉",與此異。

今世廖皆音料。舊姓書多作力救反,誤矣。

宋南劍州廖氏:剛,字用中,歷給事中、御史中丞、工部尚書,罷爲左朝奉大夫、提舉江州太平觀[①]。生遲,左承事郎。又左文林郎拱,字欽辰。又景生彧。彧生器。器生揆,政和八年上舍。元生禔。禔生奬。奬生瑜,字中美。仲權生文宥,文宥生洙,洙生邦彦,字世美,並建炎二年進士。

建昌廖氏:職方郎中詢,生正臣。正臣生震。震生容,字季常,宣和三年進士。

連州廖氏:繼華,生永理,奉議郎。永理生玖,朝奉郎。玖生顒,紹興十五年進士。

荆門軍廖氏:徹生從。從生正仲。正仲生好義,政和五年上舍。

安州廖氏:正一,字明署,承議郎、祕閣校理,生悟。

秀

出《姓苑》。

就

河南就氏:《後漢·官氏志》[②]:菟賴氏改爲就氏。梁中大通元年,有營州就德興,請降於魏。

壽

《風俗通》:吴王壽夢之後有壽越。又有壽於姚。漢末,兖州牧壽良。又《方術傳》有壽光侯,能劾百鬼。晉太僕壽冲,尚書壽悦。宋有將軍壽寂之。《韻譜》曰:漢有壽王議周鼎。誤矣,壽王

①《四庫》本原注:"按《宋史》本傳作提舉亳州明道宫,子四人,皆秉麾節,而此云生遲,左承事郎,爵位懸殊,疑有脱誤。"

②《後漢·官氏志》《後漢書》無《官氏志》,此"漢"字或爲"魏"之訛。

乃吾丘氏。

宥連

《後魏·官氏志》:南方有宥連氏,改爲雲氏。

副吕

《河南官氏志》:後魏副吕氏,改爲副氏。

富陵[①]

代北複姓,出《後魏·官氏志》。

富吕

代北複姓,出《後魏·官氏志》。

廖叔

古廖叔安之後。秦惠公大夫有廖叔翹[②]。

副

授

皆出《姓苑》。

救

《風俗通》曰:漢有諫議大夫救仁。

① 殘宋本"富陵"與下"富吕"二氏作一條,總云"皆虜複姓";今《四庫》本分作兩條,"皆虜"改"代北"。

② 錢氏校本此條首有"《元和姓纂》曰"五字;另,"秦惠公大夫有廖叔翹",殘宋本作"秦惠王有大夫廖叔翹",稍異。[清]張澍《姓韻》卷七五《去聲·十八嘯》"廖叔氏"引《姓譜》作"秦惠公時有廖叔翹",亦作"惠公"。今本《姓纂》卷末附録四《羅輯姓纂佚文删定補正記·去聲·四十九宥》依殘宋本《辯證》補此句。

炙、厩、胄、舊
皆出《姓苑》。

晝
《風俗通》：齊大夫食采晝邑，氏焉。

富父
魯有富父終甥、富父槐。

飂
古飂國君叔安後。

繡
《漢・遊俠傳》有東嶺繡君賓。

糗
《風俗通》：漢有糗宗，爲嬴長。

五十候

候
《周禮》候人掌其方之道治[①]，因以爲氏。

茂[②]
孔至《氏族雜録》曰：代北茂眷氏，改爲茂氏。

---

① 道治　殘宋本作"道里"。考《周禮注疏》卷三〇《候人》曰："候人各掌其方之道治，與其禁令，以設候人。"則此無誤。

② 此條文字又見《辯證》卷三二《三十三線・眷》，曰："代北茂眷氏，改爲眷氏。""茂眷氏"乃"莪眷氏"之訛（詳見本書卷三二眷氏條校勘記），鄧氏此又作茂姓，隸"五十候"韻目下，未詳所本，存之。

鄮[①]

越人以郡爲姓,明州鄮縣是也。東漢[②]有鄮孜。

豆

後魏有將軍豆世田、豆代田[③]、豆本出,並見《魏書》。

竇

出自姒姓。夏后氏帝相失國,其妃有仍氏女,方娠,逃出自竇,奔歸有仍,生子少康。少康二子,曰杼、曰龍,留居有仍,遂爲竇氏。龍六十九世孫鳴犢,爲晉大夫,葬常山。及六卿分晉,竇氏遂居平陽。鳴犢生仲,仲生臨,臨生亶,亶生陽,陽生庚,庚生誦,二子:世、扈。世生嬰[④],漢丞相、魏其侯也。扈二子:經、充。經,秦大將軍,生甫,漢孝文皇后之兄也。充,避秦之難,徙居清河,二子:長君、廣國。廣國,字少君,章武景侯,二子:定、誼。誼生賞,襲章武侯。宣帝時,以吏二千石徙扶風平陵,其後世系具《唐・宰相表》。

後秦南羌竇鴦[⑤],以地來降,拜安西將軍。又安南强熙等叛,推竇衝爲主,衝弟彰武,與衝離貳,衝遂奔汧川。衝從弟統,率其衆降姚興。又大司農温。後凉强弩將軍竇苟。吕纂親將竇川。

鬬

出自芈姓。楚若敖娶䢵女,生伯比,别爲鬬氏。伯比生令尹

---

① 鄮 《四庫》本原注:"音茂。"

② 東漢 殘宋本作"東苑",應誤。

③ 豆代田 殘宋本無"田"字。今按:《魏書》卷三〇有《豆代田傳》,此無誤。

④ 世生嬰 《新唐書》卷七一上《宰相世系表・竇氏》同。趙超《新表集校》卷一《竇氏》引《史記》卷一〇七《魏其武安侯列傳》"父世觀津也"及《索隱》"言其累葉在觀津,故云父世",謂"世生嬰"誤。可備一説。

⑤ 竇鴦 殘宋本作"竇鴛"。今按:《晉書》卷一一六《姚萇載記》有南羌竇鴦率户來降事,此無誤。

子文、司馬子良，其後世爲楚令尹及縣公。世系具《春秋人譜》。

漏

《姓苑》曰：世掌刻漏之官，因爲氏焉。今吴興有此姓。

句[①]

上嫌名，居候切。《華陽國志》曰：王平、句扶、張翼、廖化，並爲大將軍，時人語曰：前有王、句，後有張、廖。今句氏望出平陽。東都士大夫言其先仕蜀，爲句邑大夫，因以命氏。今成都嘉州皆爲盛族。亦有徙長安或高郵者。近世避諱，有改爲勾龍氏者，有從金爲鉤氏者，有從絲爲絇氏者。

竇公[②]

《風俗通》曰：魏文侯時，樂人竇公氏，獻《古文樂詩書》一篇。

豆盧

本姓慕容氏。燕主廆弟西平王運，生尚書令、臨澤欽侯制。制生右衛將軍、北地愍王精。精降後魏，代北人謂歸義者爲豆盧，因賜姓豆盧氏，居昌黎棘城。唐宰相欽望，世系具《唐表》。後唐莊宗相豆盧革，有傳。

茂眷[③]

孔至曰：後魏改爲茂氏。

---

① 錢氏據《廣韻》移此條置漏氏條之上，今仍《四庫》本舊序編次。

② 錢氏校本據《廣韻》，以茂眷、戊地、豆盧、竇公、鬬比、鬬强、鬬文、鬬班、鬬于爲序，今仍《四庫》本之舊序編次。

③ 茂眷　《辯證》卷三二《三十三線・眷》有"代北茂眷氏，改爲眷氏"；本卷前有"茂"姓，隸"五十候"韻目下，此又作"茂眷"，未詳所本，或誤。

鬭比

《英賢傳》云:鬭伯比孫耆仕晉,因氏焉。

鬭强

若敖生强,因氏焉。謹按:此氏即《左傳》所謂“鬭御彊”也。

鬭文

鬭子文之後,爲鬭文氏。

鬭班

《世本》:鬭强生班,因氏焉。

鬭于

出《姓苑》。

戊地

《唐·西域傳》:康居九姓,一曰戊地。

貿

《姓苑》曰:東莞人。

鏤

《姓苑》:今遼東有鏤氏。

寇

《姓源韻譜》曰:馮翊寇氏:出自己姓,黄帝之後。蘇忿生爲周武王司寇,以官爲氏。末孫閲,爲魏散騎常侍。浚儀寇氏:與馮翊同出,有黄帝陰符道士寇謙之。上谷寇氏:自衛康叔爲司寇,秦并六國,衛君角居上谷之平昌,後爲氏。漢有雍奴侯寇恂。唐有兵部侍郎寇泚。河南寇氏:後魏若口引氏改焉。

鬭門

《世本》曰:陳鬭父之後爲氏。楚大夫有鬭門陽。

五十一幼

謬

後漢有謬肜,亦作繆。今望出蘭陵。

五十二沁①

禁

《姓苑》曰:吴興人。

五十三勘②

贑婁

《漢·藝文志》:齊隱士贑婁子,著書五篇。

五十四闞

闞

名世謹按:《春秋》,闞邑在齊、魯間,魯昭公在乾侯取闞是也。齊大夫食邑者,氏焉。悼公時,闞止字子我,爲卿。吴侍中闞澤。唐有闞稜。

---

① 五十二沁　此韻目係據殘宋本補,然作“五十三沁”,據《廣韻·去聲卷第四》,誤。今徑改之。

② 錢氏校本“贑婁”在“五十一幼”下;據《廣韻·去聲卷第四》,《四庫》本此作五十一幼、五十三勘,是。

淡

《姓苑》云:臨川人。謹按:今臨川有此氏。

五十六㮇

念

西魏太傅、安定公念賢,代人。賢子華,合州刺史。望出河南。

五十九鑑

監

《元和姓纂》曰:"衛康叔爲連屬監,因以爲氏。"姓書皆以爲去聲,今兩存之。《風俗通》:"衛康公爲連屬監,其後氏焉。"[①] 孟昶時,蜀有興州刺史監思綰。

六十梵

汎[②]

《北史·尒朱榮傳》:魏莊帝時,榮奉駕向洛陽宫,武衛將軍汎禮苦執不聽,榮遷都。又漢末陳宫,使將汎嶷取范,范令漸允[③]殺嶷,以歸曹公。

姓書未有汎氏,今增入。

---

① 今本《姓纂》卷九《五十九鑑·監》曰:"《風俗通》云衛康叔之後。"則此與前《姓纂》引文重複。

② 汎 《四庫》本原注:"音泛。"

③ 漸允 殘宋本作"靳允";據《三國志》卷一四《魏書·程昱傳》,應作"靳允",《辯證》此誤。

古今姓氏書辯證卷三十五

入　聲

一屋

屋

《後魏·官氏志》:屋引氏改爲屋氏[①]。

穀

春秋穀伯綏之後,國在南鄉筑陽縣北,唐時爲均州,子孫以國爲氏。齊有大夫穀梁。

谷

漢衛司馬谷吉,世居長安,生永,爲大司農。靈帝時,又有鬱林太守谷永。後魏有昌黎谷楷。

唐有馬璲大將谷秀。河南谷氏:後魏谷會氏改焉。《熙寧姓纂》:魏昌樂谷氏,唐諫議大夫、弘文館學士谷那共[②],孫倚相,爲秘書省正字。生崇儀,右金吾衛大將軍。生從政。

---

① 屋氏　《魏書》卷一一三《官氏志》載:"屋引氏,後改爲房氏。"與此異。

② 谷那共　《舊唐書》卷一八九、《新唐書》卷一九八《儒學傳》有谷那律傳,曰:褚遂良稱爲"九經庫",遷諫議大夫,兼弘文館學士,此作"谷那共",誤。

秃

《國語》:祝融後八姓,一曰秃,封于舟人,周滅之。

甪①

見吕静《集韻》②。四皓有甪里先生。有甪氏,亦爲甪里氏。謹按:崔偓佺罷肥鄉主簿時,太宗皇帝聞其有學問,召問曰:"'四皓'中一先生,姓或以爲'用'上一撇,或以爲'用'上一點。"偓佺對曰:"秦程邈撰隸書,訓僕隸,貴易使也,因此世傳之字與古不同。臣聞刀爲角,兩點爲甪③,音鹿。一點、一撇,皆不成字。"謹按:《説文》:角,獸角也,象形。《漢・律曆志》:角,觸也;物觸地而出,戴芒角也。又曰:角音④斛。《詩》:"麟之角,振振公族。"《東方朔傳》:"臣以爲龍又無角,謂之爲蛇又有足。"《董仲舒傳》:"予之齒者去其角,傅其翼者兩其足。"《朱雲傳》:"五鹿嶽嶽,朱雲折其角。"《太玄》一與木叶,一與辱叶,一與族叶,三與足叶,並盧谷切,本止一字,後世又作訖岳切耳。偓佺之説非也。嶽,虞欲切。後漢有甪若叔⑤。

禄⑥

河南禄氏:後魏骨咄禄氏改焉。唐涇陽有此姓。《姓纂》云:"出紂子禄父後。"誤矣。

---

① 甪 《四庫》本原注:"音禄。"

②《集韻》《隋書》卷三二《經籍志》:"《韻集》六卷,晉安復令吕静撰。"此倒誤。

③ 甪 據文意,此字疑誤,當作"[illegible]"。

④ 音 殘宋本作"於"。

⑤ 後漢有甪若叔 殘宋本無此六字。

⑥ 錢氏以爲禄氏、骨咄禄氏爲一姓,錢氏云:"今本分兩條,以骨咄禄氏入'十一没',而文與'禄氏'並同,贅矣。"

鹿

其先趙大夫,食采五鹿,因氏焉。《戰國策》有鹿毛壽,嘗説燕王噲遜位子之。漢有巴郡太守鹿旗,因家焉,望出巴郡。又《官氏志》:鹿桓阿鹿孤氏,後改爲鹿氏①,望出河南。赫連勃勃有平東將軍鹿奕子②。南凉鹿嵩,爲文武之秀傑。

宋陳州項城鹿氏:益州司户參軍元昌,生正倫,西頭供奉官。正倫生經。經生敏求,字好古,紹聖元年進士。

录

《集韻》曰:人姓,音録。

鏃

《姓苑》曰:子木反,彭城人亦作鋜。

鎐③

《姓解》曰:天口切④。

卜

《元和姓纂》:"《周禮》卜人,因官爲姓。"《風俗通》曰:氏於

---

① 鹿桓阿鹿孤氏,後改爲鹿氏　錢校曰:"今《官氏志》有阿鹿桓氏,後改爲鹿氏,無阿鹿孤氏。"今按:《魏書》卷一一三《官氏志》載:"阿鹿桓氏,後改爲鹿氏。"錢説近是,則此"鹿桓阿"應爲"阿鹿桓";"鹿孤氏"之"孤"字或衍。然《通志二十略·氏族略第一·代北三字姓》曰:"步鹿孤氏,改爲鹿氏。……阿鹿桓氏,改爲桓氏。"或《辯證》此將鹿氏、桓氏相混淆,又有脱衍。兩存之。

② 鹿奕子　殘宋本作"鹿奕于"。《晉書》卷一三〇《載記·赫連勃勃》曰:"勃勃遣其將平東鹿奕于要擊之,執詳,盡俘其衆。"此"子"乃字畫之誤,應作"于"。

③ 鎐　《四庫》本原注:"音鏃。"

④《四庫》本原注:"案鎐,《韻字》作'鋜'。《急就篇》鎐氏出《彭城集》。"

事者,巫、卜、陶、匠是也。春秋魯有大夫卜齮,魯莊公車右卜國,仲尼弟子卜商,漢御史大夫卜式。今望出衛國。劉聰之臣有卜珝[①]、卜抽、卜崇、卜幹、卜泰。

河南後魏須卜氏,改爲卜氏。唐開元中有處士卜隱之。又富陽尉卜長國。

木

廣平木氏:本姓端木,因避難改焉。晉有木華,一名廓,字玄虛,著《海賦》,嘗爲楊駿主簿。又有木槩,撰《戰國春秋》三十卷。前燕光壽末[②],兵集鄴城,盗賊互起,每夜攻劫,晨昏斷行,捕誅賊首木骨和等百餘人,乃止。

唐百濟大臣八姓,其一曰木氏。

沐

漢東平太守沐寵,因官家焉,自云端木賜之後,避難改姓。魏有循吏議郎沐並。後魏有僕射沐堅[③]。又望河間。今詳《説文》。沐水在青州,然或以水氏。

福

《唐·突厥傳》:武后遣將軍、嵎夷公福順富爲總管。

幅

出《姓苑》。

---

① 卜珝　錢氏云今本脱此二字。今按:《晉書》卷九五《卜珝傳》,卜珝事劉聰;同書卷一〇二《劉聰載記》載"冠威卜抽監守東宫",則卜珝、卜抽並爲劉聰之臣,故將殘宋本卜珝置卜抽前。

② 壽光　《四庫》本原注:"案慕容儁僭位,改元光壽。此悮。"

③ 後魏有沐堅　今本《姓纂》卷一〇《一屋·沐》"後魏"作"石趙"。陶敏《元和姓纂新校證》考沐堅仕石趙,未爲僕射。此應誤。

伏

名世曰:出自風姓。伏羲之後,以號爲氏。漢濟南伏生,名勝,字子賤。四世孫孺,客於琅邪東武,因家焉。伏孺生理[①],字君游,爲高密太守[②],以《詩》授成帝,故《齊詩》有伏氏學。理生大司徒、陽都侯湛,字惠公。湛生隆、翕、咸[③]。隆字伯文,光禄大夫,子瑗,爲郎中。翕生光。光生晨,位特進。生屯騎校尉無忌,采集古今,爲《伏侯注》八卷。無忌生大司農質,質生完,皆嗣陽都侯。自伏生以後,世傳經學,清淨無競,故東州號爲"伏不鬬"。湛同産兄弟[④]恭,字叔齊,爲司空。

洛陽伏氏:子成,爲晉平北將軍姚襄左部帥。

復

《漢·年表》有昆侯復纍[⑤]。

服

周内史叔服之後,以字爲氏。漢江夏太守服徹。後漢九江太守服虔,注《漢書》。舊望江夏,今望西平。

---

① 四世孫孺……伏孺生理　據此則理爲伏生五世孫,然今本《姓纂》伏氏條作"勝七代孫理",岑校考理爲勝八世孫,與此異。

② 高密太守　今本《姓纂》伏氏條同;本卷同韻目伏侯條、殘宋本均作"高密太傅"。據《漢書》卷八八《儒林傳》:"理高密太傅,家世傳業。"此作"太守"應誤。

③ 咸　據《後漢書》卷二六《伏湛傳》,湛二子:隆、翕,無名"咸"者。未詳《辯證》所據,或爲衍文。

④ 兄弟　錢氏曰:"殘宋本作'兄子'。"今按:《後漢書》卷七九《儒林傳·伏恭》:"伏恭字叔齊,瑯邪東武人,司徒湛之兄子也。"殘宋本應是。

⑤ 昆侯復纍　《四庫》本原注:"案《漢·功臣表》作'昆侯渠復纍'。"

澓

漢東海澓仲翁，爲宣帝師。服虔曰：澓音馥。師古曰：房福反。

縮

《古今人表》有縮高，安陸人，能辭大位以全父子之義。

陸

出自嬀姓。田完裔孫、齊宣王少子通[①]，字季逵[②]，封於平原般縣陸鄉，即陸終故地，因以氏焉。通謚曰元侯，生恭侯發，爲齊上大夫。發二子：萬、皋。皋生邕，邕生漢太中大夫賈。萬生烈，字伯元，吴令、豫章都尉。既卒，吴人思之，迎其喪，葬于胥屏亭，子孫遂爲吴郡吴縣人。其後有潁川枝、荆州枝、丹徒枝、樂安枝、魚圻枝、諫議枝、侍郎枝，世系具《唐・宰相表》。

河南陸氏：出自代北，世爲君長，爲部落大人，號"步六孤氏"。魏孝文太和二十年，遷洛陽，改爲鹿氏，與穆、奚、于、賀、劉、婁、尉爲"北人八族"。

謹按：吴陸氏三相、五侯、將軍十餘人。又吴郡陸英，英子玩，玩子始，始子萬載。萬載子子真，五世爲侍中。又南齊陸慧遠、慧徹、慧曉、慧恭[③]，皆子真之子，房望最高，時人稱"非四慧之子孫，不得稱望族也"。

---

① 齊宣王少子通　今本《姓纂》卷一〇《一屋・陸》作"齊宣王封少子通"，與此稍異。

② 錢氏曰："案《唐・世系表》'逵'作'達'。"

③《四庫》本原注："案《唐・世系表》'慧'俱作'惠'。"今按：古"慧"、"惠"常混，兩存之。

後魏大將軍、河南陸俀，封惠平王[①]，子麗，封平原王，子定國，封東都王[②]。陸氏三世封王。

唐初，定河南陸氏舊在乙門。唐陸元方與子象先、景融，景融子禹錫、翹[③]，三世皆爲中書舍人[④]。

麴

鞠氏之先，至漢有鞠潭，生閟，避難湟中，因居西平，改姓麴氏。漢有麴義。晉侍中麴允。閟十一代孫嘉，仕沮渠氏，後爲土人所歸，立爲高昌王。其孫麴伯雅，附隋唐。子文泰叛，貞觀中，侯君集平之。凡麴氏傳國九世，百三十四年而亡。文泰死，子智盛降，拜武衛大將軍、金城公，賜名智勇。其弟天山公智湛，生交河郡王崇裕、常樂公瞻。

西涼有右丞相麴景。後蜀李特以麴歆爲爪牙。南燕司空麴仲。南涼記室監麴梁明。又有麴承明，爲文武之秀傑。

---

① 陸俀，封惠平王　《魏書》卷四〇《陸俟傳》：俟，代人也，進爵東平王，有子十二人，其中麗，附《魏書·陸俟傳》，歷尚書、司徒，封平原王。《北史》卷二八《陸俟傳》略同。則此"惠平王"應爲"東平王"之訛；"陸俀"，見《南史》卷四八，梁天監中文士、太常卿，屬吴郡，非麗父，此爲"陸俟"之訛。

② 東都王　殘宋本作"東郡王"；《魏書》卷六《顯祖紀》曰"侍中陸定國爲東郡王"，殘宋本是，此作"東都"應誤。

③ 景融子禹錫、翹　《新唐書》卷七三下《宰相世系表·陸氏》景融子作沛、泳、清、涓、漸，無禹錫、翹；又《新表》象先玄孫翹，爲婺州刺史，亦與此翹輩分懸殊。據張忱石撰《唐尚書省郎官石柱題名考補考》附録《唐御史臺精舍題名考補考》引陸翹墓誌，翹祖大訓，父泌，又非此景融子。未詳《辯證》所本，恐有誤。

④ 三世皆爲中書舍人　陸元方三世爲中書舍人事，兩《唐書》未詳，不知《辯證》所本。

菽[①]

《姓苑》曰：竟陵人。

淑

前燕咸和九年，慕容皝遣揚威將軍淑虞攻烏丸悉羅侯，于平崗斬之。

育

《集韻》曰：姓也，亦作毓。

祝

出自姬姓。周武王克商，封黄帝之後於祝，後爲齊所并，其封域至齊之間，祝阿、祝邱是也。後漢司徒恬，孫義，生廣，廣爲始平太守，子孫留家焉。其後世系具《唐·宰相表》。

河南祝氏：魏吐缶氏改爲祝氏[②]。

叔

《元和姓纂》曰："八凱叔達之後，或晉大夫叔向後。"誤矣。謹按《春秋》：叔氏出自姬姓，魯文公少子曰叔肸，宣公簒立，叔肸不義其兄所爲，終身不食其禄，别其族爲叔氏。《春秋》書"公弟叔肸"者是也。肸生嬰齊，嬰齊生叔老，老生弓，弓生輒，輒生鞅，鞅生詡，詡生還，還生青，青生[③]，世仕魯爲大夫。後漢光武有將軍叔壽，即其後也。

---

① 錢氏校本依《廣韻》次序移此條至秃氏後，今仍《四庫》本舊序編次。

② 吐缶氏改爲祝氏　《魏書》卷一一三《官氏志》作"叱盧氏，後改爲祝氏"。疑《辯證》此誤。

③ 青生　殘宋本無此二字，錢氏以爲衍文。今存之。

河南叔氏[①]:後魏獻帝叔父乙旃氏之後改焉。

菽

西域天竺人姓。

畜

出自非子之後,畜牧汧、渭之間,馬大蕃息,支孫氏焉。

郁[②]

出自楚大夫,雍子奔晉,晉人與之鄐,以爲謀主,因以邑爲氏。漢有東海太守鄐熙,因官居焉,今望出東海。

竹

謹按《後漢書·夜郎竹》[③]:初有女子浣於遯水,有三節大竹流入足間,聞其中有號聲,剖竹視之,得一男兒,歸而養之。及長,有才武,自立爲夜郎侯,以竹爲姓。武帝元鼎六年,平南夷爲牂牁郡,夜郎侯迎降,天子賜其王印綬,後遂殺之。夷獠咸以竹王非血氣所生,甚重之,求爲立後。牂牁太守吳霸以聞,天子乃封其三子爲侯,死配食其父。今夜郎王[④]有竹王三郎神是也。

竺

東莞[⑤]竺氏:後漢擬陽侯竹晏之後,報怨有仇,以其仇爲名

---

① 叔氏　《魏書》卷一一三《官氏志》:"又命叔父之胤曰乙旃氏,後改爲叔孫氏。"又《辯證》卷三六乙旃氏條:"後魏獻帝命叔父之嗣曰乙旃氏,後改爲叔孫氏。"則"叔氏"宜作"叔孫氏"。

② 鄐　《四庫》本原注:"許六切。"

③ 夜郎竹　《後漢書》卷八六《南蠻·西南夷》下有《夜郎傳》,此作"《夜郎竹》"顯誤。

④ 夜郎王　錢氏曰:"殘宋本作'夜郎縣'。"應是。

⑤ 東莞　殘宋本作"東苑",應誤。

士,不改其姓,乃加“二”字以存夷齊,而移於琅邪莒縣。其孫竺固[①],爲後漢侍中。至晉竺毅,自莒縣徙居始平。《元和姓纂》曰本天竺胡人,歸中國爲竺氏。誤矣。

郁

《國語》:魯相郁貢,子孫居魯。後趙有索頭郁鞠,率衆三萬降石虎。唐郁渾,應百篇舉。

肅

《韻譜》曰:“八元仲堪謚肅,後世爲氏。”或云肅慎氏之後。《元和姓纂》曰“成肅公之後,梁有西豐侯肅正德”。皆誤矣,正德姓蕭,非肅氏。

宿

出自風姓。伏羲之後,封爲宿男,其後以國爲氏。代北劉衛臣之子文陳,降魏。魏王珪妻,以宗女拜上將軍,賜姓宿氏。

玊

黄帝時,公玉帶造《名堂圖》者,後去玉爲玊氏。後漢司徒玊況,字文伯。謝承書曰:京兆杜陵人,世爲三輔名族,玊姓也。音宿。

凮

出《姓苑》。《集韻》音宿。

睦

西胡人姓。唐初有涼州胡睦伽佗爲寇。

---

① 竺固 《通志二十略·氏族略第二·以國爲氏》同;今本《姓纂》卷一〇《一屋·竺》作“竺因”,岑校以爲誤,應作“竺固”。

繆[①]

秦繆公之後，以謚爲氏。或作穆[②]。《魏志》：繆襲字熙伯，繆生之後，爲尚書郎。晉有繆播，官中書令。前燕有繆愷，蘭陵人。後漢中牟人繆彤，字豫公。

穆

宋穆公支孫氏焉。或作繆。漢楚元王友有穆生。

河南穆氏：本姓邱穆陵氏，代爲部落大人，爲北人八族之首。後魏遷洛陽，改爲穆氏，以位盡王公，勳著當世，下司州著姓[③]。又以穆、陸、奚、于，比漢金、張、許、史。穆宗宗子觀，觀子壽，壽子平國，平國子羆[④]，五世襲宜都王，號"五王穆氏"。又穆觀及子亮，亮子紹，紹子正國，正國子平城，五世皆尚公主。又壽及子平國，平國子伏干，伏干弟羆，五世尚六公主。又宗子觀，觀子壽，並爲太尉，凡三世三公。

䙲

音拂縛切，出《集韻》。

屋廬

《孟子》有屋廬子。《元和姓纂》曰："晉賢人屋盧子著書，言彭、聃之法。"蓋"廬"誤爲"盧"也。

---

① 繆　《四庫》本原注："音木。"

② 或作穆　今本《姓纂》卷一〇《一屋·繆》作"或音作穆"，此應脱"音"字。

③ 下司州著姓　今本《姓纂》卷一〇《一屋·穆》作"下司州，一同四姓"。

④ 羆　錢氏校本補殘宋本作"罷"；《魏書》卷二七《穆崇傳附穆羆》作"伏干弟羆"，殘宋本誤。

屋南

《元和姓纂》曰：代北複姓。謹按：此必無南氏，誤無爲屋①。

屋引

出自房氏。晉初有房乾，本出清河，使北地，留不遣。北俗謂房爲屋引，因改爲屋引氏。乾子孫隨魏南遷，復舊氏，而河南猶有屋引氏。乞伏國仁以屋引出支爲右相。其後有屋引阿洛者，泄乞伏乾歸之謀於利鹿孤。又鎮西將軍屋引破光爲河州牧。唐雲麾將軍屋引宏，生統軍豐。豐生渭南郡公封。

獨孤

其先本姓劉氏，當後漢北蕃右賢王劉去卑之先尚漢公主，因從母姓劉氏。後魏代北三十六部，有伏留屯爲大人，居於雲中。和平中，以貴人子弟鎮川②，因家焉。伏留屯之後有俟尼，生庫者，後魏司空。生信，河南洛陽人。周大宗伯、衛公獨孤信，本名如影，唐贈太尉、趙景公，生羅、善、穆、藏、順、陁、宗、整；長女，周明帝皇后；第二女，唐元貞皇后，生高祖；第四女，隋文帝獻皇后，生煬帝。羅，隋封蜀公，生開明、開遠、開徹、武。開明，秘書少監，生璡，金部郎中。開遠，邠州刺史、永平公。開徹，左衛將軍、考城公，生元哲、元同、敬同。元哲，兵部員外。元同，主客郎中，生昌，淄州刺史，孫允，主客郎中、陳州刺史，生方皋、方平。方平生

---

①《四庫》本原注："案代北複姓無南氏，疑或'公南'、'社南氏'之訛。"今按：岑仲勉以爲"公南"、"社南"皆漢姓，《四庫》本注説非是，詳見今本《姓纂》卷一〇"屋南"下校勘記。又按：殘宋本此句作"此必屈南氏，誤屈爲屋"；錢氏校曰："今本兩'屈'字並誤作'無'。"上引岑校以爲姓氏文獻中屈、屋兩字常互訛，則殘宋本近是。

② 以貴人子弟鎮川　今本《姓纂》卷一〇《一屋・獨孤》岑校"依《周書》一六及《通志》引文"作"以貴人子弟鎮武川"。此應脱"武"字。

邁。敬同,博州刺史。善,隋河内公,孫暎,司勳郎中、洛州長史,生志儉,朗州刺史。暎孫肅、先。肅,比部郎中、光禄卿;先,絳州刺史。藏,隋金州刺史、武平公,生機。機生修法、修本、修德。修德,膳部郎中、同州刺史、滕公,孫慶,右武將軍[①]。修法,通州刺史。修本生訥,桂州都督;生扎本,兄子諶,駙馬、淄州刺史。順,武成公,生安成,殿中少監,生賢意。賢意生慶之,左武衛將軍。生克忠,漢州刺史。陁,隋聞喜公,生延壽,太常少卿、新蔡公,生道節,兵部郎中。節生炫,都官郎中。整,隋平鄉公,生懷恩,唐工部尚書。

臨川王永嘉房:後魏本迴紇之後,本姓劉氏,代居雲中。正五代孫冀[②],武安公,生業[③],北齊司徒、臨川王,周大司寇、襄州總管。生子濳[④],周儀同,生義恭、義盛、義順。義盛生士約,士約孫冉[⑤],户部郎中,弟恩,生華,兵部郎中。義順,唐兵部侍郎、左丞[⑥]、洛陽公,生元愷、元慷、元慶。元愷,給事中,生思莊,左金吾

---

① 右武將軍　今本《姓纂·獨孤》同,岑校曰:"'武'下非奪'衛'字即'候'字。"

②《四庫》本原注:"案獨孤氏,《唐·世系表》云出自漢光武子沛獻王輔之後,裔孫進伯,敗没匈奴,囚之孤山下,生尸利,單于以爲谷蠡王,號獨孤部。六世孫羅辰,從後魏孝文徙洛陽。羅辰四世孫冀,武安公。此云本迴紇之後,未詳。且冀五世祖名眷,此云正五代孫,亦無可考。《通志》説同。"

③ 業　《四庫》本原注:"案《唐·世系表》'業'作'永業'。"今按:今本《姓纂》獨孤氏亦作"業",《北齊書》有《獨孤永業傳》,應作"永業",此脱"永"字。

④ 子濳　《四庫》本原注:"案《唐·世系表》'子濳'作'子佳'。"今按:今本《姓纂》獨孤氏同《辯證》。趙超《新表集校》卷五《獨孤氏》據《獨孤仁政碑》考仁政曾祖子佳,祖義恭,則《新表》是,此誤。

⑤ 冉　《四庫》本原注:"案《唐·世系表》'冉'作'册'。"[清]勞格、趙鉞《唐尚書省郎官石柱題名攷》户部有獨孤册,勞氏曰:"册誤冉。"《辯證》此誤。

⑥ 義順,唐兵部侍郎、左丞　今本《姓纂》同;錢氏案:"《唐·世系表》,義順,虞、杭、簡三州刺史,與此異。"趙超《新表集校》考應作户部侍郎、洛南公。兩存之。

大將軍；思行，洋州刺史。元慊曾孫明，駙馬都尉。元慶生晪[①]，鄠令；生賓庭、含章、易知、通理、通濟[②]。賓庭，左金吾兵曹，生問俗，鄂州刺史、團練觀察。生勉、勛、助、勸。勉，揚子令；助，太子舍人，生申叔、遐叔。申叔，校書郎。通理，殿中侍御史、潁州長史，生汜、巨、及、丕。汜，睦州刺史；巨，左[③]驍衛兵曹；及，常州刺史，生朗、郁。朗，協律郎；郁，考功員外、中書舍人，生庠。通濟，導江丞，生愧、愐。愐，左司郎中，生寂、實、密。實，殿中御史。寂，進士。密，海州[④]刺史，生蒙、雲、霖。雲，吏部侍郎、東川節度。生回、損。霖，秘書監。義順兄叔德，孫楷，萬年丞，生嶼、峻[⑤]。嶼，兼侍御史；峻，浙東節度、右金吾大將軍。

京兆：《隋書·獨孤楷傳》云：不知何許人，姓李氏，父屯，從齊神武戰于沙苑，敗，爲柱國獨孤信所擒，配爲士伍，賜姓獨孤氏，後居京兆。楷弟盛。楷，隋并州總管、汝陽郡公，生淩雲、平雲、滕雲、卿雲、彦雲。平雲，千牛將軍、安丘公。彦雲，歷陽公。滕雲，荆府長史、廣武公，生奉節，奉節生琬、琰。琬，太僕卿，開元中上表，請改姓李氏，名倩。琰，司勳郎中。卿雲，右屯衛大將軍、汝歸公[⑥]，生元節。元節生祥之、瓊、珍、瑑。祥之，左羽林將軍。珍生楚、潁、彦、卓。楚生良矩。矩生輔。潁生良佐、良弓、良器、良弼、良史、良儒。良器，通州刺史；良弼，兼御史中丞；良史生瑋，

---

①《四庫》本原注："案《唐·世系表》'晪'作'思晪'。"

② 通濟　錢氏曰："案《唐·世系表》作'道濟'。"下同。

③ 左　錢氏曰："案《唐·世系表》作'右'。"

④ 海州　錢氏曰："案《唐·世系表》作'雲州'。"

⑤ 嶼、峻　錢氏曰："案《唐·世系表》，嶼、峻，楷弟，與此異。"趙超《新表集校》以爲嶼、峻爲文惠子，非楷子，嶼、峻上有脱文，又與錢氏説異。兩存之。

⑥ 汝歸公　"汝歸"疑傳寫有誤，或即汝陽公。

進士,復姓李氏。彦生良裔。卓,少府監,生惠、憝、愿、恕、意、忲。憝生志楷,弟盛,隋右屯衛將軍、紀公,生僧達。僧達生守中,唐右金吾大將軍①。

谷會

慕容農有部將谷會歸,農欲殺歸而惜其勇力。《後魏·官氏志》:河南谷會氏改爲谷氏②。

谷渾

孔至《雜録》曰:後魏改姓渾。

谷那

唐有博士谷那律。

斛律

代北人,世爲斛律都統帥,因氏焉。北齊丞相斛律光,字明月。齊丞相、咸陽王斛律金。唐有郎中斛律貽慶。

斛穀

南燕慕容超遣將斛穀提、公孫歸寇宿豫,陷之,執東平③太守

---

①《四庫》本在此姓末有原注曰:"案此條《永樂大典》原載爲《元和姓纂》之語,然中引獨孤損乃昭宗時相,豈可入元和時書?且與《通志》所引《姓纂》不合。今改爲《古今姓氏辯證》,而以《通志》中所引《姓纂》文,録入《元和姓纂》。"是此節本采自《通志》。岑仲勉亦以此獨孤氏"如此繁複世系",與鄧氏《辯證》旨趣不符,推斷此爲《通志》文字"强以入諸《辯證》"者。詳見今本《姓纂·獨孤》下岑校。

②錢氏曰:"案今本《官氏志》無此文。"

③東平　《晉書》卷一〇《安帝紀》、卷一二八《載記·慕容超》均作"陽平",此或誤。

劉千載、濟陰太守徐阮[①],大掠而去,以功並封爲郡縣公。

斛粟

唐孔至《姓氏録》曰:代北斛粟氏,後改爲斛斯氏。

斛斯

或云本代北斛粟氏改焉。後魏有刺史斛斯疋。

秃髪

出自後魏拓拔氏之族,曰匹孤[②],率其部自塞北遷河西鮮卑部,其妻胡掖氏方娠,因寢而生子壽闐於被中,鮮卑謂被爲秃髪,因以爲壽闐氏。壽闐玄孫樹機能,始據涼州,爲晉將馬隆所殺。從弟務丸統其部衆。務丸孫推斤,年一百一十,生思復鞬[③]、素渥、若留。思復鞬三子,曰烏孤、利鹿孤、傉檀。烏孤爲吕光征南大將軍、益州牧、左賢王。隆安元年,自稱南單于、南涼國王。在位三年,謚曰武,廟號烈祖。弟利鹿孤立,在位三年,謚曰康王。弟傉檀立,在位十三年而國亡[④]。西秦熾磐封爲左南公,謚曰景王。其從弟替引鎮領南[⑤],洛回鎮廉州。利鹿孤諸弟曰鎮北將軍俱延、興

① 濟陰太守徐阮　《晉書》卷一二八《載記·慕容超》同,《安帝紀》作"南陽太守趙元",後附《校勘記》曰:"《慕容超載記》及《宋書·武帝紀上》'南陽'並作'濟南',以《地理志》考之,作'濟南'者是。"又,《魏書》卷九七《劉裕傳》、《建康實録》卷一〇《安皇帝》均作"濟南太守趙元"。《辯證》此作"濟陰"誤。

② 匹孤　史傳多作"疋孤",古疋通匹,常混用。

③ 思復鞬　今本《姓纂》卷一〇《一屋·秃髪》作樹機能子思復鞬,岑校以爲"與史不合,《通志》作'族孫'者近是"。《辯證》此以推斤生思復鞬,或有所本。又,匹孤至烏孤世系,諸史記載多歧,岑校考之甚詳,可參考之。

④ 此言烏孤、利鹿孤在位各三年,傉檀在位十三年,應共十九年,今本《姓纂》秃髪條曰"三主十八年",稍異。

⑤ 領南　《資治通鑑》卷一一一隆安三年作"嶺南",是。

城侯文支；又一弟曰吐雷烏孤，子曰西平太守赴單。傉檀死於乞伏氏，其族歸魏。傉檀六子，長曰武臺，爲太子乞伏氏殺之；次曰保周、臘于、破羌[①]。魏以保周爲張掖王，破羌爲西平公，以俱延之子覆隆爲酒泉公，利鹿孤之子副周爲永平公[②]，烏孤孫承鉢爲昌松公。傉檀長兄子樊尼，安西將軍。又索虜秃髮如苟，率户二萬降乞伏乾歸，乾歸妻以宗女。

禄里

《神仙傳》有禄里先生。禄即角也，蓋字誤。

鹿勃

燕慕容儁擊破鄧恒將鹿勃早於魯口，早僅以身免。

木易

後魏木易干爲多蘭部帥。

卜梁[③]

邵氏《姓解》曰：楚文王子食采諸梁，爲卜梁氏。《莊子》有卜梁倚。

沐蘭

蘭或爲簡。《姓苑》云任城人。

福子

《元和姓纂》曰"齊大夫福子丹，見《國語》"，誤矣。謹按：

---

① ［清］張澍《姓韻》卷八三《入聲·一屋·秃髮氏》引《西秦録》作"傉檀世子虎臺。次子明德歸……又子安周，一作保周，子染幹臘，子破羌"。"虎"爲唐諱字，此作"武"，應係鄧氏襲用唐文獻，故亦沿其避諱；而保周、臘于、破羌，則《辯證》有脱誤。

② 永平公　《姓韻》引《南凉録》作"永固公"。

③ 錢氏校本此條依《廣韻》次序移至鹿勃氏後，今仍《四庫》本舊序編次。

《國語》無此人也。

伏侯[①]

名世曰:出自風姓。伏羲之後,以號爲氏。漢濟南伏生,名勝,字子賤。四世孫孺,客教授琅邪東武,因家焉。孺生理,字君游,爲高密太傅,以《詩》授成帝,故《齊詩》有伏氏學。理生大司徒、陽都侯湛,字惠公。湛生隆、翕。咸[②]。隆字伯文,光禄大夫,子瑗,爲郎中。翕生光。光生晨,位特進,生屯騎校尉無忌,采集古今,爲《伏侯注》八卷。無忌生大司農質,質生完,皆賜爵陽都侯。自伏生以後,世傳經學,清淨無競,故東州號爲"伏不鬬"。湛同産兄弟恭,字叔齊,爲司空。

洛陽伏氏:子成,爲晉平北將軍姚襄左部帥。

陸終

《元和姓纂》曰:"祝融子陸終之後。"有陸終氏。又曰:王莽曾孫孺興與東平陵終氏有惡。謹按:古有陸終氏,然陵、陸偏旁相近,必陸訛而爲陵也。

祝固

《元和姓纂》曰:衛祝固之後。漢有侍御史祝固遥[③]。

---

①《辯證》"伏侯氏"與"伏氏"作兩姓,内容略同,或後之纂輯者誤爲,然原文如此,故存之。錢氏校記以伏氏、伏侯氏併爲一姓,其案語云:"鄧氏原文不言伏侯得姓之由,似有脱簡。今本分爲兩條,而伏侯氏下即重録伏氏之文,失檢甚矣。"

② 咸　前"伏氏"下已注。

③ 祝固遥　今本《姓纂》卷一〇《一屋・祝固》全文爲"《左傳》,晉有祝固氏。漢功臣祝其侯、祝固舒",與此異;岑校引《通志・氏族略》"衛祝圉之後。漢有侍御史祝圉遥",證祝固乃祝圉之訛。

叔孫

名世曰:出自姬姓。魯桓公第三子叔牙,謚僖叔,立其後爲叔孫氏。僖叔生戴伯兹,兹生莊叔得臣,得臣生宣伯僑如及穆叔豹,豹生昭子婼,世系具《春秋人譜》。

又後魏十姓,獻帝叔父之後乙旃氏改爲叔孫氏。

叔仲

名世曰:出自姬姓。魯桓公子叔牙爲叔孫氏。牙孫叔彭生,别爲叔仲氏,是爲叔仲惠伯。惠伯生昭伯帶,帶生穆子小,小生志。又孔子弟子會,字子期。《禮記》有皮及衍,皮生子柳及子碩。

叔帶

《元和姓纂》曰:《英賢傳》,趙叔帶之後。齊大夫有叔帶子莊,爲莊公御。

叔逵

《元和姓纂》曰:八愷叔逵之後。周大夫有叔逵[①]焉。

叔先

後漢有犍爲人孝女叔先雄,父泥和溺死,雄自投水中。後六日,與父尸相持浮於江上,郡縣爲立碑、圖象。雄弟賢,附雄傳。

叔敖

姓書曰"楚令尹孫叔敖之後",誤矣。謹按:敖字孫叔,古人先字後名,故曰孫叔敖。自古無兼名、字爲氏者。

---

①叔逵　今本《姓纂》卷一〇《一屋·叔達》作"八凱之後,《公羊》有叔達段,爲景王大夫"。陶敏《元和姓纂新校證》曰:"《左傳》文公十八年載,高陽氏有才子八人,中有叔達。作'叔逵'當誤。但今本《公羊傳》無叔達段之文。"則此作"叔逵"誤,殘宋本作"叔達爲"亦誤。

叔梁

《姓解》曰:"孔子父曰叔梁紇。"誤矣。謹按:紇字叔梁,非氏也。

叔夙

《元和姓纂》曰:《世本》,羊舌職生叔夙[①],爲叔夙氏。

郁朱

代北複姓。

目夷

出自子姓,宋公子目夷爲左師,聽宋國之政,子孫别爲目夷氏。

牧師

《元和姓纂》曰:漢禮依《周禮》,令主養馬,後世因以爲氏。

宿六斤[②]

《後魏·官氏志》:宿六斤改爲宿氏,望出河南。

獨孤渾

《後魏·官氏志》:獨孤渾改爲杜氏。

斛瑟羅

《後魏·官氏志》:斛瑟羅氏改爲羅氏。

木骨閭

蠕蠕舊姓也,後改爲郁久閭。

---

① 叔夙　今本《姓纂》卷一〇《一屋·叔夙》同,《新唐書》卷七一下《宰相世系表·楊氏》作"季夙"。兩存之。

② 錢氏校本依《廣韻》次序移此條至伏侯龍氏後,今仍《四庫》本舊序編次。

伏侯龍

代北姓[①]。後周大將軍伏侯龍惠。

郁久閭

後魏神元時,掠騎獲木骨閭,北方言首禿也。自云匈奴之甥,車鹿會,有部衆。聲訛爲"郁久閭"氏,魏帝號之爲茹茹,或爲蠕蠕。後魏時,蠕蠕强盛。支屬入中國者,郁久閭登,北齊朔州刺史、安平公,生感、斌。感,唐左司禦率,生範,大理丞。斌,洛陽令,生昌,生均。

郁原甄

後魏改爲甄氏。

璛、䫏

皆出《姓苑》。

虙、宓

虙戲之後,爲虙氏,亦作宓[②]。《漢·藝文志》有《宓子》三十篇[③],即子賤也。師古曰:宓音伏。

鞠

鞠亦作鞫,出自姬姓。后稷生不窋,生子[④],有文在其手曰

① 代北姓　錢氏曰:"殘宋本作'虜姓'。"《姓韻》卷八一《一屋·伏侯龍氏》曰:"見《姓譜》。按:宜作俟伏侯氏,紙韻。一作俟伏氏者,省文也。此誤,宜刪。"

② 今本《姓纂》卷一〇《一屋·宓》曰:"《風俗通》:宓康公之後,以國爲氏。"與《辯證》異。

③ 三十篇　《漢書》卷三〇《藝文志》作"十六篇"。此作"三十篇",未知所本,或誤。

④ 生子　今本《姓纂》卷一〇《一屋·鞠》"后稷生不窋"後無"生子"二字,應有脱誤,詳見岑校。

"鞠",遂名之,支孫因氏焉。裔孫鞠武,仕燕太子丹。前漢尚書令鞫潭[①],請許廷尉梁相移東平獄事,丞相王嘉薦潭頗知雅文,三人皆得罪。南齊司空鞠仲文,中書侍郎鞠注。

濮

出自衛大夫,食采于濮,後世因氏焉。

濮陽

其先以食邑爲氏。後漢外黄令牛述,以濮陽潛爲主簿。吴長沙太守濮陽逸,生興,丞相、内黄侯[②]。又有濮陽闓。

鄏

音郁,出《姓苑》。

木門

宋諸公子食采木門,因氏焉。《説苑》:衛大夫木門子高。

牧

《元和姓纂》曰:黄帝臣力牧之後。《孟子》有牧皮、牧仲。漢有越巂太守牧根。

祝其

《風俗通》曰:本宋戴公子祝其,爲大司寇,因氏焉。漢有清河都尉祝其承先。

祝史

《元和姓纂》曰:衛祝史揮之後,因官爲氏。

---

① 潭　今本《姓纂》鞠氏作"譚";據《漢書》卷八六《王嘉傳》,作"譚"是,此誤。下同。

② 内黄侯　今本《姓纂》卷一〇《一屋·濮陽》作"外黄侯",岑校以《三國志·濮陽興傳》證《辯證》此誤。

鬻

出自芈姓，周文王師鬻熊，著書號《鬻子》。後有楚大夫鬻拳。

蝮

唐則天乾封二年，改武惟良姓蝮氏。

叔山

楚大夫叔山冉，始以氏見于《春秋》。

叔魚

晉大夫羊舌鮒，字叔魚，因氏焉。

叔夜

《姓纂》曰：周八士叔夜之後，楚康王大夫叔夜子莊。

叔向

《姓纂》曰：《世本》，羊舌肸，字叔向，氏焉。

叔服

《英賢傳》云：周内史叔服之後，晉武公大夫叔服子要。

夙

《姓纂》曰：古夙沙氏之後，爲氏。

夙沙

神農諸侯夙沙氏之後。齊有寺人夙沙衛。

潚

漢有護羌校尉[①]潚河。

---

① 護羌校尉　今本《姓纂》卷一〇《一屋·潚》作"雁門太守"。《姓韻》卷八三《一屋·潚》曰："《風俗通》有宿祥，亦雁門太守，不得相混。"與此異，兩存之。

僕

《後漢》,匈奴降者僕多,封渾良侯。又《官氏志》:僕蘭氏改爲河南僕氏。

遬僕

《姓纂》曰:漢校尉遬僕多,見《霍去病傳》。

古今姓氏書辯證卷三十六

二沃

毒

唐宰相竇懷貞與太平公主謀逆,既敗,投水死,追戮其屍,改姓毒氏。

褥①

宋宦官褥懷志,掌香藥榷易院,坐贓棄市。

耨②

奴沃切。廣信耨氏,本姓陸,避事改爲耨③。

傶④

亦姓也,音鏃。《集韻》曰:邑名,亦姓也。邵氏音足,誤矣。一曰作木切。

銼⑤

租毒、將玉二切。出《姓苑》。

---

① 褥　宋殘本作"傉"。

② 耨　《四庫》本原注:"音辱。"

③ 耨　今本《姓纂》卷一〇《二沃·褥》作"褥:廣信郡多此姓,云本姓陸,避事,改姓褥"。《通志二十略·氏族略第三》"褥"作"耨"。兩存之。

④ 傶　《四庫》本原注:"音鏃。"

⑤ 銼　《四庫》本原注:"音鏃。"

僕固

唐貞觀二十年，鐵勒九姓大首領率衆降，分置瀚海九都督府，以僕骨歌濫拔延爲右武衛大將軍、金微都督，訛爲僕固氏，生乙李啜，生懷恩。懷恩破安史、復二京有功，位太保，兼中書令、大寧郡王。子瑒，節度使。又有族子僕固名臣。懿宗時有大酋僕固俊。

僕蘭

《後魏·官氏志》改爲僕氏。

沃

《風俗通》：商王沃丁之後。《神仙傳》：沃焦，吴人。

督

《春秋》：晉欒氏臣督戎之後。《風俗通》：漢有五原太守督瓊[①]。又巴郡蠻七姓，一曰督氏。

鵠

《姓苑》云東海人。

三燭

辱

廣陵多此姓，自云本姓陸氏。

緑

亦作渌。《姓苑》曰："古有緑圖，爲顓帝師。" 謹按：渌，水名也，在湘東，必其先以水爲氏。

---

① 督瓊　今本《姓纂》卷一〇《二沃·督》作"督瓚"；岑校考瓊、瓚外，《廣韻》、《通志》、《姓解》另有名稱，"實一人而展轉傳訛耳"。

逯[①]

王莽以同風侯逯並爲大司馬。又有左隊大夫逯並。《風俗通》曰:"逯,秦邑也,其大夫氏焉。"石趙有光禄大夫、廣平逯明。石勒十八騎有逯明疊。唐有郎中河陽逯仁傑。高駢將亦有逯並。

足

《戰國策》:韓有足强,嘗説韓王,則足爲人氏矣。

敹[②]

音贖。梁四公子敹䵻之後。

續

晉大夫狐鞫居,食采于續,謂之續簡伯,以續爲氏。或曰:舜七友,續牙之後。漢武功臣有承父侯續相如。石趙太子少保續咸。望出河東襄陽。

粟

《魏志》:袁紹時有魏郡太守粟舉。今嶺南多此姓。

亍

丑六切。《廣韻》曰:"彳亍也。"按彳亍義通于躑躅。《風俗通》云:河東亍氏,楚有大夫亍衡。

燭盧

唐吐蕃相尚婢婢,嘗遣燭盧鞏力與磨離羆子將兵禦論恐熱,鞏力請按兵拒險,羆子不從,鞏力稱疾歸鄯州。

燭

鄭大夫燭之武後。

---

① 逯　《四庫》本原注:"音禄。"

② 敹　《四庫》本原注:"音蜀。"

蓐

《姓纂》曰:《風俗通》蓐收之後。

束

陽平元城束氏:漢太子太傅疏廣,曾孫孟,一作哲,避王莽難,自東海徙居沙鹿山南田,去疏之足爲束氏。隴西太守混,子龕,爲馮翊太守,生皙,字廣微,《晉史》有傳。

廟諱[①]

神宗皇帝廟諱,出自顓帝高陽氏後,以號爲氏。

曲

晉公子成師曲沃,支孫氏焉。漢有代郡太守曲澄,一曰曲謙。唐有曲環,陝州人。又《裴潾[②]傳》有倉曹曲元衡。

四覺

角

《後漢》有角善叔。《後漢·馮異傳》有賊角閎,據汧、洛[③]。

傕

《集韻》音確,姓也。《後漢書》有閹豎傕、汜,誤矣[④]。謹按:獻

---

① 宋神宗名頊,此廟諱爲“頊”字。

② 裴潾　殘宋本作“裴鄰”,今本兩《唐書》皆作“裴潾”,此無誤。

③ 有賊角閎,據汧、洛　《後漢書》卷一七《馮異傳》作“角閎據汧”,後接“駱延據盩厔”,則此“洛”或“駱”之訛,或衍。

④《後漢書》有閹豎傕、汜,誤矣　鄧氏此指李傕、郭汜之亂,詳見於《後漢書》卷六一《朱儁傳》:“董卓聞之,使其將李傕、郭汜等數萬人屯河南拒儁。儁逆擊,爲傕、汜所破。”則此“閹豎傕、汜”是稱李、郭二人名,應無誤,鄧氏似指以傕、汜爲姓“誤矣”。

帝初平三年，司徒王允殺董卓，夷其族，卓部曲將李傕、郭汜等反攻京師，殺王允，傕等自爲將軍，然則傕、汜乃二人名，非姓。

岳

《姓源韻譜》曰：四岳之後，今南方有之，望出山陽。

樂

出自子姓。宋戴公生公子衎[①]，字樂父，生頃父澤，澤生夷父須，子孫以王父字爲氏。須生大司寇樂吕，吕孫喜，字子罕，爲宋司城。喜孫舍、祁、輓。祁一曰祁犂，字子梁，生溷，字子明，溷生茂[②]，字子潞，三世爲司城。輓爲大司寇，生朱鉏，世系具《春秋人表》。茂裔孫羊，事魏文侯，封於靈壽，子孫家焉。羊孫毅。

趙望諸君：毅，孫臣叔，漢華成君，自趙徙長陵。又徙淯陽，其後具唐宰相彦瑋、思晦世系表。

卓

漢卓王孫，蜀人。卓茂[③]，宛人；茂祖、父皆至郡守，茂以密令知名，光武以爲太傅、褒德侯。長子戎，太中大夫。次子崇，大司農、汎鄉侯，子棽、孫訢、曾孫隆，皆嗣侯。

濁

《漢·貨殖傳》有濁氏，賣脯[④]而連騎。又元后名政君，初入

① 衎　今本《姓纂》卷一〇《四覺·樂》作“戴公生子衎”，下有岑校考，可證殘宋本此作“衎”誤。

② 茂　錢氏云：“殘宋本作‘茷’。”

③《四庫》本原注：“案卓茂，南陽宛人；此上載卓王孫蜀人而系茂於下，不載其里居，宜增入。”

④ 賣脯　《史記》卷一二九《貨殖傳》（《漢書·貨殖傳》略同）：“灑削，薄技也，而郅氏鼎食；胃脯，簡微耳，濁氏連騎。”《正義》曰：“案‘胃脯’，謂和五味而脯美，故易售。”此作“賣”誤。

宫時,皇后使掖庭令濁賢交送政君太子宫。謹按《説文》:濁水出齊郡厲鉅山,東北入鉅鹿,必以水爲氏。

濯

鄭人子濯孺子,見於《孟子》,《風俗通》云濯輯之後。

樸[①]

出《姓苑》。

朴

普木切。後漢巴郡蠻酋羅、朴、昝、鄂、度、夕、龔,凡七姓[②],夷帥朴胡,舉其衆附魏。唐新羅國王姓金,貴人姓朴,民無氏有名。

樂利

《元和姓纂》曰:齊胡公支子爲樂利氏。

樂王

《姓苑》曰:"漢有郎中樂王幾,出晉大夫樂王鮒後。"誤矣。謹按《春秋》,王鮒姓樂,謂之樂成子[③]。

樂正

《元和姓纂》曰:周官樂正,因氏焉。魯人樂正子春,師曾子;樂正子克,師孟子;樂正裘,師孟獻子。

① 錢氏校本依《廣韻》次序移此條至卓氏後,今仍《四庫》本舊序編次。

② 後漢巴郡蠻酋羅、朴、昝、鄂、度、夕、龔,凡七姓　今本《姓纂》卷一〇《四覺·朴》"七姓"中"昝"作"都",乃傳寫之訛。岑校曰:"此節乃朴姓之文所錯簡,鵠姓文又互錯於朴姓下,故致文不對題也。"據《後漢書》卷八六《板楯蠻夷傳》,應作羅、朴、督、鄂、度、夕、龔七姓。此"昝"誤,應作"督"。

③ 樂成子　殘宋本作"謂之樂威子",下有錢氏云:"'威'即'桓'字,宋人避諱改耳。今本作'樂成子',大誤。"錢校是,應作"樂桓子"。

偓

《列仙傳》有偓佺子。

朔

《姓苑》云南陽人。

學

出《姓苑》。

五質

郅

商時國名,後世因以爲氏。漢有郅都,望出河東。郅君章、郅鄆[①],望出汝南西平。謹按《潛夫論》曰:"周先姞氏封於燕。河東有郅都,汝南郅君[②]。"郅音與女吉同而字則異。又按:周封伯儵於南燕,其姓音不與郅同,而《前漢音義》,郅,之日反,則王符誤矣。

帙[③]

《纂文要》云人姓。

一

邵氏曰:姓書無一氏,今江南彭澤有之,當是姓乙,訛爲一也。

---

① 郅君章、郅鄆　《後漢書》卷二九《郅鄆傳》作"鄆",字君章。則知殘宋本稱字,君章、鄆實爲一人。

② 郅君　據上揭鄆本傳引《潛夫論》曰:"周先姞氏封於燕。河東有郅都,汝南有郅君章。"此"郅君"後脱一"章"字。

③ 帙　《四庫》本原注:"音秩。"

漆

出自古諸侯,汪芒氏之君漆姓。古有漆沈爲魯相。或曰漆雕氏之後,誤矣。

今漆氏,望出南昌。

匹

西秦乞伏國仁鮮卑匹蘭率衆五千降。又熾磐克西凉,河湟太守沮渠廣宗以其左衛將軍匹逵爲河湟太守。又左衛匹逵大破彭利和於漒川。

吉

出自姞姓。黄帝裔孫伯儵封於南燕,賜姓曰姞,其地東都燕縣是也。後改爲吉。易州刺史哲之後,世系具《唐・宰相表》。《元和姓纂》曰:"一云周卿士尹吉甫,後以王父字爲氏。"[①] 誤矣。謹按《集韻》,吉字注云人姓。《詩》:"謂之尹吉。"然則姞姓在周已改爲吉,而尹氏、吉氏皆周大族,非尹吉甫後也。

佚

鄭大夫佚之狐,始以氏見《春秋》。

栗

趙將有栗服。漢有長安富室栗氏。唐裴休父肅,平浙東劇賊栗鍠。

畢

出自姬姓。周文王子畢公高之後,以國爲氏。春秋時,畢萬

① 今本《姓纂》無"周卿士"三字,餘同。

封於魏，其裔孫畢陽。孟子時有畢戰。漢武功臣有遼[①]侯畢取，取生奉義。後漢兗州別駕諶，世居東平，世系具《唐・宰相誠表》。唐東平郡四姓，祁州新平郡三姓，皆一曰畢。

又，後魏出連氏，改爲河南畢氏。

室[②]

宋朝有遼相室昉之子种[③]，歸朝爲諸衛將軍，見《千姓編》。謹按：室氏本幽州人，非遼種。昉爲布衣時，與宋琪齊名，种初歸，爲虢州監軍，爲謝泌言遼中事甚詳。

姞[④]

從女從吉，巨乙、極乙二切。出自黄帝子得姓者十四人，其一則爲姞氏[⑤]。裔孫伯儵，周封之南燕，常與姬姓婚姻。《春秋》有后稷元妃、鄭穆公之母，皆南燕女也。

率

與帥同，今豫章多此姓。望出范陽、南陽及河南。宋有司勳郎中、鹽鐵判官率汀，右拾遺率繼業。

乙

《風俗通》：漢有南郡太守乙世，前燕慕容皝有護軍乙逸。大

---

① 遼　《四庫》本原注："案《漢書》'遼'作'膫'。"今按：今本《姓纂》卷一〇《五質・畢》作"繆侯畢"；岑校曰："'畢'下奪'取'字，《庫》本有。校云：案《漢書》，'繆侯'作'膫侯'。《通志》亦作'膫侯畢取'。"此作"遼"應誤。

② 錢氏校本依《廣韻》次序移此條至栗氏後，今仍《四庫》本舊序編次。

③ 此句殘宋本作"皇朝有虜相室昉之子种"。

④ 姞　《四庫》本原注："巨乙切。"

⑤ 其一則爲姞氏　殘宋本作"其一爲女吉氏"；錢氏云："原文'姞'字并作'女吉'二字，蓋避徽宗嫌名，非錯誤也。"

鴻臚乙歸，揚威將軍乙愛。望出襄陽。《姓纂》曰："成湯字天乙，支孫以爲氏[①]。河南乙氏，魏乙弗氏改焉。"《北史》：蘇瓊爲清河太守，有乙普明兄弟争田，積年不斷，瓊謂之曰："天下難得者兄弟，易求者田地。"兄弟叩首，遂同居。安禄山偏裨乙舒蒙。

宋沂州儒生乙恕，郊居肄業，一旦有横屍在舍前，吏捕繫，論死，恕無以自明。信都郡王德彝雪其冤，衆以爲神明。

密[②]

出自姞姓。密國之後，密康公爲周共王所滅，子孫因以國爲氏。漢有尚書郎密忠。

漆雕

孔子弟子漆雕氏，魯人，開，字子開[③]；哆，字子斂；及徒父，凡三人。

栗陸

《元和姓纂》曰：古帝栗陸氏之後，或爲栗氏。趙將有栗服。唐裴休父肅，平浙東劇賊栗鍠[④]。

---

① 成湯字天乙，支孫以爲氏　今本《姓纂》卷一〇《五質·乙》作"殷王帝乙，支孫以王父字爲氏"。岑校："殷王帝乙，《庫》本（《姓纂》）作'殷湯字乙'，羅校引《辯證》作'成湯字天乙'。按《史記》，湯名天乙；《通志》，商湯字天乙。則《庫》本亦奪'天'字。"此無誤。

② 錢氏校本依《廣韻》次序移此條至率氏後，今仍《四庫》本舊序編次。

③ 子開　《史記》卷六七《仲尼弟子列傳正義》引《家語》曰：漆多開，字子若。此作"子開"誤。

④ 錢氏云：據殘宋本，"趙將有栗服。唐裴休父肅，平浙東劇賊栗鍠"一句原繫栗氏條下。錢説是。

悉羅[①]

名世曰:燕慕容垂嘗請尚書郎悉羅騰從軍。

悉雲

《後魏·官氏志》改爲雲氏,望出河南[②]。

室孫

《姓苑》曰:古賢人有室孫子著書。唐棣州人有室孫氏。

密貴[③]

《西秦録》:乾歸有左輔密貴周,勸歸稱藩納質於涼,既而悔之,遂誅周等。

密須

《世本》曰:商時姞姓國也,文王滅之,其後以國爲氏。《姓苑》曰:琅邪人。

密革

《姓苑》曰:琅邪人也。

密茅

《姓苑》曰:琅邪人。

叱列

代北西部大人,世爲酋帥,以其部爲氏。

叱利

代北叱利氏,後改爲河南利氏。

---

① 錢氏校本依《廣韻》次序移此條至乙氏後,今仍《四庫》本舊序編次。

② 錢氏案:"今《官氏志》無此文。"

③ 錢氏校本依《廣韻》次序移此條至叱奴氏後,今仍《四庫》本舊序編次。

叱干

代北人。後魏獻帝定姓爲叱干氏,居武川。《夏録》有將作大匠叱干阿利,爲赫連勃勃蒸土築城者。

叱吕

代北叱吕氏,後改爲吕氏。

叱奴

赫連勃勃有將叱奴侯提。西魏有開府叱奴興。《後魏・官氏志》:叱奴氏改爲狼氏。

乙旃

後魏獻帝命叔父之嗣曰乙旃氏,後改爲叔孫氏。乞伏國仁以乙旃童埿爲左相。

乙干

代人。後魏有都督乙干貴。

一利咥

《唐・回鶻傳》:薛延陀者,先與薛種雜居,後滅延陀部有之,因號薛延陀,姓一利咥氏。在鐵勒諸部爲最雄長。

一斗眷

又作一叔眷,又作壹斗眷。後魏改爲明氏。

一郍蔞

蔞,一作婁。後魏改爲蔞氏。

乙速孤

代北三字姓。

失利波羅

盤盤國東南有哥羅王,姓失利波羅,名米失鉢羅。

質

《漢·貨殖傳》:"質氏以洒削而鼎食。"洒削,蓋理刀劒者。

實

《元和姓纂》曰:實沈之後。

乙弗

代人世統部落。前燕有高麗王乙弗利也。《唐·方技傳》有乙弗弘禮,善相人。

茀[①]

今解在八勿。

佛

孔安國曰:佛肸,晉大夫趙簡子之邑宰。

悉

《古今人表》:悉清爲神農師。

悉居

《元和姓纂》曰:西域人姓。

室中

《漢·藝文志》有室中周[②],善著書,十篇。王莽時,室中公避

---

① 錢氏云:"此氏原有兩條,一在五質,一在八勿,今本并入八物(勿)。"

② 室中周　今本《姓纂》卷一〇《五質·室中》同;岑校:"《漢書·藝文志》有室中周著書十篇。洪頤煊《讀書叢録》謂《志》無室中周,應是《高祖功臣表》室中同。"又,據岑校引羅振玉《璽印姓氏徵序》,漢人印文中有"室中",而岑氏以爲即後改爲"室中"者。

地漢中。《漢・功臣表》有清簡侯室中同。

帥

本姓師,避晉景帝諱,改爲帥氏。晉有尚書郎帥昺。唐有學士師夜光[①]。

六術

述

《風俗通》云:《世本》魯大夫仲述之後,仲一作叔。

肷[②]

音橋。《廣韻》曰:"人姓也,出《韻譜》。"以此知張始興公作《姓源韻譜》在《廣韻》之前。凡二書同載姓氏,皆合以《韻譜》爲正。

橋

《唐・日本傳》:貞元末,遣使朝貢,其學子橋免勢,願留肄業。歷二十餘年,使者高階真人來請,免勢等俱還。

出連[③]

秦乞伏氏有征虜將軍出連輔政,沙州刺史出連虔,丞相、南川宣公出連乞都,右輔將軍出連高胡。《後魏・官氏志》:出連氏改爲河南畢氏。

---

① 師夜光 《新唐書》卷五九《藝文志》有"帥夜光《三玄異義》三十卷";此作"師"亦與上下文意不合,顯刻誤。

② 錢氏校本依《廣韻》次序移此條至橋氏後,今仍《四庫》本舊序編次。

③ 錢氏校本依《廣韻》次序移至黜容氏後,今仍《四庫》本舊序編次。

出就

《漢・藝文志》:古有出就鞠[①],著書二十五篇,言兵要。

黜弗

《後魏・官氏志》:改爲河南弗氏[②]。

黜容

後魏代北人姓。

術

出《姓苑》。

恤

《禮記》有恤由。

① 古有出就鞠　《漢書》卷三〇《藝文志・諸子略》作“凡諸子百八十九家,四千三百二十四篇。出蹵鞮一家,二十五篇”。王先謙《漢書補注》引陶憲曾説以《蹵鞠》爲書名,原屬諸子類,後“挪移到兵法類”(即所謂“出”);徐仁甫《廣古書疑義舉例》卷七《八十七・誤讀書名例》云:鄧名世“以‘出蹵’二字爲‘出就氏’,而去其‘足’,以‘鞠’爲出就氏之名,謬甚”。是質疑鄧名世誤以“出就”爲姓氏,亦可參考之。

② 錢氏案:“今《官氏志》無此文。”

古今姓氏書辯證卷三十七

八物[①]

弗[②]

《後魏·官氏志》:黜弗、鐵弗、燕弗[③],並改爲河南弗氏[④]。

蔚

蔚,一作尉,古尉繚子著書。

屈

名世曰:出自芈姓。楚武王子瑕,爲莫敖[⑤],食采於屈,以邑爲氏。自瑕及屈重、屈完而下,世系具《春秋人譜》。漢高帝九

---

① 物　殘宋本作"勿"。勿讀爲物,古字通用。

② 殘宋本此條並列作"弗、鐵弗、黜弗";下有錢氏云:"今本分三條,以鐵弗氏入十六屑、黜弗氏入六術,按原本亦於十六屑重出鐵弗氏,又於'蕃姓補遺'重出黜弗氏,皆失檢也。"錢氏"原本"指《岱南閣》本,今仍《四庫》本編次。

③ 黜弗、鐵弗、燕弗　殘宋本作"黜弗、鐵弗氏",錢氏以爲"燕弗"二字乃"氏"字之誤。錢校是。

④《四庫》本原注:"案《史記》禹後有費氏。《索隱》云:《世本》'費'作'弗'。"

⑤《春秋左傳正義》卷三二襄公十五年有"屈到爲莫敖(《傳》:屈到,屈蕩子)";卷四三昭公五年有"楚子以屈伸爲貳於吴,乃殺之,以屈生爲莫敖(《傳》:生,屈建子)",則此"爲莫敖"前疑有脱文。

年十一月，徙齊楚大族昭氏、景氏、屈氏、懷氏五姓[①]關中，與利田宅。南涼有將軍屈右。

茀[②]

《左氏》曹大夫茀翰胡，始以氏見。一作佛，音弼。邵氏曰：《論語》佛肸以中牟叛，今解在八勿。齊宣王時有作屨者，茀氏，姓書曰茀翰胡之後。

屈侯[③]

《風俗通》：魏賢人屈侯鮒[④]；《史記》，漢有郎中屈侯原[⑤]。

屈南[⑥]

《元和姓纂》曰：屈原裔孫仕後魏，魏重複姓，以自南來，乃加南字，或作"屈男"。

屈盧

出《後魏·官氏志》[⑦]。

---

① 昭氏、景氏、屈氏、懷氏五姓　據《漢書》卷一下《高帝紀》，"徙齊楚大族昭氏、屈氏、景氏、懷氏、田氏五姓關中"，此脱田氏。

② 茀　《四庫》本原注："音弼。"

③ 錢氏校本依《廣韻》次序移此條至不第氏後，今仍《四庫》本舊序編次。

④ 屈侯鮒　《史記》卷四四《魏世家》作"屈侯鮒"；又今本《姓纂》卷一〇《六術·屈侯》作"《風俗通》：魏賢人屈侯"，奪"鮒"字。此作"鮒"誤。應從《史記》。

⑤ 屈侯原　今本《姓纂》作"漢有郎中屈侯豫"；岑校："《通志》作郎中令。"兩存之。又，錢氏曰："案《史記》、《通志·氏族略》引俱作'豫'，此'原'字誤。"或作"豫"是。

⑥ 殘宋本將"屈男"與此氏合爲一條。

⑦ 錢氏曰："案今《官氏志》無此文。"是。

屈同

出《後魏・官氏志》[①]。

屈門

出《後魏・官氏志》[②]。

屈引

出《後魏・官氏志》。

弗羽

《後魏・官氏志》:弗羽氏改爲河南羽氏。

弗忌

《元和姓纂》曰:晉大夫欒弗忌後。

不蒙

《元和姓纂》曰:下音夢。唐武后末年有河源軍大使不蒙令卿[③],與郭元振同迎吐蕃降人。

不更

謹按:此氏當出秦不更女父之後。

不第

《潛夫論》:宋不第氏,子姓也。

---

① 錢氏曰:"案今《官氏志》無此文。"是。

② 錢氏曰:"案今《官氏志》無此文。"是。

③ 不蒙令卿 《舊唐書》卷九七、《新唐書》卷一二二《郭元振傳》均作"夫蒙令卿";《資治通鑑》卷二〇六《唐紀》聖曆二年胡三省注:"夫蒙,姓也。《姓譜》:夫蒙,羌複姓,後秦有建威將軍夫蒙大羌。"《姓韻》卷四二《十一尤》下有夫蒙、不蒙兩姓,張澍曰:"不蒙即夫蒙,亦作不蒙。"未詳所本。然則此作"不蒙令卿"應有據。

剕

一作邦,音弗。漢有九江太守剕修。

欝

亦作鬱,出《姓苑》。

尉

北人八族,有後魏尉元,年八十三爲三元尉。本尉遲,改複從單。

尉遲

河南尉遲氏,《後魏·官氏志》:西方尉遲部,如中國之諸侯,至孝文時改爲氏。後周尉遲迥,唐尉遲敬德。又于闐王尉遲氏。

屈突

本居元朔,後魏孝文帝時改爲屈氏,至西魏復本姓。唐屈突通。

屈男

出《後魏·官氏志》。

九迄

暨[①]

居乙切。吴有尚書暨艷。陳後主有尚書都令史暨慧。唐天寶中有暨晃,弟昱。暨佐時,上元中,准制改爲周氏。《藝文志》有吴人《暨艷集》二卷。今餘杭與閩中多此姓,而音訛爲潔氏。《千姓編》曰:望出餘杭及渤海。

---

① 暨　《四庫》本原注:"音吉。"

宋建州暨文渭,生泳,某州助教。泳生陶,中大夫。陶生唐裔,紹聖四年進士。又有右通直郎、前通判臨安府尚卿,字公望,弟右迪功郎、監潭州南嶽廟召卿,字公南。

南雄州暨守教,生茂瞻,茂瞻生君儒,君儒生商俊,政和五年上舍。

乞

臣名世曰:謹按《資治通鑑》:吐谷渾有司馬乞宿雲,相其王辟奚。

乞伏

西秦乞伏國仁,號大單于,本鮮卑乞伏部酋帥,因氏焉。國仁之先曰伏乞可汗託鐸莫何如弗斯,字紇干,五世孫祐鄰。鄰子結權,結權子曰利那,曰祁埿。利那子述延,述延子傉大寒,皆繼爲酋帥。傉大寒弟曰生雷,勇士撫軍[①]。大寒子曰司繁步類[②]。司繁始號南單于,四子:曰國仁,曰乾歸,曰智達,曰木弈于。國仁始僭號西秦王,在位四年,私謚烈王,廟號烈祖。弟乾歸嗣,在位二十四年,謚武元王。子熾磐嗣。智達爲龍驤將軍,木弈于爲揚武將軍。國仁生公府。乾歸四子:曰熾磐,曰勑勃,曰審虔,曰延祚。熾磐嗣位七年,死,子慕末嗣。勑勃質于西凉。審虔,中軍。延祚,禁中録事。熾磐子元基、慕末。元基,右丞相;慕末嗣位三年,赫連氏滅之。祁埿弟曰軻埿,述延尊爲師傅。又族人曰乞伏

① 生雷,勇士撫軍 《四庫》本原注:"案《晉·載記》,大寒弟曰吐雷,苻堅使爲勇士護軍,撫其衆。勇士川,地名也。此作'生'字悮。"《四庫》本校是,此應作"吐雷","撫"作"護"。

② 司繁步類 《四庫》本原注曰:"案《晉·載記》'類'作'頹'。"

益州[1],凉州牧乞伏軻殫,驍騎將軍乞伏務和。

乞連

《西秦録》有丞相乞連出都[2]。

乞利咥

唐中天竺王,姓乞利咥氏,亦曰刹利咥氏。

十月

厥

名世曰:漢衡陽王賜妾厥氏,謂之厥姬。《姓苑》曰:京兆人。

闕

《風俗通》:闕黨童子[3]之後,漢荆州刺史闕栩。又有下邳賊闕宣,又縱横家有《闕子》一篇。

髮

漢有東海人髮福,修《韓詩》。

謁

《風俗通》云:古謁者以官爲姓。後漢汝南太守謁瓊,一名焕,見《獨行·廖扶傳》[4]。名世曰:漢東平王后謁,亦當爲氏。師

①《四庫》本原注:"案《晉·載記》:乞伏益州,秦州牧也。"

②《四庫》本原注:"案《西秦録》:丞相出連乞都。《辯證》前既有出連氏,此又爲乞連氏,悮。"今按:據《晉書》卷一二五《載記·乞伏乾歸》,乾歸"以出連乞都爲丞相"。《四庫》本注是。

③ 闕黨童子　《漢書》卷二〇《古今人表第八》作"厥黨童子"。師古曰:"即闕黨童子也。"

④《後漢書》卷八二上《方術傳·廖扶》:"太守謁焕,先爲諸生,從扶學。"鄧氏此作《獨行傳》誤。

古以爲名謁，誤矣。

越質[①]

西秦乞伏國仁破鮮卑越質叱黎于平襄，獲其子詰歸、弟子復半。詰歸後爲北涼州刺史。

越勒[②]

見越氏。西魏以開府儀同三司越勒肱爲司空，其先厙狄越勒部酋長，因氏焉。

越椒

《元和姓纂》曰：楚大夫越椒之後，爲氏。

越强

見越氏。

闕門

名世曰：《漢·儒林傳》：膠東内史闕門慶忌，鄒人申公弟子也。

越

姓書曰："出㜪姓。勾踐裔孫越王無疆爲楚所滅，子孫以國爲氏。"誤矣。謹按《後魏·官氏志》：越勒氏、越强氏，并改爲越氏[③]。

---

① 越質　今本《姓纂》卷一〇《十月》作三字姓"越質詰"；岑校曰："《廣韻》、《通志》均以爲三字姓。《辯證》三七'越質'云：'西秦乞伏國仁破鮮卑越質叱黎於平襄，獲其子詰歸、弟子復半。詰歸後爲北涼州刺史。'以爲兩字姓，非三字姓。"

② 今本《姓纂》卷一〇《十月·越勒》略同，作"後魏有越勒部，因氏焉"。可參越氏。

③ 上引今本《姓纂》卷一〇《十月·越》條："河南：《官氏志》，越勒氏、越彊氏，並改姓越。"《魏書·官氏志》無越强氏。

十一没

骨

河南骨氏:《後魏·官氏志》,紇骨氏改焉[①]。隋京兆郡丞骨儀,聞唐公入長安,奉代王侑,乘城拒守。

悖[②]

名世曰:梁武帝第二子、豫章王綜叛入魏,帝改綜之子直氏曰悖,未旬日而復之[③]。

紇[④]

《後魏·官氏志》:紇單氏改爲紇氏[⑤]。西凉沮渠蒙遜遣安西將軍紇勃耀兵禿髪傉檀之西境。

没藏[⑥]

李元昊子諒祚,其母密藏氏爲尼。又大臣密藏鄂特彭[⑦]專

---

① 錢氏曰:"案今《官氏志》紇骨氏後改胡氏,與此不合。"

② 悖　《四庫》本原注:"音孛。"

③《四庫》本原注:"案:'悖',《通志》作'勃'。《風俗通》:宋左師勃之後,晉有寺人勃鞮。"

④ 紇　《四庫》本原注:"音鶻。"

⑤ 錢氏曰:案《氏族略》作"改爲單氏",今本《官氏志》作"阿單氏改爲單氏",無"紇單氏"文。

⑥ 没藏　殘宋本亦作"没藏"。《四庫》本原注:"按'没藏'應改'密藏'。第此書類入没字韻,今於《辨證》内譯改,而標目姑仍其舊。"又錢氏以爲作"密藏"有誤,未知所本。然宋人撰著,如李燾撰《續資治通鑑長編》(卷一八四《仁宗·嘉祐元年》)、李𡌴撰《皇宋十朝綱要校正》(卷六《仁宗·戊子慶曆八年》)均作諒祚"母没藏氏"。

⑦ 密藏鄂特彭　殘宋本作"没藏訛龐",《皇宋十朝綱要校正·仁宗·戊子慶曆八年》亦作諒祚舅"没藏訛龍"。疑"龍"或"龐"形近之訛,"鄂特彭"與"訛龐"則音近而混淆,應是一人。

政,以女妻諒祚,諒祚殺鄂特彭及其女。

没鹿

紇豆陵氏,本没鹿回部大人,因氏焉。或作没鹿氏。

紇干

《西秦録》云:初自漠北南入陰山,遇大蟲於路,狀如龜,大如陵阜,乃殺馬祭之,俄而不見,乃有一小兒在焉。乞伏部老父無子者,請養爲子,衆許之。老父忻然,自以有所依憑,字曰紇干。紇干,華言依倚也。後因爲氏。唐御史大夫紇干遂,江西觀察使紇干梟[①],望出鴈門。

紇奚

北齊開府紇奚永樂。

鶻奚

代北人姓。

紇骨[②]

後魏獻帝兄氏,後改爲紇骨氏[③]。

没鹿真

後魏代北姓。

紇豆陵[④]

後魏賊帥有紇豆陵伊利。

---

① 梟　殘宋本作"裂"。

② 錢氏校本依《廣韻》次序移此條至紇奚氏後,今仍《四庫》本舊序編次。

③ 錢氏曰:"案'紇'字衍。"今按:今本《魏書》卷一一三《官氏志》作"帝以兄爲紇骨氏,後改爲胡氏"。兩存之。

④ 錢氏校本依《廣韻》次序移此條至嗢石蘭氏後,今仍《四庫》本舊序編次。

紇突隣

後魏改爲隣氏。

骨咄禄

河南禄氏：後魏骨咄禄氏改焉。唐涇陽有此姓。《姓纂》云"出紂子禄父後"，誤矣。[①]

勃窣野

吐蕃姓也。其先發羌之祖，曰勃窣野，健武多智，稍并諸羌，據其地。蕃、發聲近，故其子孫曰吐蕃，而姓勃窣野。

嗢石蘭

《官氏志》：後改爲石氏。

勃

《世本》：宋左師勃之後，望出武陵。

兀

後魏改樂安王元覽氏曰兀氏，貶之也。

杌

《春秋》檮杌之後。

十二曷

妲[②]

《元和姓纂》曰："紂妃妲己之後。"誤矣。謹按：妲己，有蘇氏之女也。

---

① 殘宋本"禄氏"、"骨咄禄氏"併爲一條；錢氏云：其下"《姓纂》云出紂子禄父後"所言爲"禄氏"，非言"骨咄禄氏"。

② 妲　《四庫》本原注："音怛。"

遏

出自嬀姓。虞遏父爲周陶正,支孫以字爲氏。

剌

《韻譜》曰:後燕有合浦公剌勃,東夷人。宋有贊善大夫剌穎。

達勃

魏達勃氏,後改爲褒氏,一曰改哀氏。

渴侯

後魏渴侯氏改爲侯氏。

葛伯

見葛氏。

鶡冠[①]

《姓苑》有鶡冠子,著書。

渴足渾

渴足渾改爲朱氏,望出河南。

達

《元和姓纂》曰:八愷仲達之後,爲氏。

達奚

後魏獻帝第五之後,爲十姓遠祖。長寧公篹,生司空斤,亦單姓奚氏,與穆、陸、于、婁、賀、劉、尉爲“北人八族”。唐貞觀所定同州郃陽郡四姓,一曰達奚。

① 錢氏校本依《廣韻》次序移此條至剌氏後,今仍《四庫》本舊序編次。

達步

後周文帝妃達步氏。

笪

《千姓編》曰：今建平多此姓。皇朝笪舉，登進士第。

閼

出自高辛氏。長子閼伯，爲陶唐氏火正，後世以字爲氏。

葛

梁國葛氏：出自古天子葛天氏之後，有嬴姓葛伯之國。夏桀氏國滅，子孫爲葛伯氏，亦去伯爲葛氏。

剌門

見《姓苑》。

啜剌

唐突厥首領姓。

十三末

末

本姓秣，避難去禾爲末氏。《唐書·吐蕃傳》：會昌乞離胡爲贊普，别將尚恐熱爲落門川討擊，使姓末，名農力。謹按：熱，猶中國所謂郎也。

秣[①]

古秣陽國，或曰秣陵，以國爲氏。

---

① 秣　《四庫》本原注："音末。"

括

出《姓苑》。

敚

出《姓苑》。敚音奪。

拔拔

後魏獻帝次兄爲拔拔氏，後改爲長孫氏。

拔略

一作拔畧。《後魏・官氏志》有拔畧氏，改爲蘇氏[①]。

拔也

與斛律同祖，號拔也部，後改斛律爲拔也氏。

拔列蘭

《官氏志》改爲梁氏[②]。

末那婁

後魏襄城公末那樓富。

脱[③]

出《姓苑》。

十四黠

滑

名世曰：出自姬姓。伯爵之國，後以爲氏。

---

① 錢氏曰："案《氏族略》引《官氏志》作'拔略'，今《官氏志》俱無此文。"

② 錢氏曰："案今《官氏志》作'拔列氏改爲梁氏'。"

③ 殘宋本敚、脱、括三氏併爲一條，云"皆出《姓苑》"。

佖[①]

出《姓苑》。佖,音八。

滑伯

《元和姓纂》曰:"漢有滑伯堪,爲齊悼王中尉。"誤矣。是人氏滑而名伯堪,非複姓也。

箓[②]

出《姓苑》。

箓失利

唐南蛮墮和國王,姓箓失利,名婆那,字婆末。

十五鎋

刹利

南詔單單國王姓刹利,名尸陵伽。

刹利邪伽

舊云生利邪伽,南蠻波利國王姓刹利邪伽,名護路那婆。

十六屑

齧

《元和姓纂》曰:《莊子》,齧缺,學道於王倪。誤矣。齧缺非

---

①《四庫》本原注:"案字韻諸書俱無此字,《廣韻》亦不載,疑即'仈'字之訛,音與八同。今附入黠韻。"

② 殘宋本佖、箓二氏併爲一條,云"皆出《姓苑》"。

姓名[①]。

頡

黄帝史官蒼頡之後。《風俗通》:古有賢者頡衛。

鐵弗

《後魏·官氏志》:鐵弗氏改爲河南弗氏[②]。

纈那

出《後魏·官氏志》。

節

《周禮》掌節上士,子孫以官氏。

鐵

魏將軍鐵仕雄[③]。

鐵伐

赫連勃勃改其支庶爲鐵伐氏,云:"庶朕宗族子孫剛鋭如鐵,皆堪伐人也。"

---

① 醔缺非姓名　今本《姓纂》卷一〇《十六屑·醔》作"《莊子》,醔缺,堯時賢人,學于王倪";岑校曰:"《辯證》三七云:'誤矣。醔缺非姓名。'按《古今人表》已列醔缺,不自林氏(按:指林寶)始。"《通志二十略·氏族略第五》醔姓條亦作"《莊子》,醔缺,堯時賢人,學於王倪"。未知鄧氏《辯證》所本,存疑。

② 錢氏曰:"案今《官氏志》無此文。"

③ 魏將軍鐵仕雄　《通志二十略·氏族略第五》曰"隋有將軍鐵士雄",未言魏仕雄者。《辯證》或誤。

古今姓氏書辯證卷三十八

十七薛

薛

出自任姓。黄帝孫顓帝少子陽封於任，十二世孫奚仲爲夏車正，禹封爲薛侯，其地魯國薛縣是也。奚仲遷于邳。十二世孫仲虺復居薛，爲湯左相。臣扈、祖己，皆其胄裔也。祖己七世孫曰成，徙國於摯，更號摯國。女太任，生周文王。至武王克商，復封於薛，爲薛侯。齊桓霸諸侯，薛侯獨不從，黜爲伯。歷三代，凡六十四世，其可記者：軫[①]生初，初生厲侯陵，陵生宣武侯房，房生哀侯褒，褒生莊侯元，元生平侯貴，貴生昭侯直，直生襄侯夷，夷生桓侯辨，辨生康侯安興，安興生定公箱，箱生恭侯尚，尚生景侯魏，魏生宣侯伯勤[②]，伯勤生簡侯文歡，文歡生惠侯夷黄，夷黄生靈侯英，英生文侯俱，俱生隱侯清，清生愍侯洪。洪爲楚所滅，公子登仕楚懷王爲沛公，不仕，隱於博徒，因以國爲氏，所謂薛公也。漢御史大夫廣德，孫愿，徙居淮陽。巴蜀太守齊，又徙河東汾陰，世號"蜀薛"。生懿，懿三子：恢、雕、興。恢，一名開，河東太守，號"北祖"；雕號"南祖"，興號"西祖"。興子濤，與"北祖"、"南祖"

---

① 軫　《新唐書》卷七三下《宰相世系表・薛氏》作"畛"。

② 宣侯伯勤　殘宋本作"伯勒"。秦嘉謨輯補《世本八種》卷四《世家・薛世家》、《新表・薛氏》均作"宣侯伯勤"，此無誤。

分統部衆,世號“三薛”。至内都大官[①]。謹,五子,號“瀵上五門”,世系皆具《唐·宰相表》。

吴薛綜,子瑩,孫兼,三人皆爲太子太傅,謂之“吴國三傅”。後魏薛通子道衡,道衡子收,收子元超[②],子曜[③],五世有文集。唐薛瓘,瓘子紹及堂姪衡,衡子琇,並尚主,一門四主。隋唐定河東薛爲乙門。太和二十年,衆議以薛氏爲河東戊族[④],帝曰:“薛氏,蜀也,豈可入郡姓!”直閤薛宗起執戟在殿下,出次對曰:“臣之先人,漢末仕蜀,二世復歸河東,今六世相襲,非蜀人也。伏以陛下黄帝之胤,受封北土,豈可亦謂之胡耶?今不預郡姓,何以生爲!”乃碎戟於地。帝徐曰:“然則朕甲、卿乙乎?”乃入郡姓,仍曰:“卿非‘宗起’,乃‘起宗’也。”賈執《姓氏譜》:劉、朱、周、武、薛,爲沛國五姓。魏《太和姓族品》:柳、裴、薛,爲河東三姓。

泄

春秋時,鄭大夫洩駕、洩伯之後,有洩堵寇;又有陳大夫洩冶,亦作泄。魯人泄柳,漢中大夫。泄公與貫高相知。

洩

春秋時,鄭大夫洩伯之後,有洩堵寇。

---

① 内都大官　殘宋本作“天官”;《新表·薛氏》作“謹,字法慎,内都坐大官”。《北史》卷三六《薛謹傳》:“真君元年,徵授内都坐大官。”此無誤。

② 元超　《新表·薛氏》作“振”;據《全唐文》卷一九六楊炯《中書令汾陰公薛振行狀》:振,字元超。此不誤。

③ 曜　《新表·薛氏》、《舊唐書》卷七三《薛收傳》作“耀”,《新唐書·薛收傳》作“曜”,兩存之。

④ 戊族　《資治通鑑》卷一四〇《齊紀六》高宗明皇帝中三年正月載“衆議以薛氏爲河東茂族”,薛宗起與魏孝文帝論薛氏爲士族事,此作“戊”顯誤。

禼

邵氏曰:音薛。契之後世,爲氏。謹按:《漢書》"契"作"禼"。

裂

出自《春秋》紀大夫裂繻字子帛之後。

晳[①]

音徹。《周禮》晳蔟氏後。

折

《後漢·獨行傳》:折像,字伯式,廣漢雒人,其先張江者,封侯於折,曾孫國爲鬱林太守,徙居廣漢,因封氏焉。國生像[②]。

羌族有西河折氏:世家雲中,爲北蕃大族,自唐以來,世爲麟府州節度使。宋西河折氏:唐振武軍緣河五鎮都知兵馬使宗本,生嗣倫,麟州刺史。嗣倫生從阮,周静難軍節度、檢校太師兼侍中。從阮生德扆、德愿。德扆,永安軍節度、檢校太師,贈侍中,有傳,二子:御勳[③],泰寧軍節度、檢校太尉兼侍中,有傳。

舌

《姓纂》曰:越大夫舌庸之後。謹按《春秋》:越大夫止有后庸,而姓書以后爲舌,誤。世無舌氏[④],或云恐《周官》舌人之後。

---

① 錢氏校本依《廣韻》次序移此條至説氏後,今仍《四庫》本舊序編次。

②《四庫》本原注:"案《後漢書》折像入《方術傳》,此作《獨行傳》,誤。"

③ 御勳　《宋史》卷二五三《折德扆傳》作"子御勳、御卿",此或脱次子御卿。

④ 越大夫止有后庸……世無舌氏　"止",《四庫》本原文即此,"僅"意也;后庸,《春秋左傳正義》卷六〇哀公二十六年阮元《校勘記》曰:"石經、宋本'后'作'舌'。廿七年,越子使舌庸來聘,'舌'字同。"段玉裁云:"當依《國語》作'舌'。"《姓纂》卷一〇《十七薛·舌》亦同;岑校曰:"《廣韻》同,《越絶書》作'曳庸',石經作'后庸'。"又羅振玉《璽印姓氏徵序》:"鄧氏《辯證》謂……世無舌氏,今印文有舌高,六朝人書'后'字别作(轉下頁)

櫱

《姓苑》云東莞人,本姓薛,以避仇加木。

悦

《後燕録》:左僕射、廣信公悦綰,昌黎鮮卑人。生壽,南燕尚書。又有清泉後悦真。又悦希,爲慕容恪司馬。

説

音悦。傅説之後,以王父字爲氏。言説之説,亦姓也。

竭[①]

今撫州臨川細民有此氏,不知其所自出。

列禦

《元和姓纂》曰"鄭穆公時列禦寇之後,著書八篇"[②],誤矣。謹按:列子名禦寇,謂之子列子。如曰"禦寇伏地,汗流至踵",則單姓列明矣。

揭陽

漢功臣揭陽定,初爲南越揭陽令,聞漢兵至,定降,封安道侯,因官爲氏。定薨,子當時嗣。師古曰:揭,音竭。

折掘

南凉禿髮傉檀立其妻折掘氏爲皇后。又右衛折掘奇鎮,據石驢山叛。

(接上頁)'石',與'舌'相亂。越大夫之名爲舌庸爲后庸,雖不能遽定,而舌則實有是姓。"可知鄧説未周。

① 錢氏校本依《廣韻》次序移此條至裂氏後,今仍《四庫》本舊序編次。

② 著書八篇　今本《姓纂》無此四字;岑校:"余按'著書八篇'一語,業見前文列姓,鄧氏或括引耳。"

折婁

本鮮卑人,隨魏南徙。

別成[①]

《漢·藝文志》陰陽家有《別成子望軍氣》六篇,今詳“別成”乃著書人也。

悦力

後魏有悦力氏。

渫

音薛。《韓子》曰:占賢有渫子。

列

《風俗通》:古帝者列山氏之後,氏焉。鄭有列禦寇。

列宗

《潛夫論》:楚公族有列宗氏,芈姓。

叱伏列

後周有侍中叱伏列龜,代郡西部人。

孼

出《姓苑》。

决

出《姓苑》。

桀

《姓苑》曰:桀溺之後,漢襄城侯桀龍。

---

① 錢氏校本依《廣韻》次序移此條至悦力氏後,今仍《四庫》本舊序編次。

別

《姓苑》曰：揚州及京兆人。《千姓編》曰：皇朝有別仝，望出京兆。

十八藥

藥

後漢南陽太守藥崧，又太尉掾藥穆，望出河内。唐貞觀所定果州武都郡五姓，一曰藥。宋太原藥氏：定國軍節度使、檢校太師、贈侍中元福，有傳，生可瓊，軍器庫使。

畧

《姓苑》曰零陵人。《千姓編》曰"吴有略統"，誤矣，統姓駱。

若

古有賢人若氏，魯人。漢河間王元，與妻若共乘朱輪，若即妻之氏也。淳于長母乃王氏，名若。不可不辯。

鄀

出自《春秋》鄀國，在商密，秦滅之，子孫以國爲氏。

若敖

出自芈姓。楚子熊鄂，生熊儀，謂之若敖，後以爲氏。謹按《春秋》：楚君之不以壽終者，葬不以成君之禮，皆謂之敖，若敖、霄敖、堵敖、杜敖、郟敖、訾敖皆是也。

若羅

晉孝惠帝時，鮮卑若羅拔能寇涼州，張軌擊斬拔能，威名大振。

若干

出《姓苑》。後魏代北人，後改爲若氏[①]。《晉·載記》：後燕步兵校尉若久和[②]。

矍相

《姓苑》曰：沛人，其先魯大夫，食采矍相，因氏焉。

藥羅葛

《唐·回紇舊傳》：回鶻居薛延陀北娑陵水上，距京師七千里，有九姓。藥羅葛，回紇姓也。回紇嘗遣藥羅構[③]來朝，本唐人，姓吕氏，因入回紇，爲可汗養子，遂從其姓。

若口引

後魏若口引氏改爲寇氏。孔志[④]《雜録》曰：引，音辰。

約

《韓子》：古賢者有約續。又馬融小妻有約氏。

鳥

鳥音鵲，出《纂文要》。

---

① 錢氏曰："案《魏·官氏志》若干氏改爲苟氏，與此異。"

②《四庫》本原注："案後魏始改若干爲若氏。後燕之若久和，在改氏前不應爲若干氏之後。"又錢氏注云："《晉·載記》後燕步兵校尉若久和，乃若久氏之文誤置於此。"

③ 藥羅構　《新唐書》卷二一七上《回鶻傳》作"藥羅葛炅來朝。炅本唐人吕氏，爲可汗養子，遂從可汗姓"。《辯證》或誤。

④ 孔志　《新唐書》卷五八《藝文二》有孔至《姓氏雜録》，應作"孔至"，此音同而誤。

矍

《千姓編》曰：唐有黄州刺史章，四門博士珍。

十九鐸

莫

其先楚人，以大爲莫，故其官謂之莫敖，後以官氏。《漢·遊俠傳》有富人莫氏。又漢獻帝時，有益州從事莫嗣。

河南莫氏：後魏邢莫氏、莫多婁氏改焉[①]。

幕

出自嬀姓。帝舜之後，有虞幕名思，爲夏諸侯，能聽協風，以成樂物生[②]，功在祀典，三王皆祀之，後世氏焉。

鄚[③]

人姓。按：河間有鄚縣，此必以邑爲氏。

落

《春秋》赤狄皋落氏，後單爲落氏。後漢中平四年二月，滎陽賊殺中牟令落皓。

絡

衛有賢者絡疑之後。

---

① 錢氏曰："案：《魏·官氏志》有莫那莫氏，後改爲莫氏，無邢莫及莫多婁氏。"

② 以成樂物生 《國語集解·鄭語第十六·桓公爲司徒》曰："虞幕能聽協風，以成物樂生者也。" 注曰："言能聽知和風，因時順氣，以成育萬物，使之樂生者也。" 則此 "樂" "物" 倒誤。

③ 鄚 《四庫》本原注："音莫。"

駱

姜姓。齊太公之後有公子駱,後以字氏。吴有駱統,居東陽,徙會稽。又後魏他駱伏氏,改爲駱氏。後凉吕纂親將駱騰。

雒[①]

《馬援傳》:麊[②]泠縣有雒將,乃徵側、徵貳之父。謹按《前漢注》:漢火行,忌水,故去洛水而加隹,然則此人以水爲氏。《姓苑》又有雒氏,音洛。

錯

《姓苑》:宋有太宰錯君,後爲氏。唐時温泉多此姓。

閣

《周禮》有閣人守王宫者,所止以扇闔扉,謂之閣,後因爲氏。《急就章》有閣并訢。唐有閣輔奴,任潭州橋口鎮副使,自云望出河南。《千姓編》云:今望出趙郡。

鄂

晉鄂侯之後,以邑爲氏。漢初功臣安平侯鄂秋。又巴陵蠻七姓,其一曰鄂氏。

薄

出自宋大夫,食邑于薄,以邑爲氏。《風俗通》:衛賢人薄疑。漢高帝薄太后,生文帝,夫人弟薄昭,封軹侯。晉東海王越有將薄盛,今望鴈門譙郡。

---

① 雒 《四庫》本原注:"音洛。"

② 麊 《四庫》本原注:"音麋。"

郝

出自郝省氏，太昊之佐也。商帝乙之世，裔孫封于太原之郝鄉，因以爲氏。裔孫晏，秦上卿，其後自丹陽徙安陸，有宰相處俊，世系具《唐表》。秦上卿郝晏。唐有土蠻揚、劉、郝三姓，世爲長，襲封王。又盧水郝奴，乘慕容氏既敗之後稱帝長安，姚萇攻降之。後燕有平北司馬郝景，北燕有昌黎郝越。

英州真陽郝氏：度支員外郎瑀，生起，太子中舍；起生樵，樵生戭。

索①

出自周成王分魯公商民六族，其一索氏之後。後漢燉煌長史索班。晉索湛爲北地太守，生靖，尚書、安樂亭侯。生綝，侍中。並燉煌人。今望汝南。

佫②

《姓苑》：貉音鶴，佫音涸。

䈾

音作，出《蒼頡》、《史篇》。

博

《風俗通》：漢有博勞吉，善相馬。今望出淮南。謹按：博，齊之聊攝，秦爲東郡，隋因博平縣建爲博州。

霍

出自姬姓。周文王子處封霍伯，其地河東霍邑是也。晉滅霍，子孫以國爲氏。漢有霍仲孺，平陽人，生冠軍侯去病、霍邑侯

① 索 《四庫》本原注："昔各切。"

② 佫 《四庫》本原注："音鶴。"

光，皆爲大將軍。今望出河東、蜀郡。唐貞觀所定果州武都郡七姓[①]，一曰霍氏。

郭

出自姬姓。周武王封文王弟虢叔於西虢，封虢仲於東虢，西虢地在虞、鄭之間。平王東遷，奪虢叔之地與鄭武公。楚莊王起陸渾之師伐周[②]，責王滅虢，於是平王求虢叔裔孫序，封於陽曲[③]，號曰"郭公"。"虢"謂之"郭"，聲之轉也，因以爲氏。後漢末，大司農郭全居太原陽曲，裔孫徙潁川。有唐相待舉。華陰郭氏：有唐相中書令、尚父汾陽王子儀。昌樂郭氏：漢郭林宗後，有唐相元振。世系皆具《唐表》。又後魏郭崇播，本黨氏改焉。賈執《姓氏譜》定太原五姓，隋唐定山東八族，其一皆曰郭氏。謹按《春秋》：齊大夫有郭最、郭榮、郭周父，則郭公之後得姓者，初仕齊。

又《唐表》誤以楚武王爲莊王，合改正。

鐸遏

《姓纂》曰：晉軍尉鐸遏寇之後，宋襄公下大夫鐸遏章。名世曰：謹按：遏寇姓鐸氏，晉人也，故望出絳郡。

莫侯

河南王乞伏乾歸，有梁州刺史莫侯悌眷爲御史大夫。

---

① 七姓　《辯證》本卷藥氏條稱"五姓"，與此異。

② 楚莊王起陸渾之師伐周　錢大昕《廿二史考異》卷五〇《唐書十・宰相世系表四上》曰："按：楚莊不與平王同時。《春秋》莊公二十四年，郭公，《公羊》以爲失地之君，則其時郭已亡矣。楚莊伐陸渾之戎，又在其後六十九年。"趙超《新表集校》卷四《郭氏》訂譌亦曰："《左傳》楚莊王問鼎當周定王時，上距平王東遷一百六十年，無緣得以滅虢責周也。"可參之。

③《四庫》本原注："案《唐・世系表》此下尚有'虢爲郭公，因以爲氏'，文義方順。"

莫輿

《後魏·官氏志》:莫輿氏改爲輿氏。

莫盧

莫盧氏改爲盧氏。

莫折

後魏末有亂寇莫折念生。

薄奚

《官氏志》:薄奚改爲河南薄氏。

薄野

代北薄野氏。

落姑[①]

魯大夫食采落姑,氏焉。漢有博士落姑仲異。

落下

《益部耆舊傳》有閬中落下閎,作《太初曆》[②]。

駱雷

代北人姓。

拓跋

出自姬姓。黄帝生昌意,受封北土,黄帝以土德王,北俗謂土爲拓,謂后爲跋,故以拓跋爲氏。或説自云拓天而生,拔地而長,遂以爲氏。裔孫始均,仕堯時,逐女魃于弱水北,人賴其勳,舜命

① 錢氏校本依《廣韻》次序移此條至莫折氏後,今仍《四庫》本舊序編次。

② 落下閎 《四庫》本原注:"案落下閎,原《傳》作'洛下閎',此誤。"

爲田祖。歷三代至秦漢,不交南夏。至成王帝毛[①],統國三十六,大姓九十九,威振北方。成帝十二世至獻帝,生聖武皇帝詰汾,田于山澤,天女受命相偶。明年,以所生男授帝,是爲神元皇帝生力微[②],時人諺曰:"詰汾皇帝無婦家,力微皇帝無舅家。"神元一百四歲崩,子章皇帝悉鹿、平皇帝綽繼立。綽崩,文帝少子思皇帝弗改立。裔孫昭成皇帝什翼健,生太子寔[③],寔生道武皇帝珪,始稱魏珪,生明皇帝嗣。嗣生太武皇帝燾,燾生景穆太子晃,晃生文成皇帝濬,濬生獻文皇帝弘,弘生孝文皇帝宏。太和二十年正月丁卯,詔改姓元氏。自是拓跋氏降爲庶姓,散在夷狄。

唐時,党項以姓别爲部,而拓跋氏最彊。有拓跋赤辭與從子思頭,其下拓跋細豆,皆降,擢西戎州都督,賜姓李。又有静邊州刺史拓跋朝光,樂州[④]刺史拓跋乞梅。其居夏州者,號平夏部,天寶末,戰有功,擢容州刺史、天柱軍使。裔孫拓跋思恭,咸通末討巢賊,僖宗以爲夏綏銀宥節度使,同平章事,賜姓李,其弟思諫、思欽,皆節度使。

---

① 毛　《魏書》卷一《序紀第一·成帝》同,所附《校勘記》曰:《太平御覽》卷一〇一、《册府元龜》卷一"毛"均作"乇"。此誤。

② 生力微　錢氏以爲"生"字乃衍文,是。

③ 寔　此"寔"據殘宋本補。《新唐書》卷七五下《宰相世系表·元氏》"什翼犍七子:一曰寔君",又"寔君生道武皇帝珪"。趙超《新表集校》卷五《元氏》訂譌曰:《魏書·昭成子孫傳》"寔君,昭成庶長子,非道武之父。道武父自名寔,追謚獻明皇帝";又"《魏書·昭成子孫傳》載昭成太子寔,次翰,次閼婆,次壽鳩,次紇根,次地幹,次力真,次窟咄,庶長子寔君,凡九人。……《新表》所言寔君,乃寔之誤。"則此作"寔"不誤。

④ 樂州　[清]周春著《西夏書校補》卷二《家人傳》作"代宗時有思樂州刺史拓跋乞梅",《新唐書》卷二二一《党項傳》代宗朝"破醜、野利、把利三部及思樂州刺史拓拔乞梅等皆入朝",則此"樂州"前脱一"思"字。

拓王

後周王秉、王興,並賜姓拓王氏。《舊唐史》,儀鳳二年,命巂州都督拓王奉擊吐蕃。

索盧

《吕氏春秋》:禽滑釐門人有索盧參。后漢淮陽令索盧放,世居東都,後爲諫議大夫。後秦燉煌索盧曜,姚萇遣刺苻登,不克被誅。

莫那盧

代北三字姓。孔至曰:莫那盧氏,後改姓盧。

頟

《姓苑》又有頟氏,音洛。

莫胡盧

皆代北三子姓[①]。

鐸

出自晉大夫鐸遏寇之後。《漢·藝文志》:楚太傅鐸椒治《春秋》,著《鐸氏微》三篇。漢有鐸改,望出絳郡。

莫者

西秦吕光左衛將軍莫者羖羝。

莫多婁

代北三字姓。魏孝文時改爲河南莫氏。

---

① 三子姓　此顯誤,應作“三字姓”。

洛

後魏有宦官洛齊,又南涼後軍洛肱。

作

漢有椓郡[①]太守作顯。

愘

晉有郎中令愘啓。今望出陳留。

索陽

出《姓苑》。

---

① 椓郡　據今本《姓纂》卷一〇《十九鐸·作》引《風俗通》云"後漢涿郡太守作顯",則此作"椓"誤。

古今姓氏書辯證卷三十九

二十陌

貉

自貉稽始以氏見。《孟子》音陌，而姓書誤音鶴。

白

出自姬姓。周虞仲封於虞。晉滅虞，虞公族井伯奚事秦，號百里奚。奚生視，字孟明，古人皆先字後名，故稱爲孟明視。視少子曰白乙丙[①]，其後以爲氏。裔孫武安君起，賜死杜郵，始皇思其功，封其子於太原，故子孫世爲太原人。三十三世[②]孫、後魏太原太守邕，五世孫建[③]，字季庚，生幼文、居易、行簡[④]，兄子敏中相唐宣宗，世系具《唐·宰相表》。

---

① 視少子曰白乙丙　白乙丙，《新唐書》卷七五下《宰相世系表·白氏》作"白乞丙"，顯係字畫之誤。又趙超《新表集校》卷五《白氏》訂譌以爲："孟明、西乞、白乙，並見《左傳·僖公三十二年》。杜氏不言西乞、白乙爲孟明子。……《左傳》僅言蹇叔之子與師。白乙丙與百里、蹇叔均無關係，《新表》顯係附會之言。"

② 三十三世　《四庫》本原注："案《唐·世系表》'三十三世'作'二十三世'。"今按：白居易撰《故鞏縣令白府君（鍠）事狀》（詳見《白居易集校》卷四六）稱"自武安以下，凡二十七代，至府君"，則"三十三世"應誤。

③ 五世孫建　《新表·白氏》作"邕五世孫建"，此脱"邕"字。

④《四庫》本原注："案《唐·世系表》，邕五世孫建，建五世孫季庚，生幼文等，與此不合。"今按：白氏世系及所出史書多歧，今存異。

帛

《神僊傳》有帛和。晉有僧帛道佺。漢有五威將軍帛敞。又軍將帛意斬李憲降，封漁浦侯。注曰：帛，姓也，宋帛産之後，見《韓非子》。後涼吕光破龜茲，龜茲王帛純走，光立純弟震而還。

伯

《風俗通》曰："嬴姓，伯益之後，爲氏。"以理推之，必姜姓伯[①]之後。舜命伯夷作秩宗，其書曰"帝曰咨伯"，則"伯"爲"夷"之字，後世氏焉。晉大夫伯宗，生楚太宰州犁，州犁生吴太宰嚭，字子餘。孔子之友伯高，弟子伯虔，字子析。

栢

《風俗通》："栢皇氏之後。"栢亮父爲顓帝師，栢招爲帝嚳師，栢景爲周太僕正。漢有栢直、栢始昌。開封栢孝隆，駕部員外郎，生什邡尉初。又栢元康，監襄邑倉。

百

《漢・酷吏・咸宣傳》：盗賊滋起，南陽有梅免、百政。師古曰："梅、百皆姓也。"高麗八姓，其一曰百氏。

劇[②]

齊大夫食采于劇，因氏焉。燕有劇辛，漢有劇孟。宋大理卿劇可久，字尚賢，范陽人，有傳。又太常丞劇元吉。

---

①伯　《四庫》本原注："原缺一字。"錢氏云："當脱'夷'字。"今按：殘宋本作"伯夷"，是。

②劇　《四庫》本原注："音極。"

笮[①]

出《姓苑》。謹按：後漢末，丹陽人笮融爲徐州牧，陶謙督運糧，遂斷三郡委輸，大起浮屠寺，又殺廣陵、豫章二太守，後爲劉繇所破，人殺之於山中。

窄[②]

《廣韻》：笮，一作迮，《姓苑》又作窄。今豫章有此姓。

迮[③]

《廣韻》：笮，一作迮，《姓苑》又作窄。今豫章有此姓。[④]

郤[⑤]

俗作郄。自晉大夫郄文生豹，豹生芮，芮生成子缺，皆食邑於冀。缺生獻子克，其後錡曰駒伯，犨曰苦成叔，至曰温季子，揚曰步揚，皆以所食邑著名。又有稱乞縠溱，皆爲卿大夫。今作郤氏，望出濟陰山陽。

格

出自金天氏，裔子曰昧，生允格、臺駘。允格之後，以字爲氏。後漢有御史格班。班曾孫顯，後魏青州刺史。顯曾孫處仁，生輔元，爲唐宰相，蓋"陳留八俊"之一人也。《舊史》：畢師鐸以卒長格元真主兵。

---

① 笮 《四庫》本原注："音仄。"
② 錢氏校本依《廣韻》次序移此條至劇氏後，今仍《四庫》本舊序編次。
③ 迮 《四庫》本原注："音仄。"
④ 錢氏云窄、迮"今本分爲兩條，而其文一字不異，贅甚"。錢説近是。
⑤ 郤 《四庫》本原注："音隙。"

翟

在秦者有翟傁新,魏有翟璜,漢有廷尉翟公,丞相上蔡翟方進。吴將軍翟舟,子孫因家會稽之山陰。今翟氏望出汝南。西河翟氏:出自黄帝之後。春秋時,世居北地,後徙西河,故賈逵注《國語》云翟居北地,後爲晉所滅。秦并天下,子孫分散,居晉地及江南。今翟氏出汝南而音宅者,又别爲一氏,更考正之。

宋濟州任城翟氏:晉左司禦率溥,生守素,商州團練使。

虢[①]

出自姬姓。周武王叔父虢叔封於西虢,弘農陜縣東南之虢城是也。虢仲封於東虢,滎陽成皋是也。春秋之前,鄭滅東虢,以爲制邑,子孫以國氏,晉大夫虢射即其後也。

白公

邵氏曰:"楚白公勝之後,有爲氏者。"今從其説。

白侯

後漢尚書郎白侯攜[②]。吴有張昭師白侯子安。謹按:此文皆柏侯氏,誤以爲白。

白冥

《史記·秦本紀贊》有白冥氏,蓋嬴姓十四氏之一也。

白象

《風俗通》:白象先生,古賢人隱者。

---

① 虢　《四庫》本原注:"音國。"

② 白侯攜　殘宋本作"雋"。《元和姓纂》卷一〇《二十陌·白侯》作"後漢尚書郎白侯攜。《吴志》云白侯子安,張昭師也"。《通志二十略·氏族略第五·以國爵爲氏》亦同。殘宋本誤。

白威

出《姓苑》。

伯宗

《世本》曰：晉孫伯起生伯宗，因氏焉。謹按：此謂伯氏所自起也，《姓纂》以爲伯宗複姓，誤。

伯高

名世曰：《元和姓纂》曰"列子友伯高子。進"，此校勘之誤也。伯高合爲複姓，然"進"字乃下文，曰"進二子之道"。《姓纂》誤斷一句，觀者詳之[①]。

伯成

《莊子》：伯成子高辭爲諸侯而耕。亦作柏成。

伯有

鄭良霄，字伯有，子孫氏焉。

百里

名世曰：出自姬姓。周太子五世孫虞仲受封于虞，晉獻公滅虞，執其大夫井伯奚，使媵伯姬於秦，秦以奚爲大夫，食采於百里，因號"百里奚"，地在唐涇隴之間，馬璘敗吐蕃衆於百里，即其地也。奚子視，以百里爲氏，謂之百里視，字孟明。或曰奚字百里。後漢百里嵩爲徐州刺史，州境遭旱，嵩行部，傳車所經即雨。

郤州

《世本》：晉郤豹，孫步揚，生郤州，因氏焉。

---

① 今本《姓纂》卷一〇《二十陌·伯高》作"列子友伯高子。進"，係羅振玉據《辯證》卷三九補。其下岑校以鄧氏此説爲是。

赫連

其先匈奴右賢王去卑之後。劉元海之族曰訓兒，追謚元帝，生武，前趙安北將軍、丁零中郎將、樓煩公，追謚景帝。生豹子，後趙平北將軍、左賢王、丁零單于，追謚宣皇帝。生衛辰，前秦西單于，追謚桓皇帝，廟號太祖。衛辰生丞相、代公右地代大將軍、魏公力俟提[①]、大夏皇帝赫連勃勃，字屈子[②]。勃勃以後魏天賜四年稱王朔方，國號夏，自云："朕之皇祖，自北遷幽朔，姓改姒氏，音殊中國，故從母氏爲劉。子而從母之姓，非禮也。古人氏族無常，帝王者，繼天爲子，是爲徽赫實與天連。"因改曰赫連氏。立其子璝爲太子，延爲陽平公，昌爲太原公，倫爲酒泉公，定爲平原公，滿爲河南公，安爲中山公。勃勃僭位十三年死。昌嗣立，魏人執之，定自立于平凉，亦爲魏所滅。定裔孫子悦，字士欣，後魏太常卿。生仲章，中書舍人。又勃勃兄子、大將軍[③]羅提，族人、前將軍昌，御史大夫、梁公叱干阿利，征南將軍阿利羅引，尚書令若門，尚書左僕射叱以韃，征北將軍、尚書右僕射乙斗。

虢射

《元和姓纂》曰：晉大夫虢射之後，漢烈帝時有羽林監虢射鏘。

白鹿[④]

白鹿先生、白象先生，皆古賢人、隱者。

---

① 力俟提　《北史》卷九三《劉衛辰傳》作"直力鞮"；《晉書》卷一三〇《載記・赫連勃勃》附《校勘記》曰："直俟音近，或互倒，必有一誤。"

② 字屈子　《晉書》卷一三〇《載記・赫連勃勃》作"字屈孑"，《校勘記》曰："各本'孑'作'子'。《魏書・劉虎傳》作'孑'。《斠注》：'屈子'爲'屈孑'之譌，以形近也。按：《音義》亦作'孑'。'子'字譌，今據改。"

③ 大將軍　上引《晉書・載記・赫連勃勃》作"左將軍"。

④ 殘宋本白鹿與白象並列。

九百

《姓苑》云：昔代縣人姓九百、名里，爲縣小吏，而功曹姓萬，縣人語曰：“九百小吏萬功曹。”

伯夫

《韓子》：伯夫氏，墨家流也。

伯夏

《元和姓纂》曰：畢公高之後。

伯昏

《列子》：伯昏無人。又作瞀人。

伯比

楚大夫鬬伯比之後，至淮王時，有伯比仲華。

柏侯

《元和姓纂》曰：柏成子高，堯時諸侯，因氏焉。管寧從南柏侯[①]子安受《春秋》。漢有尚書郎柏侯雋[②]。

白馬

《風俗通》：微子乘白馬朝周，因氏焉。一云公孫瓚在幽州乘白馬，因以爲氏。

---

① 南柏侯　今本《姓纂》卷一〇《二十陌・柏侯》作“管寧從柏侯子安受《春秋》……子安居南陽”；岑校曰：“宋本《辯證》引‘管寧從南柏侯子安受《春秋》’，‘南’下蓋奪‘陽’字。”則此應作“南陽柏侯”。

② 尚書郎柏侯雋　今本《姓纂》卷一〇《二十陌・柏侯》作“尚書柏侯雋”；岑校曰：“《廣韻》：尚書郎柏侯儁。《姓解》二：尚書郎柏侯雋。此奪‘郎’字。《通志》作‘尚書令柏侯奮’，殆誤。”

白狄

《左氏》:白狄國後。《神異記》:白狄先馮翊人。

白石

《神仙傳》有白石生,中黄大夫之弟子,常煑白石爲糧。

白楊堤

吐谷渾别帥氏。

澤

出《姓苑》。

二十一麥

麥

《姓苑》云:高要、始興有此姓。隋有將軍麥鐵杖,日行五百里,嘗有竇姓者戲之於朝堂,鐵杖正色曰:"豆之與麥,相去幾何?"人以爲名對。宋内侍麥允言,謚威勤公。

麥丘

齊桓公至麥丘,麥丘人年八十三,祝桓公壽,公封之麥丘,其後因以爲氏焉。

獲

《風俗通》:宋大夫猛獲之後,以王父字爲氏。

鬲

商賢人膠鬲,後爲氏。

革

名世曰:漢功臣賁棗侯革朱[①]。

赩

力革切。《姓苑》曰魯人。

蘗

出《姓苑》。

二十二昔

掖

官名,後以爲氏。

易

齊大夫易牙之後。後魏荆州刺史易愷。前凉將軍易掖,今望出太原濟陽。

液[②]

《急就章》有液容調[③]。

---

① 賁棗侯革朱 《漢書》卷一六《高惠高后文功臣表》作"賁棗端侯革朱";《史記》卷一八《高祖功臣侯者年表》作"賁棗侯赩朱",注曰赩、革古通;今本《姓纂》卷一〇《二十一麥·革》獨作"棗陽侯革朱"(但岑氏稱"唯宋本《辯證》與此同",説恐誤),又卷五《十六蒸·乘氏》有"漢賁棗侯乘昌"。岑氏據《漢表》、《通志》、《廣韻》證賁棗侯乘昌、棗陽侯革朱"顯分兩人"。然岑考亦有未周。據袁傳璋《宋人著作五種徵引史記正義佚文考索》,《史記正義》佚文有"煮棗故城在冀州信都縣東北五十里,漢革朱國",故"革朱係煮棗侯始封者姓名"。據此則知《辯證》不誤。

② 液 《四庫》本原注:"音亦。"

③《四庫》本原注:"案'液',碑本作'掖'。師古曰:'液氏,上古道術之士,善於鍊化,能作液湯者,後嗣因以液爲姓。'王應麟曰:'液,縣名,在東萊,今萊川(整理者按:此"萊川"誤,應作"萊州"),以邑爲氏。'《廣韻》亦引之。"

釋

名世曰：其先釋王國人，號爲釋種。秦、漢間，匈奴破釋國，釋王南君罽賓，種分散爲數國，自疏勒以西，休儲[①]、捐毒之屬皆是，漢史以"釋"爲"塞"，時人語有輕重，故訛也。《西域傳》曰：悉達成道謂沙門爲釋氏，蓋釋種也。支僧載外國事曰：迦維羅越國，今無復王，城池荒穢，惟空處有優波塞，姓釋，可二十餘家，是昔淨王之苗裔，故爲四姓，住在古城中，俗尚精進，猶有古風。

卤[②]

出《姓苑》，音赤。

石

出自衛大夫石碏，其先以王父字爲氏。碏生石厚。碏孫駘仲，生祁子及庶子五人。駘仲孫曰成子稷。稷生共子買，買生悼子惡，惡生曼姑，曼姑生魋。又有石圃、石乞。其族仕周者，曰石速、石張、石尚；仕鄭者，曰石癸，字甲，父大宰。石楚、石首、石盂，石制，字子服，其後世居鍾離。至漢有萬石君石奮。《韻譜》曰"石紛如爲柱石臣，得氏"，誤矣。紛如，齊小臣也。後凉有西安太守石元良。前燕都尉石琮，鎮南將軍石賢，秃髮烏孤將石亦干。

河南石氏：後魏嗢石蘭、烏石蘭並改爲石氏。又唐西域石國，王姓石，亦音祏[③]。

---

① 休儲 《漢書》卷九六《西域傳上》、《通典》卷一九二《邊防西戎疏勒》作"休循"，此誤。

② 卤 《四庫》本原注："音赤。"

③《四庫》本原注："案《通考》石國或曰柘支，或曰柘析，或曰赭時，漢大宛北鄙也。"今按：祏，殘宋本作"柘"。《新唐書》卷二二一下《西域傳下·康》云："石或曰柘支，漢大宛北鄙也。王姓石，治柘折城。"殘宋本是，此作"祏"或誤。

鉐

《集韻》曰：姓也，出彭城。音鏃，亦作鑃。

藉[①]

出自晉大夫孫伯黶，司晉典籍，以爲大政，謂之籍氏。春秋時，晉有籍談、藉偃、藉秦，皆爲大夫；秦、漢間有藉福，即其後。《千姓編》曰："望出廣平。"

夕[②]

《漢書》：巴郡蠻渠帥七姓，有羅、朴、普[③]、鄂、度、夕、龔。蜀有尚書令夕斌。

席[④]

安定席氏：其先姓籍，避項羽名，改爲席氏。漢有安定太守席永，家焉。晉有席垣。

射

出自晉大夫虢射之後，以王父字爲氏。謹按《漢・律曆志》，武帝元封元年，詔大興星射姓造《太初曆》，不知此人之姓，音社、音石也。

益壽

老子父李氏，名乾，字元果，爲周上御大夫，娶益壽氏女曰嬰

---

① 錢氏校本依《廣韻》次序移此條至夕氏後，今仍《四庫》本舊序編次。又有錢氏注曰："殘宋本作'籍'。"是，此作"藉"誤。下同。

② 錢氏校本依《廣韻》次序移此條至席氏後，今仍《四庫》本舊序編次。

③ 普 《後漢書》卷八六《南蠻傳》："渠帥羅、朴、督、鄂、度、夕、龔七姓。"無"普"姓，或作"督"，與此異。

④ 錢氏校本依《廣韻》次序移此條至鉐氏後，今仍《四庫》本舊序編次。

敷,生耳。

赤松

古仙人赤松子,因以爲氏。

赤章

《韓子》曰:智伯以鐘遺仇繇赤章,蔓枝諫令不受。

石作

孔子弟子石作蜀,字子明。《英賢傳》曰"姓石作,名蜀",未知何據。

石駘

《元和姓纂》曰:駘仲之後,亦作石駘氏。

石户

《莊子》:舜友有石户之農。

石之

《元和姓纂》曰:齊有石之紛如。謹按:燭之武、佚之狐、耿之不比、夏之御寇,皆姓名中有之字,則紛如姓石爾,非以石之爲複姓也。

籍丘

《左傳》:齊大夫籍丘子鉏之後。

辟閭

《元和姓纂》曰:"衛文公曾孫,以居楚丘,營辟閭里,後世因爲辟閭氏。"晉有寧州刺史辟閭彬。宋高祖時燕辟閭蔚,生幽州刺史辟閭渾,渾生辟閭道秀,皆其後也。《唐·藝文志》有大曆時司禮博士辟閭仁諝,注《老子》二卷。

赤小豆

後改爲豆氏。

昔

《風俗通》:周大夫封昔,子孫氏焉。漢有烏傷令昔登,唐有昔安人。

益

《千姓編》曰:望出成陽馮翊。

適

出《姓苑》。

奭

《姓纂》曰:召公奭後,爲氏。漢元帝時,避諱改爲盛。

赤

《風俗通》:帝嚳師赤松子,後單姓赤。

赤張

郭象注《莊子》赤張滿稽云赤張氏。

石牛

出《姓苑》。

辟

漢有富室辟子方。

古今姓氏書辯證卷四十

二十三錫

錫

《吴志》:漢末交阯太守錫光,古仙人錫壽之後。謹按:春秋宋、鄭之間,有隙地六邑,其一曰錫[①],鄭人城之以處。宋元公之孫必,其後以邑爲氏。

鄜[②]

黄帝之後。支孫食采於鄜,因氏焉,其地南陽鄜縣是也。漢有廣野君鄜食其,沛人,弟商,生寄。宋江陵鄜坦,縣令,生知白,知白生象中,象中生因。近時叛將鄜瓊。

狄

出自姬姓。周成王母弟孝伯,封於狄城,因以爲氏。孔子弟子狄黑,裔孫、漢博士山,世居天水。後秦樂平侯伯文,裔孫恭,居太原,生湛,東魏帳内正都督。臨邑子孫孝緒,尚書左丞、臨潁

---

① 錫　據《春秋左傳正義》哀公十二年,"宋、鄭之間有隙地焉,曰彌作、頃丘、玉暢、嵒、戈、錫,凡六邑也",則六邑之一乃"鍚",杜注曰:"音羊,一音星曆反。"則"鍚"非"錫"也。鄧氏以"鍚"誤隸於《二十三錫》韻目"錫"姓下,顯誤。

② 鄜　《四庫》本原注:"音歷。"

男，生知儉、知本、知遜[①]。知儉，越州刺史，生仁傑[②]、仁貞、仁節、仁恪、仁矩。仁傑字懷英，宰相、梁國公，生户部郎中光嗣、光遠、光似。

謹案：魯大夫狄虒彌、狄儀，皆山之祖。

後魏河南狄氏：本段匹磾之後，厙狄氏改焉。

壁

齊壁司徒之後，爲氏。

戚

出自衛大夫，孫林父食邑於戚，其支庶以爲氏。漢高帝戚夫人。又《漢·功臣表》：臨轅堅侯戚鰓，生夷侯觸龍，觸龍生共侯中，中生賢。

休[③]

《姓苑》云：人姓也，古文作休。

析成

非人氏。《元和姓纂》曰"齊大夫析成鮒"，誤矣。謹案《春秋》：魯定公十四年，析成鮒、小王桃甲率狄師襲晉，不克，士鮒奔周，小王桃甲入于朝歌。則鮒姓士氏。杜注曰"二子晉大夫范中行之黨"，是也。今駁去。

---

① 據《新唐書》卷七四下《宰相世系表·狄氏》，孝緒生知儉、知本、知遜，《四庫》本《辯證》此應沿襲《新表》而脱知遜，故殘宋本於此記知遜，是。

②《四庫》本原注："案《世系表》：狄孝緒子知儉、知本、知遜。知遜官越州刺史，生仁傑。此作'知儉，越州刺史，生仁傑'，誤。"

③ 休 《四庫》本原注："音溺。"今按：錢氏校本依《廣韻》次序移此條至狄氏後，今仍《四庫》本舊序編次。

析

衛大夫析朱鉏，謚成子。至後漢有析像[①]，其先姓江，封析侯，魯孫國爲鬱林太守[②]，徙居廣漢，因封爲氏。生像，資財二億，僮僕八百。今望出廣漢西河。

激

《漢·淮南王傳》有淮南太傅激章。

糴

晉大夫糴茷，始以氏見于《春秋》。

二十四職

敕

《姓苑》音棘。

息

出自姬姓。息侯之國，其地蔡州新息縣是也。《春秋》魯莊公十四年，楚文王滅之，子孫以國爲氏。楚有息亘。漢有河内息夫躬。

植

天竺胡人之性，蓋釋種也。

---

① 析像　《後漢書》卷八二上《方術傳·折像》作“折像”。今本《姓纂》卷一〇《二十三錫·析》岑校以“折”爲誤。兩存之。

② 其先姓江，封析侯，魯孫國爲鬱林太守　上引《後漢書·方術傳》作“其先張江者，封折侯，曾孫國，爲鬱林太守”，殘宋本此作“姓江”誤，“曾孫”作“魯孫”亦誤。

稷[①]

堯時棄爲后稷子孫，以官爲氏。

識

出《姓苑》。

棘

衛大夫棘子成，其先食邑於棘，以邑爲氏。謹案：《春秋》齊、楚皆有棘，齊邑在西安縣東戟里亭，楚邑在譙酇縣東北棘亭，然則子成之先必齊或楚人仕衛者。

弋[②]

《姓苑》云：今蒲郡多此姓，望出河東。弋子元登進士第，官至殿中侍御史。

皕[③]

《姓源韻譜》曰：人姓也。

直勒

《唐·藝文·謝偃傳》：衛州衛縣人，祖孝徵[④]，仕北齊散騎常侍，本姓直勒氏，改爲謝氏。

勑力

後魏高車別帥有勑力鞬。

---

① 錢氏校本依《廣韻》次序移此條至弋氏後，今仍《四庫》本舊序編次。

② 弋　《四庫》本原注："音亦。"

③ 皕　《四庫》本原注："音逼。"

④ 孝徵　殘宋本作"孝政"。據新、舊《唐書》謝偃本傳，謝偃，衛縣人也，本姓直勒氏，祖孝政。此誤。

弋門

《姓苑》云：漁陽人。

即墨

田單守齊即墨有功，因以爲氏。漢有城陽相即墨成，齊人，受《易》於田何。

式

皆出《姓苑》。

職

職方氏之後，以官氏。《風俗通》：漢有山陽令職供。唐亦有直館職南金。

直

楚人直躬後。漢有御史大夫直不疑。

力

力牧之後。漢有魯相力題。

食

漢有博士食子公，河内人，以《韓詩》授泰山栗豐。

殖

齊大夫殖綽，始以氏見于《春秋》。

翼

出姬姓。晉翼侯都翼，今絳郡翼城是也。後遷于隨，因氏焉。漢有諫議大夫翼奉，又《藝文志》有《孝經翼氏説》一卷。

即

其先食采即墨，因氏焉。《風俗通》有單父令即費。

即利

《韓子》曰:宋戴公時大夫有即利渠彌。

稷丘

《英賢傳》曰:漢稷丘子得仙。

嗇

古嗇夫之官,後爲氏焉。

二十五德[①]

勒

晉王廞有騎督勒滿,破張昌於隋郡[②]。《元經薛氏傳》[③]:晉時匈奴國民有勒氏,多反叛。

特

晉大夫特宫,始以氏見於《春秋》。

墨

孤竹君後,本姓墨胎,避難改爲墨氏。《春秋少陽篇》曰:孤

---

① 此韻目《四庫》本《辯證》重出,另見"北"姓下、"黑肱"上,或纂輯之誤,删去。

② 晉王廞有騎督勒滿,破張昌於隋郡　據《晉書》卷一〇〇《張昌傳》:"鎮南大將軍、新野王歆遣騎督靳滿討昌於隨郡西。"則此"晉王廞"當指新野王司馬歆;又《晉書》卷一〇《安帝紀》隆安元年,"前司徒長史王廞以吴郡反,王恭討平之",則知《辯證》此"歆"、"廞"相混淆,應作"歆"是。勒滿,今本《姓纂》卷一〇《二十五德·國》作"國滿",岑校已證國姓冒入勒姓之誤。又"隋郡",前引《晉書》作"隨郡",此作"隋",亦誤。

③《元經薛氏傳》《宋史》卷二〇三《藝文志》有"《王通元經薛氏傳》十五卷",應即此書。

竹君之子伯夷,姓墨,名允,字公信;叔齊,名智,字公達。夷、齊,謚也,見《論語疏》。

塞

《姓苑》云:南越人。謹按《前漢·西域傳》:匈奴破月支塞王南君大夏[①],塞種分散,往往爲數國,自疏勒以西北,休儲、捐毒之屬[②],皆故塞種也。師古曰:"塞,音先得反,即所謂釋種者。"亦語有輕重爾。

國[③]

出自姜姓。齊公族以王父字爲氏。春秋時,有國莊子歸父,生武子佐,佐生景子弱及勝,弱生惠子夏及中軍將書,書生觀,世爲齊上卿。又姬姓,鄭穆公子發,字子國,其孫參,字子思[④],以王父字爲氏。唐百濟大臣八姓,其一曰國氏。

北

出《姓苑》,高麗人。

黑肱

楚王子黑肱,字子晳,其後以爲氏。

黑齒

出自南詔羣蠻,有黑齒、金齒、銀齒三種,見人以漆及金銀鏤

---

①《四庫》本原注:"案《漢書·西域傳》:大月氏西君大夏而塞王南君罽賓。此作'南君'、'大夏',悮。"

② 休儲　《四庫》本原注:"案《漢書》:武帝通西域三十六國,内有休循、捐毒。荀悦《漢紀》亦作'休循'。此作'休儲',悮。"

③ 錢氏校本依《廣韻》次序移此條至北氏後,今仍《四庫》本舊序編次。

④ 其孫參,字子思　今本《姓纂》國氏作"又鄭穆公子發,字子國;生輒,字子耳;生僑,字子産",與此異。

餙,飲食則去之,因爲氏。唐將黑齒常之,即其後。

墨夷

《風俗通》:宋大夫有墨夷須、墨夷鴻。邵氏《姓解》曰:宋公之子目夷之後,古有墨夷皋。案此,即墨、目音變也。

墨台

亦作默夷,孤竹君之後也。漢有墨台絹。

万俟

上音墨,下音其。後魏獻帝季弟十姓之後,魏樂陵公万俟禮,生雅,周安成公,孫元道,唐車騎將軍。靈公生肅,唐殿中監。其先,魏文帝大統七年,万俟醜奴自稱天子,置百官,以万俟仵爲僕射,改元神獸。尒朱榮遣天光討之,生擒醜奴,斬於都市。其後,西魏有特進万俟普,爲秦州刺史;又万俟壽樂干爲司徒。唐朱泚有殿中侍御史万俟著。

北宫

出自姬姓,衛成公曾孫括,世爲衛卿,别以所居爲北宫氏。漢文帝嬖臣北宫伯子。後漢靈帝時有胡北宫伯玉。晉有尚書北宫純。子華子有弟子北宫意,能傳其道。

北郭

出自齊北門之城,謂之北郭大夫,居北郭者因以爲氏。春秋時有北郭佐,字子車,及北郭賈。《晏子》有齊北郭先生,名騷。

北殷

《元和姓纂》、《史記》:湯後。

北旌

《世本》曰：子姓。

北鄉

出《姓苑》。

北丘

出《姓苑》。

北附

出《姓苑》。

北門

《莊子》有北門成。

北唐

《世本》云：晉有高人，隱於北唐，因以爲氏。漢有北唐子真，治《京氏易》者。

北海

《英賢傳》曰：古有若劉何，處北海，因氏焉。北海無擇，即其後也。

北野

出《姓苑》。

北官

出《姓苑》。

北人

《莊子》：舜友北人無擇。

二十六緝

立

《姓苑》云:古賢者立如子之後。又云立如子,複姓。

給

出《姓苑》。

戢[①]

謹案:《春秋》有廬戢犂。《國語》注曰:"廬,楚邑;戢犂,廬大夫。"則犂以戢氏也。

邑裘

《元和姓纂》曰:"衛太史柳莊[②]卒,公與之邑裘氏與縣潘氏,故衛有邑裘氏。"謹案《禮記》注曰:裘與縣潘皆邑名,則邑裘本非複姓,林氏誤矣。

邑由

楚大夫養由基之後,改爲邑由氏,避仇也。晉東莞莒縣人邑由養真。

邑里

出《姓苑》。

執失[③]

北蕃酋帥有咄密支頡利發,姓執失氏,生思力,《唐史》有傳。

---

① 戢 《四庫》本原注:"側立切。"

② 太史柳莊 太史,今本《姓纂》卷一〇《二十六緝·邑裘》作"大夫"。《禮記·檀弓下》有"衛太史柳莊",《漢書·古今人表》作"柳壯",顏師古注云:"壯讀曰莊。"則"莊"、"壯"古通用,此不誤。

③ 錢氏校本依《廣韻》次序移此條至戢氏後,今仍《四庫》本舊序編次。

習

襄陽習氏：習子國之後。漢有陳相習響，晉有習鑿齒。

隰

齊大夫隰朋、隰黨，又有隰思，一作斯。

襲

《千姓編》曰：晉有隱士襲元之，《南史》有襲爲。

集

《風俗通》云：漢外黄令集一。

汲

濮陽汲氏：卫公子伋之後，食采衛州汲縣，因以爲氏。漢有汲黯。今望出濮陽及清河。

二十七合

合

出自子姓。宋向戌爲左師，食采於合，謂之合左師，後世氏焉。

郃①

河南郃氏：後魏大莫干氏改焉。

頜

音閤。《春秋》遂人四族，一曰頜氏。

佮

出《姓苑》，音殕。

① 郃　《四庫》本原注："音合。"

合博[①]

《漢·功臣表》有貰齊侯合博胡害[②],以越户將從破秦。入漢,定三秦,以都尉侯。子共侯方山,生煬侯赤,赤生康侯遺,遺生猜,國除。貰,音式制反。

沓盧

《後魏·官氏志》:沓盧氏改爲沓氏。

沓[③]

納

出《姓苑》。

二十八盍

蓋

《韻譜》曰:古盍反。漢曹參師蓋公。又有諫大夫蓋寬饒。後漢虎牙大將軍、安平侯蓋延,字巨卿,漁陽人。越騎校尉蓋勳,字元固,燉煌廣至人,家世二千石。漢陽太守進,生大司農彪,彪生思齊,安定屬國都尉;思齊生勳,謂之蓋京兆;勳子順,永陽太守,皆有傳及世系。唐安西都護蓋嘉運。

後魏河南蓋氏:蓋樓氏改焉。謹案:《孟子》有蓋大夫王驩;又曰陳仲子兄戴蓋,禄萬鍾。注:蓋,齊邑也。今宜曰蓋氏出自齊大夫,食采於蓋,以邑爲氏,則詳明矣。唐魏徵定天下姓氏,平

① 合博　據《漢書》卷一六《高惠高后文功臣表》,應作"合傅",此傳寫之誤。下同。

② 貰齊侯合博胡害　同據《漢書》上表,有"貰齊合侯傅胡害",則鄧氏此"侯""合"倒誤。又,以"合傅"爲複姓,未詳所本,疑誤。

③ 殘宋本補此姓,下無文字。

昌郡三姓，山陽郡五姓，皆有蓋氏。

𡰪

音闔。《纂要文》[1]云人姓也。

㚞[2]

才盍反，又音閤。今北海有此姓，出《纂要文》。

蓋樓

後魏代北蓋樓氏，後改爲婁氏[3]。

二十九葉

葉

失涉切，今音枝葉之葉，蓋攝、葉音變也。下邳葉氏：出自羋姓。楚人沈諸梁，字子高，食采葉邑，謂之葉公，因以爲氏。後漢日南徼外蠻葉調，賜金印紫綬，《吴志》孫堅有都尉葉雄，即其後也。

章貢葉氏：大理評事懷德，生材。

錢塘葉氏：桂州司法曉，二子：昌言，秘書丞；昌齡，屯田員外郎。

歸化葉氏：閩尉同，生詣，著作佐郎。

接

《三輔決録》有接子名昕，著書十卷。

---

①《纂要文》　疑當作"《纂文要》"。下同。

② 㚞　《四庫》本原注："音欱。"

③ 錢氏曰："案前蓋氏條云改爲蓋氏，此云改爲婁氏，殊不合。《魏・官氏志》與前條同。"

涉

其先晉大夫涉佗，以邑爲氏，潞州涉縣即其地也。晉有涉賓。《神仙傳》有涉正。漢有遼東部都尉涉河[①]。前燕慕容翰伐宇文歸，歸遣驍將涉樂于[②]盡衆拒翰。慕容皝遣使謂翰曰："樂于雄悍，宜少避之。"翰曰："樂于徒有虛名，實易與耳。"果敗樂于，斬其首、俘其衆以歸。

獦

邵氏曰：音獵，犬戎之姓。謹案：唐貞觀所定坻丘郡六姓，其一曰獦氏。

捷

莒公子捷菑之後。《漢・藝文志》有《捷子》三篇，注曰齊人。乞伏熾磐克樂都，遣平遠將軍捷虔帥騎五千追傉檀。

聶

謹案：《春秋》魯僖元年，齊師、宋師、曹師次于攝北，救邢。注曰：聶北，邢地。詳此，即聶爲衛地，《元和姓纂》曰"衛大夫食采於攝，因以爲氏"，是也。《廣韻》以衛爲楚，誤矣。春秋時，楚大夫有攝叔，蓋攝、聶聲相近[③]，然則叔之先乃衛大夫。《史記》軹深井里人聶政，宜爲攝叔之後。後漢護羌校尉尚。潁川太守良。吴將友。石趙中書令熊，清河人。唐末文士夷中。五代周

---

① 涉河　殘宋本作"涉何"。據《漢書》卷九五《朝鮮傳》，"元封二年，漢使涉何譙諭右渠，終不肯奉詔。……拜何爲遼東東部都尉"，此作"河"誤。

② 涉樂于　殘宋本作"涉弈于"，《晉書》卷一〇九《載記・慕容皝》作"涉奕于"，《資治通鑑》卷九七《晉紀十九》康皇帝二年作"涉夜干"。蓋"奕"、"夜"譯音相近，"于"、"干"形近，易相混，今兩存之。此"涉樂"之"樂"，或誤。

③ 殘宋本此句作"蓋攝聲近而變"。

將知遇。

宋歙州聶氏：唐鴻臚卿師道，楊行密奏爲問政先生，始葬新安。七世孫冠卿，字長儒[①]，大中祥符二年進士，爲翰林學士兼侍讀學士，知制誥，有傳。弟世卿，爲太常博士。冠卿五子：友仲、平仲、儀仲、文仲、公仲。世卿一子：荀仲。

河南洛陽聶氏：國子司業兼太常博士崇義，有傳。

輒

衞出公輒之後，爲氏。漢有輒終古。今望出錢塘。謹按：姓書有轅終古，恐誤作輒字。

接輿

《元和姓纂》曰：《論語》楚狂接輿，隱者也。其後爲氏。

涉其

姓書多曰《世本》楚大夫有涉其氏，《春秋》"涉其拏"是也。謹案：《春秋》定五年《傳》，吴入楚，楚昭王奔隨，將涉於成臼。藍尹亹涉其拏，不與王舟。及寧，王欲殺之，子西曰："子常惟思舊怨以敗君，何效焉？"王曰："善。"然則藍尹亹自以舟送其妻子濟水，非有人姓涉其名拏者。請削此姓，以正其誤。

跌跌[②]

北蕃首領之姓。

---

① 長儒　殘宋本作"長孺"。考《宋史》卷二九四《聶冠卿傳》作"長孺"，此誤。

② 錢氏校本此條移至牒云氏後，且云："案《廣韻》三十帖，無跌字。此條鄧氏無音，原本次二十九葉涉其氏後，《集韻》音奚結切，《屑韻》亦無此字，今依諧聲，改附帖韻。今仍《四庫》本編次。"又殘宋本作"跌跌"。

攝

《左傳》:楚大夫攝叔之後。

三十帖

俠

音莢。韓相俠累之後。《急就章》有俠却敵。

莢

《漢・藝文志》有《莢氏[①]春秋》。王僧孺《百家譜》曰:苟永之娶滎陽莢氏。

牒云

魏遣牒云具仁使柔然,迎阿那瓌反國。代北牒雲氏改雲氏[②]。

莢成[③]

《世本》晉大夫有莢成僖子。

牒

《元和姓纂》曰:後魏牒云氏,改爲牒氏。

三十一洽

夾

《漢・藝文志》:《春秋》有《夾氏傳》十一卷。師古曰:"夾,音頰。" 邵氏曰 "楚有大夫郟敖",誤矣。謹案:郟敖,楚靈王之號也。

---

① 莢氏 《四庫》本原注:"案《漢・藝文志》'莢'作'夾'。" 今按:《辯證》或誤將"夾"姓文字混同,參本卷《三十一洽・夾》。

② 錢氏以爲此句爲牒氏文誤置於此。

③ 錢氏校本依《廣韻》次序移此條至莢氏後,今仍《四庫》本舊序編次。

郟[①]

出自鄭大夫郟張，其先以所食邑爲氏，汝州郟城縣即其地。

三十二狎

甲

《姓纂》曰：出自商王太甲之後。《莊子》曰公族昭、甲[②]。然則芈姓之後，其公族大夫有甲氏，當以《莊子》爲正。《韻譜》曰"《左傳》鄭有甲石父"，誤矣。甲父姓石，非石父姓甲。潘安仁《關中詩》曰"謬彰甲吉"，甲姓吉名，羌孤奴也。李善注《文選》曰：晉人滅赤狄，甲氏乃其先也。

甲父

古諸侯國，因以爲姓，高平縣東南有甲父亭，即其地。周有甲父氏，漢有侍御史甲父沮。

嚈噠[③]

西域挹怛國。漢有大月氏之種嚈噠，王姓也，後裔以姓爲國，訛爲挹怛，亦曰挹闐，俗類突厥。

三十三業

業

《經典釋文》曰：宋奉朝請業遵，字長孺，燕人，作《禮記注》

---

① 郟　《四庫》本原注："音夾。"

② 公族昭、甲　此句出《莊子·雜篇·庚桑楚第二十三》，原文作"是三者雖異，公族也。昭景也，著戴也；甲氏也，著封也，非一也"。

③ 錢氏校本此條依《集韻》音收入狎韻，依《廣韻》次序移至甲氏後，今仍《四庫》本舊序編次。

十二卷。

鄴

《風俗通》:漢有鄴鳳,爲梁令。今望出滎陽及武陵。

脅

出《姓苑》。

三十四乏

法

扶風郿縣法氏:本嬀姓,田氏齊襄王子法章之後,因以爲姓。秦滅齊,子孫不敢稱田姓,以法爲氏。漢宣帝時,法氏徙三輔,代爲二千石,世家扶風。後漢法雄,字文彊,爲南郡太守,居扶風郿。生真,字喬卿,博通内外圖典,爲關西大儒,號"玄德先生"。生衍,字季都。衍生正,字孝直。

漢姓補遺

第八

廣弟田英爲第八門,王莽時有講學大夫第八矯,即其後。

坎氏

《元和姓纂》曰:《英賢傳》宋附庸有坎氏。

籛[①]

彭祖曰籛鏗,其後爲氏。世俗皆音贊字,平聲,而《唐韻》音牋,未知孰是。今附於補遺。

---

① 殘宋本所附目録作"箋",應誤。

己氏

《元和姓纂》曰:宋司馬己氏之後[①]。

事父

《元和姓纂》曰:子姓之後。

𦥯

《廣韻》作舉,注曰:姓也。《集韻》曰:所以枝鬲也。一曰舂器,亦姓。在上聲,二腫韻中。

蔄

《集韻》曰:胡莧切,姓也,讀若綻。《姓苑》又音漏。

眗

出《姓苑》。

蕃姓補遺

雟蒙

虜複姓。

吐突

唐有中官吐突承璀。

迦葉

西域天竺人姓。唐有太史迦葉志忠。

苩

百濟有八姓,其一曰苩氏。

---

① 今本《姓纂》無此氏文字。

薆

舊唐吐蕃大臣禄東贊，姓薆氏，其子欽陵等，皆專國政。

耶律

出自契丹，自後魏以來以名見中國。與庫莫奚同類而異種，其居曰梟羅箇没里，没里者，河也，是謂黄水之南，黄龍之北。得鮮卑之故地，故又以爲鮮卑之遺種。其後分爲八部大人。至阿保機用其妻述律策襲殺諸部大人，遂雄北邊，僭稱皇帝，自號天皇王。以其所居横帳地名爲姓，曰"世里"，"世里"，譯者謂之"耶律"，遂有耶律氏。阿保機死，謚大聖皇帝，以其長子、人皇王突欲爲東丹王，立其次子、元帥、太子耀屈之爲皇帝，改元天顯，名德光。突欲怒不得立，自扶餘泛海奔于唐，明宗賜姓名曰李贊華。德光建國爲大遼，立石氏爲晉。已而滅之，自中國歸，死于殺胡林。契丹破其腹，去其腸胃，實之以鹽，載而北，晉人謂之"帝羓"。突欲子永康王兀欲自立，謚德光爲嗣聖皇帝，兀欲更名阮，號天授皇帝，改元天禄。立五年，謀入寇，諸部大人皆不欲，兀欲彊之，燕王述軋與大甯王嘔里僧等，率衆殺兀欲於火神淀①。契丹殺述軋、嘔里僧而迎德光子齊王述律立之，改元應曆，號天順皇帝。述律後更名璟，有疾，不能近婦人，然嗜畋獵、飲酒，不恤國事，每酣飲，自夜達旦，晝則長睡，國人謂之"睡王"。後爲庖者因其醉弑之。其子明立。皇朝開寶九年，明爲幃下所殺。立兀欲之子明記。明記在位十三年，太平興國十年死。子隆緒立，在位四十八年，天聖九年死。子崇真立，在位二十三年，至和二年死。子洪基立，在位四十七年，當建中靖國元年。其後洪基死，立其孫

① 火神淀 《新五代史》卷七三《四夷附録第二》作"大神淀"；據《資治通鑑》卷二九〇《後周紀》胡注："火神淀在新州西。"則此不誤。

禧，是謂宣宗。宣宗死，其子爲天祚皇帝，淫昏殘虐，國内大亂，女真乘其亂滅之，自改其國爲大金，盡俘耶律氏，以幽州以北賂我，而留其雲中地。朝廷建幽州爲燕山府，用契丹降將郭藥師知府事，養兵數萬，悉募燕薊驍悍充之，而藥師自將。又括天下金帛，出武庫器甲賜藥師，名其軍爲"常勝軍"，自是燕人益富强。河朔凶饑，盜賊大起，東南疲於轉餉，民不聊生，藥師以其衆叛。金人連兵内寇，中原亦亂。

突黎人

西域人姓。

挐

建隆二年，女真遣使朝貢，自言渤海別種，本姓挐氏。

虚連題

後漢南匈奴單于姓虚連題。異姓有呼衍氏、須卜氏、丘林氏、蘭氏四姓，爲國中名族，常與單于婚姻。

附録一：鄧名世《古今姓氏書辯證》序論

序論一

人之有姓氏，猶衣服之有冠冕，水木之有本源；裂冠毁冕，雖有帶裳幅舄，不足以被飾其身；拔本塞源，則枝葉委於樵蘇，流派堙爲行潦，亦猶聞家世族降在皂隸而莫之或恤，是保姓受氏之不可以易也。聖人揔億醜而齊萬殊，爲天下思子孫無窮之訓，是以天子因生賜姓，胙土命氏，皆崇德報功，以建諸侯。諸侯取王父之字，世功之官，世食之邑，以分命其卿大夫，所以别親疎，明貴賤，順少長。當時承家傳嗣者，自中人以上，莫不夙興夜寐，以無忝其所生，下逮庶人，皆有可稱之孝，宜其宗族蕃衍，同心戴上，而天下、國家有磐石之固。後世禮教不明，賜姓命氏，不出於其君而出於一時之私意，智者避地而自全，庸者因人而妄改，加以五胡亂華，百宗蕩析，而後人因訛習陋，苟且自安，問其所從出，則芒然不知，其自視與草木何異！宜乎三代之賢常多，而後世如此其少也。嗚呼！萬物本乎天，人本乎祖；不本乎祖，則忠孝仁義之心不生，貴者無所勸，賤者無所慕，而國家之敗由之，是姓氏之源不可不辨證也。

序論二

昔漢高祖嘗賜婁敬、諸項皆姓劉氏，亦可謂知天子賜姓之職矣。然而知其職而未知其義，故樸陋少文，不如元魏孝文之長於議論也。謹按：魏孝文賜喬氏則取其高遠，改源氏則取其同源。求之文義，優於"婁者，劉也"爲多。後世帝者，徒見英主所爲，意其駕馭豪傑，或出於此，於是跛扈之臣與夷酋賊渠，例皆賜以國姓，謂之固結其心，而不知貽笑取辱，無以示天下威重。夫姓者，出於天，受於祖宗。先聖以神明之德奄有天下，以爲神明萬物之主，而嗣君乃屈帝尊，以下同於三者之賤，此當時公卿大臣不學之過也。古之賜姓受氏者不然。天子之子，常爲顯諸侯；諸侯之子，常爲名卿才大夫。至起於疎遡者，又一時賢能才智之士，其言行卓卓，皆可稱道。求之於《詩》，則齊之姜，知其前有四嶽而後有太公；宋之子，知其前有成湯而後有微子；孟庸、孟弋，知爲衛之世族；南方之原，知爲陳之名家。求之《春秋》，則施、臧、季、孟之氏於字，戴、武、穆、宣之氏於謚，中行、司城之氏於官，郈、御、秦、費之氏於邑，皆可以概見，則三代之典禮與後世沿襲之誤較然甚明，而漢魏以來賜姓附屬籍者，不如不賜之爲愈也。

序論三

春秋時，善論姓氏者，魯有衆仲，晉有胥臣，鄭有行人子羽，皆能探討本源，自炎黄而下，如指諸掌，足以開悟時君，裨助國政，今其言布在方册，可考而知也。後世爲書者，莫不研精覃思，期以垂世行後，如應劭《風俗通》、何承天《姓苑》、賈執《英賢傳》、王僧孺《百家譜》，皆以明儒世學疲精歲月而後成書。唐人高士廉、李守素輩，往往採取爲正，自張九齡而下，至皇朝諸儒，益盡信之。然而因陋就誣，不可以訓，如齊、秦、晉、楚，本非國姓而亂其族系，他姓尚多有之，良由應劭一誤，後世相沿而未嘗有改。獨林寶作《元和姓纂》，稍能是正數十條，而齊、秦之屬，亦所未暇，至鉏丘、茅夷，指爲複姓，則又不勝其謬矣。歐陽脩作《唐·宰相表》，九十三族尤爲精詳，至鍾、陳、韓、高之氏，亦有訛舛。□嘗念之，輒於記誦之餘，專取《左氏》、《國語》爲主，而參以五經子史之文，自《風俗通》以來，凡有所長者，盡用其説，至穿鑿訛謬，必辨解而疏駁之。諸書之誤，十已辨其五六，其不知者闕之，以俟君子，謂之《古今姓氏書辨證》。因《辨證》以知應劭以來之誤，則衆仲、胥臣、行人子羽之善論，與夫聖人揔億醜、齊萬殊者，判然可知而可學矣。上行之以爲教，下化之以爲學。雖生齒昌阜百倍於古，而舉天下相率以爲忠孝，何憂乎冠屨之不辨，堂陛之不嚴，而貴賤之不安其名分，以馴致於治也。

（載《守山閣叢書》本《古今姓氏書辯證》錢熙祚《校勘記上》）

附録二：鄧名世《古今姓氏書辯證》括要

凡載“某書曰”者，皆以舊姓書爲是。新修者，著“名世曰”以別之；

凡稱“謹按”，若“今詳”二字者，皆《辨證》之文，當從《辨證》；

凡略著所出者，皆闕疑，以俟君子；

凡曰“修定”者，皆援據已明而立爲成説；

凡曰“增修”者，皆舊有姓氏無解或解而未盡，今詳著之，以補其遺闕；

凡曰“增入”者，皆舊書所無；

凡曰“駁正”者，皆釐改舛誤，或當削去此姓；

凡姓氏分聲入韻，複姓皆附于單姓之後；

凡姓氏不協韻，與《韻略》所無之字，皆入《補遺》。

（載《守山閣叢書》本《古今姓氏書辯證》錢熙祚《校勘記上》）

附録三:鄧名世《古今姓氏書辯證》總目

國姓:

趙,以《左傳》、《史記》及《仙源積慶圖》、大宗正司譜牒修定。

諸郡以《唐表》、《姓纂》修定。

上平聲:

東陵,以《博物志》修定。

東鄉,以《英賢傳》修定。

東閭,以《左傳》修定。

東陽,以《左傳》修定。

東里,以《論語》、《莊子》修定。

東關,以《左傳》駮正。

東宫,以《左傳》修定。

東門,以《左傳》修定。

東郭,以《左傳》修定。

東丹,以《五代史·四夷附録》增入。

衆,以《左傳》及《音義》修定。

中行,以《左傳》修定。

桐,以《左傳》及注修定。

嵩，以《西京雜記》增修。

同，以《春秋》及《前漢傳》修定。

同蹄，以《唐·孝友傳》增入。

同官，以《唐傳》增修。

宫，以《戰國策》增修。

蟲，以《左傳》修定。

戎，以《左傳》、《漢表》、唐小説修定。

茙，以《左傳》駁正。

馮，以《前漢傳》修定。

充，以《周禮》、《孟子》、《漢表》修定。

紅陽，以《漢·酷吏傳》及注修定。

鴻，以《漢·郊祀志》修定。

豵，以《左傳》修定。

風，以《左傳》增修。

防風，以任昉《述異記》增入，以《國語》修定。

公，以《左傳》駁正。

公族，以《左傳》修定。

公鉏，以《左傳》修定。

公甫，以《左傳》修定。

公冶，以《左傳》修定。

公孟，以《左傳》修定。

公子，以《漢表》修定。

公孫，以《漢紀》及《表》修定。

公賓，以《左傳》及《後漢書》修定。

公綦，以《後漢紀》增入。

公晳，以《左傳》駁正。

公上,以《漢·功臣表》修定。

公甲,以《左傳》修定。

公户,以《前漢·儒林傳》增修。

公丘,以《子思子》增入,以《資治通鑑》增入。

公城,以《南史傳》增入。

公檮,以《漢·藝文志》修定。

公右,以《左傳》修定。

公泥,以《左傳》駁正。

公舌,以《左傳》駁正。

公劉,以《詩》、《書》、《春秋》駁正。

公緒,以《後漢·黨錮傳》修定。

公仲,以程氏《子華子》增入。

蓬,以《酉陽雜俎》增入。

宗,以《漢書》駁正。

儂,以《唐·西原蠻傳》修定。

鍾,以《左傳》駁正。

鍾離,以《左傳》及《鍾氏表》修定。

豢龍,以《左傳》增入。

御龍,以《左傳》增入。

恭,以近詔增修。

共叔,以《左傳》修定。

封父,以《左傳》修定。

封人,以《左傳》修定。

雍,以《左傳》修定。

雍丘,以《左傳》修定。

雍人,以《左傳》駁正。

重,以《後漢傳》修定。

樅,以《漢紀》增入。

蹤,以所見增入。

逢孫,以《左傳》修定。

逢公,以《左傳》駁正。

逢侯,以《史記·楚世家》增入。

尨,以《左傳》修定。

支離,以《莊子》駁正。

眭,以顔師古注《漢書》駁正。

施屠,以《前漢傳》增入。

隨巢,以《漢·藝文志》增入。

蕃,以《漢傳》修定。

馳,以《西京雜記》修定。

郫,以《左傳》修定。

危,以《五代史》修定,仍駁正家譜。

訾,以《左傳》注及《漢表》修定。

訾陬,以《史記》修定。

卑,以《後漢書注》修定。

尸,以《左傳》修定。

虁,以《左傳》修定。

誰,以《漢傳》增入及駁正。

師宜,以《晉傳》駁正。

工師,以《漢表》修定。

夷,以《左傳》修定。

夷陽,以《左傳》修定。

司馬,以《左傳》修定。

其,以《漢・功臣表》修定。

綦連,以《北史》修定。

詩,以《後漢傳》修定。

菑,以《漢・地理志》注修定。

郱,以《左傳》、《漢表》修定。

茲,以《左傳》修定。

慈,以所聞見增修。

狸,以《國語》修定。

僖,以《左傳》、《國語》修定。

嬉,以《國語》注增修。

熙,以《左傳》修定。

姬,以《國語》、《史記》修定。

箕,以《左傳》及注修定。

非,以《漢表》修定。

歸,以《左傳》、《漢・地里志》修定。

幾,以《戰國策》增修。

衣,以《禮記・中庸》注修定。

哥舒,以《唐史》增入。

渠丘,以《左傳》修定。

樗里,以《戰國策》注修定。

胥門,以《左傳》駁正。

鉏丘,以《左傳》駁正。

儲夏,以《漢・王莽傳》增入。

絮,以《漢・張敞傳》修定。

且,以《左傳》及《資治通鑑》增入。

居,以《漢表》修定。

愚,以《莊子》駁正。

朱,以《東觀記》、《姓纂》、《唐表》、《五代史》等駁正修定。

朱泙,以《莊子》駁正。

朱耶,以《五代史》、《唐紀論》修定。

尒朱,以《北史傳》修定。

兹毋,以《左傳》駁正。

須,以《漢·功臣表》修定。

扶餘,以《唐·百濟傳》修定。

駒,以《左傳》修定。

蒲姑,以《左傳》注修定。

蒲城,以《左傳》、《國語》修定。

蒲圃,以《左傳》修定。

蒲且,以《漢·藝文志》增入。

塗,以《後漢》及《唐傳》增修。

屠羊,以《韓詩外傳》駁正。

屠門,以《漢·王莽傳》增入。

吾,以《戰國策》增修。

都,以《史記·南越傳》駁正。

齊,以《左傳》駁正及修定。

奚,以《家語》及《漢表》修定。

鮭陽,以《後漢書》修定。

郳,以《左傳》及注修定。

犀,以《戰國策》、《莊子音義》修定。

西河,以《後漢·馬援傳》增入。

西樓,以《史記·杞世家》修定。

西宮,以《左傳》修定。

提,以《左傳》增入。

蚳,以《孟子》增入。

畦,以《晉·載記》增入。

梯,以《晉·載記》增入。

柴,以《五代史》增修。

懷,以《左傳》修定。

頹,以《左傳》修定、《史記》駮正。

栖,以《漢·律曆志》增入。

哀,以《後漢·更始傳》修定。

郲,以《春秋》修定。

萊,以《左傳》、《孟子》修定。

真人,以《唐·白太傳》修定。

甄,以所聞見增修。

陳,以《左傳》及《漢史》駮正。

秦,以《春秋》及《左傳》駮正修定。

申叔,以《左傳》修定。

申公,以《漢史》駮正。

申鮮,以《左傳》修定。

徒人,以《左傳》、《國語》駮正。

廚人,以《周禮》、《左傳》駮正。

鱗,以《左傳》修定。

荀,以《左傳》修定。

文,以《左傳》及所聞增修。

聞人,以《家語》駮正。

紛,以《戰國策》增入。

員,以《唐史·員半千傳》修定。

元，以《左傳》、《唐史》、《五代史》增修。

原，以《左傳》修定。

温，以《左傳》修定。

垣，以《漢・公孫述傳》修定。

樊，以《左傳》、《國語》修定。

渾，以《唐・回鶻傳》增修。

孫，以《左傳》駮正、《漢書》增修。

寒，以《左傳》及注修定。

韓，以顔師古注《漢書》增修。

吐難，以《官氏志》增入。

叱干，以《晉・載記》增入。

蘭，以《左傳》修定。

安，以《唐表》及傳修定。

安國，以《漢・兩越傳》修定。

安丘，以《後漢・耿弇傳》增入。

寇，以《晉・載記》增修。

欒，以《左傳》修定。

潘，以《漢・食貨志》增修。

班，以《前漢・敍傳》修定。

顔，以《魯公家譜》修定。

關，以《國語》及《漢志》駮正。

關龍，以《莊子》駮正。

蜀山，以《集韻》增修。

蔄，以顔師古注及《漢書》修定。

蘭喬，以《元經薛氏傳》增入。

下平聲：

先，以《左傳》修定。

燕，以《左傳》、《唐傳》修定。

田，以《左傳》、《漢紀》增修。

徧，以《後漢傳》增入。

牽，以《左傳》及注修定。

縣懸，以《禮記》等書駁正。

聖祖諱，以《禮記》等書駁正。

赫連，以《晉・載記》修定。

延州，以《左傳》及《姓纂》駁正。

嫣，以《漢・韓王信傳》駁正。

泉，以《唐・高麗傳》及《資治通鑑》增修。

錢，以《五代・吴越世家》增修。

鞬，以《晉・載記》增入。

弦，以《左傳》修定。

宣，以《左傳》修定。

顓臾，以《左傳》修定。

顓孫，以《左傳》修定。

便，以《漢・霍光傳》駁正。

然，以《左傳》修定。

歂，以《左傳》修定。

凋，以《晉・載記》增入。

朝，以《尚書》駁正。

招，以《春秋》及《左傳》修定。

昭，以《戰國策》修定。

昭涉，以《漢・功臣表》修定。

昭武，以《唐·西域傳》增入。

譙，以《左傳》修定。

椒，以《左傳》修定。

朝，以《左傳》修定。

朝臣，以《唐·日本傳》修定。

鼌，以《左傳》修定。

饒，以《史記·趙世家》增修。

銚，以《漢·李廣傳》駮正。

傜，以《後漢傳》增入。

繇，以《後漢傳》增入。

頗超，以《唐·党項傳》增入。

洨，以《漢傳》駮正。

茅夷，以《左傳》駮正。

曹丘，以《漢傳》駮正。

高，以《春秋》及《漢傳》增修。

阿，以《唐·回鶻傳》增修。

阿跌，以《唐·回鶻傳》增入。

阿熱，以《唐·回鶻傳》增入。

阿每，以《唐·日本傳》增入。

阿史德，以《唐傳》修定。

多，以《漢·功臣表》修定。

多覽葛，以《唐·回鶻傳》增入。

羅，以《左傳》及注修定。

素和，以唐人家狀修定。

繁，以《左傳》、《漢表》、《五代舊史》修定。

車，以《漢傳》修定。

衙,以《漢·地里志》修定。

荼,以《漢·江都王傳》修定。

瑕,以《左傳》修定。

瑕丘,以《項羽傳》駮正。

花,以新舊《唐史》修定。

沙陀,以《五代新史》駮正。

陽,以《左傳》修定。

戲陽,以《左傳》增入。

揭揚,以《漢·功臣表》修定。

揚孫,以《左傳》增入。

羊,以《左傳》及《周禮》修定。

羊舌,以《杜氏釋例》增修。

羊角,以《左傳》修定。

良,以《左傳》修定。

商丘,以《左傳》修定。

長,以《左傳》修定。

長勺,以《左傳》增入。

梁,以《東觀漢記》增修。

匡,廟諱,以所聞見增修。

張,以所聞見增修。

襄,以《後漢》注修定。

九方,以《莊子》增入。

莊,以《史記·西南夷傳》修定。

狂,以《左傳》增入。

香,以所聞增入。

穰,以《漢·酷吏傳》注修定。

將閭,以《史記》及《孟子》修定。

房當,以《唐·党項傳》修定。

防,以《後漢·鍾離意傳》增入。

王,以《左傳》、《孟子》、《昌黎集》合《唐表》、《姓纂》修定。

王叔,以《左傳》修定。

王孫,以《左傳》、《國語》修定。

王官,以《左傳》增入。

王史,以《漢·藝文志》修定。

唐山,以《漢·禮樂志》增入。

唐溪,以章懷太子《後漢注》增入。

棠,以《左傳》修定。

郎,以《左傳》修定。

琅,以《左傳》駁正。

康,以《唐傳》及徐浩文增修。

臧,以《左傳》修定。

囊,以《左傳》修定。

汪,以《國語》修定。

黄,以《左傳》修定。

皇,以《左傳》修定。

皇子,以《左傳》修定。

喪,以《五代·桑維翰傳》修定。

桑,以《左傳》修定。

鄺,以《唐·叛臣傳》修定。

湯滂,以《唐·東女國傳》增入。

當塗,以《後漢傳》增入。

阮,以《左傳》修定。

榮,以《左傳》修定。

榮錡,以《左傳》修定。

彭,以《國語》修定。

京城,以《列子》修定。

京相,以《水經》增入。

鳴,以《唐·竇氏表》修定。

行人,以《左傳》駁正。

清,以《左傳》修定。

嬴,以《史記》修定。

成,以《左傳》修定。

程,以《漢·地里志》增修。

青史,以《漢·藝文志》增修。

邢,以杜牧《樊川集》增修。

靈,以《左傳》及《漢表》修定。

泠州,以《左傳》駁正。

徵,廟諱,以《漢·王莽傳》增修。

青陽,以《國語》修定。

鄫,以《左傳》修定。

曾,以《廬陵集》、《曾氏世譜》修定。

郰,以《左傳》修定。

游,以《左傳》修定。

游水,以顏師古注《漢書》修定。

劉,以《左傳》、兩《漢書》、《唐表》、《元和姓纂》等書修定。

留,以《詩·王》、《國風》及《漢表》修定,以《子華子》增修。

樛,以《史記》修定。

邑裘,以《禮記·檀弓》駁正。

周陽,以《漢列傳》修定。

周生,以《後漢傳》修定。

州,以《左傳》修定。

鄒屠,以《王子年拾遺》增入。

騶,以《史記·閩粵傳》修定。

稠,以《漢·武功臣表》增入。

蛇丘,以《春秋》及《地里志》修定。

豎侯,以《左傳》駁正。

歐侯,以《漢·外戚傳》增入。

句,以《左傳》修定。

句龍,以《左傳》修定。

鯫,以《漢·張良傳》及注增修。

區,以顏師古注《漢書》修定。

秋,以《西京雜記》修定。

鍮勿,以《晉·載記》修定、增入。

絉,以《唐·吐蕃傳》修定。

禽,以《左傳》修定。

箴,以《左傳》駁正。

金,以《漢·日磾傳》修定。

南史,以《左傳》修定。

南郭,以《左傳》修定。

郯,以《左傳》修定。

甘,以《左傳》修定。

珊,以《左傳》修定。

苫,以《左傳》修定。

鍼,以《左傳》修定。

咸丘,以《左傳》修定。

函冶,以《戰國策》修定。

嚴,以《漢史》修定。

上聲:

孔,以《家語》、《史記》、《唐表》、《姓纂》修定,以《左傳》增修。

拱,以所見增入。

項,以《左傳》及《漢·項羽傳》修定。

被,以《莊子》駁正。

闖,以《國語》駁正。

芈,以《左傳》、《史記》修定。

薳,以《左傳》修定。

蔿,以《左傳》修定。

鯱,以《列子》增入。

抵,以所聞增入。

底,以《漢·功臣表》增入。

比,以《尚書》及《孟子》駁正。

水丘,以《漢傳》修定。

姒,以《左傳》、《國語》修定。

祀,以所聞增入。

紀,以《春秋》經傳修定。

史葉,以《左傳》駁正。

士,以《左傳》修定。

士季,以杜氏《春秋釋例》修定。

士孫,以《左傳》修定。

士丐，以《左傳》修定。

子，以《左傳》及《史記》修定。

子革，以《左傳》駁正。

子車，以《左傳》修定。

子家，以《左傳》修定。

子服，以《左傳》修定。

子師，以《左傳》修定。

子皙，以《左傳》修定。

子乘，以《左傳》及《論語》修定。

子木，以《左傳》修定。

子人，以《左傳》修定。

子叔，以《左傳》修定。

子西，以《左傳》修定。

子期，以《左傳》修定。

子南，以《左傳》修定。

子仲，以《詩·國風》修定。

子伯，以《左傳》修定。

子羽，以《左傳》修定。

子扁，以《莊子》駁正。

子禽，以《左傳》合《論語》修定。

子蕩，以《左傳》增修。

子夏，以《左傳》駁正。

愭，以《蜀檮杌》增修入。

李，以《唐·宗室表》、《宰相表》、《元和姓纂》、《五代史》修定。

弖里，以《後漢傳》增入。

倖，以《後漢傳》增入。

旅,以《漢表》修定。

吕,以《國語》合《唐表》修定。

楚,以《左傳》駁正。

所,以《左傳》駁正。

巨毋,以《王莽傳》修定。

鄅,以《左傳》并注修定。

羽,以《左傳》修定。

武城,以《左傳》修定。

柱,以《左傳》修定。

鄔,以《左傳》修定。

豎,以《左傳》修定。

輔,以《國語》及《唐傳》修定。

主,以所聞增修。

第五,以《後漢傳》、《唐表》修定。

扈,以《尚書》、《國語》增修。

苦成,以《左傳》合《潛夫論》修定。

米禽,以《唐・党項傳》增入。

解,以《左傳》增修。

隗,以《左傳》修定。

蕿,以《漢・王尊傳》修定。

尹,以《左傳》修定。

允,以《左傳》修定。

惲,以所見增入。

堇,以《左傳》駁正。

匽,以《後漢史》增入。

圈,以《陳留風俗傳》修定。

晚，以《漢·藝文志》增入。

鄍，以《左傳》修定。

罕，以《左傳》修定。

罕夷，以《左傳》修定。

散宜，以《古今人表》增入。

管，以《左傳》修定。

簡，以《左傳》修定。

展，以《左傳》修定。

單，以所聞駁正。

雋，以《馬援傳》及注修定。

蓼，以《左傳》修定。

鮑，以《左傳》合《姓纂》修定。

道，以《左傳》、《漢·地里志》修定。

左丘，以所聞修定。

婯，以《莊子》駁正。

瑣，以《唐·奚傳》修定、增入。

馬師，以《左傳》修定。

乘馬，以《漢志》及《傳》修定。

堵，以《左傳》修定。

冶，以《周禮》、《左傳》修定。

夏，以《左傳》修定。

夏陽，以《左傳》增入。

夏丁，以《左傳》修定。

夏父，以《公羊傳》修定。

養由，以《左傳》駁正、修定。

廣武，以《韓信傳》修定。

丙,以《唐・宗室表》增修。

邴,以《左傳》修定。

景,以《戰國策》及《漢紀》修定。

耿,以《左傳》及《後漢史》修定。

穎,以《左傳》修定。

領,以《程氏世譜》增入。

有鬲,以《左傳》增入。

有窮,以《左傳》增入。

有扈,以《尚書》及《國語》增入。

右師,以《左傳》、《後漢》增入。

右行,以《左傳》修定。

湳,以《東觀漢記》修定。

冉,以《左傳》及《漢史》修定。

去聲:

仲,以《左傳》修定。

仲孫,以《左傳》修定。

仲叔,以《左傳》修定。

仲顔,以《左傳》駁正。

義渠,以《漢史》修定。

知,以《左傳》修定。

駟,以《左傳》修定。

自,以《漢・百官公卿表》修定。

遂,以《春秋》及《漢書》修定。

祕,以《漢・功臣表》修定。

利,以《漢・高紀》增入。

往利,以《唐傳》增入。

野利,以《唐傳》增入。

把利,以《唐傳》增入。

貳,以《左傳》及注修定。

懿,以《左傳》駁正、修定。

季,以《漢史》及《左傳》修定。

臼季,以《左傳》增修。

寺人,以《左傳》駁正。

尉,以《左傳》及《漢・地里志》修定。

慮,以《左傳》杜氏説修定。

豫,以《戰國策》修定。

絮,以《漢書音義》駁正。

俞,音喻,以所聞見增入。

務相,以《後漢・南蠻傳》駁正。

傅,以《國語》補《唐表》修定。

注吾,以《唐・回鶻傳》增入。

鑄,以《左傳》及注修定。

募,以所見增入。

慕,以所見增入。

慕容,以《晉・載記》及《唐傳》修定。

潞,以《左傳》及注增修。

顧,以《唐表》增修。

互,以《唐・紀異録》增入。

步,以《左傳》修定。

衛,以《史記》、《漢書》傳增修定。

毚,以《左傳》修定。

厲,以《左傳》駁正、增修。

太叔,以《左傳》修定。

太祝,以《國語》修定。

大,以《唐·渤海傳》修定。

大食,以《唐·西域傳》增入。

大夫,以顔師古注《漢書》駁正。

大野,以《唐·高祖記(紀)》增修。

最,以《漢·郊祀志》增入。

介,以《左傳》修定。

祭,以《左傳》修定。

蒯,以《左傳》修定。

晉,以《左傳》及《史記》駁正。

靳,以《漢·功臣表》增修。

萬,以《尚書》及《孟子》駁正。

曼丘,以《漢紀》及注修定。

建,以《左傳》修定。

論,以《唐·吐蕃傳》修定。

汗,以《戰國策》增入。

炭,以《西京雜記》駁正。

灌,以《左傳》及《漢傳》修定。

冠軍,以《漢·地里志》注修定。

觀,以《左傳》、《國語》修定。

段,以《唐表》駁《三輔決録》。

段干,以《抱朴子》、《三輔決録》修定。

晏,以《左傳》修定。

練,以所聞增修。

殿，以所聞見增入。

單，以《左傳》修定。

羨門，以《前漢·郊祀志》修定。

銚，以《前漢·李廣傳》注駁正。

廖，以《漢·更始傳》注是正。

邵，以唐人家狀修定。

召，以《左傳》合《姓纂》修定。

少室，以《左傳》、《國語》修定。

少正，以《書·康誥》解修定。

少施，以《禮記·雜記》修定。

少西，以《左傳》修定。

少王，以《左傳》駁正。

少叔，以《家語》、《史記》駁正。

播，以《國語》及注疏駁正。

謝，以歐陽修、王安石説修定。

射，以《漢·郊祀志》及《三輔決録》修定。

夜，以《後漢紀》修定。

華，以《左傳》及注修定。

向，以《左傳》修定、駁正。

望，以《史記·齊世家》修定。

相里，以《左傳》駁正。

抗，以《後漢·度尚傳》增修。

敬，廟諱，以《左傳》及所聞駁正。

慶，以《左傳》修定。

孟，以《左傳》合《韻譜》修定。

正，以《漢志》及《傳》修定。

姓，以《集韻》及《傳》修定。
盛，以《公羊傳》、《姓纂》修定。
甯，以《漢·藝文志》是正。
乘丘，以《左傳》增入。
鄧，以《後漢傳》修定。
救，以《周禮》修定。
俞，以所聞修定。
壽西，以《漢·昭紀》駁正。
益壽，以《唐·宗室表》增入。
后，以《左傳》、《家語》修定。
竇，以《唐傳》補《唐表》之遺。
鬬，以《左傳》修定。
勹，上嫌名，以所聞增修。
闞，以《左傳》及注修定。
汎，以《北史列傳》增入。

入聲：
屋引，以《唐新表》增修。
禿，以《國語》修定。
角，以所聞增修。
牧，以《周禮》、《孟子》修定。
竺，以《後漢》注修定。
鬻，以《漢·藝文志》修定。
鄐，以《國語》修定。
福，以《唐·突厥傳》修定。
育，以《集韻》增入。

叔，以《左傳》修定。

叔仲，以《左傳》修定。

叔孫，以《左傳》修定。

叔梁，以《左傳》駁正。

宿，以《左傳》修定。

僕固，以《唐列傳》修定。

淑，以《晉・載記》增入。

鹿敦，以《晉書》及《資治通鑑》增入。

斛縠，以《晉・載記》增入。

毒，以《唐傳》增入。

蓐，以《左傳》修定。

緑，以《集韻》增修。

燭盧，以《唐・吐蕃傳》增入。

逯，以兩《漢》、《唐傳》修定。

足，以《戰國策》增入。

傕，以《後漢・獻紀》駁正。

欒王，以《左傳》駁正。

濁，以《漢・元后傳》增修。

郅，以《前漢音義》是正。

乞，以《資治通鑑》增入。

漆，以《國語》及注修定。

吉，以《集韻》增修。

徽宗嫌名，以《左傳》、《國語》修定。

弗，以《左傳音義》修定。

佛，以《論語》注及《音義》增入。

悉羅，以《資治通鑑》及《燕録》增入。

畢,以《左傳》、《國語》、《唐表》修定。

密責,以《西秦録》增入。

逸,以《晉書·載記》增入。

匹,以《晉·載記》增入。

橘,以二《漢傳》修定。

屈,以《左傳》、《漢記》增修。

謁,以二《漢傳》修定。

越椒,以《左傳》、《姓纂》修定。

妲,以《國語》駁正。

遏,以《左傳》修定。

末,以《唐·吐蕃傳》修定。

洩,以《左傳》修定。

泄,以《孟子》及《漢傳》修定。

閼,以《左傳》修定。

列禦,以《列子》駁正。

裂,以《左傳》及注增修。

折,以《後漢傳》及近事修定。

舌,以《左傳》駁正。

竭,以所見增入。

藥羅葛,以《新唐·回鶻傳》增入。

若敖,以《左傳》及注修定。

若羅,以《通鑑》增入。

鐸遏,以《左氏》駁正。

莫,以《左氏》及注修定。

幕,以《左傳》、《國語》修定。

雒,以《前漢書》修定。

百，以《漢》、《唐》傳增修。

百里，以《左傳》及《唐史》增修。

伯，以《尚書》、《左傳》修定。

釋，以《前漢·西域傳》修定。

石，以《左傳》《唐傳》修定。

石之，以《左傳》駁正。

籍，以《左傳》修定。

析成，以《左傳》駁正。

戚，以《左傳》、《漢表》修定。

直勒，以《唐·藝文傳（志）》增入。

伊力，以《晉·載記》增入。

息，以《左傳》修定。

棘，以杜預《左傳注》修定。

翼，以《左傳》修定。

北宫，以《左傳》修定。

北郭，以《左傳》修定。

塞，以《前漢·西域傳》修定。

國，以《左傳》修定。

戢，以《左傳》修定。

合，以《左傳》修定。

蓋，以《孟子》及注修定。

聶，以《左傳》、《姓纂》修定。

輒，以《漢·功臣侯表》駁正。

涉，以《左傳》及《漢·地理志》修定。

涉其，以《左傳》駁正。

夾，以《漢·藝文志》修定。

牒云,以《資治通鑑》增入。

業,以《經典釋文》增入。

郲,以《左傳》及注修定。

甲,以《莊子》及《左傳》駁正。

甲父,以《左傳》及注修定。

漢姓補遺:

取慮,以《元和姓纂》修定。

馯臂,以《易傳》增入。

邯鄲,以《元和姓纂》修定。

精縱,以賈執《英賢傳》增入。

沈猶,以《家語》、《曾子》增入。

第三,以《前漢傳》增入。

第八,以《前漢傳》注增入。

不第,以王符《潛夫論》增入。

堂邑,以《前漢傳》修定。

鬲,以《廣韻》、《集韻》增入。

僫,以近事增入。

溺,以《姓苑》增入。

姖,以《唐·藝文志》增入。

茼,以《集韻》增入。

蕿萠侜,以《漢·王尊傳》增修。

眴,以《姓苑》增入。

俸,以所見聞增入。

饕餮,以《南史列傳》增入。

欖,以余靖《武溪集》增入。

繳，以近事增入。

琮，以所聞見增入。

錀勿，以《晉·載記》增入。

蕃姓補遺：

孿鞮，以《漢·匈奴傳》增入。

不蒙，以《唐紀》增修。

箝耳，以《資治通鑑》、《金石録》增入。

彡姐，以《前漢傳》增入。

吐火，以《官氏志》增入。

吐突，以《唐史》增修。

斛粟，以孔至《姓氏雜録》增入。

万俟，以《資治通鑑》增入。

火尋，以《唐·西域傳》增入。

戊地，以《唐·西域傳》增入。

虚連題，以《後漢·匈奴傳》增入。

憍陳如，以《南史傳》增入。

磨離，以《資治通鑑》增入。

吐羅，以《資治通鑑》增入。

（載《守山閣叢書》本《古今姓氏書辯證》錢熙祚《校勘記上》）

附録四:孫星衍《刊古今姓氏書辯證叙》

宋鄧名世撰《古今姓氏書》四十卷,其子椿年續成之。紹興時有刊本,久佚不存。其文在《永樂大典》,散附《千家姓》之下,有宣和六年高棐序及乾道四年鄧椿年序。

國家開四庫書館,乃寫録成編,仍釐爲四十卷,目録一卷,並附按語。《玉海》載名世自序,《永樂大典》亦闕,今補録之。據《玉海》引《會要》云"一十四卷",《書目》"十二卷",《續書目》"四十卷",卷數各異。椿年序稱書凡三本,其五卷者,成書於宣、政之間,其十四卷者,成書於建炎之初。椿年又取宋名公文集、行狀、墓志,訂證次序之,釐爲四十卷,是以不同也。

譜牒之學,古有專門。自《周官》小史奠繫世,鄭司農以"世"爲《世本》之屬。其在《魯語》,則曰"工史書世";在《周語》,則曰"司商協名姓";《白虎通》云:"古者聖人吹律定姓,以記其族。"人含五常而生,聲有五音也。秦既滅學,諸侯子孫失其本系。漢興,高祖不能推本曾高世數,失官之弊甚矣。自司馬遷父子,乃約《世本》修《史記》,因周譜明世家,粗知姓氏之所由出。魏晉置中正,考之簿世,然後授仕。隋唐以上有圖譜局,置郎,令史掌之,仍用博通古今之儒知撰譜事。其時官有簿狀,家有譜系,選舉必由簿狀,婚姻必由譜系,所以別貴賤,分士庶。自宋已來,譜法漸廢,然士大夫猶有撰述淵源者,如歐陽修之作《宰相世系表》,鄭樵之作《氏族略》,王應麟之《姓氏急就章》,猶與鄧氏書並出于世也。

譜學古書，亡佚尤多，亦如孟子所云惡害己而去其籍。最先有《世本》，顔之推據皇甫謐以爲左丘明所書，凡十五篇。劉向、宋衷又加增訂。漢有鄧氏《官譜》及《風俗通·氏族篇》，今皆不可見。《潛夫論·姓氏篇》雖存，文字多譌舛，無由是正。晉賈弼、宋王弘、齊王儉、梁王僧儒諸人各有《百家譜》，其名僅見于經籍、藝文志，惟何氏《姓苑》之文，爲唐宋人引據。其唐時高士廉、柳沖、路敬淳諸人撰述，不下數十家，俱無傳本。林寶《元和姓纂》十卷，亦以《永樂大典》得存，殘缺尤甚。宋熙寧中，錢明逸撰《姓纂》，亦不可得。大半具于鄧氏之書，此誠列代譜學絶續之所寄矣。

吾友洪編修出守沂州，以經義折獄，多所平反。嘉慶元、二之間，政成人和，欲刊古書，以循前輩書帕之例，因屬校刊此本。今世考譜系無專書，徒稽之凌迪知《萬姓通譜》，雜載著姓通人，不述世系所出，未爲典要。俗人攀附顯宦，謂之"通譜"，不辯氏姓之本。其先賢嗣續，自孔、顔有世數可稽外，餘或造作漢唐名字，以承宗派，多不見于史傳，族望不重，吏途至雜以厮役。國家患此，方將澄序官方，嚴察保賃之吏。自有此書，而百族之妄援著姓者，可以别黑白而定是非；名宗之自宋明以追漢唐遠胄者，亦有世數可稽矣。

太守從叔瑩，修學好古，問字于余。又刊《元和姓纂》，以並行于世。二書皆中秘輯本，外間希見，一旦廣其流傳，庶幾譜學不墜于地，且望來者之補其缺漏也。

嘉慶七年重九日，賜進士及第、分巡山東兖沂曹濟地方兵備道孫星衍撰。

（載清嘉慶年間《岱南閣叢書》本即敦禮堂本《古今姓氏書辯證》）

附録五：錢熙祚序跋二首

《守山閣叢書》本《古今姓氏書辯證》跋

按《玉海》，紹興四年三月乙亥，撫州鄧名世以所著《春秋四譜》六卷、《辯論譜説》十篇、《古今姓氏書辯證》四十卷來上。今《四譜》及《譜説》並佚，《辯證》亦無完本。其存者，經《永樂大典》割裂，錯簡誤字不一而足。岱南閣刊本又因陋就簡，無所是正，似非質疑傳信之旨。因依《廣韻》重爲編次，窮五閱月之功，校訂數四，雖未必能循鄧氏故步，較孫本則有間矣。是書大致仿佛《元和姓纂》，而詳核過之，中引《北魏·官氏志》諸書，頗與今本不同，《風俗通·氏姓篇》亦多抱經盧氏所未采，並足以資考證。胡松年稱其考訂明切，多所按據，誠非虚語。然如以公叔發爲衛獻公少子，以公孟彄爲公子縶孫，以魏曼多爲襄子兄子，以季文子爲成季子，以韓簡爲武子萬之子，讀蔡朝吴之“朝”爲朝廷之“朝”，趙大成午爲“郕午”，又謂齊有兩淳于髡，考之于書，未見所本，殆不免千慮之一失。校閲間有所擬議，妄附案于下。又黄晉卿《日損齋筆記》譏其音宋穆公後之繆爲“謬”，秦繆公後之繆爲“謬”，翟方進之翟爲“狄”，汝南之翟爲“宅”。今檢去聲五十一幼謬姓下云“後漢有謬彤，亦作繆”；入聲一屋繆姓下云“秦繆公之後”，未嘗音謬。而二十陌翟姓下，止云“今宅氏出汝南”，而音“宅”者又别爲一氏。更考正之，此或方音流變使然，在鄧氏不過爲存疑之辭，晉卿所論，殊未得其實。至得姓之源流，譜系之斷續，支離傅會，姓書通弊，則存而不論，讀者姑略其短而取其長焉可也。

甲午立秋前一日，柘湖錢熙祚識於式古居。

《守山閣叢書》本《古今姓氏書辯證》校勘記序

此書刊成後，復得不全宋槧本，紙墨精好，殆即《提要》所謂"紹興刊本"也。首題"左宣教郎、祕書省校書郎兼史館校勘鄧撰"。第一卷爲《序論》、《括要》、《總目》，第二卷、第三卷爲《目録》，第四卷爲《國姓》，第五卷至第十二卷爲上平聲，第十三卷至第二十一卷爲下平聲，第二十二卷至第二十九卷爲上聲，第三十卷至第三十四卷爲去聲，第三十五卷至第三十九卷爲入聲，第四十卷爲漢姓、蕃姓補遺。以今本校之，不特先後次序判然不同，而字句之脱漏差舛至不可枚舉。按：《玉海》云"始於《國姓》，餘分四聲，終於漢姓、蕃姓補遺，凡四十卷"，與宋槧本正合。《永樂大典》散附《千家姓》下，遂以國姓與諸姓平列，而《補遺》一卷，亦散入諸卷中，其文又多任意删節，已非鄧氏之舊。今本復從《大典》録出，展轉傳寫，脱誤滋多，亦勢使然也。惜所得宋槧本缺卷五至卷十八，又缺卷二十一至卷三十，不知世間尚有全書否？其《序論》、《括要》、《總目》，今本全脱，《目録》兩卷亦與今本迥殊，特全刊之，以資考證焉。其餘諸卷，並爲札記。氏姓先後，一依宋本，仍注明今本卷數，以便檢尋。誤字脱文，一一具列。他日倘得全書，自當重爲校刻，以還鄧氏舊觀，即以此爲覆瓿可也。

道光癸卯季秋錢熙祚識。

附録六：余嘉錫《四庫提要辨證·古今姓氏書辨證四十卷》

宋鄧名世撰，而其子椿裒次之。名世字元亞，臨川人。祖孝甫，見《宋史·隱逸傳》，即《原序》所稱文昌先生者是也。椿有《畫繼》，已著録。

嘉錫案：此書首有其子自序，凡四稱名，皆曰椿年。《書録解題》卷八云："《古今姓氏書辨證》四十卷，校書郎史館校勘、臨川鄧名世元亞撰，其子椿年緒成之。"《玉海》卷五十亦云："名世子椿年，裒集次序之，其書始備。"《提要》删去一"年"字，遂以爲作《畫繼》之鄧椿。考《三朝北盟會編》卷一鄧洵武家傳，後有其孫椿所附跋語，《總目》卷一百十二《畫繼》條下，《提要》亦云："椿雙流人。祖洵武，政和中知樞密院。"案：洵武於徽宗時上愛莫助之圖，力請相蔡京，至成靖康之禍。而其父綰，亦以附王安石致通顯。所謂笑駡由汝，好官須我爲之者也。《宋史》卷三百二十九有傳，謂鄧氏自綰以來，世濟其姦，而名世之祖孝甫，則在《隱逸傳》。略云："鄧孝甫，字成之，臨川人，第進士。元符末，詔求直言，孝甫年八十一，上書云，亂天下者新法也。因論熙寧而下，權臣迭起，欺世誤國，歷指其事，而枚數其人，蔡京嫉之，削籍羈筠州，遂卒於筠。且死，命幼孫名世執筆，口占百餘言，其略曰，予自謂山中宰相，虚有其才也；自謂文昌先生，虚有其詞也，不得大用於盛世，亦無憾焉，蓋有天命爾。”洵武之與孝甫，其爲人如冰炭之不相容，椿年爲孝甫之曾孫，而椿爲洵武之孫，籍貫不同，宗支亦别，惡可混而爲一，使高士之胤，忽作權姦之後乎？《夷堅三志》壬編卷一云：“南城鄧椿年，温伯左丞諸孫也。”温伯者，鄧潤甫之字，是又一鄧椿年也。

李心傳《繫年要録》稱紹興三年十月，詔撫州進士鄧名世赴行在，以御史劉大中薦也。四年三月乙亥，上此書時，吏部尚書胡松年以其貫穿羣書，用心刻苦，遂引對，命爲右迪功郎。王應麟《玉海》所載亦同，惟言名世初以草澤得召，上書後始詔賜出身，充史館校勘。《朱子語類》，又謂其以趙汝愚薦，以白衣起爲著作郎，後忤秦檜勒停，均與心傳所記不同，則未詳孰是耳。

案：《皇宋兩朝中興聖政》卷十四紹興三年冬十月丁亥書云：“詔撫州進士鄧名世赴行在，以宣諭官劉大中薦也。”又卷十五紹興四年三月乙亥書云：“詔草澤鄧名世引見上殿，名世初以劉大中薦，召赴行在，獻所著《春秋四譜》、《古今姓氏》，上遂命爲迪功郎。”此皆當日史臣所書，即李心傳所本，而《玉海》卷五十則云：“四年三月乙亥撫州鄧名世以所著《春秋四譜》六卷、《辨論譜説》十篇、《古今姓氏書辨證》四十卷來上，吏部尚書胡松年看詳，學有淵源，辭亦簡古，考訂明切，多所按據，詔引見殿上（原注云二十五日）[①]。九月六日賜進士出身，充史館校勘（原注云《會

---

① 此括號内爲余著原注。下同。

要》一十四卷、《書目》十二卷）。”《繫年要録》稱爲撫州進士，而《玉海》言獻書後始賜進士出身，故《提要》以爲未詳孰是。考徐松輯本《宋會要》第五十六册云："四年九月六日詔史館校勘鄧名世，以所著《春秋譜》六卷、《辨論譜説》十篇、《古今姓氏書辨證》十四卷來上，賜進士出身。”則《玉海》亦不誤。蓋進士爲科目之名，唐、宋之時，凡應科目，經有司貢舉者，通謂之舉人。然科目甚多，欲指明其爲某科，則稱之曰進士。曰明經等，不必其登科也。凡稱進士，本當曰鄉貢進士，或略去鄉貢二字耳。唐時及第而未入仕者，稱前進士。宋時登第即入仕，則當稱其官，反不得稱進士矣。名世乃撫州之鄉貢進士，即應進士舉，已得本州解送，而未登科者（猶明、清時之舉人），故《繫年要録》謂之進士，而《中興聖政》又謂之草澤，《朱子語類》謂之白衣，其實一也。其後以獻書賜進士出身，則《宋史・選舉志》所謂凡士不繇科舉若三舍而賜進士第及出身者，其所從得不一者也（卷二十九）。《提要》以《繫年要録》稱撫州進士，而《玉海》言上書後始賜出身爲未詳孰是，是不明唐、宋科舉之制矣。若其薦舉名世之人，則《中興聖政》及《繫年要録》皆謂是劉大中，《朱子》謂爲趙汝愚所薦，當是偶然誤記耳。《中興聖政》卷二十三，紹興八年六月癸亥書云："尚書左僕射監修國史趙鼎，史館修撰句濤，祕書少監尹焞，著作郎兼校勘張嵲，佐郎胡珵，校勘鄧名世、朱松、李彌正、高閌、范如圭等上重修《哲宗實録》。九月書成，凡百五十卷。”是名世嘗與朱子之父同寮共事，故朱子能悉其行事也。《中興小紀》卷二十九，紹興十一年書云："著作佐郎鄧名世，臨川人也。初，劉大中宣諭江西薦之，自布衣除删定官，洎入館，久兼史職。左僕射秦檜過局，嘗書其史稾之後爲得體。然媢嫉者衆，至是因擅寫日曆，爲言者所劾，罷去。久之，卒於家。”不言其忤秦檜。然《繫年要録》卷一百四十一云："紹興十一年九月，祕書省著作佐郎鄧名世罷。以言者論，名世初本無官，緣諂事劉大中，遂力薦之於朝，自入館以來，蔑視同列，竊議時政故也。"又卷一百四十三云："紹興十一年十二月，右奉議郎鄧名世特勒停，坐擅寫日曆故也。久之，卒於家。"又卷一百七十二云："紹興二十六年，進士鄧椿年言故父左奉議郎名世，以忤時相廢弛，不該日曆賞典，乞褒贈。詔御史臺看詳，名世嘗爲祕書省著作佐郎，秦檜以其本劉大中所薦，惡之。會名世擅録副本以歸，檜因令言者論列下吏，停官，遇赦牽復而死。其後御史中丞湯鵬舉言名世亦合預賞，乃特贈左承議郎。"此所記名世始末甚詳，與朱子言忤秦檜勒停之説合，而其子名椿年，不名椿，尤灼然明白矣。至於名世仕履，陳騤《中興館閣録》載之劇詳：紹興四年八月，名世以删定官兼史館校勘。五年二月，除正字，仍兼校勘，七月丁憂。七年十一月，除校書郎。十年五月爲著作佐郎（以上分見卷八各題名）。而其卷七，著作佐郎題名下又總敘之云："鄧名世字元亞，臨川人。紹興四年三月，以草澤上殿，賜同進士出身（案：名世上殿，雖在三月，而賜出身，則在九月，此從省文耳）。十年五月，除。十一年九月，罷。"其前後遷轉，歷然可考，朱子謂爲白衣起爲著作郎，亦非也。《宋會要》一百册《職官第七十》云："紹興十一年九月十四日，著作佐郎鄧名世放罷，以臣僚言，名世入館以來，專務誇誕捷給，蔑視同列故也。"與《要録》合。

《文獻通考》、《宋·藝文志》俱作四十卷，惟《宋會要》作十四卷，《中興書目》作十二卷，殆傳寫之譌。其書長於辨論，大抵以《左傳》、《國語》爲主，自《風俗通》以下各採其是者從之，而於《元和姓纂》，抉摘獨詳。又以《熙寧姓纂》、《宋百官公卿家譜》二書,互爲參校,亦往往足補史傳之闕。蓋始於政宣,而成於紹興之中年,父子相繼,以就是編,故較他姓氏書特爲精核。《朱子語類》謂名世學甚博,《姓氏》一部,考證甚詳,蓋不虚也。後椿作《畫繼》,亦號賅洽,殆承其討論之餘緒乎?

案:《玉海》及《永樂大典》所引《宋會要》皆作十四卷,則非傳寫之譌。本書卷首有椿年原序曰:"先君太史公生平留意姓氏之學,《古今姓氏書辨證》,凡三本焉。其五卷者,成書於宣政之間,時諱學史,方貧賤中,無書檢閲,闕文甚多。其十四卷者,後稍銓次增補之,蓋成於建炎之初。是時晦迹窮山,攜幼避地,無虚辰,昨給禮(案:當作給札,以禮字或作礼,形近致誤)上於法官者是也。然居懷未滿之志,其後蒙恩,備數太史之屬者八年,始盡得銓曹命官脚色册、烏府班簿,檃括次序之,稍稍備矣。紹興辛酉冬,放歸山樊,家書稍備,會韓衢州美成同寓臨川,借其家藏《熙寧姓纂》、《宋百官公卿家譜》稽考參訂之。及將易簀,謂椿年曰:'《姓氏》未成全書,死不瞑目。'椿年乃盡裒手澤遺篇斷藁,又取宋名公文集、行狀、墓志,訂證次序之,釐爲四十卷,即此本也。"是則當時官給筆札,獻於行在者,實只十四卷。其四十卷者,乃名世後來自以他書參訂而未成,椿年據其遺藁補輯重編者也。序後題乾道四年,上距紹興四年獻書之時三十四年矣。《玉海》以名世所獻者爲四十卷,已爲失實,乃《提要》僅據《玉海》所録之原序(《玉海》此序,乃兼采名世序論第三篇及椿年後序爲之,然原文亦云:"始於國姓,終於補遺,凡十四卷。"未嘗云四十卷也),依以立説,而於椿年之序,熟視無覩,豈不異哉!鄧椿與名世全無干涉,而謂承其討論之餘緒,非所聞也。

宋時紹興有刊本，今已散佚。《永樂大典》散附《千家姓》下，已非舊第。惟考王應麟所引原序，稱始於國姓，餘分四聲，則其體例與《元和姓纂》相同。今亦以韻隸姓，重爲編次，仍釐爲四十卷。目録二卷，其複姓則以首字爲主，附見於各韻之後，間有徵引譌謬者，併附著案語，各爲糾正焉。

案：椿年序題乾道四年，而《提要》謂有紹興時刻本，不知何據？此書原本錢曾《也是園書目》卷三曾著於録，至錢熙祚據孫星衍《岱南閣》刻本（即《四庫》本），依《廣韻》重爲編次校訂，刻入《守山閣叢書》。後又得一宋槧不全本（缺卷五至十八、卷二十一至三十），乃更録爲《校勘記》三卷。名世之序論及目録具存，錢氏謂以今本校之，不特先後次序判然不同，而字句之脱漏差舛，至不可枚舉云。

（載余嘉錫《四庫提要辨證》卷一六《子部七·古今姓氏書辨證四十卷》，中華書局1980年5月排印本第三册，第976—982頁）

附録七：殘宋本《古今姓氏書辯證》韻目

卷第五[①] 上平聲

一東

東　東陵　東鄉　東閭　東陽　東里　東關　東方　東宫　東門　東郭　東樓　東野　東萊　東丹　衆　中　中行　中壘　中野　中央　中英　中梁　終　終葵　終利　終黎　終古　童　僮　桐　桐里　桐門　同　同蹄　同官　弓　弓里　宫　宫孫　躬　融　肜　肜魚　肜城　种　蟲　沖　戎　戎子　莪　娀　馮　熊　熊相　熊率　雄　充　翁　通　嵩　崇　洪　鴻　紅　紅陽　豅　豅夷　豐　酆　風　防風　凬　蒙　夫蒙　功　公　公族　公叔　公爲　公冶　公鉏　公甫　公山　公西　公孟　公乘　公子　公孫　公晳　公甲　公伯　公肩　公儀　公羊　公何　公歛　公冉　公南　公丘　公祖　公城　公巫　公都　公賓　公若　公綦　公玉　公石　公之　公析　公旗　公仇　公文　公罔　公明　公夏　公行　公輸　公思　公扈　公齊　公士　公上　公牽　公朱　公勝　公金　公檮　公房　公

---

①《守山閣叢書》本《古今姓氏書辯證》錢熙祚《校勘記》中所收殘宋本之卷第二《分聲上》、卷第三《分聲下》惟存目。卷第四《國姓》、《諸郡趙氏》以及《宗正寺皇族譜》，補入《四庫》本第二十五卷趙姓。

師　公帥　公牛　公沙　公正　公索　公慎　公襄　公荆　公息　公車　公他　公幹　公右　公左　公休　公户　公緒　公言　公獻　公留　公旅　公仲　公泥　公舌　公劉　蓬　芃　叢

卷第六　上平聲二

二冬

冬　冬日　佟　彤　宗　宗正　宗伯　農　儂

三鍾

鍾　鍾離　鍾吾　龍　龍丘　擾龍　豢龍　御龍　容　容成　黜容　庸　恭　共　共叔　龔　封　封父　封人　雍　雍門　雍丘　雍人　從　重　松　邛　樅　蹤

四江

江　龐　逄　逄門　逄孫　逄公　逄丘　逄侯　雙　邦　龙　涳

五支

支　支離　枝　眭　岐　儀　宜　施　施居　隨　隨巢　嬀　皮　蕃　禆　諀　郫　猗　離　驪　危　奇　奇斤　爲　兒　長兒　訾　訾陬　卑　彌　彌牟　彌且　池　馳　羲　戲　戲陽　斯　斯引　波斯　斛斯　移　麋

六脂

脂　維　遺　惟　尸　資　茨　茨芘　饑　郗　嫘　纍　邳　平　夔　遲　莉　伊　伊婁　伊祈　祈　耆　騅　追　師　師延　師祁　師宜　工師　夷　夷陽　夷門　夷鼓　目夷　淮夷　不夷　鴟夷　誰

七之

之 怡 台 時 司 司徒 司空 司城 司寇 司馬 司鴻 司工 司功 司國 司揭 其 侍其 旗 綦 綦連 綦毋 期 期思 丌 蘄 蚩 詩 思 菑 茌 娸 彨 茲 慈 狸 鳌 僖 嬉 熙 箕 治 姬

卷第七 上平聲三

八微

微 微生 韋 豕韋 斐 飛 飛廉 非 茘非 歸 譏 幾 威 肥 賁 依 衣 希 祈 禕

九魚

魚 魚孫 舒 舒子 舒鳩 舒蓼 舒鮑 舒堅 哥舒 渠 渠金 渠丘 渠復 余 餘 褐餘 夫餘 輿 樗 樗里 疎 胥 胥門 赫胥 斫胥 蒢 虛 初 鉏 鉏丘 徐 徐吾 徐盧 唯徐 於 於陵 於丘 閭 閭丘 三閭 廬 諸 諸梁 諸葛 儲 儲夏 屠 屠岸 如 如羅 如稽 立如 意如 茹 茹茹 絮 苴 沮 且 沮渠 居

卷第八 上平聲四

十虞

虞 虞丘 禺 愚 朱 朱襄 朱陽 朱泙 朱耶 尒朱 巫 巫咸 巫馬 巫臣 無 無庸 無鉤 無弋 無婁 無鹽 無圉 無懷 毋 毋丘 毋將 毋車 毋終 邘 于 盂 臾 鳧臾 殳 須 須卜 須句 須遂 盱 芻 扶 扶餘 乞扶 符 苻 衢 瞿 瞿曇 鸜 鸜鵒 朐 句 俞 俞豆 榆

蔞　紆　俱　駒

十一模

嫫　蒲　蒲城　蒲姑　蒲圃　蒲且　蒲盧　胡　胡母　胡非　胡掖　狐　令狐　狐丘　壺　壺丘　孤　獨孤　薩孤　辜塗　遂　涂　屠　屠住　屠門　屠羊　吾　吾丘　梧　吴　呼　呼衍　呼延　呼毒　呼盧　雩　軒　芋　蘧　璩　烏　烏氏　烏丸　烏蘭　烏石蘭　烏洛蘭　烏那羅　三烏　蘇　蘇農　都　都車　都尉　軲　盧　盧蒲　盧妃　叱盧　没盧　外盧　九盧　莫盧　叱伏盧　蘆

卷第九　上平聲五

十二齊

齊　齊季　嬰齊　奚　奚計盧　吐奚　鶻奚　嵇　黎　素黎　劢　鮭　鮭陽　洼　倪　兒　郳　攜　妻　蜀　毒　嵐　詈　邽　泥　鞮　銅鞮　陡　稽　會稽　犀　西　西門　西郭　西河　西陵　西乞　西鄉　西周　西鉏　西王　西都　西閭　西樓　西野　西素　西方　西宮　西申　提　蚳　遆　畦　梯

十三佳

柴

十四皆

懷　槐　淮

十五灰

回　槐　枚　梅　悝　裴　棓　雷　頹　桮　崔

十六咍

開 哀 臺 澹臺 郜 台 榶 郲 來 萊 斆

卷第十　上平聲

十七真

真 真人 没路真 甄 陳 秦 傓 申 申章 申叔 申屠 申徒 申公 申鮮 因 因孫 廟諱 新 新和 新垣 新孫 辛 辛廖 神 辰 郿 仁 人 徒人 廚人 潾 鄰 鱗 頻 誾 緡 豳 邠 賓 賓牟

卷第十一　上平聲七

十八諄

綸 倫 地倫 淳 淳于 春 荀 郇 閩 鈞

十九臻

莘 甡 詵

二十文

文 聞 聞人 芬 紛 雲 牒雲 員 邧 妘 云 芸 薰 君 軍 軍車 下軍

二十一欣

忻 訢 勤 勤宿 筋

二十二元

元 原 原仲 原伯 源 袁 爰 轅 垣 湲 榬 園 樊 軒 軒轅 軒丘 言

二十三䰟

温　温孤　温稽　温伯　昆　昆吾　渾　吐渾　門　下門　吐門　孫　孫陽　長孫　尊　尊盧　罇　敦　屯　屯渾　盆　盆成　嗢盆　倱　賁　昏

二十四痕

恩

卷第十二　上平聲八

二十五寒

寒　韓　韓侯　韓餘　韓嬰　韓褐　韓籍　破六韓　邗　副邗　單　渴單　丹　檀　但　難　吐難　干　干已　干將　叱干　乾　刊　蘭　蘭喬　嗢石蘭　拔列蘭　安　安期　安都　安遲　安陵　安是　安平　安國　安丘

二十六歡

亘　端　端木　官　上官　并官　冠　鶡冠　莞　欒　瞞　盤　潘　縣潘　莘　欑　讙

二十七删

姍　環　儇　班　蠻　菅　顔　顔成　關　關龍　閣關

二十八山

山　蜀山　間　蕑　瞯

卷第十三　下平聲一

一先

先　先縠　先賢　天　吞　燕　堅　肩　肩吾　田　弦

賢　淵　顛　垍　涓濁　蜎　邊　編　牽　蠙　千　千乘　阡　聖祖嫌名　聖祖諱

二僊

鮮　鮮虞　鮮陽　鮮于　還　連　赫連　地連　出連　乞連　宥連　旃　纏　篇　偏　延　延州　延陵　嫣　隔　舩　泉　全　韆　虔　錢　翾　宣　宣于　便　騫　綿　尒綿　權　拳　顓　顓頊　顓臾　顓孫　專　鱄　然　歂

三蕭

蕭　貂　刁　雕　凋　僚　聊　遼　尞　條　調　堯　梟　鄡

卷第十四　下平聲二

四宵

蛸　朝　招　昭　昭涉　昭武　焦　譙　椒　朝　朝臣　晁　饒　姚　銚　傜　搖　繇　苗　要　橋　喬　僑　超　頗超　囂　韶

五爻

洨　膠　茅　茅夷　包　苞　苞丘　麃　巢

六豪

敖　操　蒿　曹　曹丘　曹牟　陶　陶叔　陶丘　桃　褒　皋　皋落　睾　高　高陽　高堂　高陵　高車　毛　牢　勞

卷第十五　下平聲三

七歌

柯　柯祇　何　何丘　何奈　徒何　那　阿　阿伏　阿賀

阿那　阿跌　阿熱　阿每　阿逸多　阿伏干　阿鹿亘　阿史那　阿鹿孤　阿史德　多　多于　多蘭　多覽葛　佗　佗駱拔　娥羅　羅侯　吐羅　斛瑟羅　破多羅

八戈

戈　過　渦　科　禾　和　和稽　和拔　昨和　素和　繁　番

九麻

麻　車　車非　車蘧　車成　車焜　嘉　家　媧　樝　查　巴　衙　牙　杷　瓜　瓜田　佘　佘丘　蛇　蛇丘　荼　瑕　瑕吕　瑕丘　花　諸　沙　沙吒　沙陀　毗沙

卷第十六　下平聲四

十陽上

陽　陽門　陽丘　陽成　下陽　偪陽　梗陽　涇陽　葉陽　櫟陽　陵陽　漁陽　揭陽　楊　揚　揚孫　羊　羊舌　羊角　苑羊　羺羊　洋　良　梁　梁餘　梁丘　梁其　梁成　梁于　梁垣　梁石　梁可　穀梁　涼　商　商丘　商密　匡廟諱　羌　羌憲　羌師　羌丘　姜　昌　張　張丘

卷第十七　下平聲五

十陽下

章　章仇　萇　長　長勺　長狄　長盧　長吾　長魚　芳　方　方雷　方叔　九方　襄　相　莊　莊丘　常　嘗　强　强梁　狂　鄉　香　穰　霜　芒　將　將梁　將軍　將鉅　將其

將閭　將匠　房　房當　防　王　王叔　王子　王孫　王官　王人　王史　拓王　小王

卷第十八　下平聲六

十一唐

唐　唐山　唐谿　唐孫　棠　郎　狼　琅　蒼　蒼林　蒼頡　倉　康　臧　臧孫　臧文　臧會　囊　汪　黄　皇　皇父　皇子　桑　桑丘　桑扈　空桑　喪　鄺　荒　剛　卬　湯　湯滂　光　傍　當　當塗

十二庚

庚　庚乘　更　不更　阬　榮　榮叔　榮錡　横　彭　彭祖　英　黥　京　京城　京相　荆　平林　平陵　平寧　明　鳴　卿　甥　生　行　行人　衡

十三耕

萌　閎　訇

十四清

清　嬴　盈　劉　郢　嬰　營　聲　名　并　征　城　郕　成　成陽　成公　成王　别成　形成　上成　程

十五青

青　青萍　青陽　青史　青烏　青牛　涇　經　經孫　邢　邢莫　陘　瓶　丁　丁若　鄍　冥　寧　零　靈　霝　泠　泠倫[1]　泠州　星

① 泠倫　《四庫》本目録作“泠淪”。

十六蒸

承　乘　凌　陵　應　和　仍　徵廟諱嫌名　貞廟諱嫌名　繒　鄫　興

卷第十九　下平聲七

十七登

登　恒廟諱　弘廟諱　曾　滕　滕叔　騰

十八尤上

尤　郵　猷　游　游梓　游棣　游水　遊　攸　由　由余　由吾　邑由　劉　留　流　樛[1]　鄹　憂　優　脩　脩魚

卷第二十　下平聲八

十八尤下

牛　秋　仇　仇由　仇尼　裘　邑裘　菟裘　求　周　周陽　周生　舟　州　三州　彪　鄒　鄒屠　郰　聚　騶　疇　儔　稠　巷　不　丘　丘敦　丘林　丘穆陵　葵丘　蛇丘　三丘　浮丘　廩丘　淄丘　牡丘　著丘　崎丘　犨

十九侯

侯　侯岡　侯史　侯莫陳　渴侯　竪侯　緱　樓　蓋樓　樓季　婁　疋婁　工婁　贛婁　郝婁　僂　工僂　投　投壺　投和羅　牟　牟孫　根牟　侔　勾　勾龍　鉤　鉤弋　鯫　謳　歐　歐陽　歐侯　區　裒

---

① 樛　《四庫》本目録作“摎”。

二十幽

幽 樛[①]

卷第二十一 下平聲九

二十一侵

侵 尋 鄩 䌳 飒 灊 禫 覃 鐔 林 林閭 綝 臨 黔 黔婁 琴 禽 葴 箴 斟 斟灌 斟尋 斟戈 椹 郴 任 陰 霒 欽 金 岑 諶 參 葠

二十二覃

覃 譚 堪 南 南榮 南史 南郭 南宮 南鄉 南公 南伯 南丘 南野 南門 社南 男

二十三談

談 郯 甘 甘士 甘先 甘莊 媣 儋 聃 藍

二十四鹽

鹽 閻 廉 詹 占 苫 鍼 鍼巫 潛 淹

二十五添

兼 謙

二十六嚴

嚴

二十七咸

咸 咸丘 函 函洽 函冶 函谷 函輿

① 樛 已見卷第十九《十八尤》。

二十八銜①

監

二十九氾②

凡　凡門　氾

宋本卷第三　卷第二十二　上聲一

一董

董　箽　孔　孔父

二腫

隴　勇　奉　鞏　拱　重

三講

項

四紙

紙　氏　是　是奴　是連　是婁　是賁　是人　是云　被　委　骫　闖　寪　蔿　薳　錡　倚　綺　弭　芈　訾　荷訾　紫　觽　蛾　抵　厎

五旨

履　姤　比　壘　癸　癸北　矢　視　水　水丘　根水　奔水

卷第二十三　上聲二

六止上

似　似先　似和　姒　祀　巳　紀　市　市南　始　使

---

① 二十八銜　《四庫》本目録作"二十八嚴"。

② 二十九氾　《四庫》本作"二十九凡"。

史　史朝　史晁　史葉　内史　起　杞　士　士季　士正　士弱　士孫　士思　士丐　士吕　士蔿　士成　俟　子　子革　子泉　子然　子罕　子駟　子孔　子國　子車　子家　子服　子師　子晳　子乘　子木　子人　子叔　子西　子期　子陽　子南　子仲　子占　子鞅　子芒　子旅　子庚　子旗　子乾　子儀　子玉　子伯　子囊　子高　子齊　子季　子重　子有　子羽　子扁　子我　子公　子州　子臧　子禽　子華　子獻　子士　子雅　子尾　子木　子揚　子尚　子石　子沮　子襄　子寤　子乘　子郢　子成　子干　子孟　子午　子建　子俛　子蕩　鳌子　鼪子　梓　憘　李上

卷第二十四　上聲三

六止下

李下　李蘭　理　綺里　邑里

七尾

尾　尾勺　鬼　偉

卷第二十五　上聲四

八語

圉　旅　吕　吕相　吕管　叱吕　汝　褚　褚師　許　楚　楚丘　楚季　舉　擧　莒　莒子　序　萴　叙　緒　處　所　巨　巨毋　咀

九麌

鄅　禹　宇　宇文　羽　庾　庾公　詡　栩　府　甫　甫爽　鬴　武　武城　武安　武彊　武羅　武仲　武都　武成

舞　儛　柱　豎　輔　主　主父　萬　楀　慺

卷第二十六　上聲五

十姥

姥　鄔　杜　魯　魯步　魯陽　古　古成　古龍　古孫　古冶　古口引　鼓　五　五王　五相　五參　五里　五鳩　五鹿　第五　伍　仵　祖　虎　虎夷　虒　扈　扈地干　普　普屯　普六茹　普陋茹　浦　圃　補　苦　苦成　堵

十一薺

澧　禮　濟　邸　洗　禰　啟　啓　米　米禽

十二蟹

解　解批

十三駭

楷

十四賄

隗

十五海

海　亥　宰　宰父　宰氏　改　采

十六軫

軫　菌　閔

十七準

尹　尹文　尹公　允

十九隱

隱 堇

卷第二十七 上聲六

二十阮

阮 苑 宛 偃 偃師 匽 蹇 寋 鄢 卷 卷子 圈 晚

二十一混

本 渾 忖

二十三旱

亶 罕 罕父 罕夷 散 散宜

二十四緩

緩 曼 皖 管 琯 滿

二十六産

産 簡 棧

二十七銑

銑 顯 扁 典

二十八獮

衍 婆衍 展 輾 輾遲 輦 鴘 兗 善 單 雋 蜎 免 勉 菟 遣 辯

二十九篠

蓼

三十小

趙 趙陽 庳 繞 紹 表 矯 蟜

三十一巧

絞　佼　鮑　鮑俎

三十二晧

昊　昊英　浩　浩生　浩星　浩羊　皡　老　老陽　老成　老萊　考　考城　妞　保　寶　稻　道　棗　抱

三十三哿

我　左　左丘　左史　左人　左公　左師　左行　可　可沓　可悉　可頻　可達　可單　可地延　可朱渾　可足渾　婐　瑣

卷第二十八　上聲七

三十五馬

馬　馬服　馬適　馬矢　馬師　乘馬　趣馬　堵　冶　也　賈　賈孫　假　夏　夏陽　夏里　夏丁　夏父　夏侯　乜

三十六養

養　養由　鞅　象　爽　爽鳩　彊　掌　黨　仉　枉　賞　仰　蔣　罔

三十七蕩

蕩　放　党　莽　聖祖諱　蒴　廣　廣成　廣武

三十八梗

丙　邴　邴意　乘　景　省　猛　永　杏　冷

三十九耿

耿　幸

四十静

靖　井　井强六斤　穎　領

卷第二十九　上聲八

四十四有

有　有男　有巢　有鬲　有偃　有窮　有扈　友　酉　受酉　羑　右　右公　右宰　右師　右行　右史　右歸　右將右户　右南　右閭　醜　醜門　紐　鈕　䍑　柳　守　糗　舅咎　臼　聚　鯫　壽　酒

四十五厚

厚　厚丘　郈　部　斜　鎦　苟　狗　耦　口

四十七寑

沈　沈[①]　審　瞫　品

四十八感

湳　昝　譚　丼

四十九敢

覽　噉　欖　啖

五十琰

剡　斂　儉　檢　冉　冉相　染　奄　亶　貟　眢

五十二广

儼

---

① 錢氏校本補殘宋本在此處有兩个“沈”字。

五十三豏
減　湛

五十四檻
橄　鄘

五十五范
范　范師

卷第三十　去聲一

一送
貢　痛　棟　弄　鳳　仲　仲孫　仲叔　仲顔　仲梁　仲長　仲熊　仲行

二宋
宋　統　統奚　統萬

三用
用　頌　雍

四絳
絳　巷

五寘
賜　貰　騎　義　義渠　知　瑞　娷　揣

六至
至　摯　匱　蕢　肆　駟　壤駟　自　自死獨膊　遂　祕　媿　備　利　利孫　利作　叱利　刹利　往利　野利　把利　稚　冀　翠　貳　次　懿　器　類　季　季連　季孫　季瓜

季隨　季老　季嬰　季夙　季融　臼季

七志

嗣　異　忌　意　寺　寺人

八未

貴　尉　魏　魏强　費　費連　費聽　旼　緯　既

卷第三十一　去聲二

九御

御　慮　鐻　據　庶　庶其　豫　譽　茹

十遇

遇　樹　樹黎　樹洛干　喻　俞　諭　孺　具　具封　傅傅餘　務　務成　務相　鑄　注　注吾　住　逗　附　裕

十一暮

暮　慕　慕容　慕輿　募　度　路　路中　路洛　潞　露霞露　顧　故　固　瓠　互　布　布郜　姑布　庫　庫狄　庫汗　庫門　庫成　庫傉官　庫如干　步　步叔　步六孤　步六根　步鹿孤　步大汗　錯　鐠

十二霽

蔕　棣　羿　計　薊　惠　惠叔　惠牆　桂　呑　快　廟諱　隸　麗　麗飛

十三祭

衛　鋭　毳　税　敝　芮　裔　藝　堯　厲　世　制　贅

卷第三十二　去聲三

十四泰

泰　泰豆　太　太叔　太伯　太士　太室　太傅　太祝　太史　太師　太陽　大　大庭　大山　大食　大季　大彭　大連　大師　大征　大羅　大戊　大公　大賀　大拔　大夫　大狐　大陸　大心　大野　大莫干　大利稽　大俗稽　大落稽藹　柰　貝　沛　艾　鄶　會　會庌　兑　柀　帶　蹛　蔡　蔡仲　賴　菟賴　剟賴　乂　最

十六怪

玠　介　祭　祭公　蕢　蒯

十七夬

獪　快　噲

十八隊

背　對

十九代

代　載　能　瑷　佴　戴　塞

二十一震

信　信平　信都　振　鎮　進　晉　縉　遴　藺　慎　慎潰　昚　印　釁　廟諱

二十三問

問　問弓　薪問　運　運奄　運期　鄆　員　睍　訓　奮

二十四掀

靳

二十五願

勸　萬　吐萬　蔓　曼　曼丘　万　万紐于　娩觔　怨建　獻　獻丘　憲　圈

二十六恩

頓　論

卷第三十三　去聲四

二十八翰

翰　汗　破六汗　炭　幹　幹獻　漢　僕　粲　贊　犴馯　忓

二十九換

奐　貫　灌　冠　冠軍　觀　爨　段　段干

三十諫

諫　晏　患

三十二霰

練　燃　見　薦　殿　倩

三十三線

戰　鮮　單　羡　羡門　譴　授　變　繇　卞　弁　鄄　眷　賤

三十四嘯

銚　廖　廖叔

三十五笑

邵　召　召伯　少　少室　少正　少施　少師　少西　少王少叔

三十六校

校　校師　孝　淖　豹

三十七號

到　受　告　部　漕　嫪　暴　叜　悼　秏　玨　好

三十八箇

賀　賀若　賀蘭　賀拔　賀賴　賀術　賀婁　賀敦　賀遂　賀悦　賀葛　賀兒　賀魯　賀拔干　賀六渾　吐賀

三十九過

播

四十禡

霸　謝　謝丘　射　晋　夏　夜　祁夜　舍　舍利　厙　柘　厈　旮　華　華士　化　偌

卷第三十四　去聲五

四十一漾

亮　諒　向　暢　望　相　相里　沂相　京相　矍相　倚相　空相　匠　匠麗　匠僂　尚　尚方　濮王諱　償

四十二宕

況　盎　曠　浪　党　盪　抗　伉　亢

四十三映

竟　競　慶　慶忌　慶師　慶父　孟　孟獲　柄

四十五勁

夐　政　正　正令　聖　勝　勝屠　姓　性　鄭　盛　令

四十六徑

甯

四十七證

乘　乘丘

四十八嶝

鄧　鄧陵

四十九宥

救　灸　厩　胄　俞　舊　副　副吕　晝　富　富父　富陵　富吕　飅　繡　就　出就　糗　壽　壽西　益壽　授　秀　祐

五十候

候　后　後　茂　鄮　貿　漏　鏤　寇　豆　豆盧　竇　竇公　鬬　鬬文　鬬門　鬬班　鬬比　鬬于　鬬强　上嫌名

五十一幼

繆　謬

五十二沁

禁

五十四闞

闞　啖　淡

五十六㮇

念

五十九濫

監

六十汎

汎

卷第三十五　入聲一

一屋

屋　屋廬　屋南　屋引　復　伏　伏侯　伏侯龍　乞伏慮　宓　澓　服　谷　谷會　谷那　穀　斛穀　禿　禿髮　禄骨咄禄　禄里　補禄　鹿　没鹿　没鹿回　鹿勃　角　鞠　麴陸　陸終　畜　鄐　卜　卜梁　濮　濮陽　樸　朴　郁　郁朱　郁原甄　郁久閭　鄏　鏃　銆　木　木門　木易　木骨閭沐　沐蘭　洞沐　睦　穆　牧　牧師　祝　祝其　祝固　祝史竹　孤竹　竺　縮　簌　鬻　育　福　福子　幅　蝮　叔　叔仲　叔孫　叔山　叔先　叔梁　叔敖　叔達　叔魚　叔夜　叔帶　叔向　叔夙　叔服　中叔　菽　宿　宿六斤　夙　夙沙肅　玉　凰　璛　娴　潚　僕　僕固　遬僕　僕蘭　淑

二沃

沃　督　鵠　槈　錊　鋮　毒

卷第三十六　入聲二

三燭

燭　燭盧　辱　蓐　束　緑　录　逯　斅　續　粟　廝韓曲　亍　足

四角

角　罹　樂　樂正　樂王　樂利　卓　偓　朔　濁　濯學　岳

五質

質　郅　實　帙　佚　一　一斗眷　一郁蔞　一利咥　乙　乙弗　乙旃　乙干　乙速孤　乞　漆　漆雕　吉　姞　曁　茀　佛　悉　悉羅　悉居　悉雲　室　室孫　室中　栗　栗陸　畢　率　帥　密　密須　密茅　密革　密貴　匹

六術

術　述　恤　肸　橘

八勿

刜　茀　弗　鐵弗　黜弗　弗忌　弗羽　鬱　蔚　尉　尉遲　屈　屈突　屈侯　屈南　屈男　屈盧　屈同　屈門　屈引

十月

越　越勒　越强　越椒　越質　厥　闕　闕門　髪　謁

卷第三十七　入聲三

十一没

骨　勃　勃窣野　悖　兀　杌

十二曷

達　達勃　達奚　達步　妲　笪　闒　遏　葛　葛伯　瞻葛

十三末

末　末那樓　秣　敓　脱　括

十四滑

滑　滑伯　伱　察　察失利

十六屑

節　鐵　鐵弗　鐵伐　頡　翻

十七薛

薛　洩　泄　卨　渫　列　列禦　列宗　列山　叱列　叱伏列　裂　折　折掘　折婁　舌　者舌　孽　蘖　悦　説　決　晢　桀　别　竭

十八藥

藥　藥羅葛　略　若　若敖　若干　若羅　都　約　馬矍　䌟

十九鐸

鐸　鐸遏　莫　莫者　莫侯　莫折　莫輿　莫盧　莫那盧　莫胡盧　莫多婁　幕　鄚　洛　烏洛　雒　額　落　落姑落下　絡　駱　駱雷　作　錯　閣　恪　鄂　薄　薄奚　薄野郝　索　索盧　索陽　斮　博　霍　郭　貉　佫

卷第三十八　入聲四

二十陌

百　百里　九百　伯　伯夫　伯成　伯宗　伯夏　伯高伯昏　伯有　伯比　柏　柏侯　白　白威　白公　白侯　白馬白冥　白狄　白石　白鹿　白象　白楊提　帛　貉[①]　劇　笮迮　窄　郤　郄州　格　澤　翟　虢　虢射

---

① 已見《十九鐸》。

二十一麥

麥　麥丘　獲　鬲　革　欥　蘖

二十二昔

昔　掖　易　液　益　適　釋　奭　赤　赤松　赤張　赤章　赤小豆　卤　石　石作　石之　石駘　石户　石牛　席夕　籍　籍丘　辟　辟閭　射　刺　刺門　啜刺

二十三錫

錫　析　析成　激　鄻　狄　翟　糴　戚　壁

二十四職

職　直　直勒　力　悦力　勅力　伊力　食　植　殖　息式　識　棘　弋　弋門　翼　即　即墨　即利　稷　稷丘　啚嗇　敕

卷第三十九　入聲五

二十五德

特　墨　墨台　墨夷　北　北宫　北郭　北門　北唐　北海　北鄉　北丘　北附　北野　北官　北人　北旄　北殷　癸北　社北　塞　勒　國

二十六緝

習　隰　襲　集　立　給　汲　戢

二十七合

合　郃博　郃　沓　沓盧　納　佮　頜

二十八盍

蓋　蚕　居

二十九葉

葉　聶　攝　接　接輿　捷　輒　涉　涉其　獵

三十帖

俠　莢　莢成　夾　牒　牒云

三十一業[1]

業　鄴　脅

三十二洽

郟

三十三狎

甲　甲父

三十四乏

法

卷第四十

漢姓補遺

取慮　馯臂　邯鄲　精縱　沈猶　第三　第八　不第　三伉　三種　三飯　亞飯　四飯　坎氏　去疾　棄疾　阪上　黑肱　籛　己氏　事父　堂谿　堂邑　會稽　俸　空桐　食其　郝婁　鬲　僝　溺　荄　僃　僩　姖　茼　昫　饕餮　鍮勿　繳

---

① 殘宋本作“三十一葉”，與前“二十九葉”同。《四庫》本目録作“三十一洽”。

蕃姓補遺

孿鞮　雋蒙　不蒙　箝耳　彡姐　吐火　吐突　護諾　野辭　破丑　迦葉　跌跌　執失　嚈噠　苜　萎　黑齒　虵咥　刹利　斛　斛粟　契苾　耶律　拓拔　拔拔　火拔　困没長没藏　万俟　刹利耶迦　矢利波羅　乞利咥　户盧提　突黎人　去斤　吐谷渾　吐渾　獨孤渾　渴足渾　焉耆　鄯善　拔也　驪　纈那　吐缶　叱奴　黜弗　路洛　他洛拔　罕开　細封　挐　野頭　拔略　谷渾　茂眷　羽弗　俟亥　俟畿　俟奴俟利　俟斤　俟力伐　俟伏斤　俟伏侯　俟吕陵　若久　若口引　紇　紇骨　紇奚　紇干　紇豆陵　紇突隣　火尋　戊地虚連題　憍陳如　磨離

（載《守山閣叢書》本《古今姓氏書辯證》錢熙祚《校勘記上》）

姓氏筆劃索引

凡　例

一、本索引收録《四庫》本《古今姓氏書辯證》所載全部姓氏條目，以及據殘宋本所補充的部分姓氏條目。

二、爲方便讀者檢索，本索引的編製，採用筆劃順序。

三、於每一姓後標明其在書中的頁碼。

一畫

一……………… 547
一斗眷………… 552
一利咥………… 552
一郁蔞………… 552
乙……………… 549
乙干…………… 552
乙弗…………… 553
乙速孤………… 552
乙旃…………… 552

二畫

丁……………… 233
丁若…………… 236
卜……………… 519
卜梁…………… 533
人……………… 84
九百…………… 592
刁……………… 141
力……………… 603
乜……………… 392

三畫

三丘…………… 270
三伉…………… 287
三州…………… 287
三飯…………… 287
三種…………… 287
亍……………… 543
工師…………… 24
工婁…………… 24
工僂…………… 276
士……………… 320
士丐…………… 324
士季…………… 324
士貞…………… 324
士弱…………… 324
士孫…………… 324
下門…………… 493
下陽…………… 494
大……………… 453
大山…………… 458
大夫…………… 458
大公…………… 457
大心…………… 457
大戊…………… 460
大利稽………… 459
大拔…………… 459
大季…………… 460
大征…………… 459
大狐…………… 457

大俗稽………… 460
大食………… 458
大庭………… 457
大莫干………… 459
大連………… 458
大師………… 459
大陸………… 457
大野………… 457
大彭………… 458
大落稽………… 460
大賀………… 458
大羅………… 460
兀………… 565
万………… 469
万俟………… 606
万紐于………… 471
弋………… 602
弋門………… 603
小王………… 380
山………… 123
千乘………… 130
乞………… 560
乞伏………… 560
乞利咥………… 561
乞連………… 561
彡姐………… 414
凡間………… 292
夕………… 596
尸………… 42
弓………… 5
弓里………… 14
己………… 302
巳氏………… 617
子………… 321
子人………… 328
子干………… 325
子士………… 328
子木………… 327
子午………… 328
子公………… 330
子孔………… 328
子石………… 329
子占………… 327
子西………… 329
子有………… 325
子成………… 331
子仲………… 329
子羽………… 325
子車………… 327
子罕………… 328
子叔………… 325
子季………… 331
子服………… 326
子庚………… 330
子沮………… 330
子革………… 326
子南………… 327
子郢………… 329
子俛………… 329
子泉………… 328
子扁………… 331
子夏………… 325
子師………… 327
子高………… 330
子旅………… 331
子家………… 326
子乾………… 330
子國………… 326
子期………… 330
子晳………… 327
子禽………… 327
子然………… 330
子游………… 324
子臧………… 326
子旗………… 326
子痷………… 329
子駟………… 327
子蕩………… 328
子儀………… 329
子穆………… 329
子襄………… 330
子囊………… 330

四畫

王………… 192
王人………… 208
王子………… 208

王史…………… 207
王叔…………… 208
王官…………… 208
王孫…………… 208
亓……………… 47
井……………… 403
井强六斤……… 404
天……………… 125
元……………… 97
云……………… 95
木……………… 520
木門…………… 538
木易…………… 533
木骨閭………… 536
五……………… 356
五王…………… 358
五里…………… 358
五鹿…………… 357
五鳩…………… 358
支……………… 33
支離…………… 39
不……………… 270
不更…………… 558
不第…………… 558
不蒙…………… 558
太……………… 453
太士…………… 456
太史…………… 456
太伯…………… 460
太叔…………… 456
太室…………… 456
太祝…………… 457
太師…………… 456
太陽…………… 457
太傅…………… 460
尤……………… 265
友……………… 405
匹……………… 548
巨……………… 338
巨母…………… 340
牙……………… 170
屯渾…………… 110
戈……………… 167
比……………… 300
互……………… 440
少……………… 483
少王…………… 483
少正…………… 482
少西…………… 483
少叔…………… 483
少施…………… 483
少室…………… 483
少師…………… 483
中央…………… 13
中行…………… 13
中英…………… 14
中叔…………… 14
中梁…………… 14
中壘…………… 14
水丘…………… 301
牛……………… 255
毛……………… 160
仁……………… 84
仇……………… 265
仇由…………… 269
仇尼…………… 266
化……………… 493
仍……………… 238
刈……………… 461
介……………… 461
公……………… 8
公上…………… 20
公山…………… 20
公之…………… 21
公子…………… 17
公牛…………… 18
公仇…………… 21
公户…………… 23
公玉…………… 19
公右…………… 18
公甲…………… 20
公冉…………… 24
公丘…………… 22
公他…………… 19
公西…………… 16
公朱…………… 24
公舌…………… 20

公仲…………… 18
公羊…………… 17
公巫…………… 18
公車…………… 23
公言…………… 23
公冶…………… 15
公若…………… 22
公析…………… 17
公叔…………… 16
公明…………… 20
公罔…………… 21
公金…………… 23
公泥…………… 19
公肩…………… 17
公房…………… 23
公孟…………… 19
公城…………… 21
公思…………… 22
公帥…………… 20
公乘…………… 15
公息…………… 23
公師…………… 18
公留…………… 23
公旅…………… 24
公孫…………… 16
公族…………… 18
公牽…………… 21
公晳…………… 22
公勝…………… 21
公幹…………… 21
公慎…………… 23
公綦…………… 19
公齊…………… 21
公旗…………… 18
公緒…………… 22
公儀…………… 22
公劉…………… 17
公輸…………… 22
公斂…………… 20
公襄…………… 22
公檮…………… 18
公獻…………… 23
氏……………… 295
丹……………… 116
卬……………… 218
勾龍…………… 275
卞……………… 480
文……………… 94
亢……………… 498
方……………… 184
火拔…………… 387
火尋…………… 387
户盧提………… 360
尹……………… 364
尹公…………… 365
尹文…………… 365
巴……………… 170
孔……………… 294
孔父…………… 294
允……………… 364

五畫

玉……………… 526
末……………… 567
末那婁………… 568
邗……………… 117
正……………… 501
正令…………… 504
功……………… 8
去斤…………… 432
去疾…………… 432
甘……………… 286
甘先…………… 287
甘莊…………… 287
世……………… 452
艾……………… 460
古……………… 356
古口引………… 360
古孫…………… 358
古龍…………… 358
可……………… 384
可地延………… 386
可朱渾………… 386
可足渾………… 386
可悉…………… 385
可達…………… 385
可單…………… 385

可頻…………… 385
丙……………… 400
左……………… 384
左公…………… 386
左史…………… 385
左丘…………… 385
左行…………… 386
左師…………… 385
右……………… 507
右公…………… 407
右行…………… 407
右師…………… 407
右宰…………… 407
右扈…………… 407
石……………… 595
石之…………… 597
石牛…………… 598
石户…………… 597
石作…………… 597
石駘…………… 597
布……………… 446
布却…………… 444
戊地…………… 514
平……………… 223
平林…………… 225
平陵…………… 225
平寧…………… 225
北……………… 605
北人…………… 607
北丘…………… 607
北附…………… 607
北門…………… 607
北官…………… 607
北宫…………… 606
北殷…………… 606
北郭…………… 606
北唐…………… 607
北旄…………… 607
北海…………… 607
北野…………… 607
北鄉…………… 607
占……………… 289
目夷…………… 536
甲……………… 615
甲父…………… 615
申……………… 84
申公…………… 91
申叔…………… 91
申章…………… 91
申屠…………… 92
申鮮…………… 91
田……………… 126
由……………… 270
由吾…………… 267
由余…………… 267
史……………… 304
史華…………… 323
史晁…………… 323
叱干…………… 552
叱奴…………… 552
叱列…………… 551
叱吕…………… 552
叱伏列………… 575
叱利…………… 551
冉……………… 413
四飯…………… 287
矢……………… 301
失利波羅……… 553
禾……………… 168
刋……………… 117
丘……………… 263
丘林…………… 269
丘敦…………… 269
丘穆陵………… 270
代……………… 464
白……………… 586
白公…………… 589
白石…………… 593
白狄…………… 593
白威…………… 590
白侯…………… 589
白馬…………… 592
白冥…………… 589
白象…………… 589
白鹿…………… 591
白楊堤………… 593
斥……………… 492

瓜…………………169
令…………………504
印…………………466
句…………………273
句…………………513
冬…………………25
包…………………152
主…………………346
主父………………348
市…………………302
市南………………323
立…………………608
司空………………53
司城………………53
司馬………………52
司寇………………53
司鴻………………53
弗…………………556
弗羽………………558
弗忌………………558
弘…………………240
疋婁………………276
出連………………554
出就………………555
阡…………………125
召…………………482
召伯………………482
皮…………………35
弁…………………480
台…………………47
台…………………82
肙…………………412

六畫

匡…………………203
邦…………………32
式…………………603
邢…………………232
邢莫………………235
戎…………………3
戎子………………14
邛…………………95
寺…………………426
寺人………………426
吉…………………548
考…………………383
考城………………384
老…………………382
老萊………………384
老陽………………384
地連………………425
地倫………………425
共…………………29
艽…………………7
芒…………………218
朴…………………546
西乞………………61
西王………………62
西方………………61
西門………………61
西周………………60
西河………………61
西宫………………62
西素………………62
西都………………62
西郭………………61
西陵………………61
西鄉………………62
西間………………62
西樓………………61
有男………………406
有鬲………………406
有偃………………407
有扈………………406
有巢………………406
有窮………………406
百…………………587
百里………………590
匠…………………495
匠僂………………496
匠麗………………496
列…………………575
列宗………………575
列禦………………574
成…………………229
成公………………231
成陽………………231

夷……………… 41
夷門……………… 44
夷陽……………… 44
吐火……………… 359
吐缶……………… 359
吐谷渾……………… 360
吐門……………… 359
吐突……………… 360
吐突……………… 617
吐萬……………… 359
吐渾……………… 359
吐賀……………… 359
吐難……………… 359
吐羅……………… 359
曲……………… 544
同……………… 1
同官……………… 13
同蹄……………… 12
吕……………… 334
因……………… 83
因孫……………… 92
回……………… 64
先……………… 125
先賢……………… 130
先穀……………… 129
舌……………… 573
竹……………… 525
伍……………… 356
伍相……………… 358
伍參……………… 358
伏……………… 521
伏侯……………… 534
伏侯龍……………… 537
臼……………… 406
臼季……………… 408
延……………… 131
延州……………… 136
延陵……………… 136
仲……………… 417
仲行……………… 419
仲叔……………… 418
仲孫……………… 418
仲熊……………… 418
仲顔……………… 419
俅……………… 600
仵……………… 356
任……………… 279
伉……………… 498
自……………… 424
自死獨膊……………… 426
伊……………… 42
伊力……………… 45
伊耆……………… 45
向……………… 495
似……………… 302
似先……………… 323
后……………… 409
行……………… 224
行人……………… 226
角……………… 518
舟……………… 263
全……………… 132
合……………… 609
合博……………… 610
邠……………… 90
夙……………… 539
夙沙……………… 539
危……………… 38
犴……………… 474
多……………… 162
多蘭……………… 164
多覽葛……………… 165
冲……………… 2
决……………… 575
亥……………… 363
充……………… 8
羊……………… 181
羊舌……………… 204
羊角……………… 205
并……………… 230
米……………… 361
米禽……………… 362
州……………… 263
汗……………… 474
江……………… 31
汎……………… 516
汲……………… 609

池……………… 37
汝……………… 336
仟……………… 475
宇……………… 341
宇文……………… 347
安……………… 116
安丘……………… 118
安是……………… 119
安都……………… 119
安陵……………… 118
安國……………… 118
安遲……………… 119
祁夜……………… 45
那……………… 163
阮……………… 365
阪上……………… 369
阬……………… 498
防……………… 184
防風……………… 206
好……………… 486
羽……………… 340
羽弗……………… 347
牟……………… 265
牟孫……………… 269
羽……………… 43
佽……………… 569

七畫

弄……………… 417
形成……………… 235
赤……………… 598
赤小豆……………… 598
赤松……………… 597
赤章……………… 597
赤張……………… 598
折……………… 573
折掘……………… 574
折婁……………… 575
孝……………… 484
坎氏……………… 616
投……………… 276
投和羅……………… 276
投壺……………… 275
抗……………… 498
邯鄲……………… 118
苢……………… 617
芮……………… 451
花……………… 169
芬……………… 96
芳……………… 204
杜……………… 349
杋……………… 565
杏……………… 401
李……………… 304
李蘭……………… 324
求……………… 265
車……………… 169
車成……………… 172
車非……………… 172
車焜……………… 172
車遽……………… 172
甫……………… 341
甫爽……………… 348
更……………… 222
束……………… 544
豆……………… 512
豆盧……………… 513
邴……………… 400
邴意……………… 401
辰……………… 84
厎……………… 323
夾……………… 614
步……………… 446
步大汗……………… 445
步六孤……………… 445
步六根……………… 445
步叔……………… 444
步鹿孤……………… 445
卣……………… 595
貝……………… 454
見……………… 478
足……………… 543
男……………… 284
困没長……………… 473
邑由……………… 608
邑里……………… 608
邑裘……………… 608

别……………… 576
别成………… 575
岐……………… 34
岑……………… 281
牡丘………… 409
告……………… 486
我……………… 384
利……………… 422
利作………… 425
利孫………… 424
秃……………… 518
秃髪………… 532
秀……………… 509
何……………… 163
何奈………… 164
攸……………… 270
但……………… 117
佚……………… 548
作……………… 585
伯……………… 587
伯夫………… 592
伯比………… 592
伯有………… 590
伯成………… 590
伯昏………… 592
伯宗………… 590
伯夏………… 592
伯高………… 590
佟……………… 25
住……………… 437
佗……………… 162
佗駱拔……… 165
佛……………… 553
佘……………… 171
佘丘………… 173
谷……………… 517
谷那………… 531
谷渾………… 531
谷會………… 531
彤……………… 5
邸……………… 361
奂……………… 475
免……………… 371
狂……………… 204
狄……………… 599
角……………… 544
彤魚………… 26
灸……………… 511
系……………… 447
言……………… 103
况……………… 497
冷……………… 404
辛……………… 83
辛廖………… 91
冶……………… 391
羌……………… 184
羌丘………… 206
羌師………… 206
羌憲………… 206
兑……………… 461
汪……………… 217
沐……………… 520
沐蘭………… 533
沛……………… 454
沙……………… 170
沙陀………… 172
沙咤………… 172
沃……………… 542
沂相………… 54
没鹿………… 564
没鹿真……… 564
没藏………… 563
沈……………… 410
沈猶………… 282
快……………… 462
完顔………… 122
宋……………… 419
牢……………… 156
良……………… 182
社北………… 394
社南………… 394
祀……………… 302
罕……………… 368
罕开………… 368
罕夷………… 368
君……………… 96
即……………… 603

即利…………… 604
即墨…………… 603
尾……………… 333
尾勺…………… 333
㓜……………… 559
忌……………… 426
攷……………… 383
阿……………… 164
阿史那………… 166
阿史德………… 166
阿伏…………… 165
阿伏干………… 166
阿那…………… 165
阿每…………… 165
阿逸多………… 166
阿鹿孤………… 167
阿鹿桓………… 166
阿跌…………… 165
阿賀…………… 165
阿熱…………… 165
附……………… 437
玡……………… 486
妘……………… 95
姖……………… 340
姒……………… 302
邵……………… 483
郚……………… 82
凬……………… 9
芈……………… 121

八畫

奉……………… 294
武……………… 341
武城…………… 347
武都…………… 348
武羅…………… 347
青……………… 232
青牛…………… 235
青史…………… 234
青烏…………… 235
青陽…………… 235
玠……………… 462
昚……………… 447
長……………… 185
長勺…………… 208
長吾…………… 209
長狄…………… 209
長孫…………… 397
長魚…………… 209
長盧…………… 209
拓王…………… 584
拓跋…………… 582
拔也…………… 568
拔列蘭………… 568
拔拔…………… 568
拔略…………… 568
芈……………… 297
者舌…………… 393
扺……………… 295
抱……………… 382
幸……………… 403
招……………… 148
亞飯…………… 287
其……………… 47
耶律…………… 618
取慮…………… 275
苦……………… 357
昔……………… 598
若……………… 576
若干…………… 577
若口引………… 577
若敖…………… 576
若羅…………… 576
茂……………… 511
茂眷…………… 513
苫……………… 289
苗……………… 148
英……………… 222
苟……………… 409
苑……………… 367
苞……………… 152
范……………… 414
范師…………… 416
直……………… 603
直勒…………… 602
茀……………… 553
弗……………… 557
茅……………… 151

茅夷…………… 152
枚…………… 64
析…………… 601
析成…………… 600
述…………… 554
杷…………… 171
東…………… 1
東丹…………… 12
東方…………… 11
東里…………… 10
東門…………… 11
東宮…………… 10
東郭…………… 10
東陵…………… 11
東萊…………… 12
東野…………… 12
東陽…………… 12
東鄉…………… 12
東間…………… 11
東關…………… 11
事父…………… 617
郁…………… 526
郁久閭…………… 537
郁朱…………… 536
郁原甄…………… 537
奔水…………… 111
奇…………… 34
奇斤…………… 39
奄…………… 413
來…………… 81
郲…………… 229
到…………… 484
郅…………… 547
叔…………… 524
叔山…………… 539
叔先…………… 535
叔仲…………… 535
叔向…………… 539
叔夙…………… 536
叔服…………… 539
叔夜…………… 539
叔敖…………… 535
叔孫…………… 535
叔逵…………… 535
叔帶…………… 535
叔魚…………… 539
叔梁…………… 536
卓…………… 545
虎…………… 357
虎夷…………… 360
尚…………… 496
尚方…………… 496
昊英…………… 383
具…………… 438
具封…………… 436
旼…………… 429
昆…………… 105
昆吾…………… 110
門…………… 106
昌…………… 184
明…………… 223
昜…………… 594
昃…………… 447
固…………… 446
咀…………… 340
帙…………… 547
沓…………… 610
沓盧…………… 610
罔…………… 397
囦…………… 602
邾婁…………… 55
制…………… 452
井官…………… 231
牧…………… 538
牧師…………… 536
和…………… 168
和拔…………… 168
和稽…………… 169
季…………… 424
季瓜…………… 425
季老…………… 425
季連…………… 425
季孫…………… 425
委…………… 296
竺…………… 525
岳…………… 545
佴…………… 464

使…… 304
兒…… 36
兒…… 58
佮…… 609
佫…… 580
佼…… 380
帛…… 587
卑…… 36
侔…… 276
邱…… 409
所…… 339
舍…… 494
舍利…… 494
金…… 280
刹利…… 569
刹利邪伽…… 569
郃…… 609
受酉…… 408
念…… 516
服…… 521
周…… 256
周生…… 268
周陽…… 268
佴…… 495
郇…… 93
京城…… 225
京相…… 225
夜…… 492
府…… 341
放…… 397
育…… 524
卷子…… 367
炔…… 447
法…… 616
泄…… 572
泠…… 234
泠洲…… 236
泠淪…… 236
注…… 433
注吾…… 436
泥…… 59
波斯…… 168
治…… 51
性…… 503
宗…… 26
宗正…… 26
宗伯…… 26
宜…… 35
官…… 120
空相…… 24
空桐…… 24
空桑…… 24
宛…… 367
宓…… 537
郎…… 213
房…… 182
房當…… 206
祋…… 456
建…… 471
录…… 519
屈…… 556
屈引…… 558
屈同…… 558
屈男…… 559
屈門…… 558
屈南…… 557
屈侯…… 557
屈突…… 559
屈盧…… 557
弦…… 126
承…… 236
盂…… 500
盂獲…… 501
孤竹…… 56
函…… 291
函洽…… 292
函輿…… 291
姑布…… 446
妲…… 565
姓…… 503
始…… 320
迦葉…… 617

九畫

契苾…… 448
毒…… 60
毒…… 541

封人…………… 30
封父…………… 30
拱……………… 295
垣……………… 102
政……………… 504
括……………… 568
郝……………… 580
荆……………… 223
茙………………… 4
革……………… 594
茬……………… 51
巷……………… 270
莒……………… 339
茶……………… 171
荀……………… 92
茨……………… 42
茨芘…………… 45
荒……………… 216
故……………… 446
茹……………… 432
南……………… 283
南史…………… 285
南宫…………… 284
南郭…………… 284
南鄉…………… 285
南榮…………… 285
柰……………… 453
柯……………… 162
柯祇…………… 164
柄……………… 500
柘……………… 494
相……………… 190
相……………… 496
相里…………… 207
查……………… 171
柏侯…………… 592
柳……………… 405
柱……………… 345
勃……………… 565
勃窣野………… 565
匽……………… 366
剌……………… 566
剌門…………… 567
要……………… 149
厙……………… 494
咸……………… 291
咸丘…………… 291
厖……………… 32
厚……………… 408
厚丘…………… 409
耏……………… 49
郲……………… 615
背……………… 463
省……………… 401
省……………… 404
是人…………… 300
是云…………… 300
是奴…………… 300
是連…………… 299
是婁…………… 300
是賁…………… 300
星……………… 233
昭……………… 148
昭武…………… 150
昭涉…………… 149
毗沙…………… 45
冑……………… 511
虵咥…………… 393
思……………… 47
炭……………… 474
骨……………… 563
骨咄禄………… 565
幽……………… 277
郜……………… 485
香……………… 182
秋……………… 254
科……………… 168
重……………… 28
段……………… 475
段干…………… 477
便……………… 131
俠……………… 614
修魚…………… 268
信……………… 465
信平…………… 467
信都…………… 467
皇……………… 217

皇子…………… 221
皇甫…………… 220
泉……………… 132
侵……………… 277
禹……………… 340
侯……………… 271
侯史…………… 276
侯岡…………… 273
侯莫陳………… 275
帥……………… 554
追……………… 43
俟……………… 321
俟力伐………… 332
俟斤…………… 331
俟奴…………… 332
俟吕陵………… 332
俟伏斤………… 332
俟伏侯………… 332
俟亥…………… 331
俟利…………… 331
俟畿…………… 332
衍……………… 370
後……………… 408
叙……………… 339
俞……………… 435
郤……………… 588
郤州…………… 590
爰……………… 102
妥……………… 485
食……………… 603
食其…………… 426
昝……………… 414
盆……………… 110
胙……………… 440
風……………… 7
訇……………… 226
肒……………… 554
逄……………… 33
昝……………… 412
怨……………… 471
計……………… 449
哀……………… 82
亮……………… 497
度……………… 438
施……………… 37
施屠…………… 40
姜……………… 185
兹……………… 52
兹母…………… 54
洼……………… 59
洩……………… 572
洞沐…………… 418
染……………… 413
洛……………… 585
洨……………… 151
洋……………… 181
恤……………… 555
恪……………… 585
宣……………… 132
宣于…………… 136
宥連…………… 510
室……………… 549
室中…………… 553
室孫…………… 551
宫……………… 5
宫孫…………… 15
突黎人………… 619
冠……………… 121
冠……………… 475
冠軍…………… 477
軍……………… 96
軍車…………… 96
扂……………… 611
扁……………… 370
祐……………… 507
祝……………… 524
祝史…………… 538
祝其…………… 538
祝固…………… 534
祕……………… 422
屋……………… 517
屋引…………… 528
屋南…………… 528
屋廬…………… 527
陘……………… 233
娍……………… 3
娃……………… 63

姞……………… 549
姥……………… 349
姚……………… 146
羿……………… 449
勇……………… 294
癸……………… 301
紅………………… 9
紅陽…………… 24
紇……………… 563
紇干…………… 564
紇豆陵………… 564
紇骨…………… 564
紇突隣………… 565
紇奚…………… 564
約……………… 577
紀……………… 302

十畫

耗……………… 486
泰……………… 453
泰豆…………… 459
秦……………… 89
班……………… 122
敖……………… 158
素和…………… 443
素黎…………… 443
馬……………… 387
馬矢…………… 392
馬服…………… 392
馬師…………… 392
馬適…………… 392
振……………… 466
貢……………… 417
袁……………… 99
耆……………… 42
耿……………… 401
郰……………… 264
華……………… 493
華士…………… 495
華原…………… 173
都……………… 576
恭……………… 28
莢……………… 614
莢成…………… 614
莽……………… 399
莫……………… 578
莫多婁………… 584
莫那盧………… 584
莫折…………… 582
莫者…………… 584
莫胡盧………… 584
莫侯…………… 581
莫盧…………… 582
莫輿…………… 582
荷訾…………… 164
莘……………… 94
真……………… 83
真人…………… 92
莊……………… 190
桂……………… 447
桓……………… 119
栢……………… 587
桐………………… 2
桐里…………… 13
桐門…………… 13
桃……………… 157
格……………… 588
校師…………… 484
校……………… 484
根水…………… 111
根牟…………… 111
栩……………… 341
索……………… 580
索陽…………… 585
索盧…………… 584
軒丘…………… 103
軒轅…………… 103
連……………… 131
鬲……………… 593
逗……………… 437
栗……………… 548
栗陸…………… 550
辱……………… 542
夏……………… 391
夏……………… 494
夏丁…………… 394
夏父…………… 394

夏里…………… 394
夏侯…………… 393
夏陽…………… 394
破六汗………… 490
破丑…………… 490
破多羅………… 490
原……………… 102
原仲…………… 104
原伯…………… 104
郰……………… 81
勑力…………… 602
脊……………… 467
晉……………… 465
柴……………… 63
卨……………… 573
虔……………… 134
党……………… 400
時……………… 47
畢……………… 548
眗……………… 617
晁……………… 142
晏……………… 477
員……………… 95
員……………… 134
員……………… 469
圓……………… 357
恩……………… 111
盎……………… 497
剛……………… 214
特……………… 604
郵……………… 242
乘……………… 237
乘……………… 505
乘丘…………… 505
乘馬…………… 505
秣……………… 567
俸……………… 420
倩……………… 478
偌……………… 495
倚相…………… 300
郳……………… 58
條……………… 141
脩……………… 256
候……………… 511
倫……………… 93
射……………… 493
射……………… 596
皋……………… 156
皋落…………… 161
息……………… 601
郫……………… 39
師……………… 42
師延…………… 45
師宜…………… 44
徒人…………… 56
徒何…………… 56
豹……………… 484
奚……………… 58
奚計盧………… 62
倉……………… 214
飢……………… 42
翁……………… 9
脂……………… 41
狼……………… 214
卿……………… 224
逢公…………… 31
逢丘…………… 31
逢侯…………… 31
逢孫…………… 31
桀……………… 575
留……………… 252
訓……………… 468
淩……………… 237
高……………… 152
郭……………… 581
席……………… 596
庫……………… 446
庫成…………… 444
庫汗…………… 444
庫如干………… 445
庫狄…………… 444
庫門…………… 444
庫傉官………… 445
唐……………… 210
唐山…………… 219
唐孫…………… 219
唐溪…………… 219

凋……………… 141
凉……………… 182
畜……………… 525
拳……………… 135
益……………… 598
益壽……………… 596
兼……………… 291
朔……………… 547
郟……………… 285
浦……………… 357
涇陽……………… 235
涉……………… 612
涉其……………… 613
涓濁……………… 130
浩……………… 382
浩生……………… 383
浩羊……………… 383
浮丘……………… 270
流……………… 265
浪……………… 497
悖……………… 563
悝……………… 65
悦……………… 574
悦力……………… 575
家……………… 169
窄……………… 588
宰……………… 362
宰氏……………… 363
庫……………… 372
被……………… 421
冥……………… 234
瓴……………… 234
展……………… 370
陸……………… 522
陸終……………… 534
陵……………… 236
陵陽……………… 238
陳……………… 85
娶……………… 384
孫……………… 106
孫陽……………… 110
蚩……………… 52
陰……………… 281
陶……………… 157
陶丘……………… 160
陶叔……………… 160
陡……………… 58
姬……………… 49
挈……………… 619
娩……………… 470
脅……………… 616
能……………… 464
務……………… 437
務成……………… 437
務相……………… 436
桑……………… 214
桑丘……………… 220
桑扈……………… 220
納……………… 610
紛……………… 96
紙……………… 295
倢……………… 60
俞……………… 508
欶……………… 594

十一畫

理……………… 320
琅……………… 213
堵……………… 391
捷……………… 612
焉耆……………… 137
授……………… 510
掖……………… 594
接……………… 611
接輿……………… 613
執失……………… 608
聃……………… 286
聊……………… 141
著丘……………… 432
勒……………… 604
黄……………… 216
莿……………… 397
萊……………… 82
菽……………… 525
菌……………… 363
萠……………… 226
菟裘……………… 56

菟賴……57
梗……401
栖……80
梅……64
麥……593
麥丘……593
梓……323
梯……59
救……510
曹……158
曹丘……161
曹牟……161
敕……601
副……510
副呂……510
區……272
鄄……481
戚……600
帶……461
瓠……55
爽鳩……399
厩……511
盛……503
虛連題……619
彪……266
處……336
慮……537
堂邑……219
常……191
畦……38
野利……392
野詩……393
野頭……393
野辭……393
問……468
問弓……468
問薪……468
婁……272
曼……470
曼丘……471
晚……367
晥……369
畦……59
異……426
畧……576
圉……333
蛇……169
蛇丘……40
蛇丘……173
鄂……579
國……605
患……478
啖……413
啜刺……567
崎丘……40
崔……65
崇……2
圈……366
圈……472
過……167
移……33
笪……567
笮……588
第八……449
第八……616
第三……448
第五……448
偃……366
偃師……367
進……467
俾……110
偏……131
鳥洛……372
假……392
鄅……341
偓……547
偉……333
術……555
從……28
船……133
悉……553
悉居……553
悉雲……551
悉羅……551
脱……568
圂……526
斛律……531

斛斯……………532
斛粟……………532
斛瑟羅…………536
斛穀……………531
奞………………406
祭………………461
祭公……………462
許………………337
訢………………97
庶………………431
庶其……………433
庾………………345
康………………215
庸………………28
鹿………………519
鹿勃……………533
章………………184
章仇……………206
竟………………504
商………………182
商丘……………205
商密……………205
望………………496
率………………549
牽………………128
眷………………480
敓………………568
敝………………452
清………………227
淹………………289
淑………………524
淖………………484
淮………………64
淳………………93
淳于……………93
液………………594
淡………………516
婆衍……………168
梁于……………205
梁石……………205
梁垣……………205
梁餘……………205
淄丘……………54
悼………………486
惟………………43
寇………………514
宿………………526
宿六斤…………536
密………………550
密茅……………551
密革……………551
密貴……………551
密須……………551
鄆………………468
扈地干…………360
視………………301
晝………………511
逯………………543
尉………………429
尉………………559
尉遲……………559
張………………185
將………………190
將其……………207
將軍……………207
將梁……………207
將閭……………207
陽………………174
陽丘……………204
陽成……………204
隗………………362
娸………………49
媧………………63
鄅………………229
習………………609
參………………281
貫………………475
鄉………………182
細封……………448
終………………2
終古……………14
終葵……………14
巢………………151

十二畫

貳………………423
琥………………357

琯……………… 369
堯……………… 142
堪……………… 284
項……………… 295
越……………… 562
越勒……………… 562
越椒……………… 562
越强……………… 562
越質……………… 562
賁……………… 54
賁……………… 110
提……………… 58
揚……………… 180
博……………… 580
揭陽……………… 574
彭……………… 222
彭祖……………… 225
晳……………… 573
援……………… 479
達……………… 566
達步……………… 567
達勃……………… 566
達奚……………… 566
晋……………… 494
斯引……………… 40
期……………… 48
期思……………… 53
葽……………… 618
葉……………… 611
散……………… 367
散宜……………… 368
鄚……………… 578
募……………… 438
萬……………… 470
葛……………… 567
葛伯……………… 566
董……………… 293
葠……………… 281
敬……………… 499
葹……………… 371
蒂……………… 447
落……………… 578
落下……………… 582
落姑……………… 582
朝……………… 142
朝……………… 143
朝臣……………… 150
喪……………… 215
葵丘……………… 45
植……………… 601
棟……………… 418
椒……………… 145
軫……………… 363
惠……………… 447
惠叔……………… 448
惠牆……………… 448
堊……………… 60
覃……………… 283
粟……………… 543
棗……………… 383
棘……………… 602
厨人……………… 55
厥……………… 561
尞……………… 482
殖……………… 603
裂……………… 573
雲……………… 95
棠……………… 213
棠谿……………… 219
甞……………… 498
最……………… 454
戢……………… 608
閎……………… 226
間……………… 124
閔……………… 363
遇……………… 437
遏……………… 566
景……………… 401
嗢石蘭……………… 565
單……………… 112
單……………… 371
單……………… 479
喻……………… 433
幅……………… 520
黑肱……………… 605
黑齒……………… 605
智……………… 421

毳……………… 452
程……………… 230
稅……………… 452
喬……………… 149
傅……………… 434
傅餘…………… 436
舄……………… 577
傜……………… 145
集……………… 609
雋……………… 371
雋蒙…………… 617
焦……………… 144
傕……………… 544
鄔……………… 357
衆……………… 2
御……………… 431
御龍…………… 432
復……………… 521
斜……………… 408
鈕……………… 405
番……………… 168
禽……………… 280
爲……………… 33
貂……………… 141
勝……………… 238
勝屠…………… 238
然……………… 131
貿……………… 514
鄒……………… 263
鄒屠…………… 269
馮……………… 6
就……………… 509
敦……………… 109
裒……………… 273
痛……………… 417
遊……………… 255
棄疾…………… 425
鄐……………… 525
羡……………… 480
羡門…………… 480
普屯…………… 360
普陋茹………… 360
道……………… 382
遂……………… 422
曾……………… 239
勞……………… 156
湛……………… 279
渫……………… 575
滴……………… 411
減……………… 414
湝……………… 404
湯……………… 217
湯滂…………… 221
温……………… 105
温稽…………… 111
渴足渾………… 566
渴侯…………… 566
滑……………… 568
滑伯…………… 569
淵……………… 128
游……………… 254
游水…………… 267
游梓…………… 267
游棣…………… 268
渾……………… 104
寒……………… 112
蹇……………… 366
富……………… 508
富父…………… 511
富呂…………… 510
富陵…………… 510
甯……………… 504
運……………… 468
運奄…………… 468
運期…………… 468
啓……………… 361
補祿…………… 360
裕……………… 433
祿……………… 518
祿里…………… 533
尋……………… 277
犀……………… 59
費……………… 429
費連…………… 430
費聽…………… 430
媒……………… 286
賀……………… 487

賀六渾…………489
賀拔…………489
賀拔干…………489
賀若…………488
賀兒…………489
賀悅…………489
賀婁…………488
賀術…………489
賀葛…………489
賀敦…………488
賀遂…………488
賀魯…………489
賀賴…………488
賀蘭…………488
登…………239
登北…………301
堯…………453
給…………608
絳…………421
絡…………578
絞…………380
統萬…………420

十三畫

瑕…………170
瑕丘…………173
瑕呂…………172
巹…………611
載…………464
馯…………474
馯臂…………123
鄢…………135
摇…………147
聖…………501
斟…………278
斟戈…………281
斟灌…………281
蓋…………610
蓋樓…………611
勤…………97
勤宿…………97
靳…………469
蓐…………544
蒧…………279
幕…………578
蒼…………214
蒼林…………220
蒯…………462
蓬…………9
蒙…………8
幹猷…………474
禁…………515
楚…………339
楷…………362
楊…………174
楊孫…………204
槐…………64
楀…………346
嗇…………604
裘…………264
赖…………461
甄…………83
賈…………388
賈孫…………393
雷…………65
頓…………472
督…………542
訾…………36
訾陬…………41
粲…………474
業…………615
當塗…………220
睦…………526
戛…………369
路…………438
路中…………443
路洛…………443
遣…………370
蛸…………142
蜎…………371
蛾…………296
歂…………133
鄘…………405
嵩…………3
稠…………264
節…………570
僕…………474

僟…………………541
舅…………………406
牒…………………614
牒云………………614
僂…………………276
傰…………………240
鄡…………………142
銜…………………171
鉐…………………596
鉤…………………273
鉤弋………………275
會…………………454
會庌………………459
會稽………………459
貉…………………586
詹…………………289
解…………………361
詩…………………48
詵…………………94
詡…………………345
廉…………………288
颯…………………277
颯…………………537
資…………………42
裔…………………453
新…………………90
新和………………90
新垣………………90
新孫………………90
雍…………………28
雍…………………420
雍人………………30
雍丘………………30
雍門………………421
義渠………………422
豢龍………………477
猷…………………254
慈…………………52
慎…………………467
慎潰………………466
塞…………………464
塞…………………605
逄…………………588
褚…………………336
褚師………………340
裨…………………37
福…………………520
福子………………533
肅…………………526
殿…………………478
辟…………………598
辟閭………………597
經…………………232
經孫………………235
蜀…………………60

十四畫

瑣…………………386
髮…………………561
趙…………………373
趙陽………………380
赫連………………591
壽…………………509
壽西………………408
撖…………………414
綦…………………48
綦連………………53
鞅…………………396
蔌…………………524
慕…………………438
慕容………………441
慕輿………………443
暮…………………446
蕳…………………617
蔓…………………471
蔡…………………454
蔡仲………………459
熙…………………51
蔚…………………556
蔣…………………395
蓼…………………372
榬…………………103
棓…………………82
輒…………………613
輔…………………345
遬僕………………540
監…………………516

厲…………… 452
臧…………… 218
臧文………… 221
臧會………… 221
裴…………… 75
對…………… 463
嘗…………… 190
暢…………… 495
聞人………… 96
閣…………… 579
踙跌………… 613
鳴…………… 223
數…………… 82
箝耳………… 290
箕…………… 50
僖…………… 51
僕…………… 540
僕固………… 542
僕蘭………… 542
僑…………… 149
銅鞮………… 13
銑…………… 370
銚…………… 145
銚…………… 481
叜…………… 486
貍…………… 50
領…………… 403
夐…………… 504
雒…………… 579
鄮…………… 512
説…………… 574
廣武………… 400
廖…………… 508
廖叔………… 510
竭…………… 574
韶…………… 147
適…………… 598
齊…………… 57
旗…………… 48
鄯善………… 480
養…………… 395
養由………… 397
精縱………… 230
鄰…………… 85
鄭…………… 501
鄫…………… 238
榮…………… 224
榮叔………… 225
榮錡………… 225
滿…………… 369
漆…………… 548
漆雕………… 550
漕…………… 486
漁陽………… 55
漏…………… 513
察…………… 569
察失利……… 569
實…………… 553
鄩…………… 277
暨…………… 559
隨…………… 34
隨巢………… 39
嫣…………… 135
嫘…………… 43
嫪…………… 487
頗超………… 387
翟…………… 589
熊…………… 5
熊相………… 15
熊率………… 15
鄧…………… 505
鄧陵………… 507
綝…………… 278
綿…………… 132
綠…………… 542
褫…………… 527
郟…………… 538

十五畫

奭…………… 598
駟…………… 423
頡…………… 570
播…………… 489
摯…………… 422
穀…………… 517
蔄…………… 124
蔄…………… 478

蕢……………… 462
蕢……………… 462
蕃……………… 39
蔿……………… 296
蕩……………… 399
樻……………… 172
樓……………… 272
樓季……………… 275
樅……………… 28
樊……………… 103
樛……………… 253
歐……………… 271
歐侯……………… 274
歐陽……………… 274
豎……………… 345
豎侯……………… 348
賢……………… 125
憂……………… 266
遼……………… 141
劇……………… 587
慮……………… 431
鄴……………… 616
暴……………… 486
賤……………… 481
遺……………… 43
螝……………… 539
墨……………… 604
墨台……………… 606
墨夷……………… 606
稷……………… 602
稷丘……………… 604
稻……………… 383
箴……………… 278
儂……………… 25
儋……………… 286
儀……………… 35
皡……………… 382
樂……………… 545
樂王……………… 546
樂正……………… 546
樂利……………… 546
質……………… 553
徵……………… 238
衛……………… 450
鋭……………… 451
頜……………… 609
鄶……………… 460
虢……………… 589
虢射……………… 591
滕……………… 241
滕叔……………… 241
魯……………… 355
魯步……………… 359
獡……………… 612
劉……………… 242
誰……………… 44
諢……………… 37
調……………… 141
論……………… 472
諒……………… 497
談……………… 285
廟諱……………… 467
廟諱……………… 544
麃……………… 152
慶……………… 499
慶父……………… 501
慶忌……………… 501
慶師……………… 501
遴……………… 465
潛……………… 289
澓……………… 522
潘……………… 121
憍陳如……………… 150
窵……………… 297
褥……………… 541
履……………… 301
嬉……………… 51
嫣……………… 34
嬿……………… 478
豫……………… 432
練……………… 478
緱……………… 272
緩……………… 368
緯……………… 426

敹……………… 543
頟……………… 584

十六畫

耨……………… 541
駱……………… 579
駱雷…………… 582
擄……………… 432
操……………… 485
薳……………… 297
燕……………… 126
蕇……………… 339
薛……………… 571
薊……………… 449
薦……………… 479
薄……………… 579
薄奚…………… 582
薄野…………… 582
蕭……………… 138
樹……………… 437
樹洛干………… 436
樹黎…………… 437
樸……………… 546
橋……………… 149
橘……………… 554
賴……………… 455
融………………… 5
醜……………… 406
醜門…………… 407
奮……………… 469
霍……………… 580
冀……………… 423
瞞……………… 121
縣……………… 129
縣潘…………… 479
閻……………… 287
閼……………… 567
戰……………… 481
噲……………… 462
黔……………… 289
黔婁…………… 290
穆……………… 527
頹……………… 65
學……………… 547
儔……………… 270
儛……………… 344
衡……………… 224
錯……………… 446
錯……………… 579
錢……………… 130
錫……………… 599
錊……………… 541
鴟夷…………… 46
鮑……………… 380
鮑俎…………… 381
獲……………… 593
穎……………… 403
獨孤…………… 528
獨孤渾………… 536
諶……………… 279
諫……………… 477
諤……………… 561
諭……………… 433
鄺……………… 216
磨離…………… 168
廩丘…………… 411
褭……………… 156
嫯……………… 94
龍……………… 27
龍丘…………… 29
嬴……………… 227
羲……………… 35
糗……………… 511
營……………… 229
潞……………… 439
澤……………… 593
濁……………… 545
激……………… 601
澹臺…………… 286
潚……………… 539
憲……………… 470
禫……………… 411
壁……………… 600
彊……………… 396
隰……………… 609
隱……………… 365
鴘……………… 372

繒……………… 467
覞 ……………… 468
鬵……………… 617

十七畫

環……………… 122
璦……………… 463
璛……………… 537
贅……………… 451
戴……………… 463
藉……………… 596
鞠……………… 537
舊……………… 511
韓……………… 112
韓侯…………… 118
韓褐…………… 118
韓餘…………… 118
隸……………… 448
隸……………… 449
轅……………… 103
輾遲…………… 372
臨……………… 278
鄾……………… 242
殨……………… 463
霜……………… 191
霞露…………… 173
戲陽…………… 40
矐……………… 411
瞯……………… 124
嬰……………… 229
嬰齊…………… 230
闉……………… 83
嚈噠…………… 615
黜弗…………… 555
黜容…………… 555
魏……………… 427
魏强…………… 430
繁……………… 167
舉……………… 54
優……………… 266
償……………… 496
鍼……………… 289
鍼巫…………… 290
鍾……………… 27
鍾吾…………… 29
鍾離…………… 29
鍮匆…………… 275
谿……………… 145
餽……………… 422
鮭……………… 59
鮭陽…………… 64
鮮……………… 130
鮮……………… 479
鮮于…………… 135
鮮陽…………… 137
鮮虞…………… 137
鯱……………… 297
謝……………… 490
謝邱…………… 494
謙……………… 291
襄……………… 190
應……………… 237
燭……………… 543
燭盧…………… 543
鴻………………… 9
盪……………… 399
濮……………… 538
濮王諱………… 497
濮陽…………… 538
濯……………… 546
蹇……………… 370
彌……………… 37
彌且…………… 40
彌牟…………… 40
孺……………… 437
翼……………… 603
縮……………… 522
繆……………… 527

十八畫

豐………………… 8
櫯……………… 580
鼇……………… 50
鼇子…………… 54
騅……………… 44
擾龍…………… 380
聶……………… 612

職……603
藝……453
藥……576
藥羅葛……577
叢……9
瞻葛……290
闕……561
闕門……562
曠……498
蹛……455
蹤……28
壘……301
蟜……380
顓……133
顓臾……136
顓孫……136
顓頊……136
鵠……542
簡……369
邊……129
鏰……446
鎮……466
鎐……519
謳……271
謬……515
離……36
顏……123
隴……294
繒……238

十九畫

難……117
藺……465
蘄……48
勸……471
孽……575
藹……453
顛……128
麴……523
嚴……9
嚴夷……25
麗……449
麗飛……449
闞……515
關……122
關龍……123
疇……270
巖……292
翾……133
羅……163
羅侯……164
贊……474
鏤……514
鏃……519
鯫……273
譚……283
譚……411
譙……143
識……602
龐……32
懷……64
繳……372
繡……511
蟲……2
繇……480

二十畫

酆……8
騶……264
蘭……117
蘭喬……119
蘗……594
獻……471
獻丘……472
矍……578
矍相……577
闞……296
鶡冠……566
蠙……90
巢……574
黥……224
觽奚……564
籍丘……597
譽……433
犨……256
鐔……277

釋……………… 595
鐃……………… 145
騰……………… 241
飈……………… 511
護諾……………… 444
譴……………… 479
競……………… 504
灌……………… 475
騫……………… 134
竇……………… 512
竇公……………… 513

二十一畫

鬶……………… 569
攝……………… 614
權……………… 134
覽……………… 412
酈……………… 599
霸……………… 494
黦……………… 471
露……………… 445
纍……………… 43
嚻……………… 143
鐵……………… 570
鐵弗……………… 570
鐵伐……………… 570
鐸……………… 584
鐸遏……………… 581
辯……………… 371
夔……………… 44
灊……………… 277
顧……………… 440
纈那……………… 570
續……………… 543

二十二畫

懿……………… 423
囊……………… 218
饕餮……………… 161
籛……………… 616
鑄……………… 437
纙……………… 601
龔……………… 29
襲……………… 609
鬻……………… 539

二十三畫

驌……………… 397
黴……………… 121
儺子……………… 268
鑢……………… 431
鱗……………… 85
欒……………… 120
攣鞮……………… 137
變……………… 481

二十四畫

觀……………… 120
鹽……………… 287
靈……………… 233
讙……………… 121
贛婁……………… 515

二十五畫

闞門……………… 515
欖……………… 413
蠻……………… 122

二十六畫

闞……………… 512
闞于……………… 514
闞比……………… 514
闞文……………… 514
闞班……………… 514
闞强……………… 514
釁……………… 466

二十九畫

驪……………… 36
鬱……………… 559

三十畫

爨……………… 476

校勘記徵引文獻書目

[清] 阮元校刻:《十三經注疏(附校勘記)》(上下册),北京:中華書局,1980 年。

[漢] 司馬遷撰:《史記》,北京:中華書局,1982 年。

[漢] 班固撰:《漢書》,北京:中華書局,1962 年。

[南朝·宋] 范曄撰:《後漢書》,北京:中華書局,1965 年。

[晉] 陳壽撰:《三國志》,北京:中華書局,1982 年。

[唐] 房玄齡等撰:《晉書》,北京:中華書局,1974 年。

[南朝·梁] 沈約撰:《宋書》,北京:中華書局,1974 年。

[南朝·梁] 蕭子顯撰:《南齊書》,北京:中華書局,1972 年。

[唐] 姚思廉撰:《梁書》,北京:中華書局,1972 年。

[唐] 姚思廉撰:《陳書》,北京:中華書局,1972 年。

[北齊] 魏收撰:《魏書》,北京:中華書局,1974 年。

[唐] 李延壽撰:《北史》,北京:中華書局,1974 年。

[唐] 李延壽撰:《南史》,北京:中華書局,1974 年。

[唐] 令狐德棻撰:《周書》,北京:中華書局,1971 年。

[唐] 李百藥撰:《北齊書》,北京:中華書局,1972 年。

[唐] 魏徵等撰:《隋書》,北京:中華書局,1973 年。

[五代] 劉昫等撰:《舊唐書》,北京:中華書局,1975 年。

[宋] 薛居正等撰:《舊五代史》,北京:中華書局,1976 年。

[宋] 歐陽修撰:《新五代史》,北京:中華書局,1974 年。

[宋]歐陽修、宋祁撰:《新唐書》,北京:中華書局,1975年。

[宋]歐陽修撰,[宋]徐無黨注:《新五代史》,北京:中華書局,1974年。

[元]脱脱等撰:《宋史》,北京:中華書局,1985年。

[春秋](舊題)左丘明撰,徐元誥集解,王樹民、沈長雲點校:《國語集解》,北京:中華書局,2002年。

[漢]史游撰,[唐]顏師古注,[宋]王應麟補注,[清]錢保塘補音:《急就篇》,上海:商務印書館,1936年。

[漢]王符著,[清]汪繼培箋,彭鐸校正:《潛夫論箋校正》,北京:中華書局,1985年。

[漢]劉珍等撰,吴樹平校注:《東觀漢記校注》,北京:中華書局,2008年。

[漢]應劭撰,王利器校注:《風俗通義校注》,北京:中華書局,1981年。

[漢]宋衷注,[清]秦嘉謨等輯:《世本八種》,北京:中華書局,2008年。

[漢]宋衷注,[清]張澍稡集補注:《世本八種》,上海:商務印書館,1937年。

[晉]葛洪撰,周天游校注:《西京雜記校注》,北京:中華書局,2020年。

[北魏]酈道元著,陳橋驛校證:《水經注校證》,北京:中華書局,2007年。

[唐]釋道世著,周叔迦、蘇晉仁校注:《法苑珠林》,北京:中華書局,2003年。

[唐]杜佑撰,王文錦、王永興等點校:《通典》,北京:中華書局,1988年。

[唐]林寶撰,岑仲勉等校:《元和姓纂(附四校記)》(簡稱今本《姓纂》),北京:中華書局,1994年。

[宋]司馬光編著,[元]胡三省音注:《資治通鑑》,北京:中華書局,1956年。

[宋]王欽若等編:《册府元龜》,北京:中華書局影印本,1960年。

[宋]鄭樵撰,王樹民點校:《通志二十略》,北京:中華書局,2009年。

[宋]晁公武撰,孫猛校證:《郡齋讀書志》,上海:上海古籍出版社,1990年。

[宋]洪邁撰,孔凡禮點校:《容齋隨筆》,北京:中華書局,2005年。

[宋]陳騤撰,張富祥點校:《南宋館閣録》,北京:中華書局,1998年。

[宋]李心傳編撰,胡坤點校:《建炎以來繫年要録》,北京:中華書局,1992年。

[宋]熊方等撰,劉祐仁點校:《後漢書三國志補表三十種》,北京:中華書局,1984年。

[宋]宇文懋昭撰,崔文印校證:《大金國志校證》,北京:中華書局,1986年。

[宋]陳振孫撰,徐小蠻、顧美華點校:《直齋書録解題》,上海:上海古籍出版社,1987年。

[宋]黎靖德編,王星賢點校:《朱子語類》,北京:中華書局,1994年。

[宋]王應麟著,[清]翁元圻輯注,孫通海點校:《困學紀聞注》,北京:中華書局,2016年。

[宋]王應麟編:《玉海》,南京:江蘇古籍出版社影印本,1987年。

[宋]張載著,章錫琛點校:《張載集》,北京:中華書局,1978年。

[宋]李彌遜撰:《筠溪集》,文淵閣《四庫全書》,臺灣商務印書館影印本。

[宋]歐陽澈撰，[明]歐陽鉞輯：《歐陽修撰(澈)集》，文淵閣《四庫全書》，臺灣商務印書館影印本。

[元]馬端臨撰：《文獻通考》，北京：中華書局，1995年。

[元]辛文房著，傅璇琮主編：《唐才子傳校箋》，北京：中華書局，1987年。

[明]王圻撰：《續文獻通考》，杭州：浙江古籍出版社影印本，1988年。

[清]顧炎武著，黄汝成集釋，樂保群、吕宗力校點：《日知録集釋》，上海：上海古籍出版社，2006年。

[清]黄宗羲原著，[清]全祖望補修，陳金生、梁運華點校：《宋元學案》，北京：中華書局，1986年。

[清]顧棟高輯，吴樹平、李解民點校：《春秋大事表》，北京：中華書局，1993年。

[清]謝旻等修，陶成等纂：《(雍正)江西通志》，臺北：成文出版社有限公司，1989年。

[清]沈炳震著：《唐書合鈔》，北京：書目文獻出版社，1992年。

[清]王先謙撰：《漢書補注》，北京：中華書局，1983年。

[清]永瑢等撰：《四庫全書總目》，北京：中華書局影印本，1965年。

[清]梁玉繩撰，賀次君點校：《史記志疑》，北京：中華書局，1981年。

[清]張澍著，徐興海、袁憲、張天池點校：《姓韻》(上下册)，西安：三秦出版社，2003年。

[清]朱彬撰，饒欽農點校：《禮記訓纂》，北京：中華書局，1996年。

吴剛主編：《全唐文補遺》，西安：三秦出版社，1998年。

馬王堆漢墓帛書整理小組編：《戰國縱横家書》，北京：文物出版社，1976年。

楊伯峻撰：《列子集釋》，北京：中華書局，1979年。

王仲犖著:《北周地理志》,北京:中華書局,1980 年。
余嘉錫著:《四庫提要辨證》,北京:中華書局,1980 年。
何建章注釋:《戰國策注釋》,北京:中華書局,1990 年。
岑仲勉著:《唐史餘瀋》,北京:中華書局,2004 年。
周祖謨著:《廣韻校本》第 3 版,北京:中華書局,2004 年。
陳直著:《史記新證》,北京:中華書局,2006 年。
王叔岷撰:《史記斠證》,北京:中華書局,2007 年。
詹宗祐著:《點校本兩唐書校勘彙釋》(上、下),北京:中華書局,2012 年。
徐仁甫著,徐湘霖編訂:《廣古書疑義舉例》,北京:中華書局,2014 年。
周祖謨主編:《舊唐書文苑傳箋證》,南京:鳳凰出版社,2012 年。
陶敏遺著,李德輝整理:《元和姓纂新校證》,瀋陽:遼海出版社,2015 年。
曾棗莊主編:《宋代序跋全編》,濟南:齊魯書社,2015 年。
袁傳璋著:《宋人著作五種徵引史記正義佚文考索》,北京:中華書局,2016 年。
張春玉著:《史記日本古注疏證》,濟南:齊魯書社,2016 年。
張傳官撰:《急就篇校理》,北京:中華書局,2017 年。
張忱石撰:《唐尚書省郎官石柱題名考補考》,北京:中華書局,2018 年。
趙超編著:《新唐書宰相世系表集校》(簡稱《新表集校》),北京:中華書局,2018 年。

修訂版後記

大約在二十五年前，本人在研究隋唐士族的過程中，接觸到了宋代學者鄧名世所撰《古今姓氏書辯證》一書，深感其對考察姓氏源流、研究古代姓氏和家族具有重要的價值，並由此產生了對該書進行整理、校勘的想法。幸運的是，我的工作計劃得到了所在單位南開大學古籍所領導與全國高等院校古籍整理研究工作委員會的肯定和支持，被批准爲古委會 2000 年度古籍整理與研究項目。2006 年，在古籍出版經費緊張的情況下，當時江西人民出版社的領導同意出版《辯證》點校本，責任編輯陳世象先生付出了巨大的努力，使該書得以順利梓行。雖然距該書初版已近廿年，但對這些鼓勵與支持，我至今仍心存感激。

該書面世後，得到學界同行的認可和好評，在社會上也擁有廣泛的讀者，這使我認識到姓氏文獻所具有的特殊性，即它不僅爲學者研究所利用，也爲對姓氏、宗族抱有興趣的社會讀者所需要。隨着時間的推移，重新翻檢此書，每感當年自己見聞未廣，尤其是受資料條件的限制，校勘、整理工作所能參稽的文獻不够豐富，以至於原書存在的一些訛誤没有被發現和糾正，校勘記的數量整體上也嫌不足。總之，作爲整理者，我一直期待有機會能够對此書做一次全面的修訂。

2019 年歲杪，当得知中華書局有意向出版《辯證》一書的修訂本時，我欣然同意，也深感荣幸。在過去的三年多的時間里，本

人對《辯證》一書進行了認真的修訂,這些工作主要體現在以下幾個方面:

利用當今電子文獻檢索技術所帶來的方便,本人調查了目前所見國内主要圖書館所藏的《古今姓氏書辯證》的不同版本,重新確認了初次整理校勘時底本、參校本選擇的正確性。據筆者的調研及管見,除去《四庫全書》本外,目前《辯證》較早的版本是清嘉慶七年(1802)刊刻的"敦禮堂刻本"(孫星衍、洪梧校,收入《岱南閣叢書》);其次是清道光年間金山錢氏刻本,即清儒錢熙祚校勘過的《守山閣叢書》本(本人校勘記中稱"錢氏校本"者),而因錢氏在校勘中引據而知名的"殘宋本",至今仍未發現。此外,還有光緒年間和民國初年上海博古齋影印本,此二種存世最多。這説明,《四庫》本《辯證》仍然是目前所知最早、最權威的版本,因此,此次修訂所依據的底本和參校本依然不變。

擴大了參考文獻的範圍,所引據的資料更加豐富。本次修訂的宗旨,仍然是以基本古籍爲中心。《辯證》一書在撰著過程中,吸取、參考甚至直接襲用[唐]林寶《元和姓纂》、歐陽修《新唐書·宰相世系表》之處很多,而這兩部書都有學者進行過專門的考訂和研究,其中,岑仲勉對《姓纂》的校勘,集該書研究之大成;趙超《新唐書宰相世系表集校》,則是對《新表》最全面的校訂,這些都爲本人修訂《辯證》提供了借鑒。此外,本次修訂還有選擇性地吸收了一些碑刻以及相關的研究成果。近年來唐代墓誌大量刊布,研究成果十分可觀。當然,新發現的墓誌資料還需經過時間的沉澱和學術研究的檢驗,如果使用不當,難免有改變古籍面貌之虞。基於以上考慮,本次修訂所利用到的墓誌還是很有限的。

進一步吸收和利用了《守山閣叢書》本錢錫祚校勘記中所保

存的殘宋本内容,對其中有價值的姓氏條目和文字,予以充分增補,有的文字則吸收進校勘記之中。

增加了校勘所依據的主要參考文獻書目。

總之,本次修訂,發現並糾正了一些《辯證》一書原有的訛誤,增加了數量可觀的校勘記。同時,對初版整理中的一些不足之處,包括標點、校記文字等,也進行了改進,一些技術問題的處理也得到優化。本人相信,經過上述努力,修訂版《辯證》的學術品質和文獻價值應得到了進一步的提升和彰顯,也更便於爲學界和社會讀者所利用。

"老而學者,如秉燭夜行"(顏之推語)。承擔此次修訂工作,本人已不再是精力旺盛的年齡,工作中每感以蟻負山,力不從心。值得慶幸的是,我得到了责任编辑石玉先生的多方指点,他以嚴謹的專業精神,對本書認真審核,提出了很多富有建設性的意見,在三校過程中糾正了不少錯誤,付出了辛苦的勞動。值此修訂版即將付梓之際,我謹向他表示誠摯的謝意!此外,我的學生于志剛、張汝、劉嘯虎、史正玉、董秋實諸君,也在查找文獻、校對文字、編輯參考書目等方面給予很多幫助,在此一併致謝。

王力平

2023年9月6日於北京昌平寓所